KB215303

인물로 읽는

중국

MODERN
HISTORY
of
CHINA

현대사

인물로 읽는

중국

MODERN
HISTORY
of CHINA

현대사

신동준 지음

인간사랑

위인을 낳은

중국

MODERN
HISTORY
of
CHINA

현대사

[C O N T E N T S]

읽는인물로
중국
MODERN
HISTORY
of
CHINA
현대사

| 저자 서문 |

　　미국의 저명한 미래학자 존 나이스비트는 2010년에 펴낸 『차이나 메가트렌드』에서 미국과 중국을 각각 '허우적대는 독수리'와 '일취월장하는 팬더'에 비유하며 새로운 세계의 출현을 예고했다. 한때 창공을 유유히 날던 독수리가 이제는 고도를 되찾기 위해 안간힘을 쓰고 있는 데 반해 예전엔 볼품없던 팬더가 무예훈련으로 몸을 튼튼히 하는 등 날로 발전하고 있다는 것이다. 이미 1982년에 베스트셀러 『메가트렌드』로 낙양의 지가를 올린 바 있는 그는 『차이나 메가트렌드』에서 향후의 세계를 이같이 전망했다.

　　"미국이 세계 위상 회복에 애쓰는 동안 중국은 글로벌 시장에서 이미 대등한 경쟁자로 부상한 데 이어 장차 서구 민주주의에 맞서는 대안 모델로 경쟁할 것이다."

　　이는 소련 및 동구가 무너진 직후 프랜시스 후쿠야마가 『역사의 종언』을 통해 '서구식 민주주의' 야말로 인류역사에서 정치적 진화의 종착지에 해당한다고 단언한 것과 대비된다. 후쿠야마의 주장은 당시 서구 지식인들의 일반적인 생각을 반영한 것이기도 했다. 실제로 미국을 비롯한 서구는 그간 틈만 나면 마치 교사가 학생을 나무라듯 중국을 향해 속히 '서구식 민주주의'를 도입할 것을 촉구했다. 이들이 1989년의 천안문 사태 때 성급하게도 중국의 일당독재 체제가 이내 붕괴를 향한 초읽기에 들어갔다고 판단한 이유다.

그러나 이들의 예견은 보기 좋게 빗나갔다. 중국은 오히려 초고속 성장을 거듭하며 GDP에서 세계 제2의 경제대국 일본을 제압한 끝에 마침내 2010년에 들어와서는 미국과 어깨를 나란히 하는 'G2'의 일원으로 우뚝 섰다. 'G2'는 중국이 쑥스러워하며 극구 사양하는데도 미국의 오바마 정부가 억지로 붙여준 영칭英稱이다. 전국시대 말기 서쪽의 강대국 진나라가 서제西帝를 칭하면서 동쪽의 대국 제나라에 동제東帝를 칭할 것을 권한 것과 닮았다.

서구 열강에 100년 가까이 수모를 겪고 이후 공산체제하에서 후진적인 빈곤경제에 허덕이던 나라가 어떻게 30년 만에 'G2'의 일원이 될 수 있었던 것일까? 서방이 한사코 '동양적 전제정부'로 깎아내린 체제가 어떻게 '서구식 민주주의'의 상징인 미국과 비교될 수 있는 것일까?

나이스비트는 '서구식 민주주의'에 대비되는 '중국식 민주주의'에서 그 해답을 찾았다. 그는 동서의 민주주의 모델을 각각 '수평적 민주주의'와 '수직적 민주주의'로 명명했다. '수직적 민주주의'는 정부의 하향식 지도와 인민의 상향식 참여가 상호작용하는 중국 특유의 정치체제를 말한다. 정부는 정책의 우선순위를 정하고 그 속에서 인민은 각자 자신의 역할을 충실히 수행함으로써 전체적으로 국가 및 사회에 기여한다는 게 기본 골자다.

중국의 수뇌부는 등소평의 개혁개방 이후 줄곧 자본주의의 기본 특징인 시장경제는 적극 수용하면서도 '서구식 민주주의'에 대해서만큼은 강한 거부감을 나타냈다. 중국 특유의 '사회주의 시장경제'가 등장한 이유다. 이는 기본적으로 중국에는 중국 전래의 역사문화 전통에 부합하는 통치이념 및 체제가 별개로 존재한다는 확신에 따른 것이었다. 지난 2008년 1월 원자바오 총리가 링컨의 '게티즈버그 연설'을 살짝 돌려 인용한 사실이 이를 뒷받침한다.

"인민의, 인민을 위한, 인민에 책임지는 정부는 결코 지상에서 사라지지 않을 것입니다."

원문의 '인민에 의한'이 '인민에 책임지는'으로 바뀐 것이다. '서구식 민주주의'는 투표행위로 표출되는 '인민에 의한 정부'가 기본 요소이나 중국의 민주주의는 위정자의 무한책임에 기초한 '인민에 책임지는 정부'가 그 요체라고 주장한 셈이다.

중국 수뇌부의 이런 생각은 동양 전래의 '위국위민爲國爲民' 정신에서 비롯된 것이다. 과연 유권자의 투표에 기초한 정부 구성을 강조하는 서구의 '선거민주주의選擧民主主義'와 위정자의 '위국위민' 정신에 기초한 중국의 '책임민주주의責任民主主義' 중 어느 것이 나은 것일까?

나이스비트는 구체적인 답을 유보한 채 상당기간 동안 미국과 중국이 보다 나은 체제 및 이념을 보여주기 위해 치열한 경쟁을 전개할 것으로 내다봤다. 사실 동서양은 수천 년 간에 걸쳐 상이한 역사문화 전통을 쌓아온 만큼 어느 한쪽의 제도가 다른 한쪽보다 낫다고 보는 것 자체가 무리다.

우선 '민주'에 대한 인식 자체가 다르다. 서구는 '자유민주주의'와 '인민민주주의'를 막론하고 개인의 자유 및 권리에서 출발하고 있다. 국가나 사회보다 개인의 권익을 중시하는 것이다. 그러나 중국은 개인보다 국가공동체 전체의 이익을 우선시한다. 사실 세계 인구의 4분의 1을 점하고 있는 중국이 서구처럼 개개인의 자유와 권리를 국익보다 앞세울 경우 나라 자체를 유지하기가 어렵다. 이는 어제 오늘의 일이 아니다. 국익우선의 불문율은 진시황이 사상 처음으로 천하를 통일한 후 2천여 년 넘게 면면히 이어져 온 기본 상식이다. '중국식 민주주의'가 '서구식 민주주의'와 차이를 나타낼 수밖에 없는 근본배경이 여기에 있다.

　'서구식 민주주의'와 '중국식 민주주의'는 각각 일장일단이 있는 까닭에 획일적으로 어느 것이 낫다고 단정할 수 없다. 이는 양방과 한방 중 어느 하나만이 질병치료에 보다 나은 효험이 있다고 획일적으로 말할 수 없는 것과 같다. 양방은 외과, 한방은 내과에 강점을 지니고 있다. 환자의 상황에 따라 양방과 한방을 혼용해 사용하는 게 가장 효과적이라는 건 이제 상식에 속한다.

　나이스비트도 마찬가지 입장이다. 서양이 '서구식 민주주의' 시각에서 중국의 '비민주성'을 거론하는 것은 출발 자체가 잘못됐다고 지적하고 있다. 그는 미국이 200여 년 전에 그랬듯이 중국 역시 현재 전래의 역사문화 전통에 어울리는 새로운 민주주의 모델을 만들어 가는 중이라고 본다. 서구식 잣대를 들이댄 성급한 판단을 경계한 것이다. 그가 서구의 다당제와 달리 일당독재 형식을 띠고 있는 중국의 공산당에 긍정적인 평가를 내리는 이유다.

　물론 그가 독재를 지지하는 건 아니다. 그는 중국의 공산당 수뇌부가 강고한 공산주의 이념 노선을 글로벌 스탠더드에 맞는 법과 자율로 유연하게 바꿔나가고 있는 점에 주목하고 있다. '중국식 민주주의'가 자리를 잡으면 정책결정 및 집행과정에서도 '서구식 민주주의' 못지않게 투명성을 높일 수 있다고 보고 있다. 그가 『차이나 메가트렌드』에서 장차 중국 전래의 역사문화 전통에 기초한 '수직적 민주주의'가 서구의 역사문화 전통에 기초한 '수평적 민주주의'와 맞서 선의의 경쟁을 전개할 것으로 전망하는 이유다.

그의 이와 같은 지적은 매양 서구의 잣대를 전가의 보도처럼 즐겨 들이대는 한국 학계의 잘못된 풍조에 대한 일대 경고에 해당한다. 조선조 이래 주변 외세에 주눅이 든 나머지 늘 남의 잣대로 자신을 평가하는 그릇된 풍조는 별반 나아진 게 없다. 21세기 현재에 이르기까지 민족 스스로의 지혜로 통합하지 못하고 아직도 분단국으로 남아 있는 현실이 그 증거다. 그런 점에서 한국 전래의 역사문화 전통에 기초한 통치이념 및 제도의 수립은 매우 시급한 과제다. 통일시대가 눈앞에 박두하고 있는 저간의 상황을 감안할 때 더욱 그렇다.

원래 자국의 역사문화 전통에 뿌리를 두지 못한 모든 국가발전 전략은 결국 실패하기 마련이다. 치열한 국제경쟁 속에서 살아남기 위해서는 자국의 역사문화 전통에 뿌리를 둔 독자적인 국가발전 전략을 만들어 나갈 필요가 있다. 조선조도 18세기에 북학파들이 부국강병을 위한 개국통상 방략을 제시한 바 있다. 그러나 당시 위정자들은 이들의 주장에 콧방귀를 뀌었다. 그 결과는 나라의 패망과 백성들의 식민지 노예화로 나타났다. 나라의 발전전략과 관련해 스스로 창조적인 모델을 찾아내지 않으면 영원히 선진국의 뒤만 좇아가는 2-3류 국가의 신세를 면할 길이 없다.

미구에 닥칠 통일시대에 대비하기 위해서라도 우선 이웃한 중국을 소상히 알 필요가 있다. 현재 중국 수뇌부는 21세기 동북아시대를 자국을 중심으로 한 소위 '신 중화질서' 체제로 만들기 위해 분주히 움직이고 있다는 게 많은 전문가들의 하나 같은 지적이다. 나이스비트가 '수직적 민주주의' 운운하고 나선 것도 중국 수뇌부와 상당수준 교감을 나눈 결과로 보는 게 옳다.

중국은 신해혁명을 계기로 진시황 이래 2천여 년 간 지속된 제왕정을 무너뜨리고 서구식 공화정을 시작했지만 40년 가까이 혼란의 연속이었다. 소위 '중화민국 시대'에 전개된 군벌대립과 국공내전이 그 증거다. 중화인민공화국이 들어선 이후에도 별반 나아진 게 없었다. 대약진운동과 문화대혁명이 그 실례다.

중국이 면모일신하게 된 결정적 계기는 말할 것도 없이 등소평의 개혁개방에 있다. 『새로운 황제들』을 쓴 솔즈베리의 시각에서 볼 때 등소평은 모택동에 이은 '중화제국'의 제2대 황제에 해당하나 그 내막을 보면 사실상 새로운 '창업주'에 해당한다. 그의 뒤를 이은 강택민과 호금도 등이 하나같이 등소평 노선을 좇고 있는 게 이를 뒷받침한다. 2010년에 들어와 중국이 'G2'의 일원으로 우뚝 설 수 있게 된 것도 바로 등소평의 개혁개방 덕분이라고 볼 수 있다.

로마가 하루아침에 이뤄지지 않았듯이 모든 현상은 오랜 시간을 두고 그 원인이 누적된 결과로 드러나기 마련이다. 중국이 21세기 '창조국가'를 꿈꾸게 된 과정도 마찬가지다. 본서가 '중화민국시대' 이래 21세기 'G2' 시기에 이르기까지 중국을 이끌어 온 개개 인물의 면면을 면밀히 추적한 이유다. 장개석과 모택동, 주은래, 등소평 등의 생장과정과 리더십을 추적한 본서는 앞서 펴낸 『인물로 읽는 중국 근대사』의 자매편에 해당한다. 본서가 21세기 동북아시대를 우리의 시대로 만들기 위해 나름의 해법 찾기에 골몰하는 모든 사람에게 도움이 되었으면 하는 바람이다.

2011년 겨울 학오재學吾齋**에서 저자 쓰다**

| 들어가는 글 |

중체서용과 서체중용

중국의 현대사를 하나로 꿰어볼 수 있는 매우 유용한 잣대로 '중체서용中體西用'과 '서체중용西體中用'의 틀을 들 수 있다. '중체서용'은 동양 전래의 전통문화 위에 서양의 앞선 기술을 받아들이고자 하는 입장을 뜻하고, '서체중용'은 서양의 통치제도까지 도입해 근대화를 추진하자는 입장을 말한다.

증국번과 이홍장 및 좌종당 등의 양무파를 포함해 강유위와 양계초 등의 변법파 모두 만주족의 지배를 승인하고 공자를 숭배하며 부국강병을 제1의로 내세웠다는 점에서 '중체서용'으로 분류할 수 있다. 그러나 손문 등의 혁명파는 만주족의 타도를 제1의로 내세웠다는 점에서 이와 차원을 달리 한다. 신해혁명으로 상징되는 이들의 천하 장악은 만주족의 청조를 타도하고 한족이 중심이 된 공화국을 세우는 소위 '멸만흥한滅滿興漢'을 기치로 내세운 결과였다.

'중체서용'과 '서체중용'의 잣대는 중국 현대사의 해석에 매우 유용하다. 이 잣대를 원용할 경우 국공내전의 두 당사자인 장개석과 모택동의 대조적인 입장을 극명하게 확인할 수 있다. 신해혁명에 대해 장개석은 홍수전의 태평천국을 무너뜨린 증국번의 시각에서 바라보았다. 그가 아들 장경국을 비롯해 휘하의 군 장령들에게 증국번의 서신 등을 모아놓은 『증국번가서』의 필독을 권한 사실이 이를 뒷받침한다.

정반대로 모택동은 홍수전의 시각에서 신해혁명을 바라보았다. 『증문공가서』를 열심히 탐독했음에도 홍수전을 중국 역사상 최초로 근대적인 농민혁명을 일으킨 인물로 평가한 게 그 증거다. 장개석이 공산당을 태평천국과 취지를 같이하는 반란집단으로 간주해 '방공防共'의 입장을 견지한 데 반해 모택동이 태평천국을 농민정권으로 간주해 공산혁명을 뜻하는 '입공立共'에 심혈을 기울인 이유다. 현재 중국이 손문과 홍수전을 공히 높이 평가하고 있는 데 반해 대만이 손문만 높이 평가하는 것도 같은 맥락이다.

원래 손문의 기본 입장은 공산주의를 용인하는 '용공容共'을 내세운 까닭에 '방공'과 '입공'의 중간지점에 위치해 있었다. 그가 '용공'의 입장을 보인 것은 기본적으로 레닌이 러시아제국의 중국 내 이권을 포기하겠다고 제의한 데서 비롯된 것이다. 그는 레닌의 제의를 액면 그대로 받아들여 소련이 과거의 러시아제국과 다를 것으로 판단했다. 그러나 이는 그의 생각에 지나지 않았다. 전 세계를 '차르' 치하에 두고자 한 점에서 소련과 러시아는 하등 차이가 없었다.

실제로 손문의 이런 순진한 생각은 훗날 국민당을 이념적으로 분열시키는 결정적인 배경으로 작용했다. 손문의 사상적 후계자를 자처하며 국민당 좌파를 이끈 왕정위가 손문의 '용공'을 내세워 장개석과 주도권 다툼을 벌이고 손문의 미망인인 송경령이 시종 반장反蔣의 선봉에 선 사실이 이를 뒷받침한다. 장개석이 외양상 손문의 적통 후계자였음에도 불구하고 사상적인 면에서는 늘 왕정위의 공세에 시달린 이유가 여기에 있다.

이는 장개석에게 모택동의 '입공'에 앞서 왕정위의 '용공'을 이론적으로 설복시켜야 하는 커다란 부담을 안겨주었다. 국민당의 내부전열이 흐트러진 근본이유다. 장개석이 내심 '중체서용'의 입장을 지지하면서도 손문처럼 기독교를 신봉하며 서구식 자유민주주의를 추종하는 '서체중용'의 노선을 걸은 것도 이와 무관할 수 없다. 그는 이로 인해 대만으로 밀려날 때까지 모두 3차례에 걸쳐 총통의 자리에서 내려와야 하는 수모를 감수해야만 했다.

모택동은 이와 정반대로 기존의 전통질서를 때려부수는 '서체중용'의 입장을 견지했음에도 국공내전 기간 중에는 중국 전통에 입각한 농민혁명을 주장하는 등 '중체서용' 노선을 추구했다. 일종의 통일전선에 해당하는 소위 '신민주주의'를 내세워 장개석의 '신생활운동'을 압도한 게 그 실례다. 이는 그가 농민혁명을 주장하며 '중체서용'의 입장을 견지한 이대교의 사상적 세례를 받은 사실과 무관치 않았다. 그가 명실상부한 '중화제국'의 창업자가 된 근본배경이 여기에 있다.

장개석과 모택동은 각각 '중체서용'과 '서체중용'의 입장에 서 있었음에도 각기 '서체중용'과 '중체서용'을 가미한 절충적인 행보를 보인 점에서는 동일했다. 그러나 그 결과는 판이하게 나타났다. 한 사람은 보위에서 밀려나 섬으로 쫓겨가고 한 사람은 '중화제국'의 초석을 깐 창업주가 되었기 때문이다. 장개석과 모택동은 '국공내전' 시기에 '중체서용'과

'서체중용'을 적절히 섞어쓰는 득천하得天下 방략의 구사에서 그 운명이 극명하게 엇갈렸다고 해도 과언이 아니다.

중국 현대사의 시점

현재 동양 3국의 학계 내에서 근대의 시점始點에 관해서는 별다른 이견이 없는 상황이다. 중국은 대영제국과 처음으로 맞붙은 1840년의 제1차 아편전쟁, 일본은 미국의 페리 제독이 이끄는 1853년의 흑선黑船 내항, 한국은 일본에 의해 강압적으로 맺게 된 1876년의 강화도 조약을 근대의 시점으로 보고 있다. 약간의 이견이 있기는 하나 대략 역사적 흐름과 맞아떨어지고 있다.

문제는 현대의 시점이다. 일본의 경우는 야스마루 요시오安丸良夫가 『현대일본사상론』에서 역설했듯이 대략 1945년의 패전을 시점으로 잡고 있다. 나름 일리가 있기는 하나 이 경우 제1·2차 세계대전이 빚어지는 20세기 전반의 시기를 '근대'로 간주하는 셈이 돼 다분히 자의적인 기준이라는 지적을 면키 어렵다. 일본이 제2차 세계대전 패전 이후 심기일전해 오늘의 부국을 이뤘다는 것 이상의 의미를 찾기 힘들다.

한국의 경우도 별반 다르지 않다. 서울대 한국정치연구소에서 펴낸 『한국의 현대 정치』는 그 시점을 1945년의 광복으로 잡고 있다. 이 또한 나름 일리가 있기는 하나 대한제국 패망 이후의 독립운동 및 임시정부의 활동시기를 '근대'로 분류하는 셈이 돼 동일한 비판을 비켜가기 어렵다. 일부 역사학자들이 3·1운동이 빚어지는 1919년을 현대의 시점으로 삼고 있는 것은 바로 이를 염두에 둔 것으로 짐작된다. 그러나 이 또한 조선 패망 이후 1919년까지의 시기를 왜 '근대'로 분류해야 하는지 명쾌히 해명하지 못하고 있다.

이와 유사한 논란이 중국에서도 빚어지고 있다. 중국의 대다수 학자는 현대의 시점을 1919년에 일어난 5·4운동으로 잡고 있다. 이에 반해 대만을 중심으로 한 일부 학자는 청조 붕괴의 결정적 배경이 된 1911년의 신해혁명으로 그 시기를 소급시키고 있다. 결론부터 말해 양자 모두 역사적 사실과 동떨어져 있다.

객관적으로 볼 때 신해혁명은 발발 당시 엄연히 청조가 존재하고 있었던 까닭에 하나의 '군란軍亂' 내지 '군변軍變'에 지나지 않았다. 청조가 아무리 피폐한 상황이었다고는 하나 당시 황제는 천하에 명을 내릴 수 있는 유일한 실체였다. 청조의 마지막 황제인 선통제 부의가 퇴위를 선언하고 이어 원세개가 '중화민국'의 초대 총통으로 취임하는 1912년을 현대의 시점으로 삼는 게 역사적 사실에 부합한다.

현대의 시점을 1919년의 5·4운동으로 잡는 것은 중국의 역사를 오직 한족만의 역사로 간주하는 편협한 종족주의 시각에서 비롯됐다는 지적을 면키 어렵다. 중국의 역사는 남방의 한족 이외에도 몽골족 및 만주족을 포함한 북방의 이민족이 함께 엮어나간 다민족의 역사이다. 이는 중국의 역대 왕조를 개괄하면 쉽게 알 수 있다.

원래 5·4운동은 제1차 세계대전 직후 파리에서 열린 강화회의에서 패전국 독일의 중국 산동지역에 대한 권익을 일본에 양도한다는 결정에서 비롯됐다. 애초부터 반제反帝운동으로 출발한 것이다. 윌슨의 민족자결주의에 현혹된 나머지 일제에 한국의 독립을 청원하는 형식으로 전개된 조선의 3·1운동과 닮아 있다. 당시 5·4운동이 중국인을 각성시켜 단결하게 만드는 계기로 작용한 것은 사실이나 이것이 중국의 근현대를 구분짓는 잣대로 작용한 건 아니다. 실제로 당시 원세개의 후신인 북양군벌이 '중화민국'을 대표하는 북경 정부로 존재하고 있었고, 북경 정부가 5·4운동으로 인해 무슨 타격을 입은 것도 아니다. 주관적으로는 5·4운동을 얼마든지 높게 평가할 수 있으나 시대구분과 같은 객관적인 평가작업에서는 보다 냉정할 필요가 있다.

중국의 사상사를 개관하면 주관적인 시대구분을 자행한 적이 몇 번 있었다. 전한제국의 유생들이 '분서갱유'를 자행한 진시황의 치세 자체를 인정치 않고 주왕조가 전한제국으로 직접 이행했다고 주장하는 게 첫 번째 사례에 해당한다. 사상 최초의 통일제국인 진제국이 엄연히 존재했음에도 이를 인정치 않으려 한 것은 역사를 있는 그대로 서술하는 냉정한 사가의 입장과 동떨어진 것이다.

삼국시대가 끝난 후 서진제국의 유생들이 1백 년에 걸친 삼국시대의 존재 자체를 아예 무시한 채 후한제국에서 곧바로 서진제국으로 이어졌다는 식의 논리를 전개한 것도 같은 맥락이다. 남송대의 주희가 조조의 위나라 정권을 극도로 타기한 나머지 『통감강목』에서 촉한의 연호를 정통으로 인정한 것도 감정을 앞세워 역사를 논단했다는 지적을 면키 어렵다. 이런 자세로는 결코 역사에서 배울 게 없게 된다. 역사에서 아무것도 배우지 못한 채 자고자대自高自大하는 것은 패망의 길이다. 청조가 전래의 '중화질서'에 함몰된 나머지 막강한 화력으로 무장한 서구 열강을 끝내 우습게 여기다가 역사 속으로 사라진 게 그 증거다.

중국의 학자들이 북양군벌로 이뤄진 북경 정부를 봉건정권으로 매도하면서 5·4운동을 계기로 중국이 현대의 문턱을 넘었다는 식의 억지주장을 펴는 것도 과거 주희 등이 행한 '자고자대' 행보와 별반 다를 게 없다. 성리학의 잣대 대신 마르크스의 유물사관을 들이댄 것만이 약간 다를 뿐이다. 실제로 현재 많은 중국 학자들은 원세개를 도도한 역사 전개과정에 불쑥 튀어나온 돌연변이와 같은 인물로 간주하고 있다. 아무리 학술논문의 외투를 걸치고 있을지라도 이는 원세개와 그 후계자들이 장악한 북경정부를 인정치 않으려는 감정적인 판단이 앞선 결과로 볼 수밖에 없다. 이념이든 감정이든 주관적인 평가의 잣대를 들이대 역사를 억지로 재단하고 꿰어맞추는 것은 일종의 역사왜곡에 지나지 않는다.

역사가 위대한 것은 선인들이 걸어간 길을 통해 현재를 되짚어보는 거울로 삼을 수 있기 때문이다. 거울이 본연의 기능을 하려면 있는 그대로 사물을 비춰야만 한다. 왜곡된 시각에서 출발한 역사평가는 안 하느니만 못하다. 소위 예사穢史가 그것이다. 현대에 들어와 김일성 부자를 극도로 미화한 북한의 『조선혁명사』 등도 '예사'의 대표적 실례에 해당한다.

고금을 막론하고 역사를 해석하고 평가하는 자세는 어디까지나 있는 사실을 하나의 '팩트'로 인정하는 가운데 출발하는 냉정한 자세가 필요하다. 중국의 현대는 원세개가 '중화민국'의 초대 총통으로 취임하는 1912년으로 잡는 게 사리에 부합한다.

왕조순환설과 '중화제국'

중국의 역사를 개관하면 왕조교체기 과정에서 하나의 패턴이 존재한다는 사실을 쉽게 알 수 있다. 모택동이 초석을 깐 중화인민공화국의 성립과정 역시 기왕의 이런 패턴에서 한 치도 벗어나지 않고 있다. 역사상 왕조교체기의 패턴을 최초로 언급한 사람은 삼국시대 초기 위나라에서 활약한 중장통仲長統이다. 그의 저서 『창언昌言』은 현재 대부분이 없어지고 한두 편만이 전해지고 있다. 그가 언급한 내용의 골자는 대략 다음과 같다.

"천명을 받은 호걸은 처음부터 천하의 명분을 갖고 시작하는 게 아니다. 천하의 명분이 없으니 자연히 천하를 취하려는 인물이 분분히 일어나게 된다. 이로 인해 지혜를 다투는 자가 지혜를 다하여 궁해지고 힘을 다투는 자가 힘을 다해 실패하게 되면 그 형세가 더 이상 대적할 수 없고 그 역량이 더 이상 비교할 수 없는 지경에 이르게 된다. 천명을 받은 호걸은 이때 비로소 자신의 약속을 개시할 수 있게 되어 머리 숙여 천명을 받게 된다.

제왕의 자리가 후사에게 이어지는 상황에 이르게 되면 호걸들의 웅지는 이미 재가 되어 연기처럼 사라지고, 민심도 이미 안정되고, 현귀한 가문도 이미 확립된 까닭에 지존은 오직 한 사람만 있게 된다. 이때는 설령 아무리 어리석은 인물일지라도 지존의 자리에 있게 되면 능히 은덕을 베풀어 천지와 같게 되고 위신威信 또한 귀신을 닮게 된다. 설령 수천 명의 주공周公과 공자가 있을지라도 그들과 성덕을 다시는 겨룰 길이 없고, 전설적인 용사인 맹분과 하육이 백만 명이나 나올지라도 그들의 용력을 다시는 발휘할 길이 없게 된다.

그러나 보위를 이은 어리석은 군주들은 천하에 감히 자신과 대항할 것이 없는 것으로 생각해 스스로 자신의 보위와 천지는 영원히 망하지 않을 것으로 착각한다. 이에 멋대로 방종하고 욕심을 끝없이 키우게 된다. 군신이 공개적으로 음락淫樂을 즐기고 함께 해악을 행하여 조정을 황폐하게 하니 인재를 잃거나 잊게 된다. 신임을 받은 측근은 모두 간녕한 아첨꾼이고, 귀총貴寵이 되어 중용되는 자는 모두 비빈들의 가족이다. 드디어 천하의 고혈을 모두 태워버리고 만민의 골수까지 빼내게 되니 원성이 길에 들끓고 백성이 편히 살 수 없게 된다.

이에 재난과 전란이 어지러이 동시에 일어나 중국이 시끄러워지니 사방의 오랑캐가 배반하여 분분히 침략하여 조정이 붕괴되고 대세가 순식간에 기울어져 전에 내가 먹여 기른 자손들이 지금은 모두 나의 피를 빨아 먹는 원수가 된다. 이때가 되면 이미 시운이 바뀌고 대세가 무너진 것이다. 그럼에도 이를 깨닫지 못하는 것은 부귀가 불인不仁을 낳는 걸 몰랐다기보다는 크게 취해 우매한 지경에 이르렀기 때문이라고 보아야 한다. 누대의 존망存亡이 이로써 부단히 다시 바뀌게 되고 천하의 치란治亂은 이로써 다시 돌기 시작한다. 이는 천도天道가 늘 그러한 이치이기도 하다.”

중장통의 ‘왕조순환설’은 동양 전래의 ‘역사순환설’ 중 가장 정치精緻한 것으로 평가받고 있다. 미국의 동양학자 라이샤워도 지난 1960년대에 중장통과 유사한 이론을 전개한 바 있다. 그는 자신의 저서 『동아시아 : 위대한 전통』에서 중국 역대 왕조교체의 패턴을 정교하게 분석해 놓았다.

그의 주장에 따르면 군웅할거의 상황에서 최후의 승리를 거둬 새 왕조를 개창하면 공신집단이 비교적 작은 데다 상호 긴밀히 결속돼 있고, 군웅할거의 제거로 국고가 저절로 충실해지고 백성들 또한 안정된 질서 속에 생업에 종사할 수 있어 인구가 급격히 증가하게 된다. 그러나 이내 사치풍조가 만연해 토지가 점차 집권층의 지배하에 들어가면 국고가 비어가고, 이를 보충하기 위해 농민들의 조세부담이 극한 상황에 이르게 된다. 백성들이 도적떼로 돌변하는 상황에서 뛰어난 인물이 등장해 봉기의 깃발을 올리면 사방에서 이에 호응하는 무리들이 우후죽순처럼 일어나고, 마침내 이들을 막을 길이 없게 된다. 각지에 할거한 군웅은 각기 황제와 왕을 칭하며 사방으로 영역확장에 나서고, 수십 년 간에 걸친 각축 끝에 최후의 승리를 거머쥔 자가 마침내 새 왕조를 열고 황제의 자리에 오르게 된다. 이로부터 다시 왕조교체의 순환이 시작된다.

이것이 라이샤워가 분석한 왕조교체의 기본 패턴이다. 라이샤워와 중장통의 이론을 중국의 전 역사에 대입할 경우 예외 없이 들어맞는 걸 알 수 있다.

유방이 진시황 사후 진제국이 혼란에 빠진 틈을 타 귀족 출신인 항우를 제압함으로써 최초의 농민 출신 황제가 되고, 조조와 유비 등이 천하를 3분하는 삼국시대를 이끌어내고, 3백 년 간에 걸친 남북조시대를 종식시킨 수나라가 무리한 고구려 정벌로 내분이 일어난 것을 이용해 이연과 이세민이 당제국을 건립하고, 조광윤이 5대 10국의 혼란기를 수습해 북송을 세우고, 주원장이 비밀결사인 백련교도에서 몸을 일으켜 농민반란군의 수장이 된 후 북경으로 진격해 명제국을 일으키고, 만주족이 명나라 장수의 투항을 계기로 북경에 입성해 청조를 세우는 과정 등이 이 패턴에서 한 치도 벗어나지 않고 있다.

원세개의 북경 정부가 발족한 1912년부터 모택동이 천안문에서 중화인민공화국의 성립을 선포한 1949년까지의 과정도 예외가 아니다. 본서가 중화인민공화국의 탄생과정을 '중화제국'의 건립과정으로 보는 이유다.

그런 점에서 청조 패망 이후 30여 년 간에 걸친 내전 끝에 건립된 중화인민공화국은 청조의 뒤를 이은 또 하나의 왕조에 해당한다. 역대 왕조의 교체과정에서 가장 긴 내전기간을 기록한 것은 1백여 년의 삼국시대이고, 가장 짧은 기간은 진시황 사후 유방이 7년 간에 걸쳐 항우와 접전한 소위 '초한지제楚漢之際'이다. 지속된 기간으로 볼 때 모택동과 장개석이 치열하게 다툰 국공내전은 삼국시대와 '초한지제'의 중간쯤에 속한다.

제왕정이 공화정으로 바뀐 것은 커다란 변화이기는 하나 거시사의 관점에서 볼 때 이는 하나의 변법變法에 불과할 뿐이다. 역사문화 전통은 결코 바뀌지 않기 때문이다. 실제로 과거 로마노프 왕조 치하의 러시아와 스탈린 치하의 소련 및 현재 푸틴 체제하의 러시아 사이에 '차리즘'의 차이를 거의 찾기 힘들다. 중국도 역대 왕조의 황제와 '신 중화제국'의 황제에 해당하는 모택동 및 등소평 사이에 황제가 누리는 권력 및 권위 등에서 별반 차이가 없다. 북한의 김정일 및 한국의 대통령도 마찬가지다. 이들을 두고 서구의 학자들이 '선출된 차르'와 '새로운 황제', '세습왕조' 등으로 표현하는 것도 이와 무관치 않을 것이다.

창업과 수성

역대 황제의 리더십을 평가할 때 매우 유용하게 사용할 수 있는 잣대가 있다. 바로 '왕조순환설'에 입각한 '치부致富'와 '균부均富'의 틀이다. 공자는 『논어』에서 '치부'와 '균부'의 중요성을 두루 언급한 바 있다. 치평治平이 성립하기 위해서는 백성의 '치부'가 전제되어야 하고, 치평을 성공적으로 이루기 위해서는 백성의 '균부'가 실현되어야 한다고 주장한 것이다.

이론적으로 볼 때 양자는 아무 모순이 없다. 그러나 현실은 정반대로 흘러갔다. 이는 라이샤워가 지적했듯이 자만심과 나태에 빠진 권귀權貴들이 백성의 '치부'와 '균부'를 소홀히 하고 탐욕에 빠져 의도적으로 그 균형을 깨뜨린 결과였다.

'치부'와 '균부'의 분석틀은 중국 전래의 '왕조순환설'을 명쾌히 설명해 주고 있다. 원래 국고 증대의 원천인 백성의 '치부'는 춘추전국시대부터 국가의 생산력 증대를 위해 적극 권장된 전통이었다. 전국시대 초기 일부 국가는 법가사상가의 주장을 좇아 백성의 '치부'가 나태를 불러올까 우려해 의도적으로 막대한 세금을 물려 '치부'를 일정수준에서 묶은 경우가 있기는 하나 이는 일시적인 현상에 불과했다. '치부'의 전통은 백성들로 하여금 더 열심히 노력해 더 많은 토지를 경작토록 부추겼다. 이 과정에서 남는 땅에 임금노동자나 소작인을 사용하거나 고리대를 악용해 재산 증식을 꾀하는 자들이 나타났다. 전국시대 말기에 맹자가 토지균배를 전제로 한 소위 '정전제井田制'를 역설한 것은 바로 이 때문이었다. 그러나 이런 부작용은 늘 무시됐다. 중국의 농촌사회가 거듭된 왕조교체에도 불구하고 수천 년 간에 걸쳐 크게 대소 지주와 소작인으로 양분되는 구조로 고착된 이유가 여기에 있다.

이는 만성적으로 부익부 빈익빈의 양극화를 초래하는 근본배경으로 작용했다. 역대 왕조가 창업 초기에 예외 없이 일련의 '균부' 정책을 실시한 이유가 여기에 있다. 그러나 시간이 지나 빈부의 양극화 현상이 표면화되고 홍수와 한발 등이 겹치면 최하층인 소농 및 소작인들은 살 길을 찾아 사방을 떠돌다가 이내 유적이 될 수밖에 없다. 이는 농민반란으로 이어져 마침내 천하동란을 초래하게 된다. 이런 악순환은 춘추전국시대부터 20세기 초의 국공내전 기간에 이르기까지 끊임없이 이어졌다. 펄벅은 『대지』에서 당시의 상황을 생생하게 묘사해 노벨문학상을 탄 바 있다.

이런 악순환을 끊기 위해서는 크게 두 가지 방법을 생각할 수 있다. 하나는 토지제도의 전면 개혁이다. 일찍이 전한제국 말기에 왕망은 '신新나라'를 세운 후 이를 실행에 옮긴 바 있다. 바로 왕전제王田制가 그것이다. 이는 전국의 땅을 모두 국유화한 뒤 백성들에게는 경작권만을 나눠주는 제도로 맹자가 역설한 '정전제'의 이상을 구체화한 것이다. 그러나 이는 결국 실패해 신나라 패망을 앞당기는 요인으로 작용했다. '균부'에 지나치게 주목한 나머지 '치부'를 무시한 후과였다. 이후 이를 실시한 왕조는 없었다. 그러던 것이 중화인민공화국이 들어선 이후 왕전제가 재차 등장했다. '균부' 전통의 제도화를 겨냥한 소위 인민공사人民公社의 등장이 그것이다. 그러나 이는 오히려 '균부'와 정반대되는 전인민의 '균빈均貧'만을 초래했을 뿐이다. '치부'의 전통을 무시한 후과였다.

다른 하나는 '치부'를 권장하면서도 갖기 못한 자들의 불만과 '균부' 욕구를 충족키 위해 위정자가 적극 나서 일련의 '균부' 정책을 시행하는 길이다. 등소평의 개혁개방이 바로 여기에 해당한다. 이는 왕조교체의 배경으로 작동하는 '치부'와 '균부'의 길항拮抗관계를 통찰한 결과로 볼 수 있다. 그의 개혁개방이 성공한 배경이 여기에 있다. 중국 전래의 역사문화 전통 속에서 그 해법을 찾은 게 요체였다. 그러나 21세기에 들어와 초고속 성장의 부산물인 빈부의 양극화가 커다란 사회문제로 제기되면서 다시 '균부'에 대한 목소리가 높아지고 있다. '치부'와 '균부'의 상호작용에 의한 왕조순환의 이치는 중화인민공화국의 성립과정은 물론 그 이후의 통치과정에서도 예외 없이 그대로 적용되고 있는 셈이다.

'신 중화제국'과 한반도

중국은 이미 오래 전부터 고대사에서 근현대사에 이르기까지 동아시아 역사를 자국에 유리하게 기술하는 '역사공정'을 진행시켜 온 바 있다. 고구려를 당제국의 지방정권으로 규정한 '동북공정'이 그 증거다. 한국은 지난 2004년 '고구려역사재단'을 급히 발족시켜 이에 적극 대응했으나 별다른 가시적 성과를 내지 못했다. 이 재단이 이듬해에 '동북아역사재단'에 흡수되자 일부 네티즌들이 중국의 압력에 의한 게 아니냐며 성토에 나섰다.

누리꾼들의 이런 지적은 나름대로 이해할 수 있으나 일부 정치인들이 자신들의 친미성향을 과시하기 위해 의도적으로 중국 헐뜯기 행보를 보인 것은 '원려遠慮'가 없다는 지적을 면키 어렵다. 이들은 그루지야의 사카슈빌리 대통령이 지난 2008년에 미국만 믿고 이웃한 러시아의 심기를 거슬렀다가 호되게 당한 전례를 감계로 삼을 필요가 있다.

2010년 3월에 터져나온 '천안함 사건'도 같은 맥락에서 해석할 수 있다. 북한의 도발이 확실한데도 중국이 시종 애매한 태도를 취한 것은 기본적으로 조선을 만주와 하나로 묶어 중원의 동쪽 울타리로 간주해 온 역사문화 전통에서 기인한 것이다. 조선이 무너지면 만주가 위협을 받고 만주가 무너지면 이내 북경이 위험에 처한다는 식이다. 북한을 지원하는 데 따른 여러 불이익에도 불구하고 한국이 '천안함 사건'을 계기로 미국과 군사협력을 강화하는 것에 극도로 예민한 반응을 보이는 이유다.

한중일 3국의 일부 학자들이 3국 공통의 역사 교과서를 만들자는 데 의견의 일치를 보고도 아직 이렇다 할 성과를 내지 못하고 있는 것도 같은 맥락이다. 중국의 전 역사를 통틀어 한반도가 중원에 직접적인 위협대상으로 떠오른 적이 크게 세 번 있었다. 조선조 중엽에 터져나온 왜란 및 호란, 1890년대의 청일전쟁, 1950년대의 한국전쟁이 그것이다. 왜란 당시 명나라 조정은 초기에 조선이 왜군과 합세해 만주로 진공하는 게 아니냐는 오해를 하기도 했다. 호란 당시에도 조선조가 만주의 청나라와 합세해 쳐들어올까 전전긍긍했다. 왜란 및 호란은 모두 명청 교체기에 빚어진 사건이기는 하나 한반도가 중원의 안녕을 위협하는 매우 중요한 변수로 떠오른 첫 번째 사례에 해당한다.

중국이 한반도에 극도로 예민한 반응을 보이기 시작한 것은 청일전쟁부터다. 실제로 이 전쟁을 계기로 일본의 상승세는 압록강을 넘어 일시에 만주로 뻗어나갔다. 이는 청조가 무너지고 '중화민국'이 들어서는 결정적인 배경으로 작용했다. 1930년대의 중일전쟁은 그 연장선상에 있었다. 한반도에 적대세력이 들어설 경우 중국은 안녕을 기할 수 없다는 사실이 명백해졌다.

세 번째 사례로 들 수 있는 한국전쟁은 중국 수뇌부가 한반도의 전략적 중요성을 절감한 사건이었다. 국제정치 관점에서 볼 때 중화인민공화국이 들어선 이듬해에 터져나온 한국전쟁은 40년 가까운 군벌상쟁 끝에 가까스로 일궈낸 '중화제국'의 근간을 뿌리 채 뒤흔들 수 있는 사건이었다. 한반도 전체가 미국의 영향하에 들어가면 대만과 한반도에서 대륙을 향해 남북으로 협공을 가할 수 있게 되기 때문이다. 비록 스탈린의 지원을 전제로 한 것이기는 했으나 한국전쟁 개입은 일종의 '도박' 성격을 띠고 있었다.

2010년 6월 17일자 《환구시보》가 상하이 화동사범대 심지화沈志華 교수의 말을 인용해 6·25전쟁은 김일성이 소련과 중국의 승인을 배경으로 감행한 '남침'이라고 보도한 것도 이런 맥락에서 이해할 수 있다. 이는 일견 한국전쟁을 미국에 대항해 조선을 도와줬다는 '항미원조抗美援朝'로 규정해 온 저간의 사정을 감안하면 극히 이례적이기는 하나 달리 보면 '중화제국'의 기본 입장을 드러낸 것으로 볼 수 있다. 크게 두 가지 논거를 들수 있다.

첫째, 김정일 체제의 붕괴를 염두에 두었을 가능성이다. 제2차 세계대전 이후 전 세계 모든 나라를 통틀어 3대에 걸쳐 세습을 이어간 나라는 오직 북한밖에 없다. 김정일 이후 북한이 계속 존속할지 여부를 장담하기 어려운 상황이다. 이는 중국이 계속 뒤에서 도와준다고 될 일도 아니다. 특히 G2의 일원으로 인정받고 있는 현 상황에서는 돌출행동을 일삼는 북한을 계속 옹호하는데도 일정한 한계가 있을 수밖에 없다. 유사시 김정일 체제를 포기한다는 복안을 마련해 놓았을 공산이 크다.

둘째, 남한이 한반도를 통일할지라도 과거처럼 한반도가 중원에 위협이 되지는 않으리라고 판단했을 가능성이다. 이게 중국 수뇌부의 진정한 속셈에 가깝다. 중국의 역대 왕조는 조선을 흉노와 몽골, 거란, 여진과는 달리 일종의 '순이順夷'로 간주해 왔다. 이런 판단은 7세기 중엽에 소위 '통일신라'가 들어선 이래 무려 1300여 년 동안 정확히 맞아 떨어졌다.

2010년을 기점으로 G2의 일원으로 당당히 부상한 상황에서 과거처럼 피해의식에 젖어 중화경제권의 핵심으로 가담하고 있는 남한을 굳이 잠재적인 적대세력으로 간주할 필요가 없다고 판단했을 공산이 크다. 여기에는 한반도에 등장한 역대 왕조가 1천여 년 넘게 '순이'로 존재해 온 역사적 사실이 중요한 참고사항이 되었을 수 있다. 실제로 한반도가 중원에 결정적인 위협이 된 것은 모두 일본이 조선을 강점한 19세기 이후다.

한국전쟁 참여를 계기로 북한을 '혈맹', 남한을 '미제의 앞잡이'로 간주한 것은 당시에는 나름 타당했으나 21세기 상황과는 동떨어져 있다. 그렇다면 차라리 한반도 통일과정에서 결정적인 역할을 함으로써 한반도에 들어설 새 정권을 '순이'로 길들이는 게 중국의 이익에 부합한다는 논리가 성립한다. 해법 또한 매우 간단하다. 바로 북한에 대한 지원을 중단하는 것밖에 없다.

문제는 장차 한반도에 들어설 새 정권의 성향이다. 남한의 이명박 정부는 객관적으로 볼 때 친미세력에 가깝다. 그러나 노무현 정권 당시 이미 드러났듯이 젊은 층을 비롯한 서민층은 결코 중국에 대해 적대적이지 않다. 오히려 이들은 잠재적인 우호세력으로 분류할 수도 있다. 그렇다면 건강이 악화일로를 걷고 있는 김정일의 예상되는 사망시점과 맞물려 중도좌파 내지 중도우파의 새로운 세력이 주도권을 쥘 경우 북한의 조속한 붕괴와 남한에 의한 통일이 중국의 안녕과 번영에 오히려 도움이 된다. 중국 수뇌부는 이런 여러 변수를 염두에 두고 복잡한 셈법을 하고 있을 공산이 크다.

실제로 구한말에 이런 일이 있었다. 청일전쟁 직전 이홍장은 일본을 견제하기 위해 한미수교 체결에 앞장선 바 있다. 전래의 '이이제이以夷制夷' 수법을 구사했다. 그러나 이는 이홍장의 착각이었다. 미국과 일본이 서로 필리핀과 한반도에 대한 독점적 이익을 보장하는 '카츠라-태프트 비밀협약'을 맺은 게 그 증거다. 한국전쟁 이후 중국 수뇌부는 북한을 제국의 안녕을 지키기 위한 최전선으로 간주했다. 남한을 보는 눈 또한 색안경을 쓰고 볼 수밖에 없었다.

그러나 등소평의 개혁개방 이후 중국은 물론 남한도 사정이 크게 바뀌었다. 구태여 낡은 색안경을 쓰고 한반도를 바라볼 필요가 없게 된 것이다. 이제 G2의 일원으로 부상한 만큼 세계 전략의 밑그림을 완전히 새롭게 그릴 필요가 높아졌다. 《환구시보》의 보도는 바로 중국 수뇌부의 이런 속사정을 일부 드러낸 것으로 볼 수 있다. 실제로 중국의 학자들은 한국이 왜 통일을 주도적으로 이루지 못하는지 의아한 표정을 짓고 있다. 한국 정부의 기민하면서도 정교한 대응이 절실히 요구되는 이유다.

[01]
군벌

중화제국 건설에 도전한 무장단

인물로
읽는 중국
현대사

MODERN
HISTORY
of
CHINA

CHIANG KAI SHEK 蔣介石
MAO TSETUNG 毛澤東
CHOU ENLAI 周恩來
DENG XIAOPING 鄧小平

군벌(軍閥)　1912년 청나라가 멸망한 이후 군사력을 기반으로 전국 또는 지방의 일부에 웅거하면서 실질적으로 권력을 행사한 중국의 고급 군인 및 그들의 병력을 뜻한다. 군벌주의 등의 표현에서 쓰이는 사전적 의미의 군벌과 일본의 군벌 등하고는 차이가 있다.

군벌시대와 삼국시대

 '중화민국' 초대 총통 원세개는 치세 도중 가까스로 늘 꿈꿔왔던 '중화제국'의 황제로 등극하기는 했으나 들끓는 여론으로 인해 이내 보위에서 내려와야 했다. 얼마 후 그가 병사하자 그의 휘하 군벌들은 그를 황제의 예로 장사지냈다. 입관할 때 머리에 보관을 씌우고 천제를 지낼 때 입는 예복을 입혔다. 완연한 황제의 차림새였다.

 그의 사후에 나타난 어지러운 흐름 역시 왕조교체기 때 통상 나타난 혼란과 하등 차이가 없다. 당시의 군벌상쟁 양상을 『삼국지』의 군웅쟁패 상황과 비교하면 쉽게 알 수 있다. 중국 인민들의 지탄 속에 숨을 거둔 원세개는 십상시의 난으로 인해 혼란에 빠진 후한 황실을 평정하고 권력을 장악한 동탁에 비유할 만하다. 원세개는 수양 아들 여포에 의해 비명횡사한 동탁과 달리 지병으로 사망했으나 죽음에 이르는 과정만큼은 별반 차이가 없다. 그가 황제의 자리에서 내려온 뒤 이내 화병이 나 죽게 된 것은 자신이 그토록 믿었던 휘하 군벌들의 배신 때문이었다. 부하의 배신으로 인해 죽음에 이르게 된 점에서 두 사람은 하등 차이가 없다.

 그런 점에서 손문은 동탁 토벌군의 수장으로 추대된 원소와 닮았다. 동탁처럼 졸렬한 방법으로 천하를 거머쥔 원세개와 시종 대립하며 북경정부의 전복을 꾀한 게 그렇다. 죽을 때 한을 품고 죽은 것도 닮았다. 손문은 원소와 달리 비록 사후 모택동에 의해 크게 떠받들어지기는 했으나 이 또한 조조가 하북을 통일한 뒤 원소의 무덤 앞에 가 크게 제사를 올린 것과 별반 다를 바가 없다.

 손문의 사상적 후계자를 자처하며 장개석과 대립했던 왕정위는 유비와 닮았다. 그는 변법파의 양계초와 치열한 논전을 전개하며 늘 '참다운 삼민주의'를 구두선처럼 외쳐 스스로를 손문의 사상적 후계자로 각인시키는 데 성공했다. 이는 아무런 기반도 없으면서 한실의 후예를 자처하며 '한실부흥'을 구두선처럼 되뇐 유비와 비슷한 모습이다. 광동 일대를 중심으로 한 일부 군벌들이 수시로 그와 연계하며 장개석과 대립한 것은 그의 명성이 장개석 못지않았음을 반증한다. 실제로 그의 위세는 한때 장개석을 압도하기도 했다. 장개석이 3차례에 걸쳐 남경 정부의 총통자리에서 하야하게 된 데에는 그의 견제가 결정적인 배경으로 작용했다. 이는 유비가 '한실부흥'을 구실로 제갈량 등의 재사를 끌어들여 삼국의 한 축을 형성한 것과 닮아 있다.

손문의 실질적 후계자로서 막강한 무력을 보유했던 장개석은 손권에 비유할 수 있다. 장개석은 북벌 이후 중화민국의 대표자를 자처하기는 했으나 그 내막을 살펴보면 당시에도 남경을 중심으로 한 강남지역의 지방 군벌에 불과했다. 그의 북벌은 명분에 밀린 봉천군벌 장학량이 명목상 그를 군벌연합의 수장으로 인정한 반사이익에 지나지 않았다. 실제로 그의 북벌 이후에도 북경을 실질적으로 지배한 군벌은 장개석의 남경군벌이 아니라 장학량의 봉천군벌이었다. 그런 점에서 장개석의 행보는 강남에 틀어박힌 채 황제를 칭한 손권과 닮아 있다. 장개석이 자신의 기반인 절강 재벌 송씨 가문과 유착해 지탄을 받은 것도 손권이 강남의 토호들을 배경으로 정권을 유지한 것과 흡사하다.

모택동은 원소를 격파하고 화북의 주인공이 된 조조에 비유할 수 있다. 비록 원소로 비유되는 손문을 직접 타격한 것은 아니나 큰 틀에서 보면 손문의 '삼민주의'를 물리치고 '모택동주의'를 채택한 점에서 손문을 사상적으로 제거한 것이나 다름없다. 현재 '삼민주의'는 대만에서만 화석처럼 살아남아 있다.

모택동은 전장에서도 손에서 책을 놓지 않고, 기존의 어떤 형식이나 관행에 얽매이지 않고 검소하며 서민적이고, 재담과 계교에 능하고, 임기응변을 잘하고, 준령대천을 지날 때면 늘 천하를 삼킬 듯한 기백이 넘치는 시사를 짓는 등 조조와 너무나 빼어닮았다. 자부심이 지나친 나머지 때로는 부하들의 충간을 받아들이기는커녕 자신의 구상을 고집스럽게 밀어붙이는 것도 닮았다.

그는 생전에 천하통일의 대업을 이룬 점에서 조조와 차이가 있으나 큰 틀에서 보면 이 또한 조조와 별반 다를 바가 없는 것이다. 삼국의 통일은 사마의의 손자인 사마염 때 이뤄졌으나 촉한을 통합할 때까지만 해도 사마씨는 어디까지나 위나라의 신하에 불과했다. 사마염이 비록 위나라 마지막 황제 조환으로부터 제위를 선양받은 뒤 오나라를 통합함으로써 천하통일의 위업을 달성하기는 했으나 오나라의 통합은 사실 시간문제에 지나지 않았다. 천하통일 이후 천하인의 승인을 얻은 것 또한 위나라의 정통성을 이어받았기에 가능했던 것이다. 큰 틀에서 보면 조조는 천하통일의 기틀을 닦은 장본인에 해당한다. '중화제국'의 창업주로 군림한 모택동과 큰 차이가 없는 셈이다.

그런 점에서 등소평은 사마의에 비유할 만하다. 명민한 데다 말수가 적고, 온갖 굴욕 속에서 칼을 갈며 때가 오길 기다렸다가 일거에 정적을 무너뜨리는 도광양회韜光養晦의 행보가 바로 그렇다. 조조의 위나라가 조환 때 사마염에게 넘어갔듯이 모택동이 죽기 직전에 세운 화국봉 역시 조환처럼 등소평 세력의 막강한 힘에 밀려 '황권皇權'을 고스란히 넘겨주어야만 했다.

'중화제국'의 성립과정 역시 삼국시대 군웅들의 용호상박 양상과 사뭇 닮아 있다. 군벌시대 초기에 원세개와 손문이 다툰 것은 동탁과 원소의 대립과 닮아 있고, 중기 이후 모택동과 장개석, 왕정위가 다투는 국공 내전의 상황은 조조와 손권, 유비가 다툰 것과 닮아 있다. 왕정위가 장개석과 손을 잡고 모택동과 대립했다가 이내 갈라선 후 일본에서 죽음을 맞이한 것도 적벽대전 전후로 손권과 제휴했다가 이릉대전에서 패해 백제성에서 죽음을 맞은 유비의 행보와 닮았다.

『삼국연의』는 조조와 유비의 싸움을 주로 다루고 있으나 조조의 위나라에게 최대 위협은 적벽대전이 상징하듯이 유비의 촉한이 아닌 손권의 동오였다. 장개석이 회수 및 장강을 기준으로 그 남쪽을 차지한 것도 강남에 웅거했던 손권과 닮았다. 실제로 모택동과 장개석은 국공내전이 끝나는 1949년까지 회수와 장강을 사이에 두고 치열한 남북 각축전을 전개했다.

두 사람에게 제2차 세계대전의 종결은 오히려 건곤일척에 해당하는 사력전의 시기였다. 당시 왕정위는 중일전쟁 이후 추축국인 일본의 후원 하에 명목상 중국 정부를 대표한 까닭에 일본의 패퇴를 계기로 3자 각축전에서 이내 사라지고 말았다. 이는 삼국시대 당시 촉나라가 가장 먼저 패망한 것에 비유할 만하다.

1945년에서 1949년의 기간 중 장개석은 몇 차례에 걸쳐 결정적인 승리를 거머쥘 수 있는 계기가 있었다. 그러나 스탈린의 전폭적인 지원을 받은 모택동이 만주 일대에서 임표의 활약에 힘입어 반격의 계기를 마련하면서 상황이 일변하기 시작했다. 이는 명분론에 휩싸인 장개석이 자신이 불리한 만주지역에서 승부를 결할 생각으로 막대한 물량을 퍼부은 후과였다. 당시 장개석이 만주를 포기하고 화북 일대에 화력을 집중했다면 상황은 정반대로 흘렀을 공산이 컸다.

이후 화북에서 모택동에게 밀릴 때에도 재차 심기일전의 각오로 화력을 장강 이남에 집중시켰다면 장강을 경계로 하여 남북 대치국면을 유지시킬 수도 있었다. 그러나 그는 결단하지 못하고 우물쭈물하는 바람에 시기를 놓쳤다. 이후 그는 일패도지一敗塗地의 돌이킬 수 없는 상황에 처하고 말았다. 대만으로 건너간 이후의 역사는 중국사 전체의 관점에서 볼 때 이미 역사무대의 전면에서 사라진 잔사殘史에 지나지 않는다.

동서고금을 하나로 꿰는 거시사巨視史의 관점에서 보면 청조는 홍수전이 일으킨 태평천국의 난 때 이미 군웅할거의 시대로 접어들었다고 볼 수 있다. 막강한 무력을 보유한 증국번과 이홍장, 좌종당 등 한족 관원들이 청조에 대한 충성을 끝까지 지킨 덕분에 청조는 그나마 수명을 수십 년간 연장할 수 있었다.

신해혁명 직후 원세개가 손문의 양보를 얻어내 '중화민국'의 초대 총통이 된 것은 새 왕조 개창을 위한 제1보를 내디딘 것이나 다름없다. 그러나 그는 '중화민국'을 '중화제국'으로 바꾸려는 속셈을 섣불리 드러내는 바람에 오히려 화를 자초했다. 휘하 군벌에 의해 비록 '황릉'으로 조성된 무덤에 묻히기는 했으나 이는 희극에 지나지 않았다. 그의 죽음은 청조의 뒤를 이을 새로운 '중화제국'의 건립이 미해결 과제임을 천하에 널리 선포한 것이나 다름없었다. 모택동이 중화인민공화국 건립을 선언하는 1949년까지 중국에는 공식적으로 '중화민국'만이 존재했다. 그러나 이는 사실 군벌할거를 포장한 것에 지나지 않았다. '민국시대'를 '군벌시대'로 해석할 수 있는 이유다.

난세와 군벌

당초 청조는 청일전쟁의 패배를 계기로 조락凋落의 위기를 맞은 노쇠한 제국에 불과하다는 사실이 분명히 드러나기는 했으나 아직 완전히 패망한 것은 아니었다. 손문 등의 혁명세력은 빈사의 사자 숨통을 끊기 위해 동분서주했다. 광서 29년(1903) 손문이 하노이에서 일본에 오기 직전, 상해에서 청조를 강력 비난하는 추용의 「혁명군」을 전재한 소위 '『소보蘇報』 사건'이 일어났다.

추용은 이 글에서 증국번과 좌종당 및 이홍장을 두고 태평천국에 참여한 수백만 동포를 참살해 만주족에 바친 노예에 지나지 않는다고 매도하면서 혁명을 하려면 먼저 노예근성을 버려야 한다고 주장했다. 장병린에게 금고 3년, 추용에게 금고 2년의 판결이 내려졌다. 전례없이 관대한 처분이었다. 이는 청조의 기운이 그만큼 노쇠했음을 암시했다.

광서 30년(1904) 러일전쟁이 발발하자 도쿄에 있던 황흥과 진천화 등의 '화흥회'는 이해 11월 16일 호남의 성도 장사에서 무장봉기를 일으키기로 결정했다. 의도적으로 음력 10월 10일의 서태후 생일을 고른 것이다. 장사에서는 호남순무 육원정 이하 호남성 요인이 한 자리에 모여 축하식을 거행할 예정이었다. 연회장에 미리 폭약을 묻어두었다가 그들을 폭살시킨 뒤 장사를 점령해 혁명의 기지로 삼는다는 계획이었다. 그러나 요원이 상담湘潭에서 체포돼 일이 무산되고 말았다. 상담은 모택동의 고향이다. 당시 11세인 모택동은 강압적인 부친을 상대로 거친 투쟁을 벌이고 있었다.

러일전쟁 발발 이듬해인 광서 31년(1905) 7월 하순, 도쿄에서 '중국동맹회'가 결성됐다. 손문의 흥중회, 황흥의 화흥회, 장병린의 광복회가 더욱 강력한 조직을 만들자는 취지에서 통합한 것이다. 동맹회 회원들은 이런 서약서를 썼다.

"하늘을 두고 맹서한다. 오랑캐를 몰아내어 중화를 회복하고 민국을 수립하여 권리를 평등하게 한다. 신의를 지키고 충성을 다하면 시작이 있듯이 끝이 있을 것이다. 만일 이를 어기면 어떤 처벌도 달게 받겠다."

주목할 점은 반제조항이 빠져 있는 점이다. 열강의 실체를 제대로 파악치 못했다는 증거다. 실제로 이들은 혁명으로 공화제 정권을 수립하면 열강도 동조해 줄 것으로 기대했다. 순진한 생각이었다. 회칙은 왕조명을 비롯한 8명이 기초했다. 왕조명은 이때 이미 혁명이론가의 위치를 확고히 하고 있었다.

당초 손문은 정치활동을 시작할 때만 해도 위로부터의 점진적인 개혁이라는 개량적인 방안에 대해서도 미련을 버리지 못했다. 청일전쟁이 발발한 광서 20년(1894) 이홍장에게 상서를 올린 게 그 증거다. 그는 자신의 제안이 묵살되자 이내 본격적인 혁명작업에 뛰어들었다.

이후 신해혁명을 계기로 그간의 활발한 혁명활동에 따른 명성을 배경으로 총통으로 추대되었다. 그러나 그의 수중에는 자금도, 별다른 국내 조직도 없었다. 더 큰 문제는 '청조타도'의 목표가 이뤄지자 내부의 계파 간 갈등이 표면화한 데 있다. 혁명파가 정권장악에 실패한 근본이유다.

이에 반해 하남의 명문 사대부 가문 출신인 원세개는 기존의 보수세력을 기반으로 막강한 힘을 보유하고 있었다. 당시 가장 막강한 화력을 보유한 북양신군은 그의 사병私兵이나 다름없었다. 이를 통솔할 수 있는 사람은 오직 한 사람, 원세개뿐이었다. 신해혁명 이듬해에 '중화민국' 초대 총통의 자리에 오른 배경이다.

'왕조순환설'의 관점에서 볼 때 왕조교체의 혼란기에는 무력이 성패를 좌우하기 마련이다. '중화민국'의 초대 총통 원세개는 역대 왕조의 창업주와 마찬가지로 이를 몸으로 실천한 장본인에 해당한다. '북벌'을 내세워 명목상 천하통일에 성공한 장개석과 중화인민공화국의 창업주 모택동 역시 무력을 배경으로 보위에 오른 점에서 하등 차이가 없다.

이런 상황에서 혁명파가 무력으로 북양신군을 격파하지 않는 한 '청조타도'는 한낱 구호에 불과했다. 혁명파가 과거 변법파가 시도한 것처럼 총통 자리를 미끼로 원세개를 유인한 이유이다. 그러나 이는 어렵사리 탄생한 '중화민국'의 실권을 모두 원세개의 수중에 고스란히 넘겨주는 결과를 낳았다.

당시 원세개가 궁극적으로 노린 것은 '중화민국'의 총통이 아니라 새로운 '중화제국'의 황제였다. 실제로 그는 '제제운동帝制運動'을 전개할 때 국명을 '중화제국'으로 정했다. 이는 대소군벌의 상호 대립과 손문을 중심으로 한 제2·제3의 혁명을 부추겼다. 제재운동이 훗날 사가들에게 국내의 혼란과 분열만 가중시킨 무모한 운동으로 비난받은 이유다.

중앙군벌의 상쟁

원세개의 집권과정은 북양군벌의 형성과정이나 다름없다. 그의 득세는 기본적으로 서태후의 두터운 신임에서 비롯됐다. 서태후는 의화단 사건 수습에 나선 이홍장이 굴욕적인 신축조약 체결 후 이내 숨을 거두자 광서 28년(1902) 6월, 원세개를 정식으로 직례총독 겸 북양대신에 임명했다. 이를 계기로 그는 그간 공들여 키워온 무장세력을 배경으로 청조의 실권을 장악한 뒤 마침내 신해혁명이 터지자 손문을 누르고 중화민국 초대 총통 자리에 오르는 데 성공했다.

원래 북양군벌의 파벌형성은 원세개의 집권 당시 북양군의 지역적 분포에서 비롯됐다. 원세개에 의해 각 지역의 독군督軍에 임명된 자들은 대부분 원세개가 광서 11년(1895) 12월 천진의 소참小站에 주둔하던 정무 군定武軍의 훈련을 담당할 때 그의 속료로 있던 자들이다. 당시 원세개는 정무군의 명칭을 '신건육군新建陸軍'으로 바꾼 후 심복들을 끌어들여 군에 대한 통제를 강화했다. 서세창徐世昌과 단기서段祺瑞, 풍국장馮國璋, 왕사진 王士珍, 조곤曹錕 등이 바로 이때 그의 휘하에 들어온 자들이다. 이들이 훗 날 북양군벌의 핵심세력을 형성했다.

북양군벌의 각 파벌은 원세개 사후 비록 후계자 및 정부의 수반 자리 를 놓고 수시로 무력을 동원해 충돌하기는 했으나 시종 북경 정부를 장악 했다. 이들을 통틀어 '중앙군벌'로 규정할 수 있는 이유다. 중앙군벌은 곧 무력으로 중앙의 북경 정부를 장악할 수 있는 가능성을 지닌 군벌을 지 칭한다.

원세개 사후 장개석의 북벌이 이뤄지기까지 불과 10여 년에 불과한 짧은 세월이기는 했으나 북양군벌은 중화민국을 대표했다. 실제로 당시 서구 열강 모두 이들을 중국을 대표하는 세력으로 간주했다. 그런 점에서 이들은 손문을 명목상의 수령으로 내세우며 광동과 광서 등 남부의 해안 및 내륙지역에 할거한 지방군벌과 확연히 구별된다.

중앙군벌은 크게 이홍장의 회군에 뿌리를 둔 안휘 및 복건 출신의 '안복파安福派'와 원세개의 신군에 뿌리를 둔 '직례파直隸派', 만주를 배경 으로 새로이 등장한 '봉천파奉天派'로 대별할 수 있다. 안복파의 주류는 안휘성 출신의 소위 '환계皖系'였다. 이는 태평천국의 난을 진압할 때 이 홍장이 생전에 안휘성 출신을 회군의 수뇌부로 발탁한 사실과 무관치 않았다. 회군 출신 단기서가 중심인물이 된 게 그 증거다. 직례파는 원세개가 직례총독으로 있을 당시 자신의 핵심측근들을 신군의 수뇌부로 포진시킨 데서 비롯됐다. 원세개의 핵심측근 풍국장이 그 우두머리였다.

봉천파는 마적 출신인 장작림이 자수성가하여 만주 일대를 석권한 데서 출발했다. 일부 학자는 이들을 원세개 휘하에서 생장한 안복파 및 직례파의 북양군벌과 구별해 동북군벌東北軍閥로 분류하기도 한다. 그러나 장작림이 군벌로 성장케 된 배경에 원세개의 신임이 결정적으로 작용한 점 등을 감안할 때 북양군벌의 일원으로 파악할지라도 큰 잘못은 없다. 실제로 봉천파는 안복파 및 직례파와 더불어 북경 정부를 좌우하는 3대 군벌 중 하나로 움직였다. 그가 일본군에 의해 폭사한 후에는 아들 장학량이 봉천파를 이끌며 일본군과 맞섰다.

이들 3대 파벌은 원세개 사후 각기 자신의 근거지에 할거하면서 중앙의 북경 정부에 대한 통제권을 장악하기 위해 끊임없이 다투었다. 이들의 이합집산에 따라 내각도 수시로 바뀌었다. 원세개가 사망하는 1916년부터 장개석의 북벌이 완성되는 1928년 사이 총 38차례의 내각개편이 있었던 사실이 이를 뒷받침한다. 1년에 무려 3차례 이상의 개각이 이뤄진 셈이다. 그럼에도 중화민국의 법통은 여전히 이들 북양군벌이 조종하는 북경 정부가 쥐고 있었다.

이들 북양군벌의 상호 대립은 일본과 서양 제국주의자들의 이권개입 및 불평등조약 체결과 맞물려 중국을 더욱 혼란스럽게 만드는 결과를 낳았다. 이들의 집권기간 중 중국이 반半식민지 상태로 전락한 배경이 여기에 있다.

원세개 사후에 빚어진 북양군벌 파벌 간의 충돌은 기본적으로 육군총장을 지낸 단기서와 직례총독을 역임한 풍국장이 각각 국무총리와 부총통을 지낸 경력 등을 내세워 권력다툼을 벌인 데서 비롯됐다. 북경 정부를 장악하면 법통을 인정받아 열강으로부터 차관은 물론 관여關餘와 염여鹽餘를 지원받는 등 여러 면에서 유리했다. '관여'는 해마다 열국에 지불하는 배상금을 빼고 남은 관세를 말하고, '염여'는 배상금 공제 후의 남는 염세를 말한다.

당초 안휘 합비현 출신인 안복파 수령 단기서는 이홍장이 세운 북양무비학당을 졸업한 후 원세개의 측근으로 활약하다가 원세개가 총통에 취임할 때 육군총장에 임명됐다. 그는 원세개 사후 1920년 실각할 때까지 3차례나 국무총리를 역임하는 등 줄곧 권력의 핵심에 있었다. 제1차 세계대전이 한창 진행 중인 1917년 3월 국무총리로 있던 그는 참전문제를 둘러싸고 대독일 선전포고를 주장했다. 그러나 총통 여원홍은 중립을 지지했다. 국무원과 총통부 사이에 빚어진 이 충돌을 소위 '부원지쟁府院之爭'이라고 한다. 당시 단기서 뒤에는 독일의 산동 내 권익을 차지하려는 일본이, 여원홍의 뒤에는 일본을 견제하려는 미국이 있었다. '부원지쟁'은 미일의 대리전에 지나지 않았다.

결국 단기서는 대독단교 및 참전방안을 통과시키기 위해 소위 '공민청원단公民請願團'이라는 어용조직을 만들어 국회를 포위하는 수법으로 동의안 가결을 꾀했다. 여원홍이 총통의 권한을 이용해 단기서를 파면하자 단기서는 각 성의 독군들로 하여금 독립을 선언하게 했다. '부원지쟁'이 날로 격화되자 1917년 7월 여원홍이 장훈에게 속히 상경해 중재에 나서줄 것을 요청했다.

당시 장훈은 청조의 부활을 꿈꾸고 있었다. 그의 부하장병 모두 그를 좇아 변발을 한 까닭에 그는 '변발장군'이라는 별칭을 얻었다. 그는 여원홍의 요청을 계기로 군사 쿠데타를 일으켰다. 5천 명의 변발군을 이끌고 상경한 그는 곧 국회해산과 여원홍 퇴진을 해법으로 제시하면서 선통제 부의를 자금성으로 불러와 보위에 앉혔다. 이를 '복벽復辟 사건'이라고 한다. 재야에 파묻혀 있던 강유위 등이 이를 적극 지지하고 나섰다.

그러나 이는 시류를 거스르는 것이었다. 이 사건은 파면된 단기서에게 호기로 작용했다. 그가 곧 '민국부흥'을 기치로 내걸고 토벌군을 조직해 변발군을 제압하자 이해 7월 12일 부의가 퇴위를 선언했다. 단기서는 여세를 몰아 여원홍 대신 풍국장에게 총통의 직무를 대행케 하고 총리로 복귀해 권력을 탈환했다. 여기에는 산동 이권을 노리는 일본의 데라우치 내각이 적극 지원한 게 결정적인 배경으로 작용했다.

당시 단기서도 일본의 속셈을 나름대로 읽고 있었으나 무력통일을 이루기 위해서는 일본과 전략적 제휴를 맺는 게 불가피하다고 판단했다. 곧 일본으로부터 소위 '니시하라西原龜三 차관'을 비롯한 거액의 차관이 들어왔다. 그는 이를 기반으로 하여 남쪽의 군벌들을 제압하기 위한 무력통일을 추진했다.

단기서는 먼저 합헌의 구색을 갖추기 위해 장훈의 '복벽'으로 해산된 옛 국회를 소집하지 않고 새 국회를 만들기 위한 총선을 실시했다. 옛 국회가 자신의 대독 선전방안에 반대한 앙갚음이었다. 그는 새 국회를 구성하는 과정에서 각종 부정한 방법을 동원했다. 1918년 8월 12일 '신국회新國會'가 개원했다. 단기서를 지지하는 안복구락부安福俱樂部가 대부분의 의석을 차지한 까닭에 이를 '안복국회'라고 한다.

손문을 비롯한 남방의 혁명세력은 이를 북경 정부에 대한 공격의 호재로 삼았다. 이들은 광주를 근거지로 '신국회'의 비정통성을 지적하며 법통을 옹호하자는 소위 '호법투쟁'을 전개했다. '구국회舊國會'의 부활이 골자였다. 총통 대리 풍국장이 이에 호응해 무력통일을 반대하고 나왔다.

그러나 사실 이는 자신의 세력권인 장강유역이 전쟁터가 될 것을 우려한 결과였다. 장강 일대 3명의 총독을 지칭하는 소위 '장강삼독長江三督'을 비롯해 오패부吳佩孚 등의 직례파도 적극 반대하고 나서자 단기서는 부득불 총리 자리에서 물러날 수밖에 없었다. 그러나 그는 소위 '참전독판參戰督辦'으로 자리를 옮겨 북경 정부에 대한 영향력 행사의 끈을 놓지 않았다.

당시 단기서는 자신의 무력통일 방안이 좌절된 근본 이유를 무력의 부재에서 찾았다. 이에 참전을 명목으로 공여된 일본의 참전차관을 토대로 소위 '참전군參戰軍'의 편성을 서둘렀다. 이를 획책한 인물은 단기서의 측근 서수쟁徐樹錚이었다.

'참전군'은 애초부터 대독일 작전과는 아무 상관없는 것이었다. 오직 단기서의 무력을 뒷받침하기 위해 만들어진 것이었다. 실제로 '참전군'은 제1차 세계대전이 끝나 존속의 명분이 없어진 후에도 변방군邊防軍으로 개칭되어 계속 존재했다. 일본의 입장에서 볼 때 참전군의 편성은 친일정권을 수립코자 하는 기본 목표와 일치했다. 니시하라 사적으로 비밀리에 거액의 차관과 무기를 제공했다. 1917년 1월부터 이듬해 9월까지 모두 8차례에 걸쳐 제공된 차관액은 총 1억 5천만 엔에 달했다.

이 사실을 안 풍국장 등 직례파 세력이 반발 기미를 보이자 단기서는 1918년 9월 신국회를 조종해 총통대리 풍국장을 퇴진시키고 중립적인 서세창을 총통으로 추대했다. 남북통합에 대한 여론이 들끓자 이듬해인 1919년 2월부터 상해에서 북경 정부와 광주의 호법 정부 사이에 '남북화의'가 시작됐다. 그러나 그 결과는 이미 예견된 것이었다. 의견불일치로 아무 소득 없이 끝났다.

이 와중에 파리 강화회의에서 독일의 산동이권이 일본에 이전된다는 소식이 전해졌다. 외교 교섭을 담당한 조여림曹如霖 등의 신교통계新交通系

관료에 대한 비판여론이 거세졌다. 신교통계는 청대 말기 및 민국 초기에 철로건설과 더불어 형성된 금융재벌 집단에서 갈라져 나온 관료집단을 말한다. 이게 5·4운동의 빌미로 작용했다. 이를 계기로 그간 잠복돼 온 직례파와 안복파의 대립이 표면화했다.

이때 단기서의 핵심측근 서수쟁이 서북주변사西北籌邊使의 권한을 최대한 활용해 서북지역으로 세력을 확장했다. 이 지역을 자신의 세력범위로 간주해 온 봉천파의 장작림이 발끈했다. 이에 직례파와 봉천파가 합세해 단기서의 안복파에 대항하는 소위 '직봉8성동맹直奉八省同盟'이 구성됐다.

1920년 7월 소위 '안직전쟁安直戰爭'이 발발했다. 이 싸움에서 안복파는 봉천파와 연합한 직례파에게 대패했다. 직례파와 봉천파가 공동으로 북경 정부를 접수한 뒤 새 내각을 발족시켰다. 이는 한해 전에 병사한 풍국장을 대신해 직례파의 영수로 등장한 조곤이 장작림과 합세해 만든 연합정권이었다.

그러나 봉천파와 직례파의 제휴는 오래가지 못했다. 직례파 뒤에는 영미, 봉천파 뒤에는 만주 진출을 노리는 일본이 있었다. 배후세력의 조종을 받은 두 파의 갈등은 서로 장강유역으로 세력을 확장하려고 다투는 과정에서 불거졌다. 오패부가 양호순열사兩湖巡閱使가 되고, 같은 직례파인 제섭원과 진광원 및 소요남이 각각 강소와 강서 및 호북의 도독이 됐다. 직례파의 2인자 오패부는 무비학당 출신으로 반일입장을 분명히 해 애국인물로 급부상한 인물이다.

화가 난 장작림은 절강의 노영상盧永祥과 결합했다. 총통 서세창 역시 봉천파와 결합해 직례파를 견제하고자 했다. 봉천파가 내각개조를 요구하자 구교통계舊交通系의 거두로 친일적인 양사이梁士詒 내각이 등장했다. 그러나 이는 오히려 두 파 간의 대립이 더욱 첨예화하는 계기로 작용했다. 양사이 내각이 일본의 재정원조를 얻기 위해 워싱턴 회의에 참가한 중국 대표에게 중국의 산동이권을 양보토록 지시한 게 발단이었다. 이 사실을 안 오패부가 매국행위를 강력 규탄하며 양사이 내각의 도각을 꾀했다.

1922년 4월 직례파와 봉천파가 격돌하는 제1차 직봉전쟁直奉戰爭이 발발했다. 이는 반일 움직임의 선봉에 선 오패부를 지지하는 여론의 성원에 힘입어 직례파의 승리로 귀결됐다. 장작림은 산해관 밖으로 후퇴하면서 동3성의 자치를 선언했다. 제1차 직봉전쟁에서 승리한 직례파는 북경정부를 완전히 장악한 여세를 몰아 장기집권을 꾀했다.

이해 6월 직례파는 여원홍을 총통에 복귀시키고 해산된 '구국회'를 회복시켰다. 이로써 법통문제를 둘러싼 시비가 해소됐다. 손문이 이끄는 광동 군정부軍政府의 '호법북벌護法北伐'은 명분을 잃고 말았다. 덕분에 북경 정부에 대한 안팎의 기대감이 크게 높아졌으나 이런 기대는 이내 깨지고 말았다. 이는 왕총혜가 이끄는 소위 '호인내각好人內閣'이 무능력한 모습을 보인 결과다. 한때 '노공신성勞工神性'을 외치며 '애국장군'으로서 신망을 모았던 오패부도 1923년 2월 7일 철도노동자의 파업에 대해 무자비한 탄압을 자행해 비난대상이 됐다.

이 와중에 직례파의 내부갈등이 표면화되었다. 1923년 6월 조곤이 총통 여원홍을 몰아내는 소위 '제1차 북경정변'을 일으켰다. 이어 '구국회'의 의원을 매수한 뒤 이해 10월의 총통선거를 통해 총통 자리에 올랐다. 이를 소위 '조곤의 뇌물선거 사건'이라고 한다. 이 사건으로 북경 정부의 법통이 크게 훼손됐다. 전국적인 규탄운동이 일어나자 손문 등의 남방 혁명세력은 기왕의 '호법투쟁'에서 '무력혁명' 쪽으로 방향을 틀기 시작했다.

전국적인 반직反直운동이 전개되면서 이에 편승한 손문이 노영상 및 장작림과 제휴하는 소위 '반직 3각동맹'이 형성되었다. 이로써 정국은 직례파와 '반직 3각동맹'이 대립하는 양상으로 전개됐다. 1924년에 소위 '강절전쟁江浙戰爭'과 '제2차 직봉전쟁'이 발발한 배경이 여기에 있다. '강절전쟁'은 직례파의 지파인 손전방孫傳芳이 복건을 장악한 것을 계기로 절강에 대해 포위공격을 실시한 데서 비롯됐다.

'강절전쟁'은 표면상 강소군벌 제섭원과 절강군벌 노영상 간의 지엽적인 전쟁이지만 실질적으로는 직례파와 반직례파 간의 대리전에 해당했다. 당시 직례파의 제섭원은 8만, 안휘파의 노영상은 9만의 병력을 동원해 상해 인근에서 치열하게 싸웠다. 처음에는 노영상이 유리했으나 이내 반격전에 휘말려 패퇴하고 말았다. 싸움이 한창 진행 중인 이해 9월 장작림이 직례파에 대한 공격을 개시한 게 소위 '제2차 직봉전쟁'이다.

이 와중에 직례파 장군 풍옥상 등이 전선에서 이탈해 북경으로 회군한 후 손악과 함께 '제2차 북경정변'을 일으켰다. '국민군'을 편성해 조곤을 구금하고 개각을 단행하자 오패부를 중심으로 한 직례파의 북경 정부 지배구도가 붕괴되고 말았다. 풍옥상은 손문의 북상을 요구하면서 정계에서 일시 물러난 단기서에게 정국의 수습을 청했다. 그러나 임시정부의 집정으로 추대된 단기서는 손문의 국민회의 소집 주장을 묵살한 뒤 북경에서 '선후회의善後會議'를 소집했다. 사후대책 회의인 선후회의가 별다른 성과 없이 끝나자 군벌 간의 혼전이 다시 전개됐다.

손전방은 절강, 복건, 안휘, 강서, 강소를 아우르는 소위 '5성연군五省聯軍 총사령'을 칭하며 상해로 진주한 봉천파 군사를 몰아낸 뒤 절강 일대의 지배권을 장악했다. 이 와중에 서북군벌 풍옥상이 봉천파 장군 곽송령을 유인해 함께 장작림에게 도전하자 장작림은 일본의 지원을 받아 곽송령 부대를 패퇴시켰다. 그러나 곽송령은 풍옥상 휘하로 들어가 계속 봉천파에 저항했다. 시간이 지나면서 풍옥상이 남쪽의 혁명세력에 기울어지는 모습을 보이자 북벌에 위기의식을 느낀 직례파는 곧 '적과의 동침'을 시도해 봉천파와 연합전선을 구축했다.

1926년 7월 북벌에 나선 장개석 휘하의 광동 국민혁명군이 오패부와 손전방 등 직례파 군벌을 차례로 침몰시킨 뒤 북경 정부를 대신할 남경 정부를 발족시켰다. 이는 마지막 남은 중앙군벌인 봉천파를 협공하기 위한 우회전략이었다. 재차 북벌에 나선 그는 독립적인 군벌세력인 산서의 염석산과 광서의 이종인 등과 연합해 봉천파를 거세게 몰아쳤다. 결국 장작림은 만리장성 밖으로 패퇴하던 중 봉천 부근에서 일본군이 설치해 놓은 폭탄이 터지는 바람에 열차 안에서 폭사하고 말았다. 이를 소위 '황고둔皇姑屯 사건'이라고 한다.

당시 장개석의 국민혁명군은 군벌의 폭정에 신음하던 국민들로부터 커다란 지지를 받았다. 장작림의 아들 장학량은 부친의 원수인 일본에 저항하기 위해 1928년 국민 정부에 투항을 선언했다. 안휘파와 직례파가 무너진 데 이어 봉천파마저 투항함으로써 북경 정부를 좌우했던 북양군벌은 사실상 종언을 고했다.

결국 이들 북양군벌의 시대는 원세개가 1912년에 총통에 취임한 이후 장개석의 북벌이 끝나는 1929년까지 도합 17년 간 지속된 셈이다. 이후 장개석은 명실상부한 '남경 정부'의 시대를 열었다. 그는 모택동의 홍군에 의해 대만으로 쫓겨가는 1949년까지 비록 도중에 3번이나 하야하는 우여곡절을 겪기는 했으나 이는 표면상의 하야에 불과했다. 그는 이전의 북양군벌을 방불하는 막강한 무력을 지닌 최대 군벌의 수장이었다.

그러나 이내 복병이 등장했다. 바로 공산주의 사상으로 세뇌시킨 농민군을 이끈 모택동이었다. 그는 장개석을 포함한 여타 서남군벌과 달리 '군벌타도'를 외쳤으나 그 내막을 보면 그 역시 '군벌'의 하나에 지나지 않았다. 군벌시대에 천하를 거머쥐기 위해서는 당사자 역시 '군벌'의 일원이 돼야만 했다. 왕조순환설의 관점에서 볼 때 이를 탓할 일도 아니다.

연성자치운동의 실체

학자들은 통상 중앙군벌은 '북양군벌', 지방군벌은 '서남군벌西南軍閥'로 부른다. 근거지를 중심으로 한 개괄적인 분류로 나름 타당하다. 실제로 북양군벌은 원세개, 서남군벌은 손문의 후계자나 다름없었다. 중화민국 총통 자리를 놓고 원세개와 손문이 전개한 치열한 대립구도가 군벌 간의 상쟁구도에도 그대로 나타난 셈이다. 이 구도는 장개석의 북벌이 이뤄질 때까지 지속되었다.

지방군벌은 해당 지역의 토착지배층과 강고한 정치경제적 결합을 통해 1개 또는 수개 성을 영향권 내에 넣고 반#독립적인 권력을 행사한 군벌을 말한다. 그러나 이들이 해당 지역을 전적으로 장악한 것은 아니었다. 1개 성 내에도 몇 개 현 단위로 실질적인 영향력을 행사하는 수많은 군소군벌이 존재했다. 공산당원이 장악한 남부지역의 산발적인 소비에트 정부도 이런 군소군벌의 연합에 지나지 않았다. 큰 틀에서 보면 농민군을 이끈 모택동도 지방군벌에 해당한다.

중국을 반식민지 상태로 몰아간 데에는 북양군벌 못지않게 서남군벌의 책임도 크다. 서남군벌은 북양군벌과 달리 그 연원이 짧다. 이들은 혁명세력으로 출발해 신해혁명 이후 점차 군벌로 전화한 게 특징이다. 이들 중 상당수가 신해혁명과 이후의 반원反袁투쟁에 가담했다. 운남의 당계요唐繼堯와 광서의 육영정陸榮廷, 광동의 진형명陳炯明, 사천의 웅극무熊克武 등 이 그들이다.

북양군벌에 비해 상대적으로 소규모 군사를 유지한 이들 서남군벌 역시 북양군벌과 마찬가지로 철저히 자신의 이해관계를 좇아 반복무상한 모습을 보였다. 일본을 등에 업은 단기서 정권이 무력통일을 시도할 때는 서로 제휴해 강력 대응했다가 손문이 북벌을 시도할 때는 기존 이익을 지키기 위해 적극적인 견제를 시도했다. 서남군벌이 북양군벌에 비해 진보적이거나 덜 반동적이었다고 평가할 수 없는 이유가 여기에 있다.

실제로 이들은 자신들의 이해와 상충될 경우 손문이 세운 '광동 군정부'는 물론 그 후신인 장개석의 '남경 정부'에도 과감히 맞섰다. 중국이 외세에 의해 과분瓜分 위기에 몰린 데에는 북양군벌은 말할 것도 없고 서남군벌까지 외세와 연계해 더욱 독립적인 모습을 보인 게 결정적인 배경으로 작용했다. 그럼에도 서남군벌은 이를 서구의 민주자치에 가까운 것으로 미화했다. 소위 '연성자치운동聯省自治運動'이 그것이다.

원래 이는 5·4운동 이후 군벌의 무력지배에 반대하는 민주화운동의 일환으로 나온 것이다. 그러나 엄밀히 보면 태평천국의 난을 계기로 급속히 확산된 '지방중심주의' 내지 '분권화' 경향에 뿌리를 둔 반역사적인 운동이었다. 미국의 연방주의를 흉내 낸 이 운동이 주로 서남지역을 중심으로 전개된 점에 주목할 필요가 있다.

1920년대 초 북경 정부와 손문의 광동 군정부가 첨예한 대립을 계속하자 서남지역의 군소군벌은 '서구의 민주자치'를 구실로 이 운동을 적극 부추기고 나섰다. 각 성마다 소위 '성헌법省憲法'을 제정하고 자치정부를 수립함으로써 고질적인 '군벌내전'을 종식시키고 연방형식의 통일국가를 세운다는 게 표면상 이유였다. 구호는 그럴듯했으나 사실 이는 올망졸망한 군소군벌들이 자신들의 기득권을 지키기 위해 군벌시대를 연장하고자 하는 속셈을 교묘히 포장한 것에 지나지 않았다. 서남지역의 군소군벌들은 자신의 세력을 확고히 하기 위해 이를 철저히 이용했다.

당초 청조 말기에 지방 독무의 권력이 강화되고 의화단 사건 이후 '신정新政'이 선포되면서 분권화 경향이 급속히 증대했다. 이는 각 성의 자의국諮議局 설립으로 구체화되었다. 이후 신해혁명과 반제운동이 진행되는 와중에 각 성이 독립을 선언하면서 분권화 경향이 표면화했다. 원세개 사후 힘의 공백 속에서 각 성에 뿌리를 둔 군소군벌이 자신들의 세력을 공고히 다지고자 한 결과다.

여기에 기름을 부은 것은 북양군벌의 북경 정부와 손문의 광동 군정부였다. 단기서 정권이 누차에 걸쳐 호남 등에 대한 출병을 감행한 것은 손문의 광동 군정부를 반란정권으로 간주한 결과였다. 광동 군정부가 일관되게 견지한 호법북벌 역시 북경 정부를 원천적으로 부정하는 무력통일 노선이었다. 이런 첨예한 군사적 대립은 평화통일을 더욱 어렵게 했다.

이런 상황에서 제3의 통일방안으로 나온 게 바로 '연성자치론'이었다. 이것이 실행단계로 옮겨진 것은 1920년대 전반이었다. 호남과 호북, 사천, 섬서 등 남북 대립의 중간에 낀 지역을 포함해 광동과 광서, 복건 등 그 영향하에 있는 지역에서 커다란 호응을 얻었다.

대표적인 지역이 호남과 사천이었다. 이 두 지역은 군벌 간의 혼전으로 인해 가장 큰 피해를 입은 곳이기도 하다. 특히 사천은 한 군벌이 장기적으로 지배하지 못한 채 늘 작은 군벌들이 대리전을 치르는 양상으로 전개된 까닭에 더욱 혼란스러웠다. 조직폭력배의 영역 다툼과 별반 차이가 없었다.

훗날 중화인민공화국을 창업한 모택동과 그의 뒤를 이어 현대 중국의 초석을 깐 등소평이 각각 호남 및 사천 출신인 것도 결코 우연으로만 볼 수 없다. 실제로 두 사람은 군벌의 폐해를 누구보다 절감했다. 모택동은 자신의 사후 등소평이 집권하지 못할 경우 이내 군벌시대가 재래할 것을 염려했다. 그가 죽기 직전 등소평에게 소위 '부작위不作爲에 의한 권력승계'를 허용한 배경이 여기에 있다. 이는 후사와 관련해 낙점 등의 적극적인 방법을 동원하지 않고 모든 것을 당사자의 능력에 떠맡기는 소극적인 권력승계 방식을 뜻한다.

평화통일운동으로 간주된 '연성자치운동'이 호남과 사천을 중심으로 커다란 호응을 얻었음에도 이내 사그라진 것은 개혁 자체가 이를 주도한 토착군벌 정권과 양립할 수 없었던 사실과 무관치 않다. 실제로 가장 선구적으로 이 운동을 전개한 호남의 경우 성헌법에 규정된 군비축소와 군벌수탈의 배제, 민주적 개혁 등은 하나의 슬로건에 지나지 않았다. 이는 당시의 정황상 애초부터 실현될 수 없는 것이었다.

1917년 단기서 정부가 부량좌를 호남에 파견하자 호남의 토착군벌은 광서와 광동, 운남군벌의 지지를 배경으로 그를 몰아냈다. 이듬해 봄 후임으로 온 장경요가 다시 약탈을 일삼자 5 · 4운동에 자극을 받은 모택동 등 호남 출신 청년들이 토착군벌과 합세해 강력 반발했다. 1920년 안직전쟁의 패배로 장경요가 축출되고 호남 출신인 담연개가 부임했다. 북경 정부가 호남 출신을 임명해 세력을 유지하고자 한 결과 담연개는 성헌법 제정을 포함한 '연성자치운동'을 적극 전개하고 나섰다.

지배층인 신사층과 상공계층을 포함해 호남의 민주개혁을 요구하는 학생과 지식인들이 이를 전폭 지지했다. 호남사범학교 학생인 모택동도 여기에 적극 가담했다. 그러나 이내 자치의 방향을 둘러싸고 급진과 온건의 대립이 일었다. 이는 성헌법에서 가장 중시한 군비축소 조항인 소위 '재병裁兵'에 관한 이견으로 인한 것이었다. 군벌정권이 자신의 존재기반 자체를 부정하는 이런 개혁에 선뜻 동의할 리 만무했다.

이 와중에 담연개가 실각하고 뒤이어 집정한 조항척은 남북으로부터 초연한 호남의 자치를 주장하면서 호남인이 호남을 다스린다는 취지의 소위 '상인치상湘人治湘'의 기치를 내걸고 독자적인 군벌세력을 형성했다. 1922년 9월 호남성장에 당선된 그는 군정에 이어 민정까지 장악했다. 그러나 이후 그는 직례파와 가까이 하다가 손문과 선이 닿는 당생지에 의해 이내 축출되고 말았다. 호남이 남북 대립의 주요 전장이라는 사실이 거듭 확인된 셈이다. 실제로 호남은 다른 성보다 훨씬 심한 내전상태에 있었다. 여기에는 부량좌, 장경요 군벌정권을 비롯한 북양군벌 출신의 객군客軍이 가혹한 대민수탈을 일삼은 게 크게 작용했다. '객군'은 타지역 출신 군벌을 말한다.

사천도 상황은 비슷했다. 1920년 5월 운남군벌 당계요가 '대운남주의'를 구실로 사천에 침입했으나 토착군벌 웅극무 등이 이들을 쫓아내고 사천의 자치를 선포했다. 이후 자치의 구호는 사천의 패권을 장악하려는 군벌의 정치 슬로건이 되고 말았다. 사천의 군소군벌들이 1922년 8월 '사천성헌법회의주비처'를 조직했다. 사천의 지식인들도 '사천자치회'를 조직해 이를 적극 지지했다. 이내 성헌법 초안이 통과되고 성의회 심사를 거쳐 마침내 군소군벌 유성훈이 성장에 추대됐다.

호북의 경우는 안복파 독군 왕점원의 축출운동 형태로 진행됐다. 당시 호남의 조항척은 호남 내부의 분규를 해소하기 위해 '호북자치운동의 원조는 호남'이라는 명분하에 호북을 침공했다. 이를 소위 '원악전쟁援鄂

戰爭'이라고 한다. 그러나 그는 오히려 직례파 중앙군벌의 무력간섭을 유발해 패퇴하고 말았다.

절강은 1920년 안직전쟁 이후에도 유일하게 살아남아 있던 안복파 노영상이 장악한 지역이었다. 그가 연성자치운동을 지지한 것은 직례파의 무력통일에 대한 위기감에서 비롯된 것이었다. 절강성 헌법이 다른 성보다 훨씬 빠른 1921년 9월 9일에 선포된 이유다.

광동에서도 광서군벌 육영정 등의 약탈적 지배에 저항해 광동의 토착군벌 진형명이 1920년 12월 손문과 함께 광주를 회복한 뒤 '연성자치운동'을 전개했다. 진형명도 소위 '월인치월粵人治粵'의 기치를 내걸고 성헌법 기초작업에 들어가 이듬해 말 심사를 완료했다. 그러나 광동성 1성에 지배권을 구축하고자 하는 그의 '성중심주의'는 손문의 '북벌노선'과 정면으로 충돌할 수밖에 없었다. 결국 진형명은 1922년 6월 무력을 동원해 손문을 광동에서 몰아냈다. 1923년 초 손문이 광주를 재탈환하면서 그의 광동 지배도 끝나고 말았다.

이후 손문은 광동을 중심으로 무력을 증강하기 시작했다. 비록 북벌을 명분으로 내세우기는 했으나 큰 틀에서 보면 이 역시 진형명의 지방군벌과 별반 차이가 없는 것이었다. 그의 뒤를 이은 장개석이 이를 토대로 북벌군을 만든 것도 같은 맥락에서 이해할 수 있다.

당시 호적과 같은 자유주의 지식인들은 중국에서는 중앙집권국가 형태가 적합지 않다는 주장을 펼치며 연성자치에 의해서만 군벌할거를 타파하고 중국을 통일할 수 있다고 주장했다. 미국의 민주주의 및 연방제도에 한없는 신뢰를 보낸 결과다. 그러나 이것이 중국의 역사문화 전통과 동떨어진 것임은 말할 것도 없다. 더 위험한 것은 이 논리를 관철할 경우 중국의 과분을 촉진해 서구 열강의 중국 침탈을 더욱 용이하게 만들 소지가 있었던 데 있다. 어설픈 지식인의 위험이 바로 여기에 있다.

진독수를 비롯한 중국공산당이 '연성자치정부'는 군벌할거 현상을 헌법으로 보장하는 격이라고 비판한 것은 옳았다. 진독수와 호적 사이에 이를 둘러싼 논전이 치열하게 전개된 이유다. 당시 왕정위와 장개석이 이끄는 국민당도 지방자치 자체에 대해서는 찬성하면서도 '연성자치'는 군벌의 자기 이익을 보장하는 수단이 될 위험이 크다고 보았다. 이들이 통일정부를 완성한 뒤 중앙정부에 의한 지방분권의 하향식 분배방식이어야 한다고 주장한 것은 성 단위보다 현 단위의 자치를 염두에 둔 것이었다.

중국 전래의 역사문화 전통과 동떨어진 연성자치운동은 애초부터 실패할 수밖에 없는 공허한 논리에 지나지 않았다. 민치를 지향하는 성헌법 체제와 이를 주도한 군소 서남군벌의 군치軍治는 양립이 불가능했다.

종래 학계에서는 연성자치운동의 성격을 놓고 크게 두 가지 견해가 대립해 왔다. 하나는 5·4운동 이래 군벌의 무력지배에 반대하는 민주화 개혁운동의 연장선 속에서 이해하는 긍정적인 입장이다. 다른 하나는 서남지역의 군소 토착군벌이 자신들의 기득권을 옹호하기 위한 정략차원으로 해석하는 견해다. 연성자치운동은 표면상 5·4운동 정신을 내세우기는 했으나 군소 서남군벌의 지방할거를 뒷받침하는 이론적 도구에 불과했다. 배경부터 불순한 동기로 오염돼 있었다고 보는 게 타당하다.

북벌과 대소군벌의 상쟁

1926년 7월 장개석을 총사령으로 한 국민혁명군이 반제와 반군벌을 기치로 내걸고 북벌을 시작한 것도 '연성자치운동'의 이런 불순한 흐름과 무관치 않다고 보아야 한다. 그러나 국민혁명군 자체가 군소군벌의 연합에 지나지 않았다. 그의 북벌이 성공했음에도 불구하고 빛을 발하지 못한 이유가 여기에 있다.

당초 서북군벌 풍옥상은 봉천군벌 장작림에 맞섰다가 패하자 1926년 5월 모스크바를 방문해 군사적 지원을 요청했다. 당시 소련은 장개석의 북벌을 지지하고 있었다. 제1차 국공합작 시기였던 만큼 중국공산당 역시 이를 지지하고 있었다. 소련은 장개석의 북벌에 협조할 것을 조건으로 내세웠다. 풍옥상이 이를 수락했다. 덕분에 장개석은 풍옥상 및 산서의 염석산과 연합해 북벌에 성공할 수 있었다.

그러나 북벌 완성 후 갈등이 불거지기 시작했다. 장개석이 군사력 집중을 꾀하자 1930년 2월 이종인과 백숭희, 이제심 등의 광서군벌이 가장 먼저 반기를 들었다. 이해 5월 서북의 풍옥상도 '반장反蔣'을 선언했다. 이해 5~9월에 이종인과 풍옥상, 염석산이 연합해 '반장전쟁'을 일으켰다. 이를 흔히 '중원대전中原大戰'이라고 한다.

북벌 이후 최대 위기를 맞은 장개석의 남경 정부는 이들의 진압에 총력전을 폈다. 고립돼 있던 봉천파 장학량이 남경 정부와 합세해 이들을 진압하면서 중앙집권적 군사력 집중이 어느 정도 성공을 거뒀다. 여기에는 '절강재벌'이라는 상해의 대자본가 집단의 경제적 지원이 크게 기여했다. 이후 남경 정부가 장개석의 군사력과 절강재벌의 자본을 기반으로 농민군을 이끄는 모택동의 지방군벌과 일전을 벌이게 된 배경이 여기에 있다.

현재 많은 학자들이 간과하고 있으나 크게 볼 때 서남군벌을 중심으로 한 지방군벌의 시원은 손문이라고 보아야 한다. 원세개의 북경 정부를 인정치 않고 시종 무력을 통한 체제전복을 꾀하면서 서남지역 토착군벌에게 지역할거의 빌미를 제공한 게 그 증거다. 1917년 서남지역의 군벌과 합세해 건립한 광동 군정부는 비록 법통을 옹호한다는 명목하에 소위 '호법운동'을 표면에 내세웠으나 큰 틀에서 보면 반란정권에 지나지 않았다. 광동 군정부는 해산된 '구국회'의 의원들 일부가 참여한 것을 정통성의 근거로 내세웠으나 이는 설득력이 약하다.

그런 점에서 '대원수'의 명목하에 손문이 이끈 소위 '제1차 광동 군정부'는 정통성을 결여한 지방 반란정권에 해당했다. 실제로 광동 군정부를 실질적으로 장악하고 있던 서남군벌은 북벌을 주장하는 그의 권력을 약화시키기 위해 이내 '대원수제'를 폐지하고 '총재제'로 바꾸어 손문의 지위를 7인의 총재 중 하나로 격하시켰다. 손문이 반란정권의 허수아비에 지나지 않았다는 사실을 극명하게 보여주는 사례다.

1920년 진형명이 광동에서 광서군벌을 몰아낸 덕분에 이듬해에 '제2차 광동 군정부'를 다시 세우고 '비상대총통'에 선출됐으나 이 역시 본질은 같았다. 이때도 '구국회'의 일부 의원들에 의해 선출된 것을 정통성의 근거로 내세웠으나 궁색한 변명에 지나지 않았다. 실제로 아무런 무력 기반도 없으면서 제1차 직봉전쟁에 편승해 '호법투쟁'을 기치로 내걸고 북벌을 떠벌이자 이를 참지 못한 진형명이 1922년 6월 그를 광동에서 쫓아내고 말았다. 이후 소련과 코민테른의 지원에 힘입어 1923년 진형명을 몰아내고 '제3차 광동 군정부'를 발족시켰으나 이 또한 외세를 등에 업은 지방 반란정권에 지나지 않았다.

그가 나름대로 정통성을 지니게 된 것은 이듬해인 1924년 1월 국민당을 개조해 '제1차 국공합작'을 성사시킨 뒤 반제·반군벌의 국민혁명운동을 전개한 데서 시작됐다. 이는 그 이전과 차원이 달랐다. 비록 합법적으로는 북경정권이 존재하기는 했으나 대다수 국민들이 '제1차 국공합작'을 성사시킨 국민혁명운동을 지지했기 때문이다. 왕조순환설의 관점에서 볼 때 민심이 떠난 정권은 이미 정권의 정통성을 잃은 것이나 다름없다.

'제2차 직봉전쟁'에서 손문과 연합관계에 있던 봉천파가 승리하고 곧이어 정변을 일으켜 봉천파의 승리에 기여한 풍옥상이 손문에게 북상을 요청한 것도 바로 이런 천하대세에 순응한 결과였다. 손문은 북상 도중 정국 해결방안으로 교육회 등 9종의 단체 대표로 구성되는 '국민회의' 소집을 요구했다. 정통성을 확보하기 위한 방안이었다. 그러나 그가 1925년 3월 북경에서 병사하면서 '국민회의' 소집은 이내 흐지부지되고 말았다. 이것이 또 다시 군벌할거를 부추긴 것은 말할 것도 없다.

손문 사후 광동을 근거지로 무력을 강화한 장개석은 1926년 북벌을 시작하여 2년 만에 이를 완수함으로써 북양군벌의 북경 정부 시대를 종식시키는 위업을 이뤘다. 손문으로서는 손아래 동서인 장개석을 후계자로 둠으로써 나름 소원을 이룬 셈이다. 문제는 그 다음이다. 지방군벌이 더욱 기승을 부리는 양상이 나타났기 때문이다. 왜 이런 일이 빚어진 것일까?

당초 북양군벌이 북경 정부를 둘러싼 패권다툼을 벌일 때 지방 각지에는 크고 작은 군벌들이 반+독립적인 상태로 할거하면서 세력확장을 꾀했다. 광동과 광서, 운남, 사천, 복건, 귀주, 호남 등 서남지방과 산서의 경우가 대표적인 지방군벌에 해당한다. 이들 중 가장 큰 세력을 가진 것은 운남군벌인 전계滇系와 광서군벌인 계계桂系였다. 이들이 북벌에 참여한 것은 어디까지나 자신들의 이익을 공고히 다지기 위한 것이었다.

일본 육사를 졸업한 운남군벌의 우두머리 당계요는 일찍이 일본에서 동맹회에 가입해 신해혁명 당시 운남의 독립을 주도한 바 있다. 중화민국 성립 이후 도독 채악蔡鍔 밑에서 참모장을 하다가 1913년 운남도독에 임명됐다. 원세개가 제제운동帝制運動을 전개하자 채악 등과 함께 호국군을 조직해 가장 먼저 기병했다. 이 과정에서 세력이 급속히 팽창했다. 원세개 사후 그 세력이 운남을 넘어 사천 및 귀주까지 미친 배경이다.

장개석의 북벌을 견제할 속셈으로 반공을 기치로 내걸고 오패부 및 손전방 등 직례파와 연계해 소위 민치당民治黨을 조직했으나 오히려 북벌 완성 직전인 1927년 2월 6일에 부하들의 소위 병간兵諫에 의해 밀려나고 말았다. '병간'은 무력을 동원한 간언을 말한다. 이를 소위 '2·6정변'이라고 한다. 이로써 그의 세력은 사실상 와해되고 말았다.

광서군벌 육영정은 일종의 산적에 해당하는 녹림綠林 출신으로 신해혁명 때 순무 심승곤의 광서독립에 편승해 일약 대표적인 지방군벌로 부상한 자다. 심승곤의 뒤를 이어 광서도독이 된 후 광서 출신 구 관료 및 입헌파 신사층과 손잡고 세력을 확장해 나간 결과 마침내 독자적인 군벌 세력을 형성할 수 있었다. 그는 원세개가 제제운동을 전개하자 광범위한 여론을 배경으로 이에 반대하는 광서독립을 선언한 뒤 무위군武衛軍을 이끌고 호남으로 진격했다.

원세개의 신임을 받고 있던 호남의 탕향명이 육영정과 손을 잡고 곧바로 독립을 선언했다. 육영정이 원세개 사후 광동독군과 양광순열사를 차례로 역임하며 양광 일대의 실권을 장악한 배경이 여기에 있다. 시류를 절묘하게 올라탄 결과로 볼 수 있다. 손문의 광동 군정부가 조직될 당시 당계요와 함께 부원수 자리에 추대되었으나 은밀히 북방의 직례파와 연결해 손문을 견제했다. 이후 군정부개정안을 통과시켜 7인 총재의 합의제로 바꿈으로써 손문을 배제한 가운데 광동 군정부를 완전히 틀어쥐었다. 이를 계기로 문득 서남군벌 중 최고의 실력자가 됐다.

그러나 이는 진형명의 반격으로 그리 오래가지 않았다. 1920년 8월 진형명과의 교전에서 패한 휘하의 광동독군 막영신이 광주에서 쫓겨나는 과정에서 이종인과 백숭희 등이 진형명의 광동군에 투항했다. 이들은 육영정과 대립하는 새로운 광서군벌인 소위 신계계新桂系를 형성했다. 광서군벌 내에 내홍이 빚어지자 이를 틈타 이종인 등 '신계계'가 주도권을 장악했다.

원래 동맹회 출신인 광동의 진형명도 운남 및 광서군벌과 함께 한동안 서남군벌의 상징으로 존재했다. 손문과 함께 국외로 망명했던 그는 반원운동이 절정에 달한 1916년 봄, 스스로 월군粵軍사령에 취임한 뒤 당계요 및 육영정과 손을 잡고 광동도독으로 있던 용제광을 몰아내고 광동을 장악했다. 그러나 이후 육영정과 당계요가 서로 손을 잡고 손문을 밀어내자 그는 소위 월인치월粵人治粵을 기치로 내걸고 반격을 가했다. 이후 북벌을 주장하는 손문과 갈등이 불거지자 마침내 손문을 몰아내고 광동군총사령 자격으로 광동 군정부를 손에 넣었다. 당시 광동의 여론은 진형명에게 우호적이었다.

이처럼 서남군벌이 사방에서 발호하게 된 데에는 손문의 책임이 컸다. 이들은 비록 혁명회 등에 참여한 전력이 있기는 하나 야심 많은 토착군벌에 지나지 않았다. 이들 모두 신해혁명 이후 다른 성 출신의 독군이 와서 다스리는 소위 '객군客軍 지배'에 대한 지방민들의 반발을 교묘히 이용하는 수완을 부렸다. 진형명이 물러난 뒤 광동의 새 주인이 된 장개석 역시 일종의 '객군 지배'에 해당했다. 그러나 그는 손문을 등에 업은 까닭에 나름 반발을 비켜갈 수 있었다. 이후 손문이 제1차 국공합작을 통해 확보한 '북벌'의 명분을 배경으로 마침내 북벌을 완수해 최대 군벌로 급부상할 수 있었던 배경이 여기에 있다. 그가 대만으로 쫓겨갈 때 손문의 명성을 등에 업고 간 것도 이런 맥락에서 이해할 수 있다.

군벌할거와 토비

군벌할거 양상으로 나타난 군벌시대의 폐해를 쉽게 읽을 수 있는 몇 가지 지표가 있다. 북양군벌이 원세개 사후 후계자 자리를 놓고 다투기 시작한 이후 장개석의 북벌이 완성되는 1928년 사이에 중국 전역에서는 군벌로 칭할 만한 사람이 무려 1,300명이나 등장했다. 이들이 일으킨 성 단위의 군벌전쟁이 약 140회에 이른 것도 하나의 지표가 될 만하다. 내각 개편이 무려 38차례나 된 것도 같은 맥락에서 이해할 수 있다.

이 와중에 서구 열강의 이권약탈이 가속화된 것은 말할 것도 없다. 중국이 걷잡을 수 없는 혼란 속으로 빨려들어 간 이유다. 여기에는 이들의 무자비한 수탈이 크게 작용했다. 이는 군비를 국가예산의 배분이 아닌 농민과 상인에 대한 현지조달을 뜻하는 소위 수지주판隨地籌辦으로 충당한 결과였다. 북경의 중앙정부가 정통성과 권위, 행정능력을 갖추지 못한 상황에서 각 지역에 할거한 군벌이 분권화 경향을 극대화하면서 나타난 현상이다. 지방군벌의 무자비한 '수지주판'은 지방의 하부단위로 내려갈수록 더욱 심했다. 중앙군벌의 군비가 그 규모 및 증가속도에서 계속 감소한 것과 대비되는 대목이다.

당시 중앙과 지방을 막론하고 대소군벌은 기본적으로 광대한 토지를 점유한 지주 내지 막강한 자금을 지닌 상공자본가에 해당했다. 드물기는 했으나 중앙의 북양군벌과 고위 관료집단 중 일부는 기업에 직접 투자하거나 경영권을 행사해 자본가로 성장하기도 했다. 대표적인 예로 비단생산 공장인 '유원사창裕元紗廠'을 들 수 있다. 단기서를 비롯해 안휘도독 예사충, 육군차장 서수쟁, 외교총장 조여림 등 사실상 안복파 군벌관료들이 핵심 구성원이었다. 이들은 은행자본을 지배하기도 했다. '교통은행'은 바로 북양군벌의 투자에 의해 이뤄진 경우다.

지주로 활약한 군벌의 토지점유 방법은 주로 폭력적인 수단을 동원한 것이었다. 일반 민전뿐만 아니라 황전荒田과 공전公田까지 강제로 점유하거나 매입하는 형식을 취했다. 이익을 취하는 방식도 지조地租와 기타 부가세를 직접 수취하거나 고리대를 통해 재부를 축적하는 전형적인 봉건지주의 모습을 띠었다. 관할구역 내 지주 및 통상 '토호열신土豪劣紳'으로 불렸던 지방 신사인 향신鄕紳과 유착관계를 맺고 그들을 통해 간접 지배하는 방식을 취하기도 했다.

이들의 가장 기본적인 수입원은 전부田賦였다. 미리 징수하는 예징豫徵이 보편적으로 실시됐다. 사천이 그 정도가 가장 심했다. 각종 명목을 붙인 부가세 및 잡세가 수도 없이 많았다. 도축세와 인지세, 면화세 등이 그것이다. 그 액수도 정해진 세금의 몇 배에 달했다. 악명 높은 이금釐金도 그 중 하나다. 이는 곳곳에 세관을 설치하고 통과하는 화물마다 매회 통과세를 부과한 것을 말한다. 사천의 경우 중경에서 성도까지 약 50여 개의 세관이 존재했다. 세율도 지역마다 달랐다. 군벌내전에 의해 지배자가 바뀌면 기왕에 납부한 세금은 무효가 되었다.

일부 군벌은 아편재배를 통해 군비확충의 중요 재원으로 삼았다. 농민에게 강제적으로 양귀비인 앵속罌粟을 재배케 하고 그에 대해 특별 지조를 징수했다. 금연국禁煙局은 단속기관이 아니라 아편경영의 독점기관이었다. 군벌의 아편경영은 곡물생산지를 아편재배지로 만드는 결과를 가져와 곡물생산량의 급격한 감소와 한발 및 수해 등에 의한 기근을 심화시켰다.

군벌이 군비조달을 위해 자주 사용한 조치로 화폐의 남발을 들 수 있다. 대소군벌은 저마다 독자적인 지폐를 발행한 것은 물론 저질 동전을 대량으로 유통시켰다. 사천에서는 1928년부터 1929년까지 불과 1년 사이에 발행된 화폐의 종류가 수백 종에 달했다. 이는 인플레이션으로 인한 농민부담을 가중시켜 만성적인 재정적자를 초래했고, 이를 보충하기 위해 중앙 및 각 성 정부는 많은 부분을 공채에 의존해야만 했다.

1912년부터 1926년까지 발행한 공채는 약 6억 위안에 달했다. 이들 공채는 민간의 구매력이 낮아 대부분 은행에서 소화했다. 할인율이 매우 컸던 까닭에 은행은 관여關餘와 염여鹽餘, 철도 등을 담보로 잡아 공채에 투자했다. 각 성 정부도 독자적으로 공채를 발행했다. 군벌의 조정을 받는 재정청이 소위 신상회의紳商會議를 소집해 정부의 필요액과 신상의 부담능력을 감안해 액수와 담보조건을 정하고 각 신상이 이를 분담하는 형식이었다.

공채가 여의치 않을 경우 외국의 차관을 통해 부족한 군비를 충당하기도 했다. 각 군벌은 일본과 서구 열강의 경제·군사 지원을 배경으로 세력확장을 추구했다. 군벌과 제국주의 세력의 유착은 군벌통치를 지탱하는 중요 축이었다. 군벌의 혼전과 북경 정부의 약체가 외세의 이권개입과 약탈을 부추기는 빌미로 작용했다. 군벌의 매판적 성격을 극명하게 드러내는 대목이다.

결국 모든 피해는 고스란히 농민이 질 수밖에 없었다. 농지에서 쫓겨난 농민들은 마적 등의 토비土匪로 변신해 약탈을 호구지책으로 삼았다. 이들은 도중에 대소군벌의 군대에 흡수되었다. 군벌전쟁에서 패배한 군벌의 병사는 다른 군벌 부대에 편입되거나 토비로 변신했다. 군벌의 병사가 토비의 중요 원천이 되고 토비의 증가가 토비 토벌군의 수를 늘리는 악순환의 고리가 형성됐다. 장작림의 봉군奉軍, 장종창의 노군魯軍, 예사충의 무안군安武軍, 조인주의 예군豫軍 등이 바로 토비로 이뤄진 군대의 전형에 해당했다. 삼국시대 당시 조조가 토비에 해당하는 황건적을 정규군으로 흡수해 최대 군벌로 성장한 것과 하등 다를 바가 없다.

1923년 5월 산동성 임성에서 토비가 열차를 습격해 승객을 인질로 잡은 소위 '임성臨城 사건'은 주된 구성원이 과거 장경요의 군벌 병사였다. 이들은 북경 정부와 교섭하는 와중에 교섭차 나온 산동독군 전중옥에게 자신들을 관군에 편입시켜 줄 것을 강력하게 요청했다. 『수호지』의 내용이 그렇듯이 어지러운 난세의 시기에 관군과 토비는 종이 한 장 차이였다. 같은 사람이 토비와 하급 병사로 돌고 돌면서 병비불분兵匪不分을 뜻하는 '병즉비兵則匪, 비즉병匪則兵'의 유행어가 나돈 이유가 여기에 있다. 조조가 황건적을 흡수한 청주병의 약탈행위로 골머리를 앓은 것을 연상시키는 대목이다. 사실 이는 왕조교체기에 나타나는 통상적인 모습이기도 했다.

왕조교체기 때마다 그러했듯이 어지러운 난세의 시기에는 군벌의 휘하로 들어가는 것이 부와 권력을 거머쥐는 가장 빠른 길이기도 했다. 장교와 병사의 관계가 동학과 친척, 동향 등을 매개로 집단 내 결속을 강화하면서 동탁과 여포처럼 부자형제 등의 전통 개념으로 분식된 이유다. 야심을 품은 자들은 모든 수단을 동원해 재부를 축적하고 승진의 기회를 잡았다. 이는 군벌이 사리를 도모하며 온갖 폐단을 낳는 주요 원인이 되었다.

상급자가 하급자를 돈벌이 수단으로 인식해 그들의 급료를 착복하는 일이 비일비재했던 것도 이런 맥락에서 이해할 수 있다. 사병의 급료는 중앙 및 성 정부의 재정악화로 늘 만성적인 체불상태였다. 병사들은 월급의 지급을 요구하는 무력시위, 즉 색향索餉 또는 색신索薪을 하거나 백성의 재산을 약탈하는 일을 서슴지 않았다. 병변兵變이 빈발한 것도 이와 무관치 않았다. 군벌은 체임을 보상하는 방법으로 병사들의 수탈을 모른 척했다. 북벌 이후 장개석 역시 이 문제로 골머리를 앓아야만 했다. 이런 만성적인 폭력의 피해자들 또한 농민이었다. 모택동이 이끄는 홍군은 바로 이런 점에 주목해 홍군의 민간약탈 행위를 철저히 봉쇄했다. 그가 천하를 거머쥔 이유다.

특이한 경우로 산서군벌 염석산을 들 수 있다. 일본 육사 출신인 그는 신해혁명에 가담해 산서군정장관과 산서성장 등을 역임하며 군벌로 성장했다. 고립정책을 선언한 미국의 먼로 대통령을 흉내 내 소위 '먼로주의'를 표방한 그는 산서성의 태원太原을 거점으로 극단적인 고립정책을 취했다. 그는 신해혁명 이후 중화인민공화국이 들어설 때까지 무려 30여 년 동안 관문을 걸어 잠근 채 스스로를 지키는 소위 폐관자수閉關自守를 기치로 내걸고 산서에서 독립적인 토황제土皇帝로 군림했다. 그는 산서의 독립을 지키기 위해 수시로 협력자를 바꿨다.

그럼에도 그는 관할지역 내에서 아편과 전족의 금지, 교육투자, 각종 경제건설정책 실시 등을 통해 매우 개명적인 군벌로 칭송받았다. 조산造產 구국계획과 10년 건설계획 등이 대표적인 사례다. 그는 중앙과 지방군벌을 통틀어 가장 모범적인 '개명군벌'의 사례에 속한다. 그러나 이는 예외적인 경우에 지나지 않는다.

군벌의 할거는 그 자체로 중국 전체의 경제발전에 커다란 피해를 안겨주었다. 이들은 외세와 손잡고 세력을 확대하는 과정에서 매판買辦의 성격을 강하게 드러냈다. 실제로 안복파의 단기서 정권은 일본으로부터 막

대한 원조를 받아 자신의 세력을 강화하는 대가로 일본 측에 동북지역과 산동에서의 이권을 보장해 주었다. 봉천파의 장작림도 일본의 지원을 얻으면서 동북지역에서의 일본의 권익을 보장해 주었다. 정도의 차이는 있으나 이는 대소군벌의 일반적인 모습이었다. 직례파 군벌이 영미, 서북의 풍옥상이 소련의 지원을 받은 게 그 증거다. 큰 틀에서 보면 영미의 지원을 받은 장개석과 소련의 전폭적인 지원을 얻은 모택동의 경우도 크게 다르지 않다.

군벌시대는 삼국시대와 마찬가지로 난세의 전형에 해당한다. 대내적으로 대민수탈이 극심한 데다 통일된 경제발전의 비전을 제시하지 못하고 대외적으로 제국주의 열강에 대한 종속이 심화됐다. 많은 사가들이 군벌시대를 암흑기로 표현하는 이유다.

국공합작의 성립과 붕괴

당초 손문은 볼셰비키 혁명이 일어났을 때 레닌에게 '소련의 선진적 경험에서 중국혁명의 방향을 찾고 싶다'는 내용의 축전을 보냈다. 그러나 손문은 여전히 마르크스−레닌주의는 중국의 현실에 적합지 않다고 생각했다. 여기에는 국민당과 광동 군정부 내에 반공적인 보수주의 세력이 주류를 이룬 게 적잖이 작용했다.

이 와중에 중국공산당이 서서히 태동하기 시작했다. 중국 내에서 공산주의 운동을 최초로 전개한 사람은 '신문화운동'을 주도한 이대교李大釗와 진독수陳獨秀였다. 교조적인 진독수는 중국 전래의 역사문화와 전통적 가치를 전면 부인했다. 이와 정반대로 이대교는 중국의 역사문화 전통을 인정했다. 이는 1918년에 발표한 「동서문명의 근본적 차이」라는 논문에 잘 나타나 있다. 그는 이 논문에서 동양문명을 서양문명과 마찬가지로 위대한 인류의 유산이라고 전제하면서 동서를 아우른 제3의 문명을 창조적으로 만들어내야 한다고 강조했다. 유가의 인간관과 도가의 세계관이 반영된 주장이었다. 이는 모택동에게 지대한 영향을 미쳤다.

당시 레닌을 비롯한 볼셰비키 지도자들은 세계 혁명과정에서 식민지 상태에 처해 있는 중국 인민의 민족해방운동이 차지하고 있는 중요성을 일찍부터 간취하고 있었다. 레닌은 일찍이 로자 룩셈부르크와의 논쟁에서 피압박 민족의 민족자결운동이 세계 혁명과정에서 차지하는 중요성을 역설한 바 있다. 그가 『제국주의론』에서 식민지와 반식민지의 변혁운동이 세계 혁명의 주요 구성부분임을 분명히 한 사실이 이를 뒷받침한다.

스탈린도 1918년에 「결코 동방을 잊지 말라」는 논문을 통해 유사한 주장을 편 바 있다. 동방에서의 변혁운동을 무시하고는 결코 세계 사회주의 혁명의 승리를 기대할 수 없다는 게 골자였다. 소련은 코민테른을 통해 유럽의 프롤레타리아 혁명을 누차 시도했으나 모두 실패했다. 소련과 코민테른이 1920년경부터 식민지와 반식민지의 민족해방운동에 적극적인 관심을 표명한 배경이 여기에 있다.

당시 동방에 관한 코민테른의 기본 정책방향은 1920년 7월에 개최된 코민테른 제2차 대회에서 채택된 레닌의 「민족과 식민지 문제에 관한 테제」에 잘 나타나 있다. 여기서 레닌은 피압박 민족의 민족해방운동은 세계 사회주의 혁명의 불가결한 구성요소라고 지적하고, 코민테른은 이런 진보적인 민족해방운동을 적극 지원해야 한다고 역설했다. 코민테른이 이르쿠츠크에 '극동서기국'을 설치한 뒤 중국에 코민테른 대표단을 파견해 중국공산당의 창당작업을 지원한 배경이다. 당시 코민테른이 손문과 접촉해 국공합작의 가능성을 모색한 것은 중국공산당 창당을 지원하기 위한 우회전략의 일환이었다.

1921년 7월 상해에서 개최된 중국공산당 창당대회에 참석한 코민테른 대표 마링은 기왕에 밀사형식으로 중국을 방문했던 보이진스키와는 여러 면에서 달랐다. 코민테른이 파견한 최초의 공식 대표인 마링은 국공합작 방침을 분명히 했다. 이해 12월 광서의 성도인 계림桂林에서 손문을 만난 마링은 국공합작 가능성을 타진했다. 당시 국민당은 국공합작을 크게 반대했다. 그러나 손문은 이를 과감히 받아들였다. '삼민주의'와 '공산주의'의 유사점을 거론한 마링의 설득에 넘어간 것이다. 손문이 소위 '연소용공聯蘇容共'을 발표한 배경이다.

이듬해 6월 진형명의 쿠데타로 '제2차 광동 군정부'가 무너지자 손문은 황급히 몸을 빼내 상해로 망명한 뒤 소련 대표 요페와 회동했다. 요페는 북경 정부와 국교 정상화를 추진하기 위해 중국에 왔다가 북경 정부가 냉담한 반응을 보이자 상해로 와 손문을 만난 것이다. 1923년 1월 손문과 요페는 소위 '손-요페 공동선언'을 발표했다. 국민당 중심의 통일정부 수립을 위한 소련의 전폭 지원이 골자였다. 손문은 이를 토대로 '연소용공'의 기조하에 국민당을 명실상부한 혁명정당으로 개편하는 일에 착수했다.

이 와중에 소위 '2·7참사'가 터졌다. 이는 철도노동자들이 중국공산당 지도하에 노동조합을 결성하기 위해 하남의 정주鄭州에 집결한 뒤 노동조합 인정을 요구하면서 총파업을 시도한 데서 비롯됐다. 당시 낙양을 장악하고 있던 직례파 오패부는 공산당원 주동자를 산 채로 불태우는 등 가혹한 무력진압으로 이를 분쇄했다. 전국 각지에서 유사한 무력탄압 사태가 빚어지자 좌우합작을 통해 활로를 모색하고자 한 중국공산당은 이해

6월 제3차 전국대표대회에서 「국민운동과 국민당 문제에 대한 결의안」을 채택했다. 국민당으로 결집해 국민혁명의 신속한 승리를 쟁취한다는 게 골자였다.

이듬해인 1924년 1월 국민당의 개조를 최종적으로 확인하기 위해 소집된 제1회 국민당 전국대표대회에서 손문은 국민당 임시중앙집행위를 임명하고 국민당 개조와 관련한 선언문과 강령의 검토를 명했다. 임시중앙집행위 위원에 호한민胡漢民과 요중개廖仲愷, 담평산譚平山 등 14명이 선출됐다. 여기서 다수의 공산당원이 최고정책결정기구인 중앙집행위원에 선임됐다. 24명의 위원 중 공산당원은 담평산과 이대교, 우수덕于樹德 등 3명이었고, 17명의 후보위원 중에는 모택동을 포함해 임조함林祖涵과 장국도張國燾, 구추백瞿秋白 등 7명의 공산당원이 선임됐다.

손문은 코민테른이 파견한 보로딘을 국민당 고문에 임명한 뒤 그에게 당장과 강령 초안을 작성하게 했다. 국민당의 제1회 전국대표대회는 손문의 '연소용공' 노선을 확인하고 '삼민주의'를 국공합작의 지도이념으로 삼기로 결정했다. 당시 국민당은 진보 노선을 표방하면서 소련공산당의 조직원칙인 소위 민주집중제民主集中制를 도입했다. 이는 당이 국가조직과 사회집단을 영도한다는 전제하에 당론은 하의상달下意上達의 민주 방식으로 수렴되고 당명은 상명하달上命下達의 중앙집권 방식으로 집행되는 원칙을 말한다. 이후 장개석의 국민당과 모택동의 중국공산당 모두 '민주집중제'의 원칙에 입각해 당 및 국가를 운영했다. 소위 '제1차 국공합작'이 성사된 배경이다.

눈여겨 볼 대목은 당시 국민당이 당 직속의 무장병력을 보유하기 위해 국민당 직속의 황포군관학교黃埔軍官學校를 설립하기로 한 점이다. 1924년 6월에 장개석을 교장으로 하는 황포군관학교가 설립됐다. 장개석의 북벌은 바로 이를 바탕으로 이뤄진 것이었다. 황포군관학교의 설립은 국민당과 공산당 모두 무력통일을 '중국혁명'의 첫 번째 과제로 내세웠음을 뜻한다. 무력이 모든 것을 좌우하는 난세의 '군벌시대'에 붓에 해당하는 '혁명이론'만으로는 아무 것도 이룰 수 없다. 실제로 국민당과 공산당 모두 '중국혁명'을 지향하고 있음에도 현실적인 실력은 군소 지방군벌의 수준에도 못 미치고 있었다. 국민당과 공산당은 이때에 이르러 비로소 칼의 중요성을 절감한 셈이다.

이후 국민당과 공산당의 많은 군사지도자들이 '황포군관학교' 출신들로 채워졌다. 북경 정부를 좌우하는 북양군벌의 장령들 중에도 이홍장과 좌종당 등의 양무파가 설립해 운영했던 군사학당 출신들이 적지 않았다.큰 틀에서 보면 '황포군관학교'는 자신들의 무력기반을 은밀히 확충하고자 하는 국민당과 공산당의 이해관계가 절묘하게 맞아떨어진 오월동주吳越同舟의 소산이었다.

국공합작 시대의 정치체제는 당과 군, 민중의 3각 체제로 이뤄졌다. 당은 국민당이 장악했다. 장개석의 우파와 왕정위의 좌파가 양대세력을 형성했다. 군은 장개석이 거의 독점적으로 장악했다. 그러나 민중조직은 공산당의 영향이 압도적이었다. 국공합작을 계기로 전국 각 지역에 수많은 노조의 지역총연맹 등이 결성된 게 그 증거이다. 이들은 공산당의 확고한 지지기반이 됐다.

1925년 5월 일본인이 경영하는 공장의 가혹한 노동조건을 개선하기 위한 소위 '5·30운동'이 상해에서 일어났다. 중국공산당은 곧바로 상해의 모든 노동자들에게 총파업을 전개할 것을 지시했다. 노동자 총파업에 이어 학생들의 동맹휴학과 중소상인들의 철시로 상해가 마비되자 영국과 일본, 미국 등은 군대를 동원했다. 진압과정에서 크고 작은 유혈사태가 잇달았다.

　이 운동은 장개석이 북벌을 단행하는 1926년 10월까지 약 16개월 동안 지속되면서 중국 남부에 많은 이권을 갖고 있던 영국에 일대 타격을 가했다. 대도시 노동자들이 반제·반군벌 운동의 전면에 나선 점에서 6년 전 북경 대학생들이 주도한 5·4운동과 그 성격을 달리 하고 있다. 이들 노동자들은 공산당의 지도 아래 청년학생 및 중소상공인과 연합전선을 구축했다. 이는 국민들의 혁명역량을 전국적으로 확산시키는 데 중요한 계기로 작용했다.

　이에 고무된 중국공산당은 노동운동의 확산에 주력하면서 농민운동에도 적극 개입하기 시작했다. 당시 전국에 걸쳐 농민협회가 대거 조직되고 있었다. 다만 당시만 해도 농민운동은 어디까지나 대도시 노동운동이 공산혁명으로 이어질 수 있도록 곁에서 보완하는 차원에서만 중시되었을 뿐이다.

　그러나 님 웨일즈의 『아리랑』에 나오는 팽배彭湃 등은 매우 이른 시기에 농민운동의 중요성을 감지하고 국공합작 이전부터 이미 농민운동에 몰두하고 있었다. 그는 1922년 7월 광동 해풍현에 농민협회를 결성하고 농민들의 감조감식減租減息운동을 이끌었다. 이듬해에는 해풍현과 인접한 육풍현을 비롯해 광동성 내 6개 현에서 약 20여 만 명의 농민들이 농민협회에 가담했다. 이에 놀란 광동군벌이 무력진압에 나서자 농민협회는 이내 와해되고 말았다. 이는 모택동의 '추수폭동' 보다 무려 5년이나 앞선 것이다.

　팽배는 국공합작이 성사돼 국민당 농민부 비서로 활약하게 되자 각 지역에 농민운동 강습소를 설치해 농민운동 지도자를 양산해냈다. 광동과 호남을 비롯한 중국 남부의 농민운동이 여타 지역에 비해 활발히 전개된 배경이다. 국민당 정부의 북벌이 시작될 당시 남부지역에서는 농민운동이 무서운 기세로 확산되고 있었다. 이는 1925년 3월 모택동이 쓴 「호남농민운동 시찰보고」에 생생히 기록돼 있다. 매우 낙관적이면서도 선동적인 내용으로 되어 있다.

"솔직히 말하면 농촌마다 단기간의 공포현상을 조성할 필요가 있다고 생각한다. 그렇지 않으면 농촌 반혁명파의 활동을 진압할 수 없으며 절대 토호와 지주들을 넘어뜨릴 수 없기 때문이다. 단기간 내에 수억의 농민들이 마치 태풍처럼 폭발적인 힘을 가지고 일어날 것이고, 이들의 혁명적인 세력은 어떤 힘으로도 막을 수 없다."

장개석은 '북벌'의 대의명분에 도취한 나머지 이를 제대로 간취하지 못했다. 모택동이 보고서를 제출할 즈음 손문이 사망했다. 내연하던 갈등이 일시에 표면화했다. 왕정위를 중심으로 한 국민당 내 좌파와 장개석을 중심으로 한 국민당 내 우파 사이의 갈등이 불거지면서 국공합작에 대한 논쟁이 재연됐다. 손문 사망 당시 손문의 영정이 안치된 북경 서산 벽운사에서 극우반공 노선을 다짐한 대계도 등의 소위 서산회의파西山會議派는 공산당과 소련의 배제를 요구했다. 그러나 국민당 좌파는 중도파를 자처한 장개석과 중국공산당의 지원을 받아 1926년 1월 국민당 제2차 전국대표자 대회를 소집한 뒤 일부 극우파를 축출하고 손문의 '연소용공' 원칙을 재확인했다.

이 사이 장개석은 광동을 근거지로 삼아 북벌준비에 박차를 가했다. 1926년 7월 국민혁명군 총사령관에 취임한 장개석은 제1군으로부터 제8군에 이르는 10만 명의 국민혁명군을 총동원했다. 광주를 출발한 국민혁명군은 먼저 직례파 군벌 오패부와 손전방 등이 장악하고 있는 양자강 일대로 북상했다. 이들은 파죽지세로 양자강 일대를 점거한 뒤 호남과 호북, 강서, 복건과 절강 등 모두 3방향에서 북상했다. 이해 11월 장사와 무한, 구강, 남창 등이 함락됐다. 이듬해인 1927년 3월 국민혁명군이 마침내 상해와 남경에 입성했다. 북벌을 개시한 지 불과 6달 만에 혁혁한 전공을 세운 것이다. 이를 소위 '제1차 북벌'이라고 한다.

이는 광범위한 국민적 지지가 있었기 때문에 가능했다. 실제로 노동자와 농민들은 북벌에 적극 가담해 북벌군이 진격하는 지역에서 총파업과 사보타지를 일으키거나 무장투쟁을 전개해 북벌군의 진격을 도왔다. 남경 입성은 장개석이 세운 북벌의 제1차 목표였다. 그가 예상보다 짧은 시간에 목표를 달성할 때 그의 잠재적인 라이벌 또한 무서운 기세로 성장하고 있었다. 당시 호남지역에서 32일 동안 머물며 농민운동을 관찰한 모택동은 「호남농민운동 시찰보고」를 작성했다. 이에 따르면 1926년 9월까지 호남성 농민협회 회원은 30-40만 명에 불과했으나 북벌이 진행되면서 1927년 1월에 이미 2백만 명에 육박하고 있었다. 지지하는 세력은 모두 1천만 명에 달한다는 게 모택동의 판단이었다.

국민당 좌파와 중국공산당은 북벌이 예상보다 신속히 이뤄지자 크게 고무된 나머지 무한으로 수도를 이전하는 방안을 제시했다. 그간 군벌세력에 눌려 부득불 남단의 광주에 둥지를 틀었으나 이제 북벌의 1차 목표를 달성한 만큼 중국의 중심부에 해당하는 무한으로 수도를 옮겨야 한다는 논리였다. 그러나 사실 이는 당과 정부 내에서 급격히 세력을 확장해가고 있는 장개석의 '신우파'를 견제하기 위한 것이었다. 여기에는 무한이 노동운동의 중심부로 부상한 점도 적잖이 작용했다.

이에 대해 장개석을 중심으로 한 '신우파'는 국민혁명군 총사령부가 위치한 남창이나 손문이 생전에 근거지로 삼았던 남경으로 이전할 것을 주장했다. 국민당 좌파와 공산당은 상황이 여의치 않자 무한 천도를 강행했다. 이어 국민당 제2기 3중전회를 열고 중앙집행위원회의 권한을 강화한다는 구실로 국민혁명군 총사령관직을 폐지한 뒤 장개석을 군사위원회 위원으로 강등시키는 결정을 내렸다. 당시 장개석이 이끄는 국민혁명군은 총 30만 명으로 보강되어 있었다. 당생지가 지휘하는 5만여 명의 제8군만이 '무한 정부'를 지지했을 뿐이다. 이런 상황에서 장개석을 거세하고자 한 3중전회의 결정은 분명 현실을 무시한 무리한 조치였다.

이 와중에 농민운동이 국공합작의 기본 테두리를 벗어나 극좌 쪽으로 진행하면서 갈등이 더욱 첨예화했다. 농민들은 농민협회를 중심으로 한 새로운 통치기구를 세우면서 일부 지역에서는 중소지주를 포함한 지주의 토지를 몰수하는 조치를 취했다. 도시지역에서도 노동자들이 공장을 접수하는 등의 과격한 조치가 빈발했다. 심지어 외국조계를 힘으로 접수하는 사태마저 벌어졌다.

한구 일대에서 노동자들이 서구 열강의 조계를 접수하는 과정에서 크고 작은 유혈충돌이 빚어졌다. 중국공산당 지도부는 광범위한 반反좌파 연합세력이 형성될까 크게 우려한 나머지 노동자와 농민의 자제를 당부했다. 그러나 이미 때가 늦었다. 남경 내 외국 영사관과 외국인 주택이 습격을 당해 모두 6명이 살해되자 영국과 미국이 군함을 동원해 보복차원에서 상해 시내를 포격했다. 서구 열강은 자신들의 이권이 밀집되어 있는 상해 조계를 지키기 위해 무차별 무력시위를 벌인 것이다.

당시 장개석은 약 3주 동안 아무런 행동도 취하지 않았다. 학자들은 이 기간 중 장개석이 일본과 미국 등 열강과 교섭을 진행하면서 쿠데타 복안을 완성한 것으로 보고 있다. 실제로 이해 4월 장개석 휘하의 백숭희 부대가 상해의 비밀결사인 청방靑帮과 홍방紅帮 등을 동원해 노동자와 공산당원에 대한 대대적인 검거작업에 나섰다. 사흘 동안 전개된 무차별 탄압으로 인해 약 3천여 명의 노동자가 피살되고 5백여 명이 체포됐다. 이를 소위 '반공 쿠데타'라고 한다. 앙드레 말로의 『인간의 조건』은 바로 이때의 상황을 묘사해 놓은 것이다.

이를 계기로 국민당 우파와 군벌세력이 지배하는 지역에서 무자비한 탄압이 공개적으로 자행되자 북경 정부를 장악하고 있던 봉천파도 일본의 사주를 받고 이에 적극 동조하고 나섰다. 소련대사관으로 피신한 이대교 등 28명의 공산당원이 전격 처형된 것은 바로 이 즈음이다. 당시 소련은 일본을 포함한 서구 열강을 상대로 다툴 입장이 못 되었다.

국민당 좌파와 공산당으로 구성된 '무한 정부'는 이에 격렬하게 반발해 장개석의 당적 박탈과 체포령을 내렸다. 장개석은 자신이 주도하는 남경의 국민당 정부 수립을 공식 선포하며 맞불을 놓았다. 좌우합작을 통한 국민혁명을 기치로 내걸고 출범한 국민당 정부가 이내 '무한 정부'와 '남경 정부'로 양분된 배경이다.

당시 중국공산당 지도부와 소련의 지령을 받는 코민테른은 장개석의 '반공 쿠데타'를 전혀 예상치 못하고 있었다. 코민테른은 중국 문제와 관련해 노동자와 농민의 무장화 등을 강조하면서 트로츠키파가 주장한 국공합작의 즉각적인 포기 등에 대해 비판적인 입장을 취했다.[1] 이런 입장은 이해 5월 코민테른 8차 집행위원회 전체회의 결의를 통해 중국공산당에 보낸 경고에 잘 나타나 있다.

"국민당에서 이탈하거나 국민당이 이탈하도록 하는 행동은 결코 용인될 수 없다. '무한 정부'를 과소평가하고 '무한 정부'의 혁명적 역할을 부인하는 것은 착오이다."

통일전선의 중요성을 역설한 것이다. 그러나 이미 폭발적으로 분출하기 시작한 혁명의 열기는 공산당 지도부가 통제할 수 있는 한계를 넘어섰다. 여러 농촌지역에서 자생적인 혁명정권이 등장해 지주와 부농에 대한 토지몰수 조치가 취해진 게 그 증거다. 설상가상으로 '무한 정부'를 지지하던 당생지의 제8군 내에서도 반공세력이 등장해 공산당을 곤혹스럽게 만들었다.

이때 공교롭게도 소위 '코민테른 비밀전보 사건'이 발생했다. 전보는 무장화와 토지몰수 등을 지지하는 내용이었다. 이는 왕정위 등 국민당 좌파로 하여금 중국공산당과 결별하도록 만드는 결정적인 요인으로 작용했다. 1927년 7월 국민당 좌파인 무한 정부가 반공 노선을 선언하고 장개석의 남경 정부에 합류한 이유가 여기에 있다. 이로써 '제1차 국공합작'은 완전히 무너지고 국민당은 장개석을 중심으로 통일되었다. 이에 고무된 장개석은 곧바로 제2차 북벌에 들어가 1928년 8월에 북경에 입성한 뒤 자신을 수반으로 하는 새로운 중화민국의 수립을 선포했다.

국공내전의 전개

장개석의 북벌완수는 외양상 그럴듯했으나 사실 그 내막을 보면 명목상의 천하통일에 불과했다. 군벌세력 중 파탄난 것은 오직 북양군벌의 안휘파와 직례파 정도에 불과했다. 봉천파는 여전히 동3성으로 불리는 만주에서 무소불위의 위세를 떨치고 있었고, 북벌에 참여한 서남군벌 역시 막강한 무력을 그대로 유지하며 한 치도 양보하지 않으려는 모습을 보이고 있었다. 일본의 침략위협 또한 시간이 갈수록 더해갔다.

그럼에도 장개석의 국민당 정권은 북벌이 완성된 1928년 이래 국공내전에서 패해 대만으로 밀려나는 1949년까지 대외적으로 중국을 대표하는 유일한 합법정부로 존재했다. 이는 북벌을 완수함으로써 과거 북양군벌의 북경 정부가 지니고 있던 법통을 이어받은 결과다. 그의 북벌완수를 결코 가벼이 취급할 수 없는 이유다.

반공을 국시로 내세운 국민당 정권의 수립은 곧 반제·반군벌을 기치로 한때 국공합작의 당사자로 참여했던 중국공산당이 이제는 반란집단으로 전락했음을 의미했다. 문제는 그 다음이다. 전래의 '왕조교체론'에 따를 경우 최후의 승부는 결국 민심의 향배에 달려 있다. 이는 '무력의 우위'와 불가분의 관계를 맺고 있다. 역대 왕조의 개창과정이 모두 그러했듯이 '무력의 우위'를 바탕으로 천하를 거머쥘 경우 민심은 따라오게 돼 있다. 가장 바람직한 것은 천하의 민심을 유리하게 이끌어 왕조교체를 자연스럽게 이루는 것이다. 민심이 흔쾌이 따라오지 않으면 우선 천하를 거머쥔 뒤 일련의 선정을 통해 민심을 유도하면 된다. 왕조교체기 때마다 정통성과 관련한 충역忠逆과 정윤正閏의 논리가 일거에 뒤집힌 이유다.

역사에 밝은 모택동은 이를 주지하고 있었다. 그러나 당시 교조적인 마르크시즘에 함몰된 중국공산당 수뇌부는 이를 무시했다. 이들은 국민당 좌파와 결별해 궁지에 몰린 상황에서 무리하게 노동자와 농민을 중심으로 한 무장봉기를 감행해 중국혁명을 심화시킨다는 쪽으로 가닥을 잡았다. 이는 중국 전래의 역사문화 전통과 동떨어진 것인 데다 당시의 상황과도 괴리된 것이었다. 훗날 '신 중화제국'의 초대 황제에 해당하는 모택동 밑에서 최고의 '승상' 역할을 한 주은래도 이런 함정에 빠져 있었다.

북벌이 한창 진행 중인 1927년 8월 1일 주은래 등 중국공산당 수뇌부는 무모하기 짝이 없는 무장봉기를 시도했다. 장개석의 국민혁명군 내에서 공산당을 지지한 엽정과 주덕, 하룡 등의 부대를 이끌고 강서의 남창을 공격한 소위 '남창봉기'를 행한 게 그것이다. 훗날 중국 건군절의 배경이 된 이 봉기는 국공합작이 깨진 후 중국공산당이 처음으로 시도한 무장 봉기에 해당한다. 북벌이 대세인 상황에서 돌발적으로 일어난 이 봉기는 애초부터 민중들의 호응을 받기가 어려웠다. 남창봉기가 국민당 정부군의 반격으로 이내 실패로 돌아간 이유다.

당시 중국공산당은 남창봉기가 실패로 끝나자 이해 8월 7일에 무한에서 소위 '8·7긴급회의'를 소집했다. 여기서 진독수의 퇴진이 결의되고 구추백을 총서기로 하는 임시정치국이 구성됐다. 구추백은 대대적인 추수폭동을 일으킬 생각으로 임시정치국원을 각지에 파견했다. '8·7긴급회의'에서 임시정치국 후보위원으로 선출된 모택동도 호남지역의 추수폭동을 지휘하게 됐다. 그러나 9월 추수폭동 역시 당 지도부의 예상과 달리 농민들의 소극적인 반응과 국민당 정부 및 지방군벌의 반격으로 실패하고 말았다.

구추백 등 당 지도부는 남창봉기와 추수폭동이 모두 실패했는데도 이해 11월에 상해 근교에서 임시정치국 확대회의를 개최하고 더욱 급진적인 정책 노선을 채택했다. 모택동을 비롯한 추수폭동의 실무 책임자들을 견책한 뒤 광주에서 대규모 무장봉기를 시도해 소비에트 정권을 수립할 것을 지시한 게 그 증거다. 그러나 이는 섶을 지고 불에 뛰어드는 것이나 다름없었다.

이해 11월의 광주봉기는 소위 '해륙풍海陸豊 소비에트'가 수립되면서 성공을 거두는 듯했다. 이는 팽배가 오래 전부터 공을 들여온 현지 농민들이 무장봉기에 적극 호응한 결과였다. '해륙풍 소비에트' 수립에 고무된 공산당 광동위원회는 광주 시내 점거를 명했다. 엽검영이 지휘하는 군대와 광주지역 노동자적위대가 시내 점거에 성공함으로써 소위 '광주 코뮌'이 수립됐다. 그러나 곧 국민당 정부군의 반격으로 인해 '광주 코뮌'은 3

일 만에 무너지고 말았다. '구추백 노선'에 따른 성급한 무장봉기는 모두 참담한 실패로 끝난 셈이다.

1928년 2월 코민테른은 집행위원회를 열고 토지혁명의 확대와 홍군紅軍의 건설에 주력해 새로운 혁명고조기를 대비해야 한다는 결의문을 채택했다. 중국공산당 수뇌부는 코민테른의 지시를 좇아 이해 6월에 모스크바에 모여 당대회를 개최했다. 여기서 '구추백 노선'은 진독수의 '우경기회주의 노선'과 동일한 차원의 '좌경 모험주의 노선'으로 매도됐다. 이에 구추백이 퇴진하고 이립삼을 중심으로 한 새로운 지도부가 등장했다.

중국공산당은 코민테른의 결의를 좇아 여러 무장봉기에 참여했던 잔여 군사를 재편했다. 이에 주덕의 부대는 공농工農혁명군 제1사師, 동랑의 부대는 제2사로 개편됐다. 모택동의 추수폭동에 참여했던 잔여부대도 공농혁명군 제1군 제1사 제1단團으로 개편됐다. 공농혁명군은 이해 5월에 발표된 당의 「군사공작대강」에 의해 모두 '홍군'으로 그 명칭을 바꿨다. 이후 주덕의 군사와 모택동 부대는 정강산井崗山에서 합류한 후 주덕을 총사령, 모택동을 정치위원으로 하는 홍군 제4군으로 개편됐다.

그러나 중국공산당의 제6차 대회는 '구추백 노선'과 별반 다를 바 없는 '이립삼 노선'을 채택한 점에서 적잖은 문제가 있었다. '이립삼 노선' 역시 무산계급의 혁명의식 고양을 계급혁명의 결정적 요인으로 간주한 나머지 도시의 노동자 혁명에 초점을 맞추고 있었다. 이는 수천 년 간 농경문화를 유지해 온 중국의 역사문화 전통과 주어진 현실을 도외시한 것이었다.

1929년에 미국 월가의 증권시장 붕괴에서 비롯된 경제공황이 전 세계를 덮쳤다. 장개석의 남경 정부가 위기극복을 위해 중앙집권적 통치체제를 강화하려 하자 지방군벌이 크게 반발했다. 이해 9월 장발규의 반란을 시작으로 10월 하남군벌 풍옥상, 11월 광서군벌 이종인, 12월 호남군벌 당생지, 이듬해 2월 산서군벌 염석산 등이 각각 반장反蔣 선언을 하고 나섰다. 이로 인해 1930년 초 중앙군 25만 명을 보유한 장개석과 총 35만 명에 달하는 반장 연합군이 대치하는 양상이 나타났다.

중국공산당은 이를 최대한 활용했다. 이들은 농촌지역을 중심으로 한 홍군의 건설과 소비에트 정권의 수립에 박차를 가했다. 도시지역에서도 노동조직 재건에 노력한 결과 상당한 성과를 거두었다. 수뇌부는 농촌의 혁명근거지 확대와 도시의 노동운동 회복 현상에 크게 고무된 나머지 일부는 자본주의 몰락을 장담한 마르크스의 예언이 곧 실현될 것으로 확신했다. '이립삼 노선'이 '구추백 노선'보다 더욱 강경한 모습의 극좌모험주의 노선으로 치달은 이유다.

원래 '이립삼 노선'은 소위 '혁명의 불균등발전론'을 논거로 삼은 것이다. 장개석을 포함한 군벌세력의 힘이 미치지 못한 지역에서 먼저 혁명을 일으켜 중국혁명의 기반으로 삼아야 한다는 논리였다. 그러나 이는 일부 지역의 성공이 곧 중국혁명의 폭발로 이어지고, 제국주의 세력의 거대한 원료 공급지인 중국혁명은 이내 세계혁명의 기폭제로 작용할 것이라는 낙관론에 기초한 것이었다.

1930년 6월 이립삼은 상해에서 정치국 회의를 소집한 뒤 혁명을 위한 객관적 조건이 성숙됐다고 선언하고는 「새로운 혁명의 고조와 한 개 내지 수개 성에서의 우선적 승리 테제」를 통과시켰다. 여기에는 주덕과 모택동이 이끄는 소위 주모군朱毛軍의 '강서 소비에트'를 비롯해 크고 작은 15개의 혁명 근거지가 생겨나고 홍군이 6만 명을 넘어선 점 등이 크게 작용했다. 이는 이립삼으로 하여금 자신의 급진 노선에 대해 더욱 강한 확신을 갖게 만들었다. 정치국 결의를 통해 농촌지역에 분산되어 있는 모든 홍군을 집결시켜 호남의 장사와 호북의 무한을 동시에 점령할 것을 명한 배경이 여기에 있다. 수뇌부는 도시지역 당 조직에도 노동자 총파업과 무장봉기를 지시했다.

초기에는 성공을 거두는 듯했다. 제3군이 주축이 된 홍군이 장사를 점령한 뒤 '호남 공농병 소비에트' 수립을 선포한 게 그 증거다. 그러나 홍군은 미국과 영국 등의 함포사격 지원을 받은 국민당 정부군의 거센 반격으로 9일 만에 철수해야만 했다. 무한과 남창 공격에 나선 모택동과 주덕의 군사는 국민당 정부군의 강력한 방어벽에 막혀 진입도 하지 못한 채 황급히 패주했다.

홍군이 전열을 정비해 재차 장사 공격을 준비할 즈음 모택동과 홍군의 일부 지도자들은 독단적으로 공격을 중지하고 퇴각했다. 그간 이를 두고 여러 해석이 나왔다. 일신의 안녕을 위한 것이라는 혹평과 홍군의 궤멸을 방지하기 위한 용단이라는 정반대의 해석 등이 그것이다. 당시 이들이 장사 공격에 나설지라도 성공 가능성이 희박했던 점 등에 비춰 용단까지는 아닐지라도 희생을 최소화하기 위한 고육책으로 평가하는 게 옳을 것이다.

결국 대도시 공략을 위주로 한 '이립삼 노선'은 '구추백 노선'과 마찬가지로 참담한 실패로 끝나고 말았다. 장개석에 대한 과소평가와 홍군에 대한 과신이 빚어낸 후과였다. 당시 대도시 노동자들의 호응은 이립삼이 생각했던 것보다 훨씬 소극적이었다. 공산당원들은 장사와 무한, 상해, 천진 등에서 노동자들에게 무장봉기와 총파업을 호소했으나 이에 호응한 노동자는 많아야 2천 명 수준에 불과했다.

1931년 1월 코민테른 감시하에 4중전회가 열렸다. 여기서 코민테른의 강력한 지원을 받은 왕명과 진방헌 등 모스크바 '중산대학'을 졸업한 소련 유학생파가 당권을 장악케 됐다. '중산대학'은 손문이 '연소용공'을 발표하자 소련이 장차 중국에 공산혁명을 수출할 생각으로 중국 유학생만 특별히 가르칠 요량으로 기존의 동방대학에서 독립시켜 설립한 대학이다.

당시 중국공산당 내에서는 왕명 등 소련 유학생파를 소위 '28인의 볼셰비키'로 불렀다. 이들은 1920년대 말에서 1935년까지 모스크바의 중산대학에 유학한 중국 유학생을 말한다. 주요 인물로 왕명과 진방헌 이외에 장문천, 맹경수, 왕가상, 양상곤 등을 들 수 있다.[2] 이들은 '이립삼 노선'에 신랄한 비판을 가하면서 농촌지역의 홍군 건설과 토지혁명을 통한 소비에트 정권 수립 등을 역설했다. 그러나 이들의 노선 역시 여전히 도시 중심 노선에서 벗어나지 못한 것으로 중국 전래의 역사문화 전통과 동떨어진 것이었다.

이해 11월 강서 남부에 위치한 서금瑞金에서 열린 '중화공농병 소비에트' 제1차 전국대표대회에서 모택동을 주석으로 하는 '중화소비에트공화국'이 선포된 배경이 여기에 있다. 이는 훗날 국공내전에서 최후의 승리를 거둔 후 선포된 '중화인민공화국'의 전신에 해당한다. 이를 계기로 초기의 군웅群雄상쟁 양상이 국민당 우파와 좌파, 중국공산당이 각축하는 삼웅三雄 대결의 중간 단계를 거쳐 마침내 모택동과 장개석이 중국 전역에 걸쳐 정면 대립하는 양웅兩雄 대결 양상으로 정리됐다.

이는 열국이 상쟁하는『열국지』시대에서 삼국이 다투는『삼국지』시대를 거쳐 항우와 유방이 천하를 놓고 다투는『초한지』시대로 들어간 것에 비유할 수 있다. 결과론이기는 하나 건곤일척의 승부에서 패한 장개석은 항우, 승리한 모택동은 유방에 해당한다. 실제로 두 사람은 그런 길을 걸었다. 항우가 천하를 거머쥔 뒤 소위 '초패왕楚霸王'을 자처한 것처럼 장개석 역시 계속 봉건제후에 해당하는 군벌과의 연합을 꾀하다 패퇴했다.

이에 반해 모택동은 유방이 연합세력을 구축해 항우를 제거한 뒤 토사구팽을 통해 천하를 손에 넣은 것처럼 장개석을 몰아낸 뒤 강력한 중앙집권적 제국체제를 건립하는 데 성공했다. 중화인민공화국의 등장을 청조의 뒤를 이은 '신 중화제국'의 건립으로 간주하는 이유가 여기에 있다.

| 01_주 |

1) 우크라이나 출신인 트로츠키는 소련공산당이 점차 관료화하자 1924년에 소위 '구 볼셰비키 경비대'라고 불리던 관료제를 맹렬히 비난했다. 당 안팎으로 민주적인 요소가 도입되어야 하고 모든 당원에게 자유가 주어져야 한다고 주장했다. 1929년 스탈린이 트로츠키와 그 추종자들을 추방하자 그는 소련의 관료주의를 1인 독재에 기반을 둔 '보나파르티즘'으로 비난했다. 1930년대 초 스탈린이 제3인터내셔널을 장악하자 그는 1938년에 노동조합과의 연합전선을 지지하며 제4인터내셔널을 창설했다. 1940년 8월 마지막 망명지인 멕시코에서 스탈린이 보낸 자객에 의해 피살됐다.

2) '28인 볼셰비키'는 1920년대 말에서 1935년까지 모스크바의 중산대학에 유학한 중국 유학생을 말한다. 주요 인물로 왕명王明과 박고博古, 낙보洛甫, 맹경수孟慶樹, 왕가상王稼祥, 양상곤楊尙昆 등을 들 수 있다. 본명이 진소우陳紹禹인 왕명은 '28인 볼셰비키'의 영수로 1931년부터 1937년까지 소련에 있다가 귀국해 모택동과 재차 논쟁을 벌였으나 이내 패했다. 1956년에 소련으로 가 중소분쟁 당시 모택동 비판에 앞장서다 1974년 소련에서 병사했다. 왕명의

부인 맹경수는 1984년 소련에서 병사했다. 본명이 진방헌秦邦憲인 박고는 왕명과 가장 가까운 친구로 왕명이 소련으로 간 후 중국공산당을 이끌었으나 준의회의 후 실세했다. 연안시절 모택동의 정풍운동에 의해 비판을 받고 1946년에 비행기를 타고 중경에서 연안으로 오던 중 추락사했다. 본명이 장문천張聞天인 낙보는 모택동과 대립한 장국도의 지지자였다. 준의회의에서 공산당 총서기에 선임되어 1945년까지 이를 유지했다. 인민공화국 성립 후 외교부 부부장으로 활동했으나 여산회의에서 팽덕회를 지지하는 바람에 숙청되었다. 왕가상은 일찍부터 모택동을 지지해 준의회의에서 공농홍군총정치부 주임에 선임되어 오랫동안 재임했다. 주소대사와 외교부 부부장 등을 역임하다 1974년에 죽었다. 양상곤은 준의회의 때 모택동 쪽에 선 이후 시종 주요 직책을 맡아 8대원로八大元老의 한 사람이 되었다.

[02]
장개석

중화제국 건설에
실패한
풍운아

인물로
읽는
중국
현대사

MODERN
HISTORY
of
CHINA

CHIANG KAI SHEK 蔣介石
MAO TSETUNG 毛澤東
CHOU ENLAI 周恩來
DENG XIAOPING 鄧小平

장개석 [蔣介石, 1887.10.31-1975.4.5]   중국 정치가. 만주사변 후 일본의 침공에 대해서는 '우선 내정을 안정시키고 후에 외적을 물리친다'는 방침을 세워 군벌을 이용, 오로지 국내통일을 추진했다. '자유중국', '대륙반공'을 제창하며 중화민국 총통과 국민당 총재로서 대만을 지배했다.

『주역』과 반공

많은 사람들이 장개석의 이름과 호를 거꾸로 알고 있다. 그의 원래 이름은 '중정中正'이고 '개석介石'은 호이다. 모두 『주역』에서 따온 것이다. 『주역』이 풀이해 놓은 64괘의 핵심은 '중정'이다. 중용을 지켜 가장 타당한 방안을 찾아간다는 뜻이다. '개석'은 「계사편」에 나오는 '개여석언介如石焉' 구절에서 나왔다. 지조가 돌처럼 단단하다는 뜻이다. 그는 평생 이런 삶을 살고자 했다.

그러나 이게 그에게는 오히려 독이 됐다. 임기응변이 절실히 필요한 난세의 상황에서 고집스럽게 '개석'처럼 살고자 한 결과다. 이는 '중정'에 대한 잘못된 풀이에서 비롯됐다. 단초는 성리학을 집대성한 남송대의 주희가 제공했다. 『주역』의 요체를 오직 '중정'에서 찾은 주희는 「비괘否卦」에 나오는 '불리군자정不利君子貞'의 괘사卦辭를 두고 이같이 해석해 놓았다.

"비否의 시기일지라도 군자는 정도를 지키는 것이 이롭다."

이는 '군자가 정도를 지키는 게 불리하다'는 뜻의 '불리군자정'을 정반대로 해석해 놓은 것이다. 「비괘」의 '비否'는 꽉 막혔다는 뜻의 '비색否塞' 내지 '비폐否閉'를 의미한다. '비색'의 시기에는 소인의 도가 통하고 대인의 도가 통하지 않는다. 따라서 소인배가 날뛰는 이런 시기에는 설령 군자일지라도 정도를 지키기보다는 '명철보신明哲保身'을 추구해야 한다는 취지를 담고 있다. 고집스럽게 정도를 지키는 묵수墨守가 아니라 임기응변臨機應變을 강조한 것이다. 이를 뒷받침하는 일화가 『논어』 「공야장」편에 나온다.

하루는 공자가 제자 공야장을 이같이 평했다.

"가히 사위로 삼을 만한 인물이다. 비록 수감을 당하는 처지에 있었으나 이는 그의 죄로 인한 것이 아니다."

그리고는 자신의 딸을 처로 삼게 했다. 그는 또 제자 남용을 평하여 이같이 말했다.

"나라에 도가 있으면 버려지지 않을 것이고, 나라에 도가 없을지라도 형륙刑戮을 면할 것이다."

대인의 도가 통하지 않고 소인의 도가 통하지 않는 '비색'의 시기에는 어떻게 해서든 '형륙'을 면하는 지혜를 발휘하라고 당부한 것이다. 그럼에도 '도학자' 주희는 이런 시기일지라도 정도를 지켜야 한다고 주장한 것이다. 대소군벌이 날뛰는 난세의 시기에 이런 식의 '중정'을 고집할 경우 그 결과는 어떻게 될까? 손문의 측근 경호원에서 출발한 장개석은 두 차례에 걸친 북벌을 통해 천하를 호령하는 위치까지 올라가게 되었다. 이 시기에 그는 '임기응변'에 능했다.

문제는 그 다음이었다. 그는 더욱 더 교묘한 '임기응변'을 구사해야 하는 시점에 주희가 주장한 것처럼 고집스럽게 정도를 지키는 '묵수'의 길을 걸은 것이다. 『주역』을 평생 곁에 끼고 산 장개석이 끝내 실패한 이유가 바로 여기에 있다. 평생 『자치통감』을 옆에 끼고 살며 임기응변의 '제왕술'을 터득한 모택동과 대비된다. 그가 모택동에게 천하강산을 빼앗긴 것은 자업자득에 해당한다.

『주역』이 역설하고 있는 것은 변역變易의 이치이지 불변不變의 이치가 아니다. 때와 장소에 따라 응변應變하는 것이 바로 '변역'의 이치이다. 이는 우주의 삼라만상이 예측불허의 온갖 변환상황에서 살아남을 수 있는 유일한 길이기도 하다. 주희는 '중정'이 변역의 이치를 좇은 '임기응변'을 언급한 것인데도 불구하고 이를 불변의 도리를 '묵수'하는 것으로 곡해했고, 장개석은 이를 그대로 좇아 자멸의 길로 나아간 셈이다.

그렇다고 그가 불변의 도리를 '묵수'한 것만도 아니다. 오히려 매우 변칙적인 수법을 대거 동원했다. '임기응변'을 해야 하는 상황에서 '묵수'하고 '묵수'해야 하는 상황에서 '변칙'을 구사하는 헷갈리는 행보를 한 것이다. 대표적인 예로 소위 'CC단'을 들 수 있다. 일명 부흥사復興社로 알려진 이 단체는 장개석의 두터운 신임을 받는 진과부와 진립부 형제의 영문 이니셜을 딴 것으로 국민당을 실질적으로 장악한 정보단체였다. 철저한 반공을 기초로 내세운 부흥사는 한국의 임시정부 수반 김구에게 매달 1천 위안씩 지원하며 반공활동을 부추기기도 했다.

장개석의 반공 노선을 뒷받침한 데에는 부흥사 이외에도 1932년을 전후로 중국 전역에 걸쳐 활약한 국민당의 정치사찰 특무대인 소위 남의사藍衣社가 있었다. 장개석의 특별경호원인 제3헌병대가 바로 이들 '남의사'로 구성돼 있었다. 반공과 항일을 기치로 내건 '남의사'는 장개석 정권을 유지·강화하는 게 기본 목표였다. 이 명칭은 국민당의 예복인 남의藍衣에서 유래한 것으로 질실質實을 뜻했다.

이 조직은 1931년에 황포군관학교 출신의 우파들이 국공합작 반대를 명분으로 결성한 손문주의학회孫文主義學會가 모태다. 장개석을 사장社長으로 한 '남의사'는 사장 휘하에 총사總社를 두고 각 성에 분사分社, 각 현과 시에 구분사區分社, 각 향과 진에 소조小組 등을 둔 피라미드식 점조직이었다. 간부 이외에는 횡적인 연락을 금지한 게 그 비결이었다. 장개석의 조카를 자처한 장효선蔣孝先에 의해 통솔된 남의사는 공산당의 세포조직 전술과 파시스트의 철혈정신 등을 기본 행동지침으로 삼고 요인에 대한 체포와 암살 등을 일삼았다. 특히 최고 간부로 활약한 대립과 호종남 등이 악명을 떨쳤다. 이들은 중일전쟁 발발 후 'CC단'과 함께 소위 '삼민주의

청년단'에 편입됐으나 시종 'CC단' 인사들과 치열하게 대립했다.

1937년 7월 7일에 일본의 선공으로 마침내 중일전쟁이 발발하자 장개석의 국민당 정부군은 초전부터 일본군에 밀려 이내 상해를 잃고 수도인 남경마저 해를 넘기지 못하고 빼앗겼다. 일본군은 이듬해에 화북지방을 거의 석권한 뒤 장강 깊숙이 쳐들어가 국민당의 거점인 무한지역까지 장악했다.

당시 장개석의 동서였던 공상희는 유럽을 여행하고 있었다. 명목은 영국의 '조지 6세' 대관식 참석을 위한 특사였으나 사실은 장개석을 위해 전쟁물자를 확보하고 몇몇 나라들로부터 차관을 끌어오는 임무를 띠고 있었다. 공상희는 상당 수량의 탐조등과 고사포를 독일로부터 외상으로 구입했다. 훗날 나치의 문서 속에서 발견된 히틀러 통치방식에 대한 공상희의 찬양 메모는 장개석의 반공기조가 파시즘과 어떤 관계를 맺고 있었는지를 잘 보여준다. 불변의 도리를 '묵수'한다는 취지의 주희식 '중정' 해석이 무색해지는 대목이다.

그런 점에서 그는 청조에 이어 '중화제국'을 세우려고 꾀하다가 끝내 실패한 풍운아로 규정할 수 있다. 여러 면에서 초한전 당시 소리小吏 출신 유방에게 패해 오강에서 자진한 초나라 귀족 출신 항우와 닮았다. '중화민국'이 들어서는 1912년부터 '중화인민공화국'이 등장하는 1949년까지 근 40년 가까이 지속된 '군벌시대'를 상징하는 두 인물을 꼽으라면 단연 원세개와 장개석을 들 수 있다. 명목상 천하를 거머쥐고도 끝내 '중화제국'의 건설에 실패한 점에서 두 사람은 빼어닮았다. 이들의 실패는 항우의 전철을 밟은 후과로 해석할 수 있다.

풍운아 장개석의 생장과정

당초 장개석은 광서 13년(1887) 절강 봉화시奉化市 계구진溪口鎮의 부유한 가정에서 태어났다. 그의 부친과 조부는 오랫동안 이 지역의 염상鹽商으로 활동했다. 그가 8세 때인 광서 21년(1895) 부친이 세상을 떠났다. 이해는 청조가 일본과의 전쟁에서 패해 굴욕적인 '마관조약'을 체결한 때였다. 이후 그는 독실한 불교신자인 모친의 엄격한 규율하에 생장했다. 어렸을 때 그는 개인교사를 두고 과거시험에 몰두했다. 14세 때인 광서 17년(1901) 모복매毛福梅와 결혼했다.

과거제도가 폐지되기 2년 전인 광서 29년(1903) 그는 근대교육을 받는 쪽으로 방향을 틀었다. 교육개혁의 물결에 편승한 결과였다. 이후 2년동안 고등학교에 해당하는 학교를 다녔다. 광서 32년(1906) 일본으로 갔다. 제국군관학교에 들어가고자 한 것이다. 자격미달로 입학에 실패한 후면목이 없어 곧바로 귀국하지 못했다. 이때 동경에서 혁명가 진기미陳其美를 만나 총애를 얻었다. 진기미는 손문 및 송교인 등과 함께 당대 최고의혁명가라는 명성을 얻고 있었다.

광서 33년(1907) 귀국한 뒤 하북 보정의 군사학교를 잠시 다니던 그는이해 겨울 다시 일본으로 건너갔다. 이번에는 사관학교 입학자격을 얻기위해 중국 유학생을 위해 특별히 설립한 예비학교에 들어갔다. 이 학교는3년 과정이었다. 선통 2년(1910)에 이 학교를 졸업했을 때 그의 나이는 23세였다.

이후 이등병으로 일본군 야전부대에 배속돼 1년 동안 근무하면서 일본 육군의 강점과 약점을 매우 잘 알게 됐다. 훗날 많은 세월이 흘렀음에도 일본 야전포병부대 사병의 스파르타식 생활에 대해 이야기하기를 좋아한 이유다. 그러나 그는 끝내 사관학교에 들어가지 않았다. 가장 큰 이유는 선통 3년(1911) 10월에 터져나온 신해혁명 때문이었다.

소식을 접한 그는 당시 상해지역 혁명군 도독으로 있던 진기미 휘하로 들어가기 위해 서둘러 귀국했다. 얼마 후 손문이 원세개에 반대하는 무장봉기를 일으켰을 때 그는 강음江陰의 포대를 점령하는 데 참여했다. 그러나 봉기는 철저히 실패하고 진기미는 암살됐다. 당시 장개석은 진기미가 가장 총애한 측근 중의 측근이었다. 그의 충격은 컸다.

이후 그는 별 목적 없이 도쿄와 절강의 고향을 오가며 시간을 보냈다. 원세개가 몰락한 이후에도 장개석은 목적 없는 생활을 몇 년 동안 계속했다. 전통적인 협객과 일본 낭인의 모습을 뒤섞어놓은 듯했다. 상해의 암흑가 세력과 맺은 관계는 더욱 깊어졌고, 상해의 주식시장에서 투기를 벌이기도 했다. 1924년 3월 25일자 일기에 따르면, 그는 손문에게서 황포군관학교를 설립하라는 지시를 받은 후 호한민과 왕정위에게 다음과 같은 내용의 편지를 보냈다.

"불과 5-6년 전만 해도 나는 혼돈 속에서 갈팡질팡하고 있었습니다. 나는 어떻게 해야 올바로 행동하는 것인 줄도 몰랐습니다. 모든 사람들이 내가 여자에 빠져 있다고 말했습니다. 사실 이는 가장 어리석고 구역질나는 일이었습니다. 아무런 대안이 없었기에 나는 그렇게 행동했습니다."

당시 그는 유곽을 드나들며 방탕한 생활을 했다. 그가 자신의 목표를 깨닫게 된 것은 1923년 이후다. 이해에 손문은 장개석을 모스크바로 가는 사절단의 우두머리로 삼았다. 당시까지 그는 다투기 좋아하고 신경질적이었다. 상관이나 동료들과 의견차가 생기면 그는 종종 일을 그만두곤 했다. 권력이나 출세에는 거의 관심이 없는 듯했다.

1924년 손문이 그를 광동 광주에 신설한 황포군관학교의 교장으로 임명했다. 그러나 그는 이때 또 다시 일을 집어치우고 고향으로 떠났다가 손문이 복귀를 재촉하자 다시 광주로 돌아왔다. 당시 장개석은 요중개에게 보낸 한 편지에서 손문에 대한 자신의 생각을 이같이 밝혔다.

"역사 속의 지위와 명성이라는 견지에서 손문 선생은 이미 성공을 거두었습니다. 그러나 만일 그것이 현재의 시기에 관련된 행동에서 거둔 성공을 의미한다면 우리에게도 책임이 주어집니다. 이는 더 이상 손문 선생 한 분만의 문제가 아닙니다."

당시 장개석은 국민당 내에서 실질적인 역할을 맡기를 고대했다. 국민당에게는 빠른 시간 안에 권력을 잡는 것이 중요했다. 황포군관학교는 단순한 군사교육기관이 아니었다. 설립 때부터 적대적인 환경 속에서 존립을 위한 투쟁을 벌여야 했다.

당초 손문은 원세개가 사망한 직후인 1917년에 북양군벌에 반대하는 100명이 넘는 의원들과 함께 광주에 자리를 잡았다. 곧 수십 명의 의원들이 추가로 합류했다. 이들은 곧 북경 정부에 대항하는 '광동 군정부'의 성립을 선언하고 손문을 대원수로 추대했다. 그러나 근거지를 확보하는 데 필요한 무력과 재원을 장악하지 못한 까닭에 '광동 군정부'는 서남군벌의 꼭두각시에 지나지 않았다.

서남군벌은 손문에게 입에 발린 말을 하면서 사리私利 축적에 골몰했다. 그 사이 서구 열강은 손문이 소련에 경도돼 있음을 눈치채고 크게 경계했다. 1922년 손문이 신뢰했던 광동군벌 진형명이 공개적으로 반기를 들었다. 손문은 황급히 몸을 피신했다. 다른 성의 군대가 들어오자 진형명은 광주에서 쫓겨났다. 그러나 1924년에도 진형명은 여전히 광동의 동부 지역을 차지하고 있었다. 언제라도 능히 광주를 위협할 수 있었다. 광주에서는 허숭지가 도시를 장악했다. 그가 이끄는 1만 5천 명의 광동군이 공공세입에서 가장 큰 몫을 가져가고 있었다. 운남군과 광서군은 서강지역에 주둔했다. 이들 역시 세금을 징수하는 관소와 기관을 장악했다.

이들은 손문이 군관학교를 설립하는 것을 막으려 들지는 않았으나 감시를 게을리하지 않았다. 군관학교는 광주에서 약 20마일 떨어진 주강상의 황포 섬에 위치해 있었다. 생도들의 출신 분포가 전국적인 성격을 띨 수 있도록 북쪽에서 학생들을 모집해 왔다. 이들 중 499명이 제1기 생도로 선발됐다. 당시 생도 육성자금을 확보하는 게 가장 큰 문제였다. 훗날 남경에서 개교 10주년을 기념하면서 장개석은 새로 입학한 생도들에게 개교 당시 하루 식사비용이 겨우 전날 저녁에 마련된 일화를 소개하기도 했다.

그는 군관학교를 조직하면서 교수진 편성, 교과과정 준비, 제복의 디자인, 경영활동의 처리 등에 세심한 관심을 보였다. 제1기 생도들을 상대로 한 그의 강연은 세계 정세에서 인생의 목적, 공용 화장실 사용방법 등에 이르기까지 모든 사안에 걸쳐 있었다. 그가 군관학교 제1기를 자신의 작품이라고 말한 것은 결코 과장이 아니었다.

제1기는 6개월도 채 안 돼 교육과정을 마쳤다. 456명의 졸업생 중 절반 이상이 1년 이내에 전사했다. 2년 후에는 선전공작을 맡기 위해 다른 성으로 파견된 몇몇 사람을 제외하고 겨우 140명만이 살아남았다. 장개석을 좇아 진형명 등 지방군벌을 퇴치하는 전투에 참여한 결과였다. 살아남은 자들은 훗날 대부분 국민당의 주요 장성으로 성장했다. 공산당에 참여한 자도 있다. 제1기 졸업생에서 1명, 교수진에서 2명이 있었다. 제3기 졸업생 중에는 또 한 명이 홍군의 야전사령관이 되었다. 당시 군관학교 정치부 주임은 주은래였다.

황포군관학교의 초기 졸업생이 지휘한 병사들은 장강 하류지역에서 모집되었고, 하사관들은 광동 출신이 많았다. 제1기가 졸업할 때 이미 1개 연대의 교도단敎導團이 만들어졌다. 불과 몇 달 뒤 다시 1개 연대가 만들어졌다. 얼마 후 군관학교에 참모부와 참모장이 설치됐다. 총병력이 3천명을 넘었던 2개 연대의 교도단은 교군校軍으로 통칭됐다.

초기 군사작전으로 1924년 말에서 이듬해 초까지 진행된 제1차 동정東征은 진형명을 표적으로 삼은 것이었다. 운남 및 광서군벌과 벌인 전투는 손문이 사망한 1925년 3월에 시작돼 다음 달에 끝났다. 제2차 동정은 이해 10월에 이뤄졌다. 이로 인해 진형명의 광동군벌은 궤멸되고 말았다. 당시 장개석은 3개의 보병사단으로 구성된 제1군의 총사령관이 되었다. 이를 계기로 국민당 정부군은 제법 형태를 갖추기 시작했다. 군벌이 장악했던 지역의 공공세입은 손문의 처남 송자문이 장악했다. 1926년 1월 황포군관학교는 문을 연 지 채 2년도 안 돼 생도와 졸업생의 숫자가 5천540명으로 불어났다. 한 해에 여러 기수를 차례로 졸업시킨 결과였다.1)

당시 장개석은 매우 혹독한 군율을 적용했다. 명령 없이 후퇴하는 것은 금지사항이었다. 이를 어겼을 때 처벌은 총살이었다. 중대 전체가 후퇴하면 중대장, 중대장 전사 후 후퇴하면 3명의 소대장 모두 어김없이 사형에 처해졌다. 1920년대에 장개석 군대가 가장 막강한 무력을 자랑한 배경이 여기에 있었다. 이는 그가 일본에서 군사훈련을 받으면서 사무라이의 정신을 흡입한 결과로 보인다. 레이 황은『장개석 일기를 읽다』에서 그의 성격을 두고 이같이 분석해 놓았다.

"장개석은 농민 출신의 병사들을 이끌고 강적을 상대로 돌파를 시도했다. 실패할 경우 또 한 번의 기회란 있을 수 없었다. 그는 성격상 행동에 나서기를 주저하거나 꺼리기도 했으나 일단 결정을 내리면 끝장을 보곤했다."

『장개석 일기』를 정밀하게 분석한 레이 황에 따르면 그는 놀랄 만큼 솔직하고 동시에 매우 감성적인 사람이었다. 당시 장개석은 자신을 채찍질하려는 목적으로 일기를 썼다. 그의 일기에 따르면 그는 적어도 3차례 너무 감정이 북받친 나머지 민중 앞에서 눈물을 흘렸다. 장개석은 쉽사리 흥분하는 열정적 성격의 소유자였으나 동시에 대단한 자기 통제력을 발휘했다. 그를 존경하는 사람들은 그의 절제와 억제를 언급하고 있다. 이에 반해 그를 비난하는 사람들은 그가 자제력을 잃고 불 같은 분노를 터뜨렸다고 표현했다. 보는 관점에 따라 이처럼 차이가 크다.

왕정위와 장개석의 대립

많은 사람들이 장개석의 북벌을 두고 군벌을 제압하고 천하를 평정한 데서 그 의의를 찾고 있다. 그러나 이는 평면적이다. 그의 '북벌'은 엄밀히 말해 군벌 간의 타협에 지나지 않는다. 그는 여러 군벌 중 가장 강한 세력에 해당했다. 이는 항우가 천하를 거머쥔 뒤 유방 등을 제후에 임명하며 '왕 중 왕'에 해당하는 '패왕'을 자처한 것에 비유할 만하다.

장개석보다 한 발 앞서 손문을 비롯한 혁명파에게 돋보인 인물이 있었다. 손문이 총애한 왕정위가 당사자이다. 왕정위는 훗날 남경에 일본의 괴뢰정권을 세운 일로 인해 '매국노'라는 비난을 받고 있으나 중국의 현대사를 논할 때 빼놓을 수 없는 인물이다.

손문이 가장 총애했던 왕정위는 광서 9년(1883)에 광동 번우현番禺縣에서 태어났다. 본명은 왕조명汪兆銘이고 정위는 호이다. 18세 때인 광서 27년(1901)에 반우현시에 응시해 수재가 됐다. 후에 생활이 어려워 광동

수사제독 이준의 가정교사가 돼 학업을 병진하다가 광서 29년(1903)에 일본으로 유학을 떠났다. 호세이 대학法政大學의 속성과 관비생이 된 그는 이듬해에 정식으로 호세이 대학에 입학해 공부했다. 그는 서양의 주권재민사상에 커다란 감화를 받았다.

이때 열혈청년 진천화가 일본 당국의 탄압에 반발해 절명서를 쓴 뒤해안에서 투신자살하자 유학생들의 의견이 엇갈렸다. 공부를 중단하고 귀국하자는 견해와 일본에 남아 계속 공부를 더 하자는 견해가 그것이다. 왕정위는 후자를 택했다. 얼마 후 러일전쟁이 일어나고 이듬해인 광서 31년(1905) 5월 러시아의 발틱 함대마저 격파되자 전쟁의 대세는 거의 결정됐다. 러시아 내에서 각종 혁명소동이 일어났다.

이해 7월 하순 도쿄에서 '중국동맹회'가 결성됐다. 왕정위는 동맹회평의부評議部 평의장에 선출됐다. 이후 정위精衛라는 필명으로 《민보》에 여러 편의 글을 발표해 삼민주의 사상을 선전했다. 특히 강유위와 양계초 등의 변법자강파의 잘못된 논리를 통박해 손문의 총애를 받았다.

광서 32년(1906) 학교를 졸업한 그는 양광총독 잠춘훤岑春煊의 귀국복무 요청을 거절하고 손문을 따라 남양 등으로 다니며 동맹회 분회를 조직했다. 남양혁명당보인 《중흥일보》 주필 중 한 사람이 되어 변법파의 《남양총회보》와 논전을 전개했다. 이때 그는 말레이시아의 부유한 화교 집안출신으로 훗날 부인이 된 진벽군陳璧君과 처음으로 만나게 됐다.

광서 34년(1908) 왕정위는 버마로 가 동맹회의 양곤 분회를 만들고, 이후 싱가포르 등지에 동맹회 남양지부를 개설하는 작업을 전개하며 경비를 모금했다. 선통 원년(1909) 3월 정부 요인을 암살하려는 계획을 세웠다. 이듬해인 선통 2년(1910) 3월 31일 저녁 진벽군, 황복생, 나세훈 등을 이끌고 비밀리에 북경에 잠입했다. 그들은 사진관을 여는 것으로 위장해 섭정

왕 재풍을 암살하고자 했으나 4월 2일 암살계획이 누설돼 이내 체포되고 말았다.

숙친왕 선기善耆가 변법파인 양계초의 논리를 전개하며 그를 설득했으나 혁명파의 대표 논객인 왕정위가 이를 받아들일 리 만무했다. 두 사람의 변론은 계속 평행선을 그었다. 숙친왕은 더 이상 왕정위를 힘들게 하지 않았다. 이후 두 사람은 가까운 친구처럼 서로의 마음을 터놓고 지내는 사이가 됐다. 당시 왕정위는 28세, 숙친왕은 45세였다.

선통 3년(1911) 10월 무창에서 무장봉기가 일어나자 그는 이내 석방됐다. 이는 그의 석방을 통해 남북협상을 유리하게 이끌고자 한 원세개의 건의에 의한 것이었다. 왕정위는 원세개를 만난 자리에서 공화제의 성사를 전제로 원세개의 집권에 적극 협조할 뜻을 밝혔다. 이에 감동한 원세개는 그 자리에서 장남 원극정과 의형제를 맺게 했다.

중화민국 원년인 1912년 1월에 그는 손문 옆에서 일하며 손문에게 양위를 권해 이를 관철시켰다. 손문의 명을 좇아 원세개 영접 사절단에 참여한 그는 이내 북경에서 진벽군과 결혼식을 올린 뒤 파리로 유학을 떠났다. 원세개가 사망한 이듬해인 1917년 완전히 귀국한 그는 손문의 '호법운동'에 적극 참가했다. 이후 상해에서 잡지 《건설》을 창간해 문필활동을 하면서 광동 혁명정부 고등고문, 교육회 회장 등을 역임했다.

1924년 초 국민당 중앙선전부장에 임명된 그는 이해 말 손문을 따라 북경으로 올라갔다. 이듬해 초 손문이 위독하자 곁에서 유촉遺囑을 기록한 그는 손문 사후 국민당 내 좌파의 영수로 활동하면서 우파인 '서산회의파'와 대립했다. 이해 8월 국민당 좌파인 재정부장 요중개가 암살당했다. 우파인 외교부장 호한민이 암살에 관련됐다는 의혹이 강하게 제기됐다.

얼마 후 특별위원회가 구성돼 호한민의 해외망명을 결정했다. 호한민은 소련 선박을 타고 유럽으로 떠났다. 이해 10월 정변이 일어나 군사부장 허숭지가 면직됐다. 이는 참모장으로 있던 장개석이 비밀리에 허숭지의 부하장군들과 모의한 후 그에게 3달 간의 휴양을 권한 결과였다. 장개석은 국민정부 주석이자 군사위원회 위원장으로 있는 왕정위와 긴밀히 협력했다.

일각에서는 왕정위가 소련 고문 보로딘과 함께 호한민 및 허숭지의 추방계책을 마련한 뒤 그 실행을 장개석에게 맡겼을 가능성을 제기하고 있다. 정변 직전에 왕정위가 장개석을 광주 위수사령관에 임명하고 전권을 부여한 점에 비춰 나름대로 설득력이 있다. 당시 왕정위가 소련과 가까웠던 것은 손문의 기본 입장을 이어받은 것이기도 했다.

이 와중에 1926년 3월 문득 장개석이 주도한 소위 '중산함 사건'이 터져나왔다. 지금까지 정확한 내막이 아직 제대로 밝혀지지 않은 이 사건은 소위 '장개석 납치설'이 정설로 통용되고 있다. 중산함은 장개석이 평소 황포와 광주를 오갈 때 탑승하던 해군함정 중 하나였다. 이 사건은 손문 사후 내부적으로 전개된 권력투쟁의 절정에 해당한다.

당시 국민당 측은 왕정위가 장개석을 블라디보스토크로 납치할 목적으로 중산함을 황포에 파견했고, 해군국을 맡고 있던 공산당원 이지룡이 그 실행을 맡았으며, 장개석은 미리 첩보를 입수하고 다른 선박을 이용해 화를 피했다고 주장했으나 설득력이 없다. 분명한 사실은 3월 20일 아침 계엄령을 선포해 중산함을 나포하고 이지룡을 체포한 점이다. 사전에 면밀히 검토한 뒤 기습적으로 처리한 게 분명하다.

최근의 연구결과에 따르면 왕정위나 이지룡은 결코 장개석을 블라디보스토크로 보낼 계획을 세우지 않았다는 사실이 명백히 드러났다. 가장 그럴듯한 분석은 우연히도 중산함이 미심쩍은 상황하에 강 위를 오가자 국민당과 군관학교 우파세력이 이를 과대포장해 장개석의 위기의식을 자극했고 장개석은 이에 넘어갔다는 주장이다. 『장개석 일기』도 이를 뒷받침하고 있다.

여러 사실을 종합하면 이 사건은 원래 해적들로부터 민간상선을 보호하라는 지시가 도중에 잘못 전달된 데서 시작됐다. 이 과정에서 우파인사들이 공산당원인 이지룡이 지휘하는 중산함이 광동에서 황포로 회항한 것을 과장하며 장개석을 부추겼다. 이에 넘어간 장개석은 중산함의 회항을 자신에 대한 공산당의 반란음모로 간주해 계엄령을 선포하면서 이지룡에 대한 체포와 보로딘을 비롯한 18명의 소련 고문단 철수를 명했다. 이는 국민당 제2차 전국대표자대회에서 거듭 확인된 국민당 좌파의 당, 국민당 우파의 군, 공산당의 민중조직 등 3각 협력구도의 와해를 의미했다.

당시 소련 대표 보로딘과 중국공산당 지도부는 정면대응을 자제하고 타협책을 찾고자 했다. 이는 소련 내부의 권력투쟁과 밀접한 관련이 있었다. 트로츠키파의 반대를 무릅쓰고 국공합작을 추진한 스탈린으로서는 어떤 식으로든 사태를 수습해야만 했다. 장개석도 북벌을 실현하기 위해서는 아직 소련과 중국공산당의 협력이 필요했다. 북벌은 바로 이런 불안정한 상황에서 나온 것이었다.

이 사건을 계기로 황포군관학교와 제1군에 있던 공산당원들은 퇴출되었다. 중국공산당은 국민당 당적을 동시에 보유하고 있는 당원들에게 명령을 하달할 때마다 국민당에 그 사본을 제출해야만 했다. 이 중 당적자들에 대한 소규모 숙청이 일어난 것이다. 이지룡은 석방되었으나 왕정위와 소련 고문들이 총애하던 한 사단장은 지휘권을 박탈당했다.

이해 4월 장개석이 군사위원회를 장악하자 군사위원회 위원장으로 있던 왕정위는 이내 프랑스로 떠날 수밖에 없었다. 이해 6월 국민당의 조직부장과 국민혁명군의 총사령관이 된 장개석은 본격적으로 북벌을 준비하기 시작했다. 왕정위의 파리 생활은 망명이나 다름없었다. 그의 장개석에 대한 원망은 더욱 깊어졌다.

제1차 북벌의 내막

당초 1925년까지만 해도 장개석은 근거지인 광동에 군수공장을 갖춘 혁명기지를 건설한 후 점진적으로 북진할 생각이었다. 그가 내륙 쪽으로 관심을 돌린 이유다. 이를 뒷받침하는 이해 7월 7일자 『장개석 일기』 내용이다.

"터키는 콘스탄티노플이 아닌 내륙의 앙카라에서 성공을 거두었다. 러시아는 페테르부르크가 아닌 내륙 소재의 모스크바를 수도로 삼았다."

당시는 소련 고문단과 밀접하게 협력할 때였다. 그는 자신이 손전방이 장악하고 있는 동부 해안으로 진격할 경우 서구 열강이 개입하지 않을까 우려했다. 이때가지만 해도 '북벌'을 진지하게 생각지 않았음을 뒷받침하는 대목이다.

그렇다면 그는 왜 문득 오패부 및 손전방 등과 일전불사를 외치며 북벌을 시도하게 된 것일까? 단초는 호남의 당생지가 제공했다. 당시 호남군벌 당생지는 세입의 처분문제를 둘러싸고 호남성장과 충돌하게 되자 이내 호남성장을 몰아냈다. 인근지역의 직례파 오패부가 이에 개입했다. 오패부는 비록 실질적으로 호남을 통제하지는 못했지만 호남은 자신의 세력하에 있다고 생각했다.

당생지는 오패부의 압력에서 벗어나기 위해 강서군벌 이종인에게 접근했다. 이종인이 광주로 달려가 장개석 등과 이 문제를 협의했다. 당시 광동은 중산함 사건 직후 장개석의 영향력하에 들어가 있었다. 『이종인 회고록』에 따르면 당초 장개석은 공동출병을 제시한 이종인의 제의에 미온적이었다. 시기상조라고 본 것이다. 그러나 결국 이종인의 제의를 받아들였다.

장개석은 원래 생각은 많이 하되 일단 결정하면 밀어붙이는 스타일이었다. 그는 결정을 내리자마자 전광석화처럼 움직였다. 당시 국민당 군대는 6개 군으로 편성돼 있었다. 제1군은 소위 '장개석의 군'으로 불리는 최고의 정예부대였다. 제1군의 2개 사단이 그를 좇아 북진했다. 나머지 2개 사단은 하응흠의 지휘하에 산두지역에 주둔해 동쪽 측면을 방어했다. 이종인의 광서군은 제7군, 당생지의 호남군은 제8군으로 편제됐다. 북벌군은 모두 합해 약 10만 명 정도였다.

각 군은 병력규모와 장비 면에서 커다란 편차를 보였다. 최고의 사단은 약 5천 정 정도의 소총을 보유했고 열악한 사단은 겨우 1천 정 수준에 불과했다. 그럼에도 반 년 만에 5만 명의 병력이 장강에 도달했다. 『이종인 회고록』에 따르면 당시 광동과 광서의 군사경비는 아편세와 도박세 등으로 충당했다. 북벌자금도 여기서 충당했을 공산이 크다. 일부 장군은 장래의 조세수입을 담보로 점령한 도시의 상인단체로부터 돈을 빌리기도 했다. 병사들의 급료는 제때 지급되지 않는 게 일반적이었다.

총사령관 장개석은 이 문제로 골머리를 앓았다. 일단 결정하면 밀어붙이는 스타일이었음에도 그에게는 의외로 소심한 면이 있었다. 북벌기간 동안 적은 수량의 탄약과 장비를 분배하는 일까지 일일이 챙긴 게 그 증거다. 무기가 워낙 모자라고 병사 중 돈만 노린 용병이 매우 많았던 점 등을 감안할지라도 이는 기본적으로 그의 소심한 행보와 무관치 않다고 보아야 한다.

실제로 그는 특별히 짬을 내 군에서 내놓을 공식성명, 신병을 위한 문답식 교과서, 부하장교들에게 내리는 구체적인 지시사항 등을 일일이 챙겼다. 종종 밤늦게까지 일하곤 했으나 매일 아침 늦어도 6시 이전에 일어나도록 스스로를 다그친 그는 자신의 부지런함과 꼼꼼함을 오히려 자랑스럽게 생각했다. 그러나 주변에서는 총사령관이 사소한 문제까지 지나치게 간섭한다는 비난의 목소리가 높게 일었다.

그럼에도 그는 전략에 뛰어났다. 북벌 당시 북쪽 오패부와 동쪽 손전방의 협공을 받지 않기 위해 두 전선에서 대규모 전투를 동시에 벌이는 것을 극력 피한 게 그 증거다. 그는 1926년 9월 17일 남경을 점거한 손전방에게 전문을 보내 강서에서 병력을 물릴 것을 요청했다. 이날 그는 일기에 이같이 썼다.

"이 짐승은 자신의 반동사상으로 교활한 술수를 벌인다. 그를 격파하고 제거하는 것은 시간문제일 뿐이다."

장개석이 북벌 준비에 박차를 가할 당시 북양군벌은 크게 3계파로 나뉘어 있었다. 봉천파 장작림, 직례파 오패부, 직례파에서 빠져나와 별도의 '동남파'를 형성한 손전방 등이 그들이다. 장작림은 북경 및 천진과 만주지역을 점거하고 있었고, 오패부는 하남과 호북 및 호남에 세력을 뻗치고 있었다.

이들 못지않게 광범위한 지역을 세력권에 넣고 있었던 인물이 손전방이었다. 그는 강소, 안휘, 절강, 복건, 강서 등 5개 성으로 구성된 소위 5성연군五省聯軍을 내세우며 '황제'처럼 군림하고 있었다. 당시 손전방과 더불어 악명을 떨친 인물로 서태후의 묘를 도굴한 일로 인해 '도굴장군'이라는 악명을 얻은 손전영孫殿英을 들 수 있다. 많은 사람들이 손전방과 손전영을 혼동하고 있으나 두 사람은 전혀 다른 인물이다. 손전영은 군벌 시대가 만들어낸 괴물 같은 존재다. 광서 15년(1889) 하남성의 작은 마을에서 태어난 그는 그야말로 일자무식이었다. 졸병에서 시작해 명성을 떨치게 된 그는 장개석의 제2차 북벌이 한창 진행 중인 1928년 초 국민당에 투항해 제6군단 12군 군장이 되었다.

중국의 고고학 전문작가 웨난 등이 쓴 『황제의 무덤을 훔쳐라』에 따르면, 손전영은 투항한 지 얼마 안 된 1928년 6월 군자금을 마련하느라 고심하던 중 도적들이 청나라 동릉에서 금은보화를 훔쳐 돈을 모았다는 이야기를 듣고는 자신이 직접 서태후 시신이 묻혀 있는 동릉을 도굴하기로 결정했다. 부하들을 시켜 도굴하던 중 18알의 진주 팔찌와 황금 팔찌, 쟁반, 황금 상감주전자 등이 쏟아져 나오자 직접 도굴현장으로 내려갔다. 관은 이미 열린 상태였고, 관 옆에는 시신을 보고 기절한 병사가 쓰러져 있었다. 화가 난 손전영의 발에 차인 병사의 몸이 서태후의 시신 위로 쓰러지면서 신기한 일이 일어났다. 해당 대목이다.

"막대기처럼 굳은 시체가 충격에 반동하면서 강한 쪽빛이 서태후의 입에서 뿜어져 나왔다. 이 빛은 서북쪽 귀퉁이에서 동남쪽 귀퉁이의 벽까지 닿고 거의 30걸음 밖에 있는 병사들의 머리에까지 비쳤다."

소위 '야명주'의 빛이었다. 더위를 막아 몸을 서늘하게 해주고 죽은 사람들에게 물리면 시체가 천 년이 지나도 금방 묻은 것처럼 썩지 않는다고 알려진 천하의 보배였다. 손전영이 속히 구슬을 입에서 꺼낼 것을 지시했지만 막상 서태후의 입속으로 손가락을 넣자 구슬은 목구멍으로 넘어가 버리고 말았다. 결국 그의 부하들은 서태후의 입속으로 칼을 쑤셔넣고 좌우로 무자비하게 입을 갈라 구슬을 꺼냈다.

'야명주'를 손에 넣은 손전영은 병사들에게 20분 간 나머지 보물을 주워 가질 수 있는 시간을 줬다. 병사들은 서태후를 감쌌던 용포는 물론 저고리와 바지, 신발, 버선까지 모조리 벗겼다. 어떤 병사는 남은 '야명주'가 있을까 싶어 시신을 위아래로 흔들어 보기도 하고 입과 음부에까지 손을 넣고 훑기까지 했다. 사흘 간에 걸친 도굴 끝에 손전영은 대형 손수레 30대 분량의 보물을 손에 넣었다.

당시 이 소식을 접한 청조의 마지막 황제 부의와 청조의 유신들은 극도로 비통해하면서 이틀 간의 '어전회의' 끝에 도굴자 수배를 국민당 정부에 청했다. 그러나 손전영이 국민당 정부 요원들에게 뇌물을 바치며 손을 쓰자 이내 흐지부지되고 말았다. 훗날 부의가 비록 일본의 사주를 받기는 했으나 만주국의 황제 자리에 오른 데에는 이 도굴 사건이 크게 작용했다.

그러나 이는 제2차 북벌의 와중에 빚어진 일이고, 제1차 북벌 당시의 표적은 어디까지나 손전방이었다. 장개석보다 2살 많은 손전방은 일본 육사 출신으로 오패부 휘하로 들어가 호남과 복건을 공략한 데 이어 1925년 강소군벌 양수정을 내몰고 남경에 입성한 것을 계기로 '동남군벌'로 자립한 인물이다.

일본을 등에 업은 그는 곧 '5성연군'을 결성해 자치를 선언한 뒤 국민당은 물론 공산당의 혁명운동을 가혹하게 탄압했다. 장개석은 오패부를 치기에 앞서 그의 중립을 얻어낼 생각으로 협상대표를 보냈다. 당사자는 손전방과 같은 일본 육사 출신으로 장개석의 오른팔격인 하성준이었다. 그는 손전방을 찾아가 장개석의 국민혁명군에 가입하는 게 명예와 지위를 지키는 가장 좋은 방안이라고 설득했다.

"결정은 빠를수록 좋소. 만일 혁명을 찬성한다면 북벌군이 호남에서 북쪽으로 공격할 때 장군의 군대는 강서에서 서쪽으로 진격하시오. 양군이 호북을 협공해 무한을 함락시킨다면 장군의 명성은 천하에 떨칠 것이오."

그러나 손전방은 장개석과 오패부가 교전을 벌일 때 이를 관망하면서 어부지리를 챙길 생각이었다. 이에 경계를 지키며 백성을 안녕케 한다는 소위 보경안민保境安民의 구호를 내걸고 중립을 선언한 뒤 내부적으로는 직례파 오패부 및 봉천파 장작림과 손을 잡고 장개석의 북벌에 대비했다.

하성준은 남경담판이 좌절된 후 곧 강서독군으로 있는 동향 출신 방본인을 찾아갔다. 방본인 휘하의 호북 출신 장병들은 동향 출신 하성준을 전국시대에 수천 명의 식객을 거느린 맹상군에 비유해 '소맹상小孟嘗'으로 부르며 크게 환영했다. 방본인은 하성준의 건의를 받아들여 국민혁명군 제11군에 편입했다. 장개석이 강서에서 전투 한 번 거치지 않고 수월하게 호남과 호북으로 진격할 수 있었던 이유다.

그러나 당시 호남의 군소군벌 하요조는 당생지가 국민당 쪽으로 돌아선 뒤에도 입장을 바꾸지 않았다. 그가 국민당 정부군에 포위되자 그의 라이벌들은 그를 무장해제시켜 휘하 군사를 흡수코자 했다. 이는 또 다른 군벌을 양산하는 것이나 다름없었다. 장개석이 곧 특사를 보내 독립 제2사단을 지휘하는 방안을 제시하며 물자를 공급하는 등 뇌물공세를 폈다. 이에 감복한 하요조가 결정적인 순간에 호북의 구강을 점령했다. 이는 장개석의 북벌에 크게 공헌했다. 그는 곧 승진했고 훗날 장개석의 신임을 받는 장군이 됐다. 장개석의 권모술수가 간단치 않았음을 보여주는 사례다.

그러나 일부 전문가들은 이에 대해 매우 비판적이다. 권력장악을 위해 수단방법을 가리지 않았다는 게 논거다. 그러나 당시 상황에서 그가 '기만적인 연합전선'을 통해 제1차 북벌을 단행하게 된 점을 간과해서는 안 된다. 실제로 그는 이런 수법을 구사해 오패부를 궤멸상태로 몰아넣었다. 오패부는 연전연패한 끝에 겨우 10여 명의 군관을 이끌고 퇴각해야만 했다.

오패부의 주력군이 궤멸상태에 빠지자 장개석은 방향을 손전방 쪽으로 돌렸다. 당시 손전방은 강서에 있던 자신의 주력군을 활용해 국민당의 배후를 치는 전술을 구사했다. 이에 남창을 점령했던 제1사단이 손전방의 증원병력으로 인해 이내 전멸위기에 노출됐다. 사단장이 해임되고 연대장 한 명은 처형당했다.

장개석이 직접 지휘한 제1사단도 무창의 성벽을 돌파하는 데 실패했다. 그는 남창전투를 지휘하기 위해 8월 29일 무창지역을 떠나는 결단을 내렸다. 9월 15일 제2사단이 그를 따라 강서 전선으로 나아가자 소련 대표 보로딘과 총정치부 주임 등연달이 이의를 제기했다. 이 날짜 일기 내용이다.

"거만한 태도로 사람을 압박하고 방해책동을 펼치며 사소한 일까지 꼬치꼬치 캐묻는 통에 내장이 꼬이고 분노가 치민다. 유일한 출로는 이런 모욕을 꾹 참고 넘기는 것일 뿐이다."

당시 8개 군으로 이뤄진 국민혁명군 중 각 군의 국민당을 대표하는 '당대표' 가운데 4명이 공산당원이었다. 총정치부 주임 등연달도 이에 동조하는 좌파였다. 원래 보정군사학교 출신인 등연달은 황포군관학교 창설 당시 7명의 주비위원 중 한 사람으로 참여해 이후 황포군관학교 교육장이 된 인물이다. 그가 국민당 정부군 총정치부 주임에 임명된 것은 당시까지만 해도 그에 대한 장개석의 신임이 만만치 않았음을 반증한다.

이를 두고 레이 황은 『장개석 일기를 읽다』에서 공산당원에게 개인 자격으로 국민당 입당을 허용한 손문에게 그 책임을 돌리고 있다. 이슬람

교도에게 이슬람 신앙을 단념하라고 요구도 하지 않은 채 기독교 신도가 되라고 한 것이나 다름없다는 게 그의 지적이다. 날카로운 지적이다.

사실 당시 공산당원은 북벌 자체보다 공산주의를 선전하는 데 열성이었다. 국민당 산하의 모든 조직, 학교, 군대 등이 좌파와 우파로 양분돼 갈등이 내연한 배경이다. 훗날 일본과 싸우는 제2차 국공합작 때도 똑같은 양상이 빚어졌다. 장개석이 국내를 평정한 뒤 외적과 싸운다는 취지의 소위 안내양외安內攘外를 외치며 공산당을 섬멸코자 했던 것은 나름 일리가 있었다.

그러나 당시만 해도 장개석은 오히려 공산당을 배척하는 파벌과 클럽을 결성한 국민당원들을 나무라면서 국공합작의 단합정신을 강조했다. 소련의 지원이 그만큼 절실했다는 반증이다. 그가 자신의 이런 호소가 오히려 공산당에게 역이용당하고 있다는 사실을 깨달은 것은 1927년 벽두에 공산당 기관지 《향도》의 논설을 본 뒤였다. 이 논설은 그의 군사작전을 이같이 비난했다.

"현재 북벌에 사적인 권력욕을 채우려는 기회주의적 군인과 정치가들의 활동이 뒤섞여 있다. 북벌자금을 마련하기 위해 인민의 조세부담을 증가시키고 광범위한 민중의 자유를 박탈하는 등 혁명의 목적을 희생시키고 있다."

이들이 왕정위를 다시 불러들이고 황포군관학교 교장 자리를 폐지하고자 한 것은 북벌을 계기로 우파세력이 급속히 확산되는 것을 미연에 방지하고자 한 것이다. 당시 총사령관 장개석은 무창 점령 직후 소련 고문단의 압력으로 인해 무창지역을 떠나 강서로 이동해야만 했다. 전략상 중요한 전장을 놓아두고 상대적으로 중요도가 떨어지는 전장으로 이동한 것은 보로딘의 교묘한 책략 때문이었다.

이때 공교롭게도 손전방의 주력부대가 장개석이 이동시킨 그 지역 안으로 들어왔다. 양측의 전투는 전례가 없을 정도로 치열했다. 국민당 정부군은 모두 1만 5천 명의 사상자를 냈다. 그러나 외부의 연락망을 끊자 손전방의 군사 4만 명은 독안의 쥐 신세가 됐다. 항주와 안경에 있던 손전방의 남은 병력은 이미 투항할 기세였다. 장개석이 연해지역으로 진격하려는 의중을 드러내자 소련 고문단이 반대했다. 소련 고문과 국민당 좌파는 당시 전선을 북쪽으로 확장시켜 모스크바와 제휴할 뜻을 내비친 풍옥상과 연계하는 일에 비상한 관심을 기울었다.

공산당원과 국민당 좌파는 '연석회의'를 열고 풍옥상의 대리인이자 막 모스크바에서 귀국한 서겸을 주석으로, 보로딘을 고문으로 뽑았다. 1927년 1월 장개석은 한구에 도착해 보르딘을 만났다. 그는 3달 뒤 자신의 일기에 보로딘이 한구에서 자신을 얼마나 홀대했는지를 자세히 기록해 놓았다.

"장개석 동무, 지난 3년 동안 우리와 고난과 역경을 나눴으므로 당신은 알 것이오. 만일 당신이 노동자와 농민을 탄압하고 공산당을 적대시하는 시도를 한다면 우리는 그 시도를 분쇄하는 데 필요한 그 어떤 수단이라도 찾을 것이오."

장개석이 공산당원을 숙청하는 소위 청당淸黨을 결심한 배경이다. 한구를 떠난 뒤 장개석은 계속 군사들을 이끌고 손전방의 근거지인 남경 일대의 연해지역으로 진격했다. 독자적으로 활동할 근거지가 어느 때보다 필요하다고 판단한 결과였다. 이해 3월 공산당과 국민당 좌파가 주도한 국민당 중앙집행위원회는 국민혁명군총사령관에 관한 법률을 통과시켰다. 4월 1일 장개석을 총사령관 자리에서 해임했다.

당시 장개석은 상해지역에 머물며 공산당이 장악한 노동조합에 일격을 가하고 자신의 정부를 수립할 준비를 끝마친 상태였다. 4월 12일 장개석은 마침내 소위 '상해 쿠데타'를 단행했다. 장개석 측은 이를 '상해사변'으로 표현했다. 등연달은 장개석을 '신군벌'로 규정하며 격렬히 비판했다. 국민당 내 공산당원들도 장개석이 공금을 유용했고, 일제 및 북양군벌들과 결탁했으며, 자본가의 정부를 만들려 한다며 비판에 가세했다.

원래 장개석은 북벌 개시 이후 1년 동안 몇 가지 점에서 친소적인 정책을 시행한 바 있다. 1926년 1월 미국 기자들과 만나 기독교의 '위선'을 언급하면서 미국의 외교정책을 격렬히 비난한 게 그 증거다. 반대로 소련과는 지속적으로 협력을 강화했다. 당시 장개석에게 소위 '붉은 장군'이라는 별명이 붙은 이유다. 그러나 '상해 쿠데타'를 계기로 모든 것이 일변했다.

당초 국민혁명군이 남경에 입성한 다음날인 이해 3월 24일 민중이 남경의 외국인 거주지를 공격하자 정박 중이던 영국과 미국의 군함이 포격을 가했다. 상해의 상황은 훨씬 심각했다. 미국 총영사는 장개석에게 상황을 통제할 의지나 힘이 있는지 의심스럽다는 식으로 보고했다. 『북벌』의 저자 더글러스 조던은 당시의 험악한 상황을 '의화단 사건'에 방불한 것으로 묘사해 놓았다.

상해와 그 주변에 모인 1만 6천 명의 외국 군대와 40척의 전함은 가공할 무력을 과시하기에 충분했다. 장개석은 상황이 자신의 통제범위를 벗어나지 않도록 경계했다. 그는 서구 열강이 북벌에 여전히 필수적인 존재임을 잘 알고 있었다. 그러나 상황은 그의 생각과 다른 방향으로 흐르고 있었다.

당시 국민당 좌파와 주은래를 중심으로 한 공산당 요원들은 노동자들을 상대로 사상공작을 벌이고 있었다. 손전방의 군대가 서둘러 철수하는 과정에서 노동자들은 상당한 양의 무기를 손에 넣었다. 이들의 무장을 서둘러 해제하지 않으면 공산당이 지도하는 무장 규찰대가 문제를 일으킬 소지가 컸다.

'상해 쿠데타'가 빚어지기 이틀 전인 4월 10일, 그는 적대적 분위기의 한구를 탈출해 온 황포군관학교 졸업생들과 면담을 가졌다. 『장개석 일기』의 해당 내용이다.

"공산주의자들과 반란의 무리들은 너무 무정하고 잔인하다. 이 반란을 진압하는 데 얼마의 시간이 걸릴지 모르겠다."

이미 결심이 섰음을 뒷받침하는 대목이다. '상해 쿠데타'는 정규군이 이른 새벽 상해의 암흑가 조직인 청방의 길안내를 받아 무장 규찰대를 공격하면서 시작됐다. 청방은 정규군을 인도했다. 이들은 마피아와 달리 범죄에 관여하기도 하지만 공동조계와 프랑스 조계 등의 수사당국과도 협조관계를 맺고 있었다. 지도자들은 합법적인 사업을 벌이고 있었고 사회적 명망도 꽤 높았다. 청방의 두목 두월생杜月笙이 대표적인 인물이다.

상해 토박이로 별명이 '아편대왕'인 그는 20세 무렵 암흑가의 두목이 되어 프랑스 조계의 아편판매 총본사인 동흥공사同興公司를 경영했다. 1924년의 '강절전쟁' 때는 부호들을 보호해 줌으로써 상류층 사회에도 적잖은 신망을 얻었다. 그는 장개석의 제1차 북벌 당시 반공폭력단 조직인 공진회共進會를 결성해 공산당에 동조하는 노동자 토벌에 앞장섬으로써 '상해 쿠데타'에 결정적인 공헌을 했다.

4월 12일부터 사흘 동안 진행된 '상해 쿠데타'가 마무리되자 장개석은 곧바로 남경을 수도로 선포했다. 국민당 좌파와 중국공산당이 이끄는 '무한 정부'는 이후 3달 동안 장개석을 격렬히 비판하며 '남경 정부'와 대치했다.

그러나 '무한 정부'는 휘하에 아무런 군사력도 없었고, 이를 추진할 만한 명확한 정강도 없었다. '무한 정부'의 수립은 공산당에 동조하는 호남군벌 당생지가 적극 지원한 결과였다. 그러나 당생지의 부하장교들은 누구보다 반공적이었다. 결국 '무한 정부'는 북쪽에 있는 하남군벌 풍옥상에게 도움을 청했다.

그러나 풍옥상 역시 이들을 구원할 생각이 없었다. 코민테른이 말로만 지원약속을 하고 현실과 동떨어진 지시만 하달한 결과였다. '무한 정부'가 스스로 와해된 이유다. 보로딘은 황급히 소련으로 돌아갔고, 유럽으로 망명한 등연달은 이후 상해의 공동조계로 돌아왔다가 1931년 11월 체포되어 사형에 처해졌다.

당시 '무한 정부'에 가담했던 일부 인사는 장개석과 화해했다. 그러나 모택동과 주덕 등은 장개석과 사생결단하기로 결정했다. 장개석의 국민당과 모택동의 공산당이 서로 건널 수 없는 강을 건너 확연히 갈라선 배경이 여기에 있다. 두 사람을 중심으로 또 다시 대소군벌들의 이합집산이 벌어진 것도 바로 이 때문이었다.

'상해 쿠데타'의 여파로 많은 도시에서 공산주의자들이 공개적으로 처형됐다. 공산당의 보복도 잔인한 면에서 결코 뒤지지 않았다. 반란도당으로 몰린 공산당원들은 농민들을 대대적으로 무장시켰다. 이들 두고 레이 황은 공산주의자들이 '상해 쿠데타'를 계기로 사치스러운 국제주의와 도시적인 외관을 포기하고 농촌부터 시작해 새로운 사회질서를 창조하는 주체로 거듭나게 됐다고 평가했다.

"1927년에 더 이상 되돌릴 수 없는 지경에 이르지 않았더라면 어떻게 해서 그렇게 많은 공산주의자들이 아무런 보수도 받지 않으면서 그토록 대담무쌍한 전사가 되고 그토록 열성적인 일꾼이 되었는지 상상하기 어려운 노릇이다."

결과적으로 '상해 쿠데타'가 이들에게는 전화위복의 계기로 작용했다고 본 것이다. 당시 장개석은 스스로 새로운 중국을 구현하기 위한 힘찬 걸음을 떼었다고 생각했다. 그가 부하들에게 끊임없이 능력 이상의 책임을 떠맡을 것을 요구한 게 그 증거다. '상해 쿠데타'는 장개석과 모택동 모두에게 새로운 능력을 주문한 셈이다.

'상해 쿠데타'는 북경에도 유사한 주문을 하고 있었다. 봉천군벌 장작림이 이해 6월 18일에 중화민국 '육해군 대원수'에 취임하고 정식으로 안국 군정부安國軍政府를 세운 게 이를 뒷받침한다. 안복파에 이어 직례파마저 사라진 상황에서 봉천파가 북양군벌의 마지막 계승자 자리를 차지한 셈이다. 당시 북벌군에게 박살난 '남동군벌' 손전영은 장작림에게 몸을 의탁해 간신히 목숨을 부지하고 있었다. 표면상의 대결양상은 이제 일본의 지원을 받는 북경의 장작림 대 영미의 지원을 받는 남경의 장개석으로 좁혀졌다. 여러 면에서 열세에 처해 있던 모택동 등의 공산당원은 일단 무대 뒤편에 가려질 수밖에 없었다. '제1차 국공합작'의 파탄은 누가 과연 새로운 정세에 재빨리 올라탈 수 있을지를 시험하고 있었다.

제2차 북벌의 내막

남경을 중화민국의 새 수도로 삼은 장개석은 북경에 웅거하며 스스로 '육해군 대원수'의 자리에 오른 장작림을 제압하지 않고는 명실상부한 '패왕'이 될 수 없다는 사실을 잘 알고 있었다. 그의 제2차 북벌은 의외로 신속히 이뤄졌다. 시류에 올라탄 풍옥상과 염석산 등이 합류한 게 결전시기를 재촉하는 빌미로 작용했다.

당시 장개석은 하성준에게 급전을 보내 산서의 염석산을 설득하도록 했다. 하성준과 염석산은 일본 육사 동문인데다 함께 동맹회에 참여한 바 있다. 신해혁명 당시 염석산은 산서에서 무장봉기를 주도하면서 오록정과 연합해 청조 반대운동을 전개했다. 오록정도 동향 출신인 하성준과 친했다.

당시 서주에서 산서로 가는 길은 험난했다. 봉천군벌이 장악하고 있는 땅을 지나야만 했기 때문이다. 하성준은 먼저 천진으로 가 북경주둔군 군단장 한상춘에게 전화를 걸었다. 두 사람은 일본 유학시절 같은 기숙사에서 생활한 적이 있었다. 한상춘이 크게 기뻐하며 그를 북경으로 초청했다. 북경에 도착하자마자 단도직입적으로 말했다.

"사실 도움을 받고 싶어서 찾아왔소. 산서로 가자면 봉천군의 방어지구를 통과해야만 하오."

"하형의 이번 임무는 백천百川을 설득하는 게 아니겠소?"

'백천'은 염석산의 호이다.

"그렇소. 만일 백천의 군대와 우리 혁명군이 연합하면 봉천군은 이내 큰 위기를 맞게 될 것이오."

한상춘은 하성준을 염석산에게 보내는 대신 장작림의 아들 장학량에게 보내는 게 낫다고 판단했다.

"하형, 염석산은 상당한 노력을 기울여야 간신히 설득할 수 있소. 그러나 장학량은 일찍이 혁명사상을 가지고 있었기 때문에 따로 설득할 필요가 없소. 어차피 장학량은 혁명당원이 아니면 공산당원이 될 사람이오."

이튿날 한상춘은 주연을 베풀고는 장학량과 양우정, 우국한 등 봉천군벌의 수뇌부와 일본 유학시절의 동문을 초청했다. 주연이 제법 무르익자 한상춘이 잔을 들고 자리에서 일어나 말했다.

"하형이 이번에 염석산을 혁명군에 투항시키기 위해 산서로 간다고 하오. 우리는 이 사람을 어떻게 해야만 하오?"

참석자들이 크게 놀라 서로의 얼굴만 쳐다보며 선뜻 말을 꺼내지 않았다. 봉천군을 제압하겠다며 스스로 호랑이굴을 찾아온 기개에 놀란 어마지두가 된 것이다. 양우정이 입을 뗐다.

"우리 모두 그 문제를 진지하게 얘기해 보는 게 어떻겠소?"

당시 직례파 오패부는 물론 동남군벌 손전방도 이미 장개석에게 무릎을 꿇은 상황이다. 하남군벌 풍옥상과 광서군벌 이종인도 장개석에게 투항한 것이나 다름없었다. 하성준이 침묵을 지키고 있는 장학량에게 먼저 말을 건넸다.

"이번에 염석산을 만나면 절대로 봉천군의 문제는 거론하지 않겠소. 그와 만나 나눈 이야기는 북경으로 돌아와 장군에게 자세히 설명하겠소. 산서로 가는 길에 협조를 부탁하오."

호탕한 장학량이 이를 받아들였다. 그는 자신의 지프차를 이용해 하성준을 대동大同까지 전송했다. 소식을 들은 염석산은 휘하의 사단장을 대동으로 내보내 그를 영접케 했다. 염석산은 호탕한 하성준과 달리 세심하고 완고했다. 손님을 대접할 때도 신분과 지위를 막론하고 오로지 반찬 4가지에 국 한 그릇, 술 한 병뿐이었다. 절대로 음식을 추가하거나 술을 2차로 하는 일이 없었다. '염일호閻─壺'라는 별명을 얻게 된 이유다. 식사가 끝나자 하성준이 직설적으로 말했다.

"장개석 장군은 백천의 도움을 기다리고 있소. 백천이 도와주면 피 한 방울 흘리지 않고 통일대업을 이룰 수 있소. 그리되면 백천은 통일중국의 공신이며 개국의 원훈이 되는 것이오. 중국 통일과 부국강병 달성은 우리가 일본에서 동맹회에 가입할 때 맹세한 뜻이 아니겠소?"

염석산은 순간 크게 흔들렸으나 이내 냉정을 되찾아 이해득실을 곰곰이 따져보았다. 하성준이 비장의 무기를 꺼내들었다.

"장학량은 혁명을 지지하고 장개석 장군과 합작을 원하고 있소. 백천은 봉천파와 다시 합작을 바라고 있지만 그것은 이미 엎질러진 물이오."

봉천군벌이 장개석과 연합하면 염석산의 군대는 국민혁명군의 상대가 될 수 없었다. 염석산은 며칠 동안 궁리한 끝에 마침내 그의 제의를 받아들였다. 염석산은 곧 국민혁명군 북방총사령관으로 취임했다. 봉천군벌과 염석산의 합작을 무산시키고 오히려 염석산을 장개석 쪽으로 끌어들인 하성준의 협상술은 전국시대 말기를 풍미한 소진과 장의의 종횡술縱橫術을 방불한 것이었다.

북경으로 온 하성준은 곧 장학량과 만나 봉천군벌과 국민혁명군의 합작에 관해 몇 차례 협상을 했으나 별다른 성과가 없었다. 당시 장작림은 만주와 화북에 대한 일본군의 압력과 간섭을 고려하지 않을 수 없었다. 장개석과의 합작은 곧 일본군의 공격대상이 되는 것을 뜻했다. 공연히 봉천군벌만 섶을 지고 불에 뛰어드는 꼴이 될지도 모를 일이었다. 장작림을 설득하기 위해서는 많은 시간이 필요했다.

장개석은 무작정 기다릴 수 없다고 판단했다. 첫 전투개시 명령은 1928년 2월에 내려졌으나 진격은 이해 4월에 시작됐다. 장개석 자신은 제1집단군, 풍옥상은 제2집단군, 염석산은 제3집단군, 이종인은 제4집단군을 맡았다. 하성준은 제1집단군의 참모장을 맡았다. 명목상 장개석이 이 4개 집단군의 총사령관을 겸임했다. 장개석이 전열을 정비해 북경으로 진격했다. 공격목표는 봉천군벌과 그 지원을 받는 산동군벌 장종창이었다.

공교롭게도 4개 집단군 참모장은 하성준을 비롯해 모두 호북 출신인데다 일본 육사 동문이었다. 풍옥상과 염석산, 이종인은 자신들의 참모장을 이용하여 장개석이 다른 세력과 합작하는지 여부를 주시했다. 장개석 역시 하성준을 통하여 나머지 3인의 합작을 막는 데 세심한 주의를 기울였다.

장개석이 이끄는 제1집단군이 북상할 때 하성준은 손전방과 장종창의 부하들을 설득하여 투항하게 만드는 임무를 맡았다. 이내 장종창의 휘하 장군 서원천이 1만여 명의 병력을 이끌고 투항했다. 서원천도 호북 출신이었다. 북벌군은 신속히 산동의 제남濟南 쪽으로 이동했다. 이때 상황을 예의 주시하고 있던 일본이 마침내 무력간섭에 나섰다.

이해 5월 1일 장개석 군대가 제남에 진입할 즈음 세 편의 열차에 몸을 실은 일본군이 제남에 도착했다. 당시 출범한 지 얼마 안 된 다나카 내각은 현지 일본인 생명과 재산을 보호한다는 구실로 산동에 제6사단의 일부를 파견한 것이다. 장개석의 북벌이 순조롭게 이뤄질 경우 대륙진출에 중대한 차질이 있을 것으로 판단한 결과였다.

5월 3일 양국 군대가 충돌했다. 일본 측은 장개석 군대가 일본인 소유의 재산을 대금도 지불하지 않은 채 가져갔다고 주장했다. 중국 측은 일본군이 교통을 가로막고 이동을 제한했다고 비난했다. 쌍방 간 교전이 확산되는 와중에 10명의 일본인 병사와 12명의 민간인이 살해됐다는 소식이 전해지자 일본이 동원령을 내렸다. 일본군 제6사단에 이어 제3사단이 추가 투입됐다.

5월 7일 일본군은 장개석에게 최후의 통첩을 보내 12시간 이내에 제남에서 철수할 것을 요구한 뒤 이튿날 시간이 지났다는 이유로 곧장 포격을 시작했다. 이 포격으로 4천 명 가까운 사망자가 났다. 대다수가 민간인이었다. 일본군은 곧 황하의 철도 교량과 교외에 위치한 북행길의 군사 요충지를 장악했다. 이를 소위 '제남 사건'이라고 한다.

사건 직후 중국의 민중들이 일본을 반대하는 격렬한 시위를 일으켰다. 장개석은 압도적인 무력을 보유한 일본군과 정면으로 대결하기보다는 외교적인 협상을 통해 문제를 해결하고자 했다. 이에 협상 대표로 웅식휘를 일본군에 파견했으나 일본군은 자격미달이라며 접견을 거부했다. 장개석은 다시 하성준을 보냈다. 일본군 제6사단 사단장 후쿠다가 물었다.

"그대는 무슨 자격으로 왔소."

"나는 국민혁명군 총참의 자격으로 왔소."

"협상에 따른 모든 책임을 질 수 있겠소."

"물론이오."

후쿠다는 하성준의 앞에다 책 1권 분량의 문서를 건네며 서명을 요구했다. 하성준이 서명을 거부하자 후쿠다가 협상문안을 요약해 말했다.

"첫째, 교동반도와 제남을 잇는 교제로膠濟路는 일본이 관리한다. 둘째, 제남 부근 20리에 국민혁명군은 주둔하지 않는다. 셋째, 중국은 이번 사건의 배상을 책임진다. 넷째, 다시는 이와 같은 사건을 재발하지 않겠다는 보장을 한다. 다섯째, 일본에 대해서 사과를 한다. 이상이오."

하성준이 거부하자 후쿠다는 곧바로 그를 밀실에 감금했다 사흘 뒤 풀어주었다. 하성준은 장개석에게 큰일을 위해 작은 굴욕을 참을 것을 역설하면서 제남을 우회해 북진할 것을 설득했다. 장개석이 이를 받아들여 1개 연대만 잔류시켜 상황을 지켜보게 한 뒤 군사들을 이끌고 제남을 조용히 빠져나왔다. 그는 이해 5월 9일자 일기에 이같이 썼다.

"내가 어찌 이 치욕을 잊을 수 있겠는가? 이를 잊을까 아니면 응징할까? 어떻게 응징할까? 우리가 강해져야 할 뿐이다. 당분간 이를 인내할 수 없다면 이는 평범한 인간의 용기라 할 수 있을 뿐이다."

당시 하성준은 장학량을 설득해 봉천군을 산해관 밖으로 출관出關시킬 생각이었다. 봉천군이 스스로 물러나면 일본군은 무력간섭의 구실을 잃게 된다는 판단이었다. 그는 북경에 도착한 후 장학량 등과 협상을 벌였다. 봉천군이 국민혁명군과 전투를 벌여 일본군이 무력간섭에 나설 경우 모든 원성이 봉천군벌에게 쏟아질 게 빤했다. 마침내 '출관'이 결정됐다. 이는 일본군의 허를 찌르는 것이었다.

5월 18일 주중공사 요시자와 겐기치芳澤謙吉가 남경 정부 장개석과 북경 정부의 장작림에게 각서를 보냈다.

"전쟁의 기세가 천진과 북경으로 이어지고 그 재앙이 만주로 뻗친다면 일본은 부득이 적절하면서도 유효한 조치를 취할 것이다."

침략 의도를 노골적으로 드러낸 셈이다. 실제로 일본군은 봉천 주둔 일본군의 주력을 요동의 금주 등지로 전진배치시켰다. 5월 25일 장작림이 일본군에 답신을 보냈다.

"북경과 천진, 만주는 중국의 영토이므로 일본의 간섭을 용납할 수 없다. 봉천군은 동북으로 물러날 것이다."

5월 30일 장작림은 휘하 군관을 모두 불러들여 군사회의를 개최한 뒤 '출관'을 결의했다. 6월 2일 장작림이 '출관'을 공식 발표한 뒤 북경을 떠났다. 장개석이 총 한 방 쏘지 않고 자연스럽게 북경을 접수한 배경이다. 허를 찔린 일본군은 경악했다. 봉천군이 만주지역으로 퇴각할 경우 만주에서 봉천군벌과 사사건건 다툴 소지가 큰 데다 북경을 조정할 끈을 완전히 잃게 된다.

6월 4일 장작림이 탄 열차가 황고둔皇姑屯을 지나 북경과 심양을 잇는 경봉京奉과 남만주 철도의 교차점인 노도구의 교동橋洞에 이르렀을 때 굉음과 함께 산산조각이 났다. 이른바 '황고둔 사건'이다. 훗날 도쿄 재판에서 다나카 다카요시 중장의 증언에 따르면 암살계획자는 가와모토 대령이고, 철교 교각에 폭약을 장치한 것은 공병 제20대대였고, 폭파가 실패했을 때 쳐들어갈 돌격대까지 준비되어 있었다고 한다. 일본군을 총동원한 모살謀殺이었다.

당시 봉천군은 장작림의 폭사에도 불구하고 만주지역으로 재빨리 철수했다. 6월 17일 장학량이 비밀리에 심양에 도착했다. 장작상 등 봉천군 원로들의 지지를 받아 동북보안총사령관에 취임했다. 그의 나이 27세였다. 이로써 동북의 혼란은 어느 정도 수습이 됐다.

원래 일본은 장작림을 내세워 만주를 식민지화할 생각이었다. 그러나 북경을 장악한 장작림의 생각은 보다 원대했다. 그는 영국 및 미국에 접근했다. 아들 교육도 미국식으로 시켰다. 일본군은 장작림을 제거할 경우 만주 혼란을 구실로 진주할 수 있고, 장학량이 후계자가 될지라도 다루기가 쉬울 것으로 오산했다. 그러나 장작림의 아들 장학량은 민족주의자였고 반일감정도 강했다. 장작림 폭사는 결과적으로 실패작이었다.

7월 1일 장학량은 통일전쟁을 반대하거나 방해하지 않겠다는 뜻을 공식 선포했다. 이는 장개석이 하성준과 방본인 등을 만주로 보내 장학량을 설득케 한 결과였다. 당시 하성준은 장개석으로부터 은화 10만 원을 비밀리에 전달받고 심양에 도착해 장학량 측근과 자주 어울리며 뇌물공세를 퍼부었다. 이는 즉시 효력을 발휘했다. 자신에게 가해지는 업무의 중압감에서 벗어나지 못한 27세의 장학량은 측근들의 설득이 계속되자 마침내 장개석의 남경 정부에 귀순해 세력을 유지하는 게 차라리 낫다는 생각을 하게 됐다.

당시 일본 수상 다나카는 하야시 곤스케를 전권대사로 임명해 장학량에게 보냈다. 장작림의 폭사에 애도를 표하고 장학량에게 만주에서 독립할 것을 강력 권했다. 만주와 내몽골을 기반으로 하는 소위 만몽국滿蒙國을 세울 경우 적극 지원하겠다는 뜻을 전했다.

그러나 장학량의 관심은 동북에서 봉천군의 유지와 지위 보장이었다. 장학량은 사태의 추이를 관망하면서 섣불리 약속하지 않았다. 얼마 안돼 전 세계가 '황고둔 사건'의 전모를 알게 됐다. 하루는 하성준이 마작을 하는 자리에서 장학량과 그 수하들에게 노골적으로 권했다.

"장군, 그리고 여러분, 이제는 북경 정부의 깃발인 오색공화기五色共和旗를 내리고 남경 정부의 깃발인 청천백일기靑天白日旗를 내걸어야 할 때입니다. 시기를 놓치지 않아야 합니다."

장학량이 마침내 결심을 굳혔다. 1928년 12월 29일 장학량은 장작상 등과 함께 동북3성의 독립을 포기하고 남경 정부에 귀순한다는 내용의 성명을 발표했다.

"대원수의 유지를 받들어 중국의 통일과 평화에 힘쓰겠다. 오늘부터 삼민주의를 준수하고 국민정부의 명령을 따르며 동북의 깃발을 바꾸어 달겠다."

성명이 발표되자 동북3성과 열하성 등 봉천군벌이 장악한 각지에서 일제히 오색공화기를 떼어내고 남경 정부의 상징인 청천백일기로 바꿔달았다. 소위 역치易幟 사건이 빚어진 것이다. 장학량이 '역치'를 하지 않았다면 장개석의 '제2차 북벌'이 그처럼 쉽게 성사되지는 못했을 것이다. 당시 장개석은 북경에 입성하자마자 '청천백일기'를 계양하고 손문의 영정 앞에서 북벌완성을 보고했다.

이해 12월 30일 남경 정부는 장학량을 동북변방군 사령관에 임명했다. 아울러 적문선과 장작상, 상음괴, 탕옥린 등을 각각 봉천과 길림, 흑룡강, 열하성의 주석으로 임명했다. 이어 북경을 북평北平, 직례성을 '하북성'으로 개칭했다. 중국은 형식적으로 남경 정부의 깃발 아래 통일이 된 셈이다. 비록 불완전하기는 하나 외양상 전중국을 하나로 통일하는 데 기여한 그의 업적은 당시의 정황에 비춰 나름 높이 평가할 만하다.

중원대전 시말

장개석은 제2차 북벌을 통해 일단 형식상으로는 남경 정부의 깃발 아래 전국을 통일했지만 적잖은 문제를 안고 있었다. 국민혁명군의 4대 세력을 형성하고 있는 염석산과 풍옥상, 이종인 모두 남경 정부의 향후 흐름과 관련해 촉각을 곤두세웠다.

남경 정부를 장악한 장개석은 풍옥상과 염석산, 이종인의 세력을 약화시키는 작업을 노골적으로 진행시켰다. 그는 손문이 생전에 주장한 군정통일軍政統一과 훈정실시訓政實施를 구호로 내세웠다. 1929년 1월에 남경에서 군대 정리를 구체화하기 위한 편견회의編遣會議가 열렸다. 북벌의 과정에서 엄청나게 팽창한 군대를 축소개편하고 지휘권을 중앙에 집중시키는 게 골자였다. 이는 지방군벌의 세력기반 해체를 의미했다. 염석산과 풍옥상, 이종인 모두 크게 반발했다.

당시 남경 정부는 65개 사단으로 이뤄진 국군의 인가를 제안했다. 특수부대를 포함해 전체 병력은 80만 명을 넘지 못하게 했다. 이에 대해서는 아무도 이의를 달지 않았다. 그러나 어떤 부대를 해산할 것인지가 논란거리였다. 제2집단군의 풍옥상, 제3집단군의 염석산, 제4집단군의 이종인은 장개석이 직할군인 제1집단군을 온존시키려 한다고 비난했다. 이들의 비난이 전혀 근거 없는 게 아니었다. 당시 장개석은 자신을 새로운 국가이익과 완전히 동일시하고 있었다. 그는 기독교도로 개종하기 몇 달 전인 이해 4월 11일자 일기에 이같이 썼다.

"만일 내가 이기적이고 편파적이어서 당과 나라와 인민의 이익에 반하는 일을 한다면 하늘은 즉각 내게 죽음에 이르는 파멸을 안길 것이다. 나의 인민들에게 최악의 재난이 닥치지 않도록 할 따름이다."

그는 제1·2차 북벌 모두 자신의 힘으로 이룬 것으로 생각했다. 다른 사람은 단지 시류에 편승한 것에 지나지 않았다는 게 그의 생각이었다. 그러나 이는 그만의 생각이었다. 풍옥상과 염석산, 이종인 모두 북벌을 연합작전으로 간주했다. 더구나 이들은 부하들 사이에 개인적인 친밀감을 심고 기르는 데 많은 시간을 투자한 터였다. 또한 이들이 장악한 각 성은 분권화와 지역주의가 대세를 이루고 있었다. 장개석이 전리품을 독식하려 한다는 이들의 생각이 터무니없는 게 아니었다.

당시 하남군벌 풍옥상은 주로 하남을 중심으로 주변의 섬서와 감숙, 영하 지역을 차지하고 있었다. 산서군벌 염석산은 산서를 기반으로 하북과 열하, 내몽골의 차하르, 북경, 천진 등을 점거하고 있었다. 광서군벌 이종인은 광서를 중심으로 광동과 호남, 호북 등을 자신의 세력범위에 편입시켰다. 북벌 이전보다 훨씬 넓은 지역을 차지한 셈이다. 이에 반해 장개석은 상해와 남경을 중심으로 주변의 항주와 절강 일대만을 세력권으로 확보하고 있었다. 이들 4대 세력의 갈등은 이내 전투로 발전했다.

단초는 광서군벌 이종인이 제공했다. 신해혁명 기념일인 1928년 10월 10일 장개석은 이종인의 세력권인 무한의 열마장閱馬場에서 열린 시민 경축대회에 참가했다. 장개석이 연설을 하고 있을 때 전령이 북경에서 보낸 급전을 이종인에게 건네주었다. 이는 북경 정치분회의 백승희가 보낸 것으로 대회에 참석한 장개석을 체포하여 후환을 없애자는 내용이었다.

분위기가 심상치 않은 것을 눈치 챈 장개석이 대회가 끝난 직후 곧바로 수행원들과 함께 성문 근처에서 전용차로 갈아타고 북상했다. 이종인이 결정을 미루고 있을 때 장개석은 간신히 이종인의 세력권인 무승관을 벗어났다. 초한전 당시 유방이 '홍문'에서 열린 연회에 참석했다가 간신히 몸을 빼낸 것을 방불하는 순간이었다.

당시 전국의 모든 군벌은 장개석을 반대하는 광범위한 '반장反蔣 연합전선'을 폈다. 정치무대에서도 '반장' 연합전선이 구축됐다. 과거 정부의 주석을 맡았던 왕정위와 국민당의 정치이론가인 진공박이 공개적으로 장개석을 비판하며 이들에게 힘을 실어주었다. 광서군벌의 일원인 백승희는 화북, 황소굉은 광서, 이종인이 이끄는 제4집단군은 무한에 주둔하고 있었다. 이들과 군사협력 관계를 맺고 있던 이제침은 광동을 장악하고 있었다.

광서군벌이 남경 정부의 최대 위협이었다. 장개석과 이들 광서군벌은 호각지세를 이루고 있었다. 장개석은 정치적인 면에서 우세를 보였지만 군사적인 분야에서는 열세였다. 1929년 3월 장개석은 마침내 남경 정부의 명의로 광서군벌 토벌의 명을 내렸다. 장개석의 군대는 3개월에 걸쳐 광서군벌을 집중적으로 공략해 주력군을 거의 괴멸시켰다. 광서군벌은 광서로 쫓겨갔고 이종인과 백승희 등은 황급히 홍콩으로 피신했다.

그러나 이는 서막에 불과했다. 이를 계기로 풍옥상 및 당생지 등과의 싸움을 비롯해 광서군벌과의 두 번째 싸움 등을 총칭하는 소위 중원대전中原大戰이 빚어졌다. 이는 갓 출범한 남경 정부와 장개석의 운명을 가늠하는 전쟁이기도 했다.

장개석은 소련의 지원을 받는 풍옥상을 상대하기에 앞서 염석산을 견제해 무력화시키는 수법을 구사했다. 최종적으로 사태를 해결한 사람은 결정적인 순간에 만주에서 군사를 몰고 온 장학량이었다. '중원대전' 초기 장학량은 중립을 지키고 국면을 관망하고 있었다. 장개석의 명을 받은 하성준은 장학량을 찾아가 설득했다. 중립을 지키다가 인민의 집중적인 성토를 받느니 이미 대세가 굳어진 장개석을 지지하는 게 옳다고 설득한 것이다. 장학량은 이를 받아들여 곧 산해관을 넘어 군벌을 타도한다는 '입관토벌入關討伐'을 선포하고 주력부대를 파견했다. 식량과 무기가 월등하게 우세한 봉천군벌이 장개석의 진영에 합세하자 전세는 급격하게 변했다.

이때만 해도 국민당 내 파벌은 매우 복잡했다. 왕정위와 진공박을 대표로 하는 좌익의 '개조파'는 말할 것도 없고 우익의 '서산회의파' 역시 장개석의 세력확장에 극도로 민감했다. 이들은 염석산 및 풍옥상 등과 연합해 북경에서 국민당 중앙당부 확대회의를 개최했으나 장개석 성토에 실패했다.

이듬해인 1930년 5월 장개석과 풍옥상 사이에 치열한 공방전이 전개됐다. 양쪽에서 모두 140만 명이 동원된 이 싸움은 5달 동안 지속됐다. 전투가 가장 치열했을 때 소련의 지원을 받은 풍옥상 군은 하루에 1만 발의 포탄을 쏘았다. 이 싸움이 끝날 무렵 장개석은 외신 기자들 앞에서 사망 3만 명, 부상 6만 명에 달했음을 인정했다. 그는 풍옥상 측의 사상자가 2배에 달할 것으로 추정했다.

결국 중원대전은 장개석의 승리로 끝을 맺고, 국민당 당중앙 또한 장개석 일파가 장악했다. 장개석의 일방적인 승리였다. 당시 이를 두고 이런 얘기가 나돌았다.

"염석산의 실패는 돈을 너무 통제하는 성격에서 왔다. 그는 예산 이외의 지출에도 꼼꼼히 결재를 했다. 심지어는 20원의 지출에도 간여를 했다. 반면 풍옥상은 부하를 너무 심하게 대해 실패했다. 그는 부하들에게 지나치게 복종을 강요했다. 부하들은 그를 존경하면서도 멀리했다. 그러나 장개석은 이와 달랐다. 그는 돈으로 사람을 매수했고 부하들을 마음대로 놓아주었다."

장개석의 '뇌물공세'를 비판한 것이다. 그러나 장개석이 이를 통해 '중원대전'을 성공리에 마무리지은 것을 과소평가해서는 안 된다. 진시황이 6국을 통일할 때 마지막으로 남은 제나라를 제압할 때 사용한 게 '뇌물공세'였다. 이는 법가의 대가 이사와 병가의 대가 위료자의 건의를 받아들인 것이었다. 초한전 때 유방이 진평의 건의를 받아들여 항우와 범증을 이간할 때 사용한 것도 바로 '뇌물공세'였다. 난세의 시기에 '뇌물공세'는 불가피한 측면이 있다.

당시 북벌의 한 축을 이뤘던 풍옥상은 '중원대전'에서 참패함으로써 사실상 군벌상쟁의 무대에서 퇴장했다. 그가 이끄는 서북군은 몇 개의 반독립적인 군소군벌집단으로 쪼개졌다. 그러나 이종인과 염석산은 기존의 세력을 그대로 유지했다. 이들은 각각 광서와 산서로 돌아가 종전과 마찬가지로 자신의 관할구역 내에서 '토황제'로 군림했다.

다만 동북3성의 만주를 호령하던 장학량이 장개석 휘하로 들어와 전군의 부사령관에 임명된 것은 주목할 만하다. 외양만 보면 장개석은 장학량을 휘하에 거느림으로써 북경을 중심으로 한 화북과 동북3성의 만주를 모두 세력권에 편입한 듯했다. 그러나 그 내막을 보면 오히려 장학량의 세력이 만주에서 화북까지 확대한 것으로 볼 수 있다. 폭사한 부친 장작림이 '육해군 대원수'를 칭하며 북중국 일대를 호령한 것과 거의 같은 수준의 위치에 오르게 된 것이다. 장개석과 손을 잡음으로써 나름대로 수지맞는 장사를 한 셈이다. 장학량이 빠진 장개석의 남경 정부는 사실 상해와 절강 일대를 중심으로 한 지방군벌에 지나지 않았다.

이는 군대 감축문제로 촉발된 '중원대전'이 오히려 군대 숫자를 더 늘리는 결과를 초래한 사실을 보면 쉽게 알 수 있다. 장개석의 직계로 불린 약 30개 정예사단은 부분적으로 중앙정부의 보조금 지원을 받는 각 성의 군대로 둘러싸였다. 각 성의 군대 역시 다시 더 멀리 떨어진 지역의 농민군에 포위되어 있었다. 중국공산당이 각지에 구축한 '소비에트 자치구'가 바로 그것이다. 중국공산당 직속의 '홍군'이 농촌지역에 뿌리를 박은 채 각지에 점점이 흩어져 지방군벌의 성 단위 군대를 포위하고 있고, 지방군벌의 성 단위 군대는 다시 남경과 절강 일대의 장개석 정예사단을 포위한 꼴이었다.

이런 불안정한 상황에서 장개석은 나름 적잖은 외교적 성과를 거두었다. 이전에는 풍옥상이 독자적으로 소련과 협상해 지원을 받고 장작림과 장학량 역시 독단적으로 일본과 협상했다. 그러나 이제는 유일한 합법정부인 남경 정부를 통해야만 모든 게 효력을 발휘할 수 있게 됐다. 남경 정부가 열강과 새로운 조약관계를 체결한 이유다. 이로 인한 성과는 간단치 않았다. '중원대전' 이듬해인 1931년 사실상 관세자주권을 회복한 게 대표적인 실례다. 비록 충분하지는 않았으나 장강 삼각주 지역에서 거둔 새로운 수입원은 만성적인 재정적자에 시달리는 남경 정부에 하나의 돌파구가 되었다.

이로써 중화민국 총통이자 전군의 통수권자가 된 장개석은 청조를 무너뜨리고 중화민국의 첫 총통이 된 원세개를 방불하는 위치에 서게 되었다. 원세개 사후 북양군벌과 서남군벌 등으로 나뉘어 좌충우돌하며 이

합집산의 모습을 보이던 대소군벌들이 일단은 장개석의 지휘하에 들어간 것은 새로운 흐름이었다. 비록 군벌연합을 기반으로 한 것이기는 했으나 이를 토대로 착실히 실력을 쌓아나가면 언젠가는 명실상부한 '중화제국'을 건립할 수 있었다. 실제로 장개석은 '중화민국훈정시기약법'을 선포하기 위한 국민회의를 소집해 그 첫걸음을 떼었다. 당시 그의 나이는 43세였다.

남경시대 10년

장개석이 이끄는 남경 정부는 중일전쟁이 일어나기 전까지 모든 조직에서 공산당원을 몰아내는 청당淸黨을 시행한 후 약 10년 동안 소위 '남경시대'를 열게 되었다. 이 기간 동안 그의 명령은 역대 왕조의 '황명'에 버금하는 위력을 발휘했다. 그러나 여기에는 적잖은 우여곡절이 있었다. 그는 여론의 압력에 밀려 '제1차 북벌'이 끝나고 남경 정부의 수립을 공식으로 선포한 직후인 1927년 8월 하야를 선언해야만 했다.

그의 첫 번째 하야는 국민혁명군이 서주에서 '동남군벌' 손전방에게 패퇴한 직후에 빚어졌다. 당시 이종인과 백숭희 등 강서군벌이 군대를 이끌고 남경으로 와 대권이양을 요구했다. 장개석은 부득불 이종인을 총통대리로 임명한 뒤 고향으로 내려갔다가 1달 뒤 미국과 유럽을 여행할 생각으로 일본으로 건너갔다.

일본을 방문하는 와중에 그는 손문의 옛 친구인 일본 지도자들을 두루 만났다. 자신이 사병으로 훈련을 받았던 제13사단의 사단장이었던 나가오카 가이시長岡外史 장군도 이때 만났다. 그는 나가오카를 자신의 스승으로 존경했다. 나가오카 역시 과거의 일등병을 따뜻이 맞이했다.

이해 11월 5일 총리대신 다나카 기이치를 그의 관저에서 만났다.[2] 장개석은 다나카로부터 '제2차 북벌'에 개입하지 않을 것이고, 가능하다면 북벌에 대한 지원도 하겠다는 약속을 얻어내려 했다. 다나카는 단호히 거절하지는 않았으나 장개석에게 먼저 남경을 발전시켜 장강 이남에 대한 지배권을 공고히 하라고 충고했다. 장개석은 그를 만난 직후 일기에 이같이 썼다.

"다나카는 성실성을 완전히 결여하고 있었다. 그는 나를 지난날의 군벌이나 관료의 하나로 취급한다. 중국과 일본이 서로 협력할 가능성은 전혀 없다. 그는 중국의 통일을 방해하기 위해 앞으로 북벌의 군사작전을 방해하려 들 것이다."

당시 그의 라이벌들은 중국에서 이 회담을 걱정스럽게 지켜보고 있었다. 밀약설이 나돈 이유다. 실제로 이종인은 자신의 회고록에 밀약설을 마치 사실인 양 써놓았다. 만주에서 일본의 특수이익을 존중하는 대가로 4천만 엔을 지원했다는 내용이다. 장개석의 일기와 너무나 큰 차이가 있다.

장개석에게 1927년의 여행은 마지막 일본 여행이 됐다. 왕정위가 보낸 비밀 전문 때문이다. 당시 왕정위는 유럽에서 돌아온 지 얼마 안 된 상태였다. 장개석은 하야를 선언하기 전 갓 돌아온 왕정위에게 '청당'에 대한 협조를 요청했다. 왕정위는 미온적인 반응을 보이면서 이내 상해를 빠져나가 국민당 좌파가 이끄는 '무한 정부'에 합류했다. 풍옥상의 군사지원을 토대로 '남경 정부'와 정면으로 맞서고자 했던 것이다. 그러나 풍옥상을 지원세력으로 삼고자 한 그의 시도는 실패로 돌아갔다. 더구나 후방에서는 당생지가 이끄는 호남군벌이 공산당원을 아무런 인가도 없이 마구 처형했다. 이는 좌우합작을 토대로 명실상부한 통일정부를 세우고자 했던 '무한 정부'의 궤멸을 알리는 신호탄이었다.

장개석이 하야한 상황에서도 '남경 정부'와 '무한 정부'의 대립은 계속됐다. 이때 국민당 내 일부 공산당 장교들은 강서에서 봉기를 일으킨 뒤 광동으로 이동했다. 이는 소련의 원조물자를 원활히 수령할 수 있는 항구를 확보하기 위한 것이었다. 이들의 봉기로 휘하 군사가 토막난 광동 출신 장군 장발규는 대로한 나머지 남은 병력을 이끌고 급속히 이들의 뒤를 쫓아가 광주를 점거했다. 그는 곧 독자적인 군사강령을 선포한 뒤 동향 출신 왕정위에게 속히 광주로 올 것을 청했다.

휘하 군사가 없어 낭패감에 젖어 있던 왕정위는 환호했다. 그는 장발규의 무력을 배경으로 손문의 고향이자 자신의 고향인 광동을 근거지로 삼을 경우 장개석과 충분히 정통성 다툼을 벌일 수 있다고 판단했다. 최소한 이를 지렛대로 삼아 장개석과 유리한 협상을 벌일 수도 있었다. 첩보를 접한 장개석은 나라가 더욱 혼란스러워질 것을 크게 우려했다.

이때 의기양양해진 왕정위가 일본에 있는 장개석에게 전문을 보내 상해 회동을 요청했다. 상해에는 국민당 중앙집행위원회 전체회의가 예정되어 있었다. 하야한 장개석은 국민혁명군 총사령관의 지위를 회복하고, 왕정위는 사실상의 정치 지도자가 될 터였다.

그러나 왕정위의 이런 계획은 이내 좌절됐다. 광주가 공산당 장교들의 반격으로 혼돈에 휩싸인 결과다. 그가 상해에 머물 당시 장발규가 광주 일원을 평정하기 위해 군사를 사방으로 내보내자 소련 영사관의 지원을 업은 공산당원들이 이 틈을 타 광주로 진입했다. 노동조합과 선원, 장발규 휘하의 훈련 연대가 동참한 가운데 공산당원들은 광주를 3일 동안 점령했다. 적색 테러와 백색 테러가 연이어지자 희생자 숫자는 1만 명 안팎을 헤아렸다. 소위 '광주 코뮌'이다. 님 웨일즈의 『아리랑』에 당시의 상황이 소상히 묘사돼 있다.

이 소식이 상해에 전해지자 장발규에게 비난이 쏟아졌다. 왕정위도 곤혹스럽게 됐다. 결국 국민당 중앙집행위 전체회의는 왕정위에게 불리하게 진행되었다. 왕정위는 다시 해외로 망명 아닌 망명을 떠나야 했다. 왕정위의 실패는 장개석의 성공으로 이어졌다. 국민당은 회의에서 장개석을 총사령관에 복귀시키기로 결정한 데 이어 중앙정치회의 주석과 군사위 위원장까지 겸하게 했다. 오직 담연개만이 국민정부 주석 자리를 맡아 직위로는 장개석보다 위에 있게 됐다. 장개석은 1년도 채 안 돼 이 자리마저 차지했다.

장개석의 일본 여행이 35일 만에 끝난 배경이다. 이해 11월 10일 그는 상해로 돌아왔다. 그런 점에서 그가 처음으로 하야한 1927년은 그에게 전화위복이 된 해였다. 일본에 머물 당시 찰리 송의 부인 예계진이 머물고 있는 아리마 온천의 그랜드 호텔로 찾아가 그녀의 막내딸 송미령과의 혼인승낙을 받은 것도 값진 승리였다. 이해 12월 1일 그는 송미령과 결혼했다.[3]

결혼 전에 그는 송미령의 모친에게 성경을 열심히 공부하겠다고 약속한 바 있다. 그러나 그는 이것이 개종을 보장하는 것은 아니라는 말을 덧붙였다.[4] 그가 세례를 받은 것은 1930년 10월경이다. 부인 송미령의 권유를 좇아 자발적으로 개종한 것이다.

학계 일각에서는 송미령과의 결혼을 두고 송씨 일족이 정부 재정을 독점하고 거대한 규모의 부패를 초래하는 길을 열었다는 비난을 하고 있다. 그러나 이는 부분적으로만 타당하다. 장개석의 동서인 공상희와 처남인 송자문은 장개석이 권좌에 오르기 전부터 이미 국민당의 재정에 깊숙이 관여해 왔다. 손문이 그리한 것이다. 장개석이 이들에게 추가로 맡긴 일은 외교업무였다. 송씨 일족의 부정부패를 전적으로 장개석에게 뒤집어 씌우는 것은 잘못이다.

당시 장개석도 인척들로 인해 자신에게 나쁜 평판이 나도는 것을 잘 알고 있었다. 때로는 아내에게 화풀이를 하곤 했다. 그는 개인적으로 어떤 경우를 막론하고 권력이 인척이나 처가 일족의 수중으로 빠져나가는 것을 허락하지 않았다. 송자문은 공상희에 비해 아랫사람들에게 엄격했다. 장개석은 군사업무를 처리할 때 강경책은 정력적인 진성陳誠에게 맡기고 부드러운 성격의 일은 하응흠에게 맡겼듯이 재정업무에 관해서도 상황에 따라 송자문과 공상희를 번갈아 기용했다. 나름대로 최선을 다했다는 게 레이 황의 분석이다.

모택동과의 대결

장개석은 '중원대전' 이후 심복의 질환으로 등장한 공산당을 초기에 소탕코자 했다. 그러나 이는 끝내 실패했다. 일본의 개입이 결정적인 배경으로 작용했다. 일본은 그에게 '중화제국' 건설의 좌절을 안겨준 장본인이었다. 반면 빈약한 농민군을 이끌던 모택동에게는 뜻밖에도 '중화제국' 창건의 단초를 제공했다.

당시 장개석은 자신의 공산당 토벌작전을 통상 위초圍剿로 표현했다. 막강한 화력을 동원해 포위 섬멸하는 작전을 말한다. '위초'는 모두 다섯 번에 걸쳐 시행됐다. 1930년에 시작된 첫 번째 '위초' 때는 강서의 지방군으로 구성된 국민당 정부군 7개 사단을 투입했다. 그러나 제18사단 사단장 장휘찬은 정찰을 소홀히 함으로써 모택동이 펼쳐놓은 함정 속으로 자진해 뛰어들어 갔다. 이해 12월 30일 강서에서 모택동의 4만 병력이 이들을 포위했고, 약 9천 명으로 추산되는 장휘찬 부대를 모두 생포했다. 소식을 들은 다른 사단은 서둘러 퇴각했다. 첫 번째 '위초'는 1주일 만에 참담한 실패로 끝났다.

홍군은 장휘찬을 생포한 뒤 그의 머리를 베어 정부군이 장악한 지역에 도달할 수 있도록 뗏목에 실어 강서성을 관통하는 장강 지류인 공강贛江을 따라 흘려보냈다. 이 소식이 남경에 도착하기까지는 며칠이 걸렸다.

두 번째 '위초'는 1931년 4-5월에 있었다. 당시 장개석은 '중원대전'을 성공적으로 마친 후 남경에 돌아와 있었다. 전장의 자세한 사정에 주의를 기울이기에는 국회문제로 너무 바빴다. 전장에 17개 사단이 투입됐다. 절반이 이전의 군벌군대를 서둘러 개편한 것이었다. 북부 출신 병사들은 사기가 특히 낮았다. 남부의 음식과 날씨에 익숙지 않았던 탓이다. 모택동은 자신의 3만 병력을 유격대로 조직했다. 정부군은 전체 전선을 서쪽에서 동쪽으로 이동시키면서 적에게 5차례 타격을 가했으나 이 또한 실패였다. 사망한 사단장 1명을 포함해 5개 사단이 손실을 입었다.

두 번째 '위초'가 실패로 돌아간 지 1달 만에 시작된 세 번째 '위초'는 그가 직접 지휘했다. 무려 30만 병력이 동원됐다. 이 중 13만 명만이 전투병력이었고 그 절반은 그의 직계 정예부대였다. 장개석의 두 번째 '위초'를 성공리에 물리친 3만의 홍군은 곧바로 강서 남부의 근거지로 귀환하기 위해 추가로 1천 리 이상을 걸어 흥국현興國懸에 집합했다. 휴식을 취할 여유가 없었다. 이해 7월 12일자 『장개석 일기』는 당시의 낙관적인 전황을 보여준다.

"우리는 광창을 점령한 뒤 영도와 흥국을 공격할 것이다. 강서의 비적들은 머지않아 박멸될 것이다."

당시 모택동의 대응전략은 전선에서 직접 교전을 벌이지 않는 것이었다. 그는 장개석의 군사가 자신의 최후 근거지로 압박해 들어올 때까지 기다렸다. 어둠을 틈타 모든 병력을 투입해 전력이 약한 3개 사단을 차례로 공격한 뒤 재빨리 후퇴하는 게 그의 복안이었다. 이때 공교롭게도 만주의 상황이 심상치 않았다. 일본군의 나카무라 중위가 실종됐다는 보고가 있었다. 만주의 중국 당국에 책임이 있다는 것이었다.

당초 두 번째 '위초'가 있기 직전인 이해 2월에 장개석은 홧김에 원로 정치인 호한민을 가택연금에 처한 바 있다. 이 일로 남경 정부 안의 광동 출신 고위관원 대부분이 그의 적이 됐다. 이해 7월 이들은 광주에 또 하나의 국민정부를 수립했다. 9월 초에 독자적인 '북벌'을 개시해 호남에 침입했다. 장개석은 이 새로운 도전에 대응하기 위해 공산당과 싸우는 사단 중 일부를 동원해야 했다.

모택동이 처음으로 중대한 패배를 겪게 된 것은 바로 이 무렵이다. 이미 퇴각을 개시한 국민당 제19로군 부대를 추격하고자 홍군은 얼마 안 되는 병력으로 그 뒤를 성급히 쫓았다. 퇴각 중이던 국민당 정부군이 반격을 가하자 홍군은 심각한 손실을 입었다. 이로써 홍군이 결코 불패의 군사가 아니라는 사실이 입증됐다.

그러나 호한민과 광동파벌의 문제를 염려하던 장개석은 모택동에 대한 원정을 중단해야만 했다. 소위 '만주사변' 때문이었다. 중국에서는 통상 '9·18사변'으로 부르고 있는 만주사변은 이해 7월에 터져나온 소위 '만보산 사건'이 빌미로 작용했다. '만보산 사건'은 간도에서 수로문제로 조선 농민과 중국 농민 간의 문제가 발생하자 일본 경찰이 일방적으로 조선 농민 편을 든 데서 비롯된 사건이다.[5] 일본군은 만주 전역을 무력을 동원해 점령하는 와중에 장개석이 남경으로 귀환함으로써 승기를 잡았던 그의 세 번째 '위초'는 이내 흐지부지되고 말았다.

오히려 이해 12월 31일 과거 풍옥상 휘하 서북군의 일부였던 손연중 휘하의 부대원 약 2만 명이 모택동 진영에 투항함으로써 장개석은 커다란 타격을 입었다.

당시 모택동은 국민당 정부군의 그치지 않는 내분을 이용해 무시할 수 없는 규모의 농민군을 꾸준히 육성했다. 북벌 초기에도 고향인 호남에서 급진적인 농민운동을 이끈 바 있다. 그의 군사지식은 『손자병법』 등을 통해 스스로 습득한 것이었다. 산간의 근거지에서 약 1천 명의 비적을 데리고 출발한 그는 추종자들을 차분히 끌어들여 세력을 키워나갔다. 다른 공산당원들이 이끌던 패잔병들이 그의 휘하로 들어왔다.

모택동이 '중화제국'을 창건하는 도중에 공교롭게도 중국공산당은 국제공산주의와 관계가 점점 더 멀어졌다. 이는 순수 국내파인 모택동에게 유리하게 작용했다. 중국의 농민문제를 해결하고 농촌을 재건하는 일은 그의 생존을 위한 유일한 희망이었다. 이것이 중국공산당의 기본 과제로 등장하면서 그는 마침내 공산당을 수중에 넣을 수 있었다.

만주사변 전말

장개석을 두 번째로 사임하게 만든 만주사변은 원래 쿠데타로 정권을 잡은 일본의 군사정권이 1929년에 터져나온 세계적인 경제공황을 타개하기 위한 방책으로 나왔다. 여기에는 일찍부터 만주의 이권을 독차지하고자 한 일본 군부와 우익의 입김이 강하게 작용했다.

당시 장학량은 역치易幟를 결행한 후 일본 육사를 졸업한 친일파 참모 양우정과 상음괴를 숙청함으로써 만주는 중국 땅의 일부라는 메시지를 분명히 전했다. 그는 일본의 만주철도에 평행으로 새로운 철도를 부설할 계획을 갖고 있었다. 이를 방치할 경우 일본의 대륙진출은 무산될 공산이 컸다.

이타가키 세이시로板垣征四郎 대령과 이시하라 간니石原莞爾 중령 등 관동군 참모들이 유조호柳條湖에서 만주철도의 선로폭파 계획을 세웠다. 1931년 9월 18일 밤 심양 북쪽 근교에서 관동군의 이시하라 중령이 지휘한 폭발 사건은 철도에 거의 피해를 주지 않았다. 20분 뒤 쾌속열차가 아무 일 없이 현장을 통과한 게 그 증거다. 그러나 관동군은 곧 일본이 소유한 철도를 중국군 병사들이 공격했다는 억지 주장을 내놓았다.

당시 일본 정부는 전쟁금지를 약속한 파리조약 (켈로그 브리앙 조약)을 위반했다는 지적을 피하기 위해 일부러 전쟁이 아닌 '사변'이라는 말을 사용하도록 내각회의에서 결정했다. 일본은 러일전쟁에서 얻은 여순 및 대련 등의 조차지나 남만주 철도의 경영권을 '특수권익'으로 부르며 크게 중시했다. 중국에서 이를 되찾으려는 움직임이 커지자 중국 동북부에 상주하던 일본 관동군이 만주철도 선로를 폭파하고는 중국군이 폭파했다는 식으로 뒤집어씌운 것이다.

황당한 것은 당시 종군기자가 이 사실을 급히 타전하는 과정에서 실수로 '유조호'를 유조구柳條溝로 잘못 쓴 것을 제대로 알지 못해 20세기 말까지 수십 년 동안 '유조호'를 '유조구'로 부른 점이다. 사건의 당사자인 중국이나 일본 모두 그간 이 사건을 얼마나 소홀히 다뤘는지를 반증하는 대목이다. 당시 관동군은 5일 만에 요동과 길림의 거의 전지역을 장악하고 지방군벌들에 압력을 가해 두 성의 독립을 선언하게 했다. 이어 11

월에는 소만국경을 이루는 동북3성 전역을 장악했다. 1931년 말 일본군은 만주의 남서쪽 끝에 도달케 됐다. 당시 일본군은 거의 피해를 입지 않았다. 일본과의 전면전을 꺼린 장개석이 대항을 금지시킨 탓이다.

만주사변 당시 장개석은 남창으로 이동했다가 이 소식을 들었다. 이틀 뒤인 9월 21일 남경에 돌아온 그는 광주에 사절을 파견해 국민당 분리주의자들에게 나라의 통합을 호소했다. 북경의 장학량에게는 일본과 직접 협상하지 말 것을 촉구했다. 많은 도시로부터 대학생들이 남경으로 모여들었다. 한번은 학생들이 외교부에 난입해 외교부장 왕총혜를 구타했다. 장개석은 학생 대표들과 면담한 뒤 속히 학교로 돌아갈 것을 촉구했다. 장개석은 행정원 원장 자격으로 국제연맹에 이 문제를 공식 제소했다. 그는 이해 10월 8일자 일기에 이같이 썼다.

"나와 아내 송미령은 함께 죽겠다고 맹세했다. 우리가 그런 결심을 했으므로 일본 문제는 아무리 험악할지라도 걱정거리가 되어서는 안 된다."

타협은 있을 수 없었다. 장개석이 하야해야 한다는 말이 광주로부터 전해졌다. 12월 15일 장개석이 마침내 두 번째로 사임했다. 새 행정원장이 된 손문의 장남 손과는 재정문제를 해결하지 못해 취임 1달도 못 돼 사임했다. 뒤를 이어 왕정위가 행정원 원장이 됐다. 국가원수에 해당하는 국민정부 주석 자리는 임삼이 차지했다. 비록 명목상의 우두머리에 불과하기는 했으나 임삼은 1943년 사망할 때까지 12년 동안 줄곧 국가원수로 있었다.

당시 장개석은 중요한 두 개의 상임위원회인 국민당 중앙집행위원회와 정치위원회에 참여해 내부에 대한 통제력을 유지했다. 보다 중요한 것은 군사위 위원장에 임명된 사실이다. 그는 군사위 위원장 자격으로 총사령관 역할을 수행했다. 남경 정부의 실질적인 주역은 여전히 장개석이었다.

장개석이 사임한 이듬해인 1932년 1월 관동군은 장학량의 항일거점인 요동의 금주를 점령했다. 이어 이해 3월 1일 선통제 부의를 '황제'로 하는 만주국을 세웠다.[6] 일본은 이 사건을 '만주사변', 중국에서는 '9·18사변'으로 부른다.

장개석은 이 사건을 국제연맹에 제소해 국제여론을 환기시키고자 했다. 국제연맹은 이를 받아들여 소위 '리튼 조사단'을 파견했다. 조사단 보고서는 당시 많은 일본인이 믿었던 것과 다른 내용이었다. 이는 결국 일본의 국제연맹 탈퇴로 이어졌고, 일본의 국수주의와 반서구주의를 고조시키는 결과를 낳았다.[7]

당시 일본은 국제연맹을 실질적으로 움직이는 상임이사국이었다. 중국도 만주사변이 발발하기 4일 전에 비상임이사국에 막 선출됐다. 조사단은 1932년 2월에 일본에 도착했다. 리튼 일행은 도쿄에서 이누카이 수상 등과 회담하며 일본의 주장을 들었다. 당시 아라키 사다오荒木貞夫 육군장관은 솔직히 이같이 말했다.

"일본의 좁은 국토로는 늘어나는 인구를 감당할 수 없다. 일본은 아시아 대륙에서 자원을 구하지 않으면 안 된다. 중국에 진정한 정부가 존재하는지 의문이 간다. 통일된 문명국으로 간주할 수 없다고 생각한다."

조사단은 이내 남경에서 장개석 등과 회담한 후 다시 북경으로 가 장학량을 만났다. 거점인 만주를 빼앗긴 장학량은 조사단을 환영하는 연회에서 이같이 연설했다.

"동삼성은 인종, 정치, 경제 어느 면에서도 중국에서 분리될 수 없다. 분규의 진정한 원인은 중국이 통일을 향해 나아가고 있다는 사실을 일본이 시기하기 때문이다. 일본은 동3성을 빼앗으려 하고 있다."

당시 리튼 조사단이 가장 역점을 둔 부분은 현지 주민들의 의견이었다. 일본이나 만주국 측이 조사단의 안전을 위한다는 명목으로 주민들과의 접촉을 방해하고 있었다. 보고서는 이같이 결론지었다.

"만주국 정부는 현지 중국인에게 일본 측의 앞잡이로 인식되고 있고, 중국 측 일반인들의 지지는 없다는 결론에 이르렀다."

결국 리튼 조사단은 일본군의 철수를 권고하는 조사보고서를 채택했다. 일본이 이를 받아들일 리 만무했다. 이듬해인 1933년 3월 국제연맹이 만주국을 부정하는 권고안을 가결하자 일본은 홀로 이를 반대하며 국제연맹을 탈퇴했다. 당시 만주국을 인정한 나라는 일본의 동맹국인 독일과 이탈리아를 비롯해 태평양전쟁에서 일본의 세력하에 있던 태국과 미얀마 등 20개국이었다.[8]

만주국 건립 당시 일본은 소위 왕도낙토王道樂土를 내세웠다. 무력으로 천하를 제패하는 패도霸道를 버리고 덕으로 천하를 감싸는 왕도王道로 지상낙원을 건설하고자 한 것이다. 이 이념이 일본의 무력을 배경으로 생긴 만주국에서 주창됐다는 사실 자체가 모순이다. 조선인 이민은 만주국 건립 후 230만 명에 달했다. 일본이 조선에서 만주를 '왕도낙토'로 선전한 결과다.

만주국 성립 전후로 사태가 악화일로로 치달았다. 중국 각 도시는 연일 반일 데모로 넘쳐났다. 일본 영사는 활동중지를 강력 요청했다. 이들은 일본 군함의 지원을 업고 있었다. 이해 1월 28일 공동조계에 접한 상해 북부에서 노동자들과 일본 거류민 간에 충돌이 빚어졌다. 이는 전면적 대결을 야기했다. 최후통첩을 보낸 일본 해군 사령관은 일본인 거주지 주변으로부터 중국군 철수를 추가로 요구한 뒤 국민당 정부군이 최후통첩에 따를 틈도 주지 않고 곧바로 공격을 개시했다. 소위 '상해사변'이 빚어진 것이다.

초기에 몇 차례에 걸친 일본 해병대의 공세를 물리친 것은 보병 3개 사단으로 구성된 제19로군이었다. 이 부대는 장개석 직할부대는 아니었으나 국내와 해외 화교들로부터 찬사를 받았다. 장개석은 상황이 위급해지자 왕정위와 상의한 후 수도를 낙양으로 옮기기로 결정했다. 1932년 1월 29일자 『장개석 일기』의 해당 기록이다.

"정부를 옮기지 않는다면 남경이 위협을 당할 것이고 강압 속에서 평화조약을 맺는 일이 불가피해질 것이다. 이런 종류의 폐해는 나의 실수를 훨씬 뛰어넘는다."

그의 사단들이 일본군의 전면공세를 격퇴하자 그는 크게 고무됐다. 그는 이해 2월 16일자 일기에서는 『맹자』를 인용해 이같이 썼다.

"하늘은 백성이 듣는 것을 듣고, 백성이 보는 것을 본다. 나로부터 나온 것이 틀리거나 부당하다면 하늘은 그것을 나무랄 것이고, 백성들은 그것을 저버릴 것이다."

이해 5월 서구 열강의 중재로 일본군이 철수하는 대신 중국군은 전선에서 물러선 채 움직이지 않는다는 내용의 휴전협정이 체결됐다. 남경을 겨냥한 일본군의 즉각적인 위험이 제거되자 장개석은 소위 안내양외安內攘外를 외쳤다.

"국내를 평정하는 일이 먼저이고 외국의 침략을 물리치는 것은 다음 일이다."

다시 '위초'를 선언한 것이다. 1932년의 남은 기간 동안 그는 장강 북쪽의 전투를 직접 지휘했다. 홍군의 지휘는 황포군관학교 제1기 졸업생인 서향전이 맡았다. 중부의 게릴라 근거지를 빼앗긴 서향전은 북서쪽으로 빠져나갔다.

네 번째 '위초' 준비는 1932년이 저물기 전에 완료됐다. 본격적인 전투는 이듬해인 1933년 2월에 시작됐다. 초기만 하더라도 참패였다. 3개 사단의 궤멸이 그 증거다. 사단장 1명은 전투 중 부상을 입고 또 한 명은 전사했다. 여기에는 일본군이 열하에 대한 점령을 끝내고 만리장성을 압박해 들어온 게 크게 작용했다. 장개석은 이 위기를 넘기기 위해 비밀리에 북중국으로 가면서 휘하의 하응흠에게 전보를 보냈다.

"대부분의 장교들이 치열한 살육전을 벌이는 데 시큰둥하고, 일본과 싸우기 위해 북중국으로 보내달라고 요구하고 있다. 강서에서 겪은 패전의 영향이 당분간 지속될 것이다."

홍군을 박멸하겠다는 그의 결심은 단호했다. 이해 여름 그는 남창에 상설 사령부를 설치했다. 육군 장교들을 상대로 한 2주 간의 재교육 과정이 개설됐다. 사기진작을 위해 여산에 휴양 캠프도 만들어졌다.

이해 10월 최후의 다섯 번째 '위초'가 시작됐다. 이때 장개석은 승부수를 던졌다. 자신이 가장 아끼는 정예군을 투입했다. 우선 홍군이 장악한 지역을 봉쇄하기 위해 벽돌로 토치카를 튼튼히 건설했다. 수천 개의 토치카가 만들어지자 국민당의 전위부대는 한 번에 몇 리씩 천천히 전진했다. 그 사이 모택동의 전술은 비판을 받고 있었다. 대부분의 홍군 지휘관들은 정면공격을 원했다. 전투는 1년 넘게 지속됐다. 마침내 소비에트 지역은 1934년 가을에 이르러 극도로 축소됐다. 다섯 번째 '위초'는 성공이었다. 그런 점에서 홍군의 '대장정'은 도생圖生을 위한 고육책에 지나지 않았다.

당시 장개석은 '위초'를 펴는 동시에 만리장성에서 일본군 문제를 처리해야만 했다. 그는 북쪽으로 6개 사단을 파견할 계획을 세웠다가 결국 4개 사단만 보냈다. 그 중 제2사단과 제25사단 및 제83사단 등 3개 사단은 모두 장개석의 직계였다. 장개석 자신은 3월 8일부터 2주일 넘게 보정과 석가장에 머물렀다. 그가 떠난 지 얼마 되지 않아 일본군이 북경과 천진을 향해 육박해 왔다. 두 도시가 함락되면 상해에서 전비를 마련하기가 매우 어렵게 된다.

그는 의형제 황부를 보내 협상을 벌였다. 황부는 당고塘沽에서 정전협정을 맺었다. 이로써 만리장성 이남에 완충을 위한 비무장지대가 나타났다. 장개석은 만주국에 대한 공식 승인을 피할 수 있게 된 사실에 만족해야만 했다.[9] 당시 장개석은 북쪽으로 가서 일본군과 싸우는 데 자원하는 것을 금한다는 명을 부하장교들에게 회람시켰다. 홍군이 이를 선동선전 전술에 적극 활용한 것은 물론이다.

1933년 11월 '상해사변' 당시 명성을 떨쳤던 제19로군이 복건에서 반란을 일으켰다. 이는 비록 신속하게 진압되었으나 속히 일본과 정면대결에 나서라는 여론의 압력은 더욱 거세졌다. 속히 항일전선에 나서라는 시위는 1936년 12월에 터져나온 소위 서안 사건西安事件을 거쳐 1937년 여름 중일전쟁이 터질 때까지 지속됐다.

당시 그는 우유부단했다. 레이 황은 그가 사소한 개인적 사업에 몰두하는 우를 범했다는 분석을 내놓았다. 사실 그는 이 무렵 전통적인 장삼을 걸치고 한가하게 태평천국의 난을 제압한 증국번의 위대함을 설파하고 다녔다. 이는 애국심을 북돋워 근본부터 다진다는 생각에서 나온 것이었다. 그가 끊임없이 순시를 다니며 정열적으로 강연에 몰두한 이유다.

육군의 인사들을 상대로 행한 즉석의 담화를 제외할지라도 1944년 한 해 동안에 무려 41번에 걸쳐 민중연설을 했다. 고향에서 휴가를 보낼 때조차 그는 시간을 쪼개 고향인 봉화현과 인근에 위치한 학교 교직원 및 학생들을 상대로 강연을 했다. 이들 강연에서 그는 유교적 덕목인 '인의仁

義’를 역설했으나 별다른 효과는 없었다.

다른 한편 그는 자신이 고안한 소위 ‘신생활운동’에 열성이었다. 그러나 이 운동이 성과를 거두기 위해서는 초보적인 민생해결이 우선돼야 했다. ‘신생활운동’이 하나의 구호에 그친 이유다. 그나마 다행인 것은 그에게 여전히 개인적 카리스마가 있었던 점이다. 그의 근면하면서도 부지런한 모습은 그 자체로 민중들의 지지를 받을 만했다.

이 사이 그는 나름 외교적인 성과도 거두었다. 1932년에 소련과 관계를 재개한 게 그것이다. 1927년의 소위 ‘광주 코뮌’ 사건이 터진 후 5년 만이었다. 이는 일본을 공동의 적으로 인식한 결과였다. 당시 그는 소련의 지원을 간절히 바랐다. 이를 타진하기 위해 고문으로 있는 장정불에게 1934-1935년에 소련을 방문토록 했다. 스탈린의 반응은 일단 긍정적이었다. 실제로 독일이 소련을 침공하는 1941년까지 소련의 지원은 상당한 수준에 달했다.

다른 한편 그는 일본과 가까운 독일과 이탈리아에 대해서는 외양상 교역차원의 관계만 유지했다. 그러나 그 내막을 보면 그는 독일 및 이탈리아와 긴밀히 접촉하고 있었다. 군사훈련 프로그램에서 독일식 군국주의를 강조하며 휘하 장병들에게 독일의 히틀러가 ‘휘러(Führer)’ 칭호를 받은 것처럼 자신을 ‘지도자’로 부르도록 지시한 게 그 증거다. 황포군관학교의 후신인 중앙군관학교 생도들이 제복의 첫 단추를 자신의 작은 초상화로 장식토록 한 것도 같은 맥락이다. 독일인 고문들은 그의 여산 훈련 캠프에 머물며 훈련을 지도했다.

당시 미국은 만주국을 승인하지 않는 소위 ‘스팀슨 정책’을 통해 장개석을 간접적으로 도왔다. 그러나 1933년 루스벨트가 대통령에 취임하면서 일련의 변화가 나타났다. 장개석의 처남 송자문이 미국으로부터 면맥棉麥을 담보로 한 5천만 달러의 차관을 얻어냈다. 영국도 의화단 사건 배상금 중 470만 파운드를 미완상태인 한구와 광주를 연결하는 간선철도의 건설에 전용하는 데 동의해 주었다.

주목할 만한 것으로는 1935년 은을 국유화한 전격적인 조치다. 이후 모든 상거래는 정부계 4대 은행에서 발행한 법화로 결제됐다. 이는 항일전선에서 총력전을 벌일 수 있는 최소한의 조건을 충족시켜 주었다. 이 와중에 왕정위와 결정적으로 틀어진 사건이 빚어졌다.

1935년 11월 1일 국민당 제4기 6중 전회가 남경의 중앙당부에서 개최됐다. 개막식이 끝나자마자 장개석은 화가 난 모습으로 퇴장해 버렸다. 중앙위원 전원이 문 입구에 자리 잡은 이후에도 장개석은 함께 사진을 찍으러 나오지 않았다. 부총재인 왕정위가 그를 모시러 왔지만 그는 이같이 말하며 끝까지 나가지 않았다.

"오늘은 질서가 너무 없다. 무슨 일이 생길지 모르겠다."

왕정위는 부득불 혼자 사진을 찍으러 나갔다. 사진을 찍은 후 모두 일어서려는 순간 기자석에서 한 괴한이 뛰쳐나와 왕정위를 향해 3발을 쏘았다. 조사결과 이는 상해의 암살조직 두목인 왕아초에 의해 기획된 것으로 원래는 장개석을 암살하려고 준비했다는 것이다. 그러나 이를 액면 그대로 믿는 사람은 그리 많지 않았다. 장개석 휘하의 '남의사'가 왕정위 암살을 시도한 게 아니냐는 얘기가 나돌았다.

당시 왕정위는 응급조치를 거쳐 생명은 겨우 보존했다. 얼굴과 팔에 박힌 총알은 꺼냈으나 등에 박힌 총알은 5-6번 늑골 사이에서 척추를 건드리고 있어 결국 꺼내지 못했다. 이 총알은 그가 죽는 순간까지 몸속에 박혀 있었다. 왕정위도 내심 장개석의 지시를 받은 '남의사'가 자신을 살해하고자 한 것으로 생각했다. 중일전쟁 이후 두 사람이 정반대의 길로 치달은 것도 이 사건과 무관치 않다.

중일전쟁의 전개과정

당초 '대장정'에 나선 홍군은 악전고투 끝에 간신히 섬서의 북부로 들어갈 수 있었다. 장개석이 총력전을 펼친 결과다. 당시 섬서는 지방군벌 양호성이 장악하고 있었다.[10] 얼마 후 장학량이 서북초비부사령西北剿匪副司令으로 부임해 왔다. 그가 이끌고 온 동북군은 일본에 대한 적개심에 불타고 있었다. 그러나 연안의 홍군에 대해서는 특별한 증오심이 없었다. 당시 국민당은 일반 민심과는 정반대로 '즉시항일'을 주장하는 자를 적으로 간주했다. 장학량은 이미 비행기로 연안을 방문해 주은래와 이야기를 나누면서 '국공합작'을 논의한 바 있다.

1936년 2월 공산당 토벌을 뜻하는 초비剿匪의 실적이 부진하자 장개석이 독전 차 직접 서안으로 왔다. 장학량과 양호성은 장개석이 내전을 중단할 의사가 없고 항일운동의 억압을 중지하지 않는 것을 알고는 병간兵諫을 시도했다. 이들은 장개석을 포로로 잡고 '항일구국, 내전종식'을 호소했다. 소위 '서안 사건'이 빚어진 것이다. 이 사건은 부인 송미령의 노력으로 해결됐다. 그 결과로 나타난 게 바로 '제2차 국공합작'이다.

당시 장개석은 계속 일본에 양보할 경우 10년 넘게 공들여 온 '남경시대'가 이내 종식되리라는 사실을 분명히 알고 있었다. 그럼에도 그가 '초비'를 앞세운 것은 심복질환부터 없애고자 하는 『손자병법』의 기본 이치를 좇은 것이었다. 그 자체는 하등 문제될 게 없었다.

문제는 시기 및 방법이었다. 당시 여론은 속히 항일전에 나설 것을 촉구하고 있었다. 궁지에 몰린 홍군도 이를 최대한 활용했다. 그런 면에서 시기가 좋지 않았다. 더구나 장학량의 경우는 일본에 대한 적개심에 불타고 있었다. 그에게 '초비'를 맡긴 것은 실수였다. 방법도 안 좋았던 셈이다. 그가 서안에서 풀려나 남경으로 돌아온 지 얼마 안 돼 홍군에게 매달 소액의 보조금을 지급해 줄 것을 승인한 이유가 여기에 있다. 이는 홍군이 국민당의 명령 아래 싸우는 것을 전제로 한 것이었다.

당시 '만주국'을 위성국으로 만드는 데 성공한 일본 군부와 우익은 이내 일본을 파시즘 체제로 전환시키는 데 성공했다. 1937년의 '중일전쟁'은 그 연장선상에 있다. 마찬가지로 1941년 진주만 폭격을 시작으로 미국과 전면전에 돌입하는 소위 '태평양전쟁'은 '중일전쟁'의 연장이나 다름없었다. 궁극적으로 '만주사변'이 '태평양전쟁'의 빌미로 작용한 셈이다. 실제로 일본의 사가들은 군부가 일본 정국을 좌우하기 시작한 1931년의 만주사변부터 1945년 패할 때까지의 기간을 소위 '15년전쟁'으로 부르고 있다. 만주사변과 중일전쟁, 태평양전쟁을 같은 맥락에서 이해하는 것임은 말할 것도 없다.

당시 장개석은 '15년전쟁'의 한복판에 서 있었다. 그러나 그는 1931년의 만주사변 이후 중일전쟁이 발발하는 1937년까지 일본과 전면전을 벌이지 않기 위해 무진 애를 썼다. 가장 큰 이유는 막강한 무력을 지닌 일본과 싸우기에는 재정 및 군비가 너무나 열악한 데 있었다. 중일전쟁에 뛰어든 것은 어쩔 수 없는 선택이었다. '중일전쟁'을 두고 당시 일본은 '지나사변'으로 불렀다. 청일전쟁 이후 중국을 국가로 인정하지 않는 멸시감을 일본 국내에 확산시키고 중국에 대한 군사행동을 마치 '아시아 혁신'의 사업인 양 꾸민 것이다.

1937년 7월 7일 북경 교외의 노구교蘆溝橋에서 일본군 병사 1명이 실종되는 사건이 일어났다. 지금은 북경 중심부에서 차로 40분 정도 떨어진 곳에 위치한 인민 항일전쟁 기념관은 이 다리를 건너자마자 있다. 지금도 누가 먼저 발포했는지에 대해서는 여러 설이 있다. 일설에 따르면 실종된 일본군 병사는 당시 노구교 밑에서 용변을 보던 중이었다고 한다.

당시 일본은 의화단 사건 이후 계속 중국에 소위 '지나 주둔군'을 배치해 놓고 있었다. 일본인의 중국인 멸시도 극에 달해 있던 시기였다. 누군가 용변을 보는 일본군을 소리 없이 죽였을지도 모를 일이다. 여러 정황에 비춰 일본군이 자작극을 벌인 것은 아닌 듯하다. 확실한 것은 일본군이 야간훈련을 끝냈을 때 이 사건이 일어났다는 점이다.

일본군은 이를 구실로 본격적인 군사행동에 나섰다. 선전포고도 하지 않은 것은 물론이다. '만주사변'의 연장으로 간주한 결과다. 장개석은 노구교 부근에서 총성이 울린 바로 다음날인 1937년 7월 8일 일기에 이같이 썼다.

"왜구들이 노구교에서 도발해 왔다. 그들은 우리가 전쟁준비를 마치기 전에 우리를 굴복시키고자 하는 것일까? 아니면 그들은 괴뢰정부 송철원이 북중국을 분리해 독립하기 위해 분쟁을 일으키는 것일까?"

이 사건이 일어나기 5달 전인 이해 2월 5일 그는 《대공보》의 장계란 및 《신보》의 진경한과 인터뷰를 가진 바 있다. 여기서 그는 일본의 침략행위를 단호히 저지하기 위해 시간이 좀 더 필요한 이유를 구체적으로 언급했다.

"먼저 전군에 대한 단일한 지휘체계를 조직하고 멀리 떨어진 성까지 포함해 인사관리 시스템을 수립할 필요가 있습니다. 최소한 3~5년의 시간이 필요합니다."

일본 군부도 이를 알고 있었다. '노구교 사건'을 도발한 이유다. 당시 장개석은 마지못해 일본의 도전을 받아들이기는 했으나 다가오는 전쟁에 대해 막연한 생각밖에 갖지 못했다. 실제로 외교 면에서 끈끈한 우방 내지 동맹국도 없었다. 이미 4년 전에 첫 징병령을 내린 바 있으나 이를 실시한 것은 중일전쟁이 발발한 뒤였다. 이는 각지에 할거하고 있는 대소 군벌의 세력이 그만큼 간단치 않았음을 반증한다.

파죽지세로 밀고 내려온 일본군과의 전투는 상해에서 가장 치열하게 전개됐다. '상해전투'는 약 10주 동안 지속됐다. 이 전투에 총 85개 사단이 투입됐다. 중국군의 희생은 모두 33만여 명에 달했다. 일본군의 피해도 만만치 않았다. 대략 20만 명 가량으로 추정되고 있다. 그러나 초점은 중국군의 피해에 맞춰져 있었다. 전략가로서 그의 명성에 신랄한 비난이 쏟아진 이유다.

당시 중국군은 결코 단일한 지휘체계하의 군대가 아니었다는 점을 감안할 필요가 있다. 장개석이 대일전을 결심하고 과거의 라이벌이던 이종인에게 남경에서 만날 것을 요청했을 때 운남군벌 용운과 사천군벌 유상이 즉각 이종인에게 전보를 쳐 이를 저지하고자 한 게 그 증거다. 대일전은 자신들의 성을 접수하려는 장개석의 계략이라는 게 이들의 주장이었다. 장개석이 자신의 최정예 부대를 각 성에서 보낸 군대와 함께 편제해 기꺼이 희생하려는 모습을 보인 뒤에야 비로소 총사령관의 위신을 어느 정도 확보할 수 있었다.

1937년 8월 13일에 발발한 '상해전투'는 중국군의 선제공격에서 시작됐다. 상해에 주둔하는 1만 명 가량의 일본 해병 분견대를 쓸어버리기 위한 조치였다. 그러나 일본군의 증원은 신속했다. 주도권이 곧바로 일본에 넘어갔다. 일본이 오송과 황포강 서쪽 제방에 교두보를 건설할 당시 일본군 병력은 거의 10만 명 가까이 늘어났다.

이해 9월 중국의 공격은 야간작전으로 제한됐다. 일본은 4차례나 총공세를 펼쳤으나 별다른 전과를 얻지 못했다. 11월 5일 항주만에 일본이 또 다시 3개 사단을 상륙시켰다. 야나가와 장군 휘하의 일본 제10군이 아무 저항도 받지 않고 항주만에 상륙했다. 퇴각명령이 너무 늦게 내려진 탓에 온통 공포감에 휩싸이게 됐다. 장개석은 당생지를 남경방위군의 총사령관으로 임명한 후 남경을 떠날 준비를 했다. 11월 26일 손문의 무덤과 국립묘지에서 비공개로 작별의식을 치렀다. 그는 10일 더 머물렀다. 12월 5일 그는 남경에서 동쪽으로 14마일 떨어진 곳으로 가 방어에 여념이 없는 병사를 상대로 연설을 했다.

12월 7일 마침내 여산으로 날아갔다. 1주일 뒤인 12월 13일 남경이 함락됐다. 외국 기자들 앞에서 남경과 함께 생사를 같이하겠다고 선언했던 당생지는 사령부 요원들과 함께 전날 밤 남경을 떠났다. 당시 13개 보병사단에 헌병과 경찰을 덧붙여 구성한 소위 '남경방어군'은 약 15만 명가량이었다. 대부분 일본군에 사로잡혀 학살당했다. '남경시대'의 종언을 알리는 조종이었다.

독일의 중재와 중일협상

일본은 남경을 장악하기 전후로 재빨리 평화공세를 폈다. 남경이 일본군의 손에 떨어지기 2달 전인 10월 21일 도쿄 주재 독일대사 디르크젠에게 사태해결을 위한 중재를 희망한다는 의사를 표명했다. 며칠 뒤 6개 항의 제안이 전달됐다. 내몽골의 자치, 북부 중국의 비무장화, 상해 인근 휴전지대 확대, 반일활동 중지, 반공활동을 위한 상호 협의, 일본 상품에 대한 관세인하 등이 골자였다. 이는 중국 주재 독일대사 트라우트만을 통해 장개석에게 전달됐다.

얼마 후 장개석은 문득 공상희로부터 급전을 받았다. 트라우트만이 여전히 쌍방을 중재하길 원한다는 내용이었다. 장개석은 곧 긍정적인 답신을 보냈다. 12월 2일 장개석은 트라우트만을 만났다. 장개석은 북부 중국의 영토보전과 주권을 건드려서는 안 된다는 점을 분명히 했다. 이틀이 지나도록 독일대사로부터 아무 말이 없었다. 장개석은 아직도 일본의 속셈을 제대로 파악하지 못했던 셈이다.

중국군의 약점을 훤히 꿰고 있는 일본은 평화협상의 조건을 강화했다. 12월 1일 일본군 참모본부는 남경 진격명령을 인가했다. 트라우트만을 통한 평화협상의 속셈이 드러나는 순간이었다. 일본의 외무대신 히로다는 독일대사 디르크젠에게 3가지 추가조건을 알렸다. 만주국에 대한 공식 승인, 일본 점령지역의 비무장화, 중국의 전쟁배상금 지불이었다. 이는 장개석에게 무릎을 꿇으라는 것이나 다름없었다. 이듬해인 1938년 1월 2일자 일기에 그는 이같이 썼다.

"일본이 내세운 조건은 중국을 절멸시키는 것과 다름이 없다. 굴복해 멸망하느니 차라리 전쟁을 벌이다 패해서 망하는 편이 낫다."

당시 중국은 육군의 정예병력과 대부분의 공군전력을 잃은 상태였다. 상해, 남경, 북경, 천진, 태원, 청도가 일본에 점령됐다. 독일의 중재를 통한 평화적 해결 시도가 좌절된 뒤 소련에 여러 차례 동맹체결을 요구했지만 모스크바는 그때마다 거절했다. 독일의 중재가 실패한 후 히틀러는 중국 정부의 독일 고문관을 불러들였고 무기공급도 중단했다.

당시의 정황에 비춰 장개석만을 탓할 수도 없었다. 그는 지역군벌들이 제공한 병력을 다시 정비했고 징병령을 전면 실시했다. 총통의 직함을 거절했지만 자신의 총사령부를 재조직했고 주은래에게 정치부를 맡겼다. 공산당원 및 기타 정당과 함께 국정현안을 논의하기 위한 국민참정회國民參政會를 조직했다. 장강 중류유역을 따라 강변의 방어를 강화했다. 동서인 공상희와 처남 송자문에게 물자의 구입과 공급을 맡겼다. 사기앙양 차원에서 산동 전체를 싸우지도 않고 적에게 내준 군벌 한복거를 체포해 나중에 처형했다. 그는 나름 최선을 다했다고 평하는 게 옳다.

그 결과가 1938년 4월 6일 소위 '태아장台兒莊 승첩'으로 나타났다. 일본 측은 2천3백 명의 일본군이 전사했다고 주장했으나 서방의 자료는 1만 6천 명에 달하는 것으로 기록해 놓았다. 중국군의 전사자와 부상자는 일본군과 거의 같았다. 이는 일본이 메이지유신을 계기로 육군을 창설한 이래 최초의 패전에 해당했다.

태아장은 서주에서 북동쪽으로 약 40마일 떨어진 대운하 북쪽 연안에 자리한 작은 도시다. 서주를 점령하면 화북 전체와 화중의 동부전선을 연결할 수 있었다. 서주로 진입할 때 안전을 확보하기 위해 일본은 먼저 태아장을 차지해야 했다. 그러나 일본군은 일련의 저항을 받아 진격이 지연됐다. 이곳은 중국군 3개 사단이 견고히 지키고 있었다. 이종인은 북쪽의 산악지대에 빈틈을 메우고 있던 탕은백의 5개 사단을 다시 불러들였다. 병력 면에서 2대 1 정도로 일본군을 압도했다. 대운하 남쪽 연안에 자리한 독일제 155밀리 곡사포 대대가 처음으로 동원돼 화력을 뿜었다.

당시 보급수준이 낮은 데다 시가전의 수렁에 빠져든 일본군이 궤멸상태에 빠진 건 당연한 일이었다. 중국의 언론은 '태아장 승첩'에 환호했으나 중국군도 결정적인 실수를 저질렀다. 여세를 몰아 추격전을 전개하지 못한 게 그것이다. 이내 서주를 잃은 배경이다.

이로 인해 중국인들의 참전열의는 급속히 식어버렸다. 일본군의 진격을 저지하기 위해 황하 연안의 제방을 터뜨리는 식의 고육책이 잇달아 구사됐다. 한구가 함락되기 직전 영국과 프랑스 등이 평화해결을 주선하고 싶다는 소문이 돌았다. 그러나 장개석의 입장은 단호했다. 그는 《런던 데일리 익스프레스》와 가진 인터뷰에서 중국의 주권이 완전히 회복되지 않으면 어떤 종류의 제안도 환영하지 않을 것이라고 잘라 말했다.

이해 10월 일본군이 광주만에 상륙했다. 곧 광주가 함락된 데 이어 '무한 3진'마저 일본군의 손에 고스란히 넘어갔다. 10월 24일 저녁 장개석과 송미령은 한구의 비행장을 떠났다. 비행기는 방향을 잃고 무창에 착륙했다. 부득불 하룻밤을 더 묵어야 했다. 다음날 이른 새벽 장개석과 그의 측근들은 무한을 완전히 떠났다. 장강 일대가 일본군에게 완전히 넘어가는 순간이었다.

11월 12일 장사에서 대규모 화재가 발생했다. 지금까지 이 사건은 전모가 완전히 드러나지 않고 있다. 중국군이 시가지를 초토화하는 소위 청야전술淸野戰術을 구사했을 공산이 크다. 당시 호남의 성정부주석 장치중은 장사가 일본군의 손아귀에 떨어질 가능성에 대비해 초토화 작전을 실행에 옮길 것을 결정한 바 있다. 장개석도 이 결정을 몰랐던 것 같지는 않다. 그가 장사를 떠난 11월 12일 저녁 장사가 불에 탄 게 그 증거다. 이를 두고 레이 황은 이같이 평했다.

"장개석은 진실로 항일전쟁의 영웅이었다. 그러나 그의 임시변통과 시스템 부재는 대일전 승리 이전에 이미 드러났다. 나중에 그는 자신의 동맹국에서 여론의 질타를 받았고 중국공산당의 도전을 받았다."

당시 그는 장사 시민들이 분노하자 장사의 방위사령관 풍제에게 모든 책임을 뒤집어씌웠다. 루머에 굴복해 공황상태에서 졸속으로 행동했다는 게 이유다. 방화사건이 일어난 지 1주일 뒤 그의 사형이 결정됐다. 제1

차 세계대전 당시 프랑스와 폴란드, 소련도 적을 내쫓기 위해 도시에 불을 지르지는 않았다. 그의 중대한 실책이었다.

왕정위의 투항

1938년 12월 9일 장개석은 사천의 중경에 도착했다. 이곳은 그가 일찍부터 항일전의 최후 보루로 삼은 곳이었다. 당시 그는 국민당 부총재 왕정위를 혐오했다. 그가 대일 평화협상을 주장했기 때문이다. 『장개석 일기』 12월 21일자 기록에 따르면 왕정위는 이미 비밀리에 운남의 곤명을 거쳐 인도차이나로 떠났다. 이틀 뒤 왕정위는 하노이에서 일본의 제안에 찬동하는 성명을 발표했다. 분노한 그는 일기에 이같이 기록해 놓았다.

"나는 왕정위의 어리석음과 천박함이 그 정도로 바닥까지 추락했는지 미처 예상하지 못했다. 그처럼 파렴치하고 퇴폐적인 인물을 갖게 되다니 이는 우리 당과 나라의 불행이다. 실로 그는 가장 믿을 수 없는 사람이다."

장개석은 왕정위의 투항소식에 커다란 충격을 받았다. 그의 일기에 의하면 당시 그는 왕정위에게 유럽으로 갈 것을 권유했다. 그러나 이미 때가 늦었다. 왕정위가 하노이에서 성명을 발표한 뒤 장개석은 암살자를 파견했다. 암살자는 왕정위의 거주지에 잠입하는 데 성공했으나 실수로 그의 비서를 살해하고 말았다.

왕정위는 국방 최고회의를 주재했기 때문에 모든 국가 기밀을 알고 있었다. 그러나 그 폐해는 예상보다 작았다. 소수의 관료들이 그를 따랐다. 광동어로 행한 그의 방송은 오히려 광동 출신 장군들의 반발을 샀다.

당시 장개석의 군대가 지키는 지역은 전국 공장의 6%, 전력 생산능력의 4%밖에 되지 않았다. 철강생산량도 1939년까지 매년 1천2백 톤에 지나지 않았다. 이후 자원위원회의 노력으로 10배로 늘어나기는 했으나 1944년에 이르기까지 연간 생산량은 1만 3천 톤 정도에 불과했다. '중경정부'가 장악하고 있는 군수공장은 모두 합해 매달 1천5백 발의 탄약밖에 생산하지 못했다. 이는 병사 1명당 겨우 4발을 나눠줄 수 있는 양에 지나지 않았다.

그럼에도 그는 '독재자'라는 비난을 받았다. 그는 크게 분개했다. 1939년 2월 21일 국민참정회 폐막에 즈음한 연설에서 그는 『시경』을 인용해 참았던 분통을 터뜨렸다. 그의 일기는 이같이 기록해 놓았다.

"오늘 나는 국민참정회 폐막 자리에서 『시경』「치효」의 네 구절을 인용했다. 나도 모르게 눈에 눈물이 고였다. 나는 내 이야기를 듣고 내 말에 감동을 받지 않는 사람은 진심이 없는 인간이라고 감히 말하겠다."

「치효」는 주무왕이 죽고 어린 주성왕이 보위에 올랐을 당시 섭정으로 있던 주공이 반기를 든 동생 관숙과 채숙을 주살한 심경을 노래한 것이다. 장개석이 읊었다는 이 시는 모두 4구절로 이뤄졌다. 가장 절절한 것은 마지막 구절이다.

내 날개는 깃도 모자라니 꼬리 깃도 다 빠졌네 予羽譙譙, 予尾翛翛
내 보금자리가 위태로우니 비바람에 흔들리네 予室翹翹, 風雨所漂搖
내 목소리는 참으로 급하기 짝이 없다네 予維音曉曉

그가 「치효」의 구절을 읊은 것은 고전에 해박하다는 칭송을 받을 수 있을지언정 초미의 위기상황을 대처하는 총사령관의 모습과는 동떨어진 것이다. 「치효」의 내용 자체가 탄식에 가깝기 때문이다. 보다 단호한 결의가 필요했다. 그럼에도 그는 자신의 말에 감동을 받지 않은 사람은 '진심이 없는 인간'이라고 단정했다. 당시 얼마나 자아중심적으로 생각하고 있었는지를 여실히 보여주는 대목이다. 그의 실패도 이런 과도한 자기 확신과 무관치 않다고 보아야 한다.

당시 일본은 점령지역이 지나치게 넓어 1944년까지 소위 '이치고一號 작전'을 펼 때까지 중국군에 대해 효과적인 섬멸작전을 펼칠 수가 없었다. '이치고 작전' 이전에 적극적인 공세에도 불구하고 손실만 입고 퇴각한 이유다.

일본군 대본영에서 동원계획을 담당했던 하야시 대령에 따르면 1938년 초까지 일본은 소련과의 전쟁에 대비해 20개 사단을 온존시키면서 나머지 병력을 중국에 배치하기로 결정했다. 중국 전토에 대한 원정은 1년 안에 마무리지을 생각이었으나 중국 측의 '태아장 승첩'으로 인해 기본 전략이 바뀌어 버렸다는 것이다. 장개석의 지구전술도 한몫 했다. 일본군이 좁은 벨트 모양의 영토만을 장악한 이유다.

당시 다네무라 사코 대령은 5년 동안 대본영에서 작전장교로 근무했다. 그는 1939년 말 육군성에 일본 육군을 중국 내지로부터 철수시킬 것을 제안했다. 육군성과 참모본부는 뜸을 들이다가 1941년부터 철군하기로 결정했다. 계획을 집행하는 데 무려 2년이 소요된 것이다. 이후에는 점령지를 장강 삼각주와 내몽골 일부 지역으로 제한할 생각이었다.

그러나 독일이 1940년 여름 유럽의 서부전선에서 결정적인 돌파구를 마련하면서 이 계획이 무산됐다. 철군계획이 보류되는 대신 장개석과 외부의 접촉을 완전히 차단해 중국을 강점하는 쪽으로 결론이 났다. 일본이 인도차이나와 미얀마를 점령하기 위해 남방으로 진출한 배경이다. 대본영은 이 거대한 포위망이 완성되면 중국은 이내 저항을 포기할 것으로 보았다. 그리되면 '부의'의 만주에서 시작해 '송철원'의 화북, '왕정위'의 화남에 이르기까지 중국 전역을 크게 세 토막으로 나눠 다스리는 셈이 된다. 이는 말할 것도 없이 장개석의 철저한 몰락을 전제로 한 것이다. 장개석에게는 결사항전 이외의 다른 선택의 여지가 없었다.

원래 왕정위는 풍옥상 밑에서 출발했던 군소군벌 송철원과 달리 일본 유학시절부터 손문의 두터운 총애에 힘입어 당대 최고의 혁명이론가로 성장했던 까닭에 장개석도 그를 소홀히 다룰 수 없었다. 두 사람이 손문의 적통을 놓고 다툰 연원은 매우 깊다.

왕정위는 '중산함' 사건이 터진 후 장개석에게 밀려 프랑스로 갔다가 '제1차 북벌'이 끝난 1927년 4월 귀국한 뒤 국민당 좌파와 공산당이 주축을 이룬 '무한 정부'의 주석에 취임했다. 당시 장개석은 수도를 남경에 둘 것을 주장했으나 그는 무한을 내세웠다. '남경 정부'와 대립되는 '무한 정부'의 수립은 그의 강고한 의지가 반영된 결과였다.

그러나 그는 이내 토지문제 등에 관한 이견으로 공산당과 결별하고 다시 장개석과 합류했다. 이는 담평산과 진독수 등이 국민당과의 합작을 유지하기 위해 당의 토지정책을 완화해야 한다고 주장한 데 반해 모택동과 팽배 등이 모든 토지의 무상몰수를 주장하며 대립한 결과였다.

이후 그는 '남경 정부'의 행정원 원장 겸 외교부장, 국방최고회의 부주석, 국민당 부총재 등의 직책을 두루 역임했다. 어찌 보면 장개석의 오른팔 역할을 충실히 한 셈이다. 그러나 중일전쟁 이후 그의 태도가 일변했다. 전쟁발발 이듬해인 1938년 중경과 베트남 하노이를 거쳐 남경으로 가 소위 염전艶電을 발표한 게 그 증거다. 이는 중일합작을 공개적으로 지지하는 내용을 담은 전보형식의 성명을 말한다. '염전'의 명칭은 '일본에 아첨한 전보'라는 취지에서 붙여진 것이다.

1940년 3월 왕정위는 일본의 도움을 받아 중국을 대표하는 '남경 정부'를 수립한 뒤 주석에 취임했다. 입법원장은 진공박이었다. 그러나 미영 등 연합국은 모두 장개석의 '중경 정부'를 중국을 대표하는 유일한 정부로 인정했다.

1943년 11월 말 왕정위는 부인 진벽군과 군수물자 조달 문제를 논의하던 중 일본군 수뇌부가 방문했다는 소식을 듣고 급히 계단을 내려가다가 발을 헛디뎌 계단에서 구르고 말았다. 8년 전에 다친 척추의 상처가 계단의 모서리에 부딪쳐 그 자리에서 혼절하고 말았다. 곧 남경의 일본 육군병원에 입원해 늑골에 박혀 있던 총알을 빼냈다. 그러나 수술과정에서 신경을 건드렸는지 그의 두 다리가 말을 듣지 않았다. 대소변을 가리지 못할 정도로 병세가 악화되었다.

1944년 3월 거의 전신마비에 이른 왕정위는 일본 천황이 보내준 비행기를 타고 일본으로 가 나고야 제국대학의 부속병원 특실에 입원했다. 그의 척추는 이미 변형되어 있었고 골막에 염증이 생겨 있었다. 의사들이 그의 몸과 머리를 석고로 고정시켰다. 1주일 후 엑스선 검사를 거쳤다. 수술한 곳이 접합되지 않았을 뿐만 아니라 오히려 수축된 것으로 나타났다. 그의 체온도 내려가기 시작했다. 빈혈로 인해 두 번에 걸쳐 수혈했다. 그는 '최후의 심정'이라는 유서를 남겼다. 자신의 행위가 결코 매국이 아님을 극구 변호했다. 소위 '곡선구국曲線救國'의 노선을 걸었다는 내용이다.

이해 11월 9일 연합군의 비행기가 나고야를 공습했다. 급히 침대 채 지하실로 이동시켰으나 공습은 하루 종일 계속됐다. 다음날 그는 숨을 거뒀다.

중국에서는 아직도 왕정위의 사망배경을 놓고 여러 의문을 제기하고 있다. 장개석에 의한 '독살설'과 일본에 의한 '살해설' 등이 그것이다. 통설은 옛날의 상처가 도져 사망했다는 '병사설'이다. 그럼에도 '독살설' 등이 꾸준히 나돌고 있다.

'독살설'의 대표적인 사례로 상해시 정협문사 자료공작위원회가 편찬한 『항전풍운론』을 들 수 있다. 이 책에서는 국민당 특무대장 대립이 간호사를 매수해 왕정위가 먹는 약에 유리가루를 넣게 해 죽게 만든 것으로 묘사해 놓았다. 일본 측이 자연봉합을 실험하기 위해 독을 발라내는 수술을 시도해 결국 죽게 됐다는 주장도 있다. 객관적으로 볼 때 병사설이 타당하다.[11]

현재 중국은 왕정위에 대해 매우 비판적이다. 대만의 경우는 더 심하다. 그의 이론을 '매국투항론'으로 요약하고 있는 게 그 증거다. '매국투항론'의 골자는 대략 이렇다.

"첫째 일본은 모든 면에서 중국보다 선진적이다. 둘째 중국이 일본과 싸우면 반드시 패한다. 셋째 국제원조는 믿을 수 없다. 넷째 공산당을 빼고 중국인들은 일본인들과 진정으로 싸우고 싶어 하지 않는다. 다섯째 중국과 일본은 족속이 같고 문화가 같다. 일본은 중국을 도와 영미의 백인 통치를 끝낼 수 있다. 여섯째 유럽 민족주의는 패도이나 일본 민족주의는 왕도다. 일곱째 아시아의 황인종은 일본의 지도하에 단결해야만 백인종의 지배를 벗어날 수 있다. 여덟째 항일을 견지하는 것은 공산당의 음모이다."

기본적으로 그의 사상은 당시 서구 제국주의 열강이 식민지 침탈 이론으로 내세운 소위 '백인의 의무'에 강력 저항하는 '황인 우월주의'에 입각해 있었다. 당시의 정황에 비춰 이해하지 못할 바는 아니나 본질적으로 '황인 우월주의' 역시 '백인 우월주의'만큼이나 위험한 생각이다. 그는 황인종과 흑인종의 비참한 역사를 예로 들어 일본을 중심으로 단결하지 않으면 이내 황인종도 비참한 최후를 맞을 것이라고 주장했다. 그러나 그가 이 말을 한 때는 '남경대학살'이 일어난 지 얼마 안 된 시점이었다. 앞뒤가 안 맞는 얘기다.

그는 일본군이 저지른 남경대학살에 대해 만일 중국인이 저항하지 않았다면 그런 참혹한 대학살은 없었을 것이라고 말했다. 이는 결국 전 중국인이 일본의 노예가 되라는 말과 다를 바가 없다. 그는 '황인 우월주의'에 함몰된 나머지 일본이 무력으로 중국을 병탄코자 하는 야심을 품고 있다는 사실 자체를 인정치 않으려 했다는 지적을 면하기 어렵다.

그가 언급한 소위 이이제이以夷制夷 주장도 마찬가지다. 일본을 통해 서구 제국주의 열강을 견제한다는 얘기는 일견 그럴듯하나 '이이제이'가 주효하기 위해서는 최소한 자신의 안위를 지킬 수 있는 무력을 보유해야만 한다. 재정과 군비 등 모든 면에서 열세에 처해 있던 중국이 막강한 무력을 지닌 일본을 '이이제이'의 도구로 사용한다는 논리 자체가 허구다. 일본과 평화를 유지해야 비로소 중국이 부흥할 씨를 마련할 수 있다는 그의 '곡선구국론'은 자신의 친일행위를 극구 변명하기 위한 궤변에 지나지 않는다.

태평양전쟁과 국공합작

'중일전쟁' 당시 공산당은 중경에 있던 주은래의 사무실을 '남방국'으로 명명했다. 연안에 있는 모택동의 지령을 실행하는 실무부서에 해당한다는 취지였다. 실제로 주은래는 장기적인 안목에서 지하공작을 전개해 세력을 확장하는 임무를 충실히 수행했다. 장개석은 이런 사실을 제대로 파악치 못했다.

항일전은 국공합작의 양태로 전개된 까닭에 야전에서는 사소한 문제로도 그간 쌓여온 갈등이 쉽게 폭발했다. 크고 작은 무력충돌이 빈번히 발생한 이유다. 가장 큰 사건으로는 1941년 1월에 터져나온 소위 '신4군 사건'을 들 수 있다. 이 사건은 아직도 그 내막이 정확히 알려지지 않았지만 '제2차 국공합작'이 얼마나 모순된 것인지를 잘 보여주고 있다.

원래 신4군은 장강 이남에서 활약하던 공산 게릴라들로 구성돼 있었다. 충돌이 전면전 양상으로 치닫자 양측은 신4군을 북쪽으로 이동시키는 데 합의했다. 9천 명이 넘은 신4군의 본진은 명을 좇아 북진하던 중 우회로를 택했다. 1월 6일 이들은 국민당 정부군 7개 사단에 의해 포위돼 기습 공격을 받았다. 7일 간의 전투 끝에 1만 명의 병사 가운데 겨우 2천 명만이 포위망을 벗어날 수 있었다. 나머지는 전사하거나 포로가 됐다.

장개석은 신4군이 거듭 재배치 명령을 거부해 이런 불상사가 빚어졌다고 밝혔으나 여론은 국민당 정부군의 만행을 비난하는 등 극히 부정적이었다. 레이 황에 따르면 당시 주은래는 이같이 말했다.

"장개석은 자신의 부하들이 공산당에게 하고 싶었던 행동을 묵인하지 않을 수 없었을 것이다!"

당시 장개석은 홍군을 포함한 전군의 총사령관으로서 나름대로 공평을 기하며 최선을 다하고 있다고 생각했다. 반면 모택동은 장개석이 봉건적인 구습을 버리지 못한 채 편파적인 조치를 일삼으며 중일전쟁을 자기 세력 확장의 계기로 삼고 있다고 생각했다. '오월동주'의 입장이 선명히 드러나는 대목이다. 이를 두고 레이 황은 이같이 분석했다.

"장개석의 접근법은 사람을 본위로 했고 직관적이었다. 모택동의 접근법은 사람이 아니라 방법을 중시하는 것이었다. 전자는 당시의 상황을 임시변통으로 다룬 반면 후자는 미래를 준비하면서 조직의 효율성을 극대화하기 위해 갈라진 틈새 속으로 파고들었다."

1941년 6월 말 독일이 동쪽으로 돌격하기 시작했다. 일본 군부는 이제 소련은 끝났다고 생각했다. 이후 3차례의 어전회의가 열렸다. 7월 2일의 첫 회의에서 군사행동의 목표를 '남방'으로 정했다. 장개석의 항복을 유도하기 위해 군대를 베트남과 태국으로 파견하는 방안이었다. 남부 베트남의 무혈점령은 계획대로 실행됐다. 영미는 경제봉쇄로 대응했다. 7월 25일 루스벨트는 미국 내 모든 일본 자산의 동결을 명했다. 석유수출 금지에 대한 구체적인 지시가 1주일 뒤에 나왔다. 인도네시아의 종주국인 네덜란드도 이에 동참했다.

당시 일본의 석유비축량은 대략 2년을 버틸 수 있는 수준이었다. 9월 6일 정부와 군부의 수뇌부가 다시 두 번째 어전회의를 열었다. 이해 10월 말까지 전쟁준비를 완료한다는 결정이 내려졌다. 내각을 통제할 수 없었던 고노에 총리대신이 10월 16일 사임하자 도조 히데키 장군이 차기 총리대신에 임명됐다. 11월 5일의 세 번째 어전회의에서 경제봉쇄 해제 등 만족할 만한 해결책이 나오지 않을 경우 미국과 개전하는 소위 '태평양전쟁'의 기본 방침이 공식 확정됐다. 협상에 나선 워싱턴의 일본대사는 1932년의 '상해사변' 당시 총사령관이었던 해군대장 노무라였다. 그는 친서방파로 알려진 인물이다. 그는 이해 3월부터 국무장관 헐과 계속 비밀협상을 벌이고 있었다.

장개석도 일본과 미국이 비밀협상을 벌이고 있다는 사실을 알고 있었다. 그는 이해 9월 8일 공개연설에서 중국 문제가 해결되지 않는 한 미국과 일본 사이의 어떤 타협도 쓸모없는 일이 될 것이라고 경고했다. 11

월 22일 도조 내각은 노무라에게 원래의 마감시한을 11월 25일에서 29일로 연장한다고 통지했다. 시한을 넘기면 어느 누구도 전쟁을 막을 수 없었다. 결국 이해 12월 7일 아침 일본군의 진주만 폭격을 계기로 '태평양전쟁'이 시작됐다.

12월 31일 루스벨트는 장개석을 태국과 베트남을 포함하는 '중국 전구戰區의 연합군 최고사령관'에 지명했다. 이듬해인 1942년 1월 1일 워싱턴에서 26개국의 공동선언이 발표됐다. 중국은 이 공동선언을 탄생시킨 4대국의 하나로 참여했다. 며칠 뒤 장개석은 지출에 관해서는 아무 조건도 명시하지 말 것을 전제로 미국에 5억 달러의 차관을 요청했다. 이는 마셜이 이끌던 육군부의 운영지침과 어긋나는 것이었다. 장개석의 참모장으로 임명된 스틸웰이 자신의 일기에 루스벨트를 '무른 사람', 장개석을 '땅콩'으로 쓴 이유다.

이해 3월 장개석은 『중국의 명운』이라는 책을 출간했다. 그는 이 책에서 영토의 통합을 유지한 채 중국의 주권을 완전히 회복하려는 자신의 희망을 소상히 피력했다. 아편전쟁 이래 지난 1백 년 간에 걸친 서구 열강의 침략을 신랄하게 고발하며 홍군을 앞세운 공산당의 분열책동을 새로운 형태의 '군벌주의'로 질타한 게 그 증거다. 그러나 이는 신중치 못한 행동이었다. 서구 열강에 대한 비난은 동맹국 영국을 크게 자극했다. 공산당에 대한 비난은 공산당을 자극해 야전에서 더욱 적대적인 행동을 취하게 만들었다. 그는 이를 상대할 효과적인 수단이 없었음에도 이런 무모한 주장을 편 것이다. 신중치 못했다는 지적을 면하기 어렵다. 실제로 이 두 가지이슈는 미국의 공감을 얻지 못했다. 그는 개정판에서 일부 자극적인 내용의 어조를 순화시켜 실수를 만회하려 애썼으나 이미 끝난 일이었다.

이해 9월 일본의 도조 내각은 '지나사변' 이래 최대작전을 계획하고 있었다. 중경이 최종목표였다. 일본은 '태평양전쟁'으로 인해 미국의 새로운 공세에 대응하기 위해 3개 사단을 중국에서 빼내야 했다. 12월 10일 대본영은 중경에 대한 모든 작전 준비를 정지할 것을 명했다. 미국의 화력이 일본군을 압도한 결과였다.

이로 인해 장개석도 어느 정도 여유를 가질 수 있었다. 스탈린의 신강지역에 대한 통제도 느슨해졌다. 모택동도 황포군관학교 출신인 임표를 중경에 파견해 계속 머물도록 했다. 이는 장개석의 입지가 나아지는 상황에 대비한 것이었다. 이해에 장개석에게 가장 기쁜 일은 서구 열강이 중국과 맺었던 이전의 불평등조약을 폐기한 것이었다.

이듬해인 1943년 호북에서 치열한 접전이 이뤄졌다. 이 전투는 약 40일 간 계속됐다. 일본은 3개 사단, 1개 여단, 중무장 포병 1개 연대, 다른 5개 사단에서 차출한 병력을 투입했다. 약 1만 명에 달하는 왕정위 괴뢰정부군도 참여했다. 모두 10만 명을 넘어섰다. 이에 맞서 장개석은 10개 군의 약 21만 병력을 동원했다.

일본군은 식량을 약탈하기 위해 동정호의 서쪽 연안으로 진격했다. 5월 중순 일본군은 장강을 따라 북서쪽으로 급격히 방향을 틀어 산악지대로 들어갔다. 삼협의 문호인 석패 요새를 점령하고자 한 것이다. 그곳은 중국군이 견고한 저항선을 구축한 지역이었다. 5월 31일 일본군이 퇴각하자 미국과 중국의 비행기가 이들에게 타격을 가했다. 일본군 제3사단은 가까스로 사지를 빠져나올 수 있었다. 이 전투는 8년 간의 항일전에서 총 20여 차례에 달하는 대규모 전투 중 하나에 해당했다.

이해 8월 1일 정부주석 임삼이 사망하면서 두 달 뒤 장개석은 다시 국민정부의 주석으로 취임했다. '대총통'을 규정한 1948년 헌법이 공포되기 전까지 정부주석이 국가원수에 해당했다. 임삼의 경우는 그간 명목상의 국가원수에 불과했다. 장개석은 정부주석에 취임하면서 명실상부한 '총통'의 위치를 차지하게 된 셈이다.

얼마 후 스틸웰은 장개석에게 일련의 권고안을 제시했다. 그는 중국의 재정능력으로는 약 3백 개 사단에 이르는 병력을 유지할 수 없다고 주장했다. 장개석의 명을 받은 송자문은 만일 장개석이 스틸웰을 중국 밖으로 전출시켜 달라고 공식 요청하면 미국도 그것을 들어줄 것이라는 루스벨트의 확약을 받았다. 마침내 송자문이 스틸웰의 후임으로 지명된 서머벨 장군과 함께 중경으로 돌아왔다. 그러나 마지막 순간인 10월 17일 장개석은 미국인 참모장인 스틸웰과 화해했다. 갑작스럽게 눈 밖에 나게 된 것은 송자문이었다.[12]

이후 송자문은 추방되어 1년 동안 가택연금 상태에 있었다. 이때 중경의 최고위층에 인사변동이 있었다. 보수와 반동이 진보를 압도했다는 미국의 시각은 문제를 지나치게 단순화시킨 것이었다. 당시 송자문은 자신의 등 뒤에서 무슨 일이 일어났는지 눈치채지 못했다. 10월 중순 송자문, 서머벨, 마운트배튼은 모두 뉴델리에 있었다. 중경으로 가는 길이었다. 서머벨은 장개석에게 동남아 전구를 창설한다는 퀘드런트 회담의 결정을 설명하고 연합국의 결정에 대한 중국 지도부의 공식적인 동의를 확보하기 위해 파견된 대통령 특사였다. 그 무렵 송자문은 그들에게 스틸웰을 소환한다는 루스벨트의 약속을 얻어냈다고 말했다.

10월 19일 군사회담이 전시수도 중경에서 열렸다. 장개석과 마운트배튼, 서머벨, 스틸웰이 참석했다. 스틸웰은 송미령 및 송애령과 수시로 만났다. 송씨 자매는 스틸웰에게 장개석이 스틸웰을 반중국적이라고 고자질하는 아첨꾼에 둘러싸여 있다고 털어놓았다.

이 와중에 일본은 상덕 주위의 전투에 일본군을 대거 투입했을 뿐만 아니라 괴뢰정부가 조직한 4개 사단도 동원했다. 왕정위 괴뢰정부의 군대는 전투부대로서 독자적 활동을 벌이지는 않았으나 방어와 교통선의 보호에 기여했다. 중국의 민간인 포로들 또한 강제로 혹은 금전의 유혹으로 인해 일본군을 위한 스파이 활동을 벌였다. 중국의 증원병력은 병참지원을 거의 받지 못한 채 전장으로 서둘러 파견됐다. 일부는 며칠을 계속해 하루 30마일씩 행군했다. 이들 대부분은 주변의 농촌에 커다란 민폐를 끼쳤다. 장개석은 지휘관들 앞에서 군대의 규율에 대해 불평했다.

개항장에 있던 국민당의 금은金銀 준비금을 빼앗은 일본은 재원을 마련하기 위해 금과 은을 팔고 있었다. 왕정위는 국민당 정부의 법화를 대체할 지폐를 발행해 법화를 내륙지역으로 밀어냄으로써 인플레이션 문제를 더욱 악화시켰다.

장개석의 호소에 대한 워싱턴의 반응은 퉁명스러웠다. 루스벨트는 신강에서 벌어지고 있는 중소 국경분쟁에 관해 자신이 할 수 있는 일이란 없다고 말했다. 모스크바는 이 일로 인해 이미 주중 대사를 소환했다. 장개석이 공산당원들은 일본과 싸우는 것이 아니라 정부를 전복하려는 음모를 꾸미고 있다고 거듭 불평하자 미국은 연안에 시찰단을 파견한다는 중재안을 내놓았다. 장개석은 이를 거부하기 어려웠다.

'원장 루트'와 '중경 정부'

현재 운남성 서쪽 끝 서려시瑞麗市에 있는 완정畹町은 인구 1만 명의 작은 마을이다. 시가지에 있는 실개천에 놓인 완정교를 넘으면 바로 미얀마다. 나무판으로 된 낡고 작은 다리는 통행금지 상태이다. 그러나 당시만 해도 이 다리를 통해 미영 등이 보낸 많은 군수물자가 중국으로 운송됐다.

중일전쟁이 끝난 지 11년이 지난 1956년 12월 중국에서 열린 양국 변경주민 교류회에 참석하기 위해 두 나라 정상이 완정을 방문한 적이 있다. 양국의 우호를 노래한 시와 그림을 그린 간판이 완정 중심부에 세워져 있다. 양국의 우호기념관도 있다.

21세기에 들어와 중국은 미얀마 항구도시에서 운남에 이르는 가스와 석유의 파이프라인을 건설하기로 했다. 중동이나 아프리카에서 들여오는 석유를 미얀마를 경유해 운남과 중경까지 연결한다는 복안이다. 이 경우 미국이 설령 말라카 해협을 봉쇄할지라도 중국은 충분한 석유를 확보할 수 있게 된다. 미국이 신경을 곤두세우는 이유다.

미국은 이 루트와 인연이 깊다. 당초 장개석은 노구교 사건이 빚어진 지 얼마 안 된 1937년 말 영국의 식민지였던 미얀마와 운남의 곤명을 잇는 미얀마 도로의 속성 공사를 시작했다. 군사회의에서 운남성의 주석인 용운이 미얀마로 통하는 도로와 철도건설을 제안한 데서 비롯된 결정이었다. 철도는 부설이 쉽지 않아 결국 도로를 닦는 것으로 결론이 났다. 이는 일본군의 세력범위 밖에서 안정적인 군수물자 공급 루트를 확보하기 위한 고육책이었다.

곤명에서 완정까지는 960킬로미터다. 완정에서부터 550킬로미터는 완전히 새로 도로를 닦은 것이었다. 높고 험준한 산과 강을 건너야만 했다. 장개석은 주민 등 20만 명을 동원하는 인해전술을 구사했다. 공사 도중 3천 명 이상이 목숨을 잃었다. 당시 성도와 곤명 주변에 많은 병기공장이 있던 까닭에 이들 지역에 지원물자를 운송하는 것은 '중경 정부'의 존망이 걸린 문제였다. 이듬해 8월 미얀마와 완정을 잇는 다리가 완성됐다. 다리 건너편 미얀마 도로에서 약 190킬로미터 떨어진 곳부터는 철도가 다녔다. 인도양에서부터 양곤을 경유해 철도와 도로로 곤명, 중경까지 운송할 수 있는 대동맥이 건설된 것이다. 이를 소위 '원장援蔣 루트'로 불렀다.

'원장 루트'는 이 밖에도 여러 개가 있었다. 일본군은 동남해안에서 시작하는 길부터 하나하나 끊어나갔다. 1938년 10월 광주를 점령해 홍콩 루트를 차단했고, 1940년에는 프랑스령 인도차이나의 북부로 진군해 중국으로 이어지는 철로를 막았다. 마지막으로 미얀마를 통한 루트만 남게 되었다. 이곳을 통해 군수품이나 휘발유 등이 1달에 수천 통에서 1만 통 이상 운송됐다.

일본군은 장개석의 숨통을 끊기 위해 이 루트를 차단해야만 했다. 당시 일본 수상은 고노에 후미마로였다. 그는 중일전쟁 발발에서 패전에 이르는 사이 3번이나 수상을 지냈다. 공작 고노에 아쯔마로의 장남으로 태어난 그는 귀족원 의장 등을 거쳐 1937년 6월 제1차 고노에 내각을 발족시켰다. 당시 그는 폭넓은 국민적 지지를 받고 있었다. 그러나 그에게는 군부를 통제할 권한이 없었다. 군령권軍令權이 군부에게 장악되어 있었던 탓이다. 그가 전쟁확대 불가방침을 언급하면서도 아무것도 할 수 없었던 이유다. 이런 상황에서 내각은 군부가 저지른 일을 추인하는 역할에 그칠 수밖에 없었다.

이듬해 초 일본군이 남경을 공략하자 곧 국가총동원령을 발포해 전시 통제경제를 추진하면서 소위 '동아신질서'를 골자로 한 제2차 고노에 성명을 발표했다. 1940년에 구성된 제2차 내각은 대정익찬회大政翼贊會를 결성해 군부를 지원하는 한편 독일 및 이탈리아와 삼국동맹을 결성했다. 전쟁 말기에 구성된 제3차 내각은 은밀히 추진한 미국과의 평화교섭이 실패하자 이내 총사직했다. 결국 그는 패전 후 A급 전범으로 몰려 출두명령을 받게 되자 음독자살했다. 그는 패전 후 이같이 술회한 바 있다.

"당시 그런 사건이 일어난 사실은 정부 측 인사뿐만 아니라 누구도 전혀 알 수 없었다. 육군성도 전혀 몰랐고 모두 현지 관동군의 책략에 의한 것이었다. 힘이 모자랐음에도 중국 전체가 전장이 되었고, 그 결과 일본 국민 또한 까닭 없는 출사出師로 고통을 받아야만 했다."

그러나 중국인의 고통은 이보다 더 컸다. 당시 일본군은 상해에서 남경 및 한구로 이어진 전선에서 제대로 된 보급품도 없이 진격한 까닭에 모든 것을 현지에서 조달했다. 일본군이 가는 곳마다 중국 농민들이 처참한 꼴을 당한 이유다. 그럼에도 일본 언론은 '황군의 진격'을 대대적으로 보도했다.

중일전쟁이 한창 진행될 당시 장개석의 '중경 정부'는 미국과 영국, 소련 등이 제공하는 군수품과 석유 등의 지원물자로 간신히 버티고 있었다. 일본의 인도차이나 진출은 급속한 속도전으로 이뤄졌다. 오랫동안 서구 열강의 식민지로 있던 베트남과 인도네시아 등은 일본군을 '해방군'으로 맞아들였다. 미국과 영국은 프랑스와 네덜란드가 이미 독일에 항복한 상황에서 중국마저 무너져 아시아 전체가 일본의 손아귀에 들어가는 것을 크게 우려했다. 미국과 영국이 이 루트를 차단코자 하는 일본과 치열하게 싸운 이유다.

'태평양전쟁'이 발발한 1942년 장개석은 루스벨트 제안으로 연합군의 '중국 전구戰區 사령관'으로 선출됐다. 참모장은 스틸웰 장군이었다. 소련도 일본과 중립조약을 체결할 때까지 독자적으로 신강지역을 통해 지원물자를 보냈다. 대독전에 전념하기 위해 일본군을 중국에 묶어두려는 속셈에서 나온 것이었다.

일본군은 태평양전쟁이 터지자마자 곧바로 미얀마로 진군했다. '원장 루트'를 차단하려는 속셈이었다. 장개석도 황급히 미얀마로 원정군을 보냈다. 결과는 참패였다. 파견된 10만 명의 병사 중 절반 이상이 사망했다. 미얀마의 각지를 점령한 일본군은 곧 운남 쪽으로 방향을 틀었다. 이로써 4년 가까이 '중경 정부'의 생명선 역할을 한 '원장 루트'가 끊어지고 말았다.

미중연합군은 새로운 전술을 들고 나왔다. 물자를 인도에서 비행기로 운송하는 방안이었다. 히말라야 산맥의 험준한 봉우리를 지나 대량의 군사물자를 운송했다. 미군은 수송기 조종도 쉽지 않은 데다 악천후와 일본 전투기의 요격 등으로 인해 전쟁기간 중 약 6백 기를 잃었다.

1944년 봄 중국과 미영은 인도와 운남 쪽에서부터 일본군을 포위하는 식으로 반격에 나섰다. 인도 동부와 완정을 잇는 새로운 '원장 루트'가 생겼다. 충분한 보급을 얻지 못한 일본군은 기력이 쇠진해 '원장 루트'를 차단할 수 없었다.

'이치고 작전'과 형양전투

새로운 '원장 루트'가 등장해 중경 정부가 점차 기력을 회복해 가는 상황에서 일본 대본영은 나름 결단을 내려야만 했다. 1944년 1월 1일 마침내 3-4월부터 시작해 북에서 남으로 달리는 중국의 모든 간선철도를 점령한다는 작전명령이 수립됐다. 일본 본토를 위협하는 미 공군기지를 공격해 중국군에 궤멸적인 타격을 가하고, 남태평양에 이르는 일본의 교통 노선이 차단될 경우 육상의 철로를 통해 남방군과 연락을 취하려는 속셈에서 나온 것이었다.

일본군은 이를 소위 '이치고 작전一號作戰'이라고 불렀다. 중국에서는 하남과 호남, 광서 등 일본군의 대규모 작전이 벌어진 지역의 명칭을 따 '예상계회전豫湘桂會戰'이라고 부른다. 일각에서는 작전의 성격에 주목해 '대륙타통작전大陸打通作戰'으로 부르기도 한다. 1944년 4월 17일부터 12월 10일까지 중국대륙에서 펼쳐진 이 작전은 일본이 행한 최후의 대규모 공격작전에 해당한다.

지난 2008년 2월 미국에 가서 공부한 바 있는 중국사회과학원 연구생 양천석은 2006년 미국 후버연구소에서 비밀해제된 문서를 토대로 「진실한 장개석을 찾아서」를 펴냈다. 여기에는 놀라운 얘기가 많다. 그 중 하나가 일본군이 '이치고 작전'을 시행할 즈음 스틸웰이 장개석을 암살하고 중국의 군권을 장악하고자 한 계획이다. 스틸웰이 핵심 주모자 가운데 하나였다.

스틸웰은 일찍이 주중 미 대사관에서 무관으로 근무한 적이 있다. 그는 '태평양전쟁'이 발발하자 장개석의 참모장으로 있으면서 연합군을 지휘해 미얀마로 진격했다. 1943년 말 그는 장개석을 따라 카이로로 갔다. 장개석과 루스벨트, 처칠이 회동한 '카이로 회담' 기간 중 그는 루스벨트와 만날 것을 대비한 면담자료를 준비했다. 그 자료에 이런 내용이 나온다.

"장개석이 어떻게 약속하든 우리가 중국 군대의 권력을 장악하지 못하면 아무리 명문의 규정을 두더라도 나중에 휴지조각으로 변할 것이다."

12월 6일 루스벨트는 스틸웰을 만나 이같이 물었다.

"당신은 장개석이 얼마나 오래갈 것으로 생각하오?"

"국면이 아주 엄중합니다. 일본군이 5월처럼 한 번만 더 공격하면 그를 무너뜨릴 수 있을 것입니다."

"좋소! 그럼 우리는 다른 사람이나 사람들을 찾아서 계속 해나가도록 합시다."

12월 12일 스틸웰은 카이로에서 중경으로 돌아왔다. 오는 길에 그는 곤명에서 프랑크 도은 대령과 상의했다. 도은이 공개한 일기에 세인을 놀라게 할 만한 내용이 나온다. 이에 따르면 스틸웰은 카이로에서 루스벨트의 구두밀명을 받아 장개석을 암살하는 계획을 준비했다. 도은이 독살, 쿠데타, 비행기 추락의 방안을 제시하자 세 번째 방안을 선택했다. 이것이 소위 '푸른 고래 행동'이다. 장개석이 비행기로 인도를 방문하는 기회를 이용해 손을 쓰는 것이다. 히말라야 상공을 넘어갈 때 고장을 일으키는 수법이 강구됐다. 모두 낙하산으로 뛰어내리는데 낙하산이 불량이어서 '비행기 추락사고'로 숨지는 게 결론이다. 그러나 이는 결국 실행되지 못했다. 일본이 '이치고 작전'을 시작한 탓이다.

음모가 무산된 데에는 루스벨트 특사인 헐리도 적잖은 도움을 주었다. 그는 중국방문 결과를 보고하면서 장개석을 극력 옹호했다. 그의 집권이 중국공산당이나 다른 사람 집권보다 유리하다는 것이다. 루스벨트도 그의 보고를 받고 입장을 바꿨다. 장개석이 암살의 위험에서 벗어날 수 있었던 배경이다.

당시 일본군은 '이치고 작전'을 두 단계로 진행시켰다. 첫째 단계는 북경과 한구 사이의 회랑을 점령하는 것이고, 둘째 단계는 호남을 관통해 광서로 진입하는 것이었다. 둘째 단계가 훨씬 중요했다. 부분적으로 후속 전투가 미군기지에 더 근접한 지역에서 벌어지기 때문이다.

첫째 단계는 4개 보병사단과 1개 기갑사단이 동원됐다. 전체 병력은 15만 명이었다. 이는 5월에 종료됐다. 기갑부대를 대거 동원함으로써 일본의 작전은 신속한 성공을 거둘 수 있었다. 1938년에 황하의 제방을 무너뜨린 후 일본의 점령을 모면한 대도시 허창과 낙양이 적의 수중에 떨어졌다. 당시 장개석은 중국군을 직접 지휘했다. 5월 4일 그는 정오부터 새벽 3시까지 거의 계속해 전화를 붙들고 있었다. 그의 허락 없이 철수되는 것은 허락되지 않았다. 낙양은 보름 뒤 결국 포기해야만 했다.

첫째 단계가 끝나기도 전에 둘째 단계로 접어들었다. 둘째 단계는 5월 마지막 주에 일본 공군의 대규모 공습으로 시작됐다. 여기에는 9개 사단과 4개 독립여단이 6개의 보충대와 함께 투입되었다. 병력은 총 36만 명이었다. 중무장 포병, 공병, 자동차, 철도운영, 정비부대 등은 대부분 일본 본토나 만주에서 옮겨온 것이었다.

5월 25일 장사가 폭격당했다. 일본의 전투기와 폭격기가 지상군을 근접 지원했다. 일본군은 뛰어난 성능을 지닌 '레이센零戰' 신형 전투기를 동원해 미국 비행기와의 교전에서도 우위를 유지했다. 줄곧 비행장과 정비요원, 대공부대를 포함한 지상군과 함께 전진한 덕분이다. 6월 15일 미군이 도쿄를 폭격할 수 있는 거리에 있는 사이판에 상륙했다. 이날 밤 성도에서 B-29가 출격해 큐슈의 야와타 제철소를 공습했다.

당시 중국은 설악 장군 휘하의 제10군이 장사와 형양衡陽을 수비하고 있었다. 일본은 재빨리 장사를 빼앗고 형양을 공격할 심산이었다. 장사는 3차례에 걸친 일본군의 공격을 막아냈던 요충지였다. 6월 17일 장사 서쪽의 중국 요새에 대한 공격이 있었다. 이 무렵 황포군관학교 3기 졸업생으로 10군 군단장으로 있으면서 형양을 방어하고 있던 방선각 중장이 장개석에게 급전을 보냈다. 제10군의 수비가 급격히 무너지고 있어 당장 지원군이 필요하다는 내용이었다.

사령관이 사라진 장사는 6월 18일 일본군의 수중에 떨어졌다. 대본영은 사살 8천 명, 포로 5천 명의 전과를 올렸다고 발표했다. 장사에서 일본군의 주력은 재편성에 들어갔고 4개 사단이 형양공략에 동원되었다. 6

월 23일 일본군 선발대가 형양 외곽에 도착했다. 사흘 뒤 형양 비행장이 점령되었다. 미 육군 항공대 사령관 센놀트는 일본군의 진격속도에 경악했다.

7월로 접어들자 센놀트의 명을 받은 미군 비행기들이 계림과 영릉에서 날아와 형양 상공에서 무차별로 폭탄을 쏟아부었다. 형양으로 가는 다리들이 모두 폭격으로 부서졌다. 일본군 공병대가 다리를 복구해 놓으면 즉시 미 공군기들이 나타나서 다시 파괴하는 식의 전투가 지속됐다. 일본군은 미군기를 피하여 낮에는 나무 그늘에 숨고 밤에만 행군했다. 수송대 트럭이 폭격으로 모두 부서져 보급이 완전히 끊기고 말았다. 식량이 떨어진 일본군은 익지 않은 벌판의 벼이삭을 훑어내 밥을 지어 먹거나 수류탄으로 물고기를 잡아먹었다.

이때 태평양의 필리핀 근해에서 일본의 연합함대와 미 해군 사이에 전투가 벌어져 연합함대의 항공전력이 전멸하는 참사가 빚어졌다. 대본영은 1호 작전이 형양에서 정체되어 있는 상황을 용납할 수 없었다. 제11군 사령관 요코야마 중장이 참모들을 동반하고 장사에서 형양 비행장으로 날아왔다. 전투사령부가 형양 북쪽의 작은 마을에 설치되었다. 폭탄을 등에 업은 결사대가 몇 번이고 줄지어 적진으로 돌격했다. 이들은 돌격 직전에 한 줄로 늘어서 마지막 잔을 나누어 마신 뒤 부대장의 비장한 격려사를 들어야만 했다.

"죽을 때는 토치카의 총안구에 머리를 쑤셔넣어라. 몸으로 총알을 못 쓰게 만드는 것이다."

8월 4일 장사에 주둔해 있던 일본군 제58사단이 형양으로 이동해 다시 한번 총공격이 시작됐다. 몇 안 되는 일본군의 99식 폭격기 편대도 동원됐다. 40대 이상인 것으로 알려지고 있다. 처절한 전투가 사흘 간 지속됐다. 8월 8일 방선각 사령관 이하 4명의 사단장과 참모들이 일본군에 항복했다. 이로써 '이치고 작전'의 성패를 가늠하는 형양전투는 일본군의 승리로 마무리되었다.

당시 모든 작전권을 스틸웰에게 넘기라는 워싱턴의 압박으로 인해 장개석은 크게 괴로워했다. 형양함락 3일 뒤인 8월 11일 스틸웰에게 신속히 지휘권을 넘겨주라는 루스벨트의 3번째 비망록이 전달됐다. 12일이 지난 뒤 4번째 비망록이 또 다시 전해졌다. 스틸웰이 중국군 총사령관이 될 것이지만 여전히 국가원수인 장개석의 휘하에 있을 것이라는 사실이 강조됐다. 장개석은 8월 26일자 일기에 자신의 심경을 이같이 써놓았다.

"그 어떤 고통과 수치가 있을지라도 나는 열린 마음으로 그것을 감내해야 한다."

당시 일본의 움직임도 신속했다. 9월 5일 '일대양보'로 불린 평화협상 방안이 마련됐다. 영미가 중국에서 모든 병력을 철수하면 일본도 철수하고, 일본은 왕정위와 맺은 조약을 폐기하고 대신 우호조약을 체결하며, 홍콩은 중국에 반환된다는 것 등이 골자였다. 그러나 장개석이 이를 받아들일 가능성은 거의 없었다.

이해 9월 7일 헐리 장군이 중국으로 건너와 장개석에게 유럽의 아이젠하워 사령부와 유사한 새로운 미중지휘부를 만들고자 하는 루스벨트의 뜻을 전했다. 9월 15일 중경으로 돌아와 장개석에게 전황을 보고했다. 장개석이 문제점을 지적했는데도 스틸웰은 이를 무시했다. 장개석은 미얀마의 살윈 서안으로부터 중국군의 철수를 명하겠다고 위협했다. 이날 오후 스틸웰은 육군참모총장 마셜에게 보고서를 제출했다.

"최근 중국군의 패배는 적절한 지휘의 결여와 장개석의 습관적인 뒷좌석 운전, 자기 자신의 재능에 대한 비뚤어진 인식에서 비롯된 것입니다.”

　메시지가 워싱턴에 도달하자 육군부는 이를 즉각 퀘벡에서 처칠과 회담하고 있는 루스벨트에게 보냈다. 여기에 마셜도 배석했다. 중국군을 미얀마에서 철수시키면 연합국이 대단히 불쾌하게 여길 것이라는 엄중한 경고를 장개석에게 보내기로 했다. 답신의 말미는 이런 위협적인 내용으로 끝나고 있었다.

　“이에 대해 당신은 스스로가 결과를 받아들이고 개인적으로 책임을 져야 할 준비를 해야만 한다.”

　9월 19일 스틸웰이 장개석의 관저에 도착했다. 헐리와 외교부장 송자문 등이 작은 다과회를 열어 장개석과 함께 차를 마시고 있었다. 베란다에서 스틸웰은 은밀히 헐리를 먼저 만나 루스벨트의 비망록을 보여주었다. 헐리는 크게 놀라 비망록을 제쳐두자고 제안했다. 스틸웰은 이를 거부했다. 그 메시지는 통역을 맡고 있는 주세명 장군에게 전달되어 중국어로 번역됐다. 당시의 상황을 적어놓은 스틸웰의 일기이다.

　“작살이 바로 그 자식의 명치에 꽂혔다. 그것은 깨끗한 안타였다. 그는 얼굴이 새파랗게 질리고 말할 힘조차 잃어버렸으면서도 눈도 깜박이지 않았다. 그는 단지 내게 ‘알았다’고만 말했다. 그리고 조용히 앉아 한쪽 다리를 가볍게 흔들었다.”

　레이 황에 따르면 다른 사람이 모두 가고 송자문만 남아 있었을 때 장개석이 펑펑 울기 시작했다. 9월 20일 장개석은 송자문을 시켜 중국의 병사들은 스틸웰에게 모욕당하는 것을 기꺼워하지 않으리라는 점을 헐리에게 알리라고 명했다. 그는 스틸웰의 해임을 요청하기로 결심했다. 이를 뒷받침하는 9월 23일 일기의 내용이다.

　“만일 미국 정부가 중미협조를 수행하는 일에 진지하다면 미국 정부는 중국에 다른 사람을 보내야 한다."

9월 25일 장개석은 외교부장 송자문이 배석한 가운데 열린 헐리와의 회담에서 스틸웰의 해임을 공식 요청하는 각서를 제출하라고 송자문에게 명했다. 헐리는 곧 장개석과 스틸웰이 공존할 수 없음을 충고하는 서신을 루스벨트에게 전했다. 루스벨트는 스틸웰과 장개석 중 한 사람을 선택해야 했다. 워싱턴에서 육군부와 백악관 사이에 최후의 논쟁이 벌어졌다. 결국 장개석에게 스틸웰을 대체할 인물 3명을 제출해 달라는 요청을 하게 되었다. 프랑스에서 미 8군을 지휘하던 패치와 개인적으로 장개석을 존경하는 웨드마이어, 태평양 미 6군 사령관 크루거가 선정됐다. 결국 웨드마이어가 선택됐다.[13]

웨드마이어는 1944년 11월 1일 부임했다. 그는 일본군이 미 공군기지가 위치한 계림에 육박하는 상황을 매우 심각하게 우려했다. 장개석은 수비대가 최소한 2개월은 버텨줄 것이라고 장담했다. 그러나 중국군은 일본군의 그림자만 봐도 별다른 저항 없이 사방으로 흩어져 달아났다. 얼마 후 계림이 일본군에게 함락됐다. 장개석의 호언이 무색해졌다.

12월 초 일본군 선발대가 귀주에 진입했다. 이웃한 중경이 일본군의 사정권에 들어온 셈이다. 웨드마이어는 두 번에 걸쳐 수도를 곤명으로 옮길 것을 강력히 건의했으나 장개석은 이를 거부했다. 이 사이 일본군 제23군은 인도차이나 반도로 통하는 길을 여는 데 성공했다.

이듬해인 1945년 1월 26일까지 일본군은 목표했던 철도 노선을 모두 확보하게 되었다. 이로써 41만 명의 병력과 자동차 1만 2천 량, 6만 7천 마리의 군마를 동원한 '이치고 작전'은 모두 달성되었다. 『장개석 일기』는 당시 그가 얼마나 수도사처럼 근면한 삶을 살았는지를 잘 보여준다. 1945년 1월 10일자 일기 내용이다.

"아침에 해야 할 일 : 15분 동안 체력단련, 성경 한 장 읽기, 35분에서 1시간 동안 명상, 약 5분 동안 기도, 일기쓰기와 신문읽기. 저녁에 할 일 : 30분 동안 명상, 『사막의 달콤한 샘물』한 장 읽기."

남방의 항공기지를 상실한 미 공군은 중국군의 도움을 얻어 성도와 노하구에 새로운 비행장을 건설했다. 일본군은 다시 한번 '노하구-예강' 작전을 실시해 미군의 항공기지를 파괴하려 했으나 이는 참담한 실패로 끝나고 말았다. 일본군은 이때 이미 패색이 완연했다.

당시 장개석은 국민당의 관행을 깨고 교육받은 젊은이들에게 군대에 자원할 것을 촉구했다. 징병령은 고등교육을 받은 모든 사람들의 병역을 면제해 주고 있었다. 장개석은 억지로 동원된 농민의 군대와 구별되는 '청년군'을 조직했다. 10만 명이 목표였다. 슬로건의 내용이다.

"한 치의 산하는 한 방울의 피로, 10만 청년은 10만 병사로!"

이에 호응해 고등교육을 받은 12만 명의 청년이 입대했다. 일본군은 이해 봄 2차례의 공세를 추가로 개시했다. 호북 북부의 전투는 3개 보병 사단, 1개 여단, 1개 기갑사단이 동원됐다. 그러나 일본군은 심각한 손실을 입고 5월 8일 마침내 공세를 포기해야만 했다.

최후의 승리가 다가오자 장개석은 일본보다 스탈린과 중국공산당에 대해 더 큰 우려를 표했다. 그가 얄타 협정의 정확한 내용을 알게 된 것은 헐리가 그에게 내용을 털어놓는 5월 22일에 이르러서였다. 중소 우호조약은 8월 14일 조인됐다. 과거 제정러시아 때의 특권이 거의 그대로 인정됐다. 이런 조약을 통해서라도 제약을 가하지 않으면 이미 만주에 들어와 있던 소련군을 사실상 통제할 수 없다는 게 그의 판단이었다. 나아가 신강의 위기를 해결하기 위해서라도 일정부분 양보하지 않을 수 없었다.[14]

이 와중에 루스벨트가 사망했다. 4월 12일 장개석은 3일 동안 중국

국기를 조기로 게양할 것을 명했다. 루스벨트의 뒤를 이은 트루먼이 헐리의 임무를 재확인해 주자 헐리는 스탈린으로부터 중국의 통일을 지지한다는 구두약속을 받아냈다. 그러나 영국은 홍콩 반환문제를 거부했다. 처칠은 헐리에게 미국의 중국 정책은 몽상에 불과하다고 말했다.

당시 장개석 휘하의 웨드마이어는 중국군 36개 사단을 미국의 무기로 무장하는 방안을 마련했다. 20개의 훈련된 사단을 동원해 광주와 홍콩 지역을 탈환하는 게 목표였다. 태평양으로부터 도착하는 미군의 상륙을 돕기 위한 것이었다. 공격시점은 9월로 설정됐다. 주된 공세가 막 개시되기 전에 일본이 항복했다.

국공내전과 장개석의 실패

태평양전쟁이 막바지로 치닫는 1944년 초부터 루스벨트는 장개석에게 소위 '딕시 사절단'을 연안에 파견하는 것을 허락해 달라는 얘기를 여러 차례 꺼냈다. 표면상 '딕시 사절단'은 시찰과 정보수집을 위해 연안에 파견되었으나 실제로는 중국공산당을 지원하는 가장 효과적인 수단을 찾으라는 지시를 받은 결과였다. 이해 7월 1일자 《뉴욕타임스》는 「중국에서는 홍군이 강력하다」라는 제목의 기사를 게재했다.

"5년 동안 외부세계에 거의 미스터리 같은 존재였던 홍군이 일본과의 전쟁에서 소중한 동맹군이며, 그들을 발칸 빨치산처럼 적절하게 이용한다면 승리를 앞당길 수 있다는 사실에 의심의 여지가 없다."

후속 보도 역시 모두 중국공산당의 적극성과 성취를 칭송하는 내용이었다. 10월 6일에는 「연안-중국의 굉장한 도시」라는 제목의 보도가 실렸다. 모택동에 우호적인 이들 외신들의 보도로 인해 장개석은 더욱 불리한 상황에 놓이게 됐다.

일본이 패망하자 장개석은 기쁨보다 걱정이 앞섰다. 모택동이 이끄는 공산당 때문이었다. 이들은 미국 등 서구 언론에 매우 좋은 이미지를 쌓고 있었다. 국민당 정부군이 피를 흘리며 일본군과 싸우는 동안 서구 언론을 대상으로 치열한 홍보전을 펼친 결과였다. 오카무라 야스지가 중국 전구에 제출하는 항복문서에 도장을 찍던 9월 9일 장개석은 자신의 일기에 이같이 썼다.

"일본의 항복의식이 오늘 남경에서 열렸다. 오늘은 우리 당에게 승리와 개선의 날이다. 그러나 동북의 영토는 아직 소련 육군의 손아귀에 있다. 신강의 중요 지역도 소련에 종노릇하는 자들 때문에 잃었다. 아, 항일 전쟁의 승리도 우리의 혁명에 성공을 가져다 주지 않았다. 코민테른의 정책은 여전히 성공을 거두고 있고 공비共匪는 진압되지 않았다."

당시 국민당 정부군은 주로 도시 주변에 배치돼 있었다. 외국의 원조에 대한 의존이 더욱 깊어졌다. 이에 반해 홍군은 대다수 민중이 거주하고 있는 농촌에 뿌리를 박고 있었기에 자급자족이 가능했다. 이들은 기존의 틀을 뒤바꿨다. 가장 가난했던 사람들이 가장 먼저 자유롭게 된 이유다. 그들은 빈농동맹을 형성했다. 농민협회의 중핵이었다. 농민협회는 촌민회의의 중심이 됐다. 대부분의 공산당 및 홍군의 요원이 여기서 배출됐다.

일본이 패퇴한 지 약 2주가 지난 8월 28일 모택동이 헐리의 요청으로 중경을 방문했다. 스탈린과 중국 내 제3정당들이 압력을 가했기 때문이었다. 그는 10월 11일까지 모두 44일 동안 머물렀다. 9월 4일자 『장개석 일기』는 그가 사태를 얼마나 도덕적인 관점에서 접근하고 있었는지를 잘 보여주고 있다.

"오늘 아침에는 동이 트기도 전인 5시에 일어나 기도를 했다. 공산주의자 모택동이 깨달음을 얻어 마음을 고치고, 그래서 이 나라가 진정으로 평화로운 통일을 이룩할 수 있기를 기원한다."

양측이 협상을 벌이는 동안 아편전쟁 이래 1백 년 만에 최대 규모로 벌어질 국공내전의 두 주역은 무려 9차례나 서로 얼굴을 마주보며 회담했다. 9월 26일 중재에 나섰던 헐리가 미국으로 돌아갔다. 그는 다시 돌아오지 않았다.

이튿날 장개석은 순시를 위한 여행을 떠났다. 당시 모택동은 정치협상회의와 국민회의 연기를 요청했다. 장개석의 복안은 공산당이 헌정질서 하에 합법적인 지위를 얻는 것을 대가로 무장반란을 포기하는 것이었다. 그러나 모택동은 헌법제정이 시급한 게 아니라는 입장을 취했다. 장차 일대 결전이 전개될 것임을 암시한 것이다.

당시 장개석은 전국의 군대를 80-100개 사단으로 축소하고 이 중 12개 사단에 홍군을 흡수할 생각이었다. 모택동은 20개 사단을 요구했다. 국민당 정부가 어느 정도 이를 받아들일 의향을 표하자 공산당은 그 수치를 다시 올렸다. 정부의 재조직을 기다리는 대신 그들은 북부 5개 성의 성정부주석과 다른 6개 성의 부주석 자리를 아울러 요구했다. 중경에서 돌아온 지 1주일이 흐른 뒤 모택동은 연안의 당원에게 이같이 보고했다.

"현실세계에서 혁명가들에게 곧게 뻗은 길은 존재하지 않는다!"

1945년 말 장개석은 수도를 다시 중경에서 남경으로 옮겼다. 중일전쟁이 발발한 지 8년 만의 환도였다. 그는 12월 18일자 일기에서 남경 귀환의 감격을 이같이 표현했다.

"남경에 도착할 때 비행기는 도시를 한 바퀴 선회했다. 만감이 교차했다. 우리에게 영광된 승리와 이 나라 수도로의 무사귀환을 허락하신 하늘에 계신 아버지께 감사할 뿐이다. 모든 것은 그분의 몫이다!"

국공내전 기간 중 『장개석 일기』는 군사적 역량보다 자신의 도덕적 우월감과 국민당 정부의 정통성에 더욱 무게를 두고 있다는 인상을 주고 있다. 그가 모택동에게 패한 것도 이런 자세와 무관치 않을 것이다. 천하대사를 놓고 현실과 동떨어진 도덕적 우월감에 사로잡혀 있었다는 지적을 면키 어렵다.

국민당 정부군과 홍군은 만주에서 크게 4차례 격돌했다. 처음 3차례는 국민당 정부군이 승리를 거두었다. 신기하게도 홍군은 패할 때마다 더욱 강해졌다. 네 번째 전투에서는 국민당 정부군이 패했다. 이것이 치명타였다. 전략요충지를 다시 탈환할 수 없게 되었다. 얼마 후 그들은 만주 전체와 화북 및 화중지역까지 홍군에게 내주어야만 했다.

국공내전 당시 초기에는 국민당이 절대 유리했다. 홍군 120만 명에 비해 국민당 정부군은 430만 명에 달했다. 당시만 해도 소련은 모택동이 중국을 모두 손아귀에 넣는 것을 원치 않았다. 덕분에 공산당의 거점인 연안도 일거에 점령할 수 있었다. 그러나 이후 공산당은 국민당 정부군이 방심한 틈을 타 동북 만주에서 점차 공세로 전환한 뒤 1948년 이후에 벌어진 3대전투를 모두 승리로 이끌었다. 요녕성과 선양을 중심으로 한 동북부의 결전인 요심遼瀋결전, 서주를 중심으로 한 중원의 결전인 회해淮海결전, 북경과 천진의 결전인 평진平津결전이 그것이다.

원인은 장개석의 전략적 실수에 있다. 당시 국제사회는 국민당 정부를 중앙정부로 인정하고 있었으므로 이를 평화적으로 이용하면 대륙을 잃지 않았을 것이다. 그러나 그는 국공내전이 벌어지면 필승을 거둘 것으로 자신했다. 근거 없는 자만심이 화를 초래한 셈이다. 당시 8년 간의 중일전쟁으로 장병들은 지칠 대로 지쳐 있었다. 국민들 역시 국민당 정부의 부패와 천정부지의 인플레이션에 절망하고 있었다. 특히 국민의 대다수를 차지하고 있는 농민 사이에서는 지주의 토지를 몰수해 무상으로 나눠주는 공산당에 대한 지지가 폭발적으로 확산되고 있었다.

그럼에도 장개석은 이를 애써 무시했다. 그는 국제정치에도 어두웠다. 중국공산당의 운동을 소련이 꾸민 국제 음모의 일환으로 생각한 게 그렇다. 스탈린은 사실 강력하고 에너지가 충만한 모택동보다 오히려 허약해진 장개석을 유지하는 쪽을 선호했다. 중국이 통일되는 것을 결코 원하지 않았던 것이다. 국민당과 공산당의 무력충돌이 격화되는 와중에 스탈린이 장개석을 모스크바로 초청한 배경이 여기에 있다. 장강을 기준으로 중국을 두 개로 쪼갤 생각이었다.

장개석은 이를 거부했다. 당시 그는 마셜의 환심을 사기 위해 진지한 노력을 기울이고 있었다. 장개석은 마셜이 머무는 동안 3차례 휴전을 선언했다. 이는 1년이 약간 넘게 지속됐다. 이 사이 상황은 더욱 악화되고 있었다. 자신의 오른팔이자 비밀경찰의 총수인 대립이 사고로 죽은 1946년 3월 18일 그는 자신의 일기에 이같이 썼다.

"그는 충성스럽고 정직했다. 훌륭한 열정을 품고 있었던 그는 분명 혁명의 길을 따라간 인물로서의 자격을 갖추고 있다."

1946년 여름 미국에서 교육을 받은 두 명의 원로 교수가 곤명에서 암살당했다. 이공박과 문일다閒一多가 그들이다. 배경을 놓고 거친 설전이 빚어졌다. 8월 19일 장개석은 트루먼의 서신에 대한 답신에서 모든 분란의 원인이 공산당에 있다고 주장했다. 그는 부하들이 약간의 실수를 한 것을 인정하고 범법자를 엄격히 다룰 것을 약속했다. 이듬해인 1947년 1월 8일 마셜이 남경을 떠났다. 이로써 미국의 중재노력도 끝나고 말았다.

이듬해인 1947년 5월 16일 국민당 정부군의 제74사단 사단장 장령

보는 홍군에 포위되었을 때 부사단장을 포함해 20여 명의 참모들과 함께 집단자살을 감행했다. 1948년 11월부터 1949년 초의 몇 주까지 지속된 회해전투 동안에도 국민당 정부군은 홍군에 굴복하기 직전까지 여전히 최선을 다해서 싸웠다. 60만 명의 홍군이 13만 명의 사상자를 낸 사실이 이를 뒷받침한다. 국공내전 기간 동안 스스로 목숨을 끊은 국민당 정부군 장교 중에는 제2집단군 사령관 구청천, 제5집단군 사령관 황백도 등도 있었다. 항일전쟁 때도 이런 일이 없었다.

장개석은 '회해전투'에서 등소평이 이끄는 홍군에게 참패를 당한 후 여론에 밀려 1949년 1월 21일 세 번째 하야성명을 내야만 했다. 부총통 이종인을 앞세워 공산당에게 평화협상을 제의하기 위한 몸짓이었다. 이는 청조가 무너진 후 근 40년 만에 전 중국을 하나로 통일해 청조의 뒤를 잇는 새로운 '중화제국'을 세우고자 하는 모택동의 생각과 동떨어진 것이었다. 당시까지도 광서군벌로 존재한 이종인은 미국 망명을 결심하고 있었다. 장개석의 패퇴가 시간문제로 대두된 결과다. 장개석은 이후 1년이 약간 넘는 기간 동안 현직에 있지 않았다. 그러나 실제로는 그가 모든 것에 대한 통제력을 쥐고 있었다.

1949년 8월 필리핀의 퀴리노와 한국의 이승만을 방문했다. 이는 그에게 마지막 해외여행이 됐다. 이후 절강 근해 섬들을 순시한 뒤 8월 말부터 10월 초까지 광주와 중경, 성도, 곤명 등을 두루 순시했다. 이어 다시 절강 근해의 섬들을 두 차례 더 순시한 뒤 11월 중순부터 12월 초까지 다시 1달 가까이 중경과 성도에 머물렀다. 성도가 화염에 휩싸이고 홍군이 접근해 오자 그는 비로소 비행기를 타고 성도를 탈출했다. 이를 마지막으로 그는 중국 대륙에 다시는 발을 들여놓지 못했다.

그의 순시여행 기간 동안 그의 권고를 받은 국민당 정부군 장성 몇몇

이 최후의 전투를 벌이기 위해 모든 역량을 쏟아부었다. 그러나 대세를 돌이키기에는 모든 것이 너무 늦었다. 일부는 미얀마로 퇴각했고 나머지 자들은 이내 투항했다. 이때 미얀마 원정에서 훈장을 받은 손립인 장군이 그를 축출하기 위해 쿠데타를 시도했다. 이는 마지막 순간에 미국의 지지를 얻지 못한 데다 한국전쟁의 발발로 실현되지 못했다. 이후 손립인은 33년 동안 가택연금을 당했다.

1950년 3월 1일 장개석은 대북에서 총통의 직무에 복귀한다고 선언했다. 나름대로 항일전을 성공적으로 치러낸 그는 4년 간에 걸친 국공내전에서 끝내 패하고는 구석진 섬으로 들어가 '토황제'를 자처하게 된 셈이다. 실제로 그는 대만에서 6년마다 치르는 총통 선거에서 매번 당선됐다. 대만에 머무는 동안 잠시 팽호열도와 금문도를 순시한 것을 제외하면 1975년 사망할 때까지 총 26년 동안 그는 대만을 떠나지 않았다. '공비共匪'로 폄하했던 모택동에게 패해 대륙에서 쫓겨난 자격지심 때문인지도 모를 일이다.

실제로 그는 두 개의 중국 정책에 관해 그 어떤 것도 들으려 하지 않았다. 그러나 한국전은 그에게 현실적인 대응을 주문하고 있었다. 그도 이를 심각히 받아들였다. 한국전 발발 당시 트루먼 대통령이 제7함대에 대만해협의 봉쇄를 명하자 장개석 정부 외교부가 즉각 대만의 지위와 관련한 카이로 회담의 선언을 수정하지 않는 조건하에 '미국의 보호'를 수용하겠다고 언급한 게 그 증거다.

1953년 지주들로부터 농지를 강제로 매입해 유리한 조건으로 소작농들에게 이전하는 내용의 '경자유전법耕者有田法'을 제정한 것도 이런 맥락에서 이해할 수 있다. 이는 나름대로 주효했다. 공산주의 선동가들로부터 대만혁명을 부추길 수 있는 효과적인 수단을 빼앗은 결과다. 1967년에 나온 세법도 대만의 안정에 크게 기여했다. 늘어난 세입은 의무교육을 6년에서 9년으로 연장하는 재원으로 사용됐다. 경제원조가 중단된 1965년까지 미국은 대만에 14억 달러를 쏟아부었다. 일본과 한국, 홍콩 등에도 유사한 방식이 적용됐다. 중국을 둘러싼 대만과 한국 및 일본 등의 급속한 경제발전은 이후 등소평의 개혁개방 선언에 결정적인 배경으로 작용했다.

장개석은 대만에서 총통으로 있는 동안 자신의 철학과 논리를 대만 주민에게 그대로 주입시켰다. 이 과정에서 강력한 사상통제가 동반됐다. 모든 공산주의자들은 비적匪賊으로 간주됐다. 레이 황의 분석이다.

"모택동이 시인이자 예술가였다면 장개석은 철학자이자 규율가였다. 한 사람은 방종한 삶을 살았고 다른 한 사람은 초인적인 자기 통제 능력을 보였다. 그러나 두 사람 모두 자신이 맡았던 역사적 과업이 그들에게 요구했던 실현 불가능한 전망 때문에 고통을 겪었다."

그의 치세 때 빚어진 대만의 강압적인 통치를 비판한 것이다. 그의 아들 장경국이 총통을 맡은 10년 동안 이런 통제를 완화하기 위한 의식적인 노력이 필요했다.

장개석에 대한 재평가

장개석이 '중일전쟁'을 계기로 사력을 다해 일본군에 저항할 당시 모택동을 중심으로 한 중국공산당의 세력은 날로 팽창했다. 일본이 패망한 후 국공내전이 불붙으면서 한때 궁지에 몰렸던 홍군이 장개석 군사를 압도하는 양상이 나타났다. 1948년 1월 그는 이같이 한탄했다.

"솔직히 말해 중국에서나 외국에서나 오늘날의 우리 국민당처럼 노후하고 퇴폐한 혁명정당은 존재한 적이 없다. 얼이 빠져 있고 기율도 없고 시비의 기준도 없는 정당도 있어본 적이 없다. 이 따위 당은 오래 전에 부서져 쓸어버려야 했다."

압도적인 무력을 지니고도 연전연패한 데 따른 분노의 표시였다. 그는 이런 통렬한 말투로 자주 휘하 지휘관들을 질타했다. 국민당 지휘관들이 부대원들 몫의 양곡과 돈을 착복했다는 소식을 듣고는 이같이 탄식하기도 했다.

"각급 지휘관들이 상관의 명에 따르는 시늉만 하고 어떤 때는 전혀 실행하지 않으니 명령 자체가 그 의미를 완전히 상실하고 말았다!"

이는 바꿔 말해 연전연승을 거두고 있는 공산당에 대한 칭찬이기도 했다. 실제로 그는 공산당의 조직과 기율, 도덕성 등을 높이 평가했다.

"그들은 주먹구구식이나 애매한 생각은 조금도 용서하지 않았다. 우리 기간요원들 대부분은 머리를 쓰지 않고 연구하려 하지 않는다. 조심스럽지도 믿음직스럽지도 않다. 그래서 우리는 패하고 있는 것이다."

그러나 총사령관으로서 이런 푸념을 하는 것은 적당치 않다. 궁극적인 책임은 자신에게 있었기 때문이다. 그에게는 모택동의 공산당을 제압할 수 있는 기회가 여러 번 있었다. 그러나 그는 우유부단했다. 자립적인 민중조직, 토지개혁, 당내의 민주절차, 당에 의한 정부와 군의 지배 등에 관한 주장이 올라올 때마다 이를 묵살했다. '항일투쟁'이 급선무라는 이유였다. 그러나 이는 민중적 지지를 받을 수 있는 유능한 정부의 존립 가능성을 스스로 차단하는 결과를 낳았다. 그가 모택동에게 패한 이유다.

이와 관련해 로이드 이스트만은 『장개석은 왜 패했는가』에서 패배의 원인을 극심한 인플레에서 찾고 있어 주목을 끌고 있다. 국민당이 관세, 염세, 제조세 등의 주된 수입원을 잃은 채 적절한 수입원을 개발하지 못하고 과도한 적자재정에 의지한 게 실패의 원인이라는 것이다. 그의 이런 주장은 비록 한 측면을 지나치게 부각시켰다는 지적을 받고는 있으나 나름 타당하다.

실제로 장개석은 8년 간에 걸친 항일전 기간 동안 필요한 소비재를 제대로 생산할 수 없어 해외 수입을 권장하지 않을 수 없었다. 1947년 2월 중국의 외환보유고는 이미 고갈됐다. 이는 원면과 미곡, 기타 농산품 등 중국의 농업을 크게 저해했다. 농촌이 피폐해지면서 농민들의 불만이 더욱 커진 것은 말할 것도 없다.

이스트만이 지적하고 있듯이 인플레의 폐해는 그에게 치명타로 작용했다. 1945-1949년 사이 정부 지출의 70%가 군비지출이었고, 대부분 만주에서 홍군과 싸우는 전비로 나갔다. 국민당 정부는 내전비용을 충당하기 위해 항일전 때처럼 지폐를 마구 찍어냈다. 이는 농촌뿐만 아니라 도시의 산업마저 피폐하게 만들었다.

장개석은 당초 중일전쟁이 발발하기 직전 은의 국유화를 선포했다. 귀금속을 대거 지폐로 대체함으로써 전쟁 초기에는 인플레이션 효과가 그다지 심각하지 않았다. 그러나 1941년 물가는 처음으로 전쟁발발 이전의 10배를 돌파했다. 이후 물가상승이 더욱 빨라졌다. 당시 각 중대의 중대장에게는 가짜 병사를 명부에 끼워넣는 것이 용인됐다. 그렇게 해야만 2명분의 급료와 수당을 챙길 수 있었기 때문이다. 대대장과 연대장에게 용인된 숫자는 더 많았다. 모두 사단장의 묵인하에 나온 것이다.

일선 지휘관들은 사상자를 보고할 때 한몫 챙길 수 있었다. 한 사단에 5-6천의 사상자가 발생했다고 주장하면 이는 과거의 허위보고 증거를 모두 지우고 새로운 허위보고를 시작하는 것을 의미했다. 이런 상황에서 군율과 군기가 무너지지 않는 게 오히려 이상하다. 홍군과 국민당 정부군의 차이가 가장 선명히 드러나는 대목 중 하나다.

　그러나 역시 가장 큰 이유는 내부적으로 국민당 정부 자체가 대소군벌의 연합 위에 서 있었다는 구조적 취약성과 외부적으로 막강한 무력을 지닌 일본과 장기간에 걸쳐 벌인 소모적인 지구전에서 찾아야 할 것이다.

　실제로 일본이 패퇴한 1945년 당시 국민당은 기력이 완전 고갈돼 병상에 누워 있는 환자나 다름없었다. 여기에 부패와 무능, 파벌싸움 등이 복합적으로 작용하면서 병세가 더욱 악화됐다. 1945년 이후 미국 등의 막대한 물량지원에도 불구하고 패한 이유가 여기에 있다. 소련의 만주진공에서 주요 배경을 찾는 것은 한 면만을 본 것이다.

　왕조순환설의 관점에서 볼 때 장개석과 모택동의 운명은 기본적으로 무력에서 결판났다고 평할 수 있다. 민심이 먼저인지 아니면 무력이 먼저인지를 따지는 것은 공연한 일일 뿐이다. 무력을 기반으로 천하를 거머쥐면 민심도 따라오기 마련이다. 아무리 민심이 토라져 있을지라도 이를 다독일 수 있는 수단은 무궁무진하기 때문이다.

　중국은 유사 이래 왕조가 바뀔 때마다 기간의 장단 차이는 있었으나 늘 왕조교체에 따른 심각한 혼란이 수반됐다. 1912년 원세개가 초대 총통에 취임한 이래 1949년 모택동이 중화인민공화국 선포하기까지 37년의 기간을 '군벌시대'로 규정한 이유다. 37년의 기간을 새로운 '중화제국'을 건설하기 위한 하나의 과도기로 본 것이다.

　초기 북양군벌이 지배하던 '북경시대' 당시 근대 서양을 모방한 새 헌법과 의회는 하나의 장식물에 지나지 않았다. 실제로 국민 가운데 읽고 쓸 줄 아는 사람은 10% 미만에 불과했다. 재정수입 또한 서구 열강에 모든 이권이 넘어가 있었던 까닭에 방대한 나라를 지탱하기에는 터무니없이 적었다. 레이 황은 『장제스 일기를 읽다』에서 당시 상황하에서는 군벌의 등장만이 그 상황에 가장 잘 들어맞았다는 주장을 펼쳤다.

"당시의 특수한 상황 아래에서는 개인에 대한 충성의 토대 위에 마구 잡이식 수탈에서 재원을 얻는 식의 사적인 군사력만이 이렇다 할 권위를 제공할 수 있었다. 그런 권력은 1개 성의 범위를 넘어 확장될 경우 더 이상 효과적으로 작동하지 못했다. 또한 그런 권력은 외국의 압력에 저항할 힘도 없었다."

장개석의 국민당은 '제2차 북벌'을 성공리에 끝냄으로써 그럭저럭 새로운 국가를 위한 기초를 마련했다. 군대에 대한 국가의 통일된 지휘체계, 법정 통화, 중앙집권적 재정, 새로운 행정기구, 일단의 군사학교를 포함한 교육 등이 그것이다. 이런 일련의 작업은 일본과의 전쟁으로 더욱 촉진된 측면이 있다. 그런 점에서 그는 중국이 세계 속의 일원으로 자리 잡는 데 나름 기여한 셈이다.

문제는 지주의 착취와 농민의 부채문제 등을 포함한 근본적인 문제를 거의 손대지 못한 데 있다. 모택동은 여기에 주목했다. 그는 중국의 하부구조를 완전히 뒤엎는 데 성공했다. 소작문제가 해결되자 곧바로 농지의 국유화를 시도한 게 그 증거다. 그가 천하를 거머쥔 배경이 여기에 있다. 이는 훗날 등소평이 추진한 경제 근대화의 기반이 됐다. 등소평이 모택동을 '신 중화제국'의 창업자로 기린 것도 바로 이 때문이다.

장개석은 군사적 재능 면에서 확실히 모택동에 비해 떨어진다. 그러나 두 차례의 성공적인 북벌로 대소군벌을 일단 '남경 정부' 휘하로 끌어들이고 군벌할거에 따른 혼란을 대폭 줄였다는 점만은 나름 평가할 만하다. 실제로 이 일을 계기로 중국의 국제적 위상이 크게 높아졌다.

경제정책도 일정부분 평가할 필요가 있다. '제2차 북벌' 이후 '남경 정부'는 과거 '북경 정부'가 서구 열강으로부터 끌어들인 총 6억 7천만 달러의 채무를 고스란히 떠안으면서 외채상환에 성의를 다했다. 항일전 전날까지 이미 90%의 외채를 상환한 게 그 증거다. 당시 그는 경제를 살리기 위해 '법화정책'을 강력 추진했다. 1935년 말부터 법화가 발행되면서 공채의 신뢰가 살아났다. 중국 채권이 런던 시장에 상장되자마자 일본 채권보다 그 가치를 더 높이 인정받은 게 이를 뒷받침한다. '법화정책'이 취해지지 않았다면 항일전의 군비조달 자체가 불가능했다.

대대적인 문화교육 사업도 일정한 성과를 거뒀다. 실제로 '남경 정부' 시절 북경대와 청화대, 서남연합대학 등의 학술활동이 매우 활발히 전개됐다. 이는 국가분열을 방지하고 '남경 정부'의 통치를 공고히 하는 데 일조했다. 가장 큰 기여는 민중들을 각성시켜 일제와 맞서게 한 데 있다. 40여 만 명에 달하는 원정군을 두 번에 걸쳐 미얀마로 들여보내 영미와 합동작전을 전개한 것도 그의 공이다. 과거 서구 열강이 청조와 체결한 '불평등조약'을 대부분 폐지한 것도 평가할 만하다.

지난 2007년 말 장개석과 장경국의 유해를 대륙으로 이전하는 문제가 공개적으로 거론된 것도 그에 대한 재평가 작업이 활발히 진행된 결과로 볼 수 있다. 오랫동안 모택동이 극도로 미화된 것과 정반대로 장개석은 과도하게 폄하된 면이 있다. 이게 바람직하지 않은 건 말할 것도 없다. 그의 공적 및 리더십에 대한 재평가 작업은 21세기 동북아시대의 바람직한 좌표를 설정하는 데 나름 기여할 것이다. 제대로 된 역사를 통해서만 현재를 되돌아보고 먼 미래를 내다보는 교훈을 얻을 수 있기 때문이다.

1) '황포군관학교 제2기 생도들은 졸업시험을 치르는 한편 진형명을 상대하기 위한 원정의 예비병력으로 지정됐다. 제3기 생도는 훈련기간 6개월 중 4개월을 해안 경비로 충당했다. 제4기 생도들을 선발할 때는 7차례의 입학시험이 별도로 치러졌다. 신입생 등록이 계속해 이뤄진 까닭에 기수별 구별이 어려워졌다. 이에 1926년 7월 31일 이전에 구성된 모든 생도는 제5기, 이후에 구성된 중대는 제6기에 소속시킨다는 결정이 내려졌다. 1928년 군관학교가 남경에 자리를 잡고 3년의 교과과정을 채택한 뒤 비로소 정규 사관학교의 모습을 갖출 수 있었다.

2) 나다카 내각은 1927년 7월과 1928년 5월 두 차례에 걸쳐 제남에 병력을 파견해 북벌에 간섭한 바 있다. 장작림을 죽인 일본군 장교를 징계하려 했던 사람도 다나카 장군이었다. 그가 사임한 이유는 육군이 징계의 집행을 거부했기 때문이었다. 1931년의 만주사변은 평화를 사랑한다는 와카츠키 레이지로若槻禮次郎가 다시 한 번 집권해 시데하라 기주로幣原喜重郎가 외무대신으로 있을 때 발발했다. 상황을 훨씬 복잡하게 만든 것은 1931년 초 일본군이 상

해 교외에서 중국군과 전투를 벌인 일이다. 이해 말에 총리대신이 이누카이 츠요시犬養毅로 바뀌었다. 이누카이는 손문의 친구였고, 장개석도 1927년의 여행에서 그를 만난 적이 있다. 장개석과 타협하려는 이누카이의 뜻은 일본 육군과 해군의 장교를 자극해 결국 이누카이를 암살하도록 만들었다.

3) 장개석은 송미령을 포함해 모두 4차례 결혼했다. 첫째 부인 모복매毛福梅와는 전통적인 중매결혼을 했다. 결혼식은 1910년에 있었다. 그때 장개석은 불과 14세였다. 둘째 부인 요이성姚怡誠은 '첩'으로 불렸다. 두 사람은 1921년에 법적으로 갈라섰다. 모복매는 1939년 일본군이 절강성에 있는 장개석의 집 일부를 폭격으로 파괴했을 때 죽었다. 셋째 부인 진결여陳潔如는 북벌 초기에 장개석을 수행했다. 장개석이 그녀를 버린 것은 송미령에게 진지하게 구혼 하기 시작할 무렵이다.

4) 레이 황의 주장에 따르면 장개석의 종교에 대한 입장은 대략 절충주의 입장 에 가깝다. 어머니로부터 받은 불교의 영향을 떨쳐버리지 못했다. 대승불교 의 교리는 그가 읽은 유교 경전 가르침과 융합했다. 그는 선종의 교리와 불 가분의 관계를 맺고 있는 양명학을 수용한 까닭에 이런 절충은 더욱 쉽게 이 뤄졌다. 그가 기독교 세례를 받은 후 예수를 언급할 때마다 예수의 인간적 특성을 지적한 것도 이런 맥락에서 이해할 수 있다.

5) '만보산 사건' 당시 불만이 쌓인 중국 농민이 조선 농민을 탄압하자 일본은 중국에서 학살극이 벌어지고 있다는 식으로 과장했다. 《동아일보》와 《조선 일보》 등의 신문사에서 진상조사에 나선 결과 사건의 배후에 중국의 주권을 무시하는 일본의 침략음모가 숨어 있고, 이 사건이 일본의 모략과 과장선전 으로 인해 확대됐다는 점이 밝혀졌다. 그러나 일본은 이 사건을 만주사변의 구실로 이용했다. 당시 장개석은 동아일보사에 한·중 우호를 다짐하는 감 사패를 전달하기까지 했다.

6) 만주사변이 일어날 당시 일본 내각은 와카쓰키 레이지로若槻禮次郎가 맡고 있

었으나 이해 말에 이누카이 쓰요시大養毅로 바뀌었다. 당시 이들은 육군의 행동이 어디선가 멈추리라 기대하면서 적대행위를 확대하지 않겠다는 방침을 선포했다. 그러나 이들은 관동군의 군사행동을 차례로 한 단계씩 추인하며 대변자가 되어갔다. 야전장교가 일을 벌이면 장군이 사후에 승인하고, 이어 최고 지휘부가 동의하는 형식이었다. 이로써 일본은 육군이 나라의 운명을 좌우하게 됐다. 민간정부는 허수아비나 다름없었다. 관동군의 지위가 상승하며 사령관의 계급도 올라갔다. 1932년 8월 관동군 사령관은 대사를 겸직했다. 이해 9월에 일본과 만주국 사이에 동맹이 맺어졌다.

7) 당초 일본은 대련 및 여순을 포함한 여순반도의 조차지가 만리장성 동쪽 끝에 해당하는 산해관의 동쪽에 위치한 까닭에 '관동주'라고 불렀다. 이 조차지와 일본이 경영하고 있던 남만주 철도를 지키기 위해 주둔시킨 군대가 관동군의 전신이다. 1919년 관동도독부의 개혁으로 군사부문이 분리되어 관동군이 됐다. 병력은 만주사변까지 1만 명 가량이었고, 장작림 폭살 사건과 유조호 사건은 모두 관동군 참모의 모략이었다. 만주사변 후에는 병력을 증강해 항일운동의 진압이나 화북, 내몽골에 대한 침략공작을 담당했다. 생물학무기 개발을 위해 잔인한 인체실험을 실시한 731부대도 관동군의 하부조직이었다.

8) 만주국의 총면적은 130만 평방킬로미터로 중국 동북삼성과 내몽골 자치구, 하북성 일부를 포함한다. 인구는 창건 때 3천만, 1940년에는 4천2백만으로 늘어났다. 중국인이 9할이었다. 조선인과 몽골인이 뒤를 이었고 일본인은 2% 정도였다. 일본인 민간인은 건국 당시 23만 명이었으나 패전 직전 155만 명으로 늘어나 있었다. 패전 후 철수과정에서 20만 명 이상이 목숨을 잃었다. 패전 직후 군에 동원된 개척단과 군인 등 60만 명 이상이 소련에 의해 시베리아에 구류됐다가 6만 명 이상이 사망했다. 당시 만주국 수도 장춘은 신경新京으로 불렸다. 장대한 도시계획으로 세워진 건물이 지금도 그대로 남

아 있다. 현재 공산당 길림성 위원회가 있는 곳은 관동군 사령부가 있던 건물이다. 중국에서는 만주국이 건립했던 시기를 '동북윤함東北淪陷 14년'이라고 한다.

9) 당고협정은 1935년에 체결된 '하응흠-우메즈梅津협정'과 '진덕순秦德純-도히하라土肥原협정'에 의해 그 범위가 확대됐다. 이들 협정으로 인해 하응흠 등은 민족반역자로 낙인찍혔다. 이들은 장개석을 위해 자신들의 명성을 희생한 셈이다.

10) 양호성은 신해혁명에 참여한 경력 등으로 인해 북양군벌의 신임을 얻어 섬서를 지키게 됐다. 이후 섬서성 주석을 거쳐 장개석의 남경정부에 의해 17로군 사령관이 됐다. 17로군은 통상 서북군西北軍으로 불릴 정도로 그 비중이 컸다. 그는 민족의식이 강한 나머지 장학량과 함께 '서안 사건'을 일으킨 것으로 알려졌다. 국공내전 와중인 1949년 은밀히 처형됐다.

11) 1946년 2월 18일, 왕정위 부인 진벽군에 강소성 고등법원이 판결을 내렸다. "진벽군은 적군과 통모해 조국에 반항했으므로 무기징역에 처하고 공민권을 박탈한다. 모든 재산은 친척들의 필수생활비를 제외하고 몰수한다." 1949년에 송경령 등이 모택동으로부터 진벽군이 죄를 인정하면 석방하겠다는 답을 얻어냈으나 진벽군은 끝까지 죄를 인정하지 않겠다며 감옥에 남았다. 1959년 6월 17일 상해 감옥의 병원에서 사망했다.

12) 1948년에 『스틸웰 일기』가 출간된 이래 이 모든 일이 궁정정치 때문에 일어난 것으로 알려졌다. 송씨 자매, 즉 송미령과 송애령은 국민당의 파벌과 연결된 다른 내부 이해집단을 대표했다. 형제자매 간의 라이벌 관계 때문에 그들은 스틸웰의 해임을 두려워했다. 송자문의 권력이 커지는 결과를 낳을까 우려한 것이다. 송씨 자매는 만일 갑작스레 스틸웰을 돌려보내면 미국의 원조를 잃을지도 모른다는 장개석의 우려를 이용함으로써 두 사람을 화해시키는 공작을 벌였다. 이 책략은 성공했다.

13) 미국에 돌아간 스틸웰은 초라한 대접을 받았다. 그는 1945년 6월 버크너 장군이 오키나와에서 전사하자 그의 미10군을 넘겨받았다. 4성 장군으로 진급한 뒤 중국 북부에 상륙할 미군을 이끌지도 모른다는 가능성 때문에 그는 이를 기꺼이 맡았다. 이는 장개석의 생각과는 동떨어진 것이었다. 대일전 승리 후 1년이 약간 더 지난 1946년 10월 12일 쓸쓸히 사망했다.

14) 소련은 이미 1944년에 10월 혁명 기념일을 기점으로 집단봉기를 일으켜 '동투르키스탄 공화국'을 건설한 바 있다. 1945년 1월에는 이들이 신강의 이녕지역을 공격해 점거했다. 스탈린이 불간섭 정책을 취하자 장개석은 장치중을 파견해 진압을 명했다. 1949년 모택동은 집권 이후 장치중을 다시 '서북군정위원'으로 임명해 이 문제를 해결하게 했다. 만주에 대한 중국의 주권은 한국전쟁 이후에 가능해졌다.

[03]
모택동

중화제국 건설에
성공한
혁명아

인물로
읽는
중국
현대사

MODERN
HISTORY
of
CHINA

CHIANG KAI SHEK 蔣介石
MAO TSETUNG 毛澤東
CHOU ENLAI 周恩來
DENG XIAOPING 邓小平

모택동[毛澤東/Mao Zedong, 1893.12.26~1976.9.9] 　중국의 정치가. 중국공산당의 요직에서 활동하다가 중앙 제7차 전국대표 대회에서 연합정부론을 발표하였으며, 장개석과의 내전에 승리하고 북경에 중화인민공화국 정부를 세웠다. 국가주석 및 혁명 군사 위원회 주석(1949-1959)으로서 제2차 5개년계획의 개시와 더불어 3면홍기 운동을 폈고 문화대혁명을 일으켜 자신의 권력을 강화했다.

호남과 홍혹

모택동의 고향 호남은 동정호洞庭湖 남쪽에 위치해 붙여진 이름이다. 이 호수는 중국 최대 규모다. 4개 강의 물을 모았다가 장강으로 토해내는 까닭에 엄밀히 말하면 호수로 볼 수 없지만 모양은 호수처럼 생겼다. 동정호가 유명한 것은 무수한 역사와 전설, 그리고 문학이 서려 있기 때문이다.

춘추전국시대에 운몽대택雲夢大澤으로 불린 데서 알 수 있듯이 주변이 구름 속에서 꿈꾸는 듯한 절경으로 가득 차 있다. 무한의 황학루, 남창의 등룡각과 더불어 중국의 3대 누각으로 일컬어지는 악양루가 대표적이다. 악양루는 삼국시대 당시 오왕 손권이 노숙을 시켜 지은 것이다. 관우가 버티고 있는 형주를 탈환하기 위해 동정호 일대를 장악한 뒤 이곳에서 수군을 훈련시키면서 망루를 지은 게 바로 악양루다. 훗날 당나라 시인 두보는 이곳을 둘러보고「등악양루」라는 천고의 명시를 남겼다.

일찍이 동정호 이야기 들었지만	昔聞洞庭水
이제야 비로소 악양루에 올랐네	今上岳陽樓
오와 초가 동남으로 벌려 섰으니	吳楚東南坼
하늘과 땅 밤낮으로 둥둥 떠 있네	乾坤日夜浮
가까운 벗에게선 편지 한 장 없고	親朋無一字
늙어가며 가진 건 외로운 배 하나	老去有孤舟
북쪽에선 아직도 전쟁이 한창이니	戎馬關山北
난간에 기대자 눈물만 자꾸 나네	憑軒涕泗流

전설에 따르면 두보가 한 어부의 집에 묵으면서 시 한 수를 써준 일

이 있는데, 당시엔 누군지 몰랐던 어부가 후일 두보였음을 알고 그 자리에 비석을 세웠다고 한다. 동정호 안에는 군산君山이라는 아름다운 섬이 떠 있다. 악양루에서 보면 은쟁반 위에 놓인 푸른 조개처럼 보인다. 동정호는 사시사철 아름답지만 특히 동정추월洞庭秋月이라고 하여 동정호에 비치는 가을 달빛을 최고로 친다.

모택동이 생전에 많은 시를 남긴 것도 고향의 이런 빼어난 풍광과 무관치 않을 듯싶다. 그러나 문제는 이런 뛰어난 문학적 상상력이 현실에 뿌리를 두어야 하는 정치에 그대로 적용돼 씻을 수 없는 오점을 남긴 데 있다. 참담한 실패로 끝난 '대약진운동'과 '문화대혁명'이 바로 그것이다. 득천하得天下에 유리하게 작용한 문학적 상상력이 치천하治天下에는 독으로 작용한 결과로 볼 수 있다. 중국의 역대 제왕 중 모택동처럼 '득천하'와 '치천하' 행보가 극명하게 대비되는 인물도 그리 많지 않다.

중국공산당 성립 초기만 하더라도 그의 위치는 하잘것 없었다. 비록 호남사범학교를 나왔다고는 하나 여러 모로 '시골뜨기'에 가까웠다. 초기에 당대 최고의 지식인으로 손꼽힌 진독수와 이대교 등이 중국공산당을 이끈 게 그 증거다. 교조적인 진독수는 도시폭동을 통해 이내 부패한 국민당 정부를 전복시키고 인민공화국을 세울 수 있다는 '허황된' 생각을 했다. 소련혁명의 방식을 그대로 도입코자 한 것이다. 이런 잘못된 생각은 코민테른이 이들 중국공산당 지도자들 위에 '상전'처럼 군림하는 것을 당연시하는 풍조를 낳았다. 실제로 코민테른의 대표 마링은 진독수와 의견이 충돌할 때마다 서신을 보내 이같이 주의를 주곤 했다.

"만일 당신이 진정한 공산당원이라면 반드시 코민테른의 명령을 들어야 한다."

당시 진독수는 중국공산당의 교부敎父와 같은 존재였다. 그러나 코민테른 입장에서 볼 때 그는 단지 덩치만 큰 미개국의 공산당 지도자에 불과했다. 여기에는 코민테른이 자금을 지원한 게 크게 작용했다. 진독수도 1923년 제3차 당대표 대회에서 당의 경비는 모두 코민테른에서 얻는다고 공개적으로 인정한 바 있다. 비밀이 해제된 문건에 따르면 코민테른이 중국공산당에 제공한 비용은 월 평균 약 2만 위안이었다. 자금이 오갈 때 중국 특유의 꽌시關係가 이용되고 뒷거래와 매수, 심지어 협박 등의 불미스런 방법이 모두 등장됐다. 당시 코민테른의 책임자는 중국공산당의 끊임없는 지원 요구에 크게 불만을 터뜨렸다.

"그들은 경비를 지원하는 곳이 코민테른의 국제연락국, 집행위원회 대표, 군사조직 등 다양한 점을 이용해 많은 돈을 얻었다. 각 부서는 서로 이미 경비를 주었다는 사실을 몰랐기 때문이다. 흥미로운 것은 경비를 타러 오는 사람은 언제나 러시아 동지들의 분위기를 잘 파악하고 있었으며, 심지어 이런저런 항목의 경비를 대주는 동지들을 어떻게 구별해 대할 것인지에 대해서도 잘 알고 있었다. 정상적인 방법으로 경비를 얻을 수 없다고 판단되면 가장 난폭한 사기수단을 쓴다. 예컨대 소련이 돈을 군벌들에게만 주고 당 중앙에는 주지 않는다고 당원들이 불만을 품고 있다는 식의 유언비어를 퍼뜨리는 게 그것이다."

중국공산당이 초기에 코민테른과 소련에 얕보인 데에는 나름 이유가 있었던 셈이다. 이런 식으로는 천하를 거머쥐기는커녕 조적朝敵으로 몰려 이내 지방 반란군으로 존재하다가 이슬처럼 사라질 수밖에 없었다.

모택동의 위대함이 여기에 있다. 그는 '중화제국' 건설이라는 거창한 꿈이 있었다. 당시로서는 웃음거리로밖에 들리지 않았을 얘기다. 그러나 그는 자신의 초지를 결코 잃지 않았다. 초한전 초기에 머슴으로 있던 진승이 자신을 비웃는 동료 머슴들을 향해 "연작燕雀이 어찌 홍혹鴻鵠의 뜻을 알겠느냐"며 자위한 것을 연상시키는 대목이다.

모택동도 진승처럼 큰 꿈을 지니고 있었기에 당당할 수 있었다. 홍군을 장개석을 포함한 기왕의 군벌 휘하 군사와 다르게 보이도록 만든 소위 '3대규율三大規律 · 8항주의八項注意'가 나온 것도 바로 이런 큰 꿈이 있었기에 가능했다. 지난 2009년 말 북한 인민군 협주단은 북경 중국극원에서 가진 초청공연에서 중국의 인민해방군이 애창하는 '3대규율 · 8항주의'를 열창해 뜨거운 박수를 받은 바 있다. 원래 이는 행진곡으로 작곡된 것으로 모택동이 만년에 애창한 노래기도 하다.

이에 관한 일화가 있다. 문화대혁명이 막바지로 접어든 1973년 말, '중화제국'의 심장부라고 할 수 있는 중남해에서 전국 8대 군구 사령관을 참석시킨 정치국 회의가 열렸다. 회의가 끝날 무렵 총리 주은래의 제창으로 원로 군인을 포함한 군구 사령관과 정치국 위원들이 '3대규율 · 8항주의' 노래를 소리 높여 합창했다. 지휘자는 모택동이었다. 그 노래는 이같이 시작한다.

혁명군인은 기억합시다, 3대규율 · 8항주의를.
첫째론 모든 행동은 지휘에 복종합시다.
보조가 일치해야만 승리할 수 있습니다.

'3대규율'은 첫째 모든 행동은 지휘에 복종하고, 둘째 인민의 바늘 하나와 실 한 오라기도 취하지 말고, 셋째 모든 노획물은 조직에 바친다는 내용이다. '8항주의'는 첫째 말은 친절하게 하고, 둘째 매매는 공평하게 하고, 셋째 빌려온 물건은 돌려주고, 넷째 파손한 물건은 배상하고, 다섯째 사람을 때리거나 욕하지 말고, 여섯째 농작물은 해치지 말고, 일곱째 여자를 희롱하지 말고, 여덟째 포로를 학대하지 말라는 내용이다.

홍군은 이를 실천함으로써 '군벌시대'의 중국에서는 볼 수 없는 새로운 면모의 군인으로 인민 앞에 설 수 있었다. 모택동을 세계전사世界戰史에서 가장 출중했던 전략가 중 한 사람으로 지목한 미국의 군사전문가 베빈 알렉산더는 『위대한 장군들은 어떻게 승리했는가』에서 당시 홍군의 특성을 이같이 묘사해 놓았다.

"이 군대는 계층적 명령체계가 아니라 가능한 한 가장 민주적인 형태를 지향했다. 이들의 군대에는 서방이나 국민당 군대와는 달리 계층과 교육 정도에 의해 사병과 분리되는 명확한 장교단이 없었고 계급과 기장記章도 없었다. 남자들은 물론 종종 여자들도 자신들의 능력을 보여줌으로써 리더가 되었고, 사병들은 그들을 '소대장 동무', '중대장 동무'처럼 직함으로 호칭했다. 장교들은 병사들을 구타하거나 학대하지 않았다. 모든 사람들은 함께 살았고, 같은 음식을 먹고 똑같은 옷을 입었다."

중국공산당은 '중화제국'의 역사를 두고 하나의 작은 승리에 만족치 않고 계속 더 큰 승리로 나아간 휘황한 역사라고 자찬하고 있다. 그러나 사실 중국공산당의 역사는 그리 명예로운 것만도 아니다. 그들 역시 장개석의 국민당과 마찬가지로 기만과 선동, 강탈, 이간 등의 수법을 구사했다. 안팎의 여러 정황이 맞아떨어져 천하를 거머쥐었을 뿐이다. 천시天時를 만난 셈이다.

왕조순환설의 관점에서 볼 때 그들 또한 원세개와 마찬가지로 '군벌시대'의 한 축으로 출발했다. 그것도 가장 취약한 농민군으로 출발한 까닭에 이들이 장차 천하를 거머쥘 것이라고 생각한 사람은 아무도 없었다. 그러나 그들은 성공했다. 시류에 부합하는 '3대규율·8항주의'를 잘 활용한 덕분이다. 그들은 이를 '모택동 사상'으로 불렀다. 그러나 마르크스−레닌주의는 물론 모택동 사상 모두 하나의 외피에 불과하다. 중요한 건 무력이다. '중화제국'의 건립은 무력에서 우위에 섰기에 가능했다. 수 많은 군소군벌의 하나에 불과했던 모택동이 어느 날 문득 가장 막강한 군 벌로 군림하던 장개석을 누르고 천하를 제패한 배경은 무엇일까? 그 내막 을 자세히 살펴보기로 하자.

모택동과 주원장

　지난 1993년 12월 20일, 호남 소산에 중산복 차림에 미소를 머금은 모택동의 거대한 동상이 강택민 주석이 참석한 가운데 제막됐다. 동상의 높이는 6미터, 대리석으로 된 좌대만 4미터, 총 10미터에 달하는 거대한 동상이 그가 어렸을 때 뛰어놀던 소산의 높은 산자락을 배경으로 세워졌 다.

　'역사는 승자의 기록이다'라는 속언처럼 중화인민공화국을 창건한 모택동에 대한 중국 내 평가는 매우 긍정적이다. 비록 문화대혁명과 같은 참사를 일으키기는 했으나 30여 년에 걸친 군벌할거 및 국공내전의 내란 을 종식시킨 공을 인정받은 결과다. 대만으로 밀려난 장개석에 대한 세간 의 평가가 인색한 것과 사뭇 대조를 이룬다.

　그러나 현재 학자들의 모택동에 대한 평가는 엇갈리고 있다. 모택동 관련 서적 및 논문은 크게 그의 리더십을 극도로 칭찬하는 것과 그의 사생 활 및 음모적인 권력유지 행보 등을 비판하는 것으로 대별할 수 있다. 그 러나 양자 모두 문제가 있다. 그의 리더십을 극도로 칭찬하는 것은 일정한 한계를 지니고 있다. 공산주의 종주국인 소련이 무너졌음에도 불구하고 아직 사회주의를 내세우고 있는 것이 시대조류에 맞지 않는 것과 마찬가지다. 나아가 그를 무조건 폄하하는 것도 옳지 않다. 어지러운 사생활 등을 근거로 비난하는 것은 나무만 보고 숲을 보지 못하는 우를 범할 소지가 크기 때문이다.

그의 입신 및 창업과정은 '왕조순환설'의 관점에서 접근하는 게 타당하다. 역대 황제 중 여러 면에서 그를 꼭 닮은 인물이 있다. 바로 명제국을 건립한 주원장이다. 두 사람 모두 득천하得天下에 탁월한 재능을 발휘했음에도 치천하治天下에는 적잖은 문제를 드러냈다. 크게 4가지 점을 들 수 있다.

첫째, 비록 부친 때에 이르러 가세가 펴지기는 했으나 그의 집안은 원래 주원장과 마찬가지로 빈농이었다. 둘째, 빈농 출신인 주원장이 절로 들어가 탁발승 행각을 벌이며 공부를 한 것처럼 그 역시 비록 사범학교를 나오기는 했으나 이대교 및 진독수 등처럼 체계적인 공부를 하지 못했다. 셋째, 빈민과 노동자를 동원해 천하를 거머쥔 것도 닮았다. 넷째, 주원장이 학력 콤플렉스와 더불어 엄청난 자존심으로 인해 '문자지옥'을 일으킨 것처럼 모택동 역시 '문화대혁명'과 같은 참사를 일으켰다. 이는 기본적으로 지식인에 대한 불신 및 열등감 등이 뒤엉킨 결과였다.

당초 주원장은 천하를 평정한 후 조야의 모든 인재를 발탁하고자 했다. 이들 중에는 몽골인도 있었다. 모택동도 『삼국지』에 나오는 적벽대전의 영웅 주유와 손권 등을 수시로 거론하면서 정보程普 대신 주유를 선택한 파격적인 인재등용을 칭송하곤 했다. 실제로 그는 1957년에 소위 백화제방百花齊放 및 백가쟁명百家爭鳴을 언급하며 지식인들이 새로운 '중화제국'의 건설에 적극 참여하기를 기대했다. 그러나 이들 지식인들은 모택동의 기대와는 달리 기왕의 정책 등에 신랄한 비판을 서슴지 않았다. 모택동은 자신이 지식인들로부터 무시당하고 있다는 생각을 금할 수 없었다. '문화대혁명'의 싹은 바로 이때 발아되기 시작했다고 해도 과언이 아니다.

이는 명제국 건립 당시 조정의 명에도 불구하고 강남 일대의 사대부 중 적잖은 사람들이 출사出仕를 마다하는 바람에 주원장의 열등감을 자극해 참사를 빚은 것과 닮아 있다. 주원장은 이들을 불순분자로 간주했다. 자신을 비방한 것으로 의심되는 글을 쓴 자들을 가차없이 탄압한 문자지옥文字之獄은 바로 이런 배경하에서 빚어진 것이었다.

주원장의 치세 때 이뤄진 '문자지옥'은 중국의 전 역사를 통틀어 가장 참혹한 사례로 손꼽히고 있다. 그가 자신의 불미스런 과거를 연상시키는 글을 쓴 것으로 의심되는 자들을 모조리 잡아들여 극형에 처한 이유는 과연 무엇일까?

당초 주원장은 늘 자신이 홍건적이라는 비적으로 활약한 사실을 수치스럽게 생각했다. 실제로 비적 출신이 새 제국의 건설에 성공한 사례로는 중국의 전 역사를 통틀어 그가 유일무이했다. 한고조 유방도 민란과 유사한 진승·오광의 난을 기화로 몸을 일으켜 새 제국을 세우기는 했으나 주원장처럼 애초부터 민란의 지도자로 입신한 것은 아니었다. 후한제국 말기에 조조도 황건적을 기반으로 한 청주병을 자신의 주력군으로 활용하기는 했으나 스스로 황건적에 몸을 담은 적은 없었다.

원래 민란은 백성들이 더 이상 기댈 곳이 없는 상황에서 최후의 수단으로 선택한 것인 만큼 동기만큼은 순수한 법이다. 그러나 생활의 터전을 잃고 각지를 떠도는 각양각색의 유민이 가담해 그 세가 확장되는 과정에서 불가피하게 양민을 약탈하는 비적으로 변질될 수밖에 없다. 홍건적의 경우도 예외가 아니었다. 주원장이 새 제국 창건 선언에 앞서 백련교와 홍건적을 싸잡아 비적집단으로 규정하고 나선 이유가 여기에 있다.

당시 주원장은 천하를 거머쥔 뒤 역대 창업자 중 자신과 유사한 사례를 도무지 찾을 수 없다는 사실에 크게 곤혹스러워했다. 특히 강남 출신 신사들이 자신을 두고 혈통도 없는 빈민 출신이 탁발행각 끝에 비적으로 활약하다가 난세에 몸을 일으켜 보위에 오른 것으로 비웃는 게 아닌가 하는 망상에 시달렸다. 그가 '문자지옥'을 통해 권력을 강화한 배경이 여기에 있다.

모택동이 주도한 '문화대혁명' 역시 여러 모로 '문자지옥'을 빼어닮은 참사였다. 기본적으로 두 사건 모두 주원장 및 모택동이 보유한 지고무상의 권력을 강화 내지 유지하기 위한 수단으로 동원된 것이다. '문자지옥'의 표적은 이선장과 송렴 등 개국공신이었다. '문화대혁명' 역시 개국공신 중 수훈갑에 해당하는 유소기 및 등소평 등을 겨냥한 것이었다. '대약진운동'을 비판했다가 문화대혁명 이전에 이미 축출된 또 다른 개국공신 팽덕회가 문화대혁명의 와중에 숨을 거둔 것은 내용상 부관참시나 다름없었다. 유소기 축출의 선봉 역할을 맡은 임표가 문화대혁명 와중에 이슬처럼 사라진 것은 스스로 자초한 측면이 강하나 크게 보면 이 또한 '토사구팽'의 희생물에 불과했다. 등소평이 피비린내 나는 유혈참사 와중에 가까스로 살아날 수 있었던 것은 스탈린처럼 사후에 폄하될 것을 두려워한 모택동의 망설임이 빚어낸 일대 반전극에 해당한다.

모택동은 문화대혁명의 와중에 소위 사인방四人帮의 일원인 왕홍문을 후계자로 키울 생각이었으나 그의 '저열한' 학습능력에 실망한 나머지 후계자 문제로 크게 고심했다. 사인방은 모택동의 처 강청, 상해의 대표적인 문인 요문원, 문화대혁명을 지지하는 급진적 무장투쟁파 조직을 이끈 왕홍문, 상해 당서기 출신 장춘교 등을 말한다. 모택동은 요문원과 장춘교 역시 마음에 들지 않았다. 부인 강청은 최악이었다.

　모택동이 등소평을 축출한 뒤 최후의 순간에 선택한 인물은 화국봉이었다. 화국봉은 여러 모로 삼국시대 유비의 아들 유선을 닮았다. 나름대로 부친의 유업을 잇는 일에 충실했으나 지략이 모자랐다. 이 와중에 일체의 당직에서 쫓겨난 등소평과 사인방 간의 치열한 권력투쟁이 시작됐다.

　모택동의 후광이 사라진 상황에서 사인방은 등소평의 적수가 될 수 없었다. 이들의 각축은 삼국시대 당시 위명제 사후 탁고대신으로 선발된 조상과 사마의의 결투를 상기시킨다. 조상은 사인방, 사병계詐病計로 조상 일당을 일거에 제압한 사마의는 등소평에 비유할 수 있다. 모택동 사후 불과 2달 만에 이뤄진 사인방의 체포는 중국 전래의 '왕조순환설'을 그대로 확인시켜 주는 사건이기도 했다.

반항심을 키운 유년시기

　모택동은 광서 19년(1893) 12월 26일 호남성 상담현湘潭縣 소산향韶山鄕에서 부친 모순생과 모친 문칠매 사이의 3남 중 장남으로 태어났다. 그가 태어나기 전에 두 형이 태어났으나 모두 어릴 때 숨졌다. 그의 두 남동생 모두 혁명의 와중에 전사했다. 여동생으로 알려진 모택건은 원래 사촌동생으로 그의 집에 입양되어 한 집에서 자라났다. 그의 자는 윤지潤之였다. 모택동의 여인과 절친한 친구들은 통상 그를 '윤지'로 불렀다.

　그의 부친은 빈농의 아들로 태어났으나 농업과 곡물상 등을 하면서 가세를 일으켜 부농이 됐다. 모순생은 아버지가 빚으로 저당잡혔던 땅을 되찾아 중농이 된 뒤에도 곡식장사를 하여 돈을 꽤 모았다. 모택동은 1936년

『중국의 붉은 별』의 저자인 에드가 스노에게 다음과 같이 말한 적이 있었다.

"가난한 농부였던 아버지는 엄청난 빚 때문에 젊어서 군에 입대해야만 했다. 여러 해 동안 군인생활을 하다가 고향으로 돌아온 아버지는 근검절약하는 생활태도로 소규모 사업을 통해 돈을 모았다. 그 돈으로 저당잡혔던 땅들을 되찾을 수 있었다."

그러나 그의 부친은 성격이 거칠고 이기적이며 식견이 짧았다. 교육은 문서기록이나 계산을 위한 것이라는 게 그의 생각이었다. 이는 촌민들의 일반적인 생각이기도 했다. 모택동은 8세 때 마을 서당에 입학해 유교 경전의 기초 지식을 익힐 수 있었다. 연안시절인 1937년에 펴낸『모택동 자전』에서 부친과 얽힌 사연들을 다음과 같이 회고한 바 있다.

"내가 글자를 조금 알게 되자 부친은 나에게 저녁마다 장부 기입을 시켰다. 그는 엄격한 감독이어서 내가 조금이라도 한가롭게 앉아 있는 것을 보지 못하는 성미였다. 장부 기입할 일이 없으면 곧바로 농사일을 시키는 것이었다. 성격이 거칠어 늘 나와 동생을 때렸다. 그는 동전 한 푼도 우리에게 주지 않았고 가장 형편없는 음식만 주었다. 머슴들에게는 보름에 한 번씩 달걀을 먹었다. 그러나 고기는 주지 않았다. 나에게는 달걀도 고기도 주지 않았다. 어머니는 인자한 여성으로 마음씨가 곱고 너그러웠다. 언제나 남을 도우려 애썼고 가난한 사람들을 동정했다. 기근이 든 해에 그들이 쌀을 빌리러 오면 자주 내주곤 했는데, 부친이 옆에 계실 때엔 그러지 못했다."

모택동은 부친이 각박하고 이기적이며 독단적이라고 싫어했고, 그의 부친은 장자인 모택동이 불효하고 나태하다고 화를 냈다. 부친이 그를 불효하다고 하면 그는 곧『채근담』에 나오는 '부자자효父慈子孝'를 내세워 이같이 맞섰다.

"아버지가 자애로워야 아들이 효성을 다하는 법예요."

부친이 나태하다고 나무라면 이같이 대꾸했다.

"내가 아버지 나이가 되면 아버지보다 훨씬 더 많이 일할 거예요."

훗날 그는 『모택동 자전』에서 이같이 술회한 바 있다.

"내가 13세 때의 일이다. 하루는 부친이 손님을 많이 초청했는데 손님 앞에서 부친과 내가 논쟁을 하게 됐다. 부친은 손님들 앞에서 내가 게으르고 무용지물이라고 욕을 했다. 이에 분통이 터진 나는 맞받아 욕을 하면서 집을 뛰쳐나왔다. 어머니는 나를 쫓아오면서 집으로 돌아가자고 달랬고, 아버지는 욕설을 퍼부으면서 뒤쫓아 와서는 집으로 되돌아갈 것을 명했다. 나는 어느 연못가에 달려가서 한 걸음만 더 다가오면 물속에 뛰어들겠다고 위협했다. 부친은 내가 무릎을 꿇고 사과해야 하며 잘못을 인정하라고 요구했고, 나는 앞으로 나를 때리지 않는다면 한쪽 무릎을 꿇고 절을 올리겠다는 조건을 내세웠다. 이 일을 겪으면서 나는 하나의 도리를 알게 됐다. 내가 공개적으로 반항하면서 자신의 권리를 지킬 경우 나의 부친은 바로 누그러들지만, 내가 그냥 온순한 태도로 나갈 때엔 부친은 더욱 기고만장하여 나를 때리고 욕한다는 것이었다."

7세부터 농사일을 도운 모택동은 9세 때 마을 서당에 입학해 글을 배우면서도 당시 중국의 모든 농촌에서 그랬듯이 농사일을 계속했다. 그는 13세 때인 광서 32년(1906) 학업을 중단하고 아버지의 강요로 집안의 농장에서 하루 종일 일했다. 낮에는 농사일을 도왔고, 밤에는 미곡상을 하는 부친의 장부정리 일을 도맡아 하면서 틈틈이 독서에 몰두했다. 이 시기에 무술변법이 시행되던 해에 출간된 정관응의 『성세위언』을 탐독했다.

서당에서 5년 간 유학을 배운 그는 14세가 되던 광서 33년(1907), 이

옷 마을의 나이 많은 나씨羅氏 여인과 결혼했다. 2, 3년 동안 함께 농사를 지었으나 아내는 이내 요절하고 말았다. 이 결혼에 대해서 모택동은 그 어떤 언급도 하지 않았다. 둘 사이에 자식은 물론 별다른 사건이 없었던 것으로 보인다.

17세가 되는 선통 2년(1910) 봄, 장사에서 기민폭동飢民暴動이 일어났다. 한 해 전의 홍수로 흉년이 든 틈을 타 지주와 투기 상인들이 폭리를 취했다. 외국계 회사들도 지방관원과 결탁해 사재기를 하면서 쌀값이 천정부지로 뛰었다. 굶주리는 사람들이 1만여 명을 훨씬 웃돌았다. 기민들이 한을 품고 상강湘江에 뛰어들었다. 굶어죽기 직전의 아이들과 함께 연못에 투신해 목숨을 끊는 일도 발생했다. 이 사건이 장사를 크게 뒤흔들었다. 기민들이 대표를 뽑아 관아에 가서 구휼해 줄 것을 애걸복걸했으나 문전박대를 당했다. 성난 기민들이 폭도로 돌변해 관아의 창고에서 곡식을 약탈하는가 하면 시내에 있는 영사관과 외국회사 등에 불을 지르기도 했다.

이에 놀란 청조가 영국, 미국, 일본, 독일, 프랑스 등과 함께 한구 및 상해 등지로부터 10여 척의 군함을 끌고 와 무자비하게 진압했다. 장사 시내가 아수라장이 되면서 많은 기민들이 체포돼 거리에서 참수됐다. 모택동은 훗날 이 사건이 자신의 생애에 지대한 영향을 끼쳤다고 술회했다. 얼마 뒤 그의 고향 소산에서도 기민들이 떼를 지어 다니면서 부잣집의 곡식창고를 덮쳐 양식을 털어가는 사건이 벌어졌다. 중농으로 살던 그의 집도 털렸다. 이를 계기로 그는 국가의 앞날을 걱정하는 우국청년으로 거듭나게 됐다.

당시 그의 부친은 아들이 시내 한 미곡상에 가 장사하는 법을 배워 앞으로 자신을 도와 가업을 잇기를 바랐다. 그러나 큰 뜻을 품은 모택동은 학교 진학을 위해 아버지를 설득했다. 꾀를 낸 그는 친척들과 동네의 명망 있는 어른들에게 부친을 설득해 줄 것을 부탁했다. 대처로 나가 공부하면 나중에 큰돈을 벌 수 있다는 권유에 마침내 허락을 받았다. 이해 가을 그는 처음으로 고향을 떠나 학업을 위해 동산서원東山書院으로 갔다. 이 서원은 당시 과거가 폐지되면서 '상향湘鄕현립고등소학당'으로 바뀌었다. 교장을 비롯해 대다수의 선생들은 진보적인 인사였다. 일본에 유학해 메이지유신의 영향을 받은 사람들이 많았다.

여기서 국어, 역사, 지리, 물리, 화학, 영어 등 신학문을 배울 수 있었다. 그는 특히 문장이 뛰어났고, 초서는 단연 발군이었다. 청조 초기 고염무顧炎武가 『일지록』에서 역설한 '천하의 흥망은 필부에게도 책임이 있다'는 말을 명심했다. 1911년 봄, 성도인 장사로 나가 상향주성중학당湘鄕駐省中學堂에 들어갔다. 하루는 호북성 혁명군의 한 대표가 학교로 와 무창봉기에 대해 강연하면서 반청운동을 고취시켰다.

당시 청조는 원세개를 재차 등용해 인근 무한에 군대를 파견해 혁명군을 포위 공격하고 있었다. 치열한 전투가 벌어졌다. 호남의 많은 학생들이 군에 들어가 학생군을 조직했다. 모택동은 정규군이 될 생각으로 장사 혁명군의 일반 사병으로 들어갔다. 신병 중대에서 수개월 동안 군사훈련을 받았다. 병영생활을 통해 많은 것을 배웠다. 병사들은 대부분 빈한한 노동자와 농민, 광부, 대장장이, 목수 등이었다. 그들은 우직하고 순박했다. 가정사와 생활에 대해 기탄없이 이야기하며 스스럼없이 어울렸다. 그들은 박학다식한 모택동을 좋아했다. 일이 있을 때마다 찾아와 도움을 요청했다. 글을 몰라 집에서 온 편지를 읽지 못하는 사람들에게는 편지를 읽어주고 답장을 써주기도 했다.

얼마 후 손문을 임시 대총통으로 한 남경의 중화민국 임시정부와 북경의 북양군벌 간에 협상이 이뤄져 남북통일이 이뤄졌다. 청조가 정식으로 막을 내리고 원세개가 중화민국 총통에 취임했다. 모택동은 혁명이 끝난 것으로 보고 다시 공부하기로 작정했다. 1912년 봄, 소대장의 만류를 뿌리치고 다시 학업의 길에 나선 이유다.

그는 썩 내키지 않았으나 호남성립제1중학교에 들어갔다. 이때 국어 선생으로부터 건륭제가 국사를 처리하면서 결재한 내용 등을 묶은 『어비통감집람御批通鑑輯覽』을 빌려 읽고는 차라리 독학을 하면서 연구하는 게 낫겠다고 판단해 반년 만에 학교를 그만두었다. 이후 청조 말에 건립된 호남도서관을 통학하듯이 다니며 도서관에 비치된 책을 닥치는 대로 읽었다. 책을 볼 때마다 느끼는 새로운 체험과 희열로 인해 엄동설한의 혹독한 추위도 아무 문제가 되지 않았다. 주로 역사와 문학에 관한 책을 많이 읽었다.[1]

이때 서구의 새로운 사상들을 접할 수 있게 되었고, 양계초의 개혁사상과 손문의 민족혁명사상의 영향을 강하게 받았다. 그의 필명이 자임子任인 이유다. 양계초를 숭모한 나머지 그를 닮겠다는 취지에서 양계초의 아호인 임공任公에서 따온 것이다. 그러나 그가 가장 관심 있게 읽은 것은 신문과 잡지였다. 당초 그는 변법파 논객 양계초가 만드는 《신민총보》와 혁명파 논객 장병린이 주간으로 있는 《민보》를 열심히 읽으며 혁명사상을 키워나갔다. 훗날 『모택동 자전』에서 당시의 상황을 이같이 술회했다.

"내가 장사중학교에서 공부할 때 처음으로 《민보》라는 신문을 읽었다. 거기에 자극적인 기사들이 충만했다. 손문과 동맹회의 강령에 대해서도 알게 됐다. 당시 장사는 신해혁명이 임박해 있었다. 나는 흥분을 가라앉히지 못해 한 편의 문장을 써서 학교 벽에 붙였다. 이는 나의 정치적 견해를 처음으로 발표한 것이나 내용은 다소 모호했다. 나는 그때까지 강유위와 양계초에 대한 숭배를 포기하지 않았고, 그들과 새로운 영도자 간의 차이를 명확히 알지 못했다. 그래서 나는 주장하기를, '손문을 일본에서 바로 귀국시켜 신정부의 대통령에 취임시키고 강유위는 총리, 양계초는 외교부장에 앉혀야 한다'고 했다."

당시 그는 중국이 서구 열강의 침탈대상에서 벗어나기 위해서는 혁명파와 변법파가 손을 잡아야 한다는 생각을 했다. 이는 지식인들의 일반적인 생각이기도 했다. 『모택동 자전』의 해당 내용이다.

"무한봉기 직후 호남성에 계엄령이 선포됐다. 어느 날 혁명당 소속의 한 사람이 교장의 허락을 받고 우리 학교에 와 감명 깊은 연설을 했다. 6-7명의 학생이 모두 일어나 중화민국 건립에 참가하자고 구호를 외쳤다. 이미 장사 성 밖에서는 한 차례 대규모 전투가 벌어지고 동시에 성 안에서도 반란이 일어났다. 관아 위에 '한漢'이라고 써진 백기가 휘날렸다. 얼마 후 군정장관이 다스리는 도독都督 정부가 설립됐다. 어느 날 나는 친구를 방문하다가 그들의 시체가 거리에 나뒹굴어 있는 것을 보았다. 지주와 군벌을 대표해 담연개가 그들을 처치했던 것이다. 나는 정규군에 들어가 혁명의 완수에 기여하겠다고 결심했다. 나의 군 봉급은 한 달에 7위안이었다. 매월 식비로 2위안을 썼다. 나머지 급료는 모두 신문을 구독하는 데 썼다. 당시 혁명을 다룬 신문은 《상강일보》였다. 그 신문은 사회주의에 대해 논하고 있었다. 나는 지면을 통해 처음으로 '사회주의'라는 용어를 알게 됐다. 나는 사회주의와 관련된 소책자 몇 권을 읽었고, 열심히 편지를 써서 같은 반 학생들과 이 문제에 관해 논했다."

당시 사회주의에 대한 그의 인식은 새로운 사조에 대한 호기심의 차원을 넘지 못했다. 소년병으로 입대한 그는 6개월 가까이 군대 밥을 먹으며 나름 사상훈련을 한 셈이다.[2]

군복무를 마친 후 1년 동안 경찰, 법률, 상업학교 등을 전전하며 이리저리 손을 대는 등 방황의 시절을 보냈다.[3] 나라가 어지러웠던 탓이다. 광서 30년(1905)에 과거제도가 폐지된 후 서양의 학문이 현대식 학교에 부분적으로 수용되고 있었다. 중국의 젊은이들은 사회나 관직에 진출할 때 서양학문과 중국의 전통학문 중 어떤 것을 공부해야 할지 불확실한 상태에 있었다. 『모택동 자전』에 나오는 그의 술회다.

"손문과 원세개가 협정을 맺어 남경 정부가 해산되었을 때 나는 혁명이 이미 끝났다고 생각해 공부를 계속하기로 결심했다. 내가 군생활을 하기 이미 반년이 되었을 때였다. 나는 신문지상의 광고를 유심히 보기 시작했다. 당시 많은 학교들이 새로 생겨나 신문광고를 통해 신입생을 모집하고 있었다. 어느 경찰학교의 광고가 이목을 끌었고, 바로 가서 입학신청을 했다. 그러나 시험을 보기 전에 나는 '비누제조학교'의 광고를 보게 됐다. 비누를 만들어 사회에 큰 이익을 제공할 수 있고, 이를 통해 부국부민을 이룰 수 있다고 선전했다. 나는 경찰학교에 들어가는 대신 비누제조 기술자가 되기로 결심했다. 당시 내 친구 하나가 법률학교 학생이었다. 그는 나에게 입학을 강력 추천했다. 광고는 3년 안에 법률에 관한 모든 학과과정을 가르치고 학업이 끝나면 곧바로 관리가 될 수 있다고 보장했다. 나는 광고의 내용을 상세히 써 집으로 편지를 보내 학비를 부쳐달라고 청했다.

그런데 갑자기 또 변동이 생겼다. 이번에는 상업학교 광고였다. 또 다른 친구가 권하기를, 국가는 지금 경제전쟁에 임하고 있기 때문에 현재 가장 절박하게 필요한 것은 국가경제를 건설할 수 있는 경제학자라는 것이었다. 나는 또 1위안을 내고 상업중등학교에 입학신청을 했다. 실제로 나는 등록을 하고 입학했다. 그러나 당시 나는 계속 다른 광고에 눈길을 주었고, 어느 날 고등상업공립학교의 우수성에 대해 묘사해 놓은 한 광고를 보게 됐다. 이 학교는 정부가 세운 것으로 학사과정이 굉장히 많고 교사들 모두 능력이 있다는 얘기를 들었다. 나는 이 학교에 들어가 상업전문가가 되는 것이 좋다고 결론을 내리고 또 1위안을 내어 신청한 후 아버지에게 편지를 보내 이 사실을 알렸다. 부친은 크게 기뻐했다. 나는 이 학교에 입학했으나 다닌 것은 1달밖에 안 됐다. 이 신식 학교에서 나는 매우 곤란함을 느꼈는데, 대부분의 학과과정을 영어로 가르쳤기 때문이다. 나를 더 어렵게 했던 것은 학교 내에 영어 교사가 없다는 것이었다. 1달 만에 학교를 자퇴하고 다시 신문광고를 꼼꼼히 보기 시작했다.

내가 학업상 두 번째 모험을 건 곳은 성립제1중학교였다. 나는 1위안을 내고 입학신청을 한 후 입학시험을 치렀다. 1등으로 합격했다. 이곳은 아주 큰 학교였다. 많은 학생들이 다녔고 졸업생도 많았다. 이 학교 국어 선생님이 나를 많이 도와주었다. 나에게 문학적 소질이 있다고 보았기 때문이다. 그 선생님은 나에게 『어비통감집람御批通鑑集覽』을 빌려주었다. 거기에는 건륭제의 조서와 비평이 실려 있었다. 오래지 않아 담연개가 원세개에게 쫓겨났다.4) 원세개는 공화국 정부를 모두 장악하고 황제 즉위를 준비했다. 나는 제1중학교를 좋아하지 않았다. 학과과정이 너무 적었고 규칙 또한 너무 복잡했다. 게다가 『어비통감집람』을 읽은 후 독학을 하는 것이 훨씬 좋다는 결론을 내렸다. 6달 후 나는 학교를 떠났고, 독서계획을 세워 매일 성립 도서관에 가서 책을 읽기로 했다. 나는 매우 성실하게 이 방식대로 반년을 보냈다.

이 시기는 나에게 매우 귀중한 시간이었다. 아침에 도서관이 문을 여는 대로 곧바로 들어가 종일 머물며 책을 읽다가 문을 닫을 때 나왔다. 쉬는 시간은 정오에 두 쪽의 쌀떡을 사먹을 때뿐이었다. 나는 독학하는 동안 많은 서적을 읽었고, 세계의 역사와 지리를 공부했다. 처음으로 세계지도를 공부했고, 굉장한 흥미를 느꼈다. 아담 스미스의 『국부론』, 다윈의 『종

의 기원』, 밀의 『윤리학』 등을 읽었다. 루소의 저작과 스펜서의 『논리학』,
몽테스키외의 『법의 정신』에 관한 저술도 읽었다."

여기의 『국부론』 등은 모두 엄복이 번역한 것을 말하는 것이다. 모택
동은 평생 외국어 원서를 읽지 않았다. 오히려 제대로 읽을 수 없었다고
평하는 게 옳을 것이다. 실제로 『공산당선언』을 포함해 그가 읽은 모든 서
양 서적은 번역본이었다.

그는 독학할 당시 수중에 돈이 없었다. 그의 부친이 학교에 입학하지
않는 한 돈을 부쳐주지 않겠다고 선언했기 때문이다. 그간 머물던 상향현
동향회관에도 더 이상 있기가 어려웠다. 그는 자신의 몸을 의탁할 장소를
찾으면서 직업에 대해 심각하게 고민했다.

결국 그는 스스로 교직이 가장 적합하다는 결론을 내렸다. 이에 다시
광고를 유심히 보기 시작했다. '호남사범학교'의 광고를 주목했다. 그곳
은 학비를 받지 않았고 숙식비도 매우 쌌다. 곧 집으로 편지를 보내 자신
의 뜻을 전했고, 가족들이 이내 동의했다.

그는 호남 제4사범학교에 들어가 5년 동안 다녔다. 이 학교는 1년 뒤
호남성립 제1사범학교에 통합됐다. 학창시절 그의 별명은 '시사통時事通'
이었다. 천하정세에 커다란 관심을 기울인 까닭이다. 당시 그에게 진독수
의 《신청년》이 지대한 영향을 미쳤다. 1936년 에드가 스노와 대담하면서
감격스런 어조로 《신청년》 구독 당시를 회고한 바 있다.

"《신청년》은 유명한 신문화운동 잡지로 진독수가 편집을 맡았다. 나
는 사범학교 다닐 때 이 잡지를 읽기 시작했다. 호적과 진독수의 문장을
읽고 아주 탄복했다. 그들은 내가 이미 포기한 양계초와 강유위를 대신해
한때 나의 본보기가 됐다."

당시 그는 세계지도와 영어사전과 노트를 늘 끼고 다녔다. 소년시절

부터 호남의 좁은 곳에서 뛰쳐나오고자 하는 욕망이 이런 모습을 빚어낸 듯하다. 그는 장사에서 공부하면서 꿈을 더욱 키워나갔다. 중국 밖의 더 넓고 큰 세계에 대한 동경과 갈망이 점점 더 커졌다. 바깥소식과 정보를 전해주는 신문이나 잡지 등에 남다른 관심을 갖게 된 배경이다. 그의 술회다.

"사범학교에서 공부했던 몇 년 동안 나는 총 160위안을 썼다. 그 중 신문구독에 사용한 돈이 3분의 1은 될 것이다. 이 외에도 종종 신문판매대에서 서적과 잡지를 사보았다. 아버지는 늘 이것이 낭비라고 질책했다. 그러나 나는 이미 신문을 읽는 습관이 몸에 배어 있었고, 1911년부터 중국 최초의 홍군 일부가 정강산에 들어갔던 1927년까지 북경, 상해, 호남에서 나오는 신문들을 읽지 않은 적이 없었다."

주목할 점은 그가 《신청년》 등을 탐독하면서 숭배의 대상을 중체서용中體西用의 양계초에서 서체서용西體西用의 진독수로 바꾼 점이다. 『모택동 자전』에 배경설명이 나온다.

"국어를 가르치는 '원털보' 선생은 나의 문장을 비웃으며 양계초가 주도한 신문기사식 문체인 보장체報章體라고 힐책했다. 그는 나의 본보기였던 양계초를 경멸했고, 그의 학식이 별볼일 없다고 여겼다. 나는 문체를 바꿔야만 했기에 당나라 때 문장가인 한유의 문장을 연구하고 경서와 사서에 나오는 중요 대목을 완전히 익혔다. 지금도 필요한 경우 고문을 쓸 수 있는 것은 모두 '원털보' 선생 덕분이다."

그러나 사범학교 교사 중 그에게 가장 강렬한 인상을 준 이는 영국에서 유학하고 돌아온 양창제楊昌濟였다. 호가 회중懷中인 그는 윤리학을 가르쳤다. 호남 판창현 출신인 그는 명문가 출신이었다.[5] 양창제가 모택동에게 미친 영향은 매우 컸다. 그는 국수주의는 말할 것도 없고 전면적인 서구화도 반대했다. 중국의 전통문화와 서방의 외래문화를 정확히 판별할 줄 알아야 한다는 그의 주장은 훗날 모택동이 마르크시즘을 중국식으로 해석하는 초석이 됐다.

당시 모택동에게 지대한 영향을 미친 또 한 명의 인물은 호남성의 독지가인 서특립徐特立이었다. 장사에 초등학교를 설립해 때를 놓친 학생들을 학비면제로 가르치는 등 많은 제자들을 배출했다. 또 고아원을 만들어 원장으로 있으면서 고아들을 보살피고 가르쳤다. 서특립은 40대에 젊은 고학생들 틈에 끼어 프랑스에서 노동하면서 공부하는 소위 근공검학勤工儉學으로 공부한 입지전적인 인물이다.

훗날 서특립은 57세의 나이로 대장정에 참가해 주위를 놀라게 한 바 있다. 그는 독서할 때 꼭 메모를 했다. 모택동은 그로부터 독서방법과 사유방식을 배웠다. 책을 본 뒤 중요한 곳에 자신의 느낌을 쓰는 습관을 기르게 된 배경이다. 실제로 이는 모택동이 행한 소위 비시정치批示政治의 바탕이 되었다. '비시정치'는 당의 문건이나 국가의 중요 정책에 자신의 의견을 달아 지적하고 비판하는 것을 말한다. 모택동은 1937년 1월 연안에서 열린 서특립의 회갑연에서 이렇게 말한 바 있다.

"선생님은 20년 전에 나의 선생님이셨고, 지금도 여전히 나의 선생님이시고, 앞으로도 분명코 나의 선생님이실 것입니다."

모택동이 사범학교를 졸업하기까지 5년의 기간은 제1차 세계대전이 빚어지는 등 격동의 세월이었다. 그는 평생을 두고 존경하는 선생님들을 만나는 행운을 가졌다. 역사에 관심이 컸던 그는 학교 수업 후 역사책을 찾아 읽었다. 이때 그에게 평생 지대한 영향을 미친 사서가 눈에 띄었다. 바로 사마광의 『자치통감』이었다. 사마광이 쓴 이 방대한 사서를 그는 죽기 직전까지 모두 17번이나 읽었다고 한다. [6]

만년에 그의 신변을 돌보던 맹금운의 술회에 따르면『자치통감』과 관련한 재미난 일화가 있다. 1975년 어느 날 그는 점심식사를 끝내고 대청의 소파에 한가하게 기대어 앉았다. 맹금운이 보기에 오늘은 책을 읽지 않을 것 같았다. 모택동이 맹금운을 향해 빙그레 웃으며 책상 위의『자치통감』을 가리키며 물었다.

"맹동지, 내가 이 책을 몇 번이나 읽었는지 아시오? 모두 17번 읽었소. 읽을 때마다 새삼스레 수확을 얻곤 하오. 정말 보기 드물게 훌륭한 책이오. 아마 이번이 마지막 한 번일지 모르겠소. 읽고 싶지 않은 것이 아니라 그럴 겨를이 없단 말이오."

맹금운이『자치통감』과 관련해 몹시 궁금했던 것을 하나 물었다.

"왕안석王安石과 사마광은 적수이면서 친구였다고 하는데 어찌된 영문입니까?"

"두 사람은 정치 면에서 적수였소. 왕안석은 개혁을 주장했고 사마광은 이를 반대했지. 그러나 학문에서는 좋은 친구로 서로 존중했소. 그들이 존중한 것은 상대방의 학문이었소. 우리는 이것을 배워야 한단 말이오. 정견이 다르다고 해서 학문마저 부인해서는 안 되오."

그러면서 그는 자신의 적수에 대해서도 언급했다.

"나에게도 정치 면의 적수가 있소. 난 그들의 주장에 동의하지 않소. 그러나 그들의 학문은 존중하지요. 적어도 승인은 해야 하는 거지요."

"주석 동지께도 적수가 있다니 그건 과거의 일이겠지요. 지금에 어디 적수가 있습니까?"

"적수가 없다니, 어떤 때엔 당신이 바로 나의 적수요! 억지로 내게 약을 먹이니 이게 적수가 아니고 무엇이오? 정치적 적수가 아니라 생활의 적수란 말이오."

"제가 어찌 감히 주석님과 맞서겠습니까? 주석님의 고집을 누가 이기겠습니까!"

"고집을 말할라 치면 사마광을 들 수 있소. 마음먹은 일은 꼭 해내고야 말지. 고집이라고 다 좋은 것은 아니지만 학문을 하는 데에는 이런 정신이 필요하단 말이오. 오락가락하는 사람보다는 나은 법이오. 그러나 옳고 그른 것도 다 바뀔 때가 있소. 그 당시엔 옳은 것도 몇 해가 지난 후엔 꼭 옳다고 할 수 없는 것도 있소. 마찬가지로 그 당시엔 틀렸다고 했던 것이 몇 해 뒤엔 반드시 틀린 것만은 아니게 되는 경우도 있소. 무슨 일이나 급히 결론을 내려서는 안 된다는 생각이오. 역사가 공정한 평가를 내릴 것이니 말이오."

모택동이 사범학교 시절 『자치통감』을 접한 것은 행운이었다. 역대 제왕 중 그처럼 『자치통감』을 10번 이상 읽은 사람은 없었다. 그가 훗날 청조의 뒤를 이은 '중화제국'을 건설하고 사실상의 '황제'로 존재하게 된 것도 따지고 보면 사범학교 시절 제왕학의 성전인 『자치통감』을 접한 사실과 무관치 않다.

사범학교 마지막 1년 때 물심양면의 지원을 아끼지 않던 모친이 세상을 떠났다. 집에 돌아갈 생각이 없어진 그는 1918년 여름 북경대로 옮겨 간 은사 양창제를 좇아 상경했다. 곧 옛 은사를 찾아가 직장 알선을 부탁했다. 양창제는 그를 북경대 도서관장으로 있는 이대교에게 소개시켜 주었고, 이대교는 그를 도서관 사서보司書補로 일하도록 해주었다. 월급은 8위안이었다. 이는 당시 60킬로그램들이 쌀 두 가마니를 살 수 있는 돈이었다. 문과대학장 진독수는 300위안, 도서관장 이대교는 120위안을 받고 있었다.

많은 학자들은 그가 북경대 도서관의 사서보로 일한 6개월이 그의 장래를 결정짓는 데 엄청난 영향을 미쳤다고 보고 있다. 이곳에서 훗날 중국 공산당 창설의 두 주역이 되는 이대교와 진독수의 감화를 받았다는 게 논지다. 그러나 『모택동 자전』에 나오는 그의 회상은 뉘앙스가 약간 다르다. 해당 대목이다.

"당시 나의 직위가 매우 낮았기 때문에 사람들은 모두 나와 교류할 가치가 없다고 생각했다. 나의 업무 중 하나는 신문을 보러 도서관에 오는 사람의 이름을 적는 것이었다. 이 많은 사람들의 이름 중에는 내가 아는 몇 명의 신문화운동의 유명한 지도자가 있었다. 그들은 내가 매우 우러러보는 사람들이었다. 나는 그들과 정치 및 문화 문제에 대해 토론하기를 원했다. 그러나 그들은 매우 바쁜 사람들이라 남방 사투리를 쓰는 도서관 사서 보조원이 하는 말에 귀 기울일 시간이 없었다. 그러나 나는 이런 이유로 상심하지 않고 꾸준히 '철학연구회' 및 '신문학연구회'에 참가했다. 이런 기회를 통해 대학의 학과과정 강의를 듣기를 희망했다."

이는 그가 당시 진독수 및 이대교로부터 별다른 관심을 끌지 못했음을 암시한다. 청강 또한 여의치 못했음을 알 수 있다. 그가 '상심하지 않고 꾸준히 철학연구회 및 신문학연구회에 참가했다'고 술회한 대목이 이를 뒷받침한다. 그는 이들을 사숙私淑했다고 보는 게 타당할 것이다.

그에게 더 큰 영향을 준 것은 도서관 근무 때 목도한 '5·4운동'이었다. 이 운동은 이후 50년 동안 중국에서 벌어지는 모든 변화의 사상적 원천이 됐다. 실제로 모택동은 '5·4운동'을 목도하면서 자신의 혁명사상을 형성해 나갔다. 문화대혁명 당시 그가 '진시황은 진보, 공자는 반동'이라는 터무니없는 도식을 제시한 것도 5·4운동 당시에 터져나온 소위 공가점 타도孔家店打倒 구호를 복사한 것에 지나지 않는다. 5·4운동 당시 오우吳虞는 중국을 망친 주범으로 공자를 지목한 바 있다.

"도척盜跖이 행한 해독은 일시적이지만 도구盜丘가 남긴 재앙은 만세에 미친다."

'도척'은 『장자』에 나오는 전설적인 대도를 말한다. '도구'는 도둑놈 공자라는 뜻이다. 문화혁명 때도 비슷한 주장이 홍위병에게서 나왔다. 당시 홍위병들은 봉건 자본주의의 상징 '공가점'은 모택동 사상의 절대권위를 수립하는 데 큰 장애가 되는 까닭에 반드시 타도해야 한다고 주장했다. 5·4운동이 일어난 지 반세기가 흘렀음에도 모택동의 사상은 5·4운동 당시의 구호 수준에 머물러 있었던 셈이다. 21세기에 들어와 모택동 사상에 대한 전반적인 재평가가 요구되는 이유다.

그러나 5·4운동 당시만 해도 중국의 지식인들에게는 반식민지로 몰락한 중국을 부강한 나라로 만들기 위해서는 구질서의 상징인 공자를 타도하는 게 당연할 일로 간주되었다. 지식인들 모두 중국의 현실에 너무 절망한 나머지 이런 파괴적인 발상을 한 것이다. 모택동이 도서실로 자신을 자주 찾아온 북경대생 주겸지朱謙之와 함께 무정부주의와 중국에서의 실현 가능성에 대해 토론한 이유다. 이를 뒷받침하는 그의 회고다.

"나의 북경생활은 매우 고달팠다. 나는 삼안정이라는 곳에 기거했는데, 다른 7명과 함께 한 칸의 작은 방을 썼다. 너무 좁아 돌아누울 때는 먼저 옆사람에게 경고를 해야만 했다. 그러나 공원과 고궁박물관의 뜰에서 북경의 이른 봄을 볼 수 있었고, 얼음이 북해를 덮고 있을 때에도 나는 활짝 핀 매화를 볼 수 있었다. 북경의 나무들은 나에게 무한한 감상을 불러일으켰다."

1919년 초 그는 프랑스로 유학을 떠나는 학생들과 함께 상해로 가게 됐다. 그곳에서 진독수를 만났다. 진독수는 그에게 고향으로 돌아가 작업할 것을 권했다. 이에 관한 모택동의 술회다.

"중국공산당 조직에서는 진독수와 이대교가 지도적 위치를 점하고 있었다. 그들은 지식인층에서 가장 위대한 지도자였다. 나는 북경대 시절 이대교의 영향으로 이미 급속히 마르크스주의자로 기울어져 있었고, 진독수도 내가 그 방면으로 관심을 갖도록 많이 도와주었다. 두 번째로 상해에 갔을 때 나는 진독수와 함께 내가 읽었던 마르크스 서적에 대한 얘기를 나눴고, 진독수의 확고한 신념은 나의 인생에서 가장 중요했던 이 시기에 심대한 영향을 미쳤다. 상해에서 나는 그와 함께 '호남건설협회'를 조직하는 것에 대한 계획에 관해 협의했다. 이후 바로 장사로 돌아와 협회를 조직하기 시작했다."

이해 4월 모택동이 고향으로 간 데에는 진독수의 권유가 적잖이 기여했을 것으로 보인다. 이해 여름에 장사에서 학생, 상인, 노동자의 연대조직을 결성해 정부에 항일운동을 요구하는 시위를 벌인 게 그 증거다. 노동자를 정치적으로 조직해 이끌기 시작한 첫 사례다. 이는 5·4운동의 요체인 '신문화운동'의 지방 확산에 기여했다. 마르크스주의 이론과 러시아혁명이 청년 모택동에게 끼친 영향이 지대했음을 짐작케 해주는 대목이다.

실제로 이 시기에 그가 쓴 글들은 대부분 러시아 혁명을 찬양하며 전 세계에 적군의 창설을 촉구하는 내용이었다. 이때만 해도 그 역시 진독수와 마찬가지로 농민의 중요성을 제대로 파악치 못했다. 얼마 후 그는 호남에서 교사 자리를 얻게 됐다. 자리를 잡게 되자 '신민학회' 활동에 더 열심히 뛰어들었다. 이 학회는 호남의 독립을 추구했다. 이는 당시 크게 풍미했던 '연성자치운동'의 일환으로 나온 것이었다.

대부분의 시간을 학생운동에 할애한 그는 호남 학생들의 기관지인 《상강평론湘江評論》의 편집위원으로 활동하면서 '문화서사文化書社'의 설립을 도왔다. 이 단체는 신문화와 정치동향을 연구하는 단체로 중앙군벌이 장악한 북경과 손문이 활약하는 서남지역에 대표단을 파견해 장경요를 반대하는 선전활동을 전개했다. 장경요는 이에 대한 보복으로 《상강평론》의 출간을 금지시켰다. 그는 북경으로 올라와 《평민통신사》를 창설한 뒤 사장에 취임해 반군벌운동을 전개했다. 결국 장경요가 물러나고 호남 출신 담연개가 새 사장이 되었다.

이해 10월, 모친이 52세로 세상을 떠났다. 당시 26세였던 그는 장사에서 동분서주하며 반군벌운동을 벌이고 있었다. 부음을 듣고 집으로 달려왔지만 입관한 지 이틀이 지난 뒤였다. 그는 비통한 마음으로 장문의 제모문祭母文을 지어 영전에 올렸다. 장례식을 마친 후 그는 친구들에게 이같이 말했다.

"세상에는 3종류의 사람들이 있다. 남에게 손해를 주면서 자기만을 이롭게 하는 사람, 이기적이지만 남에게 손해를 주지 않는 사람, 자기는 손해를 보면서도 남을 이롭게 하는 사람이 있다. 나의 모친은 맨 끄트머리 부류에 속한다."

이듬해인 1920년 9월, 그는 장사 소학교 교장이 됐다. 이해 10월 그는 그곳에 사회주의 청년동맹 지부를 결성했다. 이해 겨울 은사 양창제의 딸 양개혜楊開慧와 결혼했다. 그의 술회다.

"두 번째로 북경에 갔을 때 나는 러시아 정세에 대한 많은 책을 읽었고, 당시 중국에서 구해볼 수 있는 공산주의에 관한 책은 어떤 책이든 열심히 찾아다녔다. 3권의 책이 특히 나의 뇌리에 깊이 남아 있다. 최초의 마르크스 번역본인 『공산당선언』과 카우츠키의 『계급투쟁』, 키르캡의 『사회주의 역사』가 그것이다. 1920년 여름 나는 이론과 실천 면에서 마르크스주의자가 되었고, 이후 스스로 마르크스주의자라고 생각했다. 그해에 나는 양개혜와 결혼했다."

1921년 1월 혁명의 철학적 배경으로 마르크스주의를 수용한 그는 이해 7월 상해에서 열린 중국공산당 제1차 전국대표대회에 참석했다. 모스크바에 본부를 둔 코민테른의 대표자 2명도 참가했다. 이대교와 진독수 등이 산파역을 맡았다. 그는 중국 각지의 공산주의 단체 대표자들과 함께 이 대회에 참석해 창당 멤버가 됐다. 이는 그의 운명을 좌우하는 결정적인 전기로 작용했다.[7]

당시까지만 해도 모택동은 호남을 중심으로 활약해 온 지방 운동가에 지나지 않았다. 그러나 이날 창당대회에 참석함으로써 그는 중국 전체를 대표하는 공산당 대표의 일원으로 우뚝 섰다. 훗날 중국공산당 최고지도자로서의 정통성과 역사성은 여기서 마련됐다고 해도 과언이 아니다.

1923년 6월 12일에서 20일까지 광주에서 공산당 제3대회가 열렸다. 참석한 대표는 진독수, 이대교, 모택동, 구추백 등 30여 명이었다. 이 중 19명이 표결권을 가지고 있었다. 이들은 전국 420여 명 당원을 대표했다. 코민테른 대표 마링도 참석했다.

의제는 공산당원의 국민당 가입과 국민당과 함께 혁명통일전선을 건립하는 문제였다. 이 대회에서 코민테른 집행위가 이해 1월에 통과시킨 「중국공산당과 국민당의 관계에 관한 결의안」이 채택됐다. 전체 공산당원이 개인 명의로 국민당에 가입하게 된 배경이다.

물론 통일전선의 일환으로 국민당에 가입하는 만큼 공산당 스스로 정치 및 조직상의 독립성을 고수해야 하는 점이 강조됐다. 구체적인 방안으로 첫째 국민당을 개조해 좌익 정당을 만들고, 둘째 공산당이 활동하지 못하는 지역에서 국민당의 명의를 빌려 세력을 확장하고, 셋째 우수한 국민당원을 공산당 내로 흡수하는 방안이 채택됐다. 노동자, 농민, 청년, 여성 등 진보적인 내용을 담은 당 강령 초안과 결의안도 통과됐다.

1923년 손문이 소련의 요페와 공동성명 형식으로 국민당의 '연소용 公聯蘇容共'을 공식화하자 공산주의자로서 가장 먼저 국민당에 입당한 사람은 이대교였다. 그의 뒤를 이어 많은 공산당원들이 차례로 국민당에 입당했다. 훗날 국공내전을 승리로 이끈 후 북경에 입성한 모택동은 이대교를 이같이 회고한 바 있다.

"30년이 지났군요. 30년 전에 나는 나라와 백성을 구하는 진리를 탐구하기 위해 동분서주하면서 인생의 쓴맛도 적지 않게 맛보았습니다. 그러나 참으로 운 좋게 북경에서 훌륭한 선생님 한 분을 만나게 되었는데 그가 바로 이대교 동지였습니다. 그의 도움으로 나는 마르크스주의자로 성장할 수 있었습니다. 그러나 참으로 아쉽게도 그분은 이미 혁명을 위하여 고귀한 생명을 바쳤습니다. 그는 나의 참되고 훌륭한 스승입니다. 그의 가르침과 교화가 없었더라면 나는 오늘도 어디로 가야만 할지 헤매고 있을 것입니다."

원래 이대교는 교조적인 진독수와 달리 중국의 역사문화 전통을 중시했다. 그는 국제적인 프롤레타리아 혁명으로는 중국을 해방시킬 수 없고, 중국의 소규모 도시 노동자는 스스로 혁명을 수행할 능력이 없다고 확신했다. 이는 마르크스-레닌이즘에서 제시하고 있는 프롤레타리아 계급투쟁 이론과 배치되는 것이다. 교조주의자 진독수와 가장 큰 차이점이 바로 여기에 있었다.

그의 혁명 이론은 중국의 가난한 농민들이 중국혁명 과정에서 주도적 역할을 수행해 제국주의 열강의 착취와 억압에 대항하는 민중혁명을 일으켜야 한다는 것으로 요약된다. 모택동의 중국혁명 이론의 뼈대는 바로 그의 이런 주장에서 나온 것이다.

1924년 1월 그는 광주로 가 국민당 제1차 전국대표대회에 참석했다. 이 대회에서 이대교는 손문의 배려로 대회 주석단의 일원이 되었다. 모택동은 24명의 중앙집행위원에는 선출되지 못했으나 17명의 후보위원에 들어갔다.

이해 3월 중순 그는 상해로 돌아와 공산당 집행부 활동과 상해 국민당 집행부 활동을 병행했다. 국민당은 왕정위와 호한민 등이 집행위 위원으로 있었다. 그는 이곳에서 공산당과 국민당 일을 상호 조정하는 일을 맡았다. 이해 여름 황포군관학교가 설립됐다. 소비에트 극동 적군총사령관인 바실리 불루체르(일명 갈린)가 고문을 맡았다.

당시 그는 아내 양개혜와 2명의 어린 아들을 데리고 상해에 살면서 국민당 집행부의 임원으로 일했다. 얼마 후 병에 걸려 이해 겨울 고향으로 돌아와 휴양하면서 문득 농민의 혁명적 잠재력에 눈뜨게 됐다. 그의 회상이다.

"이전까지 나는 농민들의 계급투쟁 심도를 충분히 파악하지 못했다. 그러나 당시 호남 농민들은 매우 적극적으로 일했다. 나는 휴양하던 집을 거점으로 농민을 조직하는 운동을 시작했다. 몇 달 내 20개 이상의 농민조합이 결성됐다."

당시까지만 해도 모택동 역시 여느 지식인들과 마찬가지로 노동자와 농민을 천시했다. 마르크스주의자가 되면서 노동자들에 대한 선입견은 어느 정도 바뀌었지만 농민에 대한 생각은 여전했다. 그러던 것이 이때에 이르러 농민들이야말로 중국을 소생시킬 수 있는 유일한 자원이라고 생각하게 된 것이다.

그러나 그가 주도한 농민조합의 결성은 지주들로부터 반발을 샀다. 담연개의 뒤를 이어 성장으로 온 조항척이 군대를 파병해 그를 잡으려고

했다. 급히 광주로 도주했다. 황포군관학교 학생들이 운남군벌 양희민과 광서군벌 유진환을 물리친 덕분에 광주의 국민당은 매우 들뜬 분위기였다. 국민당의 본거지인 광주에 머물고 있었지만 그의 생각은 농촌에 가 있었다.

이때 그는 공산당은 물론 국민당의 당원으로도 근무했다. 그가 눈여겨 본 사람은 공산당원 팽배였다. 팽배는 이미 1922년 광동 동부에서 농민동맹을 조직한 바 있다. 중국에서 농민운동을 최초로 고양시킨 인물이다. 그가 만든 '농민운동강습소'는 급속도로 팽창하는 농민운동의 진원지였다. 초기에 팽배가 주임으로 있었고 모택동은 제6대 소장 직을 맡았다. 모택동은 팽배로부터 커다란 감화를 받았을 공산이 크다.

이듬해인 1925년 3월 북경으로 올라간 손문이 병사하고 곧이어 상해에서 소위 '5·30운동'이 터져나왔다. 전국에 반제와 반일의 물결이 출렁이는 가운데 장개석이 총사령, 왕정위가 정부 주석에 취임했다. 모택동은 이해 12월에 창간된 국민당 간행물인 《정치주간》의 편집장이 됐다. 그가 연일 국민당 우파를 공격하자 이 간행물은 6달 뒤 정간되고 말았다.

당시 그는 농민운동 조직가를 양성하는 책임을 맡아 그들을 교육시키기 위한 훈련반을 열었다. 21개 성 대표들이 강습에 참여했다. 얼마 후 그는 국민당 선전부의 부장이 됐다. 집필하는 글이 점점 더 많아졌다. 그는 그간의 경험을 토대로 두 편의 논문을 썼다. 「중국 사회 각 계급의 분석」과 「조항척의 계급 기초와 우리가 당면한 임무」가 그것이다. 「중국 사회 각 계급의 분석」에서 그는 공산당 주도하에 급진적 토지정책과 적극적인 농민 조직화를 시행해야 한다고 주장했다. 그러나 진독수는 이에 반대해 출판을 거절했다. 이 논문은 이후 광주의 《농민월간》과 《중국청년》에 발표됐다. 두 번째 논문은 호남에서 출간됐다. 그의 술회다.

"나는 이때부터 진독수의 '보수 기회주의' 정책에 불만을 품게 되어 점차 그와 소원해졌다. 우리 사이의 갈등은 1927년에 이르러 절정에 달했다."

1927년은 이대교가 죽은 해이기도 하다.[8] 이해 1-2월 고향의 농민운동을 살펴본 모택동은 가까운 장래에 수억 명의 중국 농민들이 일거에 봉기할 것으로 생각했다. 이 예측은 빗나갔다. 객관적으로 볼 때 수억의 농민이 자발적으로 참여하는 형태의 혁명은 여러 한계로 인해 일어날 가능성이 거의 없었다.

청년 공산당원 모택동

1927년 봄 모택동은 무한에서 개최된 각 성의 농민 대표자 회의에 참석했다. 이 회의에서 광범위한 토지분배 실시방안을 건의했다. 토론을 거쳐 그의 건의를 공산당 5전대회에 제출하기로 결의했으나 진독수가 우두머리로 있는 당 중앙이 이를 부결시켰다. 모택동은 크게 격분했다.

"진독수는 혁명에서 농민의 역할을 이해하지 못했고, 농민들의 잠재력을 과소평가했다. 대혁명의 위기가 임박한 상황에서 개최된 5전대회에서는 적절한 토지정책을 통과시키지 못했다. 당 대회에서는 5백 무畝 이상의 토지 소유자를 지주로 규정하면서 토지문제를 소홀히 처리했다."

당 대회 이후 '전중국농민협회'가 조직되고 그는 초대 회장이 됐다. 당시 호북과 호남, 강서, 복건 등의 농민운동은 매우 전투적이었다. 국민당 관원과 군사령관은 '농민협회'를 유랑민 단체인 유맹협회流氓協會 내지 폭력단을 뜻하는 비자회痞子會로 부르며 탄압했다. 진독수는 호남에서 발생한 일련의 사건에 대해 모택동에게 책임을 물었다. 해명에도 불구하고 그는 호남을 떠나라는 명을 받았다.

이해 4월 장개석이 상해 노동자들을 대량학살하는 '상해 쿠데타'가 일어났다. 남경과 상해에서 반공운동이 시작되고 광주에서도 같은 상황이 발생했다. 5월 21일 호남에서 제1차 폭동이 일어나 수십 명의 농민과 노동자가 피살됐다. 많은 공산당 지도자들이 '무한 정부'가 있던 무한을 떠나 소련이나 상해, 기타 안전한 지역으로 도피한 이유다. 이를 계기로 국공합작은 와해되고 말았다. 도시의 당 조직은 거의 전멸 지경에 이르렀다. 농촌 역시 10분의 1 이상의 조직이 붕괴됐다.

8월 1일 주은래가 주도하는 남창봉기가 빚어졌다. 그러나 남창 인근의 무한과 남경 방면의 지원이 여의치 못한 데다 남창을 에워싼 국민당 정부군 규모는 봉기군의 몇 배에 달했다. 결국 나흘 만에 철수할 수밖에 없었다. 8월 7일 한구에서 봉기 실패 문제를 다루기 위한 임시회의가 열렸다. 소위 '8.7긴급회의'다. 진독수가 서기 직에서 파면되고 구추백이 뒤를 이었다. 당시 모택동은 유명한 말을 했다.

"정권은 총부리에서 나온다槍杆子裏面出政權."

이는 '왕조순환설'에 입각한 언급에 해당한다. 실제로 왕조교체기 때마다 무력에서 우위를 점한 자가 새 왕조의 창업자가 되었다. 제1차 국공합작이 실패한 것을 비판하며 '정권은 총부리에서 나온다'고 역설한 것은 이를 달리 표현한 것으로 볼 수 있다. 그의 이런 언급은 많은 사람의 공감을 샀다. 그가 '8·7긴급회의'에서 주은래와 함께 7인의 정치국 후보위원에 선임된 배경이다.

이해 9월 9일 그는 '호남농민협회'의 도움으로 장사에서 광범위한 농민봉기를 일으켰다. 이를 두고 중국 당국은 '추수폭동' 내지 '추수기의'로 표현하고 있다. 객관적으로 볼 때 '추수봉기'로 표현하는 게 타당하다. 그는 왜 굳이 9월 9일을 선택한 것일까? 원래 중국에서는 9를 신성시한다. 『주역』에서 말하는 가장 높은 자리로 역대 중국 황제들이 좋아했던 길수吉數이다. 모택동은 이를 의식하고 행보했는지도 모를 일이다. 특이하게 그가 추수봉기를 일으켰던 날이 1927년 9월 9일이고 그가 사망한 날짜 또한 1976년 9월 9일 새벽 0시 10분이었다.

당시 전국의 4개 성에서 동시에 추수봉기가 일어났으나 호남성의 지도자 모택동을 포함해 모두 실패했다. 추수봉기는 비록 실패로 끝났으나 전혀 소득이 없었던 것도 아니다. 그가 최초의 '노농군' 부대를 창설한 게 그 증거다. 이 부대는 농민, 광부, 국민당 반란군 등이 주요 구성원이었다. 이 부대는 훗날 '제1노농군 제1사단'으로 명명됐다.

당시 그는 광부와 농민자위대 사이를 오가다가 민단에 붙잡혀 살해될 위기에 처했다가 간신히 살아남았다. 『모택동 자전』에 나오는 술회다.

"그들은 민단본부로 호송하라고 명했고, 거기서 나를 죽이려 했다. 나는 일찍이 어느 동지로부터 몇 십 위안을 빌려두었다. 그 돈을 호위병에게 주며 풀어달라고 청했다. 그들은 풀어주는 데 동의했지만 호송하던 부관이 거절했다. 나는 도망치기로 결심할 수밖에 없었다. 민단본부 200미터 지점에 이르러서야 겨우 기회가 생겼다. 나는 도망쳐 들판으로 뛰었고, 사방에 풀이 길게 자란 제방 위 높은 곳으로 도주해 해질 무렵까지 숨어 있었다. 병사들은 나를 찾으려고 몇몇 농민까지 동원해 수색했다. 날이 어두워지자 그들은 더 이상 수색을 하지 않았다."

얼마 후 홍군 제1사단이 창설되면서 그는 당 전적위원회前敵委員會 서기가 됐다. 무한군관학교 학생 여쇄도가 지휘관이 되었으나 그는 오래지 않아 국민당에 입당해 버렸다. 이 소규모 군대는 농민봉기를 주도하면서 호남성 남쪽으로 이동했다. 여러 차례 전투를 치렀으나 탈주하는 자가 많았다. 이후 부대가 재편됐다. 진호가 새 지휘관으로 왔으나 그 역시 곧 배신했다. 그러나 상당수는 마지막까지 충성을 지켰다.

이 소부대가 호남 영강과 강서 감주의 접경이자 험난한 산악지대인 정강산으로 들어갔을 때 겨우 1천 명 정도만 남았다. 모택동의 정강산 입산은 기본적으로 농민혁명의 근거지를 더욱 확고히 다지기 위한 고육책이었다. 그의 술회다.

"우리는 올바른 노선을 따르고 있다고 확신하면서 의연히 군대를 정강산에 집결시켜 놓았다. 이후의 일들은 우리가 옳았음을 충분히 증명해 주었다. 새로운 병사들이 들어오면서 다시 사단 규모로 보충되었고, 나는 부대의 사령관이 됐다."

당시 정강산은 울창한 숲에 길도 없는 험산이었다. 그는 차평이란 작은 분지에 사령부를 두고 주덕과 팽덕회 및 진의 등과 함께 국민당 정부군과 힘겨운 싸움을 했다. 이듬해인 1928년 모스크바에서 6전대회가 열렸다. 중국공산당 서기 구추백이 '좌경 모험주의자'라는 비판을 받아 실각하고 노동자 출신 상충발向忠發이 총서기로 선출됐다.[9]

그가 정강산으로 들어갈 당시 많은 농민들이 그에 동조했다. 훗날 모택동이 내전을 수행해 나가면서 외곽에서 도시를 포위하는 전략을 구사할 수 있었던 배경이 여기에 있다. 이는 장개석을 패퇴시키고 중국을 장악하는 결정적 요인으로 작용했다.[10]

정강산 투쟁과 강서로의 이동

'추수봉기'는 도시봉기의 관점에서 볼 때 실패할 것이 자명했다. 당 중앙위가 '추수봉기'가 실패로 돌아가자마자 모택동을 완전히 배제한 이유다. 그는 정치국과 전적위원회에서 축출됐다. 호남성위원회도 추수봉기를 두고 무자비한 약탈을 뜻하는 겁략운동劫掠運動이라고 공격했다.

그가 정강산에 들어갈 당시 이미 정강산에는 약탈을 일삼는 비적집단이 있었다. 왕좌와 원문재가 두목이었다. 이들은 모택동의 설득으로 홍군에 들어와 연대장급인 단장團長을 맡게 됐다. 이를 계기로 그의 부대는 3개 연대 규모로 증가했다. 이에 대한 모택동의 술회다.[11]

"왕좌와 원문재는 비록 전에는 도적이었으나 부하들을 이끌고 자진하여 국민혁명에 뛰어들었다. 내가 정강산에 있을 때 그들은 충실한 공산주의자가 되어 당의 모든 명령을 수행했다. 그러나 후에 정강산에 그들만 남게 되자 다시 예전의 도적 본성이 되살아났고, 결국 농민들에게 살해당하고 말았다. 당시 농민들은 이미 조직화되고 소비에트화되어 그들 스스로 지킬 능력이 있었다."

이해 11월 강서와 호남의 경계인 다릉에서 두수경을 주석으로 하는 제1기 소비에트 정부가 출범했다. 이는 구추백과 이립삼 등이 이끄는 당 중앙의 거센 비난을 초래했다. 당시 상해의 공산당 중앙위원회를 비롯해 모스크바와 코민테른 모두 도시폭동을 최상의 전술로 생각했다. 모택동이 주장한 게릴라전은 도시지역에서 또 다른 혁명봉기가 일어나기 전까지 현상을 유지하는 미봉책에 불과했다. 그가 이 시기에 별반 눈에 띄는 역할을 하지 못한 것도 이와 무관치 않았다.

모택동은 비록 실패하기는 했으나 추수봉기를 통해 무력에 의한 공산혁명의 필요성을 절감하고 있었다. 당 중앙의 비판적인 시각에도 불구하고 1927년 말부터 그는 정강산에서 군사기지를 마련하는 등 나름대로 최선을 다했다. 그의 '정강산 시기'는 홍군 총사령 주덕과 함께 정강산을 기반으로 게릴라전을 성공적으로 수행한 데서 시작된다.

추수봉기 이전까지만 해도 그는 무력을 지닌 군벌들이 서로 치열하게 다투는 '군벌시대'의 의미를 제대로 파악치 못했다. 아무리 이념이 중요할지라도 현실적인 힘이 없으면 아무것도 이룰 수 없다는 사실을 깨달은 것 자체가 소득이었다. 이는 실제로 공산당의 노선 정립에 중요한 분기점이 됐다.

이듬해인 1928년 4월 주덕과 진의가 남창봉기에 참가했던 잔류부대를 이끌고 정강산으로 들어와 모택동과 합류했다.[12] 정강산에서 모택동과 주덕이 힘을 모으면서 혁명군의 세력은 크게 불어났다. 병력이 4천 명을 넘어섰다. 병사들의 식량문제와 각종 보급품의 조달이 어려운 과제로 등장했다. 장소를 수시로 옮겨야 했던 이유다.

이해 가을 대표자 회의가 정강산에서 열렸다. 정강산 북부 소비에트 지구 대표들이 참석했다. 당시 소비에트 당원 사이에 여러 이견이 있었으나 이 회의에서 완전히 해소됐다. 이때 호북의 서부에서 하룡, 동부에서 서해동이 독자적인 노농홍군을 만들었다. 겨울에는 복건에 인접한 강서 동북 경계지역에서 방지민과 소식평이 주도한 농민운동이 발생했다. 후에 이곳이 거점이 되어 강력한 소비에트 근거지로 발전했다. 모택동의 회상이다.

"당시 겨울용 군복이 없었고 식량 또한 극도로 모자랐다. 우리는 거의 몇 달 동안 호박에 의지해 살았다. 사병들은 '자본주의를 타도하고 호박을 먹어버리자'고 외쳤다. 사병들에게 자본주의는 곧 지주이자 지주들의 호박이었다."

1929년 1월 국민당 정부군의 정강산에 대한 섬멸전을 피해 주덕과 함께 홍군의 주력을 이끌고 강서 남부와 복건 서부로 이동했다. 팽덕회만 정강산에 남았다. 이로써 1년여에 걸친 '정강산 시대'가 사실상 끝났다. 홍군은 강서 일대에서 다시 투쟁을 벌이기 시작했다. 모택동은 복건성 서부에 소비에트를 건설하고 그 지역의 홍군과 합류했다. 이어 부대를 나눠 3개 현을 점령한 뒤 그곳에도 소비에트를 조직했다.

이때 그는 경험을 토대로 「정강산 투쟁」 등의 보고서를 발표해 농촌에서 도시를 포위해 무력으로 정권을 탈취하자는 전략을 제시했다. 여기에서 특유의 '신민주주의론'에 입각한 모택동 사상이 형성되기 시작했다. 그의 회고다.

"우리는 6개 현에 소비에트 지구를 건설한 뒤 먼저 공산당 세력을 안정시키면서 점차 강화하는 방향으로 나아갔다. 이는 급속한 세력확장을 바라는 당 중앙의 생각과는 어긋나는 것이었다. 이로 인해 부대 내부에도 분란이 있었다. 주덕과 나는 부득이 두 가지 주장과 싸울 수밖에 없었다. 첫 번째는 즉시 장사로 진격하자는 주장이었다. 우리는 이를 모험주의라고 배격했다. 두 번째는 광동 경계 남쪽으로 퇴각하자는 주장이었다. 우리는 이를 '패배주의'라고 반박했다. 당시 주요 임무는 토지의 균등분배와 소비에트 정권의 수립이었다."

이해 가을 홍군은 강서 북로로 이동하면서 많은 도시를 공격했다. 이들은 남창에 아주 가까운 거리까지 접근했다가 갑자기 서쪽으로 방향을 바꿔 장사로 진공했다. 이 과정에서 모택동은 정강산을 마지막으로 빠져나온 팽덕회 부대와 합류했다. 팽덕회는 이미 장사를 한번 점령했다가 퇴각한 후 강서 남쪽 일대에서 활동하고 있었다.

이해 12월 복건 서부에서 소위 고전占田회의가 열렸다. 여기서 오로지 변화만을 좇는 '유랑벽', 무질서한 '유격주의', 봉건적인 '군벌주의' 등에 대한 논의가 있었다. 모택동의 회고다.

"회의가 열리기 전까지 지도층 내부의 트로츠키파는 우리의 활동역량을 약화시키기 위해 이런 풍조를 이용하기도 했다. 이때 우리는 트로츠키파에 대한 맹렬한 투쟁을 전개해 많은 간부들을 당과 군 지휘관직에서 해임시켰다."

1930년대 초까지 중국공산당 내에는 트로츠키를 추종하는 세력이 제법 많았다. 토로츠키는 농민이 독립적인 정치적 역할을 수행할 수 있다는 레닌의 볼세비즘과 달리 오직 도시의 노동자계급만이 지도적 역할을 수행할 수 있다고 주장했다. 농민혁명을 꿈꾸는 모택동의 입장에서 볼 때 트로츠키의 주장은 용납할 수 없는 것이었다. 이를 뒷받침하는 게 1930년 1월 5일 모택동이 홍군의 앞날에 대하여 의구심을 품고 있는 임표에게 보낸 회신이다.

"중국의 옛 격언에 한줄기 불꽃이 온 들판을 태운다는 뜻의 '성성지화星星之火, 가이요원可以燎原' 구절이 있다. 현재는 비록 자그마한 역량이지만 그것은 매우 빠른 속도로 발전할 것이다. 중국혁명은 중국이 처한 현재의 상황하에서 발전 가능성뿐만 아니라 필연성까지 지니고 있는 것이다."

'성성지화·가이요원'은 중국혁명이 작은 것에서 큰 것으로, 약한 것에서 강한 것으로 발전해 최종적으로 승리를 쟁취할 것이라는 확신에서 나온 것이다. 농민혁명에 대한 신념이 그만큼 확고했음을 방증한다. 이후 노동자혁명을 외치며 농민혁명에 회의적이었던 많은 정적들이 그의 행동대장인 강생에 의해 트로츠키파로 몰려 소리 없이 사라졌다.

이해 4월 팽덕회 군사가 서금에서 다시 합류했다. 팽덕회는 강서와 호남의 접경에서 활동하고 모택동과 주덕은 복건으로 이동하기로 결정했다. 이해 6월 이들은 '제1방면군'을 편성하고 주덕을 사령관, 모택동을 정치위원에 임명했다.[13]

당시 그의 이름은 널리 알려진 상태였다. 그를 체포할 경우 10만 위안의 현상금을 받을 수 있었다. 그의 집안의 토지는 국민당에 몰수되었고 처와 동생 등이 모두 체포되었다. 부인 양계혜와 누이동생은 처형됐다. 그러나 그는 이미 2년 전에 동거하고 있던 하자정賀子貞과 사실상 재혼한 상태였다.

1930년 여름 공산당 중앙위원회는 홍군에게 중국 중남부의 여러 주요 도시들을 장악하라는 지시를 내렸다. 목적은 도시 노동자들에 의한 혁명봉기를 부추기는 것이었다. 홍군은 보복 차원에서 장사에 대한 제2차 공격을 시도했으나 이 역시 참담한 실패로 끝났다. 객관적으로 볼 때 도시 장악 시도를 계속하면 인명손실만 커진다는 사실이 분명해졌다. 모택동은 전투를 포기하고 강서성 남부의 근거지로 돌아갔다. 이립삼이 주장하는 무한에 대한 공격을 하지 않음으로써 홍군이 위험에서 벗어난 배경이다.

홍군이 당면한 주요 과제는 신병모집과 새로운 소비에트의 개척이었다. 『모택동 자전』에 나오는 술회다.

"장사 공격은 긴급하지도 않았을 뿐만 아니라 기회주의적 요소까지 내포하고 있었다. 후방의 소비에트 정권이 아직 공고해지지 않은 시점에서 장사를 근거지로 삼으려는 시도는 전략적인 실수였다."

그럼에도 이립삼은 당시 홍군의 전투력과 국내상황에 나타난 혁명요소를 과대평가했다. 장기적인 내전으로 인해 혁명이 이미 거의 성공했고 전국적인 정권을 세울 수 있다고 믿었던 탓이다. 그러나 모택동의 생각은 달랐다. 내전이 끝나는 즉시 장개석은 소비에트에 대한 대규모 공격준비에 나설 것이고, 이런 상황에서 위험한 모험은 자멸을 초래할 수 있다고 보았다.

도시폭동의 실패는 '이립삼 노선'을 붕괴시키는 데 일조했다. 홍군이 강서로 돌아와 길안吉安을 점령한 후 홍군 내에서 '이립삼 노선'은 배척됐다. 이립삼 추종자들이 반기를 들었다. 유철초를 대표로 하는 일부 홍군이 소비에트 지구 중심인 길안과 가까운 강서의 부전富田에서 다른 홍군과의 분리를 공개적으로 요구하며 강서 소비에트 주석과 간부들을 체포했다. 소위 '부전 사건'이다. 이 사건은 팽덕회의 노력으로 주모자가 체포되고 반란자들이 무장해제당함으로써 이내 진압됐다. 이를 계기로 '이립삼 노선'은 완전히 폐기됐다.

이해 말 장개석은 홍군에 대한 제1차 위초圍剿를 시도했다. 총 10만 명의 국민당 정부군이 홍군의 소비에트를 포위한 뒤 다섯 갈래로 나뉘어 진공했다. 홍군은 2만의 병력으로 이들을 물리쳤다. 신속한 집결과 분산을 기초로 한 유격전의 결과였다. 모택동의 설명이다.

"우리는 적군을 소비에트 지구 안으로 깊숙이 끌어들인 뒤 적군보다 많은 병력을 집결시켜 후방의 지원군과 떨어진 국민당 정부군을 급습함으로써 전략적으로 유리한 위치를 차지하고 순식간에 적군을 포위할 수 있었다. 이런 식으로 우리는 수적으로 우월한 적군의 전략적 우위를 역전시켰다."14)

이듬해인 1931년 초 국민당 군정부장을 맡고 있던 하응흠何應欽을 최고사령관으로 하는 제2차 '위초'가 시작됐다. 병력은 20만 명이 넘었고, 7로군으로 나뉘어 소비에트 지구로 공격해 왔다. 거의 모든 면에서 홍군을 압도했다. 홍군은 동일한 전략으로 맞섰다. 주력군을 집결시켜 우선 2

로군을 격파한 뒤 제3, 제6, 제7로군을 차례로 물리쳤다. 국민당 정부군 제4로군은 싸우지도 않고 후퇴했고 제5로군 일부도 격파됐다. 마침내 채정개蔡廷鐵 휘하의 제1로군도 퇴각했다.[15]

1달 후 가장 능력 있는 3명의 지휘관을 부사령으로 삼은 장개석이 직접 30만 병력을 이끌고 제3차 '위초'에 나섰다. 그는 공비共匪를 단숨에 제압하기 위해 매일 80리의 행군을 시작했다. 3만의 홍군 주력군은 5일 동안 5개의 국민당 부대를 공격해 많은 전공을 세웠다. 이해 8월 홍군 제1방면군이 건립되면서 모택동은 총전적위원회 서기 겸 총정치위원을 맡았다. 9월에 이르러 만주사변으로 인해 장개석의 제3차 '위초'도 실패로 돌아갔다. 그러나 장개석은 포기하지 않았다. 모택동에게는 장개석이 모든 역량을 기울인 제4차 '위초'가 기다리고 있었다.

공산당의 지도자로 부상하는 강서시기

중국의 각 성은 약자를 써 표현한다. 강서는 공贛으로 통한다. 중국어로는 '간'으로 읽는다. 강서의 성도 남창을 관통하는 강 이름이 '간강贛江'이다. 남창 시내에 있는 '등왕각'은 659년에 건조된 후 당나라 시인 왕발의「등왕각서문」으로 유명한 강남 3대 명루 중 하나다. 남창 시내에 있는 박물관에는 역사문화재 3만 여 점이 수장돼 있다. 전시되고 있는 혁명문물 1만 5천 점은 1927년 주은래가 주도한 남창봉기를 기념하는 물건들로 구성돼 있다.

강서의 남부에 위치한 서금은 중화인민공화국 성립과정에서 매우 중요한 지역임에도 불구하고 정강산시로 발전한 정강산 일대에 비해 크게 발전한 게 없다. 서금은 강서와 복건의 경계에 위치해 있다. 모택동은 1931년 11월 서금에 수립된 중화소비에트공화국 임시중앙정부에서 중앙집행위원회 주석 겸 인민위원회 주석으로 선발됐다. 그와 행동을 같이 했던 주덕은 홍군 총사령에 선출됐다.

이때 조박생 등이 주도한 국민당 28로군 2만여 명이 장개석에 반기를 들고 홍군에 가담하는 소위 영도폭동寧都暴動이 일어났다. 이들은 홍군의 5군단에 편제됐다. 이를 계기로 홍군은 스스로 공세를 취하기 시작해 이웃한 몇 개의 도시를 점령할 수 있었다.

이듬해인 1932년 2월 모택동이 일본에 선전포고를 했다. 일본군이 상해를 침공한 직후였다. 그는 장개석에게 3가지 조건을 내걸었다. 첫째 내전을 중지하고, 둘째 언론·집회·결사의 자유와 민주적 권리를 보장하고, 셋째 거국적인 항일전을 위해 인민을 무장할 것 등이다.

여론을 유리하게 이끌기 위한 고도의 책략이었다. 그 효과는 컸다. 국공합작을 바라는 여론이 들끓으면서 장개석이 궁지에 몰렸다. 장개석의 '위초'가 주춤해진 이유다. 이로 인해 대장정 때까지 모택동은 반사이익을 얻을 수 있었다. 이때 그는 거의 모든 시간을 소비에트 정부의 업무에 소비했다. 군사지휘는 주덕 등이 전담했다.

장개석은 그 속셈을 읽었다. 그는 소위 '안내양외'를 외치며 '위초'를 서둘렀다. 이해 4월 제4차 '위초'가 시작됐다. 결과는 홍군의 완승이었다. 국민당 정부군 2개 사단이 무장해제당하고 2명의 사단장과 3만여 명이 생포됐다. 최정예 사단인 1개 사단도 완전 섬멸됐다. 장개석은 야전군 사령관인 진성에게 보낸 편지에서 이 패배를 '생애 최대의 치욕'이라고 말했다. 진성은 주변 사람에게 홍군과의 싸움을 '무기징역'이라고 털어놓았다가 장개석의 노여움을 사 최고 사령관직에서 해임됐다.

이해 10월 최후의 5차 '위초'가 시작됐다. 장개석은 승부수를 던졌다. 자신이 가장 아끼는 정예군을 투입했다. 모택동은 장개석이 100만 명을 동원했다고 주장했으나 사실 30만 명이었다. 장개석은 소비에트 지구를 철저히 포위한 뒤 신중하게 밀고 들어왔다. 도로와 보루, 참호 등을 만들어 주력부대와 홍군의 접촉을 막으면서 보루의 후방에서만 전투를 했다. 홍군은 이내 궁지에 몰리게 됐다. 모택동의 술회다.

"이 시기에 우리는 두 가지 중대한 과오를 범했다. 하나는 장개석의 제5차 '위초' 때 이전처럼 적을 유인하는 전술을 버리고 단순히 방어만 하는 그릇된 전략을 택한 것이고, 다른 하나는 1933년 채정개 부대가 장개석에 반기를 들었을 때 그와 연합하지 못한 것이다. 이미 유리한 위치를 점하고 있던 적군과 진지전을 한 것은 중대한 실수였다."

장개석의 5차 '위초'가 진행 중인 와중에 영도에서 긴급회의가 열렸다. 좌경 노선의 지도자들은 모택동이 당 중앙에 복종하지 않았고 '우경보수주의'에 빠졌다는 죄명을 씌워 모택동의 직위를 해제했다. 이 처분은 그가 자리에 없는 틈을 타 이뤄졌다. 회의 후 이의를 제기했으나 일언지하에 무시됐다.

이날 모택동은 집으로 돌아와 줄담배를 피면서 반나절이나 아무 말도 하지 않았다. 모택동이 처분을 받을 때마다 그의 둘째 부인 하자진이 그를 격려했다. 모택동이 분통을 터뜨렸다.

"교조주의는 참으로 해로운 것이오. 그들은 실제 공작은 하지 않고 노동자와 농민들을 접촉하지도 않으면서 여러 가지 지시와 명령을 쏟아내고 있소. 그런 식으로 국민당에 맞서 싸워 이길 수 있겠소? 그들은 해외의 높고 큰 건물에 살면서 중국의 혁명을 지도하려고 하니 이 어찌 잘못을 범하는 것이 아니고 천하의 웃음거리가 아니겠소?"

이해 12월 송경령은 상해에서 노신, 채원배 등과 함께 '중국민권보장동맹'을 조직했다. 전국 집행위원회 주석을 맡은 그녀는 많은 공산당원과 애국민주 인사들을 국민당 박해에서 구제하기 위해 노력했다. 그녀는 공산당의 '항일민족통일전선' 건립에 관한 호소를 대변했다.

이듬해인 1933년 초 좌경 노선 지도자들은 모택동을 겨냥한 소위 '반나명反羅明 운동'을 일으켰다. 복건 서부지역 당서기 대행으로 있던 나명은 장개석의 제4차 '위초' 당시 당 중앙의 포위망 돌파작전 명령에 반대의견을 개진했다. 군사 지도부의 명령이 너무 기계적이고 지역적 특수성을 무시한 획일적인 내용으로 이뤄져 있다는 게 골자였다. 그는 자신의 의견을 피력하고자 했을 뿐 결코 당 중앙의 권위에 도전할 생각은 없었다. 그럼에도 그는 이내 우익 비관론자로 몰려 즉시 해직되고 말았다.

'반나명 운동'으로 직접적인 타격을 입은 사람은 모택담과 등소평이었다. 이로 인해 모택동 부부는 고립된 생활을 해야만 했다. 그가 유일하게 자신의 속마음을 얘기할 수 있는 사람은 하자진뿐이었다. 하루는 그녀에게 이같이 말했다.

"왕명 등이 우리를 사지로 몰아넣고 있소!"

그가 훗날 소련의 입장을 그대로 좇고 있는 왕명 등의 '28인의 볼셰비키'를 숙청대상으로 삼은 데에는 이 사건이 결정적인 계기로 작용했다. 당시 그는 군사에 직접 관여할 수 없게 되자 소비에트구의 경제문제에 깊은 관심을 기울였다. 직접 소비에트구의 여러 마을을 돌며 조사를 벌였다. 「농촌의 계급을 어떻게 분석할 것인가」 등의 보고서가 그 성과다. 하자진이 수시로 낙심한 그를 위로했다.

"왕명 노선은 지주와 부농을 모두 묶어버리자는 것인데 이는 잘못된 것입니다. 왕명 노선이 당신에게 타격을 가했으나 인민들은 당신을 지지하고 있습니다. 그들은 언제나 당신을 그들의 주석이요, 훌륭한 영도자로 생각하고 있습니다."

1934년 1월 제2차 소비에트 대표대회가 서금에서 열렸다. 여기서 그간의 성과에 대한 검토가 이뤄졌다. 당초 모택동은 1930년 12월부터 1933년 2월까지 4차례에 걸쳐 국민당의 대규모 '위초'를 분쇄했다. 그러나 왕명 등 좌경 모험주의자들은 모택동의 노선을 반대하고 무모한 군사 노선을 추구했다. 장개석의 제5차 '위초'에 무너지게 된 것도 이와 무관치 않았다. '대장정'이 빚어진 배경이다.

이해 10월부터 강서 서금에서 섬서 연안까지 1만 5천 킬로미터에 달하는 '대장정'이 시작됐다. 그는 임신한 하자진 등과 함께 서북부의 섬서 연안으로 이동하는 대장정에 나섰다.[16] 장개석의 제5차 '위초'가 일어난지 꼭 1년 뒤의 일이다. 주은래로부터 대장정 계획을 통고받기는 했으나 단 한번도, 그 누구로부터도 의견이나 조언을 부탁받은 적이 없었다. 그는 당 중앙으로부터 철저히 백안시되고 있었다.

당 중앙이 직접 지도하는 제1방면군은 10월 15일 살아남은 전투원 8만 5천 명과 후방요원 1만 5천 명 등과 함께 포위망의 허술한 부분을 뚫고 서쪽으로 이동하기 시작했다. 모택동은 사흘 뒤 퇴각하는 홍군과 뒤늦게 합류했다. 당시 그는 책 상자 한 개와 부러진 우산, 담요 두 장, 낡은 외투만을 휴대하고 있었다.

당시 모택동이 당 중앙에 의해 축출된 상태였던 까닭에 주덕이 군사령관, 주은래가 당 주석을 맡고 있었다. 제1방면군은 하룡이 이끄는 제2방면군이 호남과 호북, 사천, 귀주의 경계지역에 진출하고 있어 이와 합류할 예정이었으나 국민당 정부군의 공격으로 좌절됐다.

1935년 1월 하순 홍군의 주력부대인 제1방면군이 국민당 정부군의 격렬한 공격을 받아가며 우여곡절 끝에 귀주의 준의遵義에 도착했다. 1월 9일부터 중앙정치국 회의가 시작되었다. 중앙정치국 확대회의는 1월 15일부터 17일까지 열렸다. 참가한 사람은 모택동, 주덕, 주은래, 진방헌, 장문천, 왕가상, 유소기 등 모두 20명이었다. 여기서 귀주 북쪽에 새로운 소비에트를 건설하기로 한 당초의 방침을 바꿔 사천 성도의 서남쪽 혹은 서북쪽에 소비에트를 세운다는 결정이 내려졌다. 사천지역이 여러 면에서 귀주 북쪽보다 낫다고 판단한 결과였다.

장개석의 제5차 '위초'에 참패한 원인규명도 이뤄졌다. 군사 지상주의와 전략전술상의 착오 등이 거론됐다. 총서기인 진방헌은 제5차 '위초'에 실패한 배경을 보고하면서 서구 제국주의 열강과 국민당의 힘이 강대한 반면 소비에트구의 물질조건은 뒤떨어졌다는 객관적인 원인만 강조했다.

모택동이 즉각 반격에 나섰다. 그는 공격의 모험주의, 방어의 보수주의, 이동의 도피주의를 지적했다. 이때 '28인의 볼셰비키'의 일원인 장문천과 왕가상 등이 적극적으로 모택동 쪽으로 돌아섰다. 여기에 주은래도 가세했다. 졸지에 진방헌은 고립무원이 되고 말았다. 결국 오토 브라운, 진방헌, 주은래 등 3명에게 책임을 묻는 선에서 사안이 매듭지어졌다.

오토 브라운은 코민테른에 의해 중국공산당을 지도하기 위해 파견된 독일 출신 군사고문이었다. 독일에서 체포돼 사형선고까지 받았으나 탈주에 성공하여 모스크바로 도망쳤다가 코민테른의 지시로 중국으로 파견된 인물이다. 일명 이덕李德으로 불렸다. 장개석의 제5차 '위초' 때 모택동의 유격전술 대신 정규전으로 맞설 것을 주장했다가 홍군을 궤멸상태로 몰아넣는 바람에 준의회의 이후 영향력을 잃고 모택동의 군사 보좌역으로 그 역할이 축소됐다. 그는 장정에 참가한 유일한 외국인이기도 했다.[17]

이해 2월 진방헌이 물러나고 장문천이 총서기 자리를 차지했다. 그러나 군사위는 장문천과 주은래, 왕가상 등 3인이 집단체제로 운영하게 됐다. '소련파'와 '프랑스파'의 합작인 셈이다. 모택동은 정치국 상임위원으로 선출됐다. 주목할 것은 준의회의를 계기로 극좌노선이 부인되고 모택동 노선이 채택된 점이다. 지난 1981년 중국공산당 제11기 6중전회에서 통과된 「역사결의」는 그 의미를 이같이 풀이해 놓았다.

"이 회의는 모택동 동지로 하여금 홍군과 당 중앙의 영도적 지위를 확립하게 했고, 위급한 상황에서 당 중앙과 홍군을 보존할 수 있게 했다. 이에 마침내 장정을 성공적으로 완수하고 중국혁명의 새로운 국면을 여는 계기가 마련됐다."

준의회의를 모택동이 장차 중국혁명을 승리로 이끄는 일대 전환점 등으로 평가한 것이다. 준의회의 이후 중국공산당과 홍군이 대체로 모택동의 전략구상과 지도력을 좇은 까닭에 이런 주장이 완전히 틀린 것은 아니다. 그러나 이는 과장된 것이다. 크게 두 가지다.

첫째, 준의회의에서 '28인의 볼셰비키' 좌파 노선에 대한 문제가 완전히 해소된 게 아니었다. 실제로 준의회의에서는 과거의 당 노선 전체를 깊이 토의한 적이 없다. 장개석의 제5차 '위초'에 대해 진지전 전략으로 대응한 오토 브라운과 진방헌 및 주은래의 군사상 오류를 모택동이 비판하고 다수의 군사지도자들이 이를 지지한 게 전부다.

둘째, 준의회의에서 모택동이 당을 실질적으로 장악하게 됐다는 주장도 잘못이다. 모택동은 준의회의에서 정치국 상임위원으로 복귀하고 군사위 위원에 선임되었을 뿐이다. 당과 군의 주요 지도자로 부상한 것은 틀림없지만 군사위 주석은 여전히 주은래가 맡고 있었다. 모택동이 준의회의에서 당 중앙과 군사위 주석으로 취임했다는 '영도적 지위 확립'운운은 역사적 사실과 동떨어진 것이다. 이는 준의회의 당시 소련 유학을 갔다 온 한 이론가의 다음과 같은 독설이 증명한다.

"마오 동지, 당신은 마르크스주의에 대해서는 전혀 모르고 있소. 당신이 알고 있는 것은 『손자병법』뿐이오."

마르크스주의가 철칙으로 통하던 당시 상황에서 이 말은 모택동에게 통렬한 타격으로 작용할 수밖에 없다. 실제로 모택동은 1921년 7월에 발족한 중국공산당의 창당 멤버 중 하나였으나 공산주의에 대한 지식은 조악하기 짝이 없었다. 중국공산당은 소련에서 직접 파견한 고문단이나 소련에서 마르크스-레닌주의 이론을 배우고 돌아온 소련 유학파들에 의해 지도되고 있었다. 모택동은 호남성 출신의 고집 센 촌뜨기에 지나지 않았다.

현재 학계에서 모택동이 공산주의 이론의 성전으로 간주된 『자본론』을 단 한 번도 제대로 읽은 적이 없다는 사실을 부인하는 사람은 없다. 모택동 연구로 세계적 명성을 누리고 있는 오스틴대 교수 로스 테릴도 그의 저서 『마오전기』에서 모택동의 독서에 대해 이같이 기술해 놓았다.

"마오는 독서광으로 유명한 프랑스의 드골을 뛰어넘는, 20세기 세계 지도자 중 제일의 독서가이자 저술가였다. 특히 역사와 지리방면에는 타의 추종을 불허하는 독보적인 독서광이었으나 과학기술이나 경제경영을 포함해 민주주의, 사회주의, 공산주의 등 서구의 정치사상 서적에는 별 흥미가 없었다."

이는 모택동만의 책임도 아니다. 21세기 현재에 이르기까지 중국 전체의 마르크스에 대한 이해 수준이 그렇다. 마르크스가 18년 간에 걸쳐 대영제국 의회도서관에서 살다시피 하며 저술한 『자본론』의 독어 원문이 독일 함부르크에서 출간된 것은 1867년이다. 이후 5년 뒤인 1872년에 노어 번역본, 20세기 초에 영어 번역본이 나왔다. 일어 번역본도 이때에 나왔다. 중어 번역본은 1938년 9월 일본 세력하의 상하이에서 처음으로 나왔다. 곽대력郭大力이라는 퇴직교사가 영문 번역본을 초벌 번역한 것이다. 이는 오역이 너무 많아 1968년에 대부분의 내용을 수정해 다시 펴냈다. 중국공산당의 주도하에 독어 원문을 대상으로 한 완역본이 나온 것은 1987년이다. 모택동 사후 11년이 지난 뒤이다. 모택동이『자본론』을 읽지 않은 것을 무턱대고 나무랄 수만도 없는 일이다.

호남성 출신 촌뜨기에 불과했던 그가 준의회의를 계기로 문득 일정한 위치에 올라선 것도 이와 무관할 수 없다.『자본론』을 얼마나 제대로 이해하고 있었는지 여부가 그다지 중요치 않았다는 얘기다. 실제로 그가 준의회의를 기점으로 당내의 다수파를 형성하고 이후 당과 홍군의 진로를 결정하는 데 중요한 역할을 맡게 된 것만은 부인할 수 없는 사실이다. 이후 중국공산당의 비약적인 발전을 가져온 연안 시대가 전개된 게 그 증거다. 여기에는 '프랑스파'의 우두머리격인 주은래의 협조가 결정적인 배경으로 작용했다.

준의회의 후 귀주의 토성에서 홍군과 국민당 정부군이 격전을 벌이게 됐다. 형세는 홍군에게 불리했다. 총사령관 주덕이 직접 전선에 나가 전투를 지휘하기로 결심했다. 모택동은 주덕과 그 부대를 대대적으로 환송해 주었다. 모택동이 먼저 축하했다.

"주총사령의 전선 출전을 환송합니다. 영용한 홍군은 천하무적이다!"

주덕이 빠른 걸음으로 모택동 앞으로 다가가 손을 꼭 잡고 말했다.

"이렇게 많은 사람들을 동원하시다니 너무 지나치십니다."

"당연한 일이지요. 도화담 물이 1천 자의 깊이라지만 우리 두 사람의 우정과는 비할 바가 아닙니다. 총사령께서 많은 포로들을 붙잡고 싸움에서 더 큰 승리를 거둘 것을 축하드립니다."

이는 당나라 이백의 시 「증왕윤贈汪倫」을 인용한 것이다. 시와 고문에 밝은 모택동은 상황에 따라 고전을 적절히 인용할 줄 아는 뛰어난 실력을 지니고 있었다. 시의 내용이다.

이백이 배를 타고 길을 떠나려는데   李白乘舟將欲行

강기슭서 부르는 노래 소리 들리네   忽聞岸上踏歌聲

도화담 깊이가 천 자나 된다고 하나   桃花潭水深千尺

날 보내는 왕윤 마음에 미칠 수 없네   不及汪倫送我情

이해 6월 주덕이 이끈 제1방면군과 장국도의 제4방면군이 사천 무공에서 합류했다. 주덕은 당의 지시에 따라 장국도와 함께 좌로군의 북상을 지휘했다. 도중에 장국도는 당의 북상방침에 반대하고 당과 홍군을 분열시켰다. 장국도가 위협과 회유로 설득에 나서자 주덕이 이같이 대꾸했다.

"천하의 홍군은 모두 하나이다. 당 중앙이 영도하는 하나의 총체이다. 주덕과 모택동이 오랫동안 함께 한 것을 중국과 세계가 모두 알고 있다. 나보고 모택동에 반대하라고 하니 절대 그럴 수 없다. 북상하자는 결의안에 나는 손을 들어 찬성했다. 나는 그 결의에 반대할 수 없다."

장국도가 별도의 당 중앙을 세우려 하는 것을 불법적인 행동이라고 비판한 것이다. 장국도의 분열활동을 막아내고 홍군의 단결을 유지해 결국 3개 방면군의 군사가 성공적으로 합류하게 된 배경이다. 모택동은 훗날 주덕을 이같이 칭찬했다.

"큰 절개로 임해 욕되지 않았다. 그 도량이 바다와 같이 크고 그 의

지는 강철과 같이 굳다."

결국 장국도 부대는 주덕과 함께 서남부 접경지대로 향했다. 모택동 휘하의 주력군은 서북의 섬서로 향했다. 이해 10월 19일 모택동의 제1방면군이 먼저 섬서의 연안에 도착했다. 당초 약 8만 6천 명이 출발했으나 연안에 도착한 숫자는 10분의 1밖에 안 되었다. 사망자 명단에 모택동의 두 아이와 동생 모택담도 있었다.

이듬해인 1936년 10월 제2방면군과 제4방면군도 도착했다. 이로써 1934년부터 1936년까지 11개 성을 통과하고 18개에 이르는 산맥을 넘은 '대장정'이 마무리되었다. 거리로는 모두 1만 5천 킬로미터에 달했다. 이는 신의주에서 부산까지 7차례 왕복한 거리에 해당한다. 30만의 병력은 장정을 마쳤을 때 10분의 1로 줄어들어 있었다. 솔즈베리는 '대장정'의 의미를 이같이 풀이해 놓았다.

"그것은 인간 생존의 대승리였다. 원래 아무런 계획 없이 진행됐다. 모택동은 그 준비과정에서 제외되었으며 마지막 순간에 가서 통고만 받았을 뿐이었다. 그러나 결국에 가서 모택동과 공산주의자들에게 중국을 안겨준 것은 바로 이 대장정이다. 이것은 『성경』에 나오는 유태인의 '출애굽기'와 어느 정도 비슷하고, 한니발의 알프스 산맥 횡단 및 나폴레옹의 모스크바 진격과 유사성을 띠고 있다. 어떤 면에서는 놀랍게도 서부의 험산과 얼어붙은 초원을 횡단해 간 미국인들의 거대한 마차행렬과 유사한 성격을 띠고 있다. 그러나 그 어떠한 비교도 적합지 않다. 대장정은 역사상 유례가 없는 사건인 것이다. 그 영웅적 사건은 11억이나 되는 인구를 가진 국가로 하여금 누구도 감히 예언할 수 없는 운명을 향해 거국적인 달음질을 시작하도록 만들었다."

중국에서는 '대장정'을 대서천大西遷으로 표현하기도 한다. '대서천'은 명민하고 단호한 모택동의 리더십이 있기에 가능했다. 모택동이 '대서천' 종료 14년 뒤 당시로서는 도저히 불가능할 것으로 보이는 일을 해낸 게 그 증거다. 고난의 '대서천'에서 살아남은 병력이 최정예 부대가 되어 공산혁명의 중심세력으로 활약한 결과로 해석할 수 있다.

탁월한 리더십을 발휘한 연안시기

모택동의 '연안시기'는 대장정에 나선 홍군이 우여곡절 끝에 약 8천 명만 살아남아 연안에 도착하는 1935년 가을부터 시작됐다. 이 시기에 그는 이미 오래 전에 연안에 둥지를 틀고 있던 인물을 포함해 자신의 가장 큰 정적이었던 왕명과 장국도를 일거에 제거하는 데 성공했다. 이들을 우파 기회주의자로 몰아가는 소위 정풍운동整風運動을 전개해 명실상부한 당내 제1인자로 부상한 게 그것이다.[18]

1935년 12월 27일 섬서 북부의 자장현 와요보진瓦窯堡鎮에서 공산당 중앙위원회 정치국 회의가 열었다. 그간 당내에서는 반동적인 민족자산계급과 연합할 수 없다는 게 중론이었다. 그러나 이 '와요보 회의'에서 모택동은 이와 반대되는 내용의 「일본 제국주의를 반대하는 전술에 대하여」라는 보고서를 발표했다. 민족자산계급과 통일전선을 구축해 항일전에 나서야 한다는 게 골자였다. 그가 대장정을 소위 '파종론'에 비유한 이유다. 그의 설명이다.

"대장정은 유사 이래 처음 있는 일이다. 대장정은 11개 성에 수많은 종자를 뿌려놓았다. 그 종자가 싹이 트고 잎이 자라고 꽃이 피고 열매가 맺혀 앞으로 수확이 있게 될 것이다. 지금은 대변동의 전야이다. 당의 과업은 홍군의 활동과 전국의 노동자, 농민, 학생, 소자산계급, 민족자산계급의 모든 활동을 합류시켜 통일적인 민족혁명전선을 형성하는 데 있다."

'파종론'은 모택동의 통일전선 전략의 골자이다. 그는 세상의 모든 변화와 주행에 직선 코스는 없다고 단언했다. 대다수 사람들이 혁명노선을 직선으로 간주한 데 반해 모택동은 굴곡이 많은 곡선으로 간주한 것이다. 그가 혁명에 대한 조급증과 폐쇄주의를 신랄히 비판한 이유다.

"우물 안의 개구리가 '하늘이 우물만큼 크다'고 말한다면 그것은 틀린 말이다. 하늘은 우물에 비할 바가 아니기 때문이다. 만일 '하늘의 어느 한 부분이 우물만큼 크다'고 말한다면 그것은 옳다. 사실에 부합하기 때문이다."

냉철한 현실적 판단에 기초한 임기응변의 중요성을 역설한 것이다. 연안에 도착한 이듬해인 1936년 9월 16일 그는 《신민보》 등의 기자들과 만나 이같이 말했다.

"세 살 먹은 어린 아이에게도 옳은 생각이 많겠지만 아직 천하대사를 알지 못하는 그들에게 천하대사를 맡길 수는 없다. 마르크스-레닌주의는 혁명대열 내의 소아병을 반대한다. 폐쇄주의 전술을 고집하는 사람들이 주장하는 것이 바로 소아병이다. 혁명의 길도 세상의 모든 사물과 마찬가지로 곧은 것이 아니라 언제나 굴절돼 있다. 혁명과 반혁명의 전선도 세상의 모든 사물이 변동될 수 있는 것과 마찬가지로 변동될 수 있는 것이다."

통일전선에 반대하는 교조주의자들을 소아병에 비유해 성토한 것은 매우 통렬하다. 모택동의 여러 저술과 논문 중 군사분야에 특출한 것도 그의 이런 생각과 무관치 않을 것이다. 대표적인 것으로 1936년 12월에 발표한 논문 「중국 혁명전쟁의 전략문제」를 들 수 있다. 그는 여기서 일반적인 공식이나 교조적인 이론을 배척하면서 중국의 특수성을 보편적인 일반

논리로 끌어올리려고 노력했다. 그의 주장이다.

"지금 우리는 전쟁을 하고 있다. 우리의 전쟁은 혁명전쟁이다. 우리의 혁명전쟁은 중국이라는 이 반식민지-반봉건적인 나라에서 진행되고 있다. 그러므로 우리는 일반적 전쟁의 법칙도 연구해야 하며, 또한 특수한 중국 혁명전쟁의 법칙도 연구해야만 한다. 다 아는 바와 같이 무슨 일을 하든지 간에 그 일의 성격이나 다른 일과의 연관성을 모르면 그 일의 법칙을 알 수 없다. 어떻게 그 일을 할 것인가를 알 수도 없고 그 일을 잘할 수도 없다."

그는 당시 상황에서 국공합작이 절대 필요하다고 판단했다. 이는 국제정세에도 부합하는 것이었다. 실제로 영미의 서방세계와 소련 모두 일본을 견제하기 위해서는 국민당과 공산당이 합세해 대적하는 게 긴요하다고 보았다. 그가 공산당의 기본 입장을 국민당과 대비시켜 비유한 다음 대목이 그의 속셈을 잘 보여준다.

"남이 나를 건드리지 않으면 나도 남을 건드리지 않는다人不犯我, 我不犯人."

이는 원래 국공합작을 성사시키기 위한 엄포의 성격으로 나온 것이었다. 결국 여론에 밀린 장개석은 국공합작을 받아들였다. 여기에는 주은래의 설득에 넘어간 장학량이 장개석을 연금하는 '서안 사건'을 일으킨게 결정적인 배경으로 작용했다. 모택동의 '연안시기'는 시작부터 좋은 조짐을 보인 셈이다.

그러나 그는 연안시기에 개인적으로 이별의 아픔을 겪어야만 했다. 1937년 가장 가까운 조언자였던 하자진이 그의 만류를 뿌리치고 연안을 떠났다. 모택동은 그녀가 소련행 비행기를 기다리는 몇 달 동안 여러 차례 편지를 보내 돌아올 것을 요청했으나 모두 거부당했다. 그녀는 소련에 도

착한 후 아들을 낳았으나 아이는 10달 뒤 죽었다.[19]

1938년 5월 모택동은 자신의 전략전술을 담은 「지구전을 논함」을 발표했다. 소련혁명은 소련의 국내사정과 적군의 특수성을 떠나서 생각할 수 없는 것이므로 그것은 그것대로 참고하되 중국혁명 역시 중국의 특수사정을 감안해 전개돼야 한다고 주장한 것이다. 그는 이를 전체와 부분의 상호 연관 문제로 해석했다.

"한 수만 잘못 두어도 지게 된다는 것은 어떤 부분적인 성격을 띤 한 수를 말하는 것이 아니라, 전반 국면에 결정적 의의를 가지는 한 수를 두고 말하는 것이다. 바둑을 둘 때뿐만 아니라 전쟁을 수행할 때도 마찬가지다. 전쟁의 역사에서는 연전연승하다 한 차례의 패배로 모든 것이 수포로 돌아가는 경우도 있고, 여러 번 패전하다가 한 차례의 승리로 새로운 국면을 여는 경우도 있다. 여기서 말하는 한 차례의 패배나 승리는 모두 결정적인 것이다. 이런 모든 것은 전체 국면을 고려하는 것이 얼마나 중요한가를 설명해 주고 있다."

탁월한 지적이다. 그의 뛰어난 용병술은 『손자병법』의 병서는 물론 『자치통감』 등의 사서에 해박한 지식을 갖고 있었기에 가능했다. 『주역』을 포함한 유가경전에 해박했던 장개석과 대비되는 대목이다.

당시 모택동을 포함한 홍군의 수뇌부는 연안에서 모든 것을 자력으로 마련해야 했다. '자력갱생'과 '생산투쟁'이 강조된 배경이다. 모택동은 즐기는 담배를 스스로 조달하기 위해 자신의 동굴 앞에 있는 작은 텃밭을 가꾸어 담배를 재배했다. 1939년 2월 그는 '생산동원 대회'를 열고 날로 어려워지는 경제적 곤경을 해결하는 방안을 한마디로 압축해 제시했다.

"스스로 움직여 입을 것과 먹을 것을 풍족하게 하라自己動手, 豊衣足

食."

이후 이는 공산당이 상용하는 구호 중 하나가 됐다. 주둔하고 있는 해당 지역의 경제사정이 어려워지면 스스로 움직여서 먹고 입을 것을 해결하는 지침으로 활용된 결과다. 그의 이런 지침은 지휘관의 자질과 조건에 대한 언급에 보다 소상히 드러나고 있다.

"군사지도자는 물질적인 조건이 허용되는 범위 내에서 승리를 쟁취할 수 있고 또 반드시 그래야만 한다. 본인이 하기에 따라서는 객관적 조건 위에 설정된 무대 위에서 다채롭고 웅장한 활극을 공연할 수 있다. 전쟁의 대해 속에서 유영遊泳하는 지휘관은 자신을 가라앉히지 않고 대안에 이르게 하여야 한다. 전쟁의 지도법칙은 곧 유영술이다."

그가 전략적 퇴각을 매우 중시하는 이유가 여기에 있다. 실제로 제때 퇴각이 이뤄지지 못할 경우 참패로 연결될 수밖에 없다. 그는 『수호지』를 예로 들어 이를 쉽게 설명했다.

"『수호전』에 나오는 홍교두는 임충에게 달려들면서 '덤벼라, 덤벼'라고 연거푸 소리쳤으나 결국 한 걸음 물러섰던 임충이 그의 약점을 틈타 단번에 그를 차 넘어뜨렸다. 우리의 전쟁은 1927년 가을부터 시작됐으나 1928년 5월부터 당시의 정황에 적응되는 소박한 성격을 띤 유격전의 기본 원칙이 만들어졌다."

이때 그가 만들어낸 것이 바로 현대 게릴라전의 금언으로 인용되는 '16자결十六字訣'이다.

1. 적진아퇴敵進我退 – 적이 진격하면 나는 퇴각함
2. 적주아요敵駐我擾 – 적이 주둔하면 나는 교란함
3. 적피아타敵疲我打 – 적이 피로하면 나는 공격함

4. 적퇴아추敵退我追 – 적이 퇴각하면 나는 추격함

'16자결'은 전력이 절대적으로 열세에 놓인 측이 구사하는 가장 효과적인 전법이라고 할 수 있다. 실제로 홍군이 막강한 전력의 국민당 정부군의 공세에도 괴멸되지 않고 버틸 수 있었던 것은 모택동이 제시한 '16자결'을 충실히 따른 결과였다.

연안시기에 모택동은 주덕과 주은래, 유소기 등과 함께 4차례에 걸쳐 거처를 옮겨다녔다. 안전 때문이었다. 동굴 집을 전전하면서도 그들은 장교와 사병, 수뇌급과 일반 당원 모두 똑같은 수준의 생활을 꾸려나갔다. 에드가 스노 등 서방 기자들은 이를 경이로운 눈초리로 바라보았다.

모택동은 연안시기에 일약 장개석과 어깨를 나란히 하는 중국 최고의 지도자로 부상했다. 결정적인 배경은 역시 1937년 7월에 터져나온 '중일전쟁'으로 보는 게 옳다. 그런 점에서 모택동은 시운을 타고 난 셈이다. 중일전쟁으로 장개석은 소위 '안내양외'에 입각한 최후의 '위초'를 포기해야만 했다.

국공합작의 주도권을 둘러싼 국민당과 공산당 간의 경쟁은 공산당 내부의 권력투쟁과 밀접한 관련이 있다. 모택동은 마르크스나 레닌의 저서를 원어로 읽은 적도, 읽을 수도 없다. 그러나 그는 중국의 역사문화와 실정만큼은 자신이 가장 잘 안다고 자부했다. 그는 이 시기에 '모순론'과 '실천론' 등을 펴내 탁월한 이론가로 승인받는 전기를 맞이했다.[20] 이는 그가 공산당의 영수로서 이론과 실제 양면에서 정적들을 압도하는 결정적인 배경이 됐다. 당시 그는 이같이 주장했다.

"국제적으로 볼 때 중국혁명은 제국주의에 대항하는 세계 프롤레타리아 혁명의 일부분이다. 국내적으로 볼 때 중국은 항일연합전선에 속하는 모든 정당에 의해 통치되어야 한다."

이는 '항일'을 기치로 공산당의 위상을 국민당과 같은 위치로 격상시켜야 한다는 속셈에서 나온 것이다. 통일전선을 붕괴시켜서는 안 된다고 역설한 이유다. 그의 이런 입장이 당시의 상황에 비춰 타당한 것이었음은 말할 것도 없다.

그럼에도 왕명과 장국도 등은 적군이 백군 및 서구 열강과 동시에 싸우면서 소비에트 정권을 수립한 전례를 좇아 국민당과 결별하고 공산혁명을 추진해야 한다는 주장을 펼쳤다. 그러나 이는 자멸의 길이었다. 국제적으로 히틀러와 힘겨운 싸움을 벌이고 있던 소련이 미영 등의 서구 열강과 대적할 위치에 있지도 못했다. 국내적으로 세인들의 지지를 받기도 어려웠다. 임기응변에 취약한 교조주의자들의 한계가 선명히 드러나는 대목이다. 실제로 이들은 고집스럽게 볼셰비키 적군 노선을 계속 주장하다가 숙청되고 말았다.

1938년에 들어와 모택동은 또 한 번 자신의 삶을 일변케 만드는 계기를 만났다. 이해 춘절에 만난 여배우 출신 강청이 그 주인공이다. 연안에는 이미 4명의 미인이 있었다. 손유세와 풍봉명, 곽난영, 장성방 등이 그들이다. 이들은 노래와 춤으로 모택동을 즐겁게 했다. 공산당 중앙위가 개최한 만찬 공연에 처음으로 참가한 강청이 모택동의 시선을 끄는 데 실패한 이유다. 그러나 그녀가 모택동의 주의를 끄는 데에는 그리 많은 시간이 필요치 않았다.

모택동의 여성편력을 다룬 『권력의 그늘』에 따르면 당시 연안에는 훗날 '항일군정 대학'으로 개칭한 '홍군 대학'을 비롯해 '노신예술학원'과 '마르크스·레닌 학원' 등 유명한 대학이 몇 개 있었다. 이들 학교의 교장과 학원장을 겸하고 있던 모택동은 이들 대학을 순회하며 강연했다. 그가 강연할 때는 다른 학교 교직원도 청강할 수 있었다. 강청은 모택동이 강연할 때마다 맨 앞줄에 앉아 수강했다.

강의에 여념이 없던 모택동도 점차 그녀를 의식하지 않을 수 없었다. 그녀의 미색은 제법 출중했다. 게다가 그녀는 가끔 자리에서 일어나 질문을 던지는 등 학습태도 역시 매우 성실해 보였다. 원래 가르치는 입장에 서게 되면 열심히 배우고자 하는 사람에게 호감을 갖기 마련이다. 모택동도 예외가 아니었다. 하루는 모택동이 강연을 끝낸 후 맨 앞자리에 앉아 있던 그녀에게 다가가 악수를 나누며 얘기를 나눴다. 이때 강생이 기회를 놓치지 않고 다가와 그녀를 소개했다.[21]

"이름은 남빈으로 상해 좌익 영화계의 스타로 일하다가 혁명에 몸을 바칠 각오로 연안에 온 미혼 여성입니다."

모택동이 즉석에서 제의했다.

"남빈 동지, 질문이 더 있으면 우리 집으로 가서 토론을 계속 합시다."

이날 두 사람은 밤이 새도록 토론을 했다. 모택동은 날이 밝아왔을 때야 간신히 잠이 들 수 있었다. 다음날 그는 강청이 자신에게 오는 것은 마르크스-레닌이즘에 대해 함께 연구하고 토론하기 위해서였다고 둘러댔다. 그는 그녀에게 당나라 전기錢起가 진사시험 때 지은 오언율시 「상령고슬湘靈鼓瑟」을 낭독해 주다가 마지막 구절에서 '강江'과 '청靑'의 두 글자를 따 그녀의 이름을 바꿔주었다. 인구에 회자한 해당 시의 두 구절이다.

곡이 끝나자 사람은 하나도 보이지 않고   曲終人不見
강물 위 여러 봉우리는 푸르기만 하다네   江上數峰靑

'강청'의 작명은 모택동이 중국 전래의 시문학에 얼마나 해박했는지를 극명하게 드러낸 사례에 해당한다. 물론 '강청'으로 개명한 당대의 좌익 영화계 스타 '남빈'이 「상령고슬」시의 의미를 제대로 알 리 없었다. 시문학에 대한 그의 조예를 짐작케 해주는 일화가 제법 많다. 1938년 10월 중국 제6기 6중전회 기간 동안 모택동은 하룡에게 이같이 말한 바 있다.

"중국에는 3권의 소설이 있다. 『홍루몽』, 『삼국지』, 『수호지』이다. 이 3권의 소설을 다 읽지 않았다면 중국인이라고 할 수 없다!"

하룡이 응답했다.

"죄송합니다만 아직 안 읽었습니다. 그러나 저는 외국인은 아닙니다."

하룡의 응답이 매우 재치가 넘치기는 하나 사실 중국인치고 『삼국지』와 『수호지』 등을 읽지 않았다는 것은 결코 자랑이 될 수는 없다. 당시 그는 '마르크스주의의 중국화' 문제를 두고 논전이 붙었을 때 "마르크스주의는 중국의 상황에 알맞게 변형되어야 하고 중국인의 국민성과 문화전통을 수용해야 한다"고 주장해 이를 관철시킨 바 있다.

그가 1943년 3월 중국공산당 사무국과 정치국 주석에 선출된 데에는 중국 전래의 역사문화에 대한 그의 해박한 지식이 크게 작용했다. 이는 그가 사상 처음으로 공산당을 공식적으로 장악한 사건이기도 했다.

이에 앞서 장개석은 『중국의 명운』이라는 책을 펴낸 바 있다. 이 책은 도희성이 대필한 것으로 모두 8장으로 되어 있다. 중화민족의 역사변천과 발전, 국치의 유래와 혁명의 역사, 불평등조약의 영향, 북벌에서 항전에 이르는 역사, 호혜평등의 신조약과 향후 방향, 혁명 창건의 근본문제, 중국의 명운과 세계의 전도 등이다. 이를 두고 모택동은 이같이 비난했다.

"이 책의 핵심 내용은 3가지다. 첫째, 중국사에 대한 회고를 통해 봉건전통의 도덕적 윤리를 찬양해 이를 토대로 봉건체제를 계속 유지하고자 하는 것이다. 둘째, 중국의 최근 1백 년을 회고해 국민당 통치를 찬양하고 인민이 중국의 명운을 국민당에 맡겨야 한다고 주장하는 것이다. 셋째, 공개적으로 공산당을 비판하고 있다. 공산당의 용병이 군벌과 다름없고 평화방식이 효과를 볼 수 없다고 한 게 그것이다."

모택동의 이런 비판은 부분적으로만 타당하다. 이는 장개석의 주장 역시 부분적으로만 타당하다는 것을 의미한다. '왕조순환설'의 관점에서 볼 때 양자 모두 왕조교체기에 천하를 놓고 다투는 '군벌'에 지나지 않았다. 실제로 모택동과 장개석은 서로 상대방을 '군벌'이라며 격렬한 선전전을 펼쳤다. 삼국시대 당시 조조와 손권, 유비가 독자적인 무력을 배경으로 서로를 향해 '군벌'로 매도한 것과 같다.

1944년 9월 5일 모택동의 경호단장 장사덕이 숯을 굽다가 가마가 무너져내리는 바람에 목숨을 잃는 사건이 빚어졌다. 일설에는 중국공산당의 경상유지비를 조달하기 위해 판매용 아편을 굽다가 횡사했다는 주장도 있으나 확인할 길이 없다. 중국공산당이 성립한 후 최초로 대규모 추도식이 열렸다. 그는 아주 침통한 기색으로 추도식에 참석해 묵도를 한 후 추도사를 읽었다.

"사람은 한번 죽기 마련이다. 그 죽음이 태산보다 무거울 수 있고 기러기 깃털인 홍모鴻毛보다 가벼울 수도 있다. 인민의 이익을 위해 죽는다면 태산보다 무겁고, 파쇼를 위해 일하고 인민을 착취하고 압박하는 사람을 위해 죽는다면 그 죽음은 홍모보다 더 가볍다. 장사덕은 인민의 이익을 위해 죽었으므로 그의 죽음은 태산보다 더 무겁다."

이후 소위 위민복무爲民服務가 국가운영의 지표가 된 이유다. 인민을 위해 헌신적으로 일하고 싸우다 죽는 것이 삶의 보람이라는 뜻이다. 중화인민공화국이 들어선 후 '위민복무'가 각급 당정기관과 종사원의 좌우명 및 행동지침이 된 것은 말할 것도 없다.

'중화제국'의 건립 의미

모택동의 생애에서 제4기의 '내전시기'는 제2차 세계대전이 끝난 직후 천하를 놓고 국민당과 건곤일척의 혈전을 치른 시기를 말한다. 일본이 패퇴한 1945년 8월부터 시작해 중화인민공화국 수립이 선포되는 1949년 10월까지의 기간이 이에 해당한다.

주목할 것은 당시 스탈린은 중국공산당이 국공내전에서 승리하는 것을 바라지 않은 점이다. 인민해방군이 1949년 4월 남경을 점령했을 때 광동으로 퇴각하는 국민당 군대를 따라간 외교사절로는 소련대사밖에 없었다는 사실이 이를 뒷받침한다. 스탈린은 모택동이 '황제'로 군림하는 '중화제국'의 등장을 크게 꺼렸던 것이다. 스탈린이 최상으로 여긴 것은 모택동과 장개석이 남북으로 대치하는 중국의 분열이었다. 모택동이 석권한 공산국가의 등장은 부득이한 차선책에 지나지 않았다. 소련이 제정 러시아의 '대국주의'를 철저히 이어받았음을 뒷받침하는 대목이다.

모택동은 초기만 하더라도 스탈린의 이런 속셈을 제대로 간파하지 못했다. 사실 이는 불가피한 면이 있었다. 일본이 패퇴한 상황에서 그의 최대 적은 장개석일 수밖에 없었다. 모든 역량을 장개석 타도에 쏟아붓지 않으면 안 되었다. 소련의 도움이 절대 필요했다. 스탈린의 속셈 따위를 한가하게 따질 여유가 없었다. 당시 그는 장개석을 능히 제압할 수 있다고 자신했다. 1946년 8월 6일 미국 여기자 안나 루이스 스트랑과 가진 인터뷰가 그 증거다.

"일체의 반동파들은 모두 종이 호랑이인 소위 지노호紙老虎입니다. 내가 보기에 반동파는 일견 대단해 보이나 사실 그 역량은 별볼일 없습니다. 장기전인 관점에서 보면 진정 강한 힘은 반동파에 속하는 것이 아니라 인민에게 속합니다."

'지노호'는 장개석이 이끄는 국민당 정부군을 지칭한 것이다. 그의 이런 말이 과연 타당한 것이었을까? 부분적으로만 타당했다. 현실적으로 국민당 정부군은 나름 상당한 무력을 보유하고 있었다. 홍군 역시 국민당 정부군을 일거에 제압할 만한 역량을 보유하지 못했다. 이는 중국 특유의 '호언'에 지나지 않았다.

그럼에도 그가 일단의 진실을 언급한 것 또한 사실이다. 당시 장개석 군은 막강한 화력과 병력에도 불구하고 전략적인 실수로 인해 만주를 점차 상실해 가고 있었다. 이를 계기로 패배주의가 퍼져나가기 시작했다. 치명타였다. 결과적으로 허장성세의 호언이 진언眞言이 된 셈이다.

1949년 3월 홍군의 승리가 확실해지자 중국공산당은 제7기 전국대표대회 제2차 중앙위원회 전체회의(약칭 7기 2중전회)를 열었다. 이 자리에서 모택동은 감격스런 어조로 이같이 말했다.

"우리는 단지 만리장정萬里長程의 첫걸음을 내디뎠을 뿐이다!"

'만리장정'은 두 가지 의미를 지니고 있었다. 하나는 앞으로 천하운영의 어려움이 뒤따를 것이니 긴장을 늦추지 말고 이에 대비해야 한다고 주문한 것이다. 이는 스스로에 대한 주문이기도 했다. 다른 하나는 이전의 '대장정'을 승리로 미화하고자 하는 의도가 담겨 있다. 객관적으로 볼 때 '대장정'은 패퇴였다. 그럼에도 그는 중일전쟁 등 안팎의 여러 요인이 복합적으로 작용한 결과 막강한 무력을 자랑한 장개석을 제압하고 천하를 거머쥐는 행운을 만난 것이다. '대장정'이 그 단초인 셈이다. 실제로 그는 '대장정'을 계기로 당의 영도적 지도자 위치에 올라설 수 있었다. 모택동의 입장에서 볼 때 장개석의 축출은 '대장정'의 값진 보상일 수밖에 없다. 그가 '만리장정' 운운한 심경이 바로 여기에 있다.

'만리장정'은 '중화제국' 건립 취지를 천하에 선포한 것이나 다름없다. 1949년 10월 1일 그는 천안문 광장에 모인 군중들 앞에서 감격스런 어조로 이같이 말했다.

"중국 인민이 떨쳐 일어났다中國人民站起來!"

이는 '중화제국'의 모습이 '중화인민공화국'으로 나타날 것임을 암시한 것이다. 당초 그는 이해 9월 21일에 열린 제1회 정치협상회의 개막사에서 '중국 인민, 참기래站起來'를 제목으로 삼은 바 있다. 30여 년에 걸친 내란을 끝내고 명실상부한 '중화제국' 건립을 선언하는 역사적인 순간에 어떤 말을 해야 할지 이미 검토를 끝내고 있었던 것이다.

중국어 '잔치라이站起來'는 크게 두 가지 뜻을 지니고 있다. 하나는 외세의 압박에서 벗어나 중국 인민이 당당히 세계사의 일원으로 등장했음을 뜻한다. 다른 하나는 30여 년에 걸친 내란 끝에 청조를 대신하는 새로운 '중화제국'이 등장했음을 의미한다. 역대 왕조의 교체과정을 그 누구보다 잘 알고 있는 그가 군벌상쟁 끝에 중원을 통일한 새 왕조는 반드시 중앙집권적인 '제국'의 형태를 띨 수밖에 없다는 사실을 모를 리 없었다.

실제로 그는 명목상 프롤레타리아 독재를 근간으로 하는 '사회주의 인민공화국'을 내세웠으나 내심 자신이 '중화제국'의 창업주라는 자부심을 갖고 있었다. 중화인민공화국이 건립된 이후 숨을 거두는 1976년까지 역대 왕조의 그 어떤 황제보다 더 막강한 황권皇權을 휘두른 사실이 이를 뒷받침한다. 중화인민공화국은 겉만 빨간색일 뿐 속은 역대 왕조와 마찬가지로 '황권'을 상징하는 노란색이었다.

모택동의 공과 및 리더십을 평가할 때 이런 기본적인 특징을 간과할 경우 엉뚱한 결론이 나올 수밖에 없다. 시중에 나와 있는 모택동 관련 서적 대부분이 일방적인 칭송 또는 폄하로 일관하고 있는 이유가 여기에 있다. 학계의 논문 역시 별반 다를 게 없다. 모택동이 보여주는 이중적인 모습을 제대로 이해하지 못한 나머지 '진시황을 방불하는 폭군' 또는 '인민을 사랑한 현군' 등 어느 한 면만을 강조한 엇갈린 평가가 계속되고 있다. '중화인민공화국'의 외양에 분석의 초점을 맞춘 결과로 볼 수밖에 없다.

거시사에 입각한 왕조순환설의 관점에서 볼 때 '중화인민공화국'은 원세개가 생전에 그토록 추구하다 끝내 실패한 '중화제국'이 마침내 30여 년 만에 실현된 경우에 해당한다. 모택동을 '중화제국'의 창업주로 간주하는 이유다. 이는 '중화제국'과 역대 왕조의 닮은 점을 비교하면 쉽게 알 수 있다. 크게 3가지다.

첫째, 그는 역대 왕조의 창업주와 마찬가지로 자신의 대업을 해칠 우려가 있는 자에 대해서는 극도로 무자비했다. 창건공신인 팽덕회와 하룡, 유소기 등이 비참한 최후를 맞이한 게 그 증거다. 춘추시대 말기 월나라 구천이 구사한 '토사구팽'이 한제국은 물론 당·송·명·청 제국에 이르기까지 예외없이 반복된 전례에 비춰 이상하게 볼 것도 없다. 그 역시 자신이 애써 이룬 대업의 기반을 튼튼히 하기 위해 창건공신들을 가차없이 '토사구팽'의 희생물로 삼은 것이다.

둘째, 그는 역대 왕조의 창업주와 마찬가지로 애민군주愛民君主의 모습을 보여주기 위해 애썼다. 창업 직후 전국의 모든 땅을 국유화한 후 농민들에게 고루 나눠주는 일부터 시작한 게 그 증거다. 이는 전한제국 말기에 '신'나라를 세운 왕망이 실험적으로 실시한 후 한 번도 시행된 적이 없었던 극히 예외적인 조치였다. 중국의 역대 왕조에서 군벌상쟁 과정을 거치지 않고 왕조를 세운 유일한 경우가 바로 '신' 나라였다. 여기에는 전국의 모든 땅을 국유화한 후 '경자유전'의 원칙에 의해 농민들에게 고루 나눠준 게 결정적인 배경으로 작용했다.

모택동이 근 2천 년 만에 왕망의 토지국유화 조치인 소위 왕전제王田制와 유사한 조치를 취할 수 있었던 데에는 마르크스-레닌이즘이 왕망의 이상주의적인 '왕전제' 이념과 일치한 게 크게 작용했다. 청조 말기에 홍수전도 태평천국을 세운 후 '왕전제'의 이상을 구현한 바 있다. 그러나 태평천국이 이내 무너지면서 이는 하나의 실험에 그치고 말았다. 그런 면에서 모택동은 왕망이 이루지 못한 꿈을 2천 년 뒤에 실현한 것이나 다름없다.

실제로 학계 일각에서는 그가 공화국 건립 이후에 실시한 '대약진운동'과 '문화운동' 등을 왕망이 실시한 일련의 개혁조치와 비교해 그 유사성을 크게 부각시킨 바 있다. 그가 평생 인민복을 착용하며 검박한 삶을 산 것도 이런 맥락에서 이해할 수 있다. 그는 죽을 때까지 몇 가지 안 되는 반찬으로 구성된 식단으로 일관했다. 명절을 포함해 자신의 생일날에도 시종 주변의 몇 사람과 함께 조촐하게 지냈다. 천하를 흉중에 품은 난세의 웅걸이 늘 그러했듯이 천하사天下事에는 지대한 관심을 기울이면서도 자신과 주변에 대해서는 극도로 무심했던 것이다. 유사한 인물로 삼국시대 위나라의 조조를 들 수 있다. 모택동이 전장에서도 손에서 책을 놓지 않고 명산대천을 만나면 반드시 시를 읊은 것도 조조와 빼어 닮았다.

셋째, 그는 역대 왕조의 창업주와 마찬가지로 자신이 이룩한 대업을 만세토록 유지시키기 위해 후계자 선정에 고심을 거듭했다. 결국 그는 몇 차례에 걸친 시행착오 끝에 죽기 직전 화국봉을 자신이 건립한 '중화제국'의 황태자로 삼았다. 많은 사람들이 그 결과에만 주목해 이를 실패작으로 평가하고 있으나 이는 평면적인 분석에 지나지 않는다.

주목할 점은 그가 죽기 직전 자신의 손으로 복권시킨 등소평의 당직을 박탈하면서도 당적만은 보유케 한 사실이다. 이는 노회한 등소평이 화국봉을 누르고 자신의 뒤를 이을지라도 '스탈린 격하운동'과 같은 극단적인 조치를 취하지는 않을 것이라는 확신이 있었기에 가능했다. 그가 죽는 순간까지 사인방을 후계자로 선택하지 않은 이유가 여기에 있다.

역대 왕조의 창업주 대부분이 후계자 선정에 실패했다. 창업주 사후 거의 예외없이 보위를 둘러싸고 처절한 유혈사태가 빚어진 게 이를 뒷받침한다. 그런 점에서 유혈사태를 최소화한 등소평은 역시 노회했다. 화국봉을 움직여 가장 먼저 사인방을 전격 체포함으로써 유혈사태를 미연에 방지한 결과였다. 집권 후 모택동의 공과를 '공 7, 과 3'으로 정리한 것을 두고 놀라움을 표하는 견해도 있으나 사실 모택동도 죽기 직전 등소평이 집권할 경우 자신의 공과를 대략 '공 7, 과 3'으로 정리하리라는 것을 알고 있었다. 모택동은 결코 후계자 선정에서 실패한 게 아니다.

자강을 도모한 대약진운동

중화인민공화국을 건립한 이후 모택동이 죽기 직전까지 보여준 일련의 행보에 비춰볼 때 그는 26년 동안 명실상부한 '중화제국'의 '태조'로 군림했다. 그의 치세는 크게 두 시기로 나눌 수 있다. 첫 번째 시기는 1950년 이후 1964년까지 국가건립에 필요한 모든 조치를 취하기 위해 국가방위에 총력매진한 '대약진운동'의 시기다. 두 번째 시기는 1964년을 기점으로 그간 자신이 보유한 지존무상의 권력을 위협한 모든 세력을 제거하기 위해 무자비한 숙청을 시도한 '문화대혁명'의 시기다. 이는 그의 1976년 사망을 계기로 겨우 끝날 수 있었다.

'중화제국'의 초대 황제 등극은 국공내전이 막바지로 치닫는 1949년 10월 1일 자금성의 천안문 위에 올라가 광장에 모인 수많은 군중 앞에서 중화인민공화국의 수립을 천명하는 것으로 나타났다. 원세개가 1912년 초에 중화민국 초대 총통에 취임한 이후 37년 만에 군벌상쟁이 끝나고 새 제국이 출범했음을 대내외에 널리 알린 것이나 다름없다. 안팎의 복잡한 정세로 인해 청조를 뒤이은 새로운 '제국'이 출현하는 데 반세기 가까운 세월이 소요된 셈이다.

새로운 '중화제국'의 출현은 이전의 러시아제국이 레닌의 공산혁명을 거쳐 새로운 '소련제국'으로 변신한 것에 비유할 수 있다. 실제로 레닌은 이전의 차르와 하등 차이가 없었다. 다만 차르의 칭호가 동무를 뜻하는 '따바리시'로 바뀐 것만이 달랐을 뿐이다. 그러나 이는 사소한 차이에 불과하다. 중요한 것은 그 내용이다. 이전의 차르와 마찬가지로 정궁인 모스크바의 크레믈린 궁에 집무실을 둔 레닌은 누가 뭐래도 '소련제국'의 초대 차르에 해당했다. 그의 뒤를 이은 스탈린은 2대 차르가 된다.

불행하게도 '중화제국'의 초대 황제 모택동은 청조 말기의 황제처럼 '차르'의 눈치를 살펴야만 했다. '소련제국'의 2대 차르 스탈린은 미·영과 더불어 제2차 세계대전을 승리로 이끈 전쟁영웅일 뿐만 아니라 '중화제국' 건립의 은인이었다. 이미 동구권을 비롯한 세계 각지에 세워진 수많은 위성국들이 '차르'의 명을 좇아 일사불란하게 움직이며 충성을 다짐하고 있었다.

안팎의 정황에 비춰볼 때 모택동은 상국인 '소련제국'의 차르를 알현해야만 했다. 비록 형식은 '황제'의 '차르'에 대한 예방禮訪으로 진행될지라도 그 내용만큼은 엄연한 알현謁見이었다. 중국의 역사에 밝았던 모택동은 자신이 세운 '중화제국'이 수천년에 걸쳐 천조天朝를 자부하는 역대 왕조의 후신이라는 사실을 잘 알고 있었다. 속히 자존심을 되찾아야만 했다. 그가 '대약진운동'을 서두른 이유다.

모택동은 '중화제국'의 창건을 선언한 지 2달 뒤인 1949년 12월에 모스크바행 비행기에 몸을 실었다. 모스크바에 2달 간 머물며 힘겨운 줄다리기 끝에 제한적인 경제지원을 덧붙인 상호 원조협약에 '차르'의 서명을 얻어낼 수 있었다. 그가 이듬해인 1950년 초 '차르'로부터 북한의 김일성에 대한 적극 지원에 나설 것을 지시받은 배경이 여기에 있다. 조선과 중국은 순치脣齒관계에 있는 까닭에 모택동으로서도 날로 전운이 감도는 한반도 사태를 방관할 수만도 없었다. 그가 가장 우려한 것은 미군이 한반도를 석권한 뒤 대만의 장개석을 부추겨 협공을 가하는 것이었다. 이 경우 천신만고 끝에 창업한 '중화제국'이 일거에 무너질 수도 있었다.

과연 얼마 후 '북조선 왕'을 자처하는 김일성이 부왕副王으로 임명한 박헌영과 함께 알현차 찾아와 '차르'의 재가를 얻었다며 적극적인 지원을 당부했다. 객관적으로 볼 때 갓 출범한 '중화제국'의 기반을 확고히 다지기 위해 매진해야 하는 상황에서 앞날을 예측하기 어려운 한국전쟁의 수렁에 빠져드는 것은 커다란 모험이었다. 그는 안팎의 정황을 모두 고려해 이를 승인하기는 했으나 내심 적잖이 우려하지 않을 수 없었다.

만일 김일성의 도박이 실패해 상국인 '소련제국'과 대영제국의 후신인 '대미제국'이 맞붙을 경우 앞날을 예측하기가 쉽지 않았다. 그의 입장에서 볼 때 자신이 장개석을 대만으로 쫓아낸 것처럼 김일성이 '남조선

왕' 이승만을 제주도로 쫓아내거나 한반도 전체를 적화시킬 수만 있다면 그보다 더 좋은 게 없다. 신생 '중화제국'의 울타리가 그만큼 튼튼해지기 때문이다. 최소한 한반도의 반만큼이라도 '중화제국'에 우호적인 세력이 장악할 필요가 있었다.

그러나 국공내전에서 대륙세력의 상징인 '소련제국'에 완패한 바 있는 해양세력의 상징 '대미제국'이 한반도마저 적화되도록 방치할 가능성은 매우 희박했다. 모택동이 가장 우려한 게 바로 이 점이었다. 한반도의 적화는 미국이 태평양 방위선의 최후 저지선으로 간주하고 있는 불침항모 不沈航母 일본의 안전을 직접적으로 위협하는 것이었다. 정반대로 친미파인 이승만이 한반도를 석권하는 것은 '중화제국'의 동북 방위선인 만주를 위협하는 것에 비유할 만했다.

모택동이 '소련제국'의 영역을 한반도까지 확장하려는 '차르'의 체스 놀이에 치명상을 입을지도 모른다고 생각했음에도 부득불 한국전쟁에 발을 담근 이유가 여기에 있다. 그로서는 이승만이 한반도를 통일하는 일만큼은 무슨 수를 써서라도 막아야만 했다.

막상 뚜껑을 열고 보니 유엔을 주도하고 있는 미국의 반격은 신속하면서도 위협적이었다. 개전 4달 만에 미군이 압록강에 이르는 등 상황이 심각해졌다. 이를 방치할 경우 만주가 위험해질 수밖에 없었다. 만주의 상실은 '중화제국'의 붕괴를 의미했다. 그는 홍군을 대거 투입했다. 양계혜와의 사이에서 낳은 맏아들 모안영毛岸英도 출정시켰다. 인민들을 감동시키는 방안으로 이보다 나은 것도 없었다. 실제로 '황자' 모안영의 참전은 중국 인민들을 감복시켰다. 모안영은 총사령 팽덕회의 부관으로 참전했다. 당시 모택동이 한국전쟁을 얼마나 심각하게 생각했는지를 뒷받침하는 대목이다.[22]

객관적으로 볼 때 힘이 곧 정의로 표현되는 국제정치에서 중국 정부가 승리로 표현하고 있는 소위 항미원조抗美援朝는 '차르'의 체스 놀이에 동원된 모택동의 하수인 행보를 미화한 것에 지나지 않는다. 한국전에서 사망한 중국 병사의 숫자가 이를 뒷받침한다. 중국은 아직도 이를 제대로 밝히지 않고 있으나 미국 펜타곤은 약 22만 명, 군사학자 럼멜은 50만 명, 영국 브리태니커 사전은 1백만 명으로 추정하고 있다. 참전병사의 숫자는 전사자의 2-3배로 보는 게 타당할 것이다.

그렇다면 당시 '중화제국'의 초대 황제 모택동은 이런 비싼 희생에도 불구하고 '차르'로부터 어떤 대상代償을 받아낸 것일까? 결론적으로 말하면 아무것도 없다. 모택동은 중국의 참전 이후 스탈린이 자신을 신임하며 적극적인 지원에 나섰다고 변명했으나 한국전 참전은 '차르'의 하명에 따른 봉명奉命에 지나지 않았다. 당시 상황에서 그가 '차르'의 명을 좇지 않을 경우 그 후과는 상상하기 어려웠다. 제국의 존망이 좌우되는 초미지급의 상황에서 '중화제국' 창업주의 위신은 부차적인 문제였다. '차르'가 냉담한 반응을 보일 경우 이제 갓 출범한 '중화제국'이 세계 최강국인 '대미제국'을 상대로 싸움을 벌이는 것은 곧 '중화제국'의 패망을 의미했다.

현재로서는 그의 이런 변명을 증명할 길이 없다. 한반도의 남북 휴전이 성립되기 몇 달 전인 1953년 3월 '차르' 스탈린이 갑작스럽게 죽었기 때문이다. 이게 모택동에게 이익이 됐는지 아니면 해가 됐는지 판단하기가 쉽지 않다. 스탈린은 이전의 '차르'가 그러했듯이 중국이 부강한 나라가 되는 것을 결코 원치 않았기 때문이다.

당초 모택동과 그의 동료들은 게릴라전과 농민동원 등에는 나름 일가견이 있으나 국가경영과 대규모 경제발전 계획 등에서는 문외한이나 다름없었다. 소련이 유일한 참고가 될 수밖에 없었다. 실제로 모택동은 국공내전이 막바지로 치닫고 있을 때 이같이 말한 바 있다.

"지금까지 중국혁명은 지방으로부터 도시를 포위하는 비정통 노선을 걸어왔으나 앞으로는 도시가 지방을 이끌어 가는 정통 노선을 걷게 될 것이다."

이후 그는 한국전 참전으로 바쁜 와중에도 소련의 발전 노선을 좇는 데 심혈을 기울였다. 1953년 소련의 지도 아래 수립된 5개년 경제개발계획에는 소련의 기술지원과 산업용 공장 건설방안 등이 포함되어 있었다. 스탈린이 문득 이해 3월 뇌일혈로 쓰러지면서 모든 일이 헝클어졌다. 이후 3년 간에 걸쳐 소련 내에서 치열한 권력투쟁이 전개됐다.

모택동은 1955년 7월 독자 노선을 주장하고 나섰다. 이는 외부의 지원도 없이 증산에 성공한 일부 집단농장의 업적에 깊은 감명을 받은 결과였다. 농민군을 동원해 천하를 제패한 경험이 있는 그는 중국 농민들이야말로 모든 것을 변모시킬 수 있는 무한한 잠재력을 갖고 있다고 과신했다. 자신의 이런 견해에 동의하지 않는 일부 지도자들을 '전족을 한 노파'로 매도했다. 당 간부들의 의사결정을 무시하고 자기 임의대로 정책을 추진해 나가는 경향이 점차 심해졌다. '대약진운동'과 '문화대혁명'은 바로 이런 경향이 극단으로 치달은 결과였다.

1956년 2월 흐루쇼프가 문득 소련의 제20차 당 대회에서 스탈린의 개인숭배 등에 관해 비판하고 나섰다. 이는 국제 공산주의 운동을 심각한 혼란 속에 몰아넣었다.[23] 당시 중국 대표단의 단장으로 모택동을 대신해 70세의 주덕이 참석하고 있었다. 그는 국가 부주석과 국방위 부주석 등을 맡고 있었다. 주덕은 즉시 모택동에게 전문을 보내 지시를 내려달라고 청하면서 소련 측의 입장을 지지하는 것이 어떻겠냐는 자기의 소견을 내비쳤다. 일설에 따르면 당시 주덕의 보고를 받은 모택동은 화가 나 이같이 외쳤다고 한다.

"주덕이나 흐루쇼프나 모두 믿을 수 없다!"

'중화제국' 내에서 개인숭배의 대상이 된 모택동으로서는 신경이 곤두설 수밖에 없었을 것이다. 주덕과 함께 소련공산당 대회에 다녀온 등소평이 귀국 후 혁명을 계속하려면 지식인들을 많이 끌어들여야 한다고 건의했다. 폴란드와 헝가리의 폭동은 지식인을 제대로 처리하지 못했기 때문이고, 그들로 하여금 마음대로 떠들게 해주는 것이 좋겠다고 말하기까지 했다. 모택동이 동의했다.

이해 4월 말 지식인들의 자발적인 참여를 북돋우기 위한 사기진작책으로 소위 백화제방百花齊放과 백가쟁명百家爭鳴이 발표됐다. '백화제방'은 예술분야의 발전, '백가쟁명'은 사회과학 분야의 발전을 위한 지식개방 운동이었다. 이 둘을 합쳐 흔히 '명방鳴放운동' 내지 '양백兩百운동'으로 불렀다.

이해 6월 모택동이 광동을 찾았다. 호남 출신인 그는 연고가 있는 광주를 비롯하여 항주, 무한, 상해 등 남방 여행을 즐겨했다. 한번 북경을 떠나면 몇 달씩 여행을 했다. 국경절과 북경서 외국 귀빈을 접대할 때만 북경으로 올라갔다. 모택동은 수영을 잘 했다. 그 나름의 영법을 처세와 철학에 응용하기도 했다. 온몸의 힘을 빼고 물의 흐름에 몸을 맡겨 천천히 물살에 따라 수영을 즐기는 게 그것이다. 그가 강폭이 넓고 물살이 센 장강에서 세인의 주목을 받으며 3번이나 수영을 했던 것도 이런 영법을 응용한 결과다.

이해 9월 제8차 전국대표대회가 열렸다. 여기서 모택동과 관련된 당규약의 일부를 개정했다. 등소평이 제안한 이 개정안은 모택동을 포함해 유소기와 주은래, 주덕, 진운 등 주석단의 동의를 거쳐 통과됐다. 당 규약에 명시되어 있던 '모택동 사상을 당의 최고 방침으로 한다'는 구절과 '모택동 사상을 학습하는 것은 당원의 의무다'라는 두 조항이 삭제됐다. 등소평이 읽은 보고서의 요지는 대략 다음과 같다.

"집단지도 체제가 얼마나 중요하고 개인숭배 반대투쟁이 얼마나 중요한지는 소련공산당 제20차 대회에서 분명하게 입증됐다. 이는 소련뿐만 아니라 전 세계 각국 공산당 국가에도 강력한 영향력을 끼쳤으므로 우리는 개인돌출을 반대하고 개인에 대한 찬미를 반대해야만 할 것이다. 당 영도자에 대한 숭배는 본질상 당의 이익, 인민의 이익에 대한 애호에서 표현되는 것이지 개인에 대한 신격화로 표현되는 게 아니다."

스탈린 격하운동을 보면서 수뇌부는 중국에서만은 이런 일이 일어나서는 안 되겠다는 충정에서 미리 예방조치를 취한 셈이다. 그러나 당사자인 모택동으로서는 적잖은 굴욕감을 느꼈을 공산이 크다. 실제로 이후 사태는 이를 증명하는 쪽으로 흘러갔다. 개인숭배에 반대하는 발언을 한 주덕과 등소평, 왕가상 모두 문화대혁명 과정에서 곤욕을 치렀다. 왕가상은 일찍이 연안시절부터 모택동의 측근에서 모택동 사상을 정립하는 데 지대한 공헌을 한 인물이다.[24]

그러나 모택동은 전혀 그런 내색을 하지 않았다. 오히려 전국대표대회가 끝나자마자 앞장서 '명방운동'에 불을 지폈다. 그 역시 스탈린의 강압통치로 인한 반작용을 크게 의식했음에 틀림없다. 이를 두고 적잖은 사람들은 모택동이 자신을 반대하는 자들을 일거에 솎아내기 위해 이런 행보를 보인 것으로 해석하고 있다. 그러나 그 역시 소련공산당의 움직임을 마냥 무시할 수도 없었고, 나아가 내심 개인숭배에 따른 반작용을 의식하지 않을 수 없었기 때문으로 풀이하는 게 타당하다. '명방운동'이 애초부터 정적을 때려잡기 위한 고도의 술책으로 나왔다고 보는 것은 아무래도 지나치다.

실제로 그 역시 '헝가리 사태' 등을 목도하면서 중국에 유사한 움직임이 있을까 크게 우려했다. 이는 당시 모스크바에 유학한 중국 유학생의 증언이 뒷받침한다. 연변대 교수 정판룡은 지난 2000년에 출간한 『고향 떠나 50년』에서 소련 유학생으로서 겪었던 당시의 모스크바 분위기를 이같이 기록해 놓았다.

"1956년 모스크바에서 소련공산당 제20차 대회가 열렸다. 당 대회에서 흐루쇼프가 이전과는 전혀 다른 새로운 노선과 정책을 내놓았다. 내용인즉 미국 같은 제국주의 국가와 평화공존을 해야 하며 사회주의 혁명도 폭력이 아닌 국회선거를 통하여 평화적 이행을 할 수 있다는 것 등이었다. 더욱 우리를 놀라게 한 것은 스탈린에 대해 재평가해야 한다는 것이었다. 스탈린은 우리가 이전에 생각하던 것처럼 그런 위대한 인물이 아니고 사업 가운데서 오류를 많이 범했다는 것이다. 특히 1930년대 숙청운동 시기에 무고한 사람들을 많이 처단한 독재자라고 했으며, 제2차 세계대전 시기 소련이 한때 큰 실패를 본 것도 스탈린 때문이라는 소문까지 돌았다. 우리 중국 유학생들은 무슨 영문인지 몰라 중국 대사관에 가서 물어보았으나 아직 이에 대한 상급의 지시가 없다고 했다."

얼마 지나지 않아 중국 대사관은 유학생들에게 《인민일보》에 스탈린 문제를 어떻게 보아야 하는지에 관한 중요한 글이 실렸으니 모두 주의해 보라는 통지를 보냈다. 「무산계급 독재의 역사적 경험에 대하여」란 제목의 글이었다. 스탈린은 일부 과오가 있기는 하나 과오보다 공로가 훨씬 큰 위대한 마르크스-레닌주의자라는 게 골자였다. 이는 모택동의 생각을 반영한 것이었다.

이듬해인 1957년 2월 최고국무회의 제11차 확대회의가 열렸다. 모택동은 '명방운동'과 관련해 더 앞질러 가는 발언을 해 주변을 놀라게 했다.

"모든 영역에서 백 가지 꽃이 피게 해서 백 가지 사상과 학파가 서로 겨루게 해야 한다. 인민들에게 더 많은 자유를 허용해야 한다. 학생들이 가두시위를 할 자유를 누릴 수 있어야 한다."

'명방운동'이 이해 6-7월에 절정을 이룬 배경이다. 당시 모택동의 다음과 같은 언급은 지식인들을 들뜨게 하기에 충분했다.

"알고 있는 것은 말하라. 남김 없이 다 말하라! 말하는 사람에게는 죄가 없다. 듣는 사람에게 교훈을 줄 수 있다."

그러나 이해 9월에 들어서면서 방향이 새로운 정풍운동으로 급선회했다. 많은 사람들이 '명방운동'과 '정풍운동'을 모택동의 노회한 공작으로 분석하는 이유다. 그러나 '명방운동'의 출발은 안팎의 정세를 감안한 것이고, 이것이 '정풍운동'으로 급선회한 것은 '명방운동'이 예상치 못한 방향으로 전개된 데 따른 것으로 보는 게 타당하다. 모택동의 리더십을 시종 음모론의 차원에서 접근하는 것은 객관적 사실을 파악하는 데 도움이 안 된다.

실제로 당시의 '명방운동'은 지나친 면이 있었다. 지식인들의 자유발언 분위기가 한껏 고양돼 체제를 위협하는 단계에까지 이르게 된 게 그것이다. 이는 도를 넘은 것이었다. 많은 지식인들이 이른바 독초毒草 내지 독사毒蛇의 오명을 뒤집어쓰고 숙청된 이유다. 이들은 어림잡아 80만 명에 달한 것으로 알려졌다. 그 가족과 관련자들까지 합치면 수백만 명이 기간 중에 고통을 당했다.

공개석상에서 한 하찮은 말도 '우경' 내지 '반소反蘇'로 몰려 수난을 당한 건 하나의 거대한 흐름이 형성된 데 따른 부작용으로 봐야 할 것이다. 실제로 모택동의 명을 좇아 '반우파투쟁'에서 주된 역할을 한 등소평은 이 사건이 지나치게 확대되는 것에 크게 당황해했다. 그의 후회어린 술회다.

"1957년의 '반우파투쟁' 때 나는 그 투쟁을 적극적으로 추진했다. 이 사건을 확대시킨 책임은 나한테도 있다."

이해 10월 모택동이 두 번째로 소련을 찾아갔다. 모스크바에서 열리는 사회주의 국가 공산당 회의와 다음달 7일에 열리는 볼셰비키 혁명 40돌 경축대회에 참석하기 위한 것이었다. 유학생들은 대사관을 찾아가 모택동을 따로 만나게 해달라고 간청했다. 이해 11월 모택동은 유학생들이 기다리는 모스크바대 강당에 나타났다. 학생들이 강당이 떠나갈 듯이 '모택동 주석 만세'를 외쳤다. 강연 후 모택동은 한참 동안 여러 나라 이름을 들어가며 국제정세를 분석하더니 갑자기 큰소리로 이같이 말했다.

"지금은 서풍西風이 동풍東風을 압도하고 있는 것이 아니라 동풍이 서풍을 압도하고 있다!"

이는 『홍루몽』 제82회에 나오는 구절을 인용한 것이다. 동풍으로 상징되는 '군자'와 서풍으로 상징되는 '소인'이 뒤섞여 사는 세상에서 결국 군자가 이길 것이라는 얘기였다. 그는 이날 별다른 준비 없이 즉흥적인 강연을 하면서 중국의 고전을 수없이 인용했다. 요체는 중국식 부강정책을 추진해 나갈 것이라는 내용이었다.

원래 '명방운동'은 모택동의 '모순론'에 비춰볼 때 중국 사회의 갈등은 적대적인 것이 아니라는 믿음에서 나온 것이었다. 그러나 이는 오판이었다. '명방운동'이 걷잡을 수 없는 상황으로 치닫자 당 노선에 대한 비판이 곳곳에서 제기됐다. 내심 지식인에 배신당했다는 느낌에 사로잡힌 모택동은 비판적인 지식인들을 무자비하게 탄압했다. 명태조 주원장이 자격지심에 휩싸인 나머지 사대부들을 가차없이 탄압한 것을 방불하는 대목이다.

당시 모택동은 중소 갈등의 여파로 인해 근대화의 주역은 농민이라고 굳게 믿었다. 지식인들이 농촌으로 보내져 노역에 종사하는 소위 하방下放이 전개된 이유다. 그가 1958년 5월 '대약진운동'의 전개를 공식적으로 선포한 배경이 여기에 있다. 대약진운동의 일환으로 인민공사人民公社의 설립을 촉진한 것은 이런 믿음에서 나온 것이다.[25]

그러나 이는 커다란 혼란과 경제적 파탄만 가져왔다. 1955년부터 1957년에 이르기까지 협동농장과 사회주의 집단농장 단위에 배속된 농민들은 이내 자신들의 삶이 하나의 거대한 실험대상이 됐다는 사실을 절감했다. 모택동도 1958년에 이르러 전략의 일부 수정의 필요성을 인정하지 않을 수 없었다. 그는 인민공사의 소유권을 구성원에게 분산시키고 공업과 농업부문의 비현실적인 과도한 생산목표를 하향조정했다. 그럼에도 인민공사를 비롯한 새로운 중국식 사회주의 노선은 크게 볼 때 정당한 것이라는 주장을 굽히지 않았다.

1959년 6월 25일 모택동은 고향 소산을 찾았다. 32년 만의 금의환향이었다. 경치가 빼어나고 아늑한 골짜기인 적수동滴水洞의 작은 저수지에서 호남성 성장과 함께 수영을 했다.[26] 노년에는 고향을 찾아 조용히 살고 싶다고 말했다. 여산廬山을 바라보며 도연명의 '귀거래사'를 생각했을 공산이 크다.

'중화제국'의 창업주인 모택동이 자신의 위상에 위기의식을 느끼게 된 계기는 1959년 8월의 '여산회의'다. 당시 제8기 8중전회의 일환으로 열린 여산회의는 정치국 확대회의로 이어졌다. 2천만 명 이상이 굶어죽은

'대약진운동'과 '인민공사'의 정책수정이 의제였다.

한국전쟁 당시 1953년의 휴전협정에 조인했던 팽덕회는 매우 직선적인 인물이었다. 모택동은 그를 삼국시대의 장비에 비유하곤 했다. 실제로 그를 앞에 놓고 종종 '장비'로 불렀다. 이 회의에서 두 사람은 영원히 화해할 수 없는 사이가 되고 말았다. 팽덕회의 역린逆鱗 행보 때문이다.

이해 7월 17일 국방부장 팽덕회는 모택동에게 밀신을 보냈다. 명칭은 「의견서」였다. 밀신의 골자이다.

"저같이 단순한 사람은 삼국시대의 장비와 비슷하여 데면데면하고 꼼꼼하지 못합니다. 참고할 가치가 있는지 참작해 주시고, 타당치 못한 점이 있으면 가르쳐 주시기 바랍니다. 1958년도 기본 건설은 지금에 와서 볼 때 일부 대상들은 너무 조급하게 또는 너무 지나치게 책정되어서 자금들이 분산되었고, 따라서 꼭 건설되어야 할 분야들을 놓치고 있습니다. 이것이 한 가지 결함입니다. 기본 원인은 경험이 부족하고 이에 대한 체득이 깊지 못하고 너무 늦게 인식한 데 있습니다. 객관적 형세를 볼 때 중국이 가난하고 낙후한 까닭에 현 상태를 개변시킬 것을 간절히 바라고 있습니다. 예를 들면 주석께서 제시하신 '적게 심고 수확고를 높이며 다수확을 따내자', '15년 안에 영국을 따라잡자'는 등의 구호는 모두 전략적인 방침인 것입니다. 그러나 우리는 이에 대한 연구가 부족했고, 당면한 구체적 실정을 파악하는 데도 주의를 돌리지 못했으며, 온당하고 신뢰성 있는 기초 위에서 사업을 배치하지도 못했습니다. 어떤 지표는 몇 해 또는 몇십년 걸려야 달성할 수 있는 것을 1년 혹은 몇 달 안에 실현시킬 수 있는 것처럼 만들기도 했습니다."

대약진운동의 조급성과 과장된 보고를 지적한 것이다. 전체적인 흐름은 모택동의 비위를 건드리지 않으면서 대약진운동의 건설적인 전환을 요구한 것으로 일종의 충언으로 여길 수도 있는 것이었다. 그러나 당시 팽덕회는 국방부장과 군사위의 부주석이었다. 군부의 핵심 실세였다. 그런 그가 모택동에게 밀신을 통해 일종의 강간强諫을 한 것이다. 본인은 직간直諫으로 생각했을 터이나 중국 전래의 역사문화 전통에 비춰볼 때 자부심이 강한 주군에게는 심기를 거스르는 '강간'으로 비춰질 소지가 컸다.

시기도 매우 좋지 않았다. 당시 중소관계가 매우 험악했다. 팽덕회가 서신을 보낸 바로 그날 소련의 흐루쇼프가 폴란드에서 중국의 인민공사와 대약진운동을 비판하는 연설을 했다. 게다가 사흘 뒤 외교부 부부장 장문천이 팽덕회를 지지하는 발언을 하자 이튿날 소련과 폴란드는 자국의 언론매체를 동원해 중국을 공개적으로 비난하고 나섰다.[27] 미국의 언론은 이를 대대적으로 보도하면서 거친 논평을 쏟아냈다. 모택동의 정치비서인 이예마저 팽덕회의 의견에 동조하고 나서는 지경에 이르렀다. 팽덕회가 '역린'에 걸린 배경이다.

7월 23일 미국의 부통령 닉슨이 소련을 방문했다. 중국 수뇌부는 미국이 소련과 손잡고 중국에 대한 포위를 본격화하려는 조짐으로 읽었다. 속히 결단하지 않으면 안 되었다. 팽덕회의 반발은 작게는 '중화제국' 황제의 권위에 대한 도전이었고 크게는 '중화제국'의 기틀을 뒤흔드는 도발로 간주됐다. 모택동을 가장 흥분시킨 것은 팽덕회의 '강간'을 스탈린 격하운동을 전개하고 있는 소련이 즐기는 모습을 보인 점이다.

원래 강직한 팽덕회는 군사 노선에서 평소 모택동과 의견을 달리했다. 현대전에서는 아무리 사상으로 무장할지라도 과학기술에 기초한 화력이 뒷받침되지 않으면 승리를 기할 수 없다는 게 그의 지론이었다. 무기와 장비의 현대화와 전략의 현대화를 역설한 팽덕회의 지론은 당시 유소기와 주은래, 등소평 등으로부터 묵시적인 지지를 받고 있었다. 기술보다 사상을 중시한 모택동으로서는 어떤 식으로든 이 문제를 해결해야만 했다.

8월 1일은 홍군의 건군절이었다. 이날 아침 10시 모택동은 정치국 상무위원회를 소집하고 사회까지 맡았다. 모택동이 팽덕회에게 말했다.

"나와 동지와의 관계를 보면 뜻이 맞은 적이 3번이고 뜻이 맞지 않은 적이 7번이오. 서로 어울린 면이 30%이고 수가 틀린 면이 70%요. 지난 31년 동안 그러하지 않았습니까?"

"절반 절반입니다."

"아니, 3대 7이오."

"5대 5입니다."

팽덕회는 물러서지 않았다. 8월 16일의 마무리 회의에서 모택동은 지속적인 계급투쟁의 필요성을 역설하며 이번 투쟁은 인민공화국 건설 후 10년 간 지속된 유산계급과 무산계급 간의 생사를 건 투쟁이라고 종결지었다. 1달 뒤 팽덕회는 국방부장 직에서 해임되고 얼마 후 군사위원 자리마저 내놓게 됐다.

이후 팽덕회는 중남해에서 쫓겨나 북경 서부 교외의 한 정원으로 보내졌다. 주로 복숭아 나무를 재배하는 것이 그의 일이었다. 그는 '이제 와서 복숭아 나무를 가꾸는 일 외엔 내 말년에 할 일이 없구나!'라며 크게 탄식했다. 그의 불운은 이게 끝이 아니었다. 그는 이후 문화대혁명 과정에서 처참한 희생양이 되고 말았다.[28]

당시 모택동은 팽덕회의 후임으로 임표와 하룡 두 사람을 놓고 고심했다. 원래 모택동과 하룡이 처음 만난 것은 연안에서였다. 정강산에 오를 때부터 같은 호남 출신에 남창봉기의 주역인 하룡의 이름을 익히 알고 있었다. 그가 곧잘 하룡의 이름을 들어 병사들을 격려하는 연설을 한 게 그 증거다.

"동지들, 하룡은 부엌칼 두 자루를 들고 혁명하여 지금은 한 개 군단을 지휘하고 있습니다. 우리는 지금 한 개 영營에 지나지 않는데 어찌 더 큰 혁명 대오를 조직할 수 없단 말입니까?"

결국 임표를 낙점했지만 하룡에게도 새 역할을 주는 기묘한 인사를 단행했다. 임표를 군사위원회 제1부주석 겸 국방부장에 임명하면서 군사위원회 제2부주석 자리를 신설해 하룡을 앉힌 것이다. 모택동은 그 배경을 이같이 설명했다.

"군사위원회 사업은 임표가 출근할 수 있거나 또 외출하지 않았을 때엔 임표가 주최하고, 임표가 휴양하거나 외출하면 하룡이 주최해야 하겠습니다."

훗날 문화대혁명이 시작되면서 임표는 하룡에게 엄청난 박해를 가했다. 결국 하룡은 생을 비참하게 마감했다.[29]

1960년 모택동은 인민해방군 내에 새로운 권력기반을 구축하기 시작했다. 신임 국방장관 임표가 앞장섰다. 모든 군대는 모택동 사상을 가르치는 학교로 개조됐다. 모택동은 정부 및 당, 기술 및 예술분야의 전문가들 내에 새로운 부르주아 계급이 생겨나고 있다고 비난했다. 명태조 주원장이 행한 문자지옥文字之獄에 버금하는 '문화대혁명'의 불길한 조짐이었다.

당시 '소련제국'의 제3대 차르인 흐루쇼프는 기술지원단을 철수시켰다. '중화제국' 황제인 모택동을 향해 노골적인 불쾌감을 드러낸 것이다. 중국 내 많은 대규모 공장의 건설이 중단됐다. 모택동은 분통을 터뜨리기에 앞서 중국 내에 수정주의 노선이 제기되지 않을까 우려했다. 그의 이런 우려는 1960년대 초반 대약진운동의 파탄을 수습하는 과정에서 일련의 '수정주의 정책'이 제시되면서 더욱 커져갔다. 대약진운동의 실패는 대기근을 몰고 왔다. 아사하는 사람이 속출했다.

유소기와 등소평을 비롯한 경제계획 입안자들은 물질적인 동기를 부여하고 개인과 가계의 역할을 강화하는 대안을 제시했다. 모택동은 마지못해 시인했다. 그는 경제회복을 위한 일련의 방안들이 '대약진운동' 자체를 부정하는 것임을 뒤늦게 깨닫기 시작했다. 1962년 9월에 개최된 제8기 10중전회에서 계급투쟁을 절대로 잊어버리지 말 것을 촉구한 배경이다. 그러나 그의 목소리는 힘이 빠져 있었다.

1963년 중소관계가 극도로 악화됐다. 흐루쇼프가 '대약진운동'을 신랄히 조소한 게 근본원인이었다. 모택동은 '중화제국'의 황제에 대한 모욕과 그로 인한 경제적 손실을 오랫동안 잊지 않았다. 그가 1962년 이후 3년 동안 주로 지방에서 소위 4청운동四淸運動을 통해 계급투쟁을 전개해 나간 것은 힘을 비축하기 위한 고육책이었다. '4청운동'은 정치, 사상, 조직, 경제의 정화로 곧 사회주의 교육운동을 말한다. 이 사이 지도층 내부에서 치열한 권력투쟁이 벌어졌다.

1964년 말 유소기가 당내의 주자파走資派를 투쟁의 주목표로 삼자는 모택동의 요구를 거절한 게 그 증거다. 모택동은 마침내 그의 숙청을 결심했다. 유소기는 '차르'로부터 모욕을 받고 민감해진 '황제'의 자존심을 건드리는 결정적인 실수를 범했다.

문화대혁명의 참사

문화대혁명이 한창 진행 중인 1969년 여름 모택동은 남경 부근의 유명한 여름 휴양지 여산에서 에드가 스노와 정담을 나눴다. 여산회의에서 팽덕회를 내몬 지 10년 만이었다. 그가 문득 에드가 스노에게 이같이 말했다.

"지구에 사는 우리 인류의 처지는 갈수록 빨리 변화되고 있소. 훗날 사람들은 마르크스, 엥겔스, 레닌을 포함한 우리들이 해놓은 일을 가소롭기 짝이 없는 일로 여길 것이오."

그의 나이는 이미 70이 넘어 있었다. 2년 뒤인 1971년에 임표가 반역을 도모하다가 공중에서 사라지고 다시 1년 뒤인 1972년에 아무도 예상치 못했던 중미수교가 이뤄졌다. 또 다시 3년 뒤인 1975년에는 주은래와 주덕이 세상을 떠나고 마침내 모택동 자신도 숨을 거두었다. 이후 등소평이 개혁개방을 단행하자 지하의 모택동은 자신이 그토록 심혈을 기울여 전개해 온 '문화대혁명'이 과오였다는 세인들의 지탄을 받아야만 했다.

당초 그는 장사의 제1사범학교 시절 은사 양창제로부터 파울젠의 『윤리학 원리』를 배우면서 스스로 1만여 자에 달하는 「윤리학 원리 논평」을 쓴 바 있다. 거기에는 인간의 생사를 도인처럼 관조하려는 심경이 잘 나타나 있다.

"우주는 넓고 넓으니 도대체 어디로 끌려가는 것일까? 진정 인생을 움직이는 것은 비통함이라고 한다. 하지만 나의 생각은 다르다. 바다에 큰 바람이 몰아치고 거센 파도가 종횡으로 몰아쳐도 배에 탄 사람들은 이를 한낱 장관으로 여기는데 생사의 파도만은 어찌 장관으로 받아들이지 못하는 것일까?"

문화대혁명은 그가 「윤리학 원리 논평」에 쓴 것처럼 '바다에 몰아친 거센 파도'에 해당했다. 중국인은 문화대혁명을 흔히 '십년대호겁十年大浩劫'이라고 부른다. 10년 간에 걸친 거대한 겁난劫難으로 파악하고 있는 것이다.

실제로 당시 북경대 학생을 포함한 수많은 10-20대 청년들로 구성된 홍위병은 공자묘와 불상 등 국가적 문화재와 유적을 '봉건잔재'라는 이름 아래 철저히 파괴했다. 유소기와 하룡, 나서경, 팽진 등의 고위 간부들이 홍위병의 비판투쟁인 비투批鬪와 고문에 의해 목숨을 잃거나 자리에서 쫓겨난 것도 같은 맥락이다. 그들 모두 '봉건잔재'에 지나지 않았다.

문화대혁명이 일어날 당시 중국이 '대약진운동'의 후유증을 완전히 털어낸 것도 아니었다. 이런 상황에서 터져나온 문화대혁명은 치명타였다. 중국의 경제는 더욱 피폐해졌고, 극좌적 모험주의의 횡행으로 중국 사회는 극도의 혼란에 빠졌다.

단초는 '대약진운동'과 '인민공사'의 실패였다. 이는 팽덕회로 대표되는 반대 노선의 등장과 유소기 및 등소평의 수정주의 노선을 초래했다. '지존'의 위치가 더욱 불안해졌다. '개국의 명군明君'이 자칫 '치국의 암군暗君'으로 몰릴 판이었다. 이때 모택동이 빼든 칼이 바로 '문화대혁명'이었던 것이다. 이는 시대의 흐름을 역행하는 폭군의 광란에 지나지 않았다.

문화대혁명의 조짐은 1965년부터 드러나기 시작했다. 이해 11월 상해《문회보文匯報》에 실린 요문원의 「신편 역사극 '해서파관海瑞罷官'을 평한다」가 단초를 열었다. 중국에서는 이를 흔히 문공文攻이라고 부른다. 본격적인 정치공세에 앞서 관련 글을 비판함으로써 분위기를 띄우는 수법을 말한다.

'문공'의 대상이 된 '해서파관'은 당시 북경시 부시장인 오함이 1960년에 쓴 중국 전통극인 경극의 대본이다. 16세기 초 명제국의 충신 해서가 당시의 황제인 가정제의 실정을 간언하는 이야기로 짜여 있다. 모택동도 한때 이 작품을 높이 평가한 바 있다. 그는 1959년 상해에서 해서의 이야기를 다룬 호남지역 연극인 상극湘劇을 보고 이같이 칭송했다.

"충성스러우며 강직하고 아첨하지 않는 '해서정신'을 제창하지 않으면 안 된다."

당시 그는 측근들에게 '해서'를 선전하도록 지시했다. 오함이 「신편 해서파관」을 지은 이유다. 그러던 것이 6년 후에 문득 비판의 도마 위에 오른 것이다. 요문원이 '해서파관'을 두고 지주계급을 미화하고 반혁명론을 선전했다고 주장한 것 역시 유소기와 등소평 등 소위 '주자파'에게 둘러싸인 모택동의 위기의식을 반영한 것이었다. 모택동은 이미 거대한 세력을 형성하고 있는 '주자파'에 직공直攻을 가할 경우 오히려 더 큰 역공逆攻을 당할 수 있다고 판단했다. 실제로 '주자파'의 위세는 대단했다. 그가 강청을 매개로 상해의 문필가인 요문원을 동원해 '변죽 때리기'를 시도한 배경이다.

상해의 《해방일보》가 뒤이어 요문원의 글을 전재하자 전국의 각 언론 매체들이 이를 좇았다. 당의 대변인 격인 소위 '후설喉舌' 역할을 하는 언론매체가 전면에 나서는 것은 중국공산당의 전형적인 선전술이었다. 관제화한 매체를 통해 여론을 움직이고 민중을 선동하는 이 수법은 문화대혁명 때 정점으로 치달았다.

1966년 8월 천안문 광장에서 연출된 '홍위병 출범식'은 문화대혁명이 일진광풍으로 돌변하는 계기로 작용했다. 이후 10년 동안 전 중국인들은 누구 할 것 없이 이 광풍에 휘말렸다. 처참한 살육과 반목, 배신, 의심이 난무했다. 서구 열강에게 '동아시아의 병부病夫'쯤으로 얕보이던 중국을 일약 신생 사회주의 강국으로 만든 '중화제국'의 첫 황제는 마침내 '대약진운동'의 참패에 따른 자격지심으로 인해 씻지 못할 오점을 남긴 셈이다.

당시 천안문 광장에 운집한 홍위병들은 모택동이 반란에는 이유가 있다는 취지로 언급한 '조반유리造反有理'를 외치면서 1966년의 여름을 뜨겁게 달궜다. 모든 권위가 일제히 도전을 받았다. 모택동은 문화대혁명을 일으키면서 임표와 그가 영도하는 군대의 힘에 크게 의존했다. 그러나 군벌의 피해를 누구보다 잘 알고 있는 그는 임표에 대한 경계를 한시도 늦추지 않았다.

이해 5월 18일 중앙정치국 회의에서 임표가 『모택동선집』을 극도로 미화하며 정변政變문제를 장황하게 거론하고 나섰다. 모택동은 내심 불안한 마음을 떨치지 못했다. 이해 7월 8일 남방을 순행 중인 모택동이 무한에서 강청에게 보낸 편지가 이를 뒷받침한다.

"임표가 정변문제를 심도 있게 얘기했소. 이런 문제와 관련해 그가 이런 식으로 이야기한 적이 과거에는 없었소. 그의 문제제기 방식에 대해 나는 불안함을 감출 수 없소. 내가 쓴 『모택동선집』이 그렇게 신통력을 지녔다고 나는 믿지 않소. 현재 그가 한 번 외치니 당과 전국이 함께 외치고 있소. 나는 그들에게 떠밀려 멀리 양산梁山으로 올라가게 되었소. 지금 보아하니 그들에게 동의하지 않으면 안 될 상황이오. 중대한 문제에서 마음과 달리 다른 사람에 동의한 것은 내 평생 처음 있는 일이오."

그는 임표가 장차 '황제'인 자신을 겁박해 천하를 호령하는 간적奸賊으로 돌변할 가능성을 읽은 것이다. 실제로 사태는 그런 방향으로 흘러갔다. 중국의 역사문화에 해박한 그가 사태의 심각한 의미를 모를 리 없었다.

문화대혁명 기간 중 민중 노선의 최선봉에 선 것은 '홍위병'이다. 사회주의 이념인 홍紅을 지키는 병사라는 뜻이다. 이들은 대자보를 통해 등단한 세대다. 1966년 5월 25일 대자보가 북경대에 처음 내걸렸다. 이를 쓴 사람은 당시 철학과 강사였던 섭원재였다. 일본의 《산케이신문》에서 펴낸 『모택동 비록』에 따르면 섭원재는 강청으로부터 우회적으로 대자보를 쓰도록 권유받았다고 한다. 홍위병 운동의 도화선이 된 대자보가 모택동과 강청의 책동에 의해 내걸렸다는 얘기가 된다. 섭원재가 쓴 대자보 내용은 의외로 단순했다.

"학교 지도부가 벽보를 붙이는 것을 막고 있으며, 이는 흐루쇼프의 반反혁명 수정주의 행태이다."

북경대 지도부의 반박문이 역시 대자보 형태로 붙었다. 총리였던 주은래의 지지를 받던 대학 지도부가 승리를 거두는 듯했다. 하지만 섭원재의 대자보는 6월 1일 밤 9시 '전국 최초의 마르크스 · 레닌주의 대자보'라는 칭찬과 함께 중앙인민방송국의 뉴스를 통해 전국에 소개됐다. 당 기관지 《인민일보》에도 대자보의 내용과 함께 이를 옹호하는 내용의 논평이 실렸다. 『모택동 비록』은 이런 일련의 과정이 모택동의 지시였다고 증언하고 있다.

대자보가 나붙은 지 얼마 지나지 않은 6월 초 청화대 부속중학교 대자보에 '홍위병'이라는 낱말이 처음 등장했다. 북경대 대자보를 지지하기 위해 학생 자체 조직이 내건 대자보 맨 뒤에 '홍위병'이라는 서명이 붙어 있었다. 이 사실이 《인민일보》 등 관영 매체의 전파력에 힘입어 순식간에 중국 전역으로 퍼져나갔다. 《인민일보》는 부르주아 계급과 권위주의, 우파적 오류 등을 비판하는 사설을 5일 연속 실었다. 모든 통제를 '권위주의' 내지 '수정주의'로 몰아붙인 학생들이 수업을 거부하고 거리로 뛰쳐나와 시위를 벌였다. 모택동이 문화대혁명 기간 내내 즐겨 썼던 소위 '성화요원星火燎原' 양상이 빚어진 것이다. 조그만 불씨는 넓은 벌판을 태운다는 뜻이다.

당시 국가주석이자 당 부주석이었던 유소기 등은 이 사태를 통제할 수 없었다. 학생들의 시위를 막기 위해 '공작조'를 보내기도 했지만 오히려 더욱 거센 반발만 초래했다. 유소기는 모택동의 의견을 듣기 위해 항주로 내려갔지만 '그냥 놓아두라'는 냉담한 답변만 얻었다. 유소기는 점차 궁지에 몰리게 되었다.

유소기와 등소평 등이 문화대혁명의 와중에 국가 영도자 지위에서 '중화제국'의 조적朝敵으로 몰린 데에는 이들을 '황권'에 대한 잠재적인 위협세력으로 간주한 모택동의 우려가 결정적으로 작용했다. 이들이 '반동'으로 부상한 계기는 절강의 항주에 칩거하던 모택동이 1966년에 제출한 「사령부를 포격하라―나의 대자보」문서였다.

1966년 8월 1일 공산당 제8기 11중전이 시작됐을 때 참석자들은 모두 회의장인 인민대회당에 배포된 이 문서를 보았다. 모택동은 이같이 언급해 놓았다.

"일부 지도자 동지는 반동적 자본계급의 입장에서 문화대혁명 운동을 깔아뭉개고 무산계급의 사기를 꺾고 의기양양해 있다. 이 얼마나 악랄한 짓인가!"

유소기를 지칭하고 있다는 것을 금방 알 수 있었다. 이해 8월 12일 모택동은 문득 당 개편을 제안해 유소기의 서열을 2위에서 8위로 '강등'시켰다. 2위에 오른 인물은 문화대혁명 기간 중 모택동의 신임을 독차지한 임표였다.

8월 18일 모택동은 '문화대혁명 축하 군중대회'를 천안문 광장에서 개최했다. 광장에 운집한 홍위병의 수는 공식 집계에 따르면 100여만 명이었다. 그는 대회가 시작되기 2시간 전인 오전 5시경 군중이 운집한 광장에 나타났다. 예고도 없이 나타난 모택동의 모습을 보고 홍위병들이 열광했다.

이후 과정은 모두 이들 홍위병이 이끌었다. 모택동의 표현대로 이들은 천궁天宮을 소란 속으로 빠뜨린 손오공에 해당했다. '봉건유습'과 '우파'로 비친 모든 것은 철저히 파괴되고 매도됐다. '문화'에 대한 혁명을 감행함으로써 사회주의 '중화제국'에 걸맞은 혁신을 이루자는 게 이들의 주장이었다.

홍위병의 난동이 걷잡을 수 없이 확산되자 파괴는 또 다른 파괴를 낳았다. 모택동마저도 통제하기 힘든 상황으로 치달았다. 학원과 공장, 병원, 사무실, 집을 뛰쳐나온 수백만 명의 '손오공'은 '천궁'이라는 기존의 질서를 닥치는 대로 쳐부쉈다. 임표를 제외한 모든 사람이 고초를 겪었다. 모두 모택동의 사주로 인한 것이었다.

모택동의 이런 기질을 일찍이 눈치챈 사람이 있었다. '28인 볼셰비키'의 일원인 장문천이 그 당사자다. 문화대혁명 때 수난을 당한 그는 일찍이 모택동을 이같이 평한 바 있다.

"모택동은 사람들을 개조하는 방면에서 매우 탁월한 사람이다."

모택동의 혁명가 내지 선동가 자질을 정확히 짚어낸 것이다. 모택동의 선동가 기질은 천안문 앞에서 열린 '100만인 집회'에서 여실히 드러났다. 국방부장 임표는 홍위병에게 '혁명의 선봉'이라는 호칭을 덧붙이며 광란을 부추기고 나섰다. '일인지하'의 2인자 자리에 올라선 그는 모택동에 대한 충성을 자신의 정치적 생명과 동일시했다.

이튿날 북경 제2중학교에는 '낡은 세계에 선전포고한다'는 제목의 대자보가 나붙었다. 전날 집회에서 임표가 제창한 내용이 그대로 실렸다.

"모든 낡은 사상과 낡은 문화, 낡은 풍속, 낡은 습관을 때려부수자."

소위 '4구四舊 타파' 슬로건이 나온 배경이다. 이는 문화대혁명 기간 중 홍위병 난동의 전매특허가 됐다. 북경에서는 70년의 역사를 자랑하는 유명한 오리요리 전문점인 '전취덕全聚德'은 노동인민의 피와 땀을 착취한 상징으로 규정되면서 내부에 있던 산수화가 모두 찢겨져 나갔다. 북경 사람들의 삶과 애환을 그려내 세계적 명망을 얻은 『낙타상자駱駝祥子』와 『다관茶館』의 작가 노사老舍 역시 '4구'의 하나로 몰렸다. 홍위병에게 끌려나와 목에 '반동분자'라는 팻말을 달고 머리에 먹물을 뒤집어쓴 67세의 노사는 이튿날 상처투성이로 귀가하던 중 이내 강물에 투신자살하고 말았다.

이해 8월 27일 북경 남부 대흥현에서 집단학살 사건이 있었다. 『모택동 비록』은 당시의 사건을 이같이 기술해 놓았다.

"8월 31일 밤. 현 당위원회에서 '4구'에 해당하는 소위 '4류四類분자'와 그 가족이 학살당하고 있다는 보고가 들어와 현 당위원회 간부들과 함께 현장으로 급히 갔다. 마을에 있는 한 집에 '4류분자'가 연행돼 있었고 그곳은 '처형장'으로 변해 있었다. 눈에 들어온 것은 나뒹구는 시체뿐이 아니었다. 그 옆에는 피로 범벅된 마을 사람들이 새끼줄로 꽁꽁 묶여 있었다. 심문하는 쪽의 농민은 몇 개씩 못이 박힌 가죽채찍 같은 것이나 곤봉을 손에 들고 있었다. 재산 숨긴 곳을 묻는 사내에게 소년이 '모른다'고 대답하자 사내는 사정없이 아이의 손을 철봉으로 내리쳤다. 아이의 왼손 약지와 새끼손가락이 잘려나가고 선혈이 뿜어져 나왔다. 아직 숨을 몰아쉬며 살아 있는 사람도 있었으나 사내는 삽으로 일격을 가해 절명시켜 밖으로 싣고 나갔다. 8월 27일부터 9월 1일 사이 대흥현 각지에서 80대 노인에서부터 생후 38일 된 젖먹이에 이르는 22세대 325명이 희생당한 것으로 알려졌다. 사회주의 중국에 맞는 문화적 질서를 갖추기 위해 시작했다는 문화혁명이 급기야 살육을 주저없이 행하는 광기의 현장으로 변했다."

모택동은 이를 수수방관했다. 유소기와 등소평 등 지도부가 하루아침에 홍위병의 공세에 몰리는 '4류분자'가 된 이유다.

1967년 3월 홍위병들이 국가주석 유소기에 대해 공격을 시작했다. 이들은 국가주석의 집무실인 중남해에 난입해 '유소기 끌어내기 운동'을 전개했다. 유소기는 결국 민중 앞에서 홍위병들에게 얻어맞거나 모욕당한 뒤 병원 감금과 당적 박탈의 과정을 거친 뒤 이해 말 71세의 나이로 숨을 거두고 말았다. 그는 '무직노인' 신분이 되어 은밀히 화장됐다. 그의 딸이 부친의 죽음을 안 것은 그로부터 5년이 지난 1972년이었다. 유골을 품에 안을 수 있었던 것은 사인방이 체포된 뒤인 1980년이었다.

유소기는 모택동이 추진하던 '대약진운동'이 처참한 실패로 끝난 뒤 새로 등장한 권력핵심이었다. 카리스마 등에서는 모택동에 견줄 수 없었으나 기아선상의 인민들을 살리기 위한 실용 노선을 이끌면서 세력을 크게 확장했다. 훗날 개혁개방을 이끈 '부도옹不倒翁' 등소평이 유소기의 동반자였다.

유소기가 홍위병에게 끌려나가기 직전 변화의 바람이 서서히 불기 시작했다. 유소기가 홍위병에게 끌려나가기 1달 전인 이해 2월 '상해 코뮌'을 설립한 장춘교와 요문원이 모택동을 방문했다. 모택동이 말했다.

"우두머리를 철폐하라는 주장은 극단적인 무정부주의이고 가장 보수 반동적인 것이다. 우두머리가 있어야 한다. 코뮌은 반혁명을 분쇄하기에는 너무 취약하다. 어떤 경우든 지도부의 역할이 있어야 한다."

모택동이 '무정부주의' 운운하며 상해 코뮌을 해산하고 '혁명위원회'로 대치할 것을 명한 것은 홍위병의 효용이 이제 끝났음을 암시하는 것이었다. 당초 모택동은 '백화제방'을 선언할 당시 '탈집중화가 강력한 사회주의 국가 건설에 필요하다'고 주장한 바 있다. 그러나 문화대혁명은 그가 오히려 강력한 중앙집권을 선호한다는 사실을 보여준다. 임표가 무력을 동원해 홍위병을 제압한 이유가 여기에 있다. 임표 또한 모택동의 '황권'을 강화하기 위한 일시적인 도구에 불과했다.

당초 문화대혁명 기간 중 혁명위원회의 각 위원회는 군부가 주로 장악했다. 이해 2월 4일의 일화가 군부의 중요성을 일깨워 주고 있다. 이날 아침부터 남창시의 중심 광장에 사람들이 모여들기 시작하더니 이내 10만의 군중이 됐다. '8·1 건군절'에 대한 역사적인 오류를 바로잡는 대규모 군중대회가 열린 것이다.

개최 이유인즉 신성한 모택동 주석이 영도하고 일으킨 '9·9 추수봉기'가 있는데, 어떻게 총리인 주은래가 영도한 '8·1 남창기의' 기념일이 건군절이 될 수 있느냐는 것이었다. 군중들은 남창 시내의 '8·1' 글자가 들어 있는 모든 공공건물과 장소의 사용을 금지하고 '남창 8·1기의 기념관'도 초대소나 식당으로 개조해야 한다고 주장했다.

당시 모택동은 상해에 있었다. 그를 수행하고 있던 해방군 대리 총참모장 양성무가 조심스럽게 말을 꺼냈다.

"주석님, 지금 어떤 사람들은 8월 1일을 건군절로 하는 것을 반대하고 있습니다. 심지어 '8·1'의 군 휘장도 없애려고 합니다. 남창뿐만이 아니고 북경 등 여러 도시에서도 이런 얘기를 떠들어대고 있습니다."

"그건 왜요?"

"그들은 주석께서 영도하신 '추수봉기'의 기념일인 9월 9일을 건군절로 해야 한다고 주장하고 있습니다. 남창봉기 때 내걸었던 것은 국민당 군대의 깃발이고, 국민당 혁명위원회의 이름으로 영도했기 때문에 결국 국민당이 일으킨 봉기나 다름없다고 말합니다. 대신 추수봉기는 완전히 주석께서 영도한 순수한 공산당 영도하의 봉기라는 것입니다."

"무슨 놈의 '9·9 건군절'이란 말이오? 말도 안 될 소리요. 남창봉기가 먼저고 추수봉기는 그 후란 말이오. 두 번의 봉기는 다 당에서 결정해서 일으킨 것이오. 내가 당에서 파견돼 추수봉기를 일으켰듯이 주은래 역시 당의 지시를 받아 봉기를 영도한 것이오. 우리는 역사 유물주의자들이오. 추수봉기를 일으킨 그날을 건군절로 한다는 건 역사의 진실에 어긋나는 것이고 역사 유물주의 관점에도 맞지 않소. 내가 말하는 것을 모두 받아 적으시오."

양성무가 필기도구를 가져오자 모택동이 말을 이었다.

"이 일은 당시 '중화소비에트공화국' 임시정부에서 결정을 내린 것이다. 남창봉기는 전국적인 것이고 추수봉기는 지역적인 것이다. '8·1건군절'이 멀지 않다. 올해의 건군절 대회는 규모를 기왕의 것보다 더 크게 한다. 노원수들을 모두 초청한다."

이를 계기로 1967년 2월 14일에 빚어진 소위 '2월 역류사건'의 단초가 열렸다. 이는 군 원로 등 중앙지도부가 문화대혁명의 폭력적 방법에 반대한 사건을 말한다. 발단은 2월 14일과 16일 이틀에 걸쳐 중남해 회인당에서 벌어진 당 중앙연락회의였다. '혁명을 틀어쥐고 생산을 촉진할 문제'에 대해 토의하는 모임이었다. 회의기간 내내 문화대혁명 추진세력과 노간부들이 첨예하게 맞섰다. 주은래가 주관하는 가운데 부총리 담진림이 발언권을 얻어 장춘교를 향해 언성을 높였다.

"군중이 도대체 무어요? 말끝마다 군중 군중 하는데 그래 당의 영도는 어디 갔단 말이오? 당신들은 사실상 당의 영도를 부정하고 있소. 당신들의 목적은 노간부들을 몽땅 타도하려는 것이오. 40년 간이나 혁명한 노혁명가들이 하나씩 당신들에게 타도되어 온 집안이 피신을 가고 처자들이 흩어졌소. 이번 투쟁은 우리 당의 역사상 가장 무자비한 투쟁이오. 강청은 대놓고 나를 '반혁명'이라고 말했소. 나는 그를 위해 사업하는 것이 아니라 당을 위해 사업하는 거요."

담진림은 분을 참지 못하고 서류를 챙겨들고 밖으로 나가면서 이같이 외쳤다.

"당신들이 다 하시오!. 난 안 하겠소. 머리가 날아가고 감옥에 갇히고 당에서 제명된다 해도 끝까지 투쟁할 것이오!"

주은래가 돌아오라고 엄히 나무라자 진의가 거들고 나섰다.

"가긴 어디를 가는 거요? 여기 남아 투쟁을 견지해야지. 이런 자들이 올라앉으면 수정주의를 실시할 것이오."

진의는 연안시절 자신과 주은래가 정풍운동의 와중에 비판을 받았던 일에 대해 언급했다. 전군의 문화혁명소조 조장을 맡고 있던 서향전이 책상을 두드리며 장춘교 등을 공격했다. 장춘교와 요문원 등은 입을 다물었다. 이들의 반격은 곧바로 시작됐다. 회의 직후 강청을 찾아가 보고한 뒤 밤늦게 모택동을 찾아갔다.

보고를 듣고 있던 모택동은 처음에는 미소만 지었다. 그러다가 진의가 연안 정풍 때의 일을 거론했다는 얘기를 듣자 이내 표정이 굳어졌다.

"그래 연안의 정풍이 틀렸단 말인가? 왕명의 패거리를 모셔와야 한단 말인가?"

모택동이 '중화제국'의 보위에 오르는 과정에서 가장 경계한 인물이 왕명과 장국도였다. 2월 18일 밤 갑자기 회의가 소집되어 이튿날 새벽까지 계속됐다. 모택동이 목소리를 높였다.

"문화대혁명을 부정하려는 짓은 어림도 없는 일이오. 회인당에서 소란을 피워댄 것은 자본주의를 복원하려는 것이오. 유소기와 등소평이 집권하고 나는 임표와 함께 남하하여 다시 정강산에 올라 유격전을 벌여야

겠소. 진백달과 강청은 총살하고 강생은 유배를 보내야 할 거요. 중앙문화혁명 소조를 다시 조직해 진의가 조장을 맡고 담진림이 부조장을 맡으시오. 그래도 모자라면 왕명과 장국도를 청해오고 또 미국과 소련도 청해오시오!"

2월 25일부터 3월 18일까지 소위 '정치생활회의'가 회인당에서 7차례 열렸다. 강청 등은 노간부들을 '주자파'에 동조하는 세력으로 몰아갔다. 결국 진의와 담진림, 서향전 모두 집에서 휴식하며 반성문을 쓰는 것으로 낙착됐다.

이해 4월 30일 모택동이 문득 주은래 등을 집으로 초청했다. 화해를 위한 자리였다. 주은래와 진의, 엽검영, 서향전, 섭영진, 담진림, 이선념 등이 참석했다. 모택동은 몇몇 부총리와 군사위원회 부주석들의 안부를 일일이 물어본 뒤 이같이 말했다.

"오늘은 단결 모임입니다. 우리는 어쨌든 단결해야 하지 않겠습니까? 처음에 나는 어찌된 영문인지 잘 몰랐습니다. 그날 회의에서 말한 것은 모두 노원수들이 운동에 대해 의견이 있어서 푸념을 한 데 불과한 것이고, 그런 말들을 당 회의에서 했으니 그건 음모陰謀가 아니라 양모陽謀입니다. 앞으로 무슨 의견이 있으면 나에게 직접 제기하십시오."

모택동이 담진림을 향해 웃음 띤 얼굴로 말했다.

"이제 성이 가라앉았습니까? 나는 성이 다 가라앉았습니다. 우리 서로 욕설을 퍼붓지 않을 군자협정을 맺는 게 어떻겠습니까?"

이해 여름 모택동은 중국의 북부와 중부, 동부지역을 두루 순찰하고 돌아온 뒤 자신이 촉발한 '문화대혁명'에 대해 부정적인 평가를 내렸다. 너무 어지럽다는 게 그 이유였다.[30]

모택동은 홍위병의 폭력을 부채질하는 강청에 대해 노골적으로 염증을 표시하기 시작했다. 이듬해인 1968년 7월 모택동은 북경 인민대회당으로 홍위병 '5대영수'를 불러들여 이같이 힐난했다.

"문화대혁명을 2년 동안 해왔지만 자네들은 첫째 투쟁하지 않고, 둘째 비판하지 않고, 셋째 개혁하지 않았다. 투쟁하고 있기는 하지만 자네들이 소수의 대학에서 하고 있는 것은 무장투쟁이다. 이제 노동자나 농민, 병사, 주민 모두 환영하고 있지 않다. 자네들은 민중에게서 이탈돼 있다. 홍위병 지도자들이 계속 폭력적인 활동을 할 경우 섬멸하겠다."

이는 홍위병에 대한 결별선언이었다. 실제로 모택동은 빈농과 중농으로부터 재교육받아야 한다는 구실로 이들을 전국의 농촌과 공장 등으로 내보냈다. 소위 '하방下放'을 행한 것이다. 이를 계기로 도시의 학생들을 오지의 농촌에 보내는 '상산하향上山下鄕' 운동이 전국적으로 실시됐다. 학원을 뛰쳐나와 전국을 공포의 도가니로 몰아넣은 홍위병들이 일거에 자취를 감춘 배경이다.

1969년 4월 임표를 후계자로 삼기 위한 9전대회가 열렸다. 후계자 내용이 당장黨章에 삽입됐다. 임표 무리의 야심이 급속히 팽창한 이유다. 이듬해인 1970년 3월 9일 당 중앙은 모택동의 의견을 좇아 헌법개정 작업에 들어갔다. 며칠 뒤 제4기 전인대 개최 및 헌법개정 문제가 거론됐다.

이때 문제가 생겼다. 임표가 문득 모택동이 국가주석을 맡아야 한다는 의견을 제시한 게 빌미가 됐다. 임표는 그렇지 않을 경우 인민의 심리상태에 어긋난다는 논지를 폈다. 정치국 회의에서 이에 동의하는 사람들이 많았다. 얼핏 들으면 그럴듯하나 모택동을 '국가주석'의 명예직으로 내쫓고 실권을 장악코자 하는 속셈이 훤히 드러난다. 심기가 불편해진 모택동은 중앙정치국에서 임표의 건의를 보고받고는 이같이 힐난했다.

"나는 이 일을 다시 거론하지 않겠소. 이 일은 타당하지 못하오."

이해 4월 하순 중앙정치국 회의에서 모택동은 국가주석을 신설하지 않을 뜻을 거듭 밝히면서 『삼국지』 고사를 인용했다.

"손권이 조조에게 황제의 자리에 오를 것을 권하자 조조가 말하기를, '손권이 나를 화롯불 위에 올려놓고 구우려 한다' 고 했소. 그대들은 나를 조조로 만들지 마시오. 그대들 역시 손권이 되지 마시오."

그러나 임표는 자신의 주장을 굽히지 않았다. 5월 중순 그는 공군사령관 오법헌에게 국가주석을 설치해야 한다는 자신의 의견을 거듭 밝혔다.

"국가주석이 없으면 국가의 머리가 없는 것과 같소. 대의명분이 옳게 서지 않으면 말도 이치에 맞지 않게 되오."

그는 오법헌을 사주해 헌법공작소조 회의에서 국가주석의 장을 추가할 것을 요구했다. 이해 7월 임표의 부인 엽군이 비공식적으로 오법헌에게 말했다.

"만일 국가주석을 신설하지 않으면 임표는 어찌되는 것입니까? 어디로 가야 합니까?"

이 소식을 들은 모택동은 심기가 크게 불편해졌다. 7월 중순 헌법개정기초위원회 개회기간 중 네 번째로 국가주석 신설에 반대하는 뜻을 분명히 했다.

"국가주석 신설은 형식에 지나지 않소. '위인설관' 할 필요가 없소."

그럼에도 엽군과 오법헌 등은 끈질기게 국가주석 신설을 주장했다. 여산에서 열린 제9기 2중전회가 무거운 분위기에서 시작된 이유다. '중화제국' 의 황제와 황태자 간의 싸움이 점입가경으로 접어든 셈이다. 이해 8월 2일 모택동은 정치국 상무위원회 및 각조 조장회의에서 다시 엄숙하게 말했다.

"국가주석 신설 문제는 다시 거론하지 마시오. 내가 일찍 죽게 되면 그때 나를 국가주석에 앉히시오. 그 누군가 신설을 고집한다면 그 사람이 맡으면 될 것이오. 어찌되었거나 나는 맡지 않을 것이오."

이어 임표 쪽을 쳐다보며 목소리를 높였다.

"나는 그대에게도 국가주석을 맡지 말 것을 권하오. 고집을 부리는 그 사람이 맡으면 되오."

여산회의에서 모택동은 자신의 의견을 서면으로 제출하면서 임표의 사람인 진백달을 엄중히 비판했다. 회의 후 엽군과 오법헌, 황영승, 이작붕, 구회작 등이 조사를 받았다. 임표에 대해서도 '보호치료'를 실시한다는 방침이 정해졌다.

당시 임표가 모택동의 심기를 거스르면서 구태여 국가주석의 신설을 고집스럽게 주장한 것은 그의 건강과 밀접한 관련이 있었다. 당시 임표의 부인 엽군은 '황태자'인 남편이 '황제'인 모택동보다 오래 살지 못할까 크게 염려했다. 후계자의 지위도 불안정했다. 강청과 장춘교가 남편의 권력을 탈취할지도 모를 일이었다. 실제로 모택동이 임표에게 이같이 물은 적이 있었다.

"그대는 나이가 든 후 누구를 후계자로 할 것인가? 장춘교는 어떠한가?"

임표의 의구심이 더욱 커진 이유다. 여산회의 이듬해인 1970년 8월 모택동은 임표의 이름을 직접 거명하며 노골적으로 불쾌감을 표했다.

"임표 동지는 발언내용과 관련해 나와 상의한 바가 없고 나에게 보여주지도 않았다. 그는 당연히 응분의 책임을 져야 한다. 내가 임표 동지와 이야기해 보니 그의 말에 타당하지 않은 점이 있다. 예를 들어 그는 중국에서 수천년 만에 천재 1명이 나타났다고 했다. 그러나 이는 사실과 부합하지 않는다. 마르크스와 엥겔스는 같은 시대 사람이고 레닌과 스탈린이 모두 1백 년이 채 되지 않은 사람들인데 어찌해서 수백 년 만에 하나가 나타났다고 하는가?"

임표 무리는 이 얘기를 듣고 크게 두려워했다. 이들은 자신들이 생사의 갈림길에 서 있다는 사실을 깨달았다. 결단이 요구됐다. 마침내 모택동을 제거하기로 뜻을 모았다. 이해 말 주은래가 일부러 임표의 측근인 이덕생과 황영승, 오법헌, 이작붕, 구회작 등을 데리고 북대하로 임표를 만나러 갔다. 가는 도중 주은래가 이덕생에게 말했다.

"모주석은 곧 열리게 될 진백달의 정풍 보고회 때 임표 동지가 참가하기를 바랍니다. 그의 퇴로를 열어주기 위한 것입니다."

이듬해인 1971년 8월 14일 모택동은 북경을 떠나 남방 각지를 순시했다. 도중에 지방의 여러 당·정·군 책임자들과 대담했다. 담화 중 모택동이 3가지 원칙을 제시했다.

"마르크스주의를 관철하고 수정주의에 물들지 마시오. 단결하여 분열하지 마시오. 정대광명正大光明을 추구하고 음모와 위계를 책동하지 마시오."

'정대광명'은 자금성 내 황제 옥좌 위에 걸려 있는 현판의 내용이다. 이는 임표를 겨냥한 말이었다. 이틀 뒤인 8월 16일 주은래와 장춘교, 황영승 등이 모택동의 지시를 좇아 북대하로 가 임표에게 이를 보고했다. 주은래가 보고를 마치면서 이같이 말했다.

"모주석의 제의에 따라 당 중앙은 10월 1일을 전후해 제9기 3중전회를 열고 이후 제4기 전인대를 열기로 했습니다. 현재 모든 준비가 순조롭게 진행되고 있습니다."

임표는 이 말을 듣고 불길한 생각이 들었다. 실제로 당시 모택동은 경계를 조금도 늦추지 않고 있었다. 모택동이 문득 자신의 여행 일정을 바꾸는 바람에 열차를 폭파시키려는 임표의 계획이 실패로 돌아간 배경이다.

9월 12일 오후 4시 모택동이 중남해에 나타났다. 대경실색한 임표 일행은 이튿날 새벽 허겁지겁 항공편으로 국외탈출에 나섰다. 그러나 비행기는 외몽골에 추락했다. 일가족이 모두 몰사했다. 소위 '9·13사건'이다. 이 사건 당시 모택동은 유명한 말을 남겼다. 주은래가 임표의 탈출 소식을 전하면서 진지하게 물었다.

"포격을 가할까요?"

모택동이 고개를 내저었다.

"하늘은 비를 내리려 하고 어미는 시집을 가려고 하니 그가 원하는 대로 가도록 놓아두시오."

이는 중국의 속담을 인용한 것이다. 하늘에서 비를 내리려고 하면 막을 길이 없고, 과부인 모친이 시집가겠다고 하면 자식으로서 말릴 수 없다는 것은 인력으로 막을 수 없는 불가피한 일을 의미한다. 임표가 소련으로 망명할지라도 괘념치 않겠다는 뜻을 드러낸 것이다.

모택동은 이미 오래 전에 '역린'의 이빨을 드러낸 임표를 버렸다. 그를 제압하기 위해 마치 사마의가 조상을 때려잡을 때 사용한 것처럼 사병계詐病計를 구사해 모르는 척했을 뿐이다. 임표가 잡힐 경우 그를 법정에 세우는 과정에서 오히려 시끄러워질 공산이 컸다. 모택동의 입장에서 볼 때 차라리 그가 망명을 하도록 내버려 두는 게 유리했다.

사인방을 버리다

임표의 횡사는 사인방의 몰락을 알리는 조종이기도 했다. 강청과 임표는 후계자 자리를 놓고 다투는 관계에 있었으나 양자 모두 모택동의 마음을 얻는 데 실패했다. 이는 1972년 1월 진의가 병사할 때 이미 예견된 것이기도 했다.[31] 진의는 강청 등의 사인방 세력에 맞서 힘겨운 싸움을 벌이다가 중병을 얻어 세상을 떴다.

진의의 추도회는 주은래가 맡아 진행하고 엽검영이 추도사를 읽기로 되어 있었다. 엽검영이 추도사 원고를 써서 모택동에게 먼저 보냈다. 추도사 속에 엽검영은 '유공유과有功有過'라는 말을 썼다. 이를 본 모택동이 '유과'를 지워버렸다. 매우 이례적인 일이었음에도 사람들은 이를 간파하지 못했다. 당시 상황에서 모택동의 참석은 생각할 수도 없는 일이었다.

1월 10일 오후 3시 팔보산 혁명공원 묘지 예당에서 진의의 추도식이 거행되는 도중 문득 모택동이 가죽 슬리퍼를 신고 실크로 된 잠옷 위에 코트만 걸친 채 나타났다. 강청과 대립되는 모든 세력이 숨을 죽이고 있는 상황에서 모택동이 진의의 추도회에 참석하리라고는 아무도 예상치 못했다. 모택동은 이날 오후 1시에 잠을 깬 뒤 경호원을 불러 추도회에 나온 것이다.

연락을 받은 주은래는 노혁명동지들과 정치위원, 후보위원들에게 이 사실을 다급하게 알렸다. 모택동이 먼저 도착했다. 그는 진의의 미망인에게 다가가 손을 잡고 위로의 말을 전했다.

"진의 동지는 정말 훌륭한 동지였소."

이어 진의의 네 딸과 일일이 악수하며 위로했다. 장례 의전대로 붉은 깃발에 덮인 진의의 골회骨灰 앞에 머리 숙여 세 번 절했다. 진의의 복권을 암시하는 몸짓이었다. 이때 주은래와 주덕, 엽검영 등이 도착했다. 진의의 미망인이 울음을 터뜨렸다. 누군가 문득 '주석님이 울고 있다'고 격앙된 목소리로 외쳤다. 진의의 옛 동지들도 일시에 오열했다.

이 자리에서 모택동은 때마침 문상 온 캄보디아의 시아누크 공을 만나 인사말을 나누었다. 시아누크에게 혁명 1세대의 옛 동지들과 화해하고 그들을 복권해 줄 뜻을 내비쳤다. 이어 임표가 소련으로 망명하던 중 외몽골에서 비행기 추락사고로 죽었다는 사실을 전하며 이같이 말했다.

"그는 나를 정말로 반대한 인물이오. 그러나 진의는 진정 나를 지지한 동지요."

이때 모택동은 진의 미망인에게 유소기와 등소평에 대해 언급하면서 두 사람을 구별해서 말했다. 유소기의 모순은 '적대적인 모순'인 까닭에 '인민의 적'이 되지만 등소평의 모순은 '인민 내부의 모순'인 까닭에 '대오에서 뒤처진 일꾼'에 불과하다는 논리였다. '인민의 적'은 용서받을 수 없으나 '대오에서 뒤처진 일꾼'은 재교육을 받고 다시 세상에 나올 수 있었다.

모택동은 이미 등소평을 재차 등용하는 방안을 강구하면서 시기를 저울질하고 있었던 것이다. 그 신호가 진의 추도회에서 자연스럽게 흘러나온 셈이다. 장례가 끝난 지 얼마 안 돼 진의의 고향 후배인 등소평은 1969년 이래의 유배지인 남창시 교외의 외딴 집에서 주은래로부터 이 소식을 전달받았다. 등소평을 동생처럼 아끼며 모택동 사후까지 계산에 넣은 주은래는 모택동의 숨은 뜻이 널리 소문이 나도록 애썼다.

당시 등소평은 임표의 사망소식을 들은 후 모택동에게 편지를 보내 자기의 속마음을 전달해 놓은 상태였다. 그는 편지에서 자신의 과오와 미래에 대한 희망을 솔직히 밝혔다. 문화대혁명의 돌풍에 휘말려 거세되었던 노간부들이 하나둘씩 모택동에게 편지를 보냈다. 모택동도 점차 변화의 조짐을 보였다.

이는 그의 건강과 무관치 않았다. 그는 진의의 죽음 이후 병세가 더욱 악화돼 마지막까지 회복세를 보이지 않았다. 이듬해 등소평의 복권을 눈앞에 둔 어느 날 주은래가 등소평에게 모택동의 근황을 이같이 전해주었다.

"주석은 '9·13 사건' 이후 한 번 중환을 겪었는데 병이 낫기 전에 진의 동지가 또 사망하게 되어 병세가 더 중해졌소. 진의 동지가 사망했다는 소식을 듣고는 가슴이 칼로 에이는 듯 아프다고 말씀하시더니 그만 몸져눕고 말았소. 중병으로 병석에 누워 계시던 주석께서는 누구의 만류도 듣지 않고 추도회에 참석하셨소. 추도회 참석 후 주석께서는 몹시 신열이 나더니 꼬박 며칠 간 혼수상태로 누워계셨소."

이해 9월 27일 일본의 총리대신 다나카 가쿠에이가 중국을 방문했다. 모택동이 그에게 『초사집주』 영인본 1부를 선물했다. 모택동의 장서 중 가장 유명한 게 『초사집주』다. 다나카는 일본으로 돌아간 뒤 《아사히신문》에 건네주고 이를 인쇄케 했다. 일본판 『초사집주』는 중국에 다시 전해졌다. 여기에는 부록에 모택동의 휘호도 수록돼 있다.[32]

진의가 사망한 이듬해인 1973년 겨울은 문화대혁명의 퇴조기에 해당한다. 그러나 사인방의 기세는 여전했다. 일이 어떻게 전개될지 아무도 예측할 수 없었다. 주덕은 자신 또한 표적이 되어 있었던 터라 달리 손을 쓸 도리가 없었다.

이해 12월 21일 문화대혁명 기간 중 소원했던 주덕과 모택동이 중남해에서 만났다. 정치국과 군사위 간부들이 모택동을 기다리고 있었다. 모택동이 비서의 부축을 받으며 회장에 들어서자 주은래와 엽검영이 그 뒤를 따라 들어왔다. 모두 기립해 박수로 환영했다. 모택동이 맨 먼저 주덕에게 손을 내밀었다. 주덕이 인사말을 건넸다.

"주석 동지, 안녕하십니까?"

"총사령 동지, 안녕하십니까? 당신은 붉은 사령관입니다. 어떤 사람은 당신을 검은 사령관이라고 하지만 나는 언제나 그들을 비판했습니다. 나는 당신을 붉은 사령관이라고 합니다. 그래 지금도 붉은 대표가 아니십니까!"

주덕이 웃으며 말했다.

"아닙니다. 주석 동지가 총사령이십니다."

모택동이 고개를 저었다.

"아니, 아닙니다. 주모豬毛니까 당신은 '주' 고 나는 '모' 입니다. '주' 가 없으면 어떻게 '모' 가 붙어 있겠습니까?"

'주모' 는 돼지털을 말한다. 중국어 주豬는 주朱와 발음이 같다. 정강산 시절 주모군朱毛軍으로 불린 홍군을 함께 이끈 것을 이같이 비유한 것이다. 어느덧 45년의 세월이 흘렀다. 35세이던 모택동은 80세, 42세이던 주덕은 87세의 노인이 되어 있었다.[33]

모택동은 지역별로 영향력이 있는 8대 군구사령관들의 인사 배치를 새로이 했다. 등소평을 다시 기용해 군사위원회의 실질적 리더로 부각시킨 게 가장 주목할 만했다. 그러나 모택동은 군구사령관과 군의 원로들 앞에서 등소평에게 일침을 놓는 것을 빠뜨리지 않았다.

"나는 오늘 군사위원회에 지도자 한 분을 모셔왔습니다. 이름은 등소평이라고 합니다. 바로 이분입니다. 어떤 사람들은 그를 조금 어려워합니다. 그러나 그는 일을 과단성 있게 처리합니다. 그도 나와 마찬가지로

70%는 유용한 일을 해왔으며 30%는 잘못되었습니다. 그는 내가 청해 왔습니다."

이어 자신 못지않게 고집이 센 등소평의 성격을 꼬집었다.

"등소평 동지, 남들이 동지를 좀 무서워하고 있는데 내가 동지에게 두어 마디만 말하겠소. 외유내강外柔內剛, 면리장침綿里藏針이 그것이오. 겉으로는 상냥스럽되 속은 강철바늘이 되라는 뜻이오. 지난날의 결점은 점차 고쳐나가도록 하시오."

'면리장침'은 부드러운 솜 속에 날카로운 바늘을 감춘다는 뜻이다. 그간 홍위병의 광란과 사인방의 횡포로 인해 군의 위신은 물론 사기까지 크게 떨어져 있었다. 모택동은 임표가 지배했던 군을 정비해야 했다. 이를 떠맡을 유일한 적임자는 등소평밖에 없었다. 당시 등소평은 군의 원로선배로서 군구사령관들로부터 인간적인 신뢰를 얻고 있었다. 모택동은 등소평을 다시 등용하면서 엽검영을 내세워 주덕 등 군의 원로들과 의논하는 모양새를 갖췄다.

군구사령관의 인사이동은 그리 쉬운 일이 아니었다. 그간 군구사령관은 임표의 지원을 받아왔다. 임표의 횡사에도 불구하고 군구사령관의 영향력은 날로 커가고 있었다. 자신의 사후 지방화와 군벌화 가능성에 우려를 표시해 온 모택동으로서는 이 시점에서 군구사령관을 전면 교체할 필요가 있다고 생각했다. 억울하게 죽은 하룡을 언급한 게 그 증거다.

"제2방면군의 하룡이 보이지 않는군요. 내가 보기에 하룡 동지의 문제는 잘못 처리되었습니다. 이 일은 나에게 책임이 있습니다. 당시 나는 하룡에게 '당신은 다릅니다. 당신은 한 개 방면군의 깃발입니다. 나는 당신을 보호하려고 합니다'라고 말했습니다. 총리도 그를 보호했습니다."

나름대로 하룡에 대해 미안함을 표시한 셈이다. 그는 한 걸음 더 나아갔다.

"명예를 회복해야 합니다. 그렇잖으면 하룡을 잃게 됩니다. 모두 임표가 저지른 일입니다. 나는 임표의 말만 들었기 때문에 오류를 범했습니다. 또 나서경의 명예도 회복시켜 주어야 합니다. 등소평 동지는 말하기를 나서경에게 불만을 가진 임표가 그런 짓을 했다고 말했습니다. 나는 그런 임표를 지지하는 잘못을 한 것입니다."

주은래가 거들었다.

"나서경의 편지에 대한 모주석의 회시回示가 있었는데, 이것은 정치국에 이미 보내졌고 곧 나서경의 명예회복이 이루어질 것입니다."

모택동이 다시 말을 이었다.

"잘못 비판당한 사람들의 명예를 몽땅 회복시켜 주어야 합니다. 나에게 책임이 있습니다. 몇 번이나 한쪽 말만 들었는데 이는 잘못된 일입니다. 오늘 동지들 앞에서 자아비판을 합니다."

주은래가 말했다.

"저도 자아비판을 하겠습니다. 주석께서는 줄곧 여러 동지들을 보호하셨습니다만 많은 경우 저의 사업이 따라가지 못했습니다."

이날 모택동은 많은 말을 했다. 자리를 옮기게 된 군구사령관들에게 일일이 다짐을 받았다. 주의와 지시도 빼놓지 않았다.

"내가 한 말이라고 해서 모두가 영단묘약靈丹妙藥이 아닙니다. 대개는 동지들 자신이 조사연구한 것에 의거해야 합니다. 나와 양득지 동지도 처음부터 잘 아는 사이는 아니었습니다. 그가 1개 여단의 병력을 거느리고 연안에 왔을 때 비로소 그를 알게 되었습니다. 어느 날 그는 도망병을 붙잡으려고 했습니다. 나는 붙잡지 말라고 했습니다. 도망가는 것은 있기 싫어서 하는 짓인데 도망가게 내버려 두라고 말입니다. 그리고 만약 붙잡았다면 도망병의 마음을 풀어주기 위해 돼지고기를 한 끼 톡톡히 먹이라고 일렀습니다. 포승줄로 억지로 동여매 붙잡아 와서 어찌 부부가 될 수 있고 어찌 같이 혁명을 할 수 있겠습니까? 이후 그는 내가 시키는 대로 했기에 우리는 서로를 잘 알게 되었습니다. 익숙하지 못한 것이 많았지만 지금은 서로 너무 익숙합니다."

양득지는 '대장정' 때 연대장을 지낸 군의 원로였다. 모택동은 이때 자신이 쓴 '모순론'에 입각해 세상일이란 항상 양면성이 있게 마련이라는 점을 강조했다.

"인간관계는 차 한 잔, 담배 몇 개비면 됩니다. 군자의 사귐은 물처럼 담담하고, 술로 사귄 친구는 믿음직하지 못합니다. 세상사는 언제나 두 측면을 갖고 있게 마련입니다. 염결廉潔이 있으면 반드시 탐오貪汚가 있고, 탐오가 있으면 염결이 있기 마련입니다. 염결만 있고 탐오가 없어도 안 됩니다. 한 손은 염결이고 다른 한 손은 탐오입니다. 이게 바로 '대립물의 통일'이라는 것입니다. 세상사란 모두 대립물의 통일입니다. 오늘 적잖게 말을 했는데 이만 그칩시다."

모택동의 말이 끝나자 주은래가 일어나 큰 소리로 제안했다.

"한 가지 건의를 하겠습니다. '3대규율·8항주의' 노래의 제1절을 함께 부르는 것이 어떻겠습니까?"

모택동이 손뼉을 치며 크게 좋아했다.

"옳아요. 그 대목이 중요합니다. '8항주의'에서 첫 번째가 말을 친절하게 하는 것이고, 다섯 번째가 군벌의 작풍을 근절하자는 것입니다. 이것을 기억하고 우리 모두 만년의 절개를 지켜나갑시다. 등소평 동지가 지휘하기로 합시다. 등소평 동지! 모두 동지의 지휘를 받도록 하겠소."

등소평이 손사래를 쳤다.

"아닙니다. 총리께서 지휘를 맡으시는 게 좋겠습니다."

주은래도 황급히 사양했다.

"아닙니다. 주석께서 지휘하셔야 합니다."

결국 모택동이 지휘하게 되었다. 그는 힘겹게 일어나 몇 구절 가사를 홍얼거리더니 이내 손을 휘저으며 지휘했다. 주덕과 주은래, 엽검영, 등소평 등 '중화제국'의 건국원훈들이 다시 모여 창업시절의 애환을 상기하며 큰 소리로 합창을 한 것이다. 문화대혁명의 광란이 이제 진정국면으로 들어갔음을 암시했다.[34]

원래 문화대혁명의 단초는 모택동이 제공한 것이다. 이후의 전개과정도 그가 조정한 것이다. 전면에 나선 사인방은 호가호위狐假虎威한 자에 불과하다.[35] 사인방이 진면목을 드러내는 것은 임표 사건 이후다.

특기할 만한 것은 1974년 이들이 임표를 공자와 함께 싸잡아 비판한 소위 '비림비공批林批孔' 운동을 전개한 점이다. 홍위병이 주도한 문화대혁명 초기와 달리 '비림비공' 운동은 이론투쟁의 양상을 띠었다. 표적은 주은래와 등소평, 엽검영 등 온건파였다. 주은래의 '탈脫문화대혁명' 정책에 위기감을 느낀 이들은 '비림비공' 운동을 통해 주은래 등을 '우파'로 지목해 실권을 차지코자 했다.

당시 모택동의 입장은 다소 애매했다. 그는 문화대혁명을 활성화하고자 하는 사인방의 움직임을 반대하지 않았다. 그렇다고 적극 지원한 것도 아니다. 크게 두 가지 이유를 들 수 있다. 첫째, 건강이 급격하게 악화된 점이다. 이는 사인방에게 불리하게 작용했다. 둘째, '비림비공' 자체는 동의하나 이를 온건파 축출로 확대하는 것에는 찬동하지 않은 점이다.

이 사이 주은래를 중심으로 한 '반反사인방' 세력은 강청 등의 예봉을 피하기 위한 방호벽을 차분히 쌓아나갔다. 여기에는 등소평의 재기가 결정적인 배경으로 작용했다. 등소평은 이들 온건파를 보호하기 위해 동분서주했다.

아직도 많은 사람들은 모택동이 왜 등소평의 재기를 찬동하고 나섰는지 제대로 이해하지 못하고 있다. 모택동이 말년에 가장 걱정한 것은 자신의 사후 어떤 평가를 받게 될까 하는 점이었다. 수뇌부가 인간을 중시하는 자신의 '중화제국' 건립이념을 제대로 알아야만 자신의 업적이 제대로 된 평가를 받게 되리라는 게 그의 생각이었다. 그는 등소평이 집권할 경우 자신의 업적이 최소한 '공 7, 과 3'의 평가를 받게 되리라는 것을 짐작하고 있었다. 모택동의 등소평 낙점 방식을 '부작위不作爲에 의한 권력승계'로 간주하는 이유다. 모택동은 건강이 악화하고 있는 상황에서 나름 최상의 선택을 한 셈이다. 이는 사인방의 몰락을 의미했다.

원래 '프롤레타리아 문화대혁명'으로 알려진 문화대혁명은 명목상 당내의 관료적 부패를 일거에 척결하기 위한 정책의 일환으로 나온 것이다. 그러나 사실 이는 '황제'의 권위에 도전한 인물의 거세에 초점이 맞춰져 있었다. 표적이 된 유소기가 변변한 치료도 받지 못한 채 병사한 게 그 증거이다. 유소기의 죽음을 계기로 더 이상 유지할 이유가 없었다.

실제로 모택동의 입장이 그러했다. 이를 뒷받침하는 일화가 있다. 1976년 4월 30일 저녁 모택동은 고서가 쌓여 있는 자신의 서재에서 뉴질랜드 총리 마르틴을 회견했다. 회의가 끝난 뒤 그는 회견에 배석한 화국봉에게 그대로 남아 있을 것을 지시했다. 화국봉은 모택동에게 몇 개 성에서 전개되고 있는 등소평 비판과 관련한 혁명정세의 흐름이 낙관적이지 않다는 점을 보고했다. 모택동은 화국봉에게 몇 마디 말을 했다. 화국봉이 정확히 듣지 못했다고 말하자 모택동이 떨리는 손으로 종이에 세 가지 사항을 적어주었다. 36)

1. 천천히 행하여, 흔들리지 말고 조급해 하지 말라 慢慢來, 不撓着急.

2. 과거의 방침을 좇아 일을 행하라 照過去方針辦.

3. 그대가 일을 주관하니, 나는 안심이 된다 你辦事, 我放心.

그가 죽기 5달 전의 일이다. 화국봉은 이를 정치국회의에서 그대로 발표했다. 1976년 6월 15일 모택동의 병세가 더욱 위중해졌다. 모택동이 화국봉과 왕홍문, 장춘교, 강청, 요문원 등의 사인방을 불렀다.

"옛사람이 '인생칠십고래희人生七十古來稀'라고 했는데 나는 이미 80이다. 사람이 늙으면 항상 후사를 생각하게 된다. 나는 일생동안 두 가지 일을 했다. 하나는 장개석과 수십 년을 싸워 그를 섬으로 쫓아보내고 항전 8년 동안 일본인들을 자기 집으로 돌려보낸 일이다. 이에 대해 이의를 가진 사람은 많지 않다. 또 하나는 문화대혁명이다. 이는 지지하는 사람이 많지 않고 반대하는 사람이 적지 않다. 이 두 가지 일은 아직 끝나지 않았다. 이 유산은 다음 세대에 물려주어야 한다. 어떻게 물려줄 것인가? 평화적으로 물려주는 것이 아니라면 소란스런 동탕動蕩 중에 넘겨주어야 한다. 잘못하면 피비린내 나는 소동인 혈우성풍血雨腥風이 일 것이다. 너희는 어떻게 해야 하는가? 하늘만이 알고 있을 것이다."

많은 사람들은 후계자로 낙점한 화국봉이 장차 강청을 이기지 못할 것이라는 사실을 짐작하고 화국봉과 사인방을 동시에 불러 이 말을 한 것으로 보고 있다. 실제로 그는 이미 자신이 죽은 뒤 강청이 일을 저지를 것이라고 말한 바 있다. 그는 강청이 일을 저지를 경우 혼란이 일어나 과거의 '군벌시대'가 다시 올 것을 가장 염려했다. 이는 '중화제국'의 붕괴를 의미한다. 그 경우 '중화제국'을 창업한 업적은커녕 '만고의 폭군'으로 매도될 수밖에 없다. 사인방은 결코 대안이 될 수 없었다.

그렇다면 그는 왜 화국봉을 택한 것일까? 그가 '평화적으로 물려주는 것이 아니라면 동탕 중에 넘겨주어야 한다'고 언급한 대목에 주목할 필요가 있다. 이는 두 가지 의미를 담고 있었다.

첫째, 온건파와 사인방의 권력투쟁을 전제로 한 것이다. '동탕'과 '혈우성풍' 운운이 이를 뒷받침한다. 중국의 역사에 해박했던 모택동이 소위 '제2의 창업'을 모를 리 없다. 창업주가 죽기 전에 아무리 후사의 안전을 도모할지라도 당사자가 스스로 서지 못하는 한 '혈우성풍'은 불가피하다. 가장 위험스런 유소기를 제거한 것은 역대 왕조의 창업자가 늘 그러했듯이 '토사구팽'의 일환으로 나온 것이다. 강직한 팽덕회를 제거한 것도 같은 맥락이다. 이는 한고조 유방이 경포와 팽월을 제거한 것에 비유할 수 있다.

그런 의미에서 그가 화국봉에게 3가지 유훈을 전한 것은 온건파와 사인방의 권력투쟁에서 중립을 지켜 '혈우성풍'을 최소화하라고 주문한 것이나 다름없다. 화국봉도 이를 알고 있었다. 그가 온건파에 동조해 사인방을 전격 체포한 게 그 증거다. 이것으로 그의 역할은 끝난 것이나 다름없다. 실제로 역사는 그런 방향으로 흘러갔다.

둘째, 온건파의 영수격인 등소평에게 '중화제국' 창업주인 자신에 대한 평가를 최소한 '공 7, 과 3'보다 더 낮추는 일이 없도록 주문한 점이다. 역대 왕조의 창업과정을 보면 알 수 있듯이 아무리 부자지간일지라도 보위를 평화적으로 넘기는 일은 쉬운 일이 아니다. 더구나 치세기간 중 '토사구팽' 등의 유혈폭풍이 일어난 경우는 더욱 그렇다. 소련의 '스탈린 격하'는 이미 목도한 바 있다. 자신의 사후 이런 일이 벌어지지 말란 법도 없다.

모택동은 자신의 사후 화국봉은 말할 것도 없고 사인방도 권력투쟁에서 이기지 못하리라는 것을 이미 알고 있었다. 최후의 승리자는 등소평이었다. 문제는 그 다음이다. 당시 등소평은 문화대혁명에 대한 비판적인 입장을 굽히지 않았다. 이런 상황에서 천하를 평화적으로 이양할 경우 등소평이 과연 그 고마움을 알 수 있을까? 자신의 사후에도 문화대혁명의 정당성을 변호해 줄 우군이 필요했다. 그 우군이 바로 사인방이었다. 이들은 권력투쟁에서 패해 법정에 설지라도 최소한 등소평으로 하여금 '공 7, 과 3'보다 더 낮추는 일이 없도록 주문하는 역할을 충분히 수행할 수 있었다.

모택동이 죽기 직전에 화국봉과 사인방을 불러놓고 '동탕'과 '혈우성풍' 운운하면서 이들의 앞날과 관련해 "오직 하늘만이 알고 있을 것이다"라고 말한 이유가 바로 여기에 있다. 그는 자신의 사후 온건파의 등소평이 '혈우성풍'을 최소화한 가운데 '중화제국'의 제2대 황제가 되어 자신의 업적을 '공 7, 과 3'으로 평가해 줄 것을 바랐던 것이다. 실제로 역사는 그가 예상한 대로 흘러갔다.

그가 혼수상태에 들어간 이해 7월 30일 밤 중앙정치국의 화국봉, 왕홍문, 강청, 오덕, 기등규, 소진화, 예지복 등은 전국계획공작좌담회에 출석한 사람을 접견했다. 화국봉이 모택동의 말을 전했다.

"모주석은 최후로 우리에게 이같이 지시하셨다. '국내문제를 주의하라.' '기존에 정한 방침대로 하라.' 이제 각 지구와 각 부서는 반드시 모주석의 지시에 따라야 하고 중앙의 규정에 따라야 한다. 각급 지도자와 간부는 등소평 비판을 깊이 연구하고 학습해야 하며 혁명을 잘해야 한다."

이는 사인방의 입장을 그대로 전한 것이다. 화국봉은 아무런 정치적 기반이 없었다. 이해 9월 1일 사인방은 두 신문과 한 잡지에 「모주석은 영원히 우리 마음속에 살아계신다」는 제목의 글을 발표했다. 온건파의 엽검영은 이를 읽고는 즉시 문제가 있다는 것을 눈치챘다. 그는 6글자에 동그라미를 치고 화국봉에게 보내 이를 보게 했다. 그러나 화국봉으로부터 아무런 회신이 없었다.

문제가 된 것은 모택동이 화국봉에게 전한 3개 방침 중 두 번째인 '과거의 방침을 좇아 일을 행하라'는 뜻의 조과거방침판照過去方針辦이었다. 모택동이 화국봉에게 말한 것은 확실히 '과거방침'이었다. 그러나 이후 모택동은 장춘교를 만나서는 구두로 안기정방침판按旣定方針辦이라고 말했다. '과거방침'은 등소평이 복권된 이후를 말하고 '기정방침'은 등소평을 마지막 순간에 당직에서 몰아낸 이후를 말한다. 문제는 '기정방침'에 대한 물증이 없는 데 있었다.

이 와중에 모택동은 이해 9월 9일 새벽 영시에 숨을 거뒀다. 주검이 식기도 전에 이미 싸움이 크게 붙어버린 상태였다. 9월 17일 사인방은 북경의 대소 신문을 동원해 모택동의 임종유언이라는 이름으로 '기정방침'을 대대적으로 선전하기 시작했다. 사인방의 정치적 기반인 상해의 《해방일보》는 아예 제목을 「모주석의 유언에 따라 기정방침대로 하자」로 달았다. 다음날인 9월 18일 모택동 추도회가 천안문 광장에서 거행됐다. 화국봉은 이 자리에서 아무 말도 하지 않았다.

이해 10월 2일 외교부장 교관화가 유엔에서 발표할 원고를 화국봉에게 보냈다. 화국봉은 그를 질책하는 회시를 내렸다.

"글 가운데 나오는 모주석의 유언을 자세히 보았다. 모주석이 친필로 쓴 것과 3글자가 틀린다. 모주석이 써서 내가 정치국회의에 전달한 것은 모두 '과거방침'이다. 잘못 전달되는 것을 피하기 위해 내가 이를 삭제한다."

이해 10월 6일 사인방은 일거에 분쇄됐다. 화국봉이 엽검영과 이선념 등 노원수들의 지원하에 강경조치를 취한 결과였다. 이날 화국봉은 노원수들의 협조하에 당중앙경위국 국장 왕동흥을 동원해 소위 '오보이鰲拜 체포극'을 벌였다. 오보이는 순치제가 마마에 걸려 죽게 되었을 때 어린 강희제의 보필을 당부받은 8명의 보정대신輔政大臣 중 우두머리였다. '오보이 체포극'은 강희제가 권신 오보이를 제압한 전례를 흉내 낸 것을 말한다.[37)]

당시 노원수들과 화국봉은 사인방이 모택동의 임종유언을 위조했다고 주장했다. '과거방침'을 '기정방침'으로 조작했다는 게 골자다. 결국 '조과거'와 '안기정'이라는 3글자의 차이가 중국의 역사를 바꿔놓은 셈이다. 이후 사인방은 법정에서 계속 '안기정'을 역설하며 물러서지 않았으나 이미 끝난 일이었다.

사실 '기존방침'과 '과거방침'은 본질적인 차이가 있는 게 아니다. 문제는 사인방이 너무 서두른 나머지 화국봉을 적으로 돌린 데 있다. 초기에 화국봉이 사인방의 입장을 좇은 게 그 증거다. 사인방은 여러 면에서 등소평을 비롯한 노원수들의 적수가 되지 못했다.

득천하와 치천하

1971년 4월 10일부터 17일까지 미국 탁구 대표단과 기자들이 '죽의 장막'인 중국을 방문했다. 당시 중국은 1960년대 후반부터 시작된 문화대혁명으로 인해 전대미문의 혼란 속에 빠져 있었다. 미국 선수단이 이처럼 혼란스런 중국을 방문할 수 있었던 것은 앞서 일본 나고야에서 열린 세계 탁구선수권대회에 참가했다가 중국 측의 방문 초청을 받았기 때문이다.

미국의 방중을 구상한 사람은 사인방의 공세에 밀려 곤경에 처해 있던 주은래 총리였다. 모택동의 재가를 받은 것임은 말할 것도 없다. 모택동은 강청 등을 통해 문화대혁명을 뒤에서 조종하는 한편 주은래 총리를 통해 문화대혁명 이후를 구상하고 있었던 것이다.

이에 앞서 모택동은 1970년에 미국인 언론인 에드가 스노를 만났을 때 미국 대통령인 리처드 닉슨에게 초청 의사를 전한 바 있다. 이는 1950년대 이래 갈등을 겪고 있는 소련의 위협에서 벗어나기 위한 책략의 일환에서 나온 것이었다. 이때 문득 '임표 사건'이 터져나왔다. 임표는 인민해방군을 동원해 문화대혁명에 따른 혼란을 수습하는 과정에서 차세대 지도자로 급부상한 인물이다. 그는 1969년의 중국공산당 제9기 전국대표대회에서 모택동의 후계자로까지 지명됐다. 그런 그가 암살 쿠데타를 꾀하다가 이내 발각되어 가족과 함께 비행기를 타고 소련으로 탈출하던 중 연료 부족으로 추락사하고 만 것이다.

당시 임표는 미국과의 관계 정상화에 반대하는 등 여러 문제로 모택동과 충돌하고 있었다. 게다가 잔병을 앓고 있던 그는 자신이 모택동보다 먼저 죽을까 초조해하며 조속한 권력승계를 꾀했다. 결국 군부 내에 자신의 세력이 대거 포진한 것만 믿고 성급히 반기를 들었다가 오히려 명을 재촉한 셈이 됐다. 모택동은 자신의 사후문제를 심각하게 생각하지 않을 수 없었다. 임표 사건 당시 그의 나이는 이미 78세였다.

마침내 닉슨 대통령이 1972년 초 중국을 방문해 관계정상화에 합의했다. 소련을 겨냥한 미국과 중국의 전략적 제휴는 세계정세의 판도를 일거에 뒤바꾸는 결정적인 계기로 작용했다. 이는 모택동에게 후계자 문제와 관련해 새로운 선택을 강요했다. 자본주의를 추종하는 소위 '주자파'로 몰려 지방 공장으로 쫓겨내려 갔던 등소평이 복권의 기회를 얻게 된 것은 바로 이 때문이었다. 그러나 등소평의 복권이 곧 후계자 낙점을 의미하는 것은 아니었다. 그것은 하나의 가능성을 열어준 것에 불과했다.

등소평이 복권될 당시 문화대혁명을 촉발시킨 모택동의 권위는 크게 추락해 있었고 건강 역시 크게 악화돼 있었다. 문화대혁명의 종언을 선언하고 새로운 길을 모색할 만한 시점이었다. 모택동의 입장에서 볼 때 이는 결코 받아들일 수 없는 것이었다. 그는 1950년대에 실패로 끝난 '대약진운동'의 후유증을 누구보다 잘 알고 있었다. 문화대혁명은 온갖 구호에도 불구하고 '대약진운동'의 실패를 계기로 절대권력의 한 축을 빼앗아간 유소기로부터 이를 되찾아오기 위한 권력투쟁에 지나지 않았다. 등소평은 유소기와 같은 편에 서 있었던 까닭에 쫓겨났다. 임표 사건 이후 그를 다시 복권시키기는 했으나 전적으로 신뢰하기 어려웠다. 모택동은 등소평의 행보를 예의 관찰한 뒤 최종 결론을 내릴 생각이었다. 낙점을 받을 수 있을 지 여부는 전적으로 등소평의 몫이었다.

원래 문화대혁명은 유소기를 제거하기 위한 권력투쟁의 일환으로 시작된 것이 사실이나 여기에는 중국사를 해석하는 모택동의 독특한 관점이 크게 작용했다. 임표와 공자를 비판하는 '비림비공批林批孔'이 그 증거다. 당시 임표는 쿠데타를 꾀하다가 추락사한 뒤 '극우반동'으로 몰렸다. 홍위병들은 그의 집에서 공자 및 맹자와 관련된 책을 찾아냈다. 거기에는 『논어』의 극기복례克己復禮와 『중용』의 중용지도中庸之道 등의 내용이 담겨 있었다. 임표 사건이 있은 지 두 달이 지난 1971년 11월 경 모택동은 한 좌담회에 참석해 이같이 말했다.

"나는 동지들이 노신의 글을 보기를 권합니다. 노신은 중국 제일의 성인입니다. 중국 제일의 성인은 공자가 아닙니다. 나 또한 아닙니다. 나는 현인賢人, 즉 성인의 학생에 해당합니다."

중국에서는 전통적으로 성인 밑에 현인, 현인 밑에 군자가 있다고 생각해 왔다. 이는 공자가 『논어』에서 스스로를 성인 내지 현인은커녕 군자가 되기 위해 노력하고 있다고 언명한 데서 비롯된 것이다. 그런 관점에서 보면 모택동이 현인을 자처한 것은 주제 넘는 일이었다. 그러나 문화대혁명이 공자를 반동의 상징으로 간주한 점을 감안하면 모택동이 중국 제일의 성인인 노신의 충실한 학생을 자임하며 '현인'을 자처한 것은 그리 탓할 일도 아니다. 주목할 것은 그의 이날 발언이 과거 연안에 있을 때 "공자는 봉건사회의 성인이고 노신은 현대 중국의 성인이다"라고 말한 것과 적잖은 차이가 있는 점이다. 만년의 모택동은 노신을 두고 중국의 전 역사를 통틀어 유일무이한 성인이라고 주장한 것이다. 공자를 임표와 싸잡아 폄하하는 '비림비공'이 1973년부터 본격적으로 전개된 배경이 여기에 있다.

중국의 근현대사를 개관할 때 공자에 대한 대대적인 비판이 빚어진 것은 이것이 세 번째 경우에 속한다. 첫 번째는 홍수전의 태평천국 때 빚어졌다. 홍수전을 비롯한 태평군이 저지른 공자에 대한 모욕은 문화대혁명 당시의 광란을 방불했다. 수천년에 걸쳐 만고의 선사先師로 칭송받아 온 공자가 사상 최초로 반동의 인물로 낙인찍힌 충격적인 일이었다. 두 번째는 1919년의 5·4운동 때 빚어졌다. 신문화운동을 주도한 젊은 학생들이 공자를 반동봉건의 괴수로 낙인찍은 결과였다. 모택동도 이 운동에 적극 가담한 바 있다. 세 번째로 터져나온 '비림비공' 운동은 공자를 철부지 군사 모험주의자인 임표와 한통속으로 몰아넣은 점에서 전례없는 일이었다. 모택동은 이미 5·4운동 당시부터 공자를 반동봉건의 상징으로 간주한 까닭에 단 한 번도 존경심을 표한 적이 없다. 그가 문화대혁명의 와중에 공자를 반동봉건의 상징 차원을 넘어 군사 모험주의자인 임표와 싸잡아 비판한 데에는 또 다른 이유가 있었다. 이는 1973년 당시 중국을 방문한 이집트 부총통 후세인 알 샤페이를 접견했을 때 외빈들 앞에서 밝힌 특이한 역사관과 밀접한 관련이 있다.

"진시황은 중국 봉건사회의 제일 유명한 황제이다. 나 역시 진시황이다. 임표가 나를 진시황이라고 욕한 게 그 증거다. 중국은 예로부터 두 파로 나뉜다. 한 파는 진시황이 좋다고 말하고 다른 한 파는 진시황이 나쁘다고 말한다. 나는 진시황에 찬성하고 공자에 반대한다. 진시황은 중국을 하나로 통일했고, 문자를 통일했으며, 사통팔달의 도로를 건설했다. 또한 나라 속에 나라를 조장하는 지방분권 제도를 혁파하고 중앙집권제를 실시했다. 중앙에서 임기제 지방관을 파견하여 토호세력의 세습제를 철폐했다."

태평천국의 난과 5·4운동 당시에는 오직 공자만 비판했을 뿐 진시황을 높이지는 않았다. 그러던 것이 이때에 이르러 공자는 공개적으로 진시황과 대척점에 서게 된 것이다. 모택동의 진시황에 대한 평가는 중화인민공화국 건국 이전과 이후가 확연히 다르다. 건국 이전만 해도 그는 주로 진나라 말기의 진승과 오광, 명나라 말기의 이자성, 청나라 말기의 홍수전 등 농민봉기 지도자들을 언급했다. 진시황에 대한 언급은 가급적 피한 게 확실하다. 간혹 거론할지라도 분서갱유 등 부정적 측면만을 강조했다.

사실 가장 진보적인 사상으로 치부된 마르크스주의를 최고의 지도자 상으로 하여 조직된 중국공산당 내에서 봉건황제의 상징으로 간주되고 있는 진시황을 거론하는 것은 극히 위험했다. 반당반혁명분자로 몰려 이내 낙마할 공산이 컸다.

그러나 건국 이후 상황이 일변했다. 진시황의 긍정적 측면을 부각시키는 발언을 공개적으로 하기 시작한 것이다. 대표적인 게 1958년 5월 8

일부터 10일 간 열린 제8기 당중앙회의 2차회의 당시의 발언이다. 당시의 상황을 그대로 묘사하면 대략 이렇다.

"진시황은 현실을 중시하여 구습을 혁파하는 일의 전문가였다."

임표가 불쑥 발언을 끊고 들어왔다.

"진시황은 분서갱유를 저질렀습니다."

모택동이 잠시 침묵한 후 다시 입을 열었다.

"물론 나 역시 진시황을 인용하는 것을 좋아하지 않는다. 사실 진시황의 분서갱유쯤이야 나에 비하면 새발에 피다. 진시황은 겨우 460명의 유생을 생매장했지만 우리는 4만 6천 명의 유생을 생매장하지 않았는가? 우리가 혁명을 하면서 무수한 반혁명 지식인들을 죽인 게 그렇다. 언젠가 한 민주파 인사와 논쟁한 적이 있다. 그는 나를 진시황이라고 욕했다. 나는 그에게 이같이 대꾸했다. '그렇다. 나는 진시황이 아니라고 한 번도 부인한 적이 없다. 그러나 안타깝게도 당신의 비난은 너무 부족하다. 더욱 심한 욕설을 해다오. 진시황보다 백 배나 더한 독재자라고 말이다.' 공산주의와 제국주의 등 현재 우리가 밥 먹듯이 쓰고 있는 상용어는 원래 소련이나 영미 등지에서 나온 외래어를 중국어로 번역한 것들이다. 중국인과 외국인의 이들 외래어에 대한 인식은 하늘과 땅 만큼의 차이가 있을 정도로 완전히 다르다. 진시황 이후 원래 중국인은 외국인을 눈 안에 넣지도 않았다. 그러던 것이 청나라 말기부터 영국과 소련 등 제국주의 세력의 침입으로 인해 중국인은 문득 노예가 되어버렸다. 과거의 오만이 지금은 굴종으로 변해버린 것이다. 지금 당내에는 외래품이라면 막무가내로 숭배하는 풍조가 있다. 공산주의, 제국주의 따위의 외래어가 그것이다. 뜻도 제대로 알지 못하면서 외래어들을 아는 체하는 폐습은 이제 반드시 교정돼야 한다."

공산주의 사상을 서양에서 건너온 외래품의 일종으로 간주한 것은 중국의 역사문화에 대한 그의 독특한 시각을 반영한 것이다. 중국 특유의 역사문화가 존재하는 까닭에 마르크스주의를 그대로 적용할 수 없다는 신념이기도 했다. 그가 죽을 때까지 문화대혁명에 대한 자부심을 갖고 있었던 배경이 바로 여기에 있다. 그의 이런 신념을 가장 잘 아는 사람이 바로 강청이었다. 강청은 이를 권력장악의 도구로 삼았다. 모택동이 유소기를 제거한 방식을 그대로 좇은 셈이다.

1973년에 이르러 등소평이 복권되는 등 불리한 정세가 조성되자 강청을 비롯한 사인방은 곧 주은래와 등소평 등을 공격하기 위해 '비림비공'을 적극 전개했다. 이들은 곧 공자의 '극기복례'는 봉건제 신분질서를 정당화해 노예제로 복귀하려는 의도이고, 임표의 반反혁명 수정주의는 공자처럼 지주계급의 전제專制를 합리화한 반동사상이라는 주장을 폈다. 『한비자』는 「망징」편 등에서 '권신의 전제'를 모두 5차례에 걸쳐 언급한 바 있다. '군주의 전제'를 언급한 것은 단 한 곳도 없다. 군주를 백성을 지키는 최후의 보루로 간주한 결과다. 군주를 사악한 존재로 간주하는 서양 전래의 역사문화 전통과 정반대이다. 모택동이 진시황을 극찬한 근본배경이 여기에 있다. '비림비공'의 광풍이 일어나기 직전 구사상, 구문화, 구풍속, 구습관 등 이른바 '4구四舊'에 대한 대대적인 타파운동이 휘몰아쳤다. 사인방의 사주를 받은 홍위병들은 곧 공자의 고향이자 공자가 묻혀 있는 산동성 곡부曲阜로 몰려가 역대 황제가 공자를 기리기 위해 세운 비석을 깨부수고 공자의 사당을 불살랐다. 신해혁명 후 중화민국의 시기만 해도 공자의 탄신일이 '스승의 날'로 받들어진 점을 감안할 때 일대 변혁이 일어난 셈이다.

역사적으로 볼 때 공자 및 진시황과 관련해 모택동과 유사한 입장을 표명한 인물이 있기는 하다. 전국시대 말기에 맹자의 왕도王道를 신랄히 비판하며 패도覇道를 역설한 한비자가 당사자이다. 『한비자』에는 진시황에 대한 언급이 없으나 진시황이 『한비자』의 주장을 좇아 천하통일에 성공한 점에 비춰 모택동은 한비자의 주장을 근 2천여 년 만에 공개적으로 지지한 것이나 다름없다. 실제로 '비림비공' 운동은 진시황을 역대 최고의 군주인 '천고일제千古一帝'로 드높였다.

『한비자』는 맹자의 '왕도'를 통렬하게 비판하기는 했으나 공자 자체를 반동으로 몰아간 적은 없다. 오히려 공자를 현자로 높이 평가한 대목이 매우 많다. 모택동의 정적인 장개석이 늘 곁에 끼고 읽은 책이 바로 『한비자』였다는 것도 모택동의 주장이 지나친 것임을 뒷받침하고 있다. 실제로 진시황 역시 공자를 대놓고 폄하한 적이 없다. 『사기』「진시황본기」는 오히려 진시황이 천하통일 후 각지를 순행하면서 세워놓은 공덕비에 공자를 포함한 유가의 가르침을 대거 언급한 사실을 기록해 놓고 있다.

진시황과 공자에 대한 모택동의 평가는 그의 한계를 드러낸 것이나 다름없다. 그는 무수한 시를 짓고 『자치통감』을 평생 17번 통독한 데서 알 수 있듯이 중국의 역사문학에 대해 매우 해박했다. 청조 패망 이후 30여 년 만에 새로운 '중화제국'의 창업주가 될 수 있었던 근본배경이 여기에 있다. 그러나 그는 유가를 포함한 제자백가 사상에 대해서는 극히 단편적인 지식밖에 없었다. 공자와 진시황을 각각 반동 및 진보의 표상으로 간주한 게 그 증거이다. 유가경전에 밝았던 강유위가 공자를 뛰어난 개혁가로 평가하고 제자백가에 해박했던 곽말약이 공자를 혁명가로 평한 것과 극명하게 대비된다. 이는 그의 주장이 억설臆說에 불과하다는 사실을 뒷받침하는 것이다.

'신 중화제국' 건립 이후 모택동이 세운 공功은 항공학 박사 전학삼錢

學森의 건의를 좇아 미사일과 핵을 개발하고 미국과 수교해 소련의 위협으로부터 벗어난 것 정도밖에 없다.[38] '대약진운동'을 시작한 이래 1976년 9월 사망할 때까지 시종 공상적이며 파괴적인 민중운동에 침잠해 역사를 후퇴케 만들고 인민을 도탄에 빠뜨린 과過가 훨씬 크다. 대약진운동 당시 아사한 인민의 숫자는 대략 2천만 명 가량으로 추정되고 있다. 이는 중일 전쟁 및 국공내전 기간 중 사망한 인민의 숫자와 같은 규모이다.

'신 중화제국'의 창업주인 모택동은 득천하得天下에는 성공했으나 치천하治天下에 실패한 대표적인 사례에 속한다. 역사상 유사한 사례로 명태조 주원장을 들 수 있다. 당시 영락제가 북경으로 천도하지 않았다면 이내 원제국의 후신인 북원北元에 의해 천하의 주인이 다시 뒤집힐 공산이 컸다. '중화제국'의 입장에서 볼 때 실용주의 노선의 등소평이 뒤를 이은 것은 커다란 복이었다. 문화대혁명을 앞장서 주도한 사인방이 뒤를 이었을 경우 '중화제국'은 이내 굉음을 내고 무너져내려 20세기 초의 군벌시대로 후퇴했을 공산이 컸다.

모택동도 자신의 사후 군벌시대가 재연될까 크게 우려했다. 그가 죽기 직전에 문화대혁명에 비판적인 입장을 보인 등소평을 재차 쫓아내면서도 당직만은 보유케 한 배경이 여기에 있다. 그는 자신의 사후 비록 일정 부분 폄하가 불가피할지라도 사인방보다는 등소평이 자신의 뒤를 잇는 것이 낫다고 판단했던 것이다. 건국 이후의 업적 중 미사일과 핵을 개발하고 미국과 수교해 소련의 위협으로부터 벗어난 공 이외에 나름 평가받을 만한 것은 등소평을 재차 쫓아내면서도 당적을 박탈하지 않은 점이다.

원래 '비림비공'은 문화대혁명이 유소기 및 등소평을 겨냥한 것처럼 모택동의 또 다른 잠재적인 정적을 겨냥한 것이었다. 주은래가 표적이었다. 당시 모택동은 광적인 민중운동에 지친 대다수 인민들이 주은래를 크게 추앙하고 있다는 사실을 익히 알고 있었다. 만일 자신이 먼저 세상을 떠나고 주은래가 뒤를 이을 경우 어떤 일이 벌어질지 예측하기가 쉽지 않았다. 문화대혁명이 비판을 받을 경우 이는 그간 심혈을 기울여 쌓아온 모든 치적이 일거에 무너지는 것이나 다름없다. 주은래는 건강악화로 인해 죽기 전까지 1년 반 동안 와병한 탓에 이내 표적에서 비켜날 수 있었다. 그러나 복권된 등소평은 여전히 위험한 인물이었다. 실제로 주은래 사후 핵심 표적으로 부상한 등소평은 '비림비공'의 화살을 맞고 이내 낙마하고 말았다. 당시 모택동이 그의 당적까지 박탈했다면 그의 권력장악은 실패로 끝났을 공산이 컸다.

그간 많은 학자들이 모택동의 공과문제를 두고 여러 분석을 내놓았으나 아직까지 만족할 만한 해답을 제시하지 못하고 있다. 에드가 스노처럼 '성공한 득천하'에 초점을 맞춰 지나치게 치켜세우거나 대만의 일부 학자들처럼 '실패한 치천하'에 초점을 맞춰 과도하게 깎아내리는 것은 진실을 왜곡할 소지가 크다. '중화제국'의 과거와 현재, 미래를 정확히 파악하기 위해서는 보다 객관적인 분석이 필요하다. 모택동은 과연 무엇 때문에 득천하에 성공했고 이후 무엇 때문에 치천하에 실패하게 되었는지 그 배경을 찾아내는 게 중요하다.

원래 모택동이 '득천하'에 성공한 것은 기본적으로 진독수 및 이립삼 등의 교조적인 노동자혁명 노선을 과감히 버리고 이대교의 가르침을 좇아 중국의 전통에 기초한 농민혁명 노선을 취한 데 있다. 상급자였던 주은래가 그의 충실한 추종자가 된 것도 바로 이 때문이었다. 중국의 역사문화에 해박한 조예가 이를 가능케 해주었다. 중국공산당 내에서 중국 전래의 역사문화와 관련해 그처럼 조예가 깊었던 사람도 없었다.

이는 동시에 그가 치천하에 실패한 이유를 극명하게 보여주고 있다.

중국 전래의 역사문화와 동떨어진 노선을 추구한 게 근원이다. '대약진운동'은 수천년의 역사를 지닌 가족 내지 향당鄕黨 공동체 문화를 정면으로 거스르는 것이었다. 홍수전의 태평천국이 초기에 빈농 및 노동자들의 전폭적인 지지로 천하의 절반을 차지했음에도 이내 패한 것은 바로 이 때문이었다. 그들도 '대약진운동' 때처럼 혁명적인 집단농장을 운영한 바 있다. 모택동은 홍수전을 지나치게 높이 평가한 나머지 이를 간과했던 것이다.

공자와 진시황을 각각 유가와 법가의 대표로 상정해 중국의 전 역사를 유법가의 투쟁으로 해석한 '유법투쟁사儒法鬪爭史' 논리 역시 지나쳤다. 이는 중국의 역사를 마르크스의 유물변증법에 억지로 꿰맞춘 억지에 불과하다. 중국이 천조天朝를 자부하며 주변국을 낮춰보다가 일본을 포함한 서구 열강의 침탈에 속수무책으로 무너진 것 역시 '유법투쟁'에서 비롯된 게 아니다.

중국이 아편전쟁 이래 중화인민공화국 건립까지 1백 년 동안 혼란스런 모습을 보인 데에는 안팎의 여러 요인이 복합적으로 작용했다. 중국의 지식인과 인민이 한때 노신이 질타한 아Q의 모습을 보인 것이 사실이나 이는 부득이한 상황에서 빚어진 일시적인 현상에 불과했다. 중국이 개혁개방 이후 불과 30년 만에 미국과 어깨를 나란히 하는 'G2'로 급부상한 게 그 증거이다. 'G2'의 급부상은 인민들의 역사문화에 대한 자부심과 '부강'에 대한 열망, 『논어』와 『주역』 등에서 역설한 온고지신溫故知新과 자강불식自彊不息 등의 전통이 있기에 가능했다.

아편전쟁에서 국공내전에 이르기까지 1백 년 간 지속된 난세에서 중국이 나아가야 할 바를 적확히 통찰한 인물은 매우 많았다. 임칙서와 위원, 공자진, 증국번, 이홍장, 좌종당, 양계초, 엄복 등이 그렇다. 이들 모두 공자를 존숭하며 '온고지신'과 '자강불식'을 실천한 인물들이다. 국공내전의 과정을 살펴보면 모택동보다는 장개석이 이쪽에 가까웠다. 당시의 상황과 자신의 심경 등을 솔직히 기록해 놓은 그의 일기가 이를 뒷받침하고 있다.

이런 관점에서 볼 때 공자를 극도로 혐오했던 홍수전과 모택동은 닮은 바가 매우 많다. 첫째 두 사람 모두 향신鄕紳 수준의 지식인 출신이었다는 점을 들 수 있다. 홍수전은 누차에 걸쳐 향시에 떨어지기는 했으나 지역에서 '향신'의 대우를 받았다. 과거시험 폐지 후 지방 사범학교를 졸업한 모택동 역시 당시의 기준에서 볼 때 일종의 '향신'에 해당했다.

공자가 『논어』「양화」편에서 지역에서 덕인을 자처하는 소위 향원鄕原을 '덕의 적賊'에 지나지 않는다고 질타했듯이 향신은 자고자대自高自大하는 사이비 신사紳士에 지나지 않는다. 홍수전의 경우가 여기에 해당한다. 모택동은 은사 양창제가 북경대로 자리를 옮긴 덕분에 북경대 도서관 사서 보조로 일하면서 이대교 등을 만나는 행운을 누렸으나 일정한 한계가 있었다.

근무기간도 8개월에 그치는 등 극히 짧았을 뿐만 아니라, 양계초 및 엄복 등과 같이 동서양의 고전을 체계적으로 탐독할 수 있는 기회를 만나지 못했다. 그가 평생 사서와 문학서를 곁에 두고 읽었음에도 『논어』 등의 경서와 여타 제자백가서를 가까이 하지 않은 것은 적잖은 문제가 있었다. 장개석이 『논어』와 『주역』, 『한비자』, 『묵자』 등의 경서와 제자백가서를 늘 가까이 한 것과 대비되는 대목이다.

임기응변의 방략과 순간적으로 사람들을 휘어잡는 재치 등은 역사서와 문학서보다 나은 게 없다. 그가 득천하에 성공한 것도 바로 이 때문이다. 그러나 '득천하'에 성공한 이후의 천하경영은 이와 차원이 다르다. 천하경영의 '치천하'는 결코 임기응변으로 대처할 사안이 아니다. 백년대계의 장기적인 관점에서 여러 뛰어난 참모들의 의견을 두루 수렴해 결단을 내리는 접근이 필요하다. 이는 당태종이 『정관정요』에서 역설한 수성守成의 묘리이기도 하다. 모택동은 이를 행하지 못했다. 창업의 어려움만 알았을 뿐 수성의 어려움을 간과했던 것이다. 그 결과가 바로 중국의 역사를 20년 가까이 후퇴하게 만들고 인민들을 도탄에 빠뜨리는 참사로 나타난 셈이다.

둘째, 홍수전과 모택동 모두 현실과 동떨어진 태평천국을 지상에 실현코자 하는 몽상가의 모습을 보인 점이다. 전인민이 고루 땅을 나눠가진 후 함께 생산하고 소비하는 공상적인 농민국가를 지향한 게 그 증거이다. 홍수전은 천조전무天朝田畝, 모택동은 인민공사를 통해 이를 실현하고자 했다. 현실을 무시한 이런 발상은 커다란 참화를 초래했다. 홍수전은 공동경작과 공동숙식을 강요하며 부부간의 동침마저 금하는 모습을 보였다. 모택동이 경자유전耕者有田의 원칙에 입각해 농민들에게 땅을 고루 나눠준 것은 홍수전보다 나은 조치였으나 인민공사를 통한 집단생산과 공동숙식은 부유해지고자 하는 인간의 기본 욕구를 거스르는 것이었다. 그는 가뭄까지 겹쳐 인민공사 구상이 철저히 실패했음에도 팽덕회의 진언에 대로하며 오히려 더욱 철저한 시행을 명하는 등 독선적인 모습을 보였다. 이는 중국 전래의 성군 모습과 동떨어진 것이다. 문화대혁명의 불행은 이때 이미 시작됐다고 해도 과언이 아니다.

모택동이 득천하에 성공하고도 치천하에 실패한 것은 농민들의 바람과 동떨어진 정책을 무리하게 밀어붙인 데 있다. 농민의 아들을 자처하며 늘 농민과 가까이 지내는 모습을 보인 '농민황제'가 수천만의 농민이 아사하는데도 오히려 더욱 강압적인 모습을 보인 것은 커다란 역설이다. 그의 이런 이율배반적인 행보를 두고 그가 원래 독선적인 성향을 지니고 있다거나 권력놀음을 즐겼다는 식으로 분석하는 것은 적절치 못하다.

가장 큰 원인은 '치천하'를 '득천하' 차원에서 접근한 데 있었다. 임기응변의 자유로운 사고와 많은 독서에도 불구하고 체계적으로 연마치 못한 자신의 부족한 학문에 대한 인식부족, 창업자의 지나친 자만심 등이 원인이었다. 그가 득천하에 성공한 이후에도 경서와 제자백가서를 멀리하고 『수호지』와 『홍루몽』, 『금병매』 등의 문학서에 탐닉한 것은 커다란 불행이었다.

만일 그가 마르크시즘과 레닌이즘에 버금하는 '마오이즘'의 창시자로 칭송받고자 했다면 선현의 뛰어난 유산인 『논어』와 『맹자』, 『도덕경』, 『장자』, 『순자』, 『한비자』, 『묵자』 등을 탐독했어야만 했다. 이는 당대의 사상가인 양계초와 엄복, 곽말약 등이 모두 행한 것이기도 했다. 당시 그가 경서와 제자백가서를 조금이라고 가까이 했다면 결코 '유법투쟁사'와 '비림비공' 등을 토대로 한 파괴적인 민중운동을 전개하지 않았을 것이다.

그는 전혀 그리하지 않았을 뿐만 아니라 그리할 생각도 갖지 않았다. 대약진운동이 시작되기 직전인 1958년에 이미 진시황과 자신을 비교하며 해괴한 논리를 전개한 사실이 뒷받침한다.

"진시황이 뭐가 대단한가? 그는 단지 460명의 유생을 생매장했지만 우리는 4만 6천여 명의 유생을 생매장했다."

진시황은 5백 년에 걸친 춘추전국시대의 난세를 평정해 사상 처음으로 천하를 통일하고, 문자와 도량형을 통일하고, 신분세습의 봉건제를 혁파해 강력한 중앙집권의 제국을 건설했다. 진시황을 평가한 것은 나름 일리가 있다.

문제는 공자에 대한 평가다. 공자 사상은 도중에 맹자 및 주희 등에 의해 크게 왜곡되기는 했으나 『춘추좌전』을 비롯해 『순자』와 『한비자』 등을 보면 그 진면목을 쉽게 알 수 있다. 그럼에도 그는 공자를 봉건반동 사상의 '교주'로 낙인찍었다. 그는 곽말약이 『십비판서』에서 공자를 인본주의자로 묘사한 것을 두고 공자를 받들고 법가에 반대했다며 혹독하게 비판했다. 공자 사상은 국민당의 장개석과 임표의 견해와 마찬가지라는 식의 궤변은 사상탄압에 지나지 않았다.

대학자의 견해를 경청하기는커녕 자신의 천학淺學을 토대로 멋대로 시비를 가리는 그의 이런 모습은 주원장과 사뭇 닮아 있다. 주원장은 탁발승 행각을 할 때 어설프게 배운 학문을 배경으로 수년 간에 걸쳐 강남의 사대부들을 잔혹하게 탄압했다. 실제로 모택동의 이런 생각은 사인방에 의해 민중운동으로 증폭되면서 '문자지옥'을 방불케 하는 문화대혁명으로 비화됐다. 1974년에 전개된 '비림비공'은 문화대혁명 광풍의 절정에 해당한다.

공자를 노예제 부활을 도모한 보수반동의 사상가로 낙인찍은 것은 중국의 차원을 넘어 유구한 동양문화 전체에 대한 모독이었다. 그의 사후 등소평이 천하를 향해 문호를 활짝 열어놓으면서 보수반동의 표상으로 낙인찍힌 공자를 중국 문명의 아이콘으로 부활한 것은 극히 자연스런 현상이다. 춘추시대 말기에 열국을 주유하며 인례仁禮를 역설한 공자의 행보 자체가 천하 각국과 소통한 한·당·송·원 등 중국 전래의 역사문화 배경과 부합하기 때문이다.

모택동에 대한 재평가

중화인민공화국은 분명 군웅들의 다툼에서 최후의 승리를 거머쥔 모택동의 새 왕조에 해당한다. 국공내전의 결과는 진시황의 천하통일을 계기로 신분세습의 봉건정이 붕괴하고 능력위주의 관료제 사회가 등장한 것에 비유할 수 있다. 수천년 간에 걸쳐 변함없이 전개된 '왕조순환설'의 기본 패턴에 비춰볼 때 역대 왕조의 교체과정과 별반 차이가 없기 때문이다. 청조가 패망한 후 중화민국을 거쳐 중화인민공화국이 성립할 때까지의 기간을 왕조교체에 따른 과도적 혼란기로 파악하는 이유다.

실제로 모택동은 역대 왕조의 황제보다 더욱 폭압적인 방법으로 '대약진운동'과 '문화대혁명'을 지휘했다. 중국사를 개관할 때 이처럼 무지막지한 광풍이 분 것은 진시황과 수양제의 시기를 제외하고는 그 유례를 찾기가 힘들다. 진시황과 수양제를 과연 폭군으로 볼 것인가 하는 논란과 상관없이 모택동 치하의 광풍은 어떤 면에서 진시황과 수양제의 치세보다 더하면 더했지 결코 덜하지 않다. 몽골족이 다스린 원제국 때도 이처럼 무지막지한 조치가 취해지지는 않았다. 전무후무한 일이다.

솔즈베리는 『새로운 황제들』에서 중화인민공화국을 '새로운 제국'으로 평한 바 있다. 그는 중화인민공화국을 두고 포장만 '공화정'일 뿐 내용은 기왕의 '제왕정'과 하등 다를 바가 없다고 평했다. 더글러스 조던은 장개석 역시 '미완의 제국'을 만들어 스스로 황제를 칭한 것으로 분석했다. 그는 『북벌』에서 "장개석의 북벌은 중국에서 한 왕조를 세우는 일에 비견된다"고 언급한 바 있다. 총통대리의 자리에 있었던 이종인李宗仁 등도 '황제'와 다름없는 모습을 보였고, 이들과 협력했던 지방군벌들 역시 자신들의 영역 내에서 실질적인 '제왕'으로 군림했다.

솔즈베리와 조던은 『중국의 붉은 별』을 쓴 에드가 스노와는 달리 나름 제3자의 객관적인 입장에서 중국 현대사를 주시한 사람들로 평가받고 있다. 이들이 중국의 현대사를 제왕정의 연장으로 간주한 것은 시사하는 바가 크다.

비록 불발로 끝나기는 했으나 원세개 역시 1916년 초에 '중화민국'을 '중화제국'으로 바꾼 후 황제의 자리에 오른 바 있다. 미완의 황제는 비단 원세개에 그치는 것만도 아니었다. 장개석이 대표적인 사례에 해당한다. 손문도 예외가 될 수 없다. 그는 광동의 지방군벌 진형명의 보호하에 바람 앞의 등불 같은 처지에 있었음에도 '광동 군정부'를 세운 후 '대원수'를 자처했다.

그런 점에서 모택동은 원세개가 그토록 이루고 싶어 했던 '중화제국'을 실질적으로 건립한 경우에 해당한다. 그는 원세개처럼 황제의 별궁과 황족의 왕부王府가 몰려 있던 중남해에 거주했다. 다만 원세개가 '황제'를 칭했다가 참담하게 실패한 전례를 감계로 삼아 스스로 '인민의 동지'를 칭한 게 다를 뿐이다.

그는 '명분' 대신 '실리'를 챙긴 셈이다. 이는 현명한 선택이었다. 실제로 '인민의 동지'는 '폐하'보다 더 큰 위세를 발휘했다. 북한의 김일성과 김정일이 '인민의 동지'를 자처하며 반세기에 걸쳐 절대권력을 누린 것도 같은 맥락이다. '제왕정'에서 '공화정'으로 일변한 1912년 이후의 중국 현대사를 1949년의 인민공화국 건립을 기점으로 크게 '군벌시대'와 '제국시대'로 나눠 볼 수 있는 이유가 여기에 있다.

일부 학자는 중국의 진정한 현대사는 중화인민공화국의 건립부터 시작됐다고 보기도 한다. 그러나 이는 지나치다. 형식적으로 볼지라도 원세개가 중화민국의 초대 총통에 취임한 이래 21세기 현재에 이르기까지 '공화국'의 형태가 지속되고 있기 때문이다.

인민의 입장에서 보면 이런 사실이 더욱 확연히 드러난다. 중원의 주인이 '자유 민주주의'를 내세우던 장개석에서 '인민 민주주의'를 내세운 모택동 및 등소평 등으로 바뀌었을 뿐이다. 공화정 치하의 '인민'의 위치는 하등 달라진 게 없다. 천하경영에 실패해 인민공화국이 붕괴할 경우 다시 군벌할거의 양상이 전개될 수밖에 없다. 모택동이 죽기 직전 가장 염려했던 것도 바로 이것이다.

중국사에 해박했던 모택동은 '중화제국'이 창업주인 자신의 사후 이내 무너질까 염려했다. 비록 적극 돕지는 않았으나 죽는 순간까지 등소평이 장차 자신의 후계자로 등장할 것으로 내다본 이유가 여기에 있다. 이는 현재의 '인민공화국' 역시 진시황의 진제국 성립을 계기로 변함없이 지속된 '왕조순환'의 틀 속에 있다는 사실을 암시하고 있다.

실제로 염석산이 이끄는 산서군벌은 원세개가 중화민국의 초대 총통에 취임한 이후 중화인민공화국이 들어설 때까지 산서 지역을 실질적으로 지배하는 유일무이한 군벌로 존재했다. 이종인의 광서군벌은 장개석이 대만으로 도주하는 마지막 순간에도 홍군과의 협상을 통해 지방군벌로 살아남고자 했다. 중화민국이 발족한 1912년 초부터 중화인민공화국의 성립이 선포되는 1949년 말까지의 시기를 삼국시대 군웅들이 상쟁한 것과 유사한 소위 '군벌시대'로 규정할 수 있는 이유다. 왕조순환설의 관점에서 볼 때 외양만 '민국시대'일 뿐 그 실체는 '군벌시대'에 지나지 않았다.

그런 점에서 모택동은 군웅들의 상쟁과정에서 최후의 승리를 거둔 후 새 왕조를 세운 창업주에 해당한다. 호칭만 겸손하게도 '동지'로 낮췄을 뿐 사실은 '폐하'보다 더 큰 권위를 행세한 게 그 증거다. 원세개는 어리석게도 이런 비결을 몰랐던 것이다.

현재 전문가들 내에서는 '문화대혁명'이 '대약진운동'과 더불어 모택동의 치세를 어둡게 만든 대표적인 실정失政에 해당한다는 데 이론이 없는 상황이다. 그러나 그에 대한 평가는 이것만을 토대로 이뤄질 수는 없다. 농민군을 동원해 부패한 국민정부를 전복시키고 농민들에게 토지를 고루 분배하고 중국의 독립과 주권을 회복시킨 점 등은 높은 평가를 받을 만하다. 종합적인 고려와 판단이 필요한 이유다.

지난 1981년 6월에 나온 중국 측의 공식평가에 따르면 모택동의 지도 노선은 정강산 시기 이래 1957년 여름까지는 근본적으로 정당한 것이었으나 1957년 이후에는 옳고 그름이 반반이고 아주 잘못된 적도 많았다는 것이다. 중국 전래의 일포일폄一褒一貶에 해당한다.

그의 치세에 나타난 2대 개혁정책인 '대약진운동'과 '문화대혁명'은 극히 잘못된 것이었고, 실제로 끔찍한 결과를 가져왔다는 사실을 의심하는 사람은 아무도 없다. 득천하得天下와 치천하治天下를 구분할 경우 '득천하'는 성공적이었으나 '치천하'는 실패에 가까웠던 셈이다. '치천하' 과정에서 민중의 정치참여를 유도하고 중국의 자립과 역사성을 강조한 것 등은 칭송할 만하다. 그러나 방법론에 문제가 있었다. 이들 방법론은 과감하고 상상력에 넘치는 것이었음에도 파멸적인 결과를 초래했다. 과학이 아닌 문학적 상상력으로 임한 결과였다.

지난 1989년 스튜어트 슈람은 캠브리지에서 발간한 『모택동 사상』을 통해 모택동 사상의 형성과정을 크게 6단계로 나눈 바 있다. 모택동이 호남사범학교를 졸업하는 1917년부터 자신의 사망을 계기로 문화대혁명이 종언을 고하는 1976년까지 총 60년 간의 기간을 크게 10년 단위씩 쪼갠 것이다.

제1기는 1917-1927년으로 사상적 '모색기'에 해당한다. 당시 손문과 이대교, 진독수 등이 그에게 커다란 영향을 끼쳤으나 이들 모두 구체적으로 중국혁명을 어떻게 성사시켜야 하는지 정확히 파악치 못하고 있었다. 모택동은 이 기간 중 많은 것들을 스스로 배워 자신의 것으로 만들어나갔다.

제2기는 1927-1936년으로 사상적 '단련기'에 해당한다. 이때 그는 '권력은 총부리에서 나온다'는 유명한 명제를 제시했다. 이 기간 중에는 군사투쟁이 혁명의 중요 임무가 되었고, 농촌이 도시를 포위하는 전략이 설득력을 얻게 됐다. 이는 소위 '지구전론'의 이론적 배경이 됐다. 군벌상쟁에 대한 통찰에서 나온 것이다. 『수호전』과 『삼국연의』 등을 탐독한 그는 원세개를 동탁, 장개석을 원소, 스스로를 조조로 상정했을 공산이 크다.

제3기는 1936-1947년으로 사상적 '완성기'에 해당한다. '연안시기'와 겹치는 이 시기에 그는 주요한 이론 저작의 집필을 거의 완료했다. 1936년 말에 나온 「중국 혁명전쟁의 전략문제」와 1937년에 나온 「변증법유물론 강의 요강」이 그 결과물이다. 훗날 그가 이론가로서 천하의 명성을 얻는 데 결정적인 공헌을 한 '실천론'과 '모순론'은 이 요강을 간추려 뽑은 것이다. 당시 그가 일약 국제적인 인물로 급부상한 데에는 에드가 스노의 『중국의 붉은 별』 출간이 크게 기여했다.

실제로 그는 연안시절 정풍운동에서 정치하게 다듬은 자신의 이론을 동원해 정적을 일거에 제압했다. 1943년 3월 정치국 및 서기처의 주석에 선출돼 명실상부한 당의 최고지도자가 된 배경이다. 1945년 4월의 제7전대회에서 '모택동 사상'은 당 활동의 공식 지침이 됐다. 그는 여세를 몰아 내전에 심혈을 기울이면서도 동시에 토지개혁을 과감히 실시해 자신의 '민중 노선'을 정치자원 확산의 도구로 적극 활용했다.

제4기는 1947-1957년으로 사상적 '난숙기'에 해당한다. 이 시기에 그는 '중화제국'을 건립한 후 당면케 될 제반 업무에 대한 구체적인 분석 작업에 들어갔다. 그는 소련 방식의 준수를 전제로 도시 및 중공업 우선의 원칙을 제시했다. '득천하'와 '치천하'의 차이를 통찰한 결과로 볼 수 있다.

그러나 1953년 3월 스탈린이 급서하면서 문제가 꼬이기 시작했다. 흐루쇼프의 스탈린 격하 행보는 모택동을 크게 자극했다. 한국전쟁을 계기로 미국과 완전히 등을 돌린 상황에서 그는 소련이 미국과 손잡을 경우 청조 말기의 망국적인 상황이 재현될 것을 우려했다. '모택동 사상'의 목록에서 '자력갱생' 항목을 들고 나온 이유다. 최악의 상황인 미소 협공을 염두에 둔 고육책이었다.

이를 계기로 그의 천하경영은 잇달아 커다란 차질을 빚기 시작했다. 이는 1955년 7월 집단농장을 무리한 방법으로 급격히 추진한 데서 비롯됐다. 그는 '자력갱생' 복안에 탄력을 주기 위해 1956년 문득 「10가지 관계를 논함」 보고를 통해 '백화제방'과 '백가쟁명'을 들고 나왔다. 지식인들을 '중화제국' 건설의 동반자로 적극 끌어들이고자 하는 심모에서 나온 것이었다. 이듬해에 「인민 내부 모순의 정확한 처리에 관한 문제」 보고를 통해 스탈린의 폭압적인 통치행태와 좌경 행보를 비판한 게 그 증거다. '중국에서의 계급투쟁은 기본적으로 완결됐다'고 선언한 그는 내심 지식인들의 전폭적인 지지가 뒤따를 것으로 생각했음에 틀림없다. 그러나 이는 그의 착각이었다.

제5기는 1957-1966년으로 사상적 '혼란기'에 해당한다. 그는 이때 지식인들을 적으로 돌리는 우를 범하고 말았다. 그 혼란은 이내 내부 분란으로 이어져 2선 후퇴의 결과를 가져왔다. 그를 평가할 때 '득천하'에는 성공했으나 '치천하'에는 실패했다는 총평이 나오게 된 배경이 여기에 있다. 첫 단추를 잘못 꿰는 바람에 악수가 악수를 부른 후과였다.

당시 그는 배신감에 휩싸인 나머지 '대약진운동'을 선포하면서 지식분자들을 '하방'의 명목하에 대거 농촌으로 내쫓았다. 고질적인 '관존민비'의 폐풍이 잉존한 상황에서 지식인들마저 무차별적인 생산수단으로 전락하게 된 후과는 매우 컸다. 터무니없는 실적보고와 과도한 목표생산량 설정 등 황당한 일이 빚어졌다. 이 와중에 수천만 명이 아사했다. 한동안 그는 이런 사실을 제대로 모르고 있었다. 이를 방치할 경우 명제국 말기의 황제들이 환관 등에 둘러싸여 터무니없는 전황 보고만 믿고 만연히 대처하다가 패망의 길을 나아간 전철을 밟을 소지가 컸다.

이 와중에 국방부장 팽덕회가 직언을 했다가 파멸의 구렁텅이로 빠져들었다. 명제국 말기에 터무니없는 보고를 일삼는 모문룡을 원숭환이 과감히 제거했다가 오히려 무함에 걸려 저자에서 처참하게 죽음을 당한 것에 비유할 만했다. 모택동 역시 만력제처럼 팽덕회를 희생양으로 삼아 궁지에서 벗어나고자 했으나 결국 2선으로 물러나야만 했다. 유소기와 등소평 등이 전면에 나서 가까스로 혼란을 수습할 수 있었으나 그는 자신의 오류를 인정하는 데 인색했다. 1962년 가을 제8기 10중전회의에서 '절대로 계급투쟁을 잊어서는 안 된다'고 역설한 게 그 증거다.

'백화제방'이 한창 진행될 당시 자신의 입으로 선언한 '계급투쟁 종결'을 일거에 뒤집는 발언이 아닐 수 없다. 당시 그는 자신의 권력을 서서히 잠식해 들어오는 유소기 일당을 일거에 제압키 위한 묘안을 찾아내기 위해 고심했다. 이는 측천무후의 뒤를 이어 사상 두 번째로 여제女帝의 자리에 오르고자 한 강청 등 사인방이 발호하는 빌미로 작용했다. '중화제국'이 더 큰 혼란 속으로 빠져든 이유다.

제6기는 1966-1976년으로 사상적 '퇴행기'에 해당한다. 1966년에 들어와 모택동은 유소기 일당을 '주자파'로 몰아가는 우회전술을 구사하기 시작했다. 사상적으로 후퇴하고 행보 또한 관료화됐다. 이후 10년 동안 전대미문의 '문화대혁명' 광란이 휘몰아쳤다. 창건공신들이 홍위병에 의해 무참히 제거된 것은 명제국 초기 주원장에 의해 수많은 창건공신들이 '토사구팽'을 당한 것에 비유할 만했다. '홍위병'의 등장은 광란만 부추겼을 뿐이다.

모택동의 입장에서 볼 때 유소기 일당의 제거에 성공한 만큼 '홍위병'은 더 이상 필요치 않았다. 임표의 인민해방군이 동원된 이유다. 이로 인해 그는 부득불 임표를 자신의 후계자로 '낙점'하는 대가를 치러야만 했다. 임표가 쿠데타에 실패해 사망한 후 그의 후계자 선정작업은 갈수록 더욱 꼬여갔다. 그는 이 와중에 가까스로 '화국봉'이라는 대안을 찾아낸 뒤 파란만장한 삶을 마감했다. 그가 생애 마지막 10년의 세월 동안 진두에서 지휘한 '문화대혁명'은 진시황의 '분서갱유'에 비유할 만한 폭거였다.

이는 중화제국 건립에 따른 과도한 자부심, 천하경영에 대한 근거 없는 자만심, 간언의 수용에 인색한 독존의식, 자신의 체험만을 진리로 간주하는 독선 등이 복합적으로 작용한 결과였다. 슈람의 분석에 나타난 '모택동 사상'의 모순과 불일치는 마하馬下의 '치천하'를 마상馬上의 '득천하'와 동일한 방식으로 접근한 데 따른 후과로 해석할 수밖에 없다.

일각에서는 모택동 사상을 크게 신민주주의 혁명, 사회주의 혁명, 홍군의 건설, 정책 및 책략, 정치 및 문화공작, 당의 건설 등 6가지로 요약하고 있다. 이 중 가장 주목되는 것이 중국혁명의 기본 방향을 제시한 '신민주주의'다. 무산계급이 영도하는 공농연맹에 기초해 제국주의와 봉건주의, 관료자본주의를 타도하는 것을 의미한다. '신민주주의'는 크게 3가지 논거에 기초해 있다.

첫째, 계급 개념이다. 모택동은 중국의 자산계급을 크게 제국주의에 의존하거나 종속된 매판買辦 및 관료 자산계급과 시류에 흔들리는 민족 자산계급으로 대별했다. 그가 말한 통일전선은 민족 자산계급의 참가를 이끌어내는 것은 물론 특수한 조건 아래서는 매판 및 관료 자산계급의 일부도 끌어들여 주적을 최대한 고립시켜야 한다는 내용이다. 이는 중국 전래의 '합종연횡合縱連衡'을 원용한 것으로 볼 수 있다.

둘째, 무력 개념이다. 그는 또 중국에는 부르주아 민주주의가 없어 반동통치 계급이 무력으로 독재 공포정치를 실시하고 있으므로 혁명은 오로지 장기적인 무장투쟁 형식이 될 수밖에 없다고 보았다. 「신민주주의론」과 「중국 사회 각 계급의 분석」, 「현재 정세와 우리의 임무」, 「연합정부론」 등이 모두 이런 논지에 입각한 저술이다. 이는 무력동원을 천하정치의 일환으로 파악한 『손자병법』의 취지를 좇은 것으로 평가할 수 있다.

셋째, 혁명 개념이다. 그는 이어 신민주주의 혁명을 사회주의 혁명으로 연결시키기 위해서는 우선 과도적인 정치경제 조건에 기초해 공업화와 사회주의화를 병행시켜야 한다고 주장했다. 여기서 나온 것이 바로 '인민민주독재론'이다. 이는 레닌이 주창한 '민주집중제'를 변형시킨 것으로 중앙집권의 정점에 있는 당 중앙이 천하통치를 이끌어야 한다는 게 골자다. 그는 「인민 내부 모순의 정확한 처리에 관한 문제」 등에서 그 배경을 이같이 설명했다.

"사회주의 제도 아래서 인민의 근본이익은 일치한다. 그러나 인민 내부에는 아직도 각종 모순이 존재하고 있다. 반드시 적과 우리 사이의 모순 및 인민 내부의 모순을 엄격히 구분해 대처해야 한다."

공산당이 중심이 된 정치분야에서는 '장기 공존'과 '상호 감독', 과학기술 및 학술·문화 분야에서는 '백화제방'과 '백가쟁명', 경제분야에서는 통일된 계획경제하에서 국가와 사회 및 개인 3자의 고른 이익보장이 이뤄져야 한다는 주장이 나온 배경이다. 이는 실사구시實事求是, 군중노선群衆路線, 자력갱생自力更生으로 요약된다.

'실사구시'는 마르크스-레닌이즘의 보편원리를 중국의 구체적인 현실과 결합시켜 실천한다는 뜻을 담고 있다. 비록 마르크스-레닌이즘의 외피를 덧씌우기는 했으나 이는 중국 전래의 역사문화 전통을 그대로 이어받은 것이다. 실제로 그는 중국의 사회현실과 동떨어진 마르크시즘 연구에 극히 비판적이었다. 연안시절 정풍운동 과정에서 그는 "주관주의는 공산당의 큰 적으로 이는 당성이 불순하다는 뜻이다"라고 일갈한 바 있다.

'군중 노선'은 모든 것을 군중을 위해 한다는 뜻이다. 비록 '인민은 역사의 창조자다'라는 마르크스-레닌이즘의 기본원리를 당의 기본 이념으로 채택한 것이기는 하나 그 내막을 보면 동양 전래의 위민爲民정신과 상통한다. 통치의 존립기반을 인민에서 찾은 게 그 증거다. 실제로 그는 이같이 말했다.

"우리는 오로지 인민에 의지해 인민의 창조력이 무궁무진하다는 것을 굳게 믿고 인민을 신뢰해 인민과 하나가 되어야 한다. 그리하면 우리는 어떤 어려움도 극복할 수 있고 어떤 적도 제압할 수 있다."

'자력갱생'은 독자적인 노력으로 부강한 나라를 만들자는 취지에서 나온 것이다. 중소 간의 이념대립 등 당시의 불리한 국제정치하에서 최상의 지름길을 택해 급속히 부강을 달성하고자 하는 고육책의 일환이었다. 원론적으로 볼 때 무산계급의 혁명은 국제적인 사업이므로 각국의 무산계급이 상호 긴밀한 협조하에 동시에 떨쳐 일어나야만 했다. 그러나 현실적으로 이는 불가능한 일이다. '일국혁명'과 '세계혁명'을 둘러싸고 스탈린과 트로츠키가 끝까지 대립한 게 그 증거다.

당시 그는 각국의 무산계급이 자국의 혁명역량을 최대한 결집한 뒤 자국의 현실상황을 토대로 마르크스–레닌이즘의 보편원리를 실현해야 한다고 생각했다. 그는 중국에 가장 필요한 방략을 바로 '자력갱생'에서 찾은 셈이다. 이는 과거처럼 스스로 천조天朝를 자부하며 문을 걸어 잠근 채 독자적인 발전을 꾀하고자 한 게 아니다. 도중에 중소갈등으로 인해 그가 내세운 '자력갱생'이 그런 방향으로 흐르기는 했으나 원래의 취지는 그런 게 아니었다.

'자력갱생'은 춘추전국시대에 묵자墨子가 취한 길이다. 그러나 묵자는 실패했다. 묵자의 길을 좇은 '대약진운동'은 이미 실패를 예고한 것이었다. 동양고전에 해박했던 모택동은 이런 점에서 일정한 한계를 드러내고 있다. 이는 그의 한계로 지적할 수밖에 없다.

그럼에도 그는 확실히 탁월한 사상가였다. 그의 대표적 저서인 『모순론』의 논지가 이를 뒷받침한다. 그는 여기서 중국혁명이 진행된 과정을 이같이 분석한 바 있다.

"유산계급이 이끌던 시기의 혁명과 무산계급이 이끌던 시기의 혁명은 매우 다른 역사적 단계로 구분된다. 무산계급이 이끌던 시기에는 농민혁명이 대규모로 일어났고, 반제·반봉건 혁명이 철저해졌으며, 민주혁명에서 사회주의 혁명으로 변화 가능성이 생겼다. 그러나 유산계급이 혁명을 이끌던 시기에는 이런 변화가 전혀 일어날 수 없다. 제1차 합작이 이뤄졌다가 분열되어 군벌 간의 전쟁이 일어나고 제2차 합작이 이뤄져 항일전이 전개되는 등 지난 20여 년 간의 혁명과정은 여러 발전단계를 거친 것이다."

　국민당은 계급적 이해관계로 인해 말로만 반제를 외쳤을 뿐 실제로 노동자 인민에게 아무런 이익을 제공하지 못한 데 반해 공산당은 어느 시기든 반제·반봉건을 관철할 수 있다고 지적한 것이다. 그는 같은 논리로 농민혁명의 정당성을 역설했다. 『모순론』의 해당 대목이다.

　"공산당이 이끄는 혁명 근거지에서는 농민이 피통치자에서 통치자로 바뀌었고 지주는 반대로 통치자에서 피통치자로 바뀌었다. 새 것이 낡은 것을 대신해 생겨난 것이다. 혁명투쟁 과정 중 어려운 조건은 모순의 주요 측면이고, 쉬운 조건은 모순의 부차적인 측면이다. 그러나 혁명적 당원이 노력하여 어려움을 극복하면 어려운 국면은 쉬운 국면에 자리를 내주게 된다. 홍군이 대장정을 할 때의 상황이 그렇다. 현재의 중일전쟁에서 중국은 어려운 상황에 처해 있으나 우리의 노력 여하에 따라 이런 상황을 능히 바꿀 수 있다. 마르크시즘을 처음 연구할 때 얕은 지식은 본래의 마르크시즘과 모순을 이룬다. 그러나 열심히 학습하면 이내 얕은 지식을 깊은 지식으로 바꾸고 맹목에서 벗어나 자유롭게 적용하는 단계로 나아갈 수 있다."

　그의 '모순론'이 중국 전래의 역사문화 전통에 입각해 마르크시즘을 재해석하는 과정에서 나온 것임을 뒷받침하는 대목이다. 『모순론』과 쌍을 이루고 있는 그의 『실천론』 역시 중국 전래의 '왕조순환설'에 입각해 있다. 이를 뒷받침하는 해당 대목이다.

　"실천을 통해 진리를 발견하고 검증·발전시켜야 한다. 감성적 인식에서 출발해 능동적으로 이성적 인식에 도달하고, 이성적 인식에서 출발해 능동적 혁명 실천을 지도하며 주관적 세계와 객관적 세계를 개조해야 한다. 실천-인식-재실천-재인식의 형식은 끝없이 순환하고, 실천과 인식이 순환할 때마다 그 내용은 더 높은 단계로 나아간다. 이것이 변증법적 유물론의 인식론 전부이고 변증법적 유물론에서 지행知行이 통일되는 관점이다."

마르크시즘을 중국 전래의 '지행합일' 사상 속에 녹여낸 것은 동양 고전에 대한 조예가 간단치 않았음을 반증한다. 실제로 그의 사상을 제대로 파악하기 위해서는 그의 독서범위와 수준 등을 아는 게 매우 필요하다. 대표적인 예로 문화대혁명 기간 중 인구에 회자한 '조반유리造反有理'를 들 수 있다. 무릇 모든 반항과 반란에는 나름 반드시 정당한 이유가 있다는 뜻이다. 이는 모택동의 성격과 개성, 그의 인생 자체를 잘 반영하고 있다는 점에서 그 의미를 되새길 필요가 있다.

당초 그는 문화대혁명이 요원의 불길처럼 활활 타오르기 몇 달 전 공개적으로 이런 말을 해 주목을 끈 바 있다.

"중앙기관이 좋지 않은 일을 하고 있다면 우리들은 지방이 '조반' 해서 중앙으로 진공하도록 호소해야 한다. 각지에서는 많은 손오공을 보내서 천궁天宮을 소란하게 해야 한다."

『서유기』에 나오는 '천궁'은 유소기와 등소평 등 실권파로 있던 당 중앙을 비유한 것이다. 모택동이 기대하는 손오공은 바로 '홍위병'이었다. 그는 어릴 때부터 타고난 반항아였다. 집에서 맺어준 정혼을 끝까지 거부했고, 그를 집에 붙잡아 두려는 아버지와 다툰 끝에 기어코 집을 나왔다. 억압과 착취에 무조건 반항하며 이를 파괴하려는 욕구와 의지가 매우 강했다. 일각에서는 바로 이런 점 등을 근거로 '조반유리'는 일과성 슬로건이 아닌 그의 전생애를 관통하는 이념으로 평하고 있다. 지나치게 심리학적 분석에 치우쳤다는 지적을 면키 어려우나 크게 틀린 것도 아니다.

실제로 모택동은 구질서에 대한 '창조적 파괴'의 욕구가 남달리 강했다. 중국 전래의 역사문화 전통을 상징하는 공자를 시종 '반동'으로 간주한 게 그 증거다. 그는 자신이 이끌어 온 당과 정부의 권위도 도마 위에 올렸다.

"낡은 것을 파괴하지 않고서는 새로운 것을 세울 수 없다. 파괴를 첫머리에 두면 건설도 그 중간에 존재하게 된다. 천하의 대란大亂만이 천하의 대치大治에 이르게 한다."

그의 '창조적 파괴'는 농민혁명과 국공내전을 수행하는 데 긍정적으로 작용했다. '신 중화제국'의 건립이 그 증거다. 그러나 이는 '득천하'일 뿐이다. '치천하'는 새로운 발상과 접근이 필요했음에도 그는 이를 간과 내지 무시했다. '창조적 파괴'를 고집한 게 그 증거다. 이는 커다란 혼란을 초래했다. '대란'을 통해 '대치'를 이루려 했던 문화대혁명이 무질서의 광란으로 드러난 게 이를 뒷받침한다.

그러나 모택동은 때로 그의 이러한 기질과 개성을 자제하고 억제하는 데에도 매우 능숙한 면을 보여주었다. 어지러운 정치국면을 수습해야 하거나 국가안위와 결부된 국제관계나 외교문제를 풀어나갈 때 그의 이러한 자제력과 임기응변 대처는 크게 돋보였다. 창건 전후의 시기를 포함해 문화대혁명의 수습과 미국과의 수교를 복합적으로 추진하는 과정에서 그의 이러한 수습능력은 빛을 발했다.

모택동은 중국 전래의 역사문화 전통을 깊이 흡입한 덕분에 시문학에 대해서도 조예가 깊었다. 실제로 그는 시문학에 대해 많은 논평과 주석을 쏟아냈다. 그의 시는 분방하고 탈속의 경지에 이르렀다는 평을 듣고 있다. 이는 현실주의 바탕 위에서 시를 쓰면서도 중국 고전과 낭만주의를 가미한 결과였다.

많은 사람들이 이백보다 두보를 좋아하는 것과 달리 두보보다 이백을 좋아하는 것도 이와 무관치 않을 것이다. 두보의 시는 눈물이 많고 정치적이기 때문이라는 게 그 이유다. 이백은 도사의 풍이 있는 데 반해 두보는 소지주의 입장에 서 있다는 평도 이런 맥락에서 나온 듯하다. 초대 사회과학원장을 지낸 곽말약도 그의 저서 『이백과 두보』에서 비슷한 말을 한 바 있다. 두 사람 사이에 적잖은 교감이 있었음을 시사한다.

물론 모택동도 두보의 시를 무척 좋아했다. 1958년 3월에 사천의 성도에서 회의가 열린 것을 계기로 두보 초당杜甫草堂을 찾아가 여러 판본의 두보 시집을 빌린 뒤 3-4번 이상 읽어본 게 그 증거다. 두보 초당은 두보가 나이 50세를 바라보던 해에 성도의 친구들이 특별히 그를 위해 마련해준 곳이다. 두보는 이곳에서 8-9년 가까이 살았다. 성도 서쪽 교외 완화계 근처에 있는 이 초당은 파초가 무성하고 대나무가 우거져 있다. 모택동은 그 이전에도 두보의 많은 시들을 암송하고 있었다.

1964년 호남에서 장사로 돌아가면서 열차가 악양 부근을 지나자 그는 두보의 「등악양루」를 일필휘지로 써내리기도 했다. 이는 현판으로 새겨져서 현재 악양루 3층 누각에 걸려 있다. 그의 글씨 역시 그의 시만큼이나 호방하고 풍격이 있어 하나의 서체를 이루고 있다는 평을 듣고 있다. 일각에서는 그의 서체와 두보의 시가 밀접한 관련이 있는 것으로 보고 있다. 실제로 연안시절 모택동은 주변 사람들과 서예에 대해 이야기하면서 두보의 시를 인용해 이같이 말한 바 있다.

"두보는 「관공손대낭제자무검기행觀公孫大娘弟子舞劍器行」 서문에서 말하기를, '오나라 사람 장욱은 초서에 능했는데 공손 할머니가 서하검으로 칼춤을 추는 것을 자주 보면서 초서를 익혀 아주 잘 쓰게 됐다. 그의 초서는 호탕함과 감동이 배어 있다'고 했다. 정말 지당한 말이 아니겠는가?"

검무와 서예가 서로 통한다는 두보의 견해에 전적인 동의를 표한 것이다. 그럼에도 두보를 이백과 비교하여 낮게 평가한 이유는 무엇일까? 단지 눈물이 많고 정치적이라는 이유만으로 두보의 시를 폄하하지는 않았을 것이다. 전문가들은 크게 두 가지 추론을 내놓고 있다.

첫째, 모택동은 성격과 기질이 호방하고 낭만적이다. 속박과 압제를 거부하고 투쟁적이며 반항적인 기질이 이백을 편애케 했을 것이라는 분석이다. 둘째, 의도적으로 이백을 선전했으리라는 추론이다. 후대의 묵객들은 두보의 시에 대해서는 많은 주석을 달았지만 이백의 시에 대해서는 주석을 단 사람이 많지 않았다. 이백을 좋아하는 모택동의 심기가 불편했으리라는 것이다.

모택동의 두보에 대한 평가는 매우 모순적이다. 두보의 시를 그다지 좋아하지 않는다고 말하면서도 즐겨 두보의 시를 읽은 게 그 증거다. 그가 밑줄을 긋거나 동그라미 표시를 하며 주의 깊게 읽은 시만도 67편이나 된다. 두보에 대한 모택동의 평가는 이와 배치된다. 모택동의 두보에 대한 평 자체를 연구대상으로 삼아야 한다는 주장이 나오는 이유다.

모택동이 당나라 시인 중 특별히 좋아한 사람은 이백을 비롯해 이하李賀와 이상은李商隱 등 소위 '3리三李'이다. 이들 중 이백을 으뜸으로 쳤다. 이백의 호방한 성격과 파란만장한 인생역정에 크게 공명한 듯하다. 이백은 시를 통해 왕후장상과 세속의 권세를 조롱하며 삶에 초연하고자 했다. 모택동이 도사의 풍취가 있다고 평한 것도 이 때문일 것이다.

이백의 시 중 그가 특별히 좋아했던 것은 「촉도난蜀道難」이다. '촉'은 삼국시대 유비와 제갈량이 둥지를 튼 사천을 말한다. '중화제국'의 창업공신인 주덕, 진의, 등소평 등의 고향이기도 하다. 예로부터 사천으로 가는 길은 험하기로 유명하다. 장안에서 사천으로 가던 이백은 촉도의 빼어난 경관을 그리기 위해 서두와 중간, 결말 부분에서 3번씩이나 똑같은 구절을 반복하는 수사법을 구사했다.

촉도가 험난하니 푸른 하늘 오르기보다 더 어렵다네
蜀道之難, 難於上靑天

1975년 모택동은 주변 사람들과 시를 얘기하다가 문득 「촉도난」을 이같이 극찬했다.

"누가 그처럼 생동감 있는 시를 쓸 수 있겠는가? 이 시는 읽는 사람들을 수려한 산천 속으로 이끌어 가 신비하고도 아름다운 신화세계로 이끌어 간다. 읽는 사람마다 하늘에 오르기보다 힘든 촉도에 서 있는 듯한 느낌을 갖게 한다."

모택동은 이 시를 원용해 전선으로 나가는 병사들을 격려하기도 했다. 모택동 사상이 외양은 마르크스−레닌주의에 입각한 것이기는 하나 사실은 중국 전래의 역사문화 전통에 기반하고 있음을 뒷받침하는 대목이다.

훗날 등소평이 그의 업적을 '공 7, 과 3'으로 정리한 것도 이와 무관치 않다고 보아야 한다. 중국의 역사문화 전통에 기초한 그의 사상을 높이 평가한 결과다. 1981년 6월 등소평은 공산당 6중전회에서 문화대혁명 10년을 반추하면서 이런 결론을 내렸다.

"전반적이고 장기간에 걸친 좌경의 중대한 오류가 있었다. 그러나 동시에 모택동은 새 중국건설에 '불멸의 공적'이 있었다. 공적이 제1의적第一義的이며 오류는 제2의적第二義的이다."

모택동의 전 생애를 종합해 볼 때 그의 업적과 리더십의 부정적인 면과 긍정적인 면을 정확한 수치로 나타내 분석할 수는 없다. '득천하' 과정에서 땅을 얻게 된 농민들의 행복과 내전 중에 희생된 수백만 병사의 목숨을 단순 비교할 수는 없기 때문이다. 나아가 '치천하' 과정에서 그가 거둔 실제적인 경제성과를 대약진운동이 가져온 대기근과 문화대혁명이 초래한 끔찍한 혼란과 같은 저울에 올려놓고 평할 수 있는 것도 아니다. 굳이 평가한다면 말년의 커다란 과오에도 불구하고 공이 과를 덮는다는 등소평의 평가가 대략 옳을 듯싶다.

1) 소년 모택동은 친구로부터 『세계영웅호걸전』을 빌려 읽고 워싱턴, 링컨, 나폴레옹, 피터대제 등 서양 영웅들의 생애에 깊은 감명을 받았다. 그는 빌린 책이라는 사실도 잊고 책마다 줄을 긋고 방점을 찍었다. 독후감에 이런 말도 남겼다. "중국 또한 이런 인물들이 있어야 비로소 베트남과 조선, 인도의 전철을 밟지 않을 것이다." 이는 모택동이 한반도와 관련해 최초로 언급한 것이기도 하다.

2) 원세개가 중화민국 총통에 취임한 이후 군벌의 가렴주구는 날이 갈수록 그 도가 심해졌다. 당시 한 신문에 이런 내용의 투고가 실린 바 있다. "사람들은 나라가 강성해지고 외세로부터 우리 자신을 보호하기 위해 군대를 육성해야 한다고 말한다. 그러나 청년들을 끊임없이 징집해 갈수록 우리는 점점 더 가난해져 갈 뿐이다. 일찍이 노자는 '군대가 지나간 자리에는 가시덤불 이외에는 남는 것이 없다'고 말했다. 요즈음은 군대가 한 번이 아니라 여러 번 지나간다. 솔직히 말해 군인과 비적이 다른 게 무엇이란 말인가?"

3) 당시 모택동은 중학교에서 역사를 공부하기도 하고, 현립 도서관에서 서양

자유주의 사상이 담겨 있는 고전들을 읽으면서 지냈다. 이런 모색과 방황은 그의 성격이 우유부단했다기보다는 중국의 상황이 그만큼 불안정했음을 나타내는 것이다.

4) 담연개는 1912년 7월에 원세개로부터 호남도독으로 임명받았다. 그는 이후 퇴임당했다가 1920년 모택동 등이 주도하는 '장경요 퇴진운동'에 편승해 1922년 국민당 내정부장과 건설부장을 맡았다. 1924년에 북벌군 총사령관이 됐다. 1926년 국민정부 주석대리를 맡았고, 장개석과 연합해 1928년 국민정부 주석이 됐다. 이해 10월 북벌의 완성으로 장개석이 국민정부 주석에 취임하자 그 밑에서 행정원 원장을 지냈다.

5) 양창제의 외조부는 한림원 출신으로 이학理學에 밝았다. 과거에 떨어진 부친은 평생 서당 선생으로 있었으나 정치에 관심이 많았고 아들 양창제를 직접 가르쳤다. 양창제는 누차 향시에 응시했으나 합격하지 못했다. 청일전쟁 후 양창제는 과거공부를 중단하고 부친의 뒤를 이어 고향에서 서당 훈장을 맡았다. 무술정변 당시 담사동과 함께 변법활동에 적극 참여했으나 담사동이 희생되자 그의 유지를 받들어 1903년 일본으로 유학을 간 후 호를 회중懷中이라고 했다. 중국의 앞날을 늘 가슴에 품었다는 뜻이다. 1909년 영국 에딘버러대에 입학해 철학과 윤리학을 전공했고, 1912년 졸업과 동시에 독일로 가 9달 동안 교육문제와 정치, 법 등을 연구했다. 1913년에 귀국해 호남고등사범학교로 가 윤리학과 교육학, 철학 등을 가르쳤다. 이후 성립 제4사범학교 초빙에 응해 근무하다가 제1사범으로 통합되자 그리로 옮겨 근무했다. 1918년 여름 북경의 채원배 총장 초청으로 북경대 교수가 되어 윤리학과 윤리학사를 가르쳤다. 5·4운동 때 「학생에게 고함」을 발표하고 신민학회 회원들의 '근공검학勤工儉學 운동'을 지원했다. 모택동과 채화삼 등 호남 출신 청년들이 북경에 와 새로운 사조를 접할 수 있게 된 것은 바로 그의 공이었다. 그러나 과로로 인해 1920년 1월에 병사했다. 당시 49세였다. 그는 세상

을 떠나기 전에 장사교_{章士釗}에게 편지를 보내 자신이 죽고 난 후 모택동과 채화삼을 잘 돌보아 줄 것을 부탁했다. 모택동은 각계의 부의금을 모아 양창제의 가족을 돌보았다. 이때 그는 양창제의 딸 양계혜와 결혼했다.

6) 모택동은 사마광이 불우한 처지에서 저술한 『자치통감』을 높이 평가했다. 1975년에 시중을 들던 맹금운_{孟錦雲}에게 이같이 말했다. "중국에는 두 개의 대작이 있다. 『사기』와 『자치통감』이다. 두 작품은 모두 재간을 지닌 사람이 정치적으로 불우한 처지에서 편찬했다. 사람이 어려움에 처해졌다고 해서 반드시 나쁜 것만은 아닌 것 같다. 물론 이것은 재간과 뜻이 있는 사람을 두고 하는 말이다." 맹금운의 회고에 따르면 그는 만년에 침대 머리에 늘 『자치통감』을 놓아두었다. 너무 많이 읽어서 책이 너덜너덜해졌고, 적지 않은 페이지는 투명 반창고로 붙여놓기까지 했다. 그는 맹금운에게 『자치통감』을 해설해 놓은 『자치통감 평석』을 주면서 읽어보라고 권하기도 했다. 이 책은 『자치통감』에 대한 그의 깊은 관심과 해박한 지식을 세상에 알린 높은 수준의 노작으로 평가받고 있다.

7) 이대교와 진독수는 중국 내의 모든 좌경 단체들에게 초청장을 보냈으나 참석한 사람은 13명에 지나지 않았다. 게다가 이들 모두 경찰에 쫓기는 신세가 돼 거룻배 하나를 구해 강 위에서 대회를 치러야만 했다. 이날의 대표대회에는 장사의 모택동과 하숙형_{何叔衡}, 북경의 장국도_{張國燾}와 유인정_{劉仁靜}, 무한의 동필무_{董必武} 등이 참가했다. 1921년 중국공산당 창립 당시 안팎으로 많은 지부가 설립됐다. 국내적으로 상해에는 진독수와 장국도, 진공박, 시존통 등이 있었다. 북경에는 이대교와 등중하 등이 있었다. 호북은 동필무, 섬서는 고숭유, 광주는 팽배, 산동은 왕진미 등이 주도했다. 국외의 경우 프랑스 지부가 가장 활발했다. 창설멤버는 주은래와 이립삼, 나매, 채화삼 등이었다. 독일은 주덕, 모스크바는 구추백, 일본은 주불해 등이 창설을 주도했다.

8) 이대교는 1927년 4월 6일에 장작림 군에 체포됐다. 옥중에서 혹형과 회유에

시달렸다. 그는 자신의 혁명 일생을 회고하고 변함없는 혁명의지를 표명한 『옥중자술獄中自述』을 썼다. 체포된 지 20여 일 만에 비밀리에 처형됐다. 당시 38세였다. 1983년 북경의 향산에 이대교 열사능원이 만들어졌다.

9) 이립삼은 도시봉기 전략이 실패하자 1931년 1월 당의 불신임을 받았고, 이 해 6월 국민당에 체포된 상충발은 처형됐다. 왕명이 총서기직을 이었으나 이해 말 모스크바로 가 코민테른에서 활동했다. 1932년부터 1935년 준의회의 때까지 진방헌이 총서기직을 맡았다. 이후에는 장문천이 1943년까지 총서기를 맡았다. 그러나 연안시절 정풍운동 과정에서 모택동의 영도권이 확립되면서 장문천의 총서기직은 명목상 직책으로 전락했다.

10) 대다수 학자들은 모택동이 정강산으로 들어가는 1927년 10월 이후 천하통일에 성공하는 1949년까지 22년의 기간을 크게 4단계로 구분하고 있다. 제1기는 호남과 강서의 중간에 있는 정강산을 중심으로 게릴라 활동을 전개하는 1927-1930년의 '정강산시기', 제2기는 강서의 서금에 소비에트 정부를 구성해 공산혁명가로서의 역량을 드러낸 1931-1936년의 '강서시기', 제3기는 대장정을 끝낸 후 연안에 본거지를 틀고 국공합작을 전개하는 1937-1945년의 '연안시기', 제4기는 천하의 우이牛耳를 놓고 국민당과 치열한 접전을 전개하는 1946-1949년의 '내전시기'로 구분하는 게 그것이다.

11) 훗날 모택동을 비판하는 사람들은 그가 당시 정강산에서 비적匪賊이나 다름없는 행보를 보였다고 비판하고 있다. 비적으로 활약했던 '왕좌' 등을 휘하에 두고 민가를 습격해 보급투쟁 등을 벌인 사실 등이 논거다. 중국의 공식자료는 이에 대해 침묵하고 있다. 왕좌 등이 제거된 과정은 지금까지 수수께끼로 남아 있다.

12) 주덕과 모택동을 묶어 세상에서는 흔히 '주모朱毛'라고 하고 그 부대를 '주모부대'라고 했다. 연안 시절만 해도 회의장엔 주덕과 모택동의 사진이 나

란히 걸려 있었던 것을 당시의 사진을 통해 볼 수 있다. 모택동과 주덕의 만남은 중국 혁명사에서 매우 의미 있는 사건으로 평가되고 있다. 당시 주덕과 모택동의 역사적인 만남을 기념하는 다리 하나가 영강에 세워져 있다. 소위 '회사교會師橋' 가 그것이다. 글씨는 곽말약이 썼다.

13) '방면군' 은 홍군의 편제 중 가장 높은 단위이다. 1933년에 제정된 『중국공농홍군임시편제법』은 홍군의 편제를 분대인 반班, 소대인 배排, 중대인 연連, 대대인 영營, 연대인 단團, 사단인 사師, 군단인 군軍, 군인 방면군方面軍 등 8등급으로 규정했다. 3개가 모여 단위가 올라가는 방식이었다. 1930년 8월 23일 홍군 제1군단과 제3군단이 호남에서 합류해 '제1방면군' 이 조직됐다. 제1방면군은 공농홍군 주력군의 하나로 '중앙홍군' 으로 불렸다. 이때 모택동은 주덕과 함께 '중국농공혁명위원회' 를 설립하고 주석을 맡았다. 1931년 1월 15일 공산당 6기 3중전회 결정에 의해 그는 주석 자리를 반납하고 중국소비에트 중앙군사혁명위원회 부주석으로 선출됐다.

14) 모택동은 당시 홍군이 3가지 조건을 갖추지 못했다면 승리는 불가능했다고 주장했다. 첫째 중앙통제 지휘하에 역량을 공고히 하고, 둘째 '이립삼 노선' 을 청산하고, 셋째 부르주아 민주혁명을 우선시하는 교조적인 반볼셰비키파와 중국혁명을 반대하는 반혁명분자를 홍군 내부와 소비에트 지구 안에서 숙청한 것 등이다.

15) 채정개는 장개석 밑에서 부총사령을 지내며 '위초' 에 나섰으나 이후 공산당 편에 서서 장개석에 대항한 특이한 인물이다. 보정육군학교를 졸업한 그는 1926년의 제1차 북벌에서 국민혁명군 제11군 24사 부사단장을 맡았다. 1930년 제1차 '위초' 에 참여했으나 이후 공산당의 항일전 선전에 넘어가 홍군과 '항일반장抗日反蔣' 협정을 맺었다. 1933년 11월 이제심李濟深 및 진명추陳銘樞 등과 함께 복건사변인 소위 '민변閩變' 을 일으켜 '중화공화국 인민혁명정부' 를 건립하고 장개석 타도에 나섰으나 실패했다. 1935년 '중화민

족해방대동맹'에 참가해 최고책임자 중 한 사람이 되었고, 중화인민공화국 수립 후 중앙인민정부위원, 국방위 부주석 등을 역임했다. 1968년 4월 북경에서 병사했다.

16) 1935년 1월 대장정의 와중에 준의에서 열린 당중앙정치국 확대회의에서 모택동은 사실상 당 지도권을 장악했다. 그러나 명목상 최고 영수인 당주석은 그가 아니었다. 이는 '28인 볼셰비키'의 일원인 왕명의 몫이었다. 당시 공산당 내에서 나름 실력을 인정받았으나 이론적으로는 여전히 한계가 있었음을 보여준다.

17) 오토 브라운은 1939년까지 연안에서 중국공산당을 돕다가 그해에 모스크바로 돌아갔다. 1945년 소련군과 함께 베를린에 입성했다. 이후 동독에서 중국전문가로 활동했다. 사망 1년 전인 1973년『중국의 기록 1932-1939』을 펴냈다. 이는 연안시절 왕명의 '소련파'와 모택동의 '토착파'가 벌인 권력투쟁을 기록한 것이다.

18) 모택동이 '28인의 볼셰비키'를 비롯해 그에 동조하는 소위 유소파留蘇派에 대해 품고 있던 감정은 1942-1943년의 '정풍운동'에서 표면화됐다. 이 운동은 1937년 이래 늘어난 수만 명의 신규 공산당원들에게 마르크스 이론과 레닌의 원칙을 설명해 주는 기본 교육의 제공을 그 목적으로 했다. 그러나 사실상의 목표는 소련의 방식을 무조건 답습하고 소련의 지령에 맹종하는 태도를 버리게 하는 것이었다. 모택동은 유소파의 주장을 이른바 '외국 교조주의'로 몰아붙였다.

19) 하자진은 모택동의 곁을 떠날 때 28세였다. 이후 그녀는 모스크바에서 모택동이 강청과 결혼했다는 소식을 들었다. 당시 그녀는 소련으로 보내진 모안영과 모안청 형제, 자신의 딸을 돌보며 생활했다. 1947년 겨울 딸을 데리고 9년 만에 중국으로 돌아왔다. 1959년 모택동은 여산회의에 참석하면서 특별히 하자진을 여산으로 초대해 하룻밤을 묵게 했다. 1976년 9월 하자진

은 모택동이 서거했다는 소식을 접하고 조카들을 보내 문상했다. 1977년 중풍이 들어 반신이 마비되자 당은 그녀의 치료를 돌보면서 전국정치협상회의 위원에 임명했다. 그녀는 1984년 4월 병사했다. 향년 74세였다. 그녀는 모택동과 10년 동안 살면서 모두 6명의 아이를 낳았으나 살아남은 것은 오직 딸 이민李敏뿐이었다.

20) 모택동은 1936-1940년에 1920년대 이래 처음으로 사색과 저작에 몰두하는 시간적 여유를 갖게 됐다. 가장 잘 알려진 것이 『실천론』과 『모순론』이다. 이후 자신의 혁명투쟁 경험과 연합전선의 상황하에서 어떻게 혁명이 수행될 것인가 하는 예견을 담은 저서들을 속속 발간했다. 군사문제를 다룬 저서로는 『중국 혁명전쟁의 전략적 문제』가 있다. 1936년 12월에 쓰진 것으로 그가 취한 군사 노선의 정당성을 역설하고 있다. 1938년에 나온 『지구전론』과 기타의 저작은 항일전의 전략에 대해 언급한 것이다.

21) 강청이 강생과 연결된 것은 동향인이라는 인연을 이용한 것이었다. 당시 강생은 훗날 사회정보부로 개칭한 서간부鋤奸部를 장악하고 있었다. 강생은 강청을 처음 본 순간 홀아비로 있는 모택동에게 잘 어울리는 인물이 등장했음을 직감했다. 옛 상사인 왕명을 배반하고 모택동에게 충성을 맹서한 그는 해당害黨분자 제거를 위해 무수한 사람을 죽인 인물이기도 했다. 연안을 찾아간 『아리랑』의 주인공 김산을 제거한 것도 바로 그였다. 연안에서는 그를 '강부장'으로 불렀다.

22) 모택동의 일가로 혁명에 참가했다가 희생된 사람이 6명이다. 첫 번째 부인 양개혜는 모택동과 헤어져 지하활동을 하다가 국민당에 잡혀서 처형됐다. 모택동의 일족 누이인 모택건毛澤健은 1929년 강서성에서 희생되었고, 조카로 알려진 모초웅毛楚雄은 1928년 8월20일에 국민당 정부군에 처형됐다. 3살 아래인 동생 모택민毛澤民은 1943년 중국 신강에서 군벌 성세재盛世才에게 처형당했다. 그 밑의 동생 모택담毛澤覃은 1935년 4월 25일 강서 서금지역에

서 유격전을 벌이다 희생됐다. 장남 모안영은 한국전 당시 팽덕회 사령관의 비서 겸 러시아어 통역으로 있다가 미군기의 폭격을 맞고 희생됐다.

23) 원래 스탈린 비판은 1937년 망명 중인 트로츠키가 『배반당한 혁명』의 저술을 통해 시도한 바 있다. 소련에서는 스탈린의 사후 베리야가 추방되자 당내에서 스탈린의 개인숭배에 대한 조사가 시작되면서 비판 움직임이 가시화했다. 1956년 2월의 제20차 공산당대회에서 미코얀이 최초로 스탈린에 대한 개인숭배를 비판했다. 이때 제1서기 흐루쇼프는 「개인숭배와 그 결과에 관하여」라는 비밀보고를 했다. 이해 6월 당중앙위원회에서 동일한 비판이 재현됐다. 이는 각국 공산당에 커다란 충격을 주었다. 폴란드에서 개혁파인 고물카가 정권을 잡고 헝가리에서는 이해 10월에 반소봉기가 일어나 소련군이 개입하는 사태가 초래됐다. 1961년의 제22차 당대회에서 다시 스탈린 비판이 제기돼 그의 유해는 레닌묘에서 축출됐다. 1964년 10월 흐루쇼프가 실각했을 때 당내의 신新스탈린파가 복권에 착수했으나 안팎의 반발로 좌절됐다. 1973년에 솔제니친의 『수용소 군도』 등이 발표된 후에는 일반 민중들 내에서도 광범위한 스탈린 비판이 제기됐다.

24) '28인 볼셰비키' 일원인 왕가상은 중화인민공화국 건립 후 초대 주소련 대사를 역임했고 이어 외교부 부부장과 당중앙 대외연락부 부장직을 오랫동안 맡았다. 그는 문화대혁명 때 홍위병 앞에서 갖은 곤욕을 치렀다. 주은래 축출에 앞장섰던 어느 외교관으로부터는 뺨을 맞고 쓰러지기도 했다. 18개월 간 독방에 갇혀 고생하다가 1970년 임표의 지시로 무한 서북쪽의 시골로 쫓겨갔다가 1974년 1월에 73세로 숨을 거두었다.

25) 1958년에 설립된 인민공사는 행정과 농공업 생산, 학교, 민병民兵 등을 두루 아우른 농촌의 사회생활 및 행정조직의 기초단위로 크게 20-30호의 생산대生産隊, 10개 내외의 생산대로 이뤄진 생산대대生産大隊, 8-10여 개 생산대대로 이뤄진 인민공사의 3단계로 구성됐다. 인민공사는 현실을 무시한 급

진조치로 생산의욕을 꺾고 커다란 화를 불러왔다. 근 2천만 명이 아사하고 막대한 자원의 낭비만 초래한 게 그 증거다. 이후 생산의 기본 단위를 생산대로 후퇴시키고 자류지自留地와 자유시장을 허용하면서 매 가구에 농업생산을 떠맡기는 소위 '삼자일포三自一包' 정책을 실시해 간신히 혼란을 치유할 수 있었다. 이를 주도한 유소기와 등소평은 이후 문화대혁명의 과정에서 자본주의를 추구한 '주자파走資派'로 몰려 실각되고 말았다.

26) 소산 인근의 수동은 외부세계와는 완전히 차단된 외딴 골짜기이다. 모택동은 어릴 때부터 이곳 숲속을 돌아다니며 땔감을 줍기도 하고 언덕 꼭대기에 있는 바위 밑에서 소망을 빌기도 했다. 중국공산당은 이곳에 북경 중남해의 모택동 거처를 본뜬 별장을 세웠다.

27) 장문천은 연안 시절 중공 중앙 선전부장을 지내다가 1951년 주소대사를 역임하고 1954년부터 외교부 제1부부장을 맡았다. 그는 팽덕회를 지지한 일로 인해 외교부 부부장 자리에서 밀려나 공장으로 보내졌다. 『등소평대사전』에는 1960년 중국과학원 경제연구소의 특약연구원이 되어 사회주의 경제건설 이론의 연구에 종사한 것으로 되어 있다. 문화혁명이 일어나자 그와 그의 아내는 곧바로 비판의 대상이 됐다. 소련의 스파이로 몰려 억지 자백을 강요당하고, 이내 광동으로 유배됐다가 고혈압과 심장병으로 병사했다.

28) 팽덕회는 1965년 9월 후방의 국방관계 건설위원회의 제3부주임이라는 하위직을 맡아 사천으로 보내졌다. 그는 사천으로 내려가기 직전 모택동을 만났다. 옛날의 공을 인정받은 덕분에 다정한 분위기에서 작별한 그는 1년 뒤 문화대혁명의 소용돌이 속에서 모진 고문을 받았다. 130번의 심문을 받는 와중에 허파에 구멍이 뚫리고 갈비뼈가 부러져 거리에서 거리로 끌려다녔다. 1974년 11월 29일 운명했을 때 그의 나이는 76세였다. 1978년 복권됐다.

29) 하룡이 임표의 홍위병으로부터 '투쟁'의 대상이 되어 곤욕을 치른 것은 문

화대혁명이 시작되는 1966년부터였다. 홍위병들이 그의 집을 덮칠 것을 미리 눈치 챈 주은래가 그와 가족들을 서부 산악지대로 피신시켰다. 그러나 그가 은신한 곳은 임표가 관할하는 군의 통제지역이었다. 비밀경찰의 총수 격인 강생의 손에 있었다. 하룡은 오랫동안 당뇨를 앓고 있었다. 집회에 끌려나온 그의 병세가 심각해지자 강생은 하룡에게 인슐린이 아닌 포도당 주사를 놓게 했다. 의학 살인이었다.

30) 당시 강청을 비롯한 급진파는 권력을 장악하기 위해 과격한 무력투쟁을 전개했다. 폭력적인 분위기가 중국 전역으로 퍼져나가고 투쟁이라는 이름을 빌린 살인이나 방화, 약탈이 자행됐다. 1968년 5월 광서 일부 지역에서는 민중혁명 조직이 인민해방군 부대나 기관을 습격해 무기를 빼앗고 군인들을 살상하는 사태까지 벌어졌다. 북부 베트남으로 가는 군용열차까지 습격당해 지원물자가 탈취당하는 사건도 빚어졌다. 1968년 4월 이후 3달간에 걸쳐 청화대 내에서 홍위병 간에 무장투쟁이 전개되기도 했다. 문화대혁명의 주도권을 잡기 위해 이들은 서로 크고 작은 소총이나 장거리포, 소이탄을 스스로 만들어 싸움을 벌였으며, 심지어 장갑차까지 만들어 대치했다. 모택동이 홍위병 간 내부투쟁을 종식시키기 위해 노동자들로 구성된 '선전대'를 현장에 투입했으나 오히려 홍위병의 공격을 받고 사망하거나 부상하는 일이 벌어졌다.

31) 진의는 주은래, 등소평 등과 함께 프랑스 유학파에 속한다. 그는 시와 글을 통해 모택동과 가장 밀접하게 교류한 사람이었다. 혁명을 통해 모택동과 생사고락을 같이한 동지는 많았으나 시문학을 통해 깊은 인간적 교감을 나눈 사람은 많지 않았다. 동필무, 주덕, 엽검영 등도 나름 시를 썼고, 무인은 아니지만 혁명동지로서 곽말약도 모택동과 시를 통해 마음을 나눴다. 모택동이 눈보라치는 매운 날씨를 무릅쓰고 아픈 몸을 이끌고 예고도 없이 진의의 추도회에 나타난 것은 시문학을 통한 두 사람의 인간적인 교감이 간단치 않

앉음을 보여준다.

32) 모택동의 장서는 9만 권으로 알려져 있다. 그는 1961년 12월 20일 정치국 상임위원회에서 이같이 말했다. "중국 소설 중 사회역사를 쓴 것은 단지 3개 작품뿐이다. 『홍루몽』과 『요재지이』, 『금병매』가 그것이다. 『금병매』를 읽어보았는가? 내가 추천할 터이니 한번 읽어봐라. 이 책은 명대의 진정한 역사를 쓴 것이다. 봉건통치와 피압박의 모순을 상세히 묘사해 놓았다. 『금병매』는 홍루몽의 조상이다. 『금병매』가 없었다면 『홍루몽』은 나오지 못했을 것이다. 『홍루몽』은 아주 자세하고 정교한 역사이다. 다만 『금병매』의 작가는 여성을 존중하지 않았다." 그가 평소 독서와 평론을 얼마나 좋아했는지를 짐작케 해주는 대목이다.

33) 정강산 시기 이래 주덕과 모택동 사이는 매우 돈독했다. 대장정 도중 준의회의에서 모택동은 실질적인 공산당과 군의 지도권을 쥐게 되고, 모택동을 지지했던 주덕은 그냥 그대로 공산당의 중앙혁명군사위의 주석 자리와 중국 공농홍군工農紅軍 총사령을 맡았다. 1937년 항일전이 본격화되면서 홍군이 국공합작에 의해 국민혁명군 제8로군으로 편입될 때 주덕이 8로군의 총사령 직을 맡았다. 전략과 정치는 모택동, 전쟁의 지휘는 '홍군의 아버지'로 불리는 주덕이 맡는 식이었다.

34) 주덕은 1976년 7월 북경에서 90세를 일기로 세상을 떠났다. 모택동이 죽기 두 달 전이다. 주덕은 노년에 시도 쓰고 각종 혁명기념물의 휘호 등을 쓰면서 비교적 권력과는 멀리 처신하고 있었다. 공교롭게도 이해에 주은래, 주덕, 모택동 등 '신 중화제국'의 황제와 일등공신이 차례로 세상을 떠났다. 등소평에게는 이게 오히려 도움이 됐다.

35) '사인방' 명칭은 강청 등이 엽검영 등이 주도하는 군부에 체포돼 문화대혁명이 사실상 종결되는 과정에서 붙여진 것이다. 그 이전에는 통상 '상해방上海幇'으로 불렸다. 강청과 요문원, 장춘교 등이 상해를 거점으로 문화대혁

명을 준비하고 전개시켜 나간 결과다. 이들은 모택동의 신임을 얻은 노동자 출신 왕홍문이 가세하면서 '사인방'의 진용을 갖추게 됐다. 훗날 드러난 사실이기는 하나 요문원은 이미 문화대혁명의 설계과정에 직접 관여했다. 강청 또한 문화대혁명의 도화선이었던 북경대 철학강사 섭원재의 대자보가 만들어지기까지의 과정에 직·간접적으로 개입했다.

36) 화국봉이 사인방을 제압하고 중국의 최고지도자에 오르는 데에는 '니판사·아방심你辦事, 我放心' 구절이 크게 작용했다. 그러나 그는 이 글과 함께 모택동이 써준 '조과거방침판照過去方針辦' 구절을 그대로 실행하다가 오히려 등소평 등 개혁개방파에게 덜미가 잡혀 보위에서 밀려나고 말았다.

37) 순치제는 재위 18년(1661)에 천연두에 감염돼 죽음을 맞게 되자 9세의 어린 강희제를 위해 유조의 형태로 '오보이'를 포함한 4명의 원로대신을 '보정대신'으로 임명했다. 강희제는 은밀히 같은 또래의 무장병을 육성했다. 강희 8년(1669) 5월 16일 오보이가 황궁 안으로 들어오자 이들이 삽시간에 달려들어 그를 옥에 가둔 뒤 곧바로 일당의 검거에 들어갔다. 강희제는 오보이에게 사형을 선고했다가 그간의 공을 감안해 종신금고형에 처하는 수법으로 황권을 확립했다. 오보이는 44년 동안 연금되어 있다가 강희 52년(1713)에 석방됐다.

38) 전학삼은 1938년 캘리포니아 공과대학에서 박사학위를 받은 후 이 대학 교수로 있으면서 초음속 및 제트 추진기를 연구했다. 제2차 세계대전 중 미국방과학위원회 미사일조 주임을 맡았고, 전쟁 후에는 독일 미사일 설비조사대 책임자를 지냈다. 1950년 과학문서를 휴대하고 중국으로 가려다가 미국 이민국에 의해 구금됐다가 보석으로 풀려나왔다. 마침내 1955년에 중국으로 귀국해 중국과학원 역학연구소를 창설했다. 당시 모택동은 소련의 첨단무기기술 제공과 관련해 비행기와 미사일을 놓고 고민하자 그는 "비행기는 아무리 노력해도 선진국을 따라잡기 힘드나 미사일과 핵은 서방도 개발

에 착수한지 얼마 안 돼 노력만 하면 능히 따라잡을 수 있다"며 모택동을 설득했다. 모택동은 곧 원자탄과 수소탄을 뜻하는 '양탄兩彈 위주'와 '미사일 우선'의 지침을 내렸다. 중국이 자체 기술로 유인우주선을 쏘아올리고 대륙간탄도미사일 개발에 성공한 데에는 전학삼의 권유와 모택동의 결단이 결정적인 공헌을 했다. 그는 핵물리연구소 역학연구소장, 중국과학기술협회 전국위 부주석 등을 지내다 2009년 10월에 타계했다.

[04]
주은래

중화제국의
동요를
막은
명재상

인물로
읽는 중국
현대사

주은래 [周恩來, 1898.3.5~1976.1.8]　　강소성 회안淮安 출신이다. 남창봉기를 지휘하고 혁명군사위 부주석으로 장정에 참여했다. 인민공화국 건립 후 27년 동안 총리를 역임하면서 안팎의 여러 문제를 슬기롭게 해결했다. 삼국시대 촉한의 제갈량에 비유하는 이유다.

황제와 승상

　21세기의 중국인들은 정부의 강력한 산아제한 정책으로 인해 소위 '소황제'만 바라보고 사는 소가족 형태로 살고 있다. 그러나 이는 원래 중국의 역사문화 전통과 동떨어진 것이다. 중국인들은 전통적으로 증조부, 조부, 아버지, 아들, 손자 등 5대가 한집에서 한솥밥을 먹고 사는 소위 '5세동당五世同堂'을 가장 행복한 것으로 여겼다.

　중국의 역대 왕조를 통틀어 이를 실현한 황제는 오직 청대 중기의 건륭제밖에 없다. 재위기간만 해도 60년이 넘었던 그는 88세까지 살았다. '5세동당'은 감히 꿈꾸기가 어려웠던 까닭에 서민들은 '4세동당'을 최고로 쳤다. '5세동당'이든 '4세동당'이든 기본적으로 장수해야만 가능한 일이다. 장수는 건강이 뒷받침돼야 한다. 동양에서 전통적으로 수壽, 부富, 심신의 건강인 강녕康寧, 군자의 삶인 유호덕攸好德, 명대로 살다 죽는 고종명考終命의 5복 중 '강녕'을 가장 기본적인 복으로 꼽는 이유다. 이와 관련해 중국인들 사이에 유행하는 우스갯소리가 있다.

　　임표는 술과 담배를 모두 멀리해 63세에 죽었고,
　　주은래는 술은 가까이하고 담배를 멀리해 73세에 죽었고,
　　모택동은 술은 멀리하고 담배를 가까이해 83세에 죽었고,
　　등소평은 술과 담배를 모두 가까이해 93세에 죽었고,
　　장학량은 술과 담배는 물론 여색도 가까이해 103세에 죽었다.

　사실 이는 억지로 만든 말이기는 하나 더 재미난 것은 그 뒤의 얘기다. 123세의 장수하는 노파가 있어 《인민일보》 기자가 찾아가 그 비결을

물었다.

"할머니, 장수 비결이 뭡니까?"

노파의 대답이 걸작이다.

"응, 담배는 건강에 좋지 않다니까 피우지 마. 나는 5년 전에 벌써 끊었어!"

임표는 횡사한 까닭에 '고종명'했다고 볼 수 없다. 주은래의 경우도 말년에 모택동의 허락이 떨어지지 않아 방광암 수술을 2년이나 늦춰야 했다. 제때 수술을 받았다면 그 또한 더 오래 살았을 것이다. 모택동은 주은래가 자신보다 더 오래 살아 '중화제국'을 손에 틀어쥐는 것을 원치 않았다. 어찌 보면 그 또한 '고종명'을 하지 못한 셈이다.

그러나 그는 아무런 불평도 하지 않고 이를 받아들였다. '대장정' 이후 죽는 그 순간까지 41년 동안 그는 단 한 번도 얼굴을 찌푸리지 않고 충성스럽게 주군을 모신 것이다. 그의 이런 충성스런 삶은 삼국시대 당시 유비와 유선 2대에 걸쳐 분골쇄신의 자세로 충성을 바친 제갈량에 비유할 만하다. 중국인들이 중국의 전 역사를 통틀어 역대 최고의 '승상'으로 제갈량과 주은래를 꼽는 것도 이와 무관치 않을 것이다. 21세기에 들어와 그간 실패로 치부했던 양무운동을 새롭게 조명함에 따라 중국번을 제갈량보다 더 높이 평가하는 흐름이 있기는 하다. 그러나 주은래에 대한 평은 하등 변함이 없다.

이는 '중화제국'의 창업이 결코 모택동 혼자만의 힘으로 이뤄진 게 아니라는 것을 시사한다. 주은래를 뺀 모택동은 상상하기 어렵다. 당초 중국공산당이 성립할 당시만 해도 그는 모택동과 비교할 수도 없는 높은 위치에 있었다. 그는 중국공산당 내에서 최고의 명성을 얻고 있는 프랑스파의 우두머리에 해당했다. 그런 그가 '대장정'의 와중에 스스로 머리를 굽히고 모택동의 참모로 들어간 것이다.

이것이 훗날 인민들로부터 제갈량과 더불어 중국 역사상 가장 위대한 '승상'으로 떠받들어지는 배경이 되었다. 황제인 모택동이 왼쪽으로 지나치게 빠질 경우 적절한 조언과 충고로 일정부분 이를 견제하며 제자리로 돌아오게 하는 역할을 수행한 결과였다. '황제'와 '승상'의 관계는 현대 정치에서 대통령과 의회의 관계를 생각하면 쉽게 이해할 수 있다.

역사적으로 볼 때 황제와 승상은 속된 말로 '한 끗 차이'다. 마음먹기에 따라서는 능히 황제를 제압할 수도 있다. 삼국시대 때 조조가 '승상'으로 있으면서 천하를 호령한 게 그 증거다. 정반대로 황제가 승상을 아예 무시할 수도 있다. 한무제 때 11명의 승상 중 6명이 주살을 당하고 명태조 주원장이 승상을 주살한 뒤 아예 승상제도를 폐한 게 그렇다. '신 중화제국'의 초대 황제 모택동과 최고의 승상 주은래는 대장정 과정에서 군신지의君臣之義를 맺은 이후 죽을 때까지 시종 긴장관계를 유지했다. '신 중화제국'의 창업주인 모택동을 검토할 때 반드시 그의 휘하에서 뛰어난 승상'으로 활약한 주은래를 검토해야만 하는 이유가 여기에 있다.

주은래의 성장배경

주은래는 광서 24년(1898) 3월 5일 강소성 회안淮安에서 태어났다. 장강과 황하를 잇는 대운하에 위치한 곳이다. 그의 부친 주이능周貽能은 주은래가 태어난 해에 과거에 합격했다. 아들의 이름을 은래恩來로 지은 이유다. 황은皇恩이 찾아왔다는 뜻이다. 어릴 때 이름은 대란大鸞이었다. 이는 생모 만씨萬氏의 태몽과 관련이 있다. 회안의 방언으로 '란鸞'과 '람攬'이 발음이 비슷해 쉽게 잘 자란다는 뜻을 담고 있다.

주이능은 사회적으로나 직업적인 면에서 평범한 삶을 살고자 한 향신鄕紳이었다. 실제로 그의 부친은 미관말직을 전전하면서도 녹봉을 술 몇 잔 마시는 데 쓰는 것으로 만족해했다. 주은래의 모친 만씨는 미모를 지닌 교양 있는 여성으로 명문 출신이었다. 그녀는 그림이나 서예 같은 중국의 전통 예능에 조예가 깊었다. 독서도 많이 했다.

만씨의 친정 아버지가 주은래 출생 다음날 죽은 까닭에 만씨는 아들조차 제대로 돌볼 여유가 없을 정도로 크게 비통해했다. 그가 태어난 지 4달쯤 되었을 때 백부 주이갱의 집에 양자로 보내진 것도 이런 집안사정과 무관치 않았다. 주이갱은 중병을 앓고 있었던 데다 후사가 없었던 까닭에 주은래를 친자식처럼 사랑했다.

당시 주이능은 매사에 책임감이 없었다. 주은래가 백부 집에서 성장한 배경이다. 훗날 그는 자신의 부친에 관해 이야기하면서 수백만 농민들이 생계를 유지하기 위해 땀을 흘리는 반면 관원들이 편히 놀고먹는 것을 두고 이같이 비판했다.

"부정부패가 아니라면 어떻게 그처럼 좋은 옷을 입고 많은 가족을 먹여살릴 돈을 마련할 수 있었겠는가? 얼마 안 되는 월급을 받는 지방관원이 말일세."

주씨 촌의 두 집안은 서로 가까운 거리에 있었다. 주은래는 어렸을 때부터 백모이자 양모인 진씨陳氏를 생모처럼 공경하며 따랐다. 진씨는 남편 사후 재혼해 자식을 낳은 후에도 주은래를 무척 아꼈다. 그녀는 주은래에게 신식 교육을 시키고자 했다. 결국 기독교 계통의 선교사를 집으로 데려와 주은래와 자신의 아들 주은주를 가르치도록 배려했다. 덕분에 그는 비록 초보적인 것이기는 하나 어렸을 때 이미 영어를 어느 정도 배울 수 있었다. 훗날 그가 여타 공산주의자들과 전혀 다른 모습을 보여준 근본배경이 여기에 있다.

당시 진씨는 어린 주은래에게 중국 전래의 설화나 전설도 많이 얘기해 주었다. 주은래가 중국의 전통 회화와 서예에 대해서도 일가견을 갖게된 배경이다. 그가 평생 한시를 좋아한 것도 이때의 학습과 밀접한 관련이있다. 모든 것이 백모이자 양모인 진씨 덕분이었다. 그는 훗날 이같이 술회했다.

"나는 어머님의 가르침에 감사하고 있다. 모친의 보살핌이 없었다면 나는 학문적 추구에 대한 관심을 계발할 수 없었을 것이다."

이때 유교경전을 익히면서 공자의 가르침을 가슴 깊이 새겼다. 그는회안에서 남쪽으로 500킬로미터 정도 떨어진 절강성 소흥에서 매년 일정기간을 보내곤 했다. 주씨 가문의 종가가 거기에 있었기 때문이다. 그는 9세 때인 광서 33년(1907) 양모 진씨와 생모 만씨를 동시에 잃었다. 이후 2년 동안 늙은 유모가 그를 돌보았다.

12세 때인 선통 2년(1910) 봄, 그의 삼촌 중 한 사람이 그를 데리고 만주 심양으로 갔다. 이곳은 청나라의 본거지가 있는 곳이기도 하다. 그는잘 적응했다. 훗날 그는 이같이 술회했다.

"나는 1910년 심양으로 가 3년을 살았다. 당시 나는 '변발'을 하고있었다. 내가 지금처럼 건강한 것은 심양의 옥수수 음식과 황토에 몰아치는 강풍 덕분이다."

그는 선교사들이 운영하는 심양의 '동관모범학단'에 입학했다. 이곳에서 서양의 학문을 접하면서 중국의 현실을 정확히 이해하게 되었다. 한번은 교장이 학생들에게 왜 공부하는지를 물었다. 대부분 부자나 고관이되기 위해서라고 대답했다. 주은래의 답은 달랐다.

"중국이 다시 일어설 수 있도록 하기 위해서입니다."

이듬해인 선통 3년(1911) 10월 신해혁명이 일어났다. 그의 나이 13세 때였다. '중화민국'의 총통 자리를 놓고 원세개와 손문이 북경과 남경을 거점으로 치열한 신경전을 벌인 끝에 마침내 1912년 2월 선통제가 퇴위하고 중화민국이 들어섰다. 주은래를 비롯한 대다수 학생들은 이 소식에 기쁨을 감추지 못했다. 총통이 누구인지는 중요치 않았다. 학생들은 곧바로 '변발'을 잘라버렸다. 15세가 되는 1913년 그는 학교를 졸업하면서 친구에게 편지를 썼다.

"중국이 이 세상에서 솟아오르는 날 다시 만나고 싶구나."

젊은 주은래의 부푼 꿈은 더 넓은 곳을 향하고 있었다. 그는 심양을 떠나 북경으로 갔다. 그가 맨 처음 원서를 넣은 학교는 북경의 '청화淸華 학교'였다. 미국 대학에 진학하려는 중국 학생들을 교육시키기 위해 미국의 지원으로 설립된 학교다. 현재 중국에서 북경대학과 쌍벽을 이루고 있는 청화대학의 전신이다.

그러나 그는 불행히도 영어시험에 떨어졌다. 어렸을 때부터 영어를 습득한 그의 영어실력이 달렸기 때문이 아니다. 지역안배 때문이었다. 장강 삼각주인 강소 출신의 경쟁률은 다른 지역에 비해 두 배나 높았다. 예로부터 강소와 안휘, 절강 일대의 과거 합격자 수가 많았던 전통이 '중화민국'이 들어선 이후에도 그대로 이어지고 있었다.

남개대 시절

당시 주은래 집안은 그가 '청화학교' 입학에 실패한 사실에 크게 실망했으나 그는 오히려 이를 전화위복의 계기로 삼았다. 그가 두 번째로 선택한 것은 천진의 '남개南開학교'였다. 명문 남개대학의 전신이다. 이 학교 역시 미국 계통이다. 천진은 북양군벌의 발상지로 상해처럼 외국인의 조계가 형성돼 있었다. 그는 시험에 합격하자 주변의 반대를 무릅쓰고 1913년 늦여름에 천진으로 가 넷째 아주머니 댁에 머물며 남개학교에 입학했다. 당시 중국의 유력 성씨들은 보통 중요한 지역마다 대표자를 한 사람씩 두고 있었다.

'남개학교'는 미국 대학의 전통을 그대로 들여온 까닭에 학습분위기가 매우 자유롭고 민주적이었다. 당시까지 주은래는 심양에 있는 삼촌으로부터 재정지원을 받았다. 얼마 후 삼촌의 경제사정이 여의치 않아 비싼 수업료를 감당키가 쉽지 않았다. 그는 학비를 벌기 위해 여가시간에 학교에서 교재를 필사하고 등사판의 원지를 자르는 일을 했다. 단벌인 푸른 면 외투를 일요일마다 빨아 밤새 널었다가 다음날 다시 입고 등교하는 생활이 계속됐다.

남개학교 입학 첫해에 그는 중국의 앞날을 위해 열심히 공부해야 한다는 내용의 작문을 썼다. 이는 애국적인 중국 청년의 열망을 반영한 것이었다. 그는 다른 학생들이 잠드는 밤늦게까지 공부했다. 교사들 중 일부가 그의 가정형편과 뛰어난 학교성적을 감안해 학비면제를 건의했다. 입학 2년째 전교에서 유일무이한 학비면제생이 된 배경이다. 당시 학비는 연간 36달러였다. 여기에 기숙사비와 식비로 각각 월 24달러와 4-5달러가 필요했다. 주은래의 생활은 검약의 표본이었다. 그의 술회다.

"남개중학에 다니던 마지막 2년 동안 나는 가족으로부터 아무 도움을 받지 않았다. 나는 반에서 최우등생으로 받은 장학금으로 생활했다."

학창시절 그와 가까이 지낸 친구는 오吳라는 덩치 큰 학생이었다. 당시 학생들은 출신지역에 따라 작은 그룹을 이뤄 서로 정보도 교환하며 생활하고 있었다. 레슬링을 한 오는 만주 출신의 우두머리였다. 만주 출신 학생들은 피부가 깨끗하고 잘 생긴 주은래를 놀려댔다. 말쑥한 셔츠와 화려한 양말 등을 꼬투리 삼은 것이다. 오가 이를 나무란 후 더 이상 놀리는 자가 없게 됐다.

주은래는 오와 굳은 우정을 맺은 후 6명으로 이뤄진 혈맹단을 조직했다. 또 한 명의 친구는 성적이 최상위권에 속하는 마준馬駿이었다. 그는 회교도였다. 대략 감숙 일대에서 왔을 공산이 크다. 훗날 천진의 초기 공산당원이 되어 주은래와 긴밀히 활동한 인물이다.

남개학교 시절 그에게 가장 큰 영향을 끼친 사람은 교장 장백령張伯笭이었다. 기독교도인인 그는 주은래가 통상 두 시간 걸리는 작문을 한 시간 내에 끝내는 것을 보고 크게 놀랐다. 장백령은 독립심이 강한 주은래를 성심껏 지원했다. 주은래도 이에 보답할 생각으로 열심히 공부했다. 학교를 떠날 때 그는 장백령처럼 교장이 될 생각도 해보았다.

당시 장백령이 교육의 일환으로 큰 관심을 기울인 것은 연극이었다. 학생들에게 민주주의와 과학적 사고 등을 가르치려는 속셈이었다. 주은래도 연극에 큰 관심을 보였다. 당시까지만 해도 여성이 남성과 함께 무대에 서는 일은 없었다. 남학생이 여성 역을 맡아야 했다. 주은래가 안성맞춤이었다. 이후 남개대학 연극반에서 여성 역할은 그의 단골이 됐다. 그는 「인형의 집」의 로라 역 등을 맡기도 했다.

그의 연기는 좋은 평판을 얻었다. 「동전 한 닢」은 북경에서도 공연돼 큰 반향을 일으켰다. 팬레터도 무수히 받았다. 만일 이 방면으로 계속 재주를 살렸다면 그는 능히 은막의 스타가 되었을 것이다.

사대부 전통을 지닌 그의 집안은 이를 탐탁지 않게 생각했다. 배우에 대한 멸시풍조가 크게 작용했을 것이다. 실제로 배우들은 공직에 응시할 자격이 없었다. 그는 30년 뒤 모교에서 남녀 학생들이 출연하는 연극을 보러갔을 때 옛날 교장인 장백령 박사에게 이같이 말했다.

"선생님, 세상이 참 많이 변했습니다. 남녀 학생들이 자유로이 함께 공연할 수 있으니 말입니다. 옛날 여학생 없이 연극하던 일이 생각납니다."

장백령이 웃으며 말했다.

"사실 자넨 아직도 분장을 하고 저기에 올라갈 수 있을 걸세. 틀림없이 자넨 지금 무대 위에 있는 저 여학생보다 잘할 수 있을 거야!"

1914년 초 주은래는 친구 2명과 함께 '경업군락회敬業群樂會'라는 과외 서클을 결성했다. 책을 바꿔 보고 강연과 세미나를 열어 교우를 넓히자는 취지였다. 이 서클을 통해 그는 자신보다 허약하거나 수줍어하는 학생을 도왔고, 이는 대인관계에 대한 자신감을 안겨주었다. 이 서클은 1년에 두 번《경업보》라는 회보를 냈다. 모두 6회까지 나왔다.

이 회보에 그는 본명인 '은래' 이외에 자字인 '상우翔宇'와 필명인 '비비飛飛'를 번갈아 사용하며 여러 편의 글을 썼다. 그가 편집한 이 잡지의 후반 호에는 「비비유묵飛飛遺墨」이라는 제목의 특별 칼럼이 게재됐다. 당시 학생들 내에서 봉건사회의 정신적 지주로 낙인찍힌 공자와 맹자를 공격하는 내용이었다.

그는 작문에도 뛰어난 재능을 보였다. 작문대회에서 우승을 거듭한 게 그 증거다. 3학년 때는 상급생과 겨뤄 8백 명 중 장원을 차지하기도 했다. 초안을 잡는 일도 없었다. 단숨에 일필휘지로 써내려가 완벽한 문장을 지었다. 시도 적잖이 발표했다. 그가 지은 「봄날 노트」라는 제목의 시다.

고대高臺에 올라 사방을 살펴보니

자욱한 연기는 무럭무럭 피어오르고

우리 심장부에서 '축록전'이 펼쳐지니

또 다른 '박랑'이 뒤에서 다가오네

천하를 거머쥐기 위한 다툼인 소위 '축록전逐鹿戰'은 왕조교체기 때 군웅들이 각지에 할거해 다투는 것을 뜻하는 말로 여기서는 군벌들의 각축을 비유하고 있다. '박랑'은 패망한 한나라 귀족 자제 장량이 힘센 역사를 동원해 진시황의 척살을 시도한 곳이다. 장량은 진시황 사후 유방을 도와 한제국을 건립하는 일등공신이 된 인물이다. 그가 '박랑' 운운한 것은 당시 학생들 내에 진시황에 비유되고 있는 원세개에 대한 강고한 투쟁을 암시한 것이다.

그가 탐독한 책은 대다수 학생들이 그렇듯이 주로 혁명에 관한 책이었다. 상해에서 나오는 급진적인 신문과 천진에서 발행하는 《대공보》 등도 열심히 읽었다. 몽테스키외와 아담 스미스를 비롯한 서양 작가들의 책도 두루 읽었다. 주로 남들이 잠을 자는 심야시간과 한가한 주말을 이용해 이런 책들을 읽었다.

당시에는 책을 대출해 주는 도서관이 없었다. 식비와 의복 살 돈에서 절약한 돈으로 필요한 책을 사서 읽어야만 했다. 한번은 서점에서 우연히 사마천의 『사기』를 발견하고는 다음달 식비를 털어 사들이면서 황홀해한 적도 있다. 『사기』를 탐독한 그는 열전에 나오는 수많은 얘기를 다른 학생들에게 들려주었다.

1915년 진독수가 노신 및 호적 등과 함께 《신청년》을 펴내자 그는 이

잡지의 열렬한 애독자가 됐다. 이해에 원세개가 일본의 노골적인 침략 의도를 드러낸 21개조 요구에 굴복하는 모습을 보이자 그는 격분했다. 이내 공원으로 가 사람들 앞에서 민족적 모욕에 강력 항의하는 연설을 했다. 이해에 자신이 결성한 토론 서클에서 닦은 실력을 배경으로 남개학교 대표로 출전해 천진의 여러 학교를 제치고 토론대회 우승을 차지하기도 했다.

그는 시문학 활동에 정력적으로 임하면서도 체력단련을 게을리하지 않았다. 매일 아침 일찍 달리기를 했고, 방과 후에는 어떤 운동이든 했다. 높이뛰기에서 3위를 한 그는 농구팀 주장과 배구팀 대표선수를 지내기도 했다.

이듬해인 1916년 초 원세개가 '중화제국'의 황제에 취임했다. 격분한 그는 군중들 앞에서 이를 통렬히 비판했다. 이해 5월 원세개를 비판하는 대중연설의 반 대표로 선발된 그는 역사적인 사례를 들어 반동적인 군벌정권을 성토하는 작문을 써내면서 이같이 끝맺었다.

"국민의 일부를 얼마 동안 우롱할 수는 있으나 국민 전부를 두고 우롱할 수는 없다!"

촌철살인의 명문이었다. 그는 수상의 영광을 얻었다. 이해에 화학도 최고점을 얻었고 수학에서도 최상위권에 들었다. 특히 붓글씨는 최상급이었다. 당시 남개대학이 가장 자랑할 만한 모범생을 꼽으라면 단연 그를 들 수 있었다.

이해 9월 원세개가 사망하자 북양군벌 내에 치열한 후계자 다툼이 벌어졌다. 본격적인 '군벌상쟁'을 알리는 신호탄이었다. 주은래는 아직 학업을 마치지 못한 까닭에 이에 적극 개입할 입장이 못 되었다.

이듬해인 1917년 6월 졸업식이 열렸다. 그는 문학에서 전교수석을 차지했다. 자연과학과 수학도 우수했다. 평균점수 90점이었다. 그의 4년에 걸친 남개학교 생활은 행복하고 유익했다. 30여 년 후 그는 남개학교를 찾아가 교직원과 학생들 앞에서 연설하면서 학창시절을 이같이 회상했다.

"당시 우리가 받은 것은 자본주의 교육이었습니다. 나는 다소의 지식을 습득했고 조직의 능력을 훈련했습니다."

당시 상황에서 '남개학교'를 나온 것만으로도 대단한 학벌이었다. 그러나 그는 더 큰 꿈을 꾸고 있었다. 중국을 열강의 침탈에서 구해내기 위해서는 더 배워야 한다고 생각했다. 그는 많은 중국 학생들이 그렇듯이 일본 유학을 택했다. 거리도 가깝고 무엇보다 학비가 상대적으로 쌌기 때문이다.

1917년 9월 주은래는 신학문을 더 배울 목적으로 일본으로 갔다. 절친했던 친구 '오'가 교토에 있었으나 그는 도쿄로 갔다. 대학에 입학하기 위해 일어 강좌를 신청했으나 끝까지 마치지는 못했다. 결국 그는 친구 '오'의 권유를 받아들여 그들 부부가 사는 교토로 가 함께 지내게 됐다.

교토에 있는 동안 주은래는 『사회문제 연구』를 발행하던 가와카미 하지메河上肇 박사의 저술을 탐독했다. 가와카미는 일본 최고의 좌익 이론가였다. 주은래는 가와카미의 글을 읽으면서 마르크스 이론을 어느 정도 이해하게 됐다. 훌륭한 학업성적과 뛰어난 학자적 자질에도 불구하고 그가 학자의 길을 가지 않은 이유가 여기에 있다. 이를 두고 훗날 에드가 스노는 '학자에서 정치가로 전향한 반도叛徒'로 표현했다.

그가 자신의 꿈을 학자에서 정치가로 바꾼 것은 중국의 앞날을 위해 좀 더 큰일을 하고자 했기 때문이다. 그 시기는 의외로 빨리 왔다. 일본으로 유학을 떠난 지 채 2년도 안 된 1919년 초 중국에서 북경대를 중심으로 5·4운동이 일어났다. 이때 천진에 있는 친구로부터 문득 편지가 왔다.

"바야흐로 나라가 사라지려고 하는 마당에 도대체 공부가 무슨 소용이 있단 말인가!"

주은래는 귀국을 서둘렀다. '오'의 아내는 반지를 팔아 여비를 마련해 주었다. 그는 귀국 직전 교토의 아라시야마嵐山에 올라가 시를 읊었다. 소위 「우중람산雨中嵐山」이다. 그의 시는 현재 한 일본인에 의해 그가 시를 읊은 곳에 시비 형태로 세워졌다.

양쪽 언덕배기의 푸른 소나무	兩岸蒼松
드문드문 벚나무 또한 있는데	夾着幾株櫻
길이 끝나는 곳에 이르러서는	到盡處
돌연 높은 산이 하나 보이더니	突見一山高
이처럼 맑은 물 흘러나와	流出泉水綠如許
바위 에워싸고 사람 비춰주네	繞石照人
이슬비 내리고 안개 짙어지니	瀟瀟雨 霧濛濃
한 줄기 빛이 구름 뚫고 나와	一綠光穿雲出
볼수록 더욱 아름답고 고우네	愈見嬌妍
인간세상의 모든 진리는	人間的萬象眞理
좇을수록 더욱 모호하기만 하니	愈來愈模糊
그 속에서 우연히 본 한 점의 광명	模糊中偶然見着一点光明
참으로 더욱 곱고 아름답게 보이네	眞愈見嬌妍

그가 천진에 다시 모습을 나타내자 친하게 지냈던 마준을 비롯한 옛 학우들이 그를 반가이 맞았다. 학우들이 베풀어 준 다과회에서 일본에서 겪은 경험담을 털어놓는 와중에 남개학교 장 교장이 새로 개설된 '남개대

학'의 총장이 됐다는 사실을 알게 됐다. 당시 중국 기독교청년회 간부로 활약하고 있던 장 박사는 제자들이 현실적인 정치에 휘말리지 않기를 바랐다.

그는 곧 남개대학에 등록코자 했다. 그러나 그의 가족은 대학진학에 필요한 학비를 대줄 여유가 없었다. 장 박사가 이를 알고 그에게 비서 자리를 제공해 주었다. 그는 비서생활을 하면서 학교에서 발행하는 학생신문의 편집을 맡았다. 이 신문은 문어체로 발행되고 있었다. 그는 이를 백화문으로 바꿀 것을 주장해 관철시켰다. 편집진이 그를 주필로 선출했다. 일반인들도 많이 구독한 까닭에 발행부수는 2만 부로 늘어났다.

당시 그는 천진 남부의 하북 3도가에 숙소를 정해놓고 규칙적인 생활을 했다. 아침에 일어나면 숙소를 나와 노점에서 두유와 도넛 몇 개로 아침을 때우고 학생신문사로 가다가 공중변소에 들러 그날의 사설을 구상하는 식이었다. 그는 마르크스의 공산주의자라기보다는 톨스토이의 박애주의자에 가까웠다. 북경대의 한 학생이 '레닌 2세'라는 필명으로 러시아혁명을 환영하는 기사를 썼을 때 회의적인 반응을 보인 게 그 증거다. 여기에는 그가 존경하는 장 총장의 영향이 적잖이 작용한 것으로 짐작된다.

그는 신문사 경비를 아끼기 위해 여러 가명을 사용하며 많은 기사를 썼다. 거의 그가 혼자 만드는 것이나 다름없었다. 선동적인 사설도 제법 많이 썼다. 중국 사회를 전면적으로 개편하고 새로운 사상을 받아들여야 한다는 게 요지였다. 1919년 8월 6일자 사설이다.

"아, 동포여, 검은 세력의 힘은 어느 때보다 더 강해져 가고 있다. 그들에 대항해 스스로 지키기 위해 우리는 어떻게 해야 할 것인가. 대비가 있어야 하고 방법이 있어야 하고 희생이 있어야 한다."

이는 천진을 장악하고 있는 친일파 산동군벌 장종창을 겨냥한 것이었다. 그가 북경에서 열리는 국민저항대회에 참가할 학생 대표단을 파견한 것도 이런 맥락에서 이해할 수 있다. 파견 대표단이 투옥되자 다른 학생 대표단이 북경의 총통 관저 앞으로 몰려가 3일 동안 연좌시위를 벌였다. 이들이 경찰의 곤봉세례를 받자 마침내 그가 나섰다. 그는 세 번째 학생 대표단을 이끌고 북경으로 가 경찰서를 포위한 뒤 지령을 내려 천진의 경찰국도 포위하게 했다. 이해 9월 초 그는 석방된 학생들과 함께 천진으로 돌아왔다.

이때 그는 군벌정부에 보다 효과적으로 대처하기 위해 개별적으로 조직돼 있는 남녀학생들을 하나로 묶는 게 필요하다고 판단했다. '각오사覺悟社'가 등장한 이유다. 당시만 해도 남녀가 함께 어울리는 것은 부도덕한 것으로 여겨질 때였다. 이해 9월 6일 처음으로 천진의 남녀학생들이 한자리에 모였다. 주은래가 축사를 했다.

"오늘 우리는 20세기의 새로운 사상에 의해 각성된 사람들입니다. 중국의 모든 문제에 대한 근본적인 해결책은 군국주의와 자본가계급, 권력도당, 관료주의, 성차별 등 모든 낡은 질서를 뿌리뽑고 변혁하는 데 있습니다."

이어 여학생들에게 자기 소개를 해줄 것을 부탁했다. 이들 중에 천진의 제1여자사범학교에 다니는 16세의 등영초鄧穎超가 있었다. 그녀는 비록 어렸으나 5·4운동 당시 뛰어난 글을 발표해 명성을 떨친 바 있다. 이후 두 사람의 우정은 사랑으로 발전하게 됐다.

원래 그가 귀국했을 때 남개대학 부속여중에는 뛰어난 미모의 학생이 있었다. 부유한 상인의 딸이었다. 주은래도 전부터 그 여학생을 알고 있었다. 그녀의 부친은 돈 한 푼 없는 주은래와 사귀는 것을 반대했다. 실의에 빠진 그녀는 이내 외국 유학길에 올랐다. 그도 이 사건으로 적잖은 상처를 입었을 공산이 크다.

당시 주은래는 비록 공산주의를 표방하지는 않았으나 사상적 경향만 큼은 이미 마르크시즘에 경도되어 있었다. 등영초를 비롯한 일단의 학생을 이끌고 천진의 프랑스 조계로 넘어가 코민테른에 관여하고 있는 북경대 교수 세르게이 폴레보이를 만난 게 그 증거다. 그가 국제공산주의와 접촉한 최초의 사례에 해당한다. 훗날 등영초는 이같이 회상했다.

"당시 나는 가장 어렸다. 우리들은 폴레보이 교수와 만나 사회주의, 무정부주의, 국민헌장운동 등에 관해 토론하려고 했다. 그러나 우리 가운데 공산주의에 확고한 신념을 가진 사람은 없었고 공산주의에 관해 자세히 아는 사람도 없었다. 우리는 그저 가장 이상적인 사회는 능력에 따라 일하고 필요에 따라 분배받는 사회라고만 들었을 뿐이다."

비슷한 시기에 호남의 장사에서 '신민학회'를 조직해 애국활동을 벌이고 있던 모택동 역시 사상적 경향은 주은래와 비슷했다. 1920년까지만 해도 두 사람은 마르크시즘을 체계적으로 공부한 진독수나 이대교와 달리 그저 막연히 이해하고 있었을 뿐이다.

주은래가 마르크시즘에 침잠하게 된 결정적인 계기는 북경대의 이대교를 천진으로 초빙해 각오사 회원들에게 강연을 부탁한 데 있다. 이를 뒷받침하는 그의 회상이다.

"강연을 부탁하고 천진에 돌아온 후 나는 중국어로 번역된 마르크스의 『공산당선언』, 카우츠키의 『계급투쟁』과 『10월혁명』을 읽었다."

당시 주은래는 영어와 일어 서적을 자유롭게 읽을 수 있었으나 이를 구입하기가 쉽지 않았다. 중국어로 번역된 『공산당선언』은 진독수가 편집인으로 있는 《신청년》에서 출판한 것이었다. 주은래에게는 이들 서적을 차분히 읽을 시간이 없었다. 천진의 새 경찰국장으로 온 양이덕이 그를 집요하게 괴롭혔기 때문이다.

이 사실을 안 학생들은 중화민국 창건기념일인 쌍십절을 기해 남개대학 운동장에 모여 시위를 벌이고자 했다. 이날 경찰이 운동장을 미리 포위했다. 이때 등영초가 여학생들과 함께 구호를 외치며 경찰의 포위망을 뚫었다.

"경찰은 애국적인 학생들을 구타해서는 안 된다!"

경찰이 여학생들에 의해 오히려 포위되는 일이 빚어졌다. 이런 일들로 인해 이해 9월 22일 경찰들이 학생신문을 폐간시킨 뒤 사무실을 급습해 각종 문서와 자료를 압수해 갔다. 주은래는 남개대학 교무처장의 도움으로 간신히 체포를 면할 수 있었다.

당시 등영초 어머니의 집은 중국 경찰의 사법권이 미치지 않는 프랑스 조계에 있었다.[1] 그는 이 집에서 학생 지도자들과 함께 회합을 갖고 여러 대책을 논의했다. 이에 학생신문은 폐간된 지 2주 만에 다시 거리에 나돌게 됐다. 경찰이 체포에 나서자 그는 재빨리 몸을 피했다. 그러나 친구 마준은 이내 붙잡혀 투옥되고 말았다. 그는 마준의 석방을 위해 북경과 천진을 오가며 백방으로 노력했다.

이듬해인 1920년 1월 20일 학생들이 중심이 된 《각오》가 창간됐다. 그는 이 잡지에 폭력군벌과 경찰을 신랄히 비판하는 시를 실었다. 당시 기고자들은 모두 제비로 뽑은 익명을 사용했다. 등용초는 1번을 뽑아 '1호一號', 주은래는 5번을 뽑아 '5호'가 됐다. 이후 '5호'의 익명을 오랫동안 사용했다.

얼마 후 일본 상품을 수입해 폭리를 보던 상인들이 일본 상품 불매운동을 벌이는 사람들에게 폭행을 가한 사건이 빚어졌다. 학생들이 격렬한 항의시위에 나섰다. 경찰이 데모 진압을 구실로 광범위한 체포작전을 벌였다. 학생들은 이에 반발해 1월 29일에 대규모 시위를 벌여 산둥 성장省長의 지지를 이끌어내기로 결정했다.

결국 면담을 허락받기는 했으나 성장과 면담을 시도하는 과정에서 승강이가 벌어졌다. 경찰은 이를 구실로 그를 포함한 주모자 4명을 수감하고 나머지 학생들은 곤봉을 휘둘러 해산시켰다. 단식투쟁을 조직적으로 전개하자 《도하 신문》이 이를 일제히 대서특필했다. 비난 여론이 쏟아졌다. 당국은 곧바로 이들을 재판에 회부했다. 주은래와 다른 3명의 학생들은 감옥에서 다른 수감자들과 섞이게 되자 옥중에서 즉석강의를 열었다. 경제와 법률, 마르크시즘 등을 가르쳤다. 그가 옥중에서 맞은 5·4운동 1주년은 뜻 깊은 '옥중강의'로 시작됐다.

그는 '옥중강의'의 일환으로 연극을 연출했다. 문짝 세 개를 붙여 무대를 만들고 담요로 막을 둘러 그럴듯하게 꾸민 후 연출자 본인도 직접 출연했다. 지주의 탄압과 프랑스의 제국주의 침탈을 비판하는 내용이었다. 이해 8월에 최종 심리가 열렸다. 3달 넘게 옥중생활을 하는 바람에 극도로 수척해진 몸을 이끌고 법정에 나온 그는 검사의 신문에 웃으며 대답했다.

"일본 상품의 불매운동을 성장에게 탄원하기 위해 면회를 청한 것이 어떻게 죄가 됩니까? 경찰이 소총의 개머리판으로 학생을 구타하고 무고한 시민을 몇 달 동안 재판도 없이 억류하는 것이야말로 범죄가 아니고 무엇입니까?"

판사는 대부분의 기소내용을 기각한 뒤 사소한 위법사항을 근거로 단기의 실형을 선고했다. 그 기간은 불구속 기소로 구금되어 있던 3달의 기간과 상쇄돼 곧바로 석방됐다. 지지자들이 깃발과 꽃을 흔들며 그를 데리고 법정을 빠져나왔다.

그를 도와준 변호사와 남개학교 창설자 중 한 사람이 그에게 큰 감동을 받고 자신의 딸들과 결혼해 줄 것을 제안했다. 그러나 주은래는 이미 자신의 석방을 위해 분주히 뛰어다닌 등영초를 마음에 두고 있었다. 청혼을 정중히 거절했음에도 이들은 그가 프랑스로 유학을 떠날 때 각각 500달러를 유학자금으로 내주었다.

프랑스 유학과 유럽공산당

당시 중국에는 성 단위로 유망한 젊은이들을 유럽으로 유학을 보내 그곳에서 노동을 하면서 학업을 닦게 하는 소위 '근공검학勤工儉學'이 커다란 반향을 일으키고 있었다. 1919-1920년 사이 약 1천6백 여 명의 중국 학생들이 '근공검학' 계획을 좇아 프랑스로 건너갔다. 이들 중 상당수가 훗날 중국공산당의 지도자가 됐다. 주은래를 비롯해 이립삼, 등소평, 진의 등이 그들이다.

각오사 회원들은 초기부터 '근공검학'에 커다란 관심을 기울이고 있었다. 미국 유학을 떠난 절친한 친구의 약혼녀이자 등영초의 친구인 이옥려도 '근검공학' 계획에 의해 프랑스로 유학을 떠났다. 그녀가 출발 직전 면회를 오자 주은래는 축시를 전하면서 자신 또한 조만간 프랑스로 유학할 뜻을 내비친 바 있다.

1920년 가을 각오사의 마지막 연차회의가 열렸다. 그는 앞으로 이대교가 북경은 물론 천진의 학생단체까지 이끌도록 하자고 제의하면서 이같이 말했다.

"중국을 구하는 길은 이제 우리 스스로 노동자들 속으로 뛰어들어 가 노동자들의 힘을 빌리고, 5·4운동 이후 각지에서 생겨난 대소 애국조직을 규합해 단일한 목표를 추구해 나가는 길뿐입니다. 그래야 우리는 중국을 구할 수 있습니다."

이는 그가 프랑스로 떠나기 전 각오사의 동지들과 함께 한 마지막 정치활동이었다. 이해 11월 7일 그는 우편선 포르토스 호에 몸을 싣고 상해를 떠나 프랑스 마르세이유로 향했다. 그의 나이 22세였다.

마르세이유 도착 직후 파리로 올라온 그는 많은 것을 구경했다. 프랑스도 인종차별 면에서는 미국과 별반 차이가 없었다. 훗날 그는 주중 프랑스 대사에게 이같이 비꼰 바 있다.

"당신네는 자유를 사랑하는 국민이오. 프랑스에 있을 때 나는 도처에서 당신네 나라 사람들이 인종평등(?)을 존중하는 것을 즐거운 마음으로 목도했소!"

그가 만난 프랑스 경찰과 관리, 교수, 하숙집 여주인 등은 결코 중국 유학생들에게 친절하지 않았다. 그나마 일본인들은 겉으로는 제법 대우를 받는 듯했으나 결코 인종차별 대상에서 자유로운 것도 아니었다. 이런 환멸이 그로 하여금 더욱 마르크시즘에 깊이 빠져들게 했는지도 모를 일이다.

이듬해인 1921년에 들어와 프랑스와 북경 정부는 프랑스 내 중국 유학생들을 위해 리옹에 대학교를 설립하기로 합의했다. 그러나 프랑스에 입국한 지 얼마 안 된 중산층의 유학생들만 받아들인다는 단서가 붙었다. 주은래와 같은 시위전력이 있는 학생들을 배제하기 위한 꼼수였다. 그는 이에 항의하는 시위를 주도했다. 그를 선두로 한 수백 명의 중국 학생들이 파리에서 리옹까지 450킬로미터를 도보로 가두행진을 할 요량으로 시위에 나섰다. 프랑스 경찰당국이 급히 시위가담자들을 전원 체포한 뒤 이들 중 1백여 명을 강제 추방했다.

이로 인해 프랑스의 대학에 입학하려던 당초의 계획은 물거품이 되고 말았다. 이때 마침 중국에서 공산당이 창립됐다. 그는 비슷한 시기에 프랑스 지부 창설의 산파 역할을 맡았다. 이후 코민테른과 교신을 갖게 된 그는 유럽 내 중국 학생들을 규합하는 조직책이 되어 유럽의 여러 곳을 자주 여행하게 되었다.

이듬해인 1922년 3월 맨 먼저 독일로 갔다. 베를린에 월세 12달러의 집을 얻어 1년 동안 지냈다. 체류비용은 코민테른의 자금지원으로 충당했다. 중국에 있는 후원자들로부터도 약간의 재정지원을 받았다. 중국 내 여러 신문의 유럽특파원으로 일하면서 돈을 벌기도 했다. 그는 이들 자금을 모두 유학생들을 포섭하는 비용으로 썼다.

당시 그에게 부여된 임무는 크게 3가지였다. 첫째 당원의 확보였다. 주은래가 포섭한 당원 중 가장 주목할 인물은 훗날 중화인민공화국의 최고지도자가 된 등소평이다. 그 역시 사천의 '근공검학' 계획에 의해 프랑스로 왔다가 혹독한 주변여건으로 실의에 빠져 있었다. 등소평을 베를린에 머물던 주은래에게 소개시켜 준 사람은 독일 지부 총책을 맡고 있던 주덕이었다.

둘째, 중국공산당 청년동맹의 기관지 《청년》에 글을 쓰는 일이었다. 이는 중국공산당의 공식 노선을 널리 알리는 게 목적이었다. 그가 자신이 쓴 기사를 자랑삼아 교토의 가장 절친한 친구 '오'에게 보내자 두 사람 사이에 오고간 마지막 답신이 왔다.

"우리들의 사상은 결코 같이 존재할 수 없을 듯하네. 각자 자신의 방식대로 뜻을 펴나가되 우의만은 변치 말기로 하세."

셋째, 유럽 내 중국인 단체와 유대를 강화하는 일이었다. 가장 중요한 대상은 손문이 광동에 세운 국민당 관련 단체였다. 당시 중국을 대표하는 정부는 중앙군벌이 장악한 북경 정부였다. 국민당을 이끄는 손문이 광동에 군정부를 세운 후 정통성을 주장했으나 열강은 이를 일축했다. 주은래는 사회개혁 방안 등 몇 가지 점에서는 국민당과 견해를 달리했으나 상당부분은 뜻을 같이했다. 이들 단체와 지속적으로 접촉하며 공감대를 넓혀가는 일을 소홀히 하지 않은 덕분에 훗날 그는 커다란 도움을 받게 되었다.

당시 등소평을 비롯해 그가 프랑스에서 포섭한 인물들 모두 중국공산당 내에서 중요한 직책을 맡게 되었다. 이들은 비록 결속력이 '소련파'에 미치지는 못했으나 '프랑스파'로 지칭될 만큼 주은래를 중심으로 뭉쳐 있었다. 거의 피를 나눈 형제나 다름없었다. 베트남의 지도자 호지명도 그의 인맥에 포함돼 있었다. 훗날 그는 호지명을 이같이 평했다.

"그는 이미 성숙한 마르크스주의자였다. 나는 갓 공산당원이 되었을 뿐이다. 그는 나의 대형大兄이었다."

1923년 1월 손문이 소련 대표 요페와 소위 '손-요페 공동선언'을 발표했다. 소련이 과거 제정 러시아가 중국으로부터 취한 일체의 이권을 양보할 뜻을 밝힌 게 결정적인 배경으로 작용했다. 손문은 '연소용공'을 기치로 내걸고 공산당과의 합작을 서둘렀다. 이듬해인 1924년 1월 국민당 제1차 전국대표대회가 광동에서 열렸다. 의원들이 소련과 동맹을 체결해 공산당과 협력할 것을 결의하면서 '제1차 국공합작'이 가시화했다.

이해 6월 주은래는 당 중앙의 명에 의해 문득 귀국길에 오르게 되었다. 국공합작의 새로운 상황을 맞아 '조직의 귀재'로 소문난 그를 급히 국내로 끌어들인 결과다. 3년 반 만의 귀국이었다. 그의 귀국에는 '황포군관학교' 정치부 부주임으로 있던 장신부張申府의 공이 컸다.

주은래와 장신부의 관포지교

장신부는 한국인은 물론 중국인에게도 그리 잘 알려진 인물은 아니다. 그러나 그는 진독수 및 이대교와 더불어 중국공산당을 창건한 3인의 당사자 중 한 사람이다. 그는 24세 때인 1917년 북경대 총장 채원배로부터 교수 임명장을 받은 데서 알 수 있듯이 당대 최고의 지식인이었다. 북경대에 들어간 후 이내 친구를 통해 도서관장 이대교를 소개받고 문과대학장 진독수와도 친숙한 사이가 된 그는 진독수가 이미 2년 전에 창간한 《신청년》에 들어가 활약했다. 서구의 새로운 사상과 인물들을 쉴 새 없이 소개한 그는 자신의 이런 모습을 이같이 설명했다.

"나는 새것이라면 무조건 좋아했다. 게걸들린 사람처럼 새로운 지식을 흡수하고 소개했다. 새것을 접하면 지난 것은 금세 까먹었다. 러셀만이 유일한 예외였다."

5·4운동이 일어나자 너나 할 것 없이 '공가점 타도'를 외쳤다. 그러나 장신부는 중국 전래의 전통을 부정하지 않았다. 그가 마르크시즘 전파에 앞장선 계기는 순전히 이대교와 진독수 때문이었지만 그 파급력은 두 사람을 능가했다.

1920년 9월 진독수가 《신청년》에 발표한 「시국에 대한 나의 견해」에서 '우리당'을 '사회당'이라고 불렀다가 '공산당'으로 바꾼 게 그 증거다. 여기에는 장신부의 역할이 컸다. 당시 진독수는 파리 유학생인 채화삼이 '중국공산당'이라는 용어를 사용한 것을 알고 이를 이대교 및 장신부와 서신으로 논의한 뒤 최종적으로 '중국공산당'이라는 명칭을 확정했다.

'중국공산당' 명칭에 합의한 세 사람은 당원을 모으기 위해 각기 역할을 분담했다. 진독수가 상해를 맡고 이대교와 장신부는 함께 북경과 천진 일대를 맡기로 했다. 장신부는 공산당원을 모집하는 과정에서 학생단체 각오사를 이끌고 있는 주은래를 자연스럽게 만나게 되었다. 이후 두 사람은 급속히 가까워졌다. 주은래는 북경에 올 때마다 그를 찾곤 했다. 하루는 그가 주은래에게 말했다.

"학문은 혼자 할 수 있지만 사회문제는 패거리가 있어야 한다네."

얼마 후 주은래는 프랑스로 유학을 떠나고, 장국도가 '중국공산당'에 입당했다. 이해 겨울 채원배가 프랑스를 방문하면서 장신부를 비서로 데리고 갔다. 배 안에는 '근공검학'에 의해 프랑스로 유학을 떠나는 학생이 매우 많았다. 그중에는 전에 북경의 공원에서 일장 연설로 군중을 환호하게 만든 유청양도 있었다.

프랑스에 도착하자 유청양이 입당했다. 먼저 와 있던 주은래도 장신부 앞에서 입당선서를 했다. 주은래가 중국공산당 프랑스 지부의 우두머리가 된 배경이다. 1921년 7월 상해에서 중국공산당이 정식으로 창당하기 6개월 전이었다. 이어서 훗날 북벌의 명장으로 이름을 떨친 진공배와 훗날 총리가 된 이붕의 외숙부 조세염도 프랑스에서 중국공산당에 입당했다.[2]

이듬해인 1921년 겨울, 독일 유학 중이던 주덕도 장신부의 권유를 받아들여 공산당에 입당한 후 독일 지부장 역할을 수행했다. 이후 중국 국내와 해외에서 당원확보 운동이 활발히 전개됐다. 1923년 1월 코민테른이 중국공산당에 국민당과의 합작을 지시하자 대다수의 당원들은 연합전선에는 찬성했지만 국민당 입당에는 반대했다. 손문도 '복종하지 않는 공산당원을 제명해야 한다'며 코민테른에 짜증을 냈다.

이해 말 유럽에 공산당 지부 설립을 마친 장신부는 소련을 경유해 귀국길에 올랐다. 잠시 모스크바에 머물 당시 군사시찰단으로 와 있던 장개석과 만나 자주 어울렸다. 귀국 후 이대교의 소개로 광주의 광동대 철학과에서 교편을 잡던 중 얼마 후 장개석이 교장으로 있는 황포군관학교가 설립되자 정치부 부주임을 겸직하게 된 배경이 여기에 있다.

이듬해인 1924년 봄 주은래가 귀국하자 그는 곧 황포군관학교 당 서기 요중개와 정치부 주임 대계도를 찾아가 주은래를 천거했다. 대계도는 자리를 양보해야만 했다. 장신부의 설득에 아무 말도 할 수 없었다. 주은래가 황포군관학교 정치부 주임의 자리를 맡게 된 이유다.

훗날 주은래가 황포군관학교에 둥지를 틀고 본격적으로 정치무대에 데뷔하게 된 데에는 그의 공이 컸다. 두 사람의 관계는 춘추시대 중엽 관중이 소위 '관포지교'의 주인공인 친구 포숙아의 천거로 제나라의 재상이 되어 첫 패업을 이룬 것에 비유할 만하다. 장개석에게 그림자처럼 보좌한 유성준이 있었다면 주은래에게는 장신부가 있었다.

주은래와 등영초

1923년 8월 주은래는 국민당 본부가 있는 광동으로 내려가 공산당 광동·광서 지부의 서기와 군사부장의 직책을 맡았다.[3] 그의 집무실은 '제1차 국공합작'이 선포된 후 중국에서 공개적으로 활동한 유일한 공산당 사무실이었다. 그는 정열적으로 일했다. 그의 회상이다.

"많은 일들은 인민이 열심히 일하면 단시일 내에 이룰 수 있다. 1921년부터 1924년 사이 중국공산당이 이룩한 업적이 이를 말해준다."

당시 그가 지니고 있던 마르크시즘은 사실 정통 마르크시즘과 거리가 있었다. 그가 전래의 유가사상을 동원해 마르크시즘을 해석한 게 이를 뒷받침한다.

"대도人道가 통할 때 세계는 민중에 통한다. 사람들은 자신을 위해 사재기를 하지 않고, 자신을 위해서만 일하지 않는다. 절도나 혼란이 일어나지 않고, 문을 잠글 필요가 없다. 이것이 대화합의 사회이다."

마르크스가 얘기한 '공산사회'를 『예기』 「예운」편에 나오는 '대동사회'와 등치시킨 것이다. 최근 학계에서 토머스 모어의 『유토피아』가 선교사가 번역한 『예기』의 영향을 받았을 가능성을 제기하고 있는 점 등을 감안할 때 그의 이런 해석은 놀랄 만한 것이다.

실제로 그는 마르크시즘을 자신에게 지대한 영향을 미친 강유위와 양계초 등의 변법파 주장과 접목시키고자 노력했다. 이는 그가 국공합작의 상황에서 외양상 국민당원으로 활동하고 있었던 사실과 무관치 않을 듯싶다. 당시만 해도 국민당과 공산당은 우호적이었다. 사실 그가 이런 해석을 공개적으로 내놓을 때가 국민당과 공산당 사이에 최고로 긴밀한 협력관계가 형성된 때이기도 했다.

이해 10월 7일 수천 정의 소련제 소총과 상당량의 탄약을 실은 소련 선박이 처음으로 광주에 닻을 내렸다. 일개 지방군벌의 무력동원에도 마구 흔들리던 국민당이 그 존재의미조차 희미한 공산당과 연합해 북경 정부와 자웅을 겨루게 된 배경이다. 동상이몽의 국민당과 공산당이 일궈낸 값진 결과가 아닐 수 없다.

당시 국민당과 공산당은 비록 오월동주의 일시적인 협력이기는 하나 일단 북경의 중앙군벌을 토벌해 통일을 완수한다는 데 동의하고 있었다. 주은래도 덕분에 바빠졌다. 합작의 구체적인 방안 및 세부사항 등을 놓고 이견이 완전 해소된 게 아니었기 때문이다.

주은래는 국민당의 군사고문으로 와 있는 바실리 블루체르 장군과 친밀한 관계를 유지했다. 에드가 스노는 일명 '갈린'으로 불린 블루체르를 주은래의 '실질적인 두목'으로 표현해 놓았다. 그러나 사실 주은래는 자신과 죽이 맞는 미하일 보로딘의 지시를 좇고 있었다. 베트남혁명의 아버지인 호지명도 이때 광주에 와 있었다.

당시 황포군관학교 간부 중 엽검영이 있었다. 그는 주변의 반대를 물리치고 주은래의 설득을 받아들여 공산당에 가담함으로써 이후 그의 가장 가까운 친구가 됐다. 광주에서 만난 당원 중에는 호남의 시골뜨기 출신 모택동도 있었다. 일각에서는 주은래와 모택동의 우정이 이때 맺어진 것으로 보나 이는 지나치다.

시골에서 홀로 마르크시즘을 공부한 모택동에게는 당시 정통 마르크시즘을 공부한 주은래의 관심을 끌 만한 게 별로 없었다. 코민테른을 '정통 공산주의'로 간주하고 있던 주은래의 입장에서 볼 때 모택동은 시골에서 독학으로 사회주의 이념을 습득한 '얼치기 공산주의자'에 불과했다. 이는 모택동이 '농민운동 훈련연구소'라는 특이한 단체를 운영한 데서 극명하게 드러난다.

당시만 해도 주은래는 대다수 '국제공산주의자'들이 그러했듯이 농민의 혁명역량을 결코 높이 평가하지 않았다. 모택동이 농민을 주축으로 한 유격전술에 집착하는 모습을 보인 것은 오히려 주은래의 심기를 적잖이 거슬렀을 공산이 크다. 실제로 주은래는 공산당 간부들을 이념적으로 정예화한 특수군단에 초점을 맞추고 있었다. 모택동은 모택동대로 이를 '부르주아' 행보로 간주해 좋지 않게 생각했다.

두 사람은 처음 만났을 때만 하더라도 이런 여러 이유로 인해 친교를 맺기보다는 오히려 갈등관계를 형성했을 공산이 크다. 객관적으로 볼 때 제1차 국공합작이 진행될 당시 모택동은 여러 모로 주은래와 대등한 위치에서 자신의 주장을 펼칠 수 있는 입장이 아니었다. 이는 대다수 전문가의 견해이기도 하다.

실제로 1925년 1월 상해에서 공산당 제4차 대표자대회가 열릴 당시 모택동의 위치는 장신부만도 못했다. 국민당 입당을 놓고 격론이 벌어졌을 때 논의를 주도한 사람이 채화삼과 장신부 등 정통 마르크시즘을 습득한 사람들이었다는 사실이 이를 뒷받침한다. 당시 장신부는 자신의 입장을 분명히 밝혔다.

"공산당의 기본 원칙은 독립성을 유지하는 것이다. 다른 정당에 의지해도 된다는 말을 마르크스는 한 적이 없다. 코민테른의 요구는 마르크스주의에 위배된다. 레닌도 자산계급 정당과의 합작은 있을 수 없음을 누차 강조한 바 있다."

무조건 입장을 주장하며 그와 맞선 '프랑스파' 채화삼이 일갈했다.

"참으로 유치하고 가소로운 발상이다!"

이는 파리 유학시절 장신부로부터 '저급한 마르크스주의자'라는 조롱을 받은 것에 대한 보복이었다. 분을 참지 못한 장신부는 이내 탈당을 선언하며 자리를 박차고 나와버렸다. 주은래가 황급히 따라나와 앞을 가로막고 말했다.

"나도 너와 같은 생각이다. 제발 탈당은 하지 마라. 부탁이다."

그러나 장신부는 요지부동이었다.

"우리 조상들은 대대로 독서인이었다. 꺾일지언정 굽힐 수는 없다. 너는 상인 집안 출신이다. 굽히는 한이 있더라도 꺾이지는 마라. 사심이 많은 자들일수록 공론을 들먹이길 좋아한다."

장신부는 곧 부인 유청양과 함께 북경으로 갔다. 이대교와 조세염이 그를 맞이했다. 이들 역시 탈당을 간곡히 만류했지만 허사였다. 다만 그는 공산당을 뒤에서 돕고 관계를 단절하지 않겠다는 취지를 밝혔다. 당시 공산당 당원에게 국민당 입당을 강요한 코민테른의 결정에 문제가 많다는 것을 제일 먼저 지적한 사람은 진독수나 주은래가 아닌 장신부였다. 그가 생계문제로 고민할 때 그를 청화대로 끌어들인 사람은 청화대 철학과 주임으로 있던 풍우란이었다. 이후 장신부는 10여 년 동안 청화대에 몸담게 되었다.

장신부가 중국공산당을 탈당할 즈음 주은래는 평생의 반려자가 된 등영초를 만나게 되었다. 당시 등영초는 광주에서 열린 국민당 제2차 전국대회에 북부지역 대표로 참석했다가 주은래를 만나게 된 것이다. 4년만의 해후였다. 사범학교 졸업 후 북경의 한 사립학교에서 교편을 잡다가 건강이 나빠져 천진으로 돌아와 초등학교에서 교편을 잡았던 그녀는 이미 1년 전에 공산당에 입당한 상태였다.

훗날 등영초가 털어놓은 바에 의하면 주은래가 파리에 있을 때 두 사람은 수시로 서신교환을 하며 사랑을 키웠다. 그녀가 그와 조우하게 된 것은 우연으로 포장한 연출일지도 모를 일이다. 실제로 두 사람은 이내 아무런 축하행사도 없이 결혼했다. 그는 27세, 그녀는 21세였다. 두 사람은 친구들 앞에서 진보적인 혁명동지들이 서로 지켜야 할 소위 '8개항'을 다짐했다. 서로 사랑하고, 존경하고, 돕고, 격려하고, 의논하고, 염려하고, 신뢰하고, 이해하는 게 그것이다.

주은래와 등영초는 평생 이를 지켰다. 자녀가 없었으나 혁명과정에서 숨진 동지들의 자식들을 양자로 맞아 키우며 모범적인 부부생활을 이어나갔다. 훗날 그의 양자 중 한 명인 이붕은 총리의 자리까지 올랐다.[4]

남창봉기의 실패

　　제1차 국공합작 당시 주은래는 황포군관학교의 정치부 주임으로 있으면서 생도들에게 마르크시즘을 주입하기 위해 애썼다. 그의 훈화를 받은 사람 중 훗날 홍군의 저명한 지도자가 된 임표와 나서경 등이 있었다. 처음 배출된 학생 중 8명 이상이 공산당에 가입했다.

　　당시 그는 학생들을 상대로 정치조직을 만들고 신문을 발행하는 등 바쁘게 일했다. 매일 아침 배편으로 광주에서 황포까지 출근하면서 배 안에서 즉석 강의를 하기도 했다. 퇴근 이후에도 짬이 없었다. 일련의 정치집회와 면담이 그를 기다리고 있었다.

　　그의 이런 노력이 모두 성공을 거둔 것은 아니었다. 중국공산당 창당 멤버로 일본 지부 창설에 앞장섰던 주불해의 탈당을 막지 못했다. 당시 그는 자정이 다 되어 주불해가 묵고 있는 숙소를 찾아갔다. 주불해가 탈당계를 건네주자 그는 이를 읽지도 않은 채 찢어버리면서 말했다.

　　"다른 동지를 통해 당신의 얘기는 들었소. 잠시 앉아서 얘기 좀 해도 좋겠소."

　　그는 4시간 동안 주불해를 설득하기 위해 애썼다. 주불해가 말했다.

　　"토지의 균등분배는 손문의 삼민주의만으로도 충분하오."

　　"그렇지 않소. 국민당은 구질서로부터 너무나 많은 폐습을 물려받았소. 중국혁명은 보다 철저한 접근이 필요하오."

　　그는 결국 설득에 실패했다. 그러나 그의 중재능력은 이듬해인 1925년 동쪽의 군소군벌 토벌을 뜻하는 소위 동정東征에서 빛을 발했다. 이해 초 손문이 숨을 거두자 국민당 내 최고 군사지도자로 있던 장개석은 '황포군관학교' 생도들을 동원해 서남군벌의 일원인 광동군벌 진형명과 전면전을 전개했다. 광동지역을 국민당의 확고한 기반으로 다지기 위한 선제조치였다.

당시 고위급 정치요원으로 있던 주은래는 광동지역 농민을 설득해 국민당 정부군을 지원토록 하는 데 성공했다. 그가 이끄는 선전요원들은 농민들로 조직해 혁명군이 통과하는 마을의 거리에서 북을 치며 음식과 술을 제공토록 했다. 농민들을 민병대로 조직해 유격전을 가르친 결과 국민당 정부군이 전선에 도착했을 때는 그 숫자가 2배로 늘어났다. 정치장교의 능력을 유감없이 보여준 셈이다. 3천 명의 국민당 정부군을 이끌고 시작한 장개석의 동정이 이해 5월 말에 성공리에 마무리된 배경이다. 이는 농민들의 전폭적인 지원을 이끌어낸 주은래의 공으로 보아야 한다. 실제로 그는 이때의 공을 인정받아 국민혁명군 제1군 정치부 및 군관학교 계엄사무 책임자로 임명됐다.

제1차 국공합작 기간 중 공산당은 국민당 내에서 그 세력을 급속히 신장시켰다. 담평산이 국민당 중앙조직부장, 풍국파가 노동부장, 임조함이 농민부장, 팽배가 농민부 비서, 모택동이 선전부장 등을 맡은 게 그 증거다. 주은래는 계속 황포군관학교 정치부 주임으로 있었다.

국공합작 초기만 하더라도 장개석은 주은래를 크게 신임했다. 이는 주은래가 코민테른의 지시를 좇아 '국공합작'의 유지에 헌신적인 노력을 기울인 사실과 무관치 않았다. 당시의 객관적인 정황을 감안할 때 이 점에 관한 한 모택동은 주은래보다 세계정세를 보는 시각이 확실히 좁았다. 이들 두 사람의 견해가 접점을 찾게 된 계기는 내부가 아닌 외부에서 왔다.

손문이 1925년 3월 세상을 떠나자 장개석은 공산당을 축출할 생각을 품었다. 주은래가 등영초와 결혼한 직후인 이해 8월 20일, 공산당에 우호적인 입장을 취하며 주은래와 가까이 지내던 중도파 지도자 요중개가 암살됐다. 이는 장개석 산하의 극우단체인 '남의사' 가 저지른 일이었다. 주은래의 충격은 컸다. 그러나 '국공합작' 의 와해를 우려한 코민테른의 지시에 의해 이 사건은 유야무야되고 말았다.

이듬해인 1926년 3월 장개석이 황포군관학교에 대해 개혁을 시도했다. 공산주의자들이 반역행위에 가담하고 있다는 의심에서 비롯된 것이었다. 이내 소련 군사고문과 공산당 계열의 정치장교를 직위해제하고 계엄령을 선포했다. 주은래도 가택연금 상태에 놓였다. 얼마 후 장개석이 소련 고문관들을 무마하면서 공산당원 몇 명을 석방시켰다.

이때 당원 일부가 보복을 가할 것을 주장했으나 주은래는 반대했다. 이는 국공합작을 바라는 코민테른의 지시에 따른 것이었다. 당시 스탈린은 일본이 만주를 점거해 만주에 대한 소련의 이익을 침탈하고 제1차 세계대전 때처럼 시베리아로 출병할까 크게 우려했다. 장개석의 도발적인 행동이 유야무야 상태로 넘어간 이유다.

여기에는 현실적인 이유도 크게 작용했다. 당시 국민당 내에도 국공합작을 지지하는 인사들이 많았다. 장개석도 소련의 도움 없이는 북벌을 성공적으로 수행하기 어렵다는 사실을 잘 알고 있었다. 얼마 후 주은래는 종전의 직위로 복귀했다. 황포군관학교 내에도 공산당 출신의 생도를 위한 학급이 편성됐다. 이해 7월 장개석의 제1차 북벌이 시작됐다. 파죽지세였다. 이해 말 국민당 정부군은 상해의 장강 삼각지대에 도달했다.

주은래는 중국에서 가장 현대적이고 최고로 산업화된 상해를 먼저 장악하고자 했다. 그는 아내와 함께 상해로 갔다. 노동조합과 산하 노동자들을 규합해 상해를 동남군벌 손전방의 마수에서 해방시키기 위한 사전조치였다. 이듬해인 1927년 3월 21일 정오, 상해의 모든 교통수단이 일시에 멈췄다. 1시간 뒤 관공서와 경찰서 및 통신시설에 대한 무장 노동자들의 공격이 시작됐다. 주은래는 3백 명의 동지들을 이끌고 가 우체국 점령을 시작으로 경찰서와 기차역을 잇달아 점거했다. 다음날 새벽 4시경 상해 전체가 주은래가 이끄는 홍군의 수중에 떨어졌다. 중국 최대 도시를 이처럼 빠른 시일 내에 접수한 것은 전례 없는 일이었다.

주은래는 즉각 '시민정부'를 선포했다. 이것이 소위 '상해 코뮌'이다. 그는 상해를 계속 장악하기 위해서는 추가적인 지원이 필요하다고 생각했다. 상해 부근에 주둔하고 있는 장개석의 지원을 기대했다. 그러나 국민당 내의 우파세력이 장개석의 의구심을 부추겼다. 공산세력을 타도할 수 있는 절호의 기회로 생각한 장개석은 상해지역의 부호들을 비롯해 폭력조직 청방의 우두머리 두월생을 만났다. 두월생 등은 손전방과 손을 잡고 기득권을 유지했기에 이를 만회하기 위해서라도 장개석을 지원하는 데 적극적이었다.

4월 12일 아침 상해 전역을 진동시키는 요란한 함성소리가 났다. 국민당 정부군이 시내로 들어와 노동자 주거지역에 거점을 마련하고 있는 홍군을 소탕하는 작전개시 신호였다. 목표는 각 기관의 무장경비를 서고 있던 홍군이었다. 이들은 장개석 군대의 기습으로 전멸했다. 노동자 민병대가 반격 움직임을 보이자 장개석과 제휴한 상해의 폭력조직이 즉각적인 행동에 들어갔다. 노동자로 가장한 폭력조직이 노조 지도자들을 살해하자 노동자 민병대는 이내 궤산되고 말았다.

당시 주은래는 조합본부 건물에서 방어전을 지휘하고 있었다. 이미 수적으로 엄청난 열세에 놓인 노동자들은 패주를 계속했다. 주은래는 노동조합 건물이 점령당하기 몇 분 전에 탈출을 시도했으나 이날 늦게 국민당 정부군에 체포되고 말았다. 이미 5천여 명의 공산당원이 처형된 상황이었다.

특이하게도 당시 주은래는 이런 절체절명의 위기상황에서 용케도 빠져나올 수 있었다. 훗날 문화대혁명 때 이것이 커다란 문제가 된 바 있다. 일설에는 그를 잡아 가두고 있던 국민당 정부군 장교의 동생을 주은래가 이전에 구해준 적이 있다고 한다. 이런 주장이 맞는다면 선과善果의 보답을 받은 셈이다.

장개석은 즉시 그의 목에 8만 달러의 현상금을 내걸었다. 도주를 위해 그는 짙은 눈썹을 밀어버리고 수염을 길렀다. 이후 그는 국민당이 발행하는 통행증을 신청해 기차를 타고 서쪽의 무한으로 갔다. 그곳에는 국민당 좌파의 수령 왕정위가 공산당과 합작한 '무한 정부'가 있었다. 30년이 지난 후 그는 당시의 상황을 이같이 술회한 바 있다.

"당시 나는 무장봉기를 지휘할 책임을 지고 있었다. 그러나 경험도 부족한 데다 정치적인 역학관계도 잘 이해하지 못했다. 나는 봉건적인 가정에서 태어난 지식인이었다. 경제적인 생산과정에 참여한 적이 없었기에 노동자 및 농민 민중과 접촉할 기회가 거의 없었다. 나의 혁명경력은 해외에서 시작된 것이고 혁명에 대해 내가 지니고 있던 보잘것없는 지식도 책을 통해 얻은 것에 지나지 않았다."

재난의 책임이 자신에게 있다고 생각해 자아비판을 한 것이다. 이해 7월 말 주은래는 남창으로 가 주덕을 만났다. 주덕은 '무한 정부' 소속 국민당군의 부사령관 겸 남창 공안국장을 맡고 있었다. 두 사람은 장개석에게 타격을 주기 위한 무장봉기 방안을 깊숙이 논의했다. 이때 문득 코민테른으로부터 남창의 공산당 지도부에 새로운 지령이 떨어졌다. 승산이 확실치 않은 무장봉기를 중지하라는 내용이었다.

당시 스탈린은 중국공산당이 주도하는 무장봉기를 반대했다. 모스크바와 코민테른에서는 스탈린과 동향 출신인 로미 나체를 대표로 보내 스탈린의 친서를 전달하며 무장봉기를 중단시키려고 했다. 무장봉기를 강행하면 군사고문단을 철수시킬 것이라고 위협하며 코민테른의 자금도 봉기에 사용해서는 안 된다고 못 박았다. 그러나 주은래는 몇몇 동지와 장시간에 걸친 논의 끝에 당초 계획대로 무장봉기를 진행시키기로 결정했다. 스탈린의 명을 묵살한 셈이다.[5] 이는 중국이 공식적으로 스탈린과 코민테른의 명을 거역한 첫 번째 사례에 해당한다.

8월 1일 새벽 마침내 '남창봉기'가 일어났다. 동원된 병력은 하룡의 제20군 산하 7개 대대규모의 단(團), 엽정의 제11군 24사의 3개단, 주덕의 제3군 군관 교도단, 주덕을 책임자로 모시고 있던 남창시 공안국 무장병력 등 총 2만여 명이었다. 봉기는 새벽 0시 조금 지나 시작됐다. 당시 남창을 지키고 있던 국민당 정부군의 병력은 3천여 명에 불과했다.

초반은 봉기군의 압도적인 승리였다. 병력도 우세한 데다 사전계획과 작전도 주밀했고 지휘체계도 통일적이었다. 남창시는 이내 봉기군의 손에 떨어졌다.[6] 그러나 남창 인근의 무한과 남경 방면의 지원세력이 원래의 계획처럼 움직일 수 없었다. 남창을 에워싼 국민당 정부군의 규모가 봉기군의 몇 배에 달할 정도로 증원된 결과였다. 이 와중에 당초 봉기에 협력하기로 한 장발규 장군 휘하의 병력이 방향을 바꿔 급히 남창을 향해 진격 중이라는 소식이 들어왔다. 상황이 일거에 바뀌었다. 결국 남창에서 철수하여 남하할 수밖에 없었다.

이튿날인 8월 2일 부대를 3개군으로 재편성한 뒤 다음날부터 병력을 이동시켰다. 8월 5일 주은래가 마지막으로 남창을 떠났다. 그는 남쪽 홍콩으로 피신했다. 이로써 남창봉기는 참패한 실패로 끝나고 말았다. 이는 공산당이 자체의 병력을 모아 적과 대규모로 전쟁을 벌인 첫 번째 시도에 해당한다.

남창봉기를 계기로 중국공산당은 자체의 인민혁명군을 건설하기 시작했다. 자체의 군대로 무장혁명 투쟁을 전개해 나가겠다는 새로운 노선을 확고히 한 것이다. 얼마 후 모택동도 자신의 고향인 호남에서 '추수폭동'을 일으켰다. 장사를 장악하고자 했던 이 봉기 역시 성공하지 못했다. 남창봉기 후 병력 일부를 이끌고 이곳저곳을 헤매던 주덕은 '추수폭동' 실패 후 정강산으로 들어간 모택동과 합류했다.

이해 말 광주에서 다시 봉기가 일어났다. 그러나 광주봉기도 실패해 4천여 명의 공산당원이 살해당했다. 님 웨일즈의 『아리랑』은 당시의 상황을 자세히 묘사해 놓고 있다. 1927년 한 해에 잇달아 시도된 상해점거와 남창봉기, 추수봉기, 광주봉기 모두 실패작이었다. 중국의 역사문화를 감안하지 않은 데 따른 당연한 결과였다.

중국공산당 지도부의 분열

남창봉기 실패 후 홍콩으로 피신했던 주은래는 어느 정도 건강이 회복되자 이듬해인 1928년 초 상해의 본거지로 돌아왔다. 오랜 만에 당의 새로운 지도자들과 화해하고 부인 등영초와 재회하는 감격을 맛보았다. 그러나 당시 그는 심한 우울증에 빠져 있었다. 상해 노동자들이 참사를 당한 것에 대한 죄책감, 잇단 봉기가 모두 실패로 돌아간 데 따른 무력감 등이 복합적으로 작용한 결과였다. 이후 한동안 그의 활동은 외부에 나타나지 않았다.

당시 그의 행방에 대해 두 가지 설이 있다. 하나는 그가 북중국에 지부를 재건하기 위해 천진으로 갔다는 설이다. 다른 하나는 모스크바의 고급 보병학교로 유학을 갔다는 것이다. 그는 1927년 말에 이같이 다짐한 바 있다.

"나의 목표를 달성하는 데 지금 가장 모자란 것은 코민테른의 전폭적인 지지이다. 모스크바로 가서 친구를 사귀어야 한다."

1928년 상반기에 4~5달 동안 소련에 체류했을 공산이 크다. 등영초가 이해 5월에 모스크바에 도착해 중국공산당 6전대회에 참석한 사실이 이를 뒷받침한다. 이 대회는 중국공산당이 처음이자 마지막으로 외국에서 전당대회를 연 것이었다.

모스크바에서 열린 6전대회는 정치국원 후보 명단까지 부하린이 제시할 정도로 소련의 입김이 거셌다. 국민당의 추적을 피해 멀리 모스크바까지 온 것까지는 좋았으나 소련의 극심한 개입을 자초한 셈이다. 사기도 말이 아니었다. 당원이 대폭 줄었고, 국민당과 결별한 후 앞으로 어찌해야 할지 방향을 제대로 잡지 못한 채 우왕좌왕했다. 결국 이들은 당분간 국민당 타도를 포기하고 대신 농촌의 게릴라식 저항과 도시의 지하공작에 전념하기로 결의했다.

당시 6전대회에는 많은 파벌이 참여했다. 주은래와 이립삼 및 구추백 등의 '해외유학파', 모택동 등의 '토착공산파', 노동조합주의자, 청년연맹 지도자 등이 그들이다. 남창봉기 실패에 따른 인책문제로 논쟁이 예상되었으나 예상과 달리 매우 타협적인 분위기를 연출했다. 이는 주은래와 구추백, 이립삼 등 3인의 '지도자'가 서로 관용하기로 합의한 결과였다. 이들 3인은 교육수준이 낮은 모택동 등의 농민이나 노동자 출신을 결코 신뢰하지 않았다. 잘 알려지지도 않은 상해 선원노조 지도자인 상출발向忠發이 총서기로 뽑힌 이유가 여기에 있다.

강소 상주常州 출신인 구추백은 독학으로 러시아어와 프랑스어, 영어

를 익힌 특이한 인물이다. 그는 1920년 《북경신보北京晨報》의 모스크바 주
재 기자로 있다가 1922년 중국공산당에 입당했다. 모스크바는 그의 안방
이나 다름없었다. 남창봉기 직후 코민테른의 지시로 열린 중국공산당 중
앙 8·7긴급회의에서 진독수를 밀어내고 중국공산당 총서기로 등장한 배
경이 여기에 있다.

구추백의 뒤를 이어 중국공산당을 지도한 이립삼은 호남의 한 시골
마을 서당에서 훈장으로 있던 부친으로부터 전통적인 고전교육을 받은 인
물이다. 1915년 고등교육을 위해 성도인 장사에 왔다가 사범학교에 다니
던 모택동과 친구가 되었다. 이후 북경으로 올라가 공부하다가 1920년 등
소평과 유사한 경로로 프랑스 유학을 갔다. 이곳에서 공산주의를 접하고
노동운동에 뛰어들었지만 곧 프랑스 당국에 체포돼 이듬해에 추방되었다.
이후 상해에서 진독수를 만나 중국공산당에 가입했다. 프랑스 체류는 불
과 1년밖에 안 되었지만 그는 주은래 등 '프랑스파'와 가깝게 지냈다.

주은래와 구추백, 이립삼 등이 타협적인 분위기를 연출하며 상충발
을 총서기로 뽑은 것은 명목은 양보하되 실권은 계속 '엘리트 유학파'가
차지하자는 묵계에 따른 것이다. 여기에는 모택동을 위시한 '토착파'를
견제하고자 하는 속셈이 적잖이 작용했음 직하다. 실제로 모택동은 '대장
정'이 이뤄지는 1930년대 중반까지 결코 당의 수뇌부에 끼지 못했다.

당시 당의 주요 업무는 선전 담당 이립삼과 군사 담당 주은래가 나눠
맡았다. 주은래는 차분하며 세련된 모습이었으나 이립삼은 모택동처럼 웅
변적이었다. 공식적으로도 이립삼이 주은래보다 위였다. 주은래가 당의
재건과 중국의 공산혁명 실현을 위해 이립삼의 '오른팔' 역할을 자임한
결과다. 두 사람은 프랑스에 있을 때처럼 긴밀한 협조체제를 유지했다. 소
련의 도움이 필요하기는 하나 모스크바의 개입은 최소한으로 줄여야 한다

는 데 의견을 같이했다. 그렇다고 남창봉기 실책에 대한 책임이 면제된 것은 아니었다. 부하린은 구추백을 힐책했으나 구두경고 수준에 그쳤다. 이에 반해 '프랑스파'의 두목격인 주은래에 대한 견책은 그 강도가 높았다.

"주은래 동지, 당신은 중국공산당의 군사업무를 맡고 있었소. 당신은 부하들의 전력을 좀 더 정확히 파악했어야만 했소. 그리했다면 그렇게 맹목적으로 무장봉기를 일으키지도 않았을 것이오."

모스크바 소재 손중산 대학에서 특별교육을 받은 이유다. 체류기간은 1년이 넘었다. 성격상 일종의 근신처분에 해당했다. 그는 이 기간 중 계속 군사교육을 받으면서 중국 유학생들을 뒷바라지했다. 유학생들 중에는 장개석의 아들 장경국도 있었다.

이듬해인 1928년 11월, 그는 당원에게 서신을 보내면서 프롤레타리아 정신이 약화되는 것을 경계하는 10가지 금기사항을 열거했다. 극단적인 민주화, 사적 분쟁, 소집단 내 용병의 자세로 혁명과업을 추진하는 것 등이 그것이다. 주목할 것은 맨 끝의 조항이다. '소집단' 운운은 분명 모택동을 겨냥한 게 확실했다. 그에게는 확실히 '엘리트 유학파' 의식이 강하게 잠재하고 있었다.

이해 말 주은래는 등영초와 함께 귀국했다. 그는 당무를 전적으로 이립삼에게 맡긴 후 '조직의 귀재'라는 이름에 걸맞게 당면 현안인 당조직의 재건에 전념했다. 일종의 '암약'인 셈이다. 주은래 부부는 상해에서 중산층에 속하는 친척집과 세이무어로에 있는 삼촌 집에서 살았다. 그는 일족 내에서 자신이 해야 할 전통적인 도리를 다했다. 돌아가신 조부 주반룡의 제사에 장손으로서 이를 주재한 게 그 증거다. 중산층 친척들은 그의 혁명활동에 대해 모르는 체했다. 친구들에게는 문관고시 성적이 좋은 다른 사람들과 마찬가지로 발령받을 때를 기다린다는 식으로 둘러댔다.

1929년 여름 이립삼과 주은래가 충돌했다. 군사전략과 토지몰수 문제를 둘러싸고 의견이 엇갈린 것이다. 발단은 모택동과 같은 '토착파'의 행보를 어떻게 평가할 것인가 하는 데서 비롯됐다. 이해 9월에 소집된 집회에서도 논쟁이 지속되자 지도부가 크게 흔들렸다. '엘리트 유학파'로서의 자존심이 서로 충돌한 것이다. 명목상 최고지도자인 상충발이 중재에 나섰으나 아무 소용이 없었다.

주은래가 볼 때 정강산에 있는 모택동의 제4군은 비적에 지나지 않았다. 그가 보여주는 행태도 군소군벌과 다를 게 없었다. 이는 그가 생각하는 프롤레타리아 정신과 동떨어진 것이었다. 당시 그가 주도해 제4군에 보낸 중앙위 서신이 그 증거다. 모택동은 틀림없이 크게 유감스럽게 생각했을 것이다.

"농민들의 이념적인 문제는 주로 소규모적인 농민경제의 이기적이고 속이 좁은 보수성, 기강의 결여, 부르주아적 동요 및 광신에서 유래한다. 이는 혁명의 원칙과 무산계급의 조직규율에 배치된다. 이런 사상을 제거하지 않으면 홍군의 앞날에 큰 위험이 뒤따르게 된다."

그는 모택동에게 자신이 제시한 노선에 따라 제4군을 개혁하는 일에 앞장설 것을 강력 주문한 것이다. 이와 동시에 다른 사람들에게는 정강산을 본보기로 삼으라고 말했다. 홍군에게 돌린 회람의 내용이다.

"이런 경험은 아직까지 본 적도 들은 적도 없는 특이한 성격의 경험이다. 전국의 모든 당지부와 홍군은 이로부터 교훈을 얻어야 한다."

일면 비판을 가하면서 그의 지역적인 영도력을 인정해 준 것으로 해석하는 견해가 많다. 정반대로 '반면교사'를 주문한 것으로 보는 견해도 있다. 후자가 타당할 듯싶다. 이 와중에 이립삼과의 사이는 더욱 벌어졌다. 1929-1930년 사이 두 사람의 논쟁은 멈출 기미를 보이지 않았다. 이립삼은 곧잘 주은래를 두고 '중국의 레닌'으로 불렀다. 실제로 주은래 자신이 '중국의 레닌'처럼 행동했다. 모택동이 이 와중에 정강산을 떠나게 된 것도 당 중앙의 이런 내분과 무관치 않았다.

1930년 초 주은래는 상해에 있는 자신의 비밀사령부를 중심으로 각 성에서 그에게 충성을 바치는 여러 지휘관 휘하의 홍군부대를 하나로 묶는 데 어느 정도 성공했다. 나름 일정 수준의 강력한 군사적 지지층을 확보한 셈이다.

문제는 당 중앙의 열성적인 동지들이 그의 군사조직에 지나치게 성급한 기대를 표하고 있던 점이다. 감성이 앞선 이립삼은 이를 토대로 국민당 정부군에 대한 총공격을 꾀했다. 그러나 주은래의 생각은 달랐다. 실무적인 차원에서 볼 때 홍군의 증강 및 중앙집권화는 일정 수준 늦출 필요가 있었다. 대대적인 도시폭동을 획책한 이립삼의 노선과 정면 충돌할 수밖에 없었다.

이때 주은래에게 묘한 변화가 나타났다. 정강산에서 강서 서금으로 이동한 모택동이 시도해 성공을 거두고 있는 지역별 소비에트화 방식에 적잖은 호감을 보인 게 그것이다. 그는 자신도 모르는 사이에 서서히 자신보다 5세 위인 모택동에게 다가서고 있었던 것이다.

이해 초여름 주은래는 다시 모스크바로 소환됐다. 그의 친구들은 소련이 그에게 중국공산당의 지도권을 부여하려는 것으로 생각했다. 이는 틀린 생각이 아니었다. 당시 모스크바는 이립삼을 신경질적인 선동가로 폄하하면서 주은래를 지각과 경험을 갖춘 지도자로 평가하고 있었다. 스탈린은 그를 환대했다. 군사 및 정보 업무를 다뤄온 경력과 정치적 안목을 높이 평가한 결과였다.

이해 7월 그는 소련공산당 대회에서 연설했다. 중국인으로서는 처음 있는 일이었다. 그는 이같이 말했다.

"현재 중국은 혁명적 상황이 평탄하게 발전하지 못하고 있다. 농민운동과 도시의 노동운동도 잘 조정되지 않고 있다. 혁명운동이 새로이 고조되고 있다."

그는 코민테른의 중국 문제 담당자인 파벨 미프(Pavel Mif)와 뜻이 잘 맞았다. 당황한 이립삼이 급히 서두르다가 이내 자충수를 두고 말았다. 소련의 지원을 배경으로 도시폭동을 성사시켜 일거에 대도시를 점령한다는 계책을 마련한 게 그것이다. 그는 이에 대한 시험단계로 모택동이 정치위원으로 있는 제4군에게 속히 장사를 점령할 것을 명했다. 주덕이 이끄는 제4군은 일시 장사를 점령했으나 이를 오래 유지할 수 없었다. 모스크바에서 이 소식을 들은 주은래는 경악했다.

"이립삼이 완전히 미쳐버렸다!"

이해 8월 말 소련의 전폭적인 신임을 얻은 주은래가 귀국했다. 외견상 이립삼을 대체하기 위한 게 분명했다. 실제로 소련은 이해 9월 상해에서 중국공산당 중앙위가 열리면 그가 지도부를 개편할 것으로 기대했다. 그러나 일이 묘하게 꼬였다. 의장을 맡은 구추백과 차석의 주은래 모두 이립삼을 비난하지 않았다. 이들은 이립삼의 실책을 전술상 오류로 지적하는 선에서 보고서를 마무리했다. '엘리트 유학파'가 또 다시 담합한 것이다. 주은래가 이립삼과 정면으로 맞붙을 것으로 기대한 모택동 등 '토착파' 당원들은 크게 실망했다.

결국 이립삼이 최고지도자로 계속 남는 가운데 당의 결속이 추진됐다. 주목할 것은 주은래의 천거로 '28인의 볼셰비키' 지도자 왕명이 지도부에 진입한 점이다. 이는 모스크바를 달래기 위한 조치로 보인다. 그가 상해에 모인 대표들에게 남창과 상해봉기 등을 계획했을 때 코민테른은 원칙적으로 반대하지 않았으나 조급하게 거사하는 것은 반대했다며 코민테른을 감싼 게 이를 뒷받침한다. 기왕의 봉기가 실패한 것은 전술적인 오류에 불과하다는 식으로 약화시킨 것이다.

이때 그는 그 유명한 「소산少山 보고서」를 제출했다. '소산'은 그의 아호이다. 아직은 전국적인 무장봉기를 일으킬 만큼 상황이 무르익지 않았다는 게 골자다. 단계적인 농촌혁명을 주장한 것도 같은 맥락이다.

"부농에 대한 좌익의 태도는 경제적으로 그들의 토지를 몰수하고 정치적으로 그들을 모두 없애버린다는 두 가지 잘못이 있다. 우리가 부농을 이렇게 처우한다면 중농이 더욱 동요할 것이다. 지금 중농을 소외시켜서는 안 된다."

중국공산당이 직면한 상황을 폭넓고도 정확히 진단했다는 점에서 높이 평가할 만하다. 그러나 문제가 하나 있었다. 바로 군사 측면에서 남창봉기의 잘못을 아직 제대로 깨닫지 못한 점이다. 객관적으로 볼 때 홍군은 결코 국민당군의 적수가 될 수 없었다. 싸움을 도발했다가는 역공을 받아 일거에 궤멸할 공산이 컸다. 그럼에도 그는 중앙위 회의가 끝난 뒤 당 군사회의에 참석해 홍군의 힘이 대규모 내전을 일으킬 만큼 충실해졌다고 보고했다. 그 또한 이립삼이 빠져 있던 덫에 그대로 걸려 있던 셈이다.

결국 또 다시 장사 공격을 시도하는 커다란 시행착오가 빚어졌다. 여기에는 코민테른의 압력이 일정 수준 작용한 것이 사실이다. 그러나 주은래와 구추백, 이립삼 등의 지도부가 홍군을 과신한 게 근본원인이었다. 과거의 실패에서 전혀 교훈을 얻지 못한 셈이다.

장사에 대한 두 번째 공격 역시 몇 주 만에 실패로 끝나자 마침내 모택동과 이들 지도부가 정면으로 충돌하게 됐다. 강서 영도寧都에서 주은래가 과거에 고용했던 한 장교가 처형되는 일이 빚어졌다. 모택동은 그를 국민당 첩자로 비난했다. 이는 주은래를 겨냥한 것이었다.

격분한 주은래가 곧 정치국 동지를 부추겨 모택동을 정면으로 공격하고 나섰다. 모택동이 성급하게 장사를 공격했고 진격하기 전에 방어진지를 공고히 하라는 코민테른의 지시를 무시했다는 게 골자였다. 이 사이 이립삼은 자신의 정치적 과오를 해명하기 위해 모스크바로 불려갔다. 몇 달 동안 주은래는 동료들에게 이립삼이 이미 자신의 과오를 시인했다며 이립삼을 중심으로 한 계파 간 단합을 호소했다. 그러나 코민테른이 이를 공식적으로 비난하고 나서자 이립삼은 당의 단결을 위한 속죄양이 될 수밖에 없었다. 이때 그는 미프를 설득하는 데 성공했다. 당 지도부를 개편하지 않는 것을 전제로 당원들이 합심해 의견의 일치를 보는 방안을 관철시킨 게 그것이다.

이듬해인 1931년에 들어와 그는 하마터면 국민당 정부군에 체포될 뻔했다. 그가 공산당 비밀조직의 책임자로 임명한 고순장이 국민당 정부군에 체포된 후 고문을 이기지 못해 상해에 있는 공산당 지도자 명단과 아지트를 누설한 결과다. 그는 중으로 변장해 간신히 검거선풍을 피해나갈 수 있었다. 기선에 올라타 남쪽으로 도피했다. 이해에 그는 상해의 당 중앙이 와해된 것과 관련해 자아비판을 해야만 했다.

"나는 당이 나의 실책을 비판해 줄 것을 요구합니다."

모든 사태가 자신의 정치역량 부족으로 인해 일어난 것임을 자인한 것이다. 이 와중에 변방지역에 '소비에트' 기지가 군데군데 들어서고 있었다. 대부분 모택동이 세운 것이었다. 당시 모택동은 코민테른에서 중국 공산당에 보내는 여러 모순된 지시사항에 대해 극히 회의적인 반응을 보였다. 그가 '소비에트' 기지 창설에 매진한 이유다. 이로 인해 그는 강서의 기지에 10만여 명의 병력을 확보했음에도 당내에서 그럴듯한 직위를 차지하지 못했다.

　강서는 당 중앙이 있는 상해에서 멀리 떨어져 있었던 까닭에 독자행동을 할 수 있는 이점이 있었다. 그러나 이해 가을 검거선풍으로 궤멸된 당 지도부가 강서 소비에트로 이동해 오자 모택동도 당의 결정을 따르지 않을 수 없었다. 당시 중국공산당 지도자 대부분이 주은래 등의 '프랑스파'처럼 외국에서 마르크시즘을 접한 해외파였다. 상해의 비밀본부가 궤멸된 후 해외파 중 모스크바에서 교육을 받은 '28인의 볼셰비키'가 가장 막강한 세력으로 부상했다. 코민테른의 전폭적인 지원이 있었던 것은 말할 것도 없다.

　이해 11월 강서 소비에트 지역에 있는 역전驛前에서 제1차 전 중국소비에트 대회가 열렸다. 여기서 모택동이 주장해 오던 대부분의 정책이 비판을 받았다. 국민당 정부군에 대한 게릴라전 개념도 비판의 도마 위에 올랐다. '28인의 볼셰비키' 역시 주은래와 마찬가지로 '엘리트 유학파'에 지나지 않았다. 이들이 정통론에 입각한 군사작전을 주장하자 주은래도 이에 동조했다. 그러나 이는 평원이 많은 소련에서나 통하는 것으로 중국의 전술 개념과는 맞지 않았다. 산악지역이 많은 중국은 모택동의 게릴라전이 적합했다.

　당시 홍군의 총정치위원에 임명된 주은래는 강제징집을 통해 홍군의 세력을 확장한 뒤 이를 배경으로 국민당 정부군이 점령하고 있는 지역을 순차적으로 공략할 것을 주장했다. 그러나 모택동의 생각은 달랐다. 그럴 경우 오히려 농민들과 공산당이 분리되는 결과를 가져올 것이라고 반박했다. 소비에트 지역 내의 인민을 먹여 살리기 위해서라도 농민들이 농토를 떠나지 않도록 해야 한다는 게 그의 주장이었다.

　장개석의 '위초'가 시작되면서 모택동의 게릴라전이 유효한 전술이라는 사실이 확인됐다. 최소의 병력으로 막강한 무력을 지닌 국민당군을 격퇴한 사실을 목도하면서 유격전의 유효성을 인정하지 않을 수 없었던 것이다. 모택동은 3차례에 걸쳐 유격전을 동원해 장개석의 '위초'를 물리쳤다.

모택동이 주은래를 비롯한 당 지도부와 더 큰 갈등을 빚은 것은 토지개혁 문제였다. 주은래는 소련의 전례를 좇아 지주와 부유한 농민을 몰아내야 한다는 당의 공식 노선을 지지했다. 두 가지 범주에 속하는 자는 수용소로 보내고 그들의 토지는 가난한 농민에게 분배되어야 한다는 주장이었다. 그런 점에서 주은래는 아직 교조주의자에 불과했다. 이때 모택동이 자신의 기본 입장과 유격전술을 고집하자 지도부는 그를 당 중앙의 집행위 의장 자리에서 몰아낸 뒤 가택연금에 처했다.

결국 국민당 정부군에 대한 홍군의 전면공세를 주장한 주은래가 홍군을 직접 지휘하게 됐다. 불행하게도 그가 지휘봉을 잡았을 때 장개석은 자신이 아끼는 최정예 부대를 투입하는 등 총력전으로 임했다. 1934년 10월 서금이 함락되자 이들은 마침내 '대장정'에 오를 수밖에 없었다. 10만 명 이상의 남녀노소가 수많은 산하와 밀림을 도보로 행군했다. 홍군이 '대장정'에 오르게 된 배경이다. 주은래를 비롯한 '엘리트 유학파'의 책임이 컸다.

대장정 속의 역전

일각에서는 당시 주은래가 연금상태에 있는 모택동을 방문해 '대장정' 문제를 논의했다고 주장하고 있으나 구체적인 증거를 제시하지는 못하고 있다. 중국 측의 공식자료는 '대장정'이 모택동과 아무런 의견교환도 없이 '엘리트 유학파' 자체 내에서 결정된 것으로 되어 있다. 당시의 정황에 비춰 이게 타당할 듯싶다.

'대장정' 당시 주은래는 꼭 필요한 물품만 챙겼다. 밤이 되면 다음날 행군할 곳을 지도에 그리곤 했다. 그는 당 행정부와 군사령부 참모진 및 부녀자와 어린이들을 이끌고 있었다. 그의 아내 등영초는 공교롭게도 결핵을 앓고 있었다. 그녀를 간호하던 주은래도 이내 행군 도중 병에 걸리고 말았다. 국민당 정부군의 추격이 급박해지면 이들은 등에 하얀 천을 달아 뒤에 따르는 사람이 볼 수 있도록 하는 식으로 밤에만 행군했다. 대장정에 참가한 사람들 중 상당수가 행군 도중 죽었다. 일부는 시골로 잠적했다. 시간이 갈수록 이탈하는 숫자가 늘어났다.

이들이 '대장정'에 들어갔을 당시 장개석은 크게 의기양양해한 나머지 자신의 정치철학을 담은 '신생활운동'을 적극 추진했다. 그러나 여기에도 복병이 있었다. 주은래의 그림자 역할을 하던 장신부가 소위 '신계몽운동'을 기치로 맞불을 지르고 나선 것이다. 당시 장신부는 팽진과 요의림 등 청화대 학생들과 함께 시위를 벌이다가 청화대 교수들의 반발로 학교에서 쫓겨난 후 마침 '신계몽운동'이 전개되자 '신생활운동'으로 맞불을 지르고 나선 것이다. 5·4운동의 정신을 항일전으로 승화시켜야 한다는 게 요지였다. 이것이 주은래를 포함한 공산당 지도부에게 정신적인 위안을 준 것은 말할 것도 없다.

이듬해인 1935년 초 주은래와 모택동 등이 참여한 제1방면군이 귀주 북부의 준의에 도착했다. 거기서 이들은 당 회의를 갖기 위해 잠시 행군을 멈췄다. '준의회의'는 중국공산당은 물론 중국의 장래에 커다란 영향을 미친 회의였다. 지도부는 이전에 범한 여러 잘못에 대해 난상토론을 벌였다. 이 자리에서 주은래는 뜻밖에도 이같이 말했다.

"모택동은 항상 옳았고, 우리는 그의 말에 귀를 기울여야 한다!"

지금까지 줄곧 모택동의 상관으로 존재했던 주은래가 사상 최초로 모택동의 '참모'를 자처한 발언이었다. 이는 주은래 자신은 물론 모택동의 운명에 결정적인 전환점이 되었다. 훗날 '중화제국'의 초대 황제와 승상으로 짝을 이루는 계기로 작용했기 때문이다.

주은래의 이 발언은 '토착파'가 장차 중국공산당을 향도해 나갈 것임을 예고한 것이었다. 실제로 이 회의를 통해 모택동은 일약 중국공산당의 핵심 지도자로 급부상했다. 당시 '엘리트 유학파'의 두목격에 해당하는 그는 왜 '토착파'의 우두머리인 모택동에게 문득 머리를 조아리고 나선 것일까?

여러 해석이 있으나 당시 주은래가 모택동과 생사의 고비를 넘나드는 '대장정'의 와중에서 '엘리트 유학파'가 지니지 못한 특이한 장점을 찾아낸 결과로 보는 견해가 가장 그럴듯하다. 당시 공산당 지도부 내에서 모택동과 주은래는 여러 모로 대비되는 면모를 지니고 있었다.

주은래는 관료집안 출신의 도시인에 가깝다. 세계에 대해 폭넓은 경험을 갖고 있는 게 장점이다. 이에 반해 모택동은 전형적인 농민집안 출신인 데다 외국에 한 번도 나가본 적이 없다. 정통 마르크시즘에 대해서는 깊이 공부하지 않았으나 고전에 밝았던 까닭에 중국 전래의 역사문화 전통을 누구보다 잘 알고 있었다. 성격도 정반대였다. 주은래는 매사에 신중하면서도 깔끔했다. 전형적인 외교관 스타일이다. 이에 반해 모택동은 매사에 대범하면서도 사태의 본질을 꿰뚫고 큰 맥을 잡는 데 남다른 재주가 있었다. 전형적인 혁명가 스타일이다.

두 사람이 힘을 합쳐 자신들이 체험한 다양한 경험을 주고받을 경우 엄청난 시너지 효과를 발휘할 수 있었다. 총명한 주은래는 바로 이를 읽었던 것이다. 실제로 역사는 그런 식으로 흘러갔다. 모택동의 라이벌인 장개석에게는 뼈아픈 일이 벌어진 셈이다.

물론 주은래의 준의발언 이후에도 외양상 당 지도부에 근본적인 변화가 있었던 것은 아니다. 모택동은 비록 정치국 상임위원으로 선출됐으나 군사위 주석은 여전히 주은래가 맡고 있었다. 그러나 그 내막은 그 이전과 전혀 달랐다. 주은래의 모택동에 대한 태도가 확연히 달라진 게 그것이다. '대장정' 동안 주은래는 누차 당 지도자들이 다른 동료들의 고통을 함께 나눠야 한다고 역설했다. 농민들과 함께 들판에서 일할 자세를 갖춰야 한다는 모택동의 신념과 궤를 같이하는 것이었다. 하루는 주은래의 호위병 하나가 옥수수와 달걀을 구해왔다. 주은래가 물었다.

"값을 치렀는가?"

"주인을 찾지 못해 값을 지불할 수 없었습니다."

"다시 주인을 찾아가 값을 지불토록 하라."

이후에야 그 음식을 나눠 먹게 했다. 일행이 대도하에 위치한 노정교盧定橋에 이르렀을 때 그들은 비로소 나무 널빤지가 국민당 정부군의 폭격에 의해 심하게 부서진 것을 알게 됐다. 행군병력 중 일부가 이미 강을 건너기 시작했으나 속도가 한없이 느렸다. 다리를 고치지 않는 한 행군속도를 종전과 같이 유지하기는 어려웠다. 주은래가 부하병사들과 함께 부서진 널빤지를 고치고 갈아끼우면서 한 발씩 앞으로 나아갔다. 그가 호위병에게 말했다.

"조심해야 하네. 건너편 언덕만 쳐다보고 절대로 저 밑 계곡 쪽으로 눈길을 주어서는 안 되네."

다리를 다 건너자 주은래는 몸을 혹사한 까닭에 간염에 걸려 들것에 실려가야만 했다. 약품도 없었으나 그는 일정을 바꾸지 않았다. 만년설로 뒤덮인 대설산을 지나갈 때는 큼지막한 우박이 쏟아지는 폭풍우를 뚫고 지나가야 했다.

티베트 고원을 지날 때가 가장 어려웠다. 먹을 것이 너무 귀해 병사들은 자신들의 허리띠를 풀어 물에 담그고 풀이나 약초를 함께 넣어 푹 삶았다. 이를 세 가지 맛이 나는 국이라는 취지에서 '삼미갱三味羹'으로 명명했다. 훗날 주은래는 당시를 '암흑기'로 회상했다.

연안시절과 서안 사건

주은래는 1935년 10월 마침내 모택동과 함께 목적지인 섬서의 연안에 도착했다. 이곳에는 수년 동안 세력을 키워온 홍군의 기지가 있었다. 책임자는 연안을 담당한 공산당 섬서위원회 서기 습중훈習仲勳이었다. 당시 약관의 나이에 불과했던 그는 호금도의 뒤를 이어 2013년부터 '중화제국'을 호령하는 습근평의 부친이다.[7]

당시 연안은 그야말로 황무지나 다름없었다. 훗날 주은래는 당시의 상황을 이같이 회상한 바 있다.

"섬서의 농민은 형언할 수 없을 정도로 가난하고 땅은 척박하기 그지없다. 강서와 복건 등지에서 홍군의 진영으로 들어오는 사람들은 짐을 잔뜩 가지고 왔다. 그러나 여기서는 젓가락 하나 가져오지 않았다. 그들은 완전한 빈민이었다."

섬서는 빈민들이 몰려든 중국 내에서 가장 가난한 곳 중 하나였다. 대장정에서 살아남은 홍군은 섬서에 산재한 수천 개의 동굴 속에 거처를 마련했다. 처음에는 보안保安에 있다가 얼마 후 연안으로 이동했다. 에드가 스노는 『중국의 붉은 별』에서 연안의 혈거穴居상황을 이같이 낭만적으로 그려놓았다.

"이 동굴들은 서양 사람들이 생각하는 그런 동굴이 아니다. 여름에는 시원하고, 겨울에는 만들기도 쉽고 청소하기도 쉽다. 동굴들 중 어떤 것은 여러 개의 방이 있는 거대한 건축물로 그 안에는 가구가 있고 바닥에는 돌이 깔려 있다. 천장이 높게 되어 있는 이들 방에는 동쪽으로 난 창문을 통해 밝은 빛이 들어온다."

비 온 뒤에 땅이 굳는 격으로 가까스로 연안에 당도한 공산당 지도부와 홍군은 끈끈한 전우애로 똘똘 뭉쳐 있었다. 생사를 넘나드는 '대장정'을 거치면서 굳건히 다져온 유대감을 유감없이 발휘했다. 이들은 각지에서 몰려온 사람들을 '모택동 사상'으로 세뇌시켜 천하무적의 막강한 홍군으로 길러냈다. 새롭게 태어난 홍군은 부정부패에 찌들어 이전의 군벌휘하 장병과 하등 차이가 없는 국민당군과 대비될 수밖에 없었다.

주은래의 아내 등영초는 여성들을 상대로 육아나 가정문제, 전족의 폐지 등 현실문제를 상담해 주었다. 대장정이 끝난 후 등영초의 건강은 눈에 띄게 좋아졌다. 그녀의 회고다.

"1년에 걸친 엄청나게 고된 생활을 견뎌내고 나니 아무 약도 쓰지 않았는데 병이 저절로 나았다."

연안에 사는 동안 주은래 부부는 '손유세'라는 여아를 양녀로 맞아들였다. 그 아이는 국민당이나 군벌의 손에 부모를 잃은 수천 명의 고아들 중 한 명으로 공산당에서 거둬 보살펴 주고 있었다. 주은래는 엄청난 업무량을 처리해 나가야 했다. 그는 카드 놀이도 잘했고 춤도 수준급이었다. 도시적 감각과 세련된 매너는 그를 처음 만난 서구인을 놀라게 했다. 첫

대면에서 그가 영어로 인사하는 것을 보고 깜짝 놀란 에드가 스노는 그를 이같이 묘사해 놓았다.

"마른 몸매에 키는 중키였으나 골격은 어딘지 강단이 있어 보였다. 수염을 길게 길렀으나 어쩐지 소년티가 났고, 큰 눈은 깊게 움푹 패여 있었다. 그에게는 분명 사람을 끄는 자력 같은 것이 있었다."

1936년에 들어와 지도부와 홍군이 어느 정도 안정을 찾게 되자 주은래가 본격적인 외교활동을 펼치기 시작했다. 항일을 위한 국공합작을 추진한 그의 외교활동은 일본군이 만주와 북부 중국에 대한 침략이 가속화하는 것과 맞물려 엄청난 위력을 발휘했다. 중국인의 거국적인 항일 움직임이 그 배경이다. 그가 천하대세의 흐름에 맞춰 고도의 외교적 수완을 발휘한 것이 바로 '서안 사건'이다.

당시 주은래는 공산당의 세력을 만회하기 위해 동북지역 국민당 정부군을 지휘하고 있는 장학량을 설복시키고자 했다. '청년원수'라는 칭호를 받은 장학량은 1931년의 만주사변으로 인해 만주의 근거지를 잃고 북중국으로 내려와 있었다. 두 사람은 처음으로 만난 자리에서 일본의 위협을 물리치기 위해서는 전 중국인이 단결해야 한다는 데 의견을 같이했다. 두 사람의 회담이 끝난 뒤 발표된 공동성명은 중국인을 격동시키기에 충분했다.

"중국인들은 자기들끼리는 싸우지 않는다. 늑대를 먹여 살리기 위해 자기 형제를 살해하는 자는 인간이라고 할 수 없다."

이 소식을 접한 장개석은 경악했다. 그는 소위 '안내양외'의 신념을 좇아 공산당을 궤멸시킨 뒤 전 인민의 역량을 모아 항일전에 나설 생각이었다. 나름대로 일리 있는 생각이기는 했으나 시의에 맞지 않았다. 그럼에도 그는 계속 '안내양외'를 외쳤다.

"일본의 침략은 밖에서부터 오는 것이기에 피부의 질병과 같다. 그러나 공산 반도의 준동은 안에서 생긴 복심의 질병이다."

그의 이런 고집이 바로 '서안 사건'을 촉발시킨 근본배경이 됐다. 1936년 12월 초 장개석은 '청년원수' 장학량의 본부가 있는 서안으로 날아갔다. 장학량이 지휘하고 있는 동북군이 연안의 홍군 본거지를 즉각 공격하지 않을 경우 다른 국민당 부대가 대신 토벌에 나설 것임을 통보할 심산이었다. 그러나 이는 그만의 생각이었다. 주은래와 회담을 끝내고 공동 성명까지 발표한 장학량의 결심은 확고했다.

12월 12일 새벽, 동북군 소속 장교들이 장개석의 숙소를 덮쳤다. 어수선한 소리에 잠이 깬 장개석은 황급히 야전침대에서 벌떡 일어나 틀니를 목욕탕 선반에 둔 채 슬리퍼 한 짝만을 끌고 창문을 넘어 사지를 빠져나왔다. 그러나 이내 수색 군인들에게 붙잡히고 말았다.

주은래와 모택동은 이 소식을 듣고 환호했다. 잠시 후 장개석을 무조건 석방할 수 있도록 노력할 것을 주문하는 스탈린의 전문이 날아들었다. 물론 이들도 스탈린의 생각을 잘 알고 있었다. 스탈린의 주문을 충족시키면서 최대한 얻을 수 있는 것은 얻어야만 했다. 장학량으로 하여금 소련 측의 주문에 동의하도록 만드는 게 결코 쉬운 일이 아니었다. '협상의 명수' 주은래가 나선 이유다.

그는 서안으로 출발하기에 앞서 동지들에게 자신이 장학량에게 어떤 태도를 취하라고 강요할 수는 없다는 점을 미리 밝혀두었다.

"어떻게 할 것인가를 우리가 독자적으로 결정할 수는 없습니다. 우리는 그의 태도를 고려해야 합니다."

모든 가능성을 염두에 둔 발언이었다. 당시 홍군과 동북군 장령 중에는 장개석을 처형해야 한다고 주장하는 사람이 적지 않았다. 장개석을 죽일 경우 이는 일본만 좋은 일을 시켜주는 꼴이 된다. 어떻게 해서든 '서안 사건'을 최대한 활용해 국공합작을 성사시켜야만 했다. 그는 장개석을 만나 정중히 말했다.

"저는 장 선생님의 제자입니다. 우리가 일본에 맞서 함께 싸우게 되는 한 선생님이 어떤 지시를 내려도 우리는 기꺼이 따를 것입니다."

장개석이 대답했다.

"우리가 지금 서로 싸우고 있는 동안에도 나는 자주 그대를 생각했네. 나는 내전 중에도 그대가 나를 잘 보필해 주었다는 것을 잊지 않고 있네. 우리가 다시 손잡고 일할 수 있기를 바라네."

회담이 끝난 후 주은래는 모택동에게 전문을 보냈다.

"장개석이 저에게 향후 공산당에 대한 탄압을 중지할 것이고, 홍군과 협력해 일본군을 물리칠 것이라고 말했습니다. 지금까지의 상황으로 판단하건대 장개석의 태도에는 분명 변화가 있습니다."

12월 25일 장학량이 마침내 장개석을 석방했다. 이후 국민당과 공산당은 이른바 제2차 국공합작을 성사시키기 위한 협상을 시작했다. 협상이 진행되는 동안 주은래는 모택동과 상의하기 위해 서안과 연안 사이를 분주히 오갔다.

중일전쟁과 국공합작

1937년 7월 7일 노구교蘆溝橋 사건이 터져나왔다. 중일전쟁의 서막이었다. 일본의 스기야마 육군대신은 천황에게 수개월 내 전쟁이 끝날 것이라고 보고했으나 이는 사태를 너무 안이하게 본 것이었다. 전격적으로 이뤄진 남경포위 작전에서 일본군에 의한 무차별적인 양민대학살이 자행돼 세계 여론의 비난이 쏟아졌다.

7월 15일 중국공산당 중앙집행위원회는 장개석을 안심시키기 위해 소비에트 정부의 취소와 '홍군' 명칭의 폐기, 토지 및 재산의 폭력적인 몰수 중지 등을 선언했다. 여기에 덧붙여 국민당의 이념인 '삼민주의'를 받아들일 것을 서약했다. 전 중국인이 환호했다.

홍군은 이내 국민당군의 '8로군'으로 편제됐다. '8로군'은 당연히 장개석과 그가 임명한 야전지휘관의 명령을 받기로 되어 있었다. 그러나 이는 표면상의 약속에 지나지 않았다. 이해 9월 17일 모택동은 홍군 고위 지휘관들에게 전문을 보냈다.

"지금 홍군은 본질적으로 분견대이다. 홍군은 어떤 결정적인 역할도 수행하지 않는다."

홍군 세력의 온존을 제1의 목표로 제시한 것이다. 이해 12월 코민테른을 대표해 모스크바로부터 돌아온 왕명이 국민당에 타협책을 제시하고자 했다. 연합전선의 유지를 위해 장개석의 명에 복종해야 한다는 게 골자였다. 그는 '프롤레타리아 지도'의 이론을 포기하고 독립과 민주주의를 요구하는 목소리를 낮출 것을 촉구했다. 이는 모택동 노선과 배치되는 것이었다. 모택동이 승부수를 던졌다. 왕명 노선을 '우경 투항주의'로 선언한 것이다. 왕명의 제안은 정치국 기록에서 삭제됐다. 이는 코민테른에 대한 공개적인 반항에 해당했다.

'8로군'은 모택동의 명을 충실히 좇았다. 임표가 이끄는 '8로군' 115사단이 이타가키 병단을 궤멸시킨 1937년의 '평형관 전투'처럼 겉으로는 국민당 정규군과 협력하는 모습을 보이다가 신속히 일본군 배후지역으로 들어가 농민들을 조직하는 식이었다. 국민당의 반발을 초래할 토지

몰수 등을 정면으로 내세우지는 않았으나 소작료 인하 등 구체적인 방안을 제시해 농민을 끌어들이는 데 박차를 가했다. 현지의 민병대는 '8로군'의 일원으로 흡수했다. 국민당 정부군의 낙오병들도 병력과 무기의 또 다른 공급원이 됐다.

당시 공산당원들은 자신들의 이런 방침을 추종하지 않는 자들을 최대의 적으로 간주해 잔인한 응징을 가했다. 이런 활동이 가속화되면서 곳곳에서 충돌이 빚어졌다. 항일을 위해 하나로 통합된 국민당군 내에서 자중지란의 모습이 나타나자 여론이 들끓었다. 장개석이 소위 '영도론'을 주창하고 나선 이유다. 모든 명령을 한 곳으로 결집해 효율적인 항일전을 수행하자는 내용이었다. 이때 재야에서 주은래의 그림자로 활약하고 있던 장신부가 다시 맞불을 지르고 나섰다. 그는 이같이 주장했다.

"문화는 전쟁을 치르는 국민들에게 유용한 무기다. 현실과 자아를 초월한 높은 이상과 행동을 자신에게 요구해야 한다. 구체적인 전시철학과 교육정책이 필요하다."

이른바 '전시문화론'이다. 이는 위급한 전시상황일수록 한 명의 지도자에게 충성해야 한다고 역설한 장개석의 '영도론'과 정반대되는 것이었다. 공산당 기관지 《신화일보》에 발표한 그의 「민주와 과학」은 '영도론' 비판의 결정판이었다.

"과학과 민주를 자주 거론하는 것은 이 두 개가 객관적인 것이기 때문이다. 객관성이 결여된 상태에서 과학은 성립될 수 없고 민주 또한 실행이 불가능하다. 과학을 제창하는 이유는 결과를 중시해서가 아니라 방법과 정신 때문이다. 민주는 실천이다. 실천을 통해 배우는 것이 가장 쉽고 바람직하다."

이는 '프롤레타리아 독재'를 '민주'로 돌려 표현한 모택동의 '신민주주의'를 간접 선전한 것이나 다름없었다. 재주는 곰이 넘고 돈은 되놈이 받아가는 격으로 국민당 정규군의 희생이 늘어갈수록 홍군은 늘어나는 기현상이 지속됐다. 모택동은 자신의 '통일전선'이 그대로 먹혀들어 가고 있는 현실에 크게 고무됐다.

1938년 11월 모택동은 공산당 중앙집행위 보고에서 홍군이 겨우 1년 남짓한 기간에 원래의 4만 4천 명에서 20만 명으로 5배 가까이 늘어났다고 보고했다. 이를 근거로 그는 국민당에 본래 인가된 3개 사단을 3개 군으로 늘려줄 것을 요구했다. 국민당군 장령들의 불만이 팽배했다.

장개석은 이들의 불만스런 보고를 담은 문건을 연안과 국민당 사이의 연락책을 맡고 있는 주은래에게 넘겨주었다. 그러나 그게 전부였다. 안팎의 어지러운 상황으로 인해 장개석에게는 이 문제를 효과적으로 다룰 수 있는 뾰족한 대책이 없었다. 오히려 이런 갈등이 외부에 알려지지 않도록 황급히 두 손으로 덮는 모습을 보였다.

가장 큰 이유는 전쟁이 중국 측에 불리하게 돌아간 데 있었다. 일본군이 북경을 점령했을 당시 등영초는 그곳에 있었다. 에드가 스노가 그녀를 자신의 하녀로 변장시켜 북경에서 빠져나올 수 있게 해주었다. 그녀는 국민당 정부가 피난가 있는 무한으로 가 남편과 합류했다. 당시 주은래는 눈코 뜰 새 없이 바빴다. 외국인과 중국인 등 수많은 방문객을 맞아야 했기 때문이다. 그는 자신을 좋아하는 미국인들에게 특히 신경을 썼다. 전쟁이 끝난 후 공산당 정부가 들어서면 미국과 우호적인 관계를 맺고 싶다는 말을 빼놓지 않았다.

하루는 미국 작가 시어도어 화이트를 한 주점에서 접대하게 되었다. 식탁에 양념을 바르고 굽는 일을 오랫동안 계속해 껍질이 바삭바삭한 새끼 돼지고기 요리가 올랐다. 최고급 요리에 속하는 소위 취피유저脆皮乳猪

였다. 화이트는 돼지고기 음식을 신을 모독하는 것으로 간주하는 유대인이었다. 그가 움찔하며 젓가락을 내려놓았다. 이때 주은래가 젓가락을 집더니 식탁에 놓인 접시로 가져가면서 이같이 말했다.

"테디, 이곳은 중국이오. 다시 보시오. 자, 당신 눈에는 이게 돼지로 보일지 모르나 중국에서 이것은 돼지가 아니라 오리라오."

화이트는 껄껄 웃으며 젓가락을 집어들고 그 요리를 먹었다. 중국인에게 돼지고기는 육류의 기본이다. 중국에서 쇠고기는 우육, 양고기는 양육, 닭고기는 계로 쓰지만 돼지고기는 그냥 '육'만 쓴다. 수식어가 필요 없는 것이다. 특히 '취피유저'는 청조의 궁중요리인 소위 '만한전석滿漢全席'에서도 으뜸으로 친다. 주은래의 놀라운 수완으로 완고한 유대교도인 화이트도 돼지고기 요리에 손을 댄 것이다.

이해 가을 일본군이 무한까지 쳐들어 왔다. 국민당 정부는 이내 사천의 중경으로 옮겨가 그곳을 새 수도로 정했다. 주은래 부부는 어둡고 음침한 골목 끝에 폭격으로 다 쓰러져 가는 집을 거처로 삼았다. 공식적으로 국공합작이 이뤄지고 있음에도 주은래는 국민당 비밀경찰의 감시를 받고 있었다.

이듬해인 1939년 봄, 장개석은 강서에 있는 홍군 부대를 인가했다. '8로군'이 '신4군新四軍'으로 재편됐다. 주은래의 요청을 받아들인 결과였다. 공산당이 중국의 중남부에 주요 군사거점을 마련한 배경이 여기에 있다. 신4군으로 재편된 홍군은 장강 일원에서 일본군을 상대로 작전을 펴면서 모택동의 지시를 좇아 홍군을 획기적으로 늘리는 비책을 계속 구사했다. 장개석의 국민당군은 안으로 곪고 있었던 셈이다.

국공내전의 끝

1941년 12월 일본군이 하와이 진주만에 있는 미 해군기지를 습격함으로써 소위 '태평양전쟁'이 발발했다. 미국의 참전으로 소련과 영국, 프랑스 등의 연합국 세력이 갑자기 막강해졌다. 소련은 이미 이해 6월 대독일전에 참전한 상황이었다.

이듬해인 1942년 1월 장개석이 중국·버마·인도 전선의 연합군 총사령관에 임명됐다. 장개석은 일본군을 물리치는 임무를 대거 미국 측에 떠넘기면서 홍군 토벌활동을 배가시켰다. 이는 미국의 루스벨트 대통령의 심기를 크게 거슬렀다. 1943년 이후 주은래가 대부분의 시간을 연안에서 보낸 것도 이와 무관치 않다. 당시 미군은 연안의 홍군에 매우 우호적이었다. 전쟁이 종전으로 치달을 즈음 루스벨트의 명에 의해 미국 군사고문단이 연안에 상주케 된 게 그 증거다. '외교의 달인' 주은래의 공이었다.

에드먼드 클러브의 『20세기의 중국』에 따르면, 당시 국민당 정부군 병사들은 기본적인 치료조차 받지 못하고 얼마 안 되는 급식마저 상관에게 탈취당해 무관심 속에서 죽어갔다. 국민당 정부군 장령들의 부패는 극에 달해 있었다. 1944년 일본군이 호남성을 점령했을 때 수천 명의 중국인이 폭동을 일으켜 일본군과 함께 국민당 정부군에 대항하는 사건이 일어난 게 그 증거다. 이런 상황에 가장 크게 화를 낸 사람은 장개석의 참모장인 스틸웰 중장이었다. 그는 국민당 정부군의 고위 지휘관 대부분이 장개석과 마찬가지로 미국의 지원물자로 사리사욕을 채우고 있다고 보았다.

실제로 당시 미국의 막대한 원조물자는 대부분 국민당 측에 전달된까닭에 공산당 측은 별다른 혜택을 받지 못했다. 이는 스틸웰을 포함한 미국 지휘관들을 크게 실망시켰다. 홍군이 국민당 정부군에 비해 더 효과적으로 항일전을 수행하고 있다는 보도가 잇따르자 이들의 실망은 더욱 커졌다.

1945년 초 주은래는 모택동과 루스벨트 간의 회담을 주선하기 위해 노력했으나 불발로 끝났다. 이해 4월 루스벨트가 급서한 데 따른 것이었다. 부통령 트루먼이 대통령직을 승계했다. 이해 8월 두 개의 원폭이 일본 본토에 투하됨에 따라 제2차 세계대전은 마침내 종식됐다.

일본이 무조건 항복을 선언한 후 주은래는 모택동과 함께 중경으로 가 국민당 관계자들과 회담했다. 국민당 측에서는 모택동의 안전을 보장하겠다고 했으나 주은래는 혹여 음식에 독이 있을까 먼저 시식하는 등 세심하게 신경을 썼다. 한번은 이런 일이 있었다. 연회 자리에서 사람들이 모택동에게 술을 권하자 그가 재빨리 나서 모택동은 술을 못한다며 대신 연거푸 5-6잔을 마셨다. 한 사람이 그에게 다가와 조용히 말했다.

"모 주석이 반잔만 마셔도 당신이 5-6잔을 마시는 일은 없을 것입니다."

그가 나직이 답했다.

"알고 있네. 난 술에 독이 들어 있을까 그러는 것이네."

협상과정에서 주은래가 향후의 국공합작에 대해 유화적인 태도를 보인 데 반해 모택동은 강경한 입장을 보였다. 모택동은 미국이 계속 장개석 정부를 지지할 것이라는 걸 눈치채고 있었다. 얼마 후 그는 협상의 세부사항 타결 임무를 주은래에게 맡긴 채 연안으로 돌아갔다.

당시 모택동의 미국 정부에 대한 의심은 시간이 갈수록 더욱 증폭됐다. 그는 연안에 와 있던 미 군사고문단의 일원인 데이비드 버레트 대령을 만난 자리에서 크게 화를 내며 이같이 말했다.

"장개석을 지원하려거든 얼마든지 하시오. 그러나 이것만은 명심하시오. 중국이 누구의 중국이오? 장개석의 중국이 아닌 것은 삼척동자도 다 아는 사실이오. 중국은 중국 인민의 것이오. 불원간 당신들이 더 이상 장개석을 지원해 줄 수 없는 날이 오고야 말 것이오!"

이해 12월 미군 참모총장 마셜은 국민당과 공산당의 불화를 중재하기 위해 중국으로 건너왔다. 그는 양측이 휴전에 합의해 연립정부와 초당적인 협의회를 수립해야 한다며 양측을 설득했다. 이듬해인 1946년 3월 마셜이 미국으로 돌아갔다. 자신의 노력이 성공적이었다는 판단을 내린 결과다. 그는 중국의 재건을 지원하기 위한 차관을 얻어냈다.

장개석은 이를 만주지역의 홍군 공격작전에 유용했다. 주은래가 미국의 대중정책을 신랄히 비판했다. 이해 4월 18일 마셜이 다시 중국을 찾았다. 주은래가 가차없이 쏘아붙였다.

"당신은 정말 기계적인 형식주의자가 아니오? 장군도 알다시피, 그리고 모든 사람이 알다시피 미국이 넘겨주는 모든 물자가 홍군과 대치하고 있는 장개석 군대 손으로 넘어가고 있소. 이를 외면한다면 그것이야말로 위선이 아니겠소?"

정전협상이 실패로 끝나자 마셜은 황급히 미국으로 돌아갔다. 이해 10월 마셜이 휴전협상 중재를 위해 다시 중국을 찾았다. 주은래는 더 격앙돼 있었다.

"이제는 시간이 충분치 않소. 게다가 나는 장개석을 믿을 수 없소."

마셜이 중국을 떠난 지 얼마 안 돼 국민당군과 홍군 사이에 전면전이 빚어졌다. 본격적인 '국공내전'이 발발한 것이다. 이 내전은 이후 3년 동안 지속됐다.

내전 초기만 해도 국민당 정부군이 여러 면에서 크게 우세했다. 병력만 해도 홍군의 3배가 넘었다. 1947년 후반 여러 차례 대승을 거둔 끝에 홍군이 장악하고 있던 상당수의 지역을 탈환했다. 홍군은 가까스로 연안을 빠져나와 국민당 정부군의 추격을 이리저리 피해다녀야 하는 지경에 이르렀다.

그러나 얼마 안 돼 중국 인민들은 장개석 정부의 행보가 이전의 군벌보다 별반 나을 게 없다는 사실을 깨닫기 시작했다. 지도층의 부정부패와 지식인에 대한 사상 탄압은 인민들을 크게 자극했다. 서민들을 격노하게 만든 것은 살인적인 인플레이션이었다. 민심이 급격히 장개석 정부에 등을 돌린 이유다. 이해 말 홍군이 내전 사상 처음으로 기록적인 승리를 거두었다. 수천 명의 지원병이 홍군에 들어가 국민당군과 싸운 게 당시의 분위기를 전해준다.

이듬해인 1948년 초 홍군이 연안을 재탈환했다. 이해 여름 공산당은 3백만의 당원을 확보했다. 이를 기반으로 홍군은 만주지역으로 방향을 돌렸다. 국민당도 총력전으로 맞섰다. 이해 말부터 이듬해인 1949년 초 사이에 국공내전 기간 중 가장 치열한 3개 전투가 벌어진 이유다. 만주에서 벌어진 심양전투沈陽戰鬪, 북경과 천진 사이에서 빚어진 평진전투平津戰鬪, 용해철도로부터 회해 쪽으로 뻗어나온 넓은 들판에서 벌어진 회해전투淮海戰鬪가 그것이다. 이 중 회해전투가 가장 치열했다.

이 전투는 3개 전투 중 유일하게 국민당군의 수가 홍군보다 많았다. 군민당군은 약 80만, 홍군은 약 60만이었다. 그러나 약 65일 간에 걸친 교전 끝에 국민당 정부군은 55만 명의 병력을 잃었다. 이들 중 상당수가 홍군 쪽으로 도주했다. 이를 계기로 그간 어느 정도 균형을 유지하던 저울추가 급격히 기울었다. 국민당 정부군은 이들 3대 전투를 전개하는 와중에 무려 150만 명의 사상자를 냈다.

1949년 10월 1일 건강을 회복한 주은래는 모택동과 함께 자금성 천안문 누상에 나란히 섰다. 모택동은 감격스런 어조로 '중화인민공화국'의 성립을 선포했다. 주은래는 곧바로 정무원 총리 겸 외교부장에 임명됐다. 당시 그의 나이 51세였다. 그간 '조직의 귀재' 내지 '외교의 달인'이라는 명성을 얻어온 주은래에게 새로운 세상이 활짝 열린 셈이다.

여기에는 재야에서 장개석과 맞서며 그의 그림자처럼 행동해 온 장신부의 공도 적지 않았다. 장신부는 일본의 패색이 짙어질 무렵 각 정당 및 정파를 하나로 묶은 '중국민주동맹'의 핵심 멤버로 활약했다. 일본이 물러난 후 그는 중경에서 개최된 정치협상 회의에 '중국민주동맹' 대표로 참석했다. 국민당과 공산당 사이에서 완충역할을 떠맡은 것이다. 그는 국공내전이 끝나갈 무렵 한 잡지에 「평화를 호소한다」는 글을 발표했다.

"부득이한 전쟁이라 하더라도 어차피 내전이다. 누가 승자가 되건 의미가 없다. 승패에 상관없이 애통해할 일만 남았다. 기뻐할 일은 없다."

틀린 말은 아니었으나 중국공산당의 승리가 임박한 상황에서 이는 너무 고답적이었다. 이미 중국공산당 지지를 선언한 '중국민주동맹'이 곧바로 그를 제명했다. 중국공산당도 그를 '인민의 적'으로 몰아붙였다. 그는 졸지에 국민당과 한통속이 되고 말았다.

'중화제국' 건립 선언 후 주은래를 비롯해 과거 장신부의 청화대 제자였던 북경시장 팽진이 그의 일자리를 찾아주기 위해 노심초사했다. 가장 적합한 곳은 대학이었지만 무슨 사고를 저지를지 몰라 팽진은 불안했다. 결국 조용히 책이나 보라며 북경도서관의 연구원 자리를 마련해 주었다. 이후 그가 진독수 및 이대교와 함께 '중국공산당'을 창당한 주역이라는 사실은 철저히 비밀에 붙여졌다. 일종의 금기가 된 것이다.

주은래도 침묵으로 일관했다. 그러나 그는 1962년 3월 광동 광주의 한 회의에 참석해 문득 그의 이름을 들먹이며 금기를 깨버렸다. 그는 장신부와 얽힌 과거를 회상하며 이같이 말했다.

"장신부는 복잡하면서도 정교한 사람이었다. 공자와 러셀, 마르크스, 프로이트, 아인슈타인의 사상을 용광로 속에 집어넣었다가 뽑아낸 것이 장신부의 사상이었다."

장신부는 이후 비슷한 연배인 주은래와 모택동이 죽은 후에도 10년이나 더 살다가 1986년 북경의 자택에서 93세로 세상을 떠났다. 죽는 날까지 그는 중국 수뇌부로부터 나름 대접을 받기는 했다. '중국공산당'의 산 증인을 홀대할 수는 없었기 때문이다. 총서기로 있던 호요방이 수시로 과일을 선물하며 그의 안부를 물은 게 그 증거다. 그는 5·4운동으로 상징되는 중국의 신문화운동이 배출한 당대의 사상가였다. 그럼에도 너무 앞서 나간 나머지 자신이 손수 만든 중국공산당이 '신 중화제국' 창건의 주역이 되었음에도 오랫동안 경원시된 것이다.

초대 총리 주은래

당시 중화인민공화국의 초대 총리가 된 주은래는 신생 '중화제국'의 기반을 튼튼히 하기 위해서는 자유주의 성향 인사들의 지원이 절실하다는 것을 익히 알고 있었다. 등영초가 상해로 가 손문의 미망인인 송경령에게 속히 북경으로 올라와 새 정권에 협력해 줄 것을 설득한 이유다. 1949년 9월 송경령이 북경으로 올라오자 주은래는 모택동과 함께 직접 역까지 마중을 나갔다. '국부'로 통하는 손문은 아직도 효용가치가 높았다.

이 밖에도 안팎으로 처리해야 할 일이 수없이 많았다. 이미 중국은 장기간에 걸친 군벌통치와 일제의 점령 및 국공내전 등으로 인해 피폐해질 대로 피폐해 있었다. 가장 시급한 것은 인민들의 민생을 챙겨주는 일이었다. 인민들을 하나로 결속시킬 법제도의 정립도 시급했다. 주은래는 정무원 총리로서 전국을 하나로 묶는 행정제도를 구상했고 당 안팎의 인사들로부터 자문을 구했다. 역대 왕조와 마찬가지로 강력한 중앙집권적 통치체제가 마련된 배경이다.

당시 그는 외교부장으로서 세계 각국과 새로운 관계를 수립하는 임무까지 수행해야 했다. 오전과 오후에는 각종 모임과 회의에 참석해 신생 '중화제국'의 입장을 설명하며 협조를 당부했다. 저녁에는 공식 만찬에 나가 외교사절과 외빈을 접대했다. 일이 끝나면 보고서를 읽거나 직접 작성했다. 새벽이 되어서야 3시간 정도 잠을 자는 습관을 길들인 이유다. 그는 죽을 때까지 이를 깨뜨리지 않았다.

그러나 상황에 따라서는 업무가 쌓여 며칠씩 잠을 자지 못한 적도 있다. 세세한 일까지 직접 챙겨야만 안심하는 체질에서 비롯된 것이다. 이런 식으로 계속할 경우 제갈량이 오장원에서 진몰한 전철을 밟을 공산이 컸다. 외부인이 볼 때 그의 이런 모습은 거의 강박증에 가까웠다. 실제로 그를 인터뷰한 한 일본 기자는 이같이 기술해 놓았다.

"주은래는 극히 세심한 일에도 주의를 기울였다. 멀리 떨어진 곳에서 차를 끓이던 급사가 작은 소리를 내자 곧바로 통역을 중지하게 할 정도로 신경이 날카로웠다. 그는 이어 통역관의 말을 중단시킨 후 의자에 앉은 채로 몸을 숙여 마이크 줄을 잡고는 줄을 흔들어 가지런히 펴지게 했다. 무엇이든 제대로 놓여 있지 않으면 못내 불안한 모양이었다."

그렇다고 그가 매양 이런 모습만 보여준 건 아니다. 때론 시급한 현안을 제쳐두고 외빈에게 몇 시간씩 시간을 할애하는 파격적인 모습도 보여주었다. 총리와 외교부장을 동시에 맡은 것은 당시의 상황이 일종의 비상상황임을 암시한다. 실제로 모택동은 득천하得天下에는 타의 추종을 불허하는 '혁명가'의 자질을 유감없이 보여주었으나 치천하治天下에는 일만 크게 벌려놓고 뒷수습을 제대로 하지 못해 허둥대는 모습을 보여주었다. 이는 대다수 '혁명가'가 겪는 일이기도 하다. 죽을 때까지 주은래의 조력이 절대 필요했던 이유다. 이를 뒷받침하는 일화가 있다.

'신 중화제국' 건립 직후 초대 황제 모택동은 차르인 스탈린을 알현하고 겸해서 소련의 지원을 얻기 위해 황급히 모스크바로 날아갔다. 그러나 그는 너무 서두르는 바람에 '협상의 명수' 주은래를 떼어놓고 오는 실수를 범했다. 차르 스탈린은 차제에 위계질서를 확고히 해놓을 심산으로 즉답을 피했다. 한없이 하명을 기다리는 꼴이 된 초대 황제의 체면이 말이 아니었다. 미국의 역사가 로스 테릴은 당시의 상황을 이같이 묘사해 놓았다.

"스탈린은 모택동을 마치 사환 취급하듯 기다리게 했다. 어떤 때는 며칠 동안이나 아무 연락도 없이 모른 체하기도 했다. 게다가 누구도 모택동과 이야기를 해서는 안 된다는 엄명을 내려놓았기에 감히 그를 찾아와 이야기하려는 사람조차 없었다. 화가 난 모택동은 당장 짐을 싸 중국으로 돌아가 버리겠다고 위협하기까지 했다."

그가 '치천하'에 얼마나 서툴렀는지를 극명히 보여주는 사례다. 결국 그는 이듬해인 1950년 1월 20일 주은래가 모스크바에 등장하면서 굴욕적인 상황에서 가까스로 빠져나올 수 있었다. 주은래는 모스크바에 도착한 지 단 몇 주 만에 '중소 우호동맹 상호 원조조약'을 타결해냈다. 소련이 향후 3억 달러의 차관을 제공한다는 게 골자였다. 당시로서는 엄청난 금액이었다. 이는 이해 2월 14일에 조인됐다.

그러나 조약의 마지막 부분에서 외몽골의 독립을 인정하고 제정 러시아가 중국으로부터 나눠받은 철도와 항구에 대해서는 중소 양국이 공동 관리하기로 한다는 내용 등을 끼워넣어야만 했다. '갑'과 '을'의 입장이 너무도 선명한 상황에서 아무리 '협상의 명수'일지라도 어쩔 수 없는 일이었다. 제정 러시아의 뒤를 이어 '소련제국'의 차르가 된 스탈린 역시 바보가 아닌 이상 세계 최대의 인구를 보유한 '신 중화제국'을 무턱대고 지원할 수 있는 일도 아니었다. 모택동은 이미 자신의 명을 어기고 장강을 넘어 장개석을 대륙에서 완전히 축출한 전례가 있기에 더욱 그랬다. 자칫 호랑이 새끼를 키울 수 있다는 우려를 한 것은 차르로서 당연한 일이기도 했다.

제3세계 외교

주은래가 모스크바에서 '중소 우호동맹 상호 원조조약'을 체결한 지 불과 5달 만인 1950년 6월 한반도에서 전쟁이 터졌다. 미국의 응징은 전광석화와 같았다. 트루먼은 즉각 군사를 파견하는 한편 대만에 있는 장개석 정권을 보호하기 위해 제7함대를 대만해협으로 이동시켰다. 주은래는 즉각 성명을 통해 제7함대의 이동을 '중국 영토에 대한 무력침공'으로 비난했으나 트루먼은 이를 일축했다.

이해 9월 유엔군의 전격적인 '인천상륙작전'으로 북한군이 패주를 계속했다. 유엔군의 북진이 계속될 경우 만주가 전쟁터로 변할지도 모를 일이었다. 주은래가 중국의 외교부장 자격으로 포문을 열었다.

"중국은 절대로 외세의 침략을 용납할 수 없고 이웃 나라가 무참하게 유린당하는 것을 좌시하지 않을 것이다."

그는 주중 인도 대사를 시켜 유엔군이 압록강까지 진격해 올 경우 중국이 전쟁에 개입할 것이라는 경고를 미국 정부에 전하게 했다. 트루먼은 이것도 묵살했다. 내전이 끝난 지 얼마 안 된 중국이 허장성세의 엄포를 놓은 것으로 간주한 것이다. 그러나 이는 트루먼의 실수였다.

이해 11월 26일 주은래의 성명이 결코 허언이 아니었음이 증명됐다. 수많은 중국군이 한반도로 밀려들어 왔다. 이듬해인 1951년 1월 북한군과 중국군은 남한의 수도 서울을 다시 점령했다. 소위 '1·4후퇴'가 빚어진 것이다. 이때 맥아더는 전세를 일거에 반전시킬 속셈으로 만주의 중국군 기지에 대한 공습을 트루먼에게 건의했다. 소련의 개입으로 인해 제3차 세계대전으로 비화할 것을 우려한 트루먼은 이를 거부했다. 유엔군이 재차 공세를 펴 가까스로 서울을 탈환했다. 곧이어 협상이 시작돼 휴전협정이 체결됐다.

한국전쟁으로 인해 미중 두 나라의 불화는 이후 20년 넘게 지속됐다. 이 기간 동안 미국은 대만의 장개석 정부를 중국 유일의 합법정부로 인정하는 비현실적인 노선을 고집했다. 주은래는 이를 뒤집기 위해 집요한 노력을 경주했다. 그 결과로 나온 게 바로 '제3세계 외교'였다.

미국과 종전협상을 맺기 직전인 1953년 3월 세계의 공산주의 지도자들이 대거 참석한 가운데 스탈린의 장례식이 엄숙히 치러졌다. 많은 사람들은 공산진영의 원로인 모택동이 응당 참석할 것으로 예상했다. 그러나 그는 '신 중화제국'의 초대 황제인 자신에게 커다란 굴욕을 안겨준 차르의 무례한 행동을 잊지 않고 있었다. 실제로 차르의 무례한 행동은 이후에도 지속됐다. 그의 소련 방문 이후 유소기 및 주은래가 잇달아 예방했는데도 불구하고 그에 상응한 인사를 전혀 보내지 않았다. 천조天朝를 자부했던 역대 왕조의 뒤를 이은 '신 중화제국'에 대한 명백한 하대였다.

모택동은 차르 장례식에 주은래를 조문사절로 보냈다. 주은래는 대대적인 환영을 받았다. 외국의 조문사절단 중 소련 지도자들과 나란히 앉아 있다가 조화를 바치고 운구행렬에서 흐루쇼프와 말렌코프, 베리아 등과 어깨를 나란히 하고 걸어간 유일한 외국인이 바로 그였다. 이후 3년 동안 중소 간 밀월이 지속된 데에는 그의 공이 컸다.

당시 세계의 모든 언론은 소련 당국이 차르의 장례식에서 그에게 베푼 파격적인 대우에 경악했다. 아직 주은래라는 인물에 대해 잘 모르는 나라가 많았다. 그가 일거에 세계 언론의 초점이 된 이유다. 세계 언론의 관심은 곧이어 치러진 한국의 정전협상과 이듬해인 1954년 5월 베트남 문제를 처리하기 위한 '제네바 회담'에서 보여준 괄목할 만한 성과로 인해 더욱 증폭됐다. 제네바 회담 당시 그는 소련 외상 몰로토프, 북베트남 수상 팜 반동과 더불어 회담에 참석한 3명의 공산진영 지도자 중 한 사람이었다. 그는 회담 참석차 제네바로 가는 도중 모스크바를 방문해 흐루쇼프에게 이같이 말했다.

"호지명 동지는 현재의 절망적인 상황에서 휴전을 성립시키지 못할 경우 더 이상 버틸 수 없다고 말했소. 베트남인들은 그들의 땅에서 프랑스인을 쫓아내는 데 우리가 도와주기를 바라고 있소. 그러나 우리 중국은 솔직히 말해 여력이 없소. 한국전에서 너무 많은 인명을 잃었기 때문이오. 우리는 현재 또 다른 전쟁에 개입할 형편이 못 되오."

흐루쇼프가 당부했다.

"잘 알겠소. 그러나 일단 선의의 거짓말을 해서라도 호지명 동지로 하여금 중국이 북베트남을 원조하기 위해 군대를 보낼 가능성이 있다는 식으로 믿게 만드시오."

공교롭게도 제네바 회담이 열릴 때 북베트남군이 디에 비에 푸 전투에서 대승을 거두었다. 프랑스가 오히려 조급해졌다. 주은래로서는 '중화제국'의 체면도 살리고 호지명의 믿음도 얻는 일거양득의 소득을 얻은 셈이다.

이해 여름 제네바 회담을 타결짓는 과정에서 그는 서방 언론의 집중 취재대상이 되었다. 당시 그는 최고급 호텔에 투숙해 수많은 승용차를 전세내어 사용했다. 그 자신은 아늑한 별장을 한 채 차지해 그곳에서 공산진영 대표들을 맞았다. 《라이프》는 그를 '사치를 좋아하는 공산주의자'로 표현했다. 그러나 이는 '중화제국'의 위세를 널리 알리기 위한 의도된 몸짓이었다. 당시 프랑스 측 외교관의 회고가 이를 뒷받침한다.

"주은래는 회담을 성사시키기 위해 자신이 할 수 있는 바를 다했다. 그는 자신의 숙소를 프랑스 측 대표단이 팜 반동을 은밀히 만나는 장소로 제공해 주었다."

그는 의도적으로 서방 측에 대해 몰로토프보다 더 냉담한 태도를 취했다. 미국이 동남아를 중국에 맞서는 군사기지로 이용코자 한다고 맹비난한 게 그것이다. 세계 언론을 중국에 유리한 쪽으로 이끌기 위한 책략이었다. 실제로 프랑스의 뒤를 이어 베트남에 개입한 미국은 이후 구태의연한 제국주의 행보를 답습하고 있다는 비난을 받아야만 했다.

회담이 교착상태에 빠진 어느 날 오후 그는 회담이 열리는 홀에서 미국의 국무장관 덜레스와 우연히 마주치게 됐다. 초면인데도 불구하고 그가 반가운 표정을 지으며 악수를 청했다. 방에 있던 사람들은 덜레스가 어떤 반응을 보일지 긴장된 모습으로 지켜보았다. 덜레스가 두 손을 뒤로 감추더니 휙 몸을 돌려 방 밖으로 나가며 중얼거렸다.

"내가 그를 언제 보았다고 악수를 한단 말인가?"

당시 덜레스의 뒷모습을 물끄러미 바라보던 그는 이내 어깨를 으쓱

하며 눈썹과 입을 삐죽이는 모습으로 두 손을 반짝 들어보였다. 이는 '무슨 저따위 사람이 있나'라는 뜻을 담은 서구식 제스처였다. 서방의 많은 언론은 그가 무례하기 짝이 없는 덜레스와는 정반대로 끝까지 신사적인 모습을 보여주었다며 칭송을 아끼지 않았다.

이해 6월 중순 그는 영국의 이든 외상과 프랑스의 망데스 수상으로부터 라오스와 캄보디아 문제를 베트남 문제와 분리시켜 처리한다는 동의를 얻어냈다. 사실 라오스와 캄보디아가 프랑스의 식민통치에서 벗어나지 못할 경우 과거 두 나라에 대한 지배권을 행사했던 베트남과 커다란 마찰을 빚을 소지가 컸다. 그는 노련한 외교로 중국과 베트남의 이해가 충돌하는 사안을 말끔히 처리한 것이다.

당시 그는 프랑스로부터 인도차이나 철수 합의를 이끌어낸 뒤 베트남 통일을 위한 첫 조치로 남북 베트남의 동시선거 방안을 제시했다. 그러나 마지막 단계에서 미국의 완고한 태도를 꺾는 데 실패했다. 결국 총선 방안은 무산됐다. 이는 호지명이 선거에서 압도적인 승리를 거둘 것을 염려한 미국의 우려가 반영된 결과였다. 미국은 이미 남베트남을 자신들의 세력권에 포함시킨다는 복안을 마련해 놓고 있었다.

이해 6월 말 회담이 휴회에 들어가자 그는 네루 총리를 만나기 위해 인도를 방문했다. 제네바 회담의 인도 측 대표인 메논의 주선에 따른 것이었다. 메논은 이미 몇 년 전에 한국의 남북한 총선을 감시하기 위해 국제연합 한국위원회 의장 자격으로 한국을 방문한 바 있다. 당시 네루는 중국이 1950년에 티베트를 무력으로 점령한 것에 커다란 두려움을 느끼고 있었다. 주은래가 그를 안심시켰다.

"중국은 결코 티베트를 넘어서 영역을 확장하는 일은 하지 않을 것이오."

두 사람이 이내 소위 '평화공존5원칙'을 선언한 배경이다. 주권과 영토에 대한 상호 존중, 상호 불가침, 내정불간섭, 평등 및 호혜, 평화공존이 골자였다. 이는 이후 중국과 인도가 손을 잡고 제3세계의 우두머리 역할을 하는 단초가 되었다. 그는 인도 방문 직후 호지명을 안심시키기 위해 북베트남을 방문했다. 이해 7월 그가 제네바로 돌아오자 프랑스는 호지명의 반응을 크게 궁금해했다. 그가 기분 좋게 말했다.

"내가 만나 얘기해 본 모든 사람들 사이에 하나같이 평화에 대한 갈망이 간절하다는 사실을 발견했소. 프랑스와 베트남 양측 모두 상대방 쪽으로 몇 걸음 더 나아갈 필요가 있소."

며칠 후 베트남이 군사분계선 문제에 양보를 함으로써 회담이 아연 활기를 띠게 됐다. 협상의 마지막 단계에서 그는 미국으로부터 남베트남에 군사기지를 설치하지 않겠다는 약속을 얻어내기 위해 백방으로 노력했다. 그러나 협상 참가국의 최종 선언이 발표되었을 때 미국은 서명을 거부했다. 그가 일침을 놓았다.

"나는 미국이 다른 관계국들이 어렵사리 만들어낸 합의사항을 방해하지는 않을 것으로 믿습니다."

그는 이미 미국이 서명 거부를 구실로 베트남에 적극 개입할 것이라는 걸 눈치채고 있었다. 그렇다면 명분을 먼저 확보할 필요가 있었다. 훗날 미국 언론인 레스턴과 만난 자리에서 그는 미국에 대한 불만을 털어놓았다.

"우리는 제1차 제네바 회담에서 사기를 당했소!"

회담이 막바지로 치달을 당시 급진주의자인 영국의 희극배우 찰리 채플린과 가진 오찬 일화는 '죽의 장막'으로 알려진 중국의 이미지를 개선하는 데 크게 기여했다. 당시 주은래의 측근으로부터 시간이 약간 지체

될지도 모른다는 통보를 받은 채플린은 원래 시간에 맞춰 숙소를 출발했다. 그러나 주은래는 더 일찍 돌아와 현관 앞 계단에 나와 그를 마중했다. 채플린이 의아해하며 물었다.

"어찌된 일이오?"

주은래가 채플린의 어깨에 손을 얹으며 말했다.

"바로 5분 전에 일이 원만히 타결되었소."

당시 그가 이뤄낸 외교적 성과는 괄목할 만했다. 미국의 국무장관을 역임한 애치슨의 평이 그 증거이다.

"윈스턴 처칠 경을 포함한 세계의 외교관 중 주은래처럼 유능한 외교관은 일찍이 없었다!"

그의 평은 서구의 외교관이 보낸 모든 칭송 중 압권에 해당한다. 북경에 있던 '신 중화제국'의 창업주 모택동이 크게 흡족했다. 그는 귀국 도중 모스크바에 들러 흐루쇼프를 만난 자리에서 오랫동안 요청해 왔던 원조문제를 끄집어냈다.

"소련은 우리에게 대학교 하나쯤은 선물할 수 있겠지요."

흐루쇼프가 미리 연막을 쳤다.

"당신도 알다시피 우리도 가난합니다. 우리는 당신네보다 약간 부유할지 모르나 전쟁이 끝난 지 얼마 안 돼 아직도 완전히 회복되지 않은 상태입니다."

새 '차르' 흐루쇼프도 스탈린과 마찬가지로 중국이 거대강국으로 크는 것을 결코 원치 않았다. 중국이 제네바 회담을 계기로 독자 노선을 걷기 시작한 것도 소련 수뇌부의 속셈을 간파한 사실과 무관치 않다. 실제로 당시 흐루쇼프를 비롯한 소련의 수뇌부는 한국전쟁 때처럼 중국을 희생시켜 북베트남을 '소련제국'의 위성국으로 만들고자 했다. '중화제국'의 초대 황제 모택동과 당대의 승상인 주은래가 이들의 속셈을 모를 리 없었다.

주은래가 모스크바에 체류하는 도중 주체적인 모습을 보인 것도 이런 맥락에서 이해할 수 있다. 당시 그는 소련 당국이 베푼 연회에 참석해 영어로 '건배'를 제의했다. 소련 부수상 미코얀이 러시아어로 불만을 털어놓았다.

"주동지, 왜 러시아 말을 쓰지 않는 것이오?"

주은래가 영어로 대답했다.

"이제는 당신이 중국말을 배워야 할 때지요, 미코얀 동지."

미코얀이 퉁명스럽게 말했다.

"중국 말은 배우기가 너무 어렵소."

주은래가 곧바로 그의 코를 납작하게 만들었다.

"아, 그래요. 그건 염려하지 마시오. 내일 아침 일찍 우리 대사관으로 오시오. 우리가 기꺼이 중국어 공부를 시켜드리겠소."

이해 가을 북경에서 전국인민대표대회가 열렸다. 그는 북경시를 대표하는 대의원으로 참석했다. 9월 23일 초대 황제 모택동의 천하경영 의중을 익히 알고 있는 그는 연설에서 이같이 말했다.

"중국은 이제 제국주의와 봉건주의, 관료적 자본주의 탄압으로부터 스스로의 생산력을 해방시키려고 노력하는 중이다. 새로운 산업경제는 사회가 공유하는 것이 될 것이다. 현재 진행 중인 제1차 5개년 계획에 따라 곧 절반이 넘는 농가와 경작지가 협동조합 체제로 편입될 것이다."

이어 향후 유럽과 미국을 포함해 전 세계의 모든 나라와 평화적인 관계를 맺을 용의가 있음을 밝혔다. 문제는 동남아 일대의 상권을 장악하고 있는 화교였다. 이들은 해당 국가의 '뜨거운 감자'에 해당했다. 그는 '혈통주의'의 포기를 선언했다.

"우리는 해외 거주 중국 동포들에게 그들이 살고 있는 국가의 법률과 사회관습을 존중할 것을 촉구한다."

이는 전래의 혈통주의에 입각한 '동포' 개념과 국제 평화주의에 입각한 '국적' 개념을 구분한 최초의 발언이었다. 혈통주의에 입각한 기존의 화교정책에 적잖은 문제가 있었음을 시인한 셈이다. 이는 제3세계의 신뢰를 얻는 데 크게 기여했다.

한반도 문제에 관해서도 그는 매우 열린 자세로 임했다. 1963년 6월 그는 중국을 방문한 북한 조선과학원 대표단과 만났다. 이 자리에서 그는 발해를 포함한 만주의 역사가 조선의 역사에 속한다고 언급했다.

"민족의 역사발전을 연구하는 가장 좋은 방법은 출토된 유물에서 증거를 찾는 것이다. 사서는 2차 자료일 뿐이다. 조선 민족의 발자취는 요하와 송화강 유역, 도문강 유역에서 발견된 문물과 비문 등이 뒷받침하고 있다. 일찍이 당나라가 당신들을 모욕하며 전쟁을 벌였을 때 당신 나라의 훌륭한 장군이 이들 침략군을 무찔렀다. 중국 사학자들은 이를 인정해야 한다. 그들은 어떤 때는 고대사를 왜곡했고, 심지어 조선 민족은 '기자의 자손'이라며 평양에서 유적을 찾아 증명하려는 무리한 시도를 했다. 이는 역사왜곡이다. 만주족은 중국에 공헌한 바가 있다. 중국 땅을 크게 넓힌 게 그거다. 한족이 통치한 시기에는 국토가 이처럼 넓은 적이 없었다. 이들은 당신들을 압록강과 두만강 동쪽까지 밀어냈다. 이는 모두 역사의 흔적이고 지난 일이다. 그렇지만 우리는 당신들의 땅을 밀어붙여 작게 만들고 우리들이 살고 있는 땅이 커진 것에 대해 조상을 대신해 사과해야 한다. 역사는 왜곡할 수 없다. 두만강과 압록강 서쪽이 유사 이래 중국의 땅이었다거나 심지어 고대부터 조선은 중국의 속국이었다는 식으로 말하는 것은 황당한 일이다. 모두 사가들의 붓끝에서 나온 오류다. 우리는 이런 오류를 바로 잡아나가야 한다."

　최근 한중 간의 갈등요인으로 작용하고 있는 중국의 '동북공정'을 정면으로 반박하는 내용이 아닐 수 없다. 그의 이런 합리적인 생각은 중국의 부정적인 이미지를 순화하고 중국이 국제적인 고립에서 벗어나도록 만드는 데 크게 기여했다.

　1954년의 제네바 회담이 성사된 지 얼마 안 돼 흐루쇼프가 '신 중화제국' 건립 5주년을 축하하기 위해 불가닌 등을 대동하고 중국을 방문한 것도 그의 이런 노력이 주효한 결과다. 소련의 새 지도자들은 스탈린 때와 달리 중국을 무시하던 과거의 자세를 크게 바꿨다. 여순과 대련으로부터 소련군을 철수시키고, 중소가 함께 운영해 오던 합작회사를 중국에 넘기고, 거액의 차관을 제공하며 과학기술 협력을 증대하기로 합의한 사실이 이를 뒷받침한다.

　주은래가 제3세계 외교에 매진할 당시 그의 파트너는 인도 수상 네루였다. 1955년 4월 18일 인도네시아의 반둥에서 아시아와 아프리카 29개국 대표가 모이는 '반둥회의'에서 두 사람이 선언한 '평화5원칙'이 채택된 게 그 증거다. 이때 그가 한 유명한 말이 있다.

　"우리는 공통점을 추구하고 차이점을 존중해야 합니다."

　소위 구동존이求同存異 원칙이다. 의견이 엇갈리는 부분은 일단 뒤로 미뤄둔 채 우선 의견을 같이하는 공통분모부터 확대해 나가면서 우호를 도모하는 것을 말한다. 춘추전국시대 당시 공손룡과 혜시 등은 '동同'과 '이異'의 문제를 놓고 치열한 논전을 벌인 바 있다. 훗날 풍우란은 이를 두고 "공손룡은 '동'에서 '이'를 구하는 동중구이同中求異의 입장을 취한 데 반해 혜시는 '이'에서 '동'을 구하는 이중구동異中求同의 입장을 보였다"고 평한 바 있다. '구동존이'는 여기서 힌트를 얻은 주은래가 독창적인 외교책략으로 창안해낸 것이다.

'구동존이'에 입각한 '평화5원칙'은 이후 수십 년 동안 미소와 동맹을 맺지 않는 소위 '비동맹국'의 외교정책 기조가 됐다. 중국이 냉전체제 붕괴의 단초를 연 배경이 여기에 있다. 주은래가 이룬 여러 외교업적 가운데 가장 큰 성과 중 하나로 꼽을 만하다.

그는 '반둥회의' 당시 하마터면 목숨을 잃을 수 있는 아슬아슬한 순간을 겪기도 했다. 당초 중국의 대표단은 네루의 주선으로 인도 여객기 한 대를 전세냈다. 중국 관원 9명을 태우고 떠난 이 여객기는 바다에 추락했다. 그 원인은 아직 정확히 밝혀지지 않고 있으나 일각에서는 대만 정부의 비밀공작원들이 개입한 것으로 추정하고 있다. 당시 그는 보좌관들의 권유를 좇아 미얀마의 양군을 경유하는 우회항로를 택하는 바람에 목숨을 건질 수 있었다.

회의 개막 이틀째인 4월 19일 그는 공식연설을 통해 장차 아시아 국가를 결속시키는 것이라면 어떤 조치도 과감히 받아들이겠다고 선언했다. 아시아 지역이 미소대결의 전장이 되는 것을 경계한 것이다. 그의 연설은 인종차별에 함몰된 미국과 '차리즘'에 입각한 소련의 제국주의 행태를 신랄히 비판한 데서 절정을 이뤘다.

"아시아 주민들은 최초의 원자폭탄이 아시아 땅에 떨어진 것을 결코 잊지 않을 것이다!"

소련과 미국 모두 백인의 나라이고 서구의 일원이며 제국주의 국가라는 사실을 공개적으로 지적한 것이다. 당시 회의에 참석한 나라들은 이를 제대로 파악하지 못하고 있었다. 필리핀의 로물로 외상이 '공산제국'은 '자본제국'보다 더 나쁘고 '중화제국'은 '소련제국'의 괴뢰에 불과하다고 비난한 게 그 증거다. 이는 외양상 제3세계의 시각을 반영한 듯 하나 사실 '대영제국'의 뒤를 이은 '대미제국'의 관점을 그대로 옮긴 것에 지나지 않았다. 흥분한 그는 미리 준비해 온 두 번째 연설문 원고를 찢어버린 뒤 즉흥연설에 나섰다.

"우리들 사이에 견해 차가 있지만 공통된 토대도 있다. 아시아 · 아프리카의 대다수 나라와 그 국민들은 식민주의의 재난을 겪어왔고 아직도 겪고 있다. 우리가 공통된 토대를 찾아내면 상호 이해와 존중이 쉽게 이뤄질 것이다."

원래 반둥회의는 네루가 착상한 것이다. 케임브리지 대학 출신인 네루는 주은래보다 나이도 9살 연상인 데다 국제적인 행보 또한 주은래보다 훨씬 넓고 깊었다. 주은래를 신뢰한 그가 시종 후견인 역할을 자임한 이유다. 실제로 그는 '제3세계 외교'에서 늘 뒷전에 머물면서 주은래의 성공을 자신의 성공으로 여겼다. 그가 '반둥회의'를 통해 중국의 위상을 한껏 높이게 된 데에는 네루의 보이지 않는 성원이 크게 기여했다.

그러나 두 사람의 이런 돈독한 관계는 1959년 중국이 무력점거를 반대하는 티베트의 대규모 시위를 무력으로 제압하면서 급속히 냉각되기 시작했다. 네루는 중국의 대응을 과도한 것으로 생각했다. 두 나라의 갈등은 1962년 캐시미르 지역을 둘러싼 중국과 인도 간의 국경분쟁으로 비화했다. 네루는 국경분쟁이 한창 진행 중인 1964년에 사망했다. 주은래는 '신중화제국'에 덧씌워진 호전적 이미지를 불식시키기 위해 애썼으나 일정한 한계가 있었다. 이는 모택동이 시도한 일련의 개혁조치가 과격한 모습을 띠고 있었던 사실과 무관치 않았다.

황제와 승상의 갈등

주은래가 밖에서 눈부신 성과를 올리고 있을 즈음 '신 중화제국'의 초대 황제 모택동은 점차 불편한 심기를 드러내고 있었다. 이는 문학적 상상력이 뛰어났던 모택동의 조급증으로 인한 것이었다. 두 사람은 중소분쟁이 불거지면서 '신 중화제국'을 외부의 위협으로부터 구하기 위해서 속히 공업화의 기반 확충에 나서야 한다는 데 인식을 같이하고 있었다. 문제는 방법론이었다.

주은래는 지식인들과 대화를 나누는 식의 점진적인 방법으로 기반을 다지고자 했다. 이는 조속히 계급 없는 사회를 만들고자 한 모택동 및 유소기의 입장과 배치되는 것이었다. 이후 그를 대표로 하는 실용적 테크노크라트 세력과 이상국가의 조속한 실현을 꿈꾸는 정치이념주의자 세력 간의 갈등이 표면화하기 시작했다. 소부르주아인 자영농민의 자영 포기 시점을 얼마나 앞당길 것인지, 지식인들에게 어느 정도의 자유를 허용할 것인지 여부가 쟁점으로 부상했다.

제1차 5개년 계획은 그런대로 성공적이었다. 설정한 목표가 거의 대부분 계획대로 달성됐다. 주은래가 전문인력과 지식인을 적극 설득해 '신 중화제국' 건설의 역군으로 포용한 결과였다. 그러나 당내에서는 지식인의 역할에 대한 논란이 뜨겁게 일었다. 농민을 위시한 대부분의 인민들은 지식인을 청조 때의 관원과 같은 부류로 간주했다.

이는 잘못이었다. 당시 지식인들은 기본적인 자세가 청조 때의 관원과 달랐을 뿐만 아니라 현실적으로도 중국의 과학기술 발전에 필수적인 존재들이었다. 1956년 1월 주은래가 공식적으로 밝힌 지식인들에 대한 당의 기본 입장이 이런 인식을 뒷받침한다.

"대부분의 지식인들은 사회주의 명분을 갖고 정부를 위해 일해왔다. 이들은 이미 노동계급의 일부가 되어 있다. 문제가 되는 것은 사회주의 건설을 가속화해야 한다는 요구에 부응하기 위해 현재 우리의 지식인들이 그 숫자나 기술수준, 정치의식 등 여러 면에서 아직 충분치 않다는 데 있다."

이듬해인 1957년부터 소위 '명방鳴放운동'이 일어난 배경이 여기에 있다. 이는 주은래와 모택동이 지식인의 역할과 문제점 등에 관해 의견합치를 본 결과였다. 이를 뒷받침하는 이해 5월 1일의 모택동 발언이다.

"온갖 꽃이 만발하게 하고 백가가 쟁명하게 하자. 우리 중국인들은 비판을 두려워하지 않는다."

이는 모택동이 『실천론』에서 실천과 인식이 순환할 때마다 역사는 더 높은 단계로 나아간다고 주장한 것과 맥을 같이하는 것이다. 이에 대해 정치이념주의자인 유소기는 회의적인 견해를 밝히면서 '명방운동'을 반대했다. 격렬한 자유토론은 오히려 '중화제국'의 건립기반을 위태롭게 할 수 있다는 게 그의 주장이었다.

그러나 주은래는 '명방운동'이야말로 오히려 건설적인 비판을 자극해 중화제국의 기반을 더 탄탄하게 다질 수 있다고 보았다. 모택동은 주은래의 손을 들어주었다. 그러나 얼마 후 그는 유소기의 지적이 옳았다는 사실을 깨닫게 됐다.

당시 '명방운동'에 대한 민중의 반응은 매우 뜨거웠다. 문제는 그 수준이었다. 이들의 반응은 모택동을 비롯한 당 지도부가 예상했던 것보다 훨씬 격렬했다. 토지개혁 과정에서 공산당이 보여준 무차별적인 강압조치를 비롯해 인민의 생활형편이 전혀 나아지지 않고 있는 점 등이 도마 위에 올랐다. 이들의 비판이 당 지도부의 조속한 해법을 촉구하는 양상으로 전개되자 모택동은 이들의 배신적인 행태에 격분했다. 그가 '명방운동'을 '해로운 독초'로 선언하자 주은래는 이내 자아비판을 해야만 했다.

1958년 2월 주은래는 자신의 오랜 친구이며 동료인 진의에게 외교부장의 자리를 넘겨주었다. 그러나 그는 외교상 미묘한 협상문제가 나올 때마다 직접 협상대표가 되어 순방길에 나섰다. 청일전쟁 패배 후 정치일선에서 물러난 이홍장이 황제의 '흠차대신'이 되어 세계를 순방했던 것처럼 그 역시 '외교 흠차대신'의 역할을 수행한 셈이다.

주은래가 외교부장에서 물러날 당시 모택동은 공개적으로 '대약진운동'을 선언했다. 전국 규모의 동원을 통해 중국의 공업화를 앞당기겠다는 의도였다. 모택동은 이 운동의 성패가 노동자와 지식인의 참여 및 지지 여부에 달려 있다는 점을 강조했다. 그러나 대약진운동은 처참한 실패로 끝났다. 1959년 7월 모택동은 당 지도부의 비판을 겸허히 받아들여야 했다.

"과거에는 주은래와 같은 사람들에게 비판이 가해졌다. 그러나 지금은 내가 비판을 받아야 한다. 당시 우리의 모험에 반대하던 사람들이 이제는 누구보다 확고한 태도로 일하고 있다. 바로 주은래 동지가 그 본보기다."

세계의 많은 언론은 주은래가 모택동을 계승해 주석이 되고 임표가 주은래의 뒤를 이어 총리가 될 것으로 내다봤다. 실제로 '경제재건'의 과제를 떠안은 주은래는 많은 사람들의 기대를 한 몸에 모으고 있었다. 당시에 나온 한 중국인 전문가의 전망이 시사적이다.

"주은래 동지라면 이 혼란한 사태를 해결할 수 있을 것이다. 그는 언제나 그렇게 해왔기 때문이다."

이때 흐루쇼프가 공화국 창건 기념일에 중국을 방문한 데 이어 내친김에 미국까지 방문했다. 미소 간의 해빙을 도모한 것이다. 그는 미국을 방문하는 동안 중국의 대약진운동을 조롱하는 내용의 연설을 했다. 중국에 핵무기 기술을 이전하는 것도 반대했다. 모택동이 대로했다.

1960년 중국에 있던 소련의 고문관들과 기술자들이 갑자기 본국으로 소환됐다. 이는 두 '공산제국'에 심각한 반목이 존재해 왔다는 사실을 외부세계에 알린 첫 번째 사건이었다. 소련은 곧 다른 공산국가에게도 중국과의 외교관계 단절을 압박했다. 이듬해인 1961년 모스크바에서 열린 제22차 소련공산당 전당대회에서 중국을 지지한 알바니아가 여러 나라의 비판을 받게 되자 중국 대표로 참석한 주은래가 퇴장해 버렸다. 밖으로 나온 주은래는 흐루쇼프에 대한 경멸의 표시로 스탈린 묘소를 찾아가 헌화했다.

안팎의 위기를 수습하기 위해서는 '대약진운동'의 조속한 매듭이 필요했다. 1962년 당 대회에서 주은래가 대약진운동에 찬사를 보내면서 실패의 원인을 '자연재해'에서 찾은 건 고육책의 일환이었다. 황제의 체면을 살려주면서 퇴로를 열어준 것이다. 이때 그는 당면과제를 해결하기 위해 농업을 공업보다 우위에 두는 방안을 제시했다. 식량마저 자급자족하지 못하는 게 아니냐는 당 지도부의 우려를 반영한 것이다. 실제로 당시 중국의 경제는 10여 년 이상이나 뒤로 물러나 있었다. 국제무대에서도 더욱 고립되어 날로 그 위상이 떨어졌다. 이 와중에 '문화대혁명'이 터져나왔다. 엎친 데 덮친 격이었다.

문화대혁명의 광란

'대약진운동'의 폐해를 수습하는 과정에서 모택동이 2선으로 물러나면서 실권은 자연스럽게 국가주석 유소기에게 넘어가게 됐다. 당초 유소기와 주은래는 연안시절부터 경쟁관계에 있었으나 겉으로는 상호 협력하는 자세를 견지했다. 유소기는 특이하게도 '혁명가'인 모택동과 '실무가'인 주은래의 특징을 반반씩 갖고 있었다.

난세의 시기에 이런 성향을 가진 인물은 좋게 풀리면 보위에 오를 수 있고 나쁘게 풀리면 역적으로 몰릴 수 있었다. 등소평도 유소기와 유사했다. 그러나 두 사람의 운명은 판이했다. 그 이유는 역린逆鱗의 수위에 있었다. 유소기는 본인이 잘 나갈 때 '혁명가' 기질을 노골적으로 드러내 '역린'의 수위를 고조시켰고, 등소평은 '실무가' 기질을 발휘해 그 수위를 한껏 낮췄다. '실무가' 기질은 거의 없고 오직 '혁명가' 기질밖에 없는 모택동에게 필요한 것은 '실무가'일 뿐이다. 또 다른 혁명가는 곧 반역에 해당한다.

유소기는 바로 이런 간단한 이치를 몰랐던 것이다. 그는 비록 겉으로는 겸손한 척하며 '실무가'의 모습을 보여주려 애썼으나 문득 국가주석의 자리에 오르자 본인의 위치를 망각하고 자존망대自尊妄大하는 모습을 보인 것이다. 이는 '혁명가' 기질로 똘똘 뭉친 모택동에게 속히 목을 쳐달라고 주문한 것이나 다름없다. 그와 정반대의 모습을 보인 사람이 바로 주은래다. 주은래는 '대장정'의 와중에 모택동에게 몸을 굽힌 이후 죽을 때까지 단 한 번도 '혁명가' 기질을 내비친 적이 없다. 보다 정확히 말하면 자신의 내부에 남아 있던 '혁명가' 기질을 아예 불태워 없앴다고 보는 게 옳다. 모택동과 주은래가 죽을 때까지 '중화제국' 초대 황제와 최고의 정승으로 콤비를 이룬 이유다.

당시 유소기는 경제사정이 어느 정도 호전되자 교만해진 나머지 서서히 자신의 실체를 드러내기 시작했다. 극좌적인 모택동 노선에 염증을 느낀 당내 우파세력을 노골적으로 지지한 게 그 증거다. 모택동의 의중을 헤아린 좌파세력이 이들을 소위 '주자파'로 부르기 시작하면서 서서히 반격채비를 갖추기 시작했다. 주은래는 이들과 행보를 같이했다. 1964년 12월의 연설이 그 증거다.

"사회와 당 및 정부 기관에서 부르주아 분자들이 생겨나고 있다."

이는 모택동의 의중을 대변한 것이기도 했다. 당시 주은래로서도 자신과 모택동 사이가 점차 벌어지고 있다는 사실을 크게 의식하지 않을 수 없었다. 임표에게 충성하는 군 장령들이 신병 훈련기간이 연장되어야 한다는 그의 제안을 모택동의 재가를 얻어 기각한 게 그의 경계심을 자극했다. 생과 사의 갈림길에 서게 된 것을 안 그는 식은땀을 흘리지 않을 수 없었다.

이와 정반대로 유소기는 철부지처럼 이글이글 타오르고 있는 숯불 속으로 뛰어들고 있었다. 당과 정부 내에서 자신의 위치를 확고히 다져나가기 위해 자기 사람들을 심는 식이었다. 그를 지지하는 사람들 중 일부는 공공연히 모택동을 비난하고 나섰다. 1966년 초에 이르자 유소기가 모택동은 말할 것도 없고 주은래까지 권좌에서 밀어내고 등소평을 후임에 앉히려는 음모를 꾸미고 있다는 소문이 나돌았다. 이런 상황까지 이르렀다면 건곤일척의 승부수를 띠워야 했다. 그러나 그는 별다른 실력도 없이 만연히 대처하다가 결국 모택동의 반격을 받아 비참한 최후를 맞이하게 됐다.

당시 모택동의 반격은 매우 치밀했다. 그는 먼저 변죽을 울리는 수법을 썼다. 부르주아적 정신상태를 일소하기 위한 일련의 운동이 필요하다는 입장을 피력한 게 그것이다. 결정판으로 나온 게 바로 1966년 5월에 선포된 '프롤레타리아 문화대혁명'이다.

모택동은 국가주석으로 있는 유소기를 겨냥해 혁명정신을 상실한 당에 대해 어떤 비판을 가해도 좋다고 공언했다. '우파분자 타도'를 촉구하는 내용의 대자보가 캠퍼스를 뒤덮었다. '혁명 속의 혁명'으로 불리는 이 전략은 '홍위병'의 등장으로 구체화했다. 주은래는 이해 6월 동유럽 국가 중 유일하게 중국을 지지하고 있는 알바니아를 방문하고 있었다. 모택동의 속셈을 잘 알고 있는 그는 당시의 상황을 묻는 외신기자들에게 이같이 대답했다.

"우리는 지난 수천 년 동안 착취계급이 인민들의 의식에 해독을 끼쳐온 모든 낡은 사상과 문화, 관습을 완전히 제거하고 새로운 프롤레타리아 사상으로 대체하기로 굳게 결심하고 있습니다."

귀국한 그는 청화대를 네 번이나 방문해 '나는 사회주의 바람을 부채질하기 위해 여기에 왔다'고 말했다. 이해 8월 모택동은 주변에 「본부를 폭격하라」는 제목의 대자보를 써붙일 것을 종용했다. 홍위병이 '자본주의 성향'이 있다고 의심되는 정부 관원과 유명인사들을 가차없이 유린하기 시작했다. 대상 중에는 손문의 미망인인 송경령도 끼어 있었다. 주은래는 송경령이 비판대상이 되자 발 벗고 나서 변호해 주었다.

사태가 걷잡을 수 없을 정도로 혼란스럽게 진행되자 주은래는 모택동을 설득해 몇 가지 제한적인 조치를 취하게 했다. 이해 8월 8일 당 지도부의 승인을 받은 16개 조항이 발표됐다. 국가의 행정조직이나 경제기구 및 과학부문은 비판대상에서 면제한다는 게 골자였다. 이때 모택동은 군을 동원하기 위해 유소기 대신 임표를 자신의 공식 후계자로 지명했다.

얼마 후 대규모 집회가 천안문 광장에서 열렸다. 모택동은 주은래 및 임표 등과 함께 청년들을 사열했다. 며칠 간에 걸쳐 총 1천만 명 이상의 홍위병들이 이곳으로 행진해 와 대규모 군중대회를 열었다. 주은래가 홍위병들을 상대로 외쳤다.

"우리는 모든 일을 독점하려는 행위, 고압적인 관료주의 행위, 민중 위에 군림하여 맹목적으로 명령하는 행위에 결연히 맞서 싸워야 합니다."

그는 모택동의 대변인이었다. 모택동이 권력을 되찾기 위해 벌이는 이 싸움에 이의를 제기하는 것은 곧 파멸을 의미했다. 이해 10월 1일 건국 17주년 기념식에서 그는 문화대혁명의 의미를 이같이 새겼다.

"반동적인 부르주아 계급의 교만함을 납작하게 만들었고 구시대가 남겨놓은 찌꺼기를 말끔히 제거해 주었다."

이해 11월 임표가 당과 정부 역시 홍위병의 비판대상이 될 수 있다는 발언을 하면서 상황이 일변했다. 이는 '16개 조항'을 정면으로 뒤집는 것이었다. 홍위병들이 정부 관원들을 집무실에서 끌어내기 시작했다. '주자파' 혐의를 받은 자들은 구타를 당하거나 심지어 죽음을 당하거나 했다. 광란의 도가니였다.

주은래는 나름대로 주어진 상황에서 국가질서를 유지하기 위해 안간힘을 썼다. 그는 내리 30시간 이상 눈을 뜬 채 일하며 작은 일까지 세밀히 검토했다. 그러나 그 자신도 홍위병의 비판에서 자유로울 수 없었다.

이듬해인 1967년 1월 6일 천안문 광장에 높이 15미터의 장대에 거대한 깃발이 나부꼈다. 거기에는 '주은래를 산 채로 화장하자'는 과격한 구호가 적혀 있었다. 그러나 그를 옹호하는 사람들은 그 깃발 밑에 '주은래를 불태워 죽이는 것은 프롤레타리아 본부를 불태우는 것과 같다'는 반대 슬로건을 내걸었다. 주은래가 자신의 입장을 밝혔다.

"나는 지난 수년 간 당을 위해 일해왔습니다. 당에 기여한 바도 많지만 실수도 많이 했습니다. 나는 남은 평생 동안 당에 모든 충성을 다 바칠 것입니다. 이는 마지못해 하는 말이 아닙니다."

얼마 후 홍위병들이 편을 갈라 어느 쪽이 모택동의 교시를 정확히 추종하고 있는지 논란을 벌이다가 무력충돌을 일으키는 사태가 빚어졌다. 주은래도 논란의 대상이 되었다. 이해 8월 북경 주재 영국 공사관이 홍위병의 방화로 불타고 직원들이 억류당하는 일이 빚어졌다. 현장에 도착한 주은래는 크게 화를 내면서 인질들의 석방을 명했다. 이는 모택동도 전혀 바라는 바가 아니었다. 광란을 촉발한 모택동도 어떤 식으로든 이 문제를 매듭짓지 않으면 안 되는 상황으로 몰리고 있었다.

주은래는 살아 있다

홍위병의 횡포는 주은래를 거의 사흘 동안 집무실에 연금하는 1967년 8월 26일에 이르러 절정에 달했다. 당시 모택동은 지방에 있었다. 홍위병이 들고 나온 문제는 진의 외교부장의 배척운동이었다. 주은래가 동원할 수 있는 것은 외교적 수완밖에 없었다. 음식도 없고 휴식도 취할 수 없는 상황에서 그는 차분한 말로 홍위병을 설득하는 데 성공했다. 몇 시간 후 주은래는 심장발작을 일으켜 병원으로 실려가야만 했다.

이는 모택동의 결단을 촉구했다. 당시 사인방을 추종하는 상해의 급진주의자들은 '코뮌'을 만든 후 다른 도시에도 이를 확산시키고자 했다. 이는 '군벌시대'로의 후퇴를 의미했다. 중앙집권체제가 무너질 경우 군벌할거가 찾아와 다시 열강의 과분瓜分대상으로 전락할 수밖에 없다. 역대 왕조의 역사에 밝은 모택동이 이를 모를 리 없었다. 그는 '코뮌'을 '분파주의'로 규정했다. 이는 일대 반전의 계기로 작용했다.

이해 10월 주은래는 간신히 심장발작에서 회복했으나 자신의 양녀인 손유세가 홍위병의 고문을 받고 사망했다는 소식을 듣고 다시 큰 충격을 받았다. 그는 아픈 몸을 이끌고 광란의 열기를 가라앉히기 위해 백방으로 노력했다. 외교통인 그가 가장 역점을 둔 것은 외교정책의 방향을 일관성 있게 잡아가는 일이었다. 당시 중국은 국경을 맞대고 있는 베트남전쟁에 깊이 개입하고 있었다. 그러나 최대 적은 소련이었다.

이듬해인 1968년 소련이 체코슬로바키아를 무력으로 침공했다. 세계 각국의 반응은 지극히 비판적이었다. 가장 신랄한 비판은 그의 입에서 나왔다.

"소련의 침공은 소비에트 수정주의자들에 의해 저질러진 '파시스트 정치'의 가장 뻔뻔스러운 본보기다."

중소의 이념논쟁은 갈수록 첨예화했다. 소련 수상 코시긴은 중국을 방문했다가 주은래의 싸늘한 태도에 놀라 황급히 일정을 취소하고 본국으로 돌아갔다. 주은래는 대안으로 미국에 화해의 손짓을 보냈다. 1970년 12월 그는 파키스탄 정부를 통해 리처드 닉슨 미국 대통령에게 비밀서한을 보냈다.

"본국은 이제까지 평화적인 수단에 기초한 중미협상을 성사시키기 위해 다방면으로 노력해 왔습니다. 대통령 각하의 특사가 북경에 올 수만 있다면 크게 환영할 것입니다."

미국의 탁구팀이 중국의 초청을 수락하자 미국 언론은 이를 대서특필했다. 그는 미국 탁구팀 선수를 만난 자리에서 이같이 말했다.

"여러분은 미중 양국의 민간관계에서 새로운 장을 연 사람들입니다."

이듬해인 1971년 7월 닉슨 정부의 국가안전보좌관인 키신저가 극비리에 북경을 방문했다. 전에 덜레스가 주은래의 악수를 거절한 사실을 잘 알고 있는 키신저는 주은래를 향해 먼저 손을 내밀었다. 훗날 키신저는 이같이 회고했다.

"주은래는 중국 고대문명의 문화적 우수성을 타고난 사람이다. 그는 힘들이지 않고 문제의 핵심에 파고드는 유연한 태도로 날카로운 이념적 적대관계를 완화시켰다."

당시 미국은 중국의 동맹국인 북베트남과 전쟁을 치르는 중이었다. 대만문제도 복병이었다. 그러나 소련을 견제해야 한다는 양국의 공통 관심사가 이런 문제를 압도했다. 회담 끝에 키신저는 닉슨의 방중을 진지하게 검토하겠다는 약속을 했다.

중국 지도자들 중 일부는 이런 변화에 노골적인 반대 의사를 표명했다. 임표가 대표적인 인물이다. 그는 소련과의 관계개선을 선호하는 쪽이었다. 이해 9월 13일 모택동을 제거하는 군사 쿠데타를 획책하다 실패한 그는 가족과 함께 비행기를 타고 소련으로 탈주하던 중 추락사했다.

이해 10월 닉슨은 키신저를 다시 중국에 보내 정상회담을 적극 추진케 했다. 최대 정적인 임표가 사라진 덕분에 주은래는 매우 유연한 모습을 보일 수 있었다. 커다란 감명을 받은 키신저는 훗날 이같이 술회했다.

"그는 사태의 전후 맥락을 비범할 정도로 잘 파악하고 있었다. 타고난 이론가이기도 했으나 자신의 격정적인 성격을 끊임없이 갈고 닦은 덕분인 듯하다. 그는 내가 만난 사람들 중 현실을 가장 예리하고 정확하게 판단할 줄 아는 사람이었다."

키신저가 미국으로 돌아올 즈음 유엔총회는 표결을 통해 중국의 가입을 승인하고 대만을 축출했다. 이듬해인 1972년 2월 17일 세계를 깜짝 놀라게 만든 미중 정상의 첫 만남이 북경에서 이뤄졌다. 이와 관련한 유명한 일화가 있다.

당시 미중 정상회담을 앞두고 미국은 언론 지원을 위해 위성기지국 설비를 직접 가지고 오겠다고 했다. 주은래는 그 경우 중국이 그것을 구매하거나 임대해 외신기자들이 사용할 수 있도록 제공할 뜻을 밝혔다. 미국은 그 비용이 100만 달러가 넘는 만큼 임대하는 것보다는 자신들이 가지고 가는 것이 낫다고 충고했다. 그때 주은래는 이같이 말했다.

"이는 단순한 금전문제가 아니라 중국의 주권과 관계된 문제다. 우리는 미국으로부터 기지국 설비를 임대할 것이다. 임대기간 동안 기지국 설비의 소유권은 중국 정부에 속하기 때문에 미국 정부는 먼저 중국에 사용허가를 신청해야 한다. 그러면 중국은 미국에 사용료를 청구할 것이다. 사용료는 임대료와 맞먹는 수준이 될 것이다."

탁월한 논리다. 미국은 결국 그의 요구를 모두 받아들였다. 닉슨이 중국을 처음으로 방문했을 때 주은래가 공항으로 나가 그를 영접했다. 북경 시내로 들어가는 도중 동승한 주은래가 말했다.

"우리 두 사람의 악수는 아무런 대화도 없이 지내온 25년의 세월을 뛰어넘어 이 세상에서 가장 넓은 바다로 함께 나가게 된 것을 의미합니다. 바야흐로 새로운 시대의 문이 열린 것입니다."

미국 언론은 중국의 유적을 탐방하는 닉슨 부부의 동정을 상세히 보도했다. 중국에 가장 적대적인 미국 대통령으로 하여금 외교적 승인도 하지 않은 중국을 방문토록 한 것은 그의 외교업적 중 최고의 찬사를 받을 만했다. 그러나 주은래는 두 나라 관계가 공식적으로 정상화되는 과정을 보지 못했다. 닉슨이 귀국한 지 얼마 안 돼 암이 이미 치유불능의 상태로 접어들었다는 진단을 받았다.

그럼에도 그는 중국을 현대화와 공업화의 도정에 올려놓기 위해 쉬지 않고 일했다. 이 와중에도 언제나 현실적인 감각을 잃지 않았다. 그는 미국인 친구에게 이같이 털어놓았다.

"중국이 약간의 발전을 이룬 것이 사실이지만 미국의 수준을 따라가자면 아직 멀었습니다. 그것은 우리 세대에서는 결코 이뤄지지 않을 것입니다."

이는 사인방이 그의 발목을 끈질기게 잡고 있었던 사실과 무관치 않았다. 그는 경제성장의 중요성을 알고 있었다. 등소평을 자신의 후계자 겸 인민해방군의 총참모장으로 천거한 이유다. 당시 모택동은 노환에도 불구하고 정신만은 말짱했다. 그는 어느 파벌도 독단적인 권력행사를 하지 못하도록 조치했다. 한고조 유방의 부인 여후呂后처럼 자신의 사후 여제女帝로 군림코자 하는 강청을 특히 경계했다. 그는 강청에게 신중한 행보를 주문하는 서신을 보내면서 이같이 덧붙였다.

"나는 주은래 총리의 결혼생활을 크게 부러워하고 있소."

1975년 1월 제4기 전국인민대표 대회장에 병상에 누워 있던 주은래가 문득 모습을 드러냈다. 이날 연설에서 그는 중국이 곧 '4대 현대화 계획'을 시작할 것임을 천명했다. 20세기 말까지 농업과 공업, 국방 및 과학기술 분야에서 현대화를 달성함으로써 중국을 세계 선진대열에 진입시킨다는 복안이었다. 물론 이는 모택동의 재가를 받은 것인 만큼 모택동의 의중이 그대로 공표된 것이나 다름없다.

이날 연설은 그가 민중 앞에 모습을 드러낸 마지막 사건이 됐다. 그는 이후 건강이 악화됨에 따라 시종 병원 침대에서 생활하지 않을 수 없었다. 그러나 죽기 직전까지 그는 병실에서 외빈을 맞고 서류를 처리하기도 했다. 하루는 모택동이 그에게 위문의 시를 써보냈다.

이제 누가 나서 나라를 지킬 것인가

투쟁은 우리 모두를 지치게 만들고 어느덧 우리는 백발이 되었구려

오랜 친구인 그대와 나

우리의 노력이 수포로 돌아가는 것을 그저 지켜만 봐야 한단 말인가

1976년 1월 8일 오전 9시 57분, 그는 아내 등영초가 지켜보는 가운데 북경의 한 병원에서 숨을 거두었다. 그의 나이 78세였다. 그의 장례식에는 의장대도 없었고 장송곡도 연주되지 않았다. 모택동도 장례식에 모습을 드러내지 않았다. 사인방의 이간질과 방해 때문이었다.

그러나 북경 시민은 물론 전 인민이 그의 죽음을 애도했다. 그의 유해를 실은 영구차가 북경 시내를 지날 때 시민들은 연도에 늘어서서 말없이 그의 영면을 기원했다. 영구차 뒤로는 등영초와 몇몇 동지들이 탄 차가 따랐다. 유해는 그의 유언을 좇아 화장됐다. 골회骨灰가 잠시 '인민의 대전당'으로 옮겨진 사이 등소평이 추도사를 읽었다. 얼마 후 그의 골회는 비행기로 발해만 일대에 뿌려졌다.

이해 4월 고인을 추모하는 청명절이 다가오자 그를 추모하는 일반인들의 추모행사가 잇달아 이뤄졌다. 사람들은 천안문 광장에 설치된 임시 기념비 밑에 화환과 시를 적어 바쳤다. 사인방의 사주를 받은 경찰이 추모행렬을 강제로 막는 와중에 유혈충돌이 빚어졌다. 이를 구실로 사인방이 병상의 모택동을 부추겼다. 등소평은 이내 일체의 당직에서 물러났다. 모택동은 공교롭게도 자신이 '추수폭동'을 일으킨 이해 9월 9일 숨을 거두었다.

이해는 유난히도 홍수와 지진 등 천재지변이 많았다. 많은 중국인들은 왕조가 망할 때 그런 재난이 일어난다고 믿었다. '신 중화제국'의 창업주인 모택동과 사직지신社稷之臣 주은래가 앞뒤로 사망한 것은 곧 후계 자

리를 둘러싼 격렬한 싸움을 예고한 것이었다. 그러나 그 싸움은 싱겁게 끝났다. 부도옹不倒翁 등소평의 노련한 수완 덕분이다. 그는 삼국시대 위나라의 사마의가 정적인 조상을 제거할 때처럼 강청을 비롯한 사인방을 일거에 제압했다.

등소평은 평소 주은래를 존경했다. 그는 '신 중화제국'의 명실상부한 2대 황제의 자리에 올랐음에도 늘 겸허한 자세로 임했다. 정치적 스승이자 선배인 주은래의 전례를 좇은 것이다. 그 역시 1997년 사망 당시 자신의 골회를 동지나 해와 남지나 해에 뿌려달라는 유언을 남겼다.

사인방이 제거된 이듬해인 1977년 1월 8일 주은래의 사망 1주기를 맞아 많은 사람들이 검은 띠의 상장喪章이 달린 그의 초상화를 들고 천안문 광장에 몰려들었다. 한 사람이 크게 구호를 외치자 광장의 사람들이 이구동성으로 따라 외쳤다.

"주은래 총리는 살아계신다. 그분은 우리와 함께 살아 계신다!"

당시 중국인들은 그의 죽음을 모택동의 죽음보다 더 슬퍼했다. 더 정확히 말하면 전 인민이 하나같이 애통해했다고 표현하는 게 옳다. 모택동도 생전에 이를 알고 있었다. 자신이 먼저 죽을 경우 보위는 그에게 돌아갈 공산이 컸다. 모택동의 입장에서 볼 때 주은래 역시 자신을 그토록 구박했던 '엘리트 유학파'의 일원에 해당한다. '토착파'인 자신이 천신만고 끝에 세워놓은 '신 중화제국'의 옥좌를 그에게 내주는 것은 곧 자신의 자존심을 허무는 것이기도 했다. 모택동이 끝까지 주은래의 방광암 수술을 허락지 않으면서 죽는 순간까지 경계의 끈을 늦추지 않은 이유가 여기에 있다.

이런 기묘한 관계는 아이러니하게도 주은래에게 '신 중화제국' 창건의 1등공신이자 중국의 전 역사를 통틀어 최고의 승상이었다는 극찬을 안겨주었다. 실제로 그가 죽기 직전에 보여준 행보는 제갈량을 방불하고 있다. 유비가 임종 직전에 그토록 신임했던 제갈량의 충성심을 거듭 확인한 뒤 눈을 감은 것과 달리 모택동은 아예 인위적으로 주은래를 자신보다 앞서 보냄으로써 오히려 비장감을 더해주고 있다.

주은래에 대한 재평가

생전과 사후를 막론하고 오랫동안 주은래를 따라다니는 수식어가 있다. '영원한 2인자'가 바로 그것이다. 그러나 그는 '일인지하, 만인지상'의 권력을 즐기며 사리사욕을 탐한 여타 2인자들과 달랐다. 그는 신생 '중화제국'의 기반을 튼튼히 하고 변덕이 심한 황제를 다독이면서 흔들리는 제국의 기둥을 바로 세운 당대 최고의 2인자였다.

원래 그는 중국공산당 내에서 '엘리트 유학파'의 선두주자였다. 그러나 모택동이 중국혁명을 이끌 당대의 인물이라는 것을 발견하고는 곧 그에게 1인자 자리를 양보한 뒤 평생 충심으로 그를 보필했다. 그는 단지 보필하는 데 그치지 않고 쫓겨난 등소평을 다시 등용케 만들어 마침내 중국을 G2의 일원으로 우뚝 서게 하는 결정적인 계기를 제공했다. 이 점에서 더 높은 평가를 받을 만하다.

중국의 현대사를 개관하면서 주은래를 뺀 모택동, 모택동을 뺀 주은래는 상상하기 어렵다. 하버드 대학의 페어뱅크 교수가 등소평 이전의 시기를 '모택동과 주은래 시대'로 부른 게 이를 뒷받침한다. 일찍이 닉슨 전 미국 대통령도 이런 말을 남긴 적이 있다.

"모택동이 없었다면 중국의 혁명은 결코 불붙지 않았을 것이다. 하지만 주은래가 없었다면 그 불길은 다 타서 재가 되고 말았을 것이다!"

중국공산당의 건설, 항일연합전선 구축, 경제의 근대화, 제3세계를 대상으로 한 자주적인 외교, 지식인들과 문화에 대한 각별한 애정, 중국 내 소수민족 문제 등 그의 손길이 미치지 않는 분야가 없다. '치천하'에 서툴렀던 변덕스런 황제가 저질러 놓은 문화대혁명의 광란도 그의 헌신적인 노력으로 일정 수준 그 수위를 낮출 수 있었다. 홍위병들을 향한 일갈이 그 증거다.

"건국 이래 17년 동안 당과 정부의 업무는 과오보다 성과가 많았다. 설령 방향과 노선을 잘못 제시한 과오가 있다고 해도 그것을 혁명을 하지 않았다거나 반혁명이라고 몰아붙일 수는 없다."

등소평이 앞장서 진행시킨 '4개 현대화' 노선은 이미 주은래가 제창한 것들이다. 시종 실용주의 노선을 견지한 주은래는 문학적 상상력이 풍부한 모택동의 공상을 현실에 맞게 수정하면서 모택동 이후까지 염두에 두고 '중화제국'의 기반을 다진 셈이다.

주은래의 삶은 여러 면에서 삼국시대 촉한의 제갈량과 닮아 있다. 제갈량이 「출사표」에서 밝혔듯이 온몸을 내던져 주군에게 충성하고 나라에 보답하는 소위 '국궁진췌鞠躬盡瘁'의 자세가 그것이다. 많은 사람들이 그에게서 커다란 감동을 받는 이유가 여기에 있다.

이와 관련한 유명한 일화가 있다. 그는 임종이 가까워진 밤 11시 혼수상태에서 잠시 깨어나 천천히 주변을 돌아보더니 마침 주치의의 얼굴이 보이자 이같이 말했다.

"이제 내게는 더 볼 일이 없을 텐데 여기서 뭘 하고 있는 것이오. 다른 사람들이나 돌보도록 하시오. 그 사람들이야 말로 여러분들이 필요한 사람들이오."

그는 외국 손님과 만찬이 있는 날이면 늘 그 직전에 주방을 찾아가 준비상황을 꼼꼼히 살핀 뒤 주방장에게 국수 한 그릇을 말아달라고 부탁했다. 손님을 초대했는데 배가 고픈 상태로 식탁에 앉으면 식사하느라 급급해 손님을 챙기는 데 소홀할까 우려한 것이다. 그가 연회 때마다 늘 먹는 시늉만 하면서 손님을 접대한 이유다. 이런 세심한 배려가 있었기에 그는 중국인뿐만 아니라 전 세계인의 사랑을 받았는지도 모른다. 실제로 그가 죽은 날 유엔도 그의 죽음을 애도하기 위해 반기를 내걸었다. 이는 그가 생전에 그 유명한 소위 '6무六無'를 행한 사실과 무관치 않다고 보아야 한다.

첫째, 죽으면서 흔적을 남기지 않는 사불류회死不留灰이다. 마치 고승들이 다비식을 통해 세상에 살다간 흔적을 아예 없애듯이 유해 자체를 전혀 남기지 않고자 한 것이다. 그는 여기서 한 발 더 나아갔다. 죽기 직전 이같이 당부했다.

"내가 죽은 후 화장해 유체를 논에 뿌려달라. 죽어서도 농민들을 위해 논을 기름지게 만들고 싶다."

결국 그의 골회骨灰는 경비행기에 실려 천진과 발해만 사이에 뿌려졌다. 그는 다른 사람이 자신의 유품을 기념물이나 유물로 취급하며 기리는 것도 바라지 않았다.

둘째, 살아서 자식을 남기지 않는 생이무후生而無後이다. 그의 아내 등영초는 '대장정' 와중에 유산이 돼 불임이 되었다. 등영초는 주은래에게 다른 여자와 결혼해 자식을 낳으라고 여러 번 말했다. 그러나 누구보다 아내를 사랑한 그는 이를 듣지 않았다. 그는 대신 항일전에서 고아가 된 열사들의 자녀를 자식처럼 키웠다. 심지어 고아들이 강제로 소련의 고아원에 보내졌을 때 스탈린과 담판해 소련에서 학습만 하고 절대 전선에 보내면 안 된다는 답변을 얻어내기까지 했다. 여러 사정이 있기는 했으나 아내를 4명씩이나 두고 주변의 수많은 여인을 탐한 모택동과 비교되는 대목이다.

셋째, 관직에 있으면서 드러내지 않는 관이무형官而無型이다. 이는 관직을 출세의 수단으로 삼지 않는 것을 말한다. 한번은 출국한 뒤 옷들이 해져 중국대사관에서 보내 기워주기를 부탁한 적이 있다. 그의 내의를 본 대사의 부인이 경악했다. 그의 내의는 더 이상 기울 데가 없는 넝마에 가까웠다. 그는 중국의 위신을 고려해 밖으로 나갈 때는 항상 깨끗한 청색 중산복을 입었다. 그러나 중국에 들어오면 곧바로 해지고 기운 옷들을 입었다.

주은래의 집은 어둡고 낡은 단층집이다. 주위 사람들이 보다 못해 수리할 것을 건의했으나 그는 돈이 든다며 거절했다. 사람들이 꾀를 내 그가 외출한 틈을 타 집을 수리하고 낡은 가구와 커튼을 갈아치웠다. 주은래가 돌아온 후 화를 내며 새 가구를 다른 사람에게 주고는 자신은 여전히 낡은 가구와 커튼을 썼다. 그는 뇌물에 대해 엄격했다. 한번은 휘하 직원이 출장을 갔다가 남쪽의 신선한 부추 한 묶음을 갖고 와 그에게 선물했다가 크게 꾸지람을 받았다.

건국 초기 자신의 동생 주은도가 내무부에 근무하다 위병을 앓게 되자 곧바로 해직케 했다. 담당 관원이 머뭇거리자 '총리의 친척이라고 어떻게 공밥을 먹이느냐'며 화를 냈다. 가족은 일체 국사에 관여하지 못한다는 규정까지 만들었다. '대'를 위해 '소'를 철저히 희생한 것이다.

넷째, 당에 있으면서 사사로움이 없는 당이무사黨而無私이다. 그는 '대장정' 때 5개의 요직을 겸임하고 있었다. 진방헌 및 오토 브라운과 더불어 소위 '중앙 3인'으로 있었다. 준의회의에서 그만이 진방헌 및 오토 브라운과 논쟁하며 당의 노선을 제정할 자격이 있었다. 그러나 그는 이를 모택동에게 선선히 넘겼다. 홍군 제1방면군과 제4방면군이 합류했을 때 장국도가 정권까지 내놓으라고 협박하자 자신이 맡고 있던 홍군 총정치위원 자리를 양보해 분열위기를 봉합한 적도 있다.

다섯째, 고생스러워도 원망치 않는 노이불원勞而不怨이다. 건국 후 '대약진운동' 때 유소기 및 진운 등과 함께 모택동의 오류를 시정하는 데 애썼다. '문화대혁명' 때는 다른 사람들을 보호하기 위해 자신의 제2인자 자리를 임표에게 양보했다. 그는 모든 회의마다 검토 의견서를 내며 모든 책임을 혼자 걸머지고자 했다. 모택동의 모험주의가 그나마 어느 정도 완화될 수 있었던 것은 전적으로 그의 공이다.

여섯째, 죽으면서 유언을 남기지 않는 사불류언死不留言이다. 그는 일생동안 고위직에 있었던 까닭에 모택동을 포함해 여러 사람의 남모르는 기밀을 많이 알고 있었다. 그러나 그는 임종 때 아무 말도 하지 않았다. 그는 죽는 순간까지 말하지 말아야 할 것은 결코 입도 뻥긋하지 않았다.

그의 삶은 한마디로 공자가 『논어』에서 말하는 '군자'의 삶이었다. 장개석의 부인 송미령이 그를 접촉한 후 장개석에게 '우리에겐 왜 이런 인재가 없느냐'며 고함을 친 게 그 증거다. 모택동이 시종 공자를 반동으로 몰아가며 일면 방탕한 폭군의 모습을 보인 것과 대비된다. 미국도 그와 접촉한 후 그의 뛰어난 인품과 성실함에 놀라 존경해 마지 않았다. 그가 죽었을 때 중국 인민들이 모택동이 죽었을 때보다 더 슬퍼한 이유가 여기에 있다. 사실 중국의 전 역사를 통틀어 그처럼 스스로에게는 엄격하면서도 다른 사람에게는 너그럽고 온화한 '승상'은 그리 많지 않다.

주은래는 앞으로도 영원히 중국인의 마음속에 살아 있을 것이다. 이는 비단 중국인에 한한 것도 아니다. 『삼국지』를 통해 제갈량의 '국궁진

췌’ 자세에 감복한 사람은 그에 못지않은 그의 삶을 알면 모두 찬탄을 금치 못할 것이다. 공적이든 사적이든 주은래는 G2의 일원으로 우뚝 선 중국이 세상에 자랑스럽게 내세울 수 있는 최고의 지도자에 해당한다. 공자가 부활한 21세기 상황에서 군자의 삶을 산 주은래는 G2의 일원이 된 현대 중국의 아이콘으로 내세울지라도 전혀 손색이 없다. 현대 중국을 건설했지만 광기어린 문화대혁명으로 부정적 이미지를 갖게 된 모택동과 경제 번영의 초석을 깔아놓았지만 자본주의적 부패를 동시에 끌어들인 등소평과 달리 그는 흠잡을 게 없기 때문이다. 그가 ‘영원한 인민의 벗’으로 존재하리라는 것을 감히 단언할 수 있는 이유다.

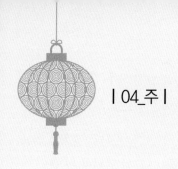

| 04_주 |

1) 광서 태생인 등영초의 부친은 하남으로 이주해 향신으로 살았으나 일찍 죽는 바람에 그녀는 홀어머니 밑에서 엄격한 교육을 받으며 자랐다. 교양 있는 그녀의 모친은 천진의 프랑스 조계로 가 살면서 가정교사 수입으로 딸을 뒷바라지했다. 1915년에 천진의 제1여자사범학교에 진학한 등영초는 학교를 졸업하기 1년 전 '여성애국협회'를 결성해 5·4운동에 적극 가담했다. 주은래와의 만남은 '각오사'의 결성으로 인한 것이었다.

2) 1925년 국민당과 공산당이 공동으로 발기한 국민회의 촉성회 전국대표대회가 북경에서 개최됐다. 이를 조직한 사람이 중국 공산당 북방구 위원회 선전부장 조세염이다. 조세염은 총리와 전인대 상무위원장을 역임한 이붕의 외삼촌이다. 등소평과 함께 '근공검학' 프로그램으로 프랑스로 유학한 그는 중국공산당 5기 중앙위원을 역임했다. 1927년 '상해쿠데타' 때 국민당 정부군에 체포돼 처형됐다. 이붕의 부친 이석훈 역시 1927년 주은래 및 주덕 등과 함께 남창봉기를 주도한 인물로 국민당에 체포돼 처형당했다. 모친 조군도는 1921년에 프랑스 유학 중 중국공산당 유럽총지부를 결성한 조세염의

여동생이다. 이붕은 어렸을 때 주은래와 등영초의 양자가 됐다. 1948년 이들 부부의 주선으로 소련 유학길에 오를 수 있었다. 그가 1983년 부총리에 이어 1989년 총리로 승진할 수 있었던 것도 등영초가 "나의 아들은 안심할 수 있다"며 등소평을 비롯한 원로들에게 적극 추천한 덕분이었다.

3) 주은래가 귀국한 도정에 관해서는 아직까지 일치된 견해가 없다. 일부는 그가 모스크바를 거쳐 시베리아 횡단철도로 귀국했다고 한다. 에드가 스노도 "코민테른의 지시를 받기 위해 모스크바에 잠시 들렀다"는 식으로 기술해 놓았다. 한 일본 작가는 훗날 유고슬라비아의 지도자가 된 티토 및 이탈리아 공산당 당수가 된 토글리아티와 함께 레닌대학에서 수학했다는 주장마저 내놓고 있다. 그러나 뚜렷한 증거를 제시한 것은 아니다. 그보다는 수에즈 운하 등을 경유하는 해로로 귀국했을 공산이 크다.

4) 주은래가 독일에 체류할 때 독일 처녀와 연애 끝에 아들을 낳게 했고, 훗날 수상으로 재직할 때 젊은 여비서와 스캔들을 벌인 일이 있다는 주장 등이 있다. 그러나 모두 설에 그치고 있다. 당시 주은래와 등영초는 중국혁명을 위해 모든 것을 바쳤다고 보는 게 옳다. 실제로 주은래는 하루 3시간 정도만 잠을 자면서 승용차 안에서 잠깐 눈을 붙이는 정도의 휴식밖에 취하지 못했다. 등영초도 이런 남편을 위해 헌신적으로 내조했다.

5) 중국은 1955년 9월 10명의 최고 군사지도자에게 '중화인민공화국 원수'의 명예를 수여했다. 이른바 중국의 '10대 원수'가 그들이다. 이들 중 주덕, 진의, 하룡, 유백승, 임표, 섭영진, 엽검영 등 7명이 남창봉기에 참가했다.

6) 현재 중국의 건군기념일은 8월 1일이다. 이것은 1933년 중화 소비에트에서 결정된 사항이다. '중화제국'이 건립된 직후 모택동은 중국 인민해방군의 모든 군기軍旗와 표징에 '8·1'이라는 글자를 써넣도록 지시하고 붓글씨로 직접 서명까지 했다. '8·1 건군절'은 1927년 8월1일의 '남창봉기南昌起義'를 기념해서 정한 것이다. 남창봉기는 '중공 중앙 전적前敵위원회 서기'라는 직책

을 맡아 남창에 나타난 주은래를 중심으로 총지휘 하룡과 엽정, 주덕, 유백
승, 섭영진, 진의 등이 참여한 대규모 공농工農홍군의 봉기를 말한다.

7) 습중훈은 섬서 부평富平에서 태어난 후 1926년 공산주의청년단에 입당하여
지하활동을 했다. 1928년 중국공산당에 입당해 유지단 휘하에서 게릴라 활
동을 하다 섬서를 책임지게 됐다. 중화인민공화국 수립 후 요직을 두루 거쳤
으나 문화대혁명 때 탄압을 받았다.

[05]
등소평

중화제국의
변신을 꾀한
부도옹

인물로
읽는 중국 🔺
현대사

MODERN
HISTORY
of
CHINA

CHIANG KAI SHEK 蔣介石
MAO TSETUNG 毛澤東
CHOU ENLAI 周恩來
DENG XIAOPING 鄧小平

등소평[鄧小平, 1904.8.22~1997.2.19]　　외국인투자 허용 등 실용주의 노선에 입각한 과감한 개혁조치를 단행하여 중국이 G2
의 일원으로 도약하는 데 결정적인 공헌을 했다. '중화제국' 제2의 창업주에 해당한다.

매운 맛과 혁명가

중국은 예로부터 땅이 넓고 물산이 많아 소위 '지대물박地大物博'으로 불렸다. 기후와 풍토, 산물 등에 따라 다양한 요리가 발달한 이유다. 재미난 것은 요리뿐만 아니라 인걸도 요리와 비슷한 분포를 보이고 있는 점이다. 중국 요리는 크게 '북방요리'와 '남방요리'로 나눈다. 남방요리는 다시 장강 하류의 회양淮揚요리, 중류인 호남과 상류인 사천을 통칭한 사천요리, 주강 유역의 광동요리로 나뉜다. 이들을 모두 합쳐 통상 '중국의 4대 요리'라고 한다.

산동의 천진을 근거지로 삼았던 원세개는 산동요리, 그의 사후 북경의 중앙정부를 둘러싸고 치열한 접전을 벌인 북양군벌은 북경요리에 비유할 수 있다. 이들은 뿌리와 줄기의 관계를 이루고 있다. 산동요리와 북경요리가 조리법과 맛에 아무 차이가 없어 같은 종류로 분류되는 것과 같다. 서남군벌이 다양한 종류의 대소군벌로 이뤄진 것은 남방요리가 여러 종류로 나뉘는 것과 닮았다. 절강이 고향인 장개석은 회양요리, 호남과 사천이 고향인 모택동과 등소평은 사천요리, 광동 출신인 손문과 왕정위는 광동요리에 비유할 수 있다.

'북경요리' 또는 '산동요리'로 불리는 북방요리는 황하가 시작하는 서쪽 상류의 섬서에서 중류의 하남과 하류의 동쪽 산동에 이르는 광범위한 지역에 널리 퍼져 있는 음식이다. 멀게는 만주의 동북지역도 여기에 속한다. 만주의 봉천군벌을 북양군벌에 포함시킨 것도 이런 맥락에서 이해할 수 있다.

북방요리는 재료의 선택이 광범위하고 짐승 및 해산물을 많이 사용하며 탕 만들기를 중시하는 게 특징이다. 온갖 재료를 집어넣어 다양한 국물을 우려내는 한국 요리도 큰 틀에서 보면 북방요리에 속한다. 약간 짜고 향긋하며 바삭거리고 부드러운 맛이 일품이다.

남방요리는 북양군벌과 대치했던 서남군벌이 그러했듯이 각각 특색 있는 맛을 지니고 있다. 이 가운데 회수와 장강 하류인 양주 일대의 요리를 뜻하는 '회양요리'는 한 가지 재료로 한 가지 성질만 드러내고 한 그릇으로 오직 한 가지 맛을 나타내는 게 특징이다. 이는 『주역』을 비롯한 유가경전에 밝았던 장개석이 '인의'를 외치며 홍군에 대한 도덕적 우위를 내세운 것과 닮았다.

'광동요리'는 재료가 풍부한 데다 조리법도 개방적이어서 가장 풍부한 음식을 자랑하고 있다. 상어지느러미, 제비집, 원숭이 골 등을 이용한 기이한 요리가 발달한 게 그 증거다. 지금도 계속 서양요리를 비롯해 세계 각국의 무수한 조리법을 받아들여 광동 특유의 음식을 만들어내고 있다. 홍수전이 기독교를 흡수해 '태평천국'을 세우고 손문이 소련과 손을 잡고 '연소용공'을 외치며 왕정위가 국민당 좌파를 이끌면서 공산당에 이어 일본과 손을 잡은 것도 이와 무관치 않을 것이다.

'사천요리'는 맛이 진하고 중후하면서도 깨끗하다. 가장 큰 특징은 매운 맛에 있다. 호남은 동정호를 사이에 두고 호북과 남북으로 나뉘어 있으나 서쪽으로는 사천과 맞닿아 있다. 삼국시대 당시 유비가 사천으로 들어가면서 관우에게 수비를 맡긴 '형주'가 바로 지금의 호남이다. 같은 북방요리인데도 불구하고 '북경요리'와 '산동요리'가 서로 원조를 주장하듯이 호남과 사천 역시 자신들만의 매운 맛을 강조하며 원조를 자처하고 있다. 공통점이 많으면서도 라이벌 의식이 강한 것이다.

사천의 매운 맛은 혀를 마비시킬 정도여서 속이 얼얼하다. 호남요리는 입에 넣으면 톡 쏘듯이 맵다. 호남 출신 모택동이 탁월한 혁명가 기질을 발휘해 '중화제국'을 창건하고 사천 출신 등소평이 온갖 시련에도 불구하고 오뚝이처럼 일어선 것도 매운 맛에 길들여진 것과 관련이 있을 듯싶다. 실제로 많은 중국인들은 그같이 생각하고 있다. 모택동은 생전에 이같이 말했다고 한다.

"매운 것을 먹지 않는 사람은 혁명에 대해 논할 수 없다!"

대략 모택동이 생전에 '만리장성을 오르지 않으면 장부가 아니다'라고 언급한 말을 유추해 만들어낸 것으로 보인다. 그렇기는 하나 '신 중화제국'의 창건과정에서 유독 호남과 사천 출신 혁명가가 많이 배출된 것을 보면 전혀 근거가 없는 말도 아닌 듯하다. 등소평을 비롯해 양상곤, 주덕, 나서경, 유백승, 섭영진, 진의 등이 사천 출신이다. 호남 출신으로는 모택동을 위시해 유소기, 호요방, 팽덕회, 하룡, 왕진 등이 있다.

이들의 공통점과 경쟁관계를 빗대어 나온 말이 중국어 '파부라怕不辣, 부파라不怕辣'이다. 호남 출신이 "우린 매운 것을 두려워하지 않는다"고 하자 사천 사람이 "우린 맵지 않는 것을 두려워한다"고 응수했다는 것이다. 두 지역 사람의 경쟁의식이 선명히 드러나는 대목이다.

'신 중화제국'이 건립된 후에도 두 지역의 경쟁의식은 지속됐다. 원래 등소평이 태어난 사천은 과거 파촉巴蜀으로 불렸다. 중경을 중심으로 한 파巴와 성도를 중심으로 한 촉蜀을 통칭한 말이다. 삼국시대 당시 유비와 제갈량이 '촉한'을 세운 이후 오랫동안 사천의 중심은 '촉'이었다. '파'가 '촉'을 누르고 사천을 대표하게 된 것은 장개석이 항일전 및 국공내전의 와중에 전시수도를 남경에서 중경으로 옮긴 결과였다.

그러나 중경은 '중화제국' 건립 후 '현급'으로 강등됐다. 21세기 현재 중경은 인구가 3천만에 달하는 중국 최대 도시인 데서 알 수 있듯이 이는 감정적인 조치였다. 등소평은 자신이 집권한 이후에도 여기에 손을 대지 않았다. 공연히 고향을 챙긴다는 지적을 받을까 우려한 것이다. 중경은 그가 서거하는 1997년에 비로소 북경과 천진 및 상해와 더불어 4대 직할 시로 승격됐다. 제자리를 찾은 것이다.

창업과 수성

중국의 역사를 개관하면 일시적으로 흥기해 천하를 거머쥔 인물들이 적지 않다. 초한지제 당시의 항우를 비롯해 전한제국 말기의 왕망, 삼국시 대의 동탁, 당제국 때의 안록산, 명제국 때의 이자성 등이 그들이다. 청제 국 때의 홍수전 역시 비록 천하를 모두 석권하지는 못했으나 북벌을 외친 태평군의 일부가 북경 근방까지 북상해 천하를 진동시킨 바 있다.

모택동이 천하를 석권해 '신 중화제국'의 왕조를 개창했을 때의 나 이는 57세였다. 진시황은 49세, 한고조 유방은 52세, 한무제 유철은 69 세, 위무제 조조는 65세, 당태종 이세민은 50세, 송태조 조광윤은 49세, 원태조 징기스칸은 63세, 명태조 주원장은 70세에 세상을 떠났다. 아무리 계산해도 20년 안팎의 세월이 그에게 주어졌을 뿐이다. 비록 재위 27년 만인 1976년에 83세로 숨을 거둬 역대 왕조의 그 어떤 창업주보다 장수한 셈이기는 하나 '신 중화제국' 창건 때부터 후계문제는 결코 먼 훗날의 문 제가 아니었다.

실제로 그는 창건 직후부터 후계자 문제를 진지하게 생각했다. 가장 먼저 물망에 오른 인물은 6세 연하의 동향 출신 유소기였다. 유소기의 고 향은 모택동의 고향 소산으로부터 불과 38킬로미터밖에 떨어져 있지 않 다. 현재 유소기의 고향에는 지난 1988년 말에 개관한 기념관이 들어서 있다.

초기만 하더라도 유소기는 여러 모로 유리했다. '모택동 사상'을 가장 앞장서 선전한 것도 좋은 점수를 받았다. 그러나 그는 '대약진운동'을 수습하는 과정에서 이내 역린逆鱗을 범해 1969년에 제거되고 말았다. '황태자'의 자리에서 폐위된 셈이다. 당시 모택동의 나이는 이미 76세였다. 역대 창업주의 평균 수명을 훨씬 넘어서고 있었다. 시간이 많지 않았다.

모택동은 자신이 심혈을 기울여 진행시키고 있는 '문화대혁명'을 성공리에 이끌고 있는 임표를 후계자로 지목했다. 임표는 호남성과 동정호를 사이에 두고 이웃한 호북 출신이었다. 당시의 분위기에 비춰 그 역시 인내심만 발휘했다면 천하를 거머쥘 수 있었다. 그러나 임표는 성급한 데다 지략이 없었다. 그 또한 '역린'을 범한 후 1971년 최후의 승부수인 쿠데타로 모택동을 제거하려다가 오히려 자멸하고 말았다. 당시 모택동의 나이는 이미 78세에 달해 있었다. 시계의 초침은 더 빨리 돌아가고 있었다.

시간에 쫓긴 모택동은 사인방으로 활약하고 있는 왕홍문을 지목했다. '황태자' 책립을 위한 세 번째 선택이었다. 그러나 왕홍문은 지략과 안목 등 모든 면에서 천하를 맡기기에는 턱없이 부족했다. 모택동의 고민이 깊어졌다. 이 틈을 노려 '승상' 주은래가 재빨리 중간에 끼어들어 등소평 카드를 밀어넣었다. 당시 등소평은 시골 공장에 내려가 과거의 '주자파' 행각을 반성하며 근신 중이었다. 망설이던 모택동은 등소평이 간절한 내용의 '반성문' 서신을 보내오자 80세가 되는 1973년에 마침내 결단을 내렸다.

그러나 이것이 등소평의 '황태자' 책봉을 의미한 것은 아니었다. 모택동은 마지막 순간까지 등소평이 과연 진심으로 '반성문'을 보낸 것인지주의깊게 살피고자 했다. 이때 등소평은 승부수를 던졌다. 모택동의 업적을 '공 7, 과 3'으로 정리하고자 하는 속셈을 드러낸 것이다. 모택동은 마뜩치 않았다. 죽는 순간까지 등소평을 후계자로 낙점하지 않은 이유다. 그는 창업주의 공을 최소한 8-9 정도로 높게 평가해 줄 수 있는 인물을 찾아낼 수만 있다면 그를 낙점하고자 한 것이다.

등소평과 사인방의 대립이 정점으로 치닫는 와중에 모택동은 다시 한 번 승부수를 던졌다. 과거 고향을 들를 때마다 눈여겨 보았던 호남성 제1서기 화국봉을 선택했다. 그러나 그 자신도 이 선택이 어떤 결과를 낳을지 지신할 수 없었다. 죽기 지전 사인방의 건의를 받아들여 등소평의 당직을 모두 박탈하면서도 당적만은 유지하도록 허락한 배경이 여기에 있다. 그는 만일 불가피하게 등소평이 권력투쟁에서 승리해 자신의 뒤를 이을지라도 '공 7, 과 3'의 평가는 확보할 수 있다고 판단했다. 실제로 역사는 그런 방향으로 나아갔다. 그의 입장에서 볼 때 나름 최선의 선택은 아닐지라도 차선의 선택을 한 셈이다.

사실 창업주의 입장에서 볼 때 후계자 선택만큼 중요한 것은 없다. 한때 천하를 석권한 수많은 창업주들이 후계선정에 실패한 나머지 애써 이룬 기업이 일순간에 무너진 사례를 역사에 해박했던 모택동이 모를 리 없었다. 후계자 선택은 곧 '신 중화제국' 성패의 관건에 해당했다. 그가 등소평의 당직을 박탈하면서도 당적만은 보유케 하고 마지막까지 사인방을 후계자로 선택하지 않은 것은 나름 평가받을 만하다.

등소평의 생장과 파리 유학

솔즈베리는 1992년에 보스턴의 리틀 브라운 출판사를 통해 『새로운 황제들』이라는 책을 출판했다. 이미 『대장정』을 출판해 중국 전문가로서 명성을 확고하게 세웠던 그는 『새로운 황제들』의 출판을 통해 자신의 성가를 더욱 높일 수 있었다. 새로운 황제는 책의 부제가 말하듯 모택동과 등소평을 말한다. 솔즈베리는 『자치통감』의 다음 대목을 논거로 들었다.

"폭력을 제거하여 백성을 구하고 선을 권하며 악을 징벌함으로써 국난을 피하게 할 수 있는 사람은 가히 '황제'로 불릴 수 있다."

솔즈베리는 중국의 장구한 역사에서 그러한 개념에 부합되는 황제들 명단에 모택동과 등소평을 끼워넣은 것이다. 물론 모택동과 등소평 모두 황제를 봉건제의 유폐로 간주한 마르크시스트였다. 그러나 역설적이게도 그들이야말로 새로운 '중화제국'을 세운 황제들이었다. 중국 역사상 그 어느 황제도 따를 수 없을 정도로 막강한 힘을 행사했다는 게 솔즈베리의 지적이다. 형식만 '주석동지'였을 뿐 내용 면에서는 과거의 '황제폐하'보다 더 막강한 위세를 누렸다는 것이다.

등소평은 광서 30년(1904) 8월 22일 사천 광안현廣安縣 협흥향協興鄕 패방촌牌坊村에서 태어났다. 모택동보다 11년, 유소기보다 6년, 그리고 주은래보다 역시 6년 늦게 태어났다. 그의 어릴 때 이름은 선성先聖이다. 남보다 먼저 노력해 성인이 되도록 한다는 뜻이다. 나중에 사숙의 선생이 성인에게 불경스럽다고 하여 이름을 희현希賢으로 바꿨다. 성인에 준하는 현인이 되기를 희망한다는 뜻이다.

원래 그의 집안은 객가客家 출신이다. 이는 남북조시대 당시 중원에 살던 한족이 난리를 피해 중국 남부로 옮겨살게 된 데서 나온 것이다. 그의 조상 중 청조에서 한림원을 나와 상서를 지낸 사람이 있다고 하나 확실한 것은 아니다. 그의 부친 등문명鄧文明은 약 1백 섬의 곡물을 생산하는 소지주로 머슴들과 소작인들을 두고 살았다. 4명의 아내가 있었고, 등소평은 두 번째 아내인 담譚씨의 3남 1녀 가운데 장남이었다. 등문명은 재력을 바탕으로 현 내에서 위세를 부리기도 했다. 향장鄕長과 단련국장團練局長 등을 지낸 게 그 증거다. 비록 중앙무대는 아니지만 지방에서는 힘깨나 쓰는 유지였던 셈이다. 그의 모계도 나름 명문가에 속했다.

5·4운동은 그의 삶에서 커다란 전기로 작용했다. 당시 15세에 불과한 까닭에 5·4운동이 직접 영향을 끼친 건 아니다. 그에게 의미 있는 것은 이해에 부친의 권유를 좇아 중경의 '프랑스 유학 근공검학勤工儉學 예비학교'에 입학한 것이다. 당시 중국의 젊은이들 사이에서는 일하면서 공부 소위 '근공검학' 열풍이 거세게 불고 있었다. 이는 훗날 그가 주은래 등과 더불어 중국공산당 내에서 최고의 엘리트 그룹을 형성한 '프랑스파'의 일원으로 활약하는 단초가 되었다.

재학 당시 그는 광물학 분야에서 뛰어난 성적을 거뒀다. 서당을 거쳐 근대적 초등학교와 중등학교를 차례로 졸업하면서 이미 수학과 자연과학 등 서양 학문을 연마한 결과였다. 예비학교를 제2기로 졸업한 뒤 그가 1920년 9월 기선을 타고 프랑스로 유학을 떠날 수 있었던 것도 그의 성실한 학업자세와 무관치 않았다.

1달 뒤 배가 마르세유에 도착했다. 그는 지체 없이 파리로 올라갔다. 파리의 '중국 프랑스 교육협회'는 그를 노르망디 지방의 베이유에 자리 잡은 중등학교 수준의 프랑스어 학교로 보냈다. 그러나 그는 곧 모자라는 학비로 인해 심한 고생을 해야만 했다. 부득불 파리와 리옹 사이에 있는 르크레소라는 곳의 기계공장에서 다른 중국 노동자들과 함께 일했다. 일은 고달팠다.

이후 고무신 공장과 식당에서 일했고, 한때 르노 자동차 공장에서 일하기도 했다. 그러나 학비는커녕 식생활을 해결하기조차 어려웠다. 학업이 제대로 될 리 없었다. 다만 그 사이 프랑스어를 익힌 것은 큰 소득이었다.

이 무렵 프랑스에는 러시아 '10월혁명'의 후폭풍이 거세게 일고 있었다. 중국 유학생 내에도 마르크시즘이 널리 보급됐다. 당시 파리에서는 공산주의를 받아들인 중국 유학생들을 중심으로 소위 공학호조사工學互助社라는 조직이 결성돼 있었다. 1921년 1월, 이것이 발전해 '청년중국공산당'이 결성됐다. 주은래와 장신부가 열심히 뛴 결과였다.

이로부터 반 년 뒤인 이해 7월 중국 본토에서 중국공산당이 공식 창당됐다. 파리의 '청년중국공산당'도 그 휘하로 들어갔다. 이듬해인 1922년 '유럽주재 중국청년공산당'으로 개편됐다. 등소평은 이때 가담한 것으로 추정되고 있다. 그의 공식 전기는 이상하게도 그 시기가 정확히 언제인지 밝히지 않고 있다. 그가 스스로 말하지 않았기 때문이다. 여러 정황에 비춰 대략 이때쯤으로 추정할 뿐이다. 당시 그는 아직 17-18세에 불과했다. 어린 나이에 공산주의자가 된 셈이다.

1923년 다시 명칭을 '유럽주재 중국공산주의자 청년동맹'과 '중국사회주의자청년동맹 유럽지부'로 거듭 바꿨다. 이해 6월 그는 이 조직의 집행위원회 위원으로 선출됐다. '직업혁명가'의 출발이었다. 여기에는 형처럼 따른 주은래의 영향이 컸다. 그의 나이 19세였다.

당시 그의 별명은 '필경筆耕박사'였다. 갖가지 선전물의 필경에서 뛰어난 능력을 발휘한 덕분이다. 이듬해인 1924년 2월 기관지 《적광赤光》이 창간된 후 편집인이 되었다. 필경을 계속하면서 기고도 했다. 그의 집무실은 파리 남쪽의 값싼 주거지역에 자리 잡은 주은래의 침실이었다. 너무 좁아 세 사람만 들어가도 꽉 찼다.

이들은 몇 개의 빵에 채소 한 접시로 한 끼를 때우곤 했다. 가끔 초승달 모양 크루아상을 먹기도 했다. 그 맛을 잊을 수 없어 그는 1974년 중국 대표단 단장으로 유엔총회에 참석했다가 귀로에 파리를 공식 방문했을 때 이를 한 상자 가득 주문했다. 선물을 받은 주은래가 감격해한 것은 말할 것도 없다. 중국 작가가 쓴 『주은래 평전』을 보면 주은래와 등소평이 얼마나 가까웠는지를 짐작케 해주는 일화가 나온다. 딸 등용이 등소평에게 이런 질문을 한 적이 있다.

"유럽에서 유학할 당시 누구와 가장 가깝게 지내셨나요?"

잠시 곰곰이 생각하던 그가 말했다.

"주은래 동지란다. 우리는 아주 오래 전부터 아는 사이였지. 프랑스에서 '근공검학' 장학생으로 공부하면서 함께 살았단다. 나에게 그는 언제나 형이었다. 우리는 거의 동시에 혁명의 길로 들어섰고, 그는 동지와 인민들로부터 커다란 존경을 받았단다."

그가 파리에서 활동할 당시 이탈리아 파시즘의 영향을 받은 '중국청년당'도 크게 활약하고 있었다. 이들은 강력한 독재국가를 세워야만 중국을 구제할 수 있다고 주장했다. 그는 《적광》을 통해 이들을 '국가주의자'로 공격하는 데 앞장섰다. 당시 장개석이 독일과 이탈리아의 파시즘에 깊은 관심을 기울인 점에 비춰 '중국청년당'은 국민당과 연계됐을 공산이 크다. 국민당과 중국공산당의 싸움은 이미 해외에서 치열하게 전개되고 있었던 셈이다.

이 와중에 '중국공산당 유럽지부'가 공식 발족했다. 등소평은 창립대회에 참석치 못했다가 1924년 후반기에 정식으로 가입했다. '유럽지부'는 산하에 프랑스 지부와 독일 지부, 벨기에 지부를 두었다. 그러나 말이 지부지 '유럽 지부'의 당원은 통틀어 수십 명에 불과했다. 이는 프랑스 공안당국의 감시를 피해 암약한 것과 무관치 않을 것이다. 이들은 모스크바의 코민테른 및 상해의 중국공산당 본부와 긴밀히 연락하며 나름 부지런히 움직였다.

1925년 초 그는 무대를 리옹으로 옮겼다. 당이 그를 '리옹 지부 특별대표'로 임명했기 때문이다. 그의 리옹 체류는 짧았다. 프랑스에 체류하고 있던 중국 노동자 겸 학생 다수가 상해에서 일어난 '5·30 사건'에 항의해 파리를 중심으로 시위를 벌인 게 원인이었다. 프랑스 공안당국이 시위자 대다수를 본국으로 추방하거나 투옥했다. 등소평도 검거대상이었다.

이듬해인 1926년 1월 8일 파리 경찰관들이 그의 숙소에 들이닥쳤다. 그러나 그는 이미 모스크바행 기차에 몸을 싣고 있었다. 정보를 미리 입수한 덕분이다. 이로써 그의 프랑스 생활은 5년 3개월 만에 끝났다.

풍옥상 부대와 상해 지하활동

등소평은 모스크바에 도착한 지 얼마 안 돼 '동방의 노동자들을 위한 공산주의자 대학'에 입학했다. 약칭 '동방대학'으로 알려진 이 학교는 소련이 중국공산당이 결성되던 해에 중국을 비롯한 동아시아의 공산주의자들을 훈련시키기 위해 세운 학교다. 몇 주 후 그는 한 해 전에 동방대학에서 분리된 '중산대학'으로 전학했다. 이 학교는 제1차 국공합작 덕분에 출현한 학교다. 특별히 중국혁명에 필요한 요원만을 양성하고자 한 까닭에 '동방대학'보다 여러 모로 많은 배려가 있었다.

이 학교의 실질적 책임자는 파벨 미프였다. 그는 '28인의 볼셰비키'로 불리는 '소련파'의 대부였다. 이들 '28인의 볼셰비키'는 미프의 지도 아래 철저한 세뇌교육을 받았다. '토착파'인 모택동이 볼 때 이들은 코민테른의 하수인에 불과했다. 그가 이들을 극도로 싫어한 이유다. 다행히 등소평은 이 무리에 휩쓸리지 않았다. 그는 오히려 장개석의 아들 장경국과 가까웠다.

'중산대학'의 수업은 만만치 않았다. 러시아어를 포함해 세계의 각종 혁명사, 마르크스 정치경제학, 레닌주의, 군사학 등이 필수과목이었다. 그는 얼심히 공부했다. 공부하는 과정에서 이론보다 실천을 역설하고 있는 마르크시즘의 요체는 결국 중국 전래의 실사구시實事求是 정신과 같다는 사실을 통찰했다. 책의 자구字句에 매달리는 '서적주의'와 거리를 둔 이유다.

이는 훗날 '모택동 사상'과 대비되는 소위 '등소평 사상'을 형성하는 배경이 됐다. '등소평 사상'과 '모택동 사상'은 중국 전래의 역사문화 전통에 뿌리를 두고 있다는 점에서는 동일하다. 그러나 방법론에서 커다란 차이가 난다. '모택동 사상'은 정치우위, 중농주의, 이상주의에 입각해 있었다. 반면 '등소평 사상'은 경제우위, 중상주의, 현실주의에 입각해 있다. 이는 훗날 등소평이 숱한 우여곡절을 겪는 배경으로 작용했다.

그가 '중산대학'에서 학업에 매진할 당시 중국에서는 장개석의 제1차 북벌이 가시화됨에 따라 중앙과 지방의 대소군벌이 서로의 이해관계에 따라 마구 뒤엉켜 싸우는 복잡한 양상을 보이고 있었다. 그러나 크게 보면 남북대결 양상에 지나지 않았다. 무한 방면의 오패부와 남동해안 일대의 손전방 및 북경과 만주의 장작림 등이 합세해 장개석과 맞선 형국이었다.

이 와중에 하남을 근거지로 한 서북군벌 풍옥상이 장작림에 맞섰다가 패배하면서 등소평도 이상한 길로 가게 되었다. 그 배경은 대략 이렇다. 1925년 초 '기독교 장군'으로 불린 풍옥상이 '유교 장군'으로 불린 오패부를 북경에서 몰아내면서 북양군벌이 주도해 온 북경 정부가 무너져 내렸다. 이때 봉천군벌 장작림이 개입하자 풍옥상과 장작림 사이에 유혈전이 빚어졌다. 1926년 4월 싸움에서 패한 풍옥상은 복수를 위해 소련을 끌어들여 장작림을 제압하고자 했다. 1달 뒤 스탈린의 초청을 받고 모스크바로 날아온 그는 체류 이틀째 국민당에 가입해 민족주의 혁명에 일조하겠다는 의향을 발표했다. 소련이 군사지원을 미끼로 장개석에 합류할 것을 주문한 결과였다.

당시 그는 3달 이상 모스크바에 머물며 중산대학 학생들에게 연설을 하고 중국공산당 손님들의 방문을 받았다. 이해 8월 15일 그는 수행원 5-6명을 이끌고 비밀리에 귀국했다. 중국공산당원 유백견과 '유마노프'라는 소련 고문관도 여기에 포함돼 있었다. 많은 등소평 전기작가들은 이때 등소평도 귀국한 것으로 기록해 놓았으나 저명한 등소평 연구가 벤자민 양의 『등소평 평전』 내용은 이와 다르다.

이에 따르면 등소평의 귀국은 이보다 1년 늦게 이뤄졌다. 당시 풍옥상은 귀국 직후 내몽골의 오원에서 국민당 연합군에 합류해 북벌에 적극 협조할 것을 공표한 뒤 유백견을 정치국장, 유마노프를 정치군사 고문으로 임명했다. 이를 소위 '오원서약'이라고 한다. 등소평이 귀국하게 된 것은 풍옥상이 '오원서약' 이후 휘하 군사를 모스크바에서 본 붉은 군대처럼 강력한 군대로 만들고자 한 데서 비롯되었다.

당시 풍옥상은 코민테른을 통해 이대교의 중국공산당 북부지부에서 더 많은 공산당 간부를 파견해 줄 것을 요청했다. 이해 말 모스크바의 중국공산당 지도부는 풍옥상의 군대에서 근무할 첫 번째 그룹으로 등소평을 포함한 젊은 공산주의자 20여 명을 선발했다. 훗날 등소평은 이같이 회고한 바 있다.

"환장煥章 선생이 사람을 보내달라고 당에 요청해 왔다. 모스크바에서 20명 넘게 선택됐다. 나를 포함한 3명이 선발대로 출발했다. 당시 나는 22세에 불과했다. 군수물자를 실은 트럭을 타고 몽골의 사막을 가로질러 달렸던 기억이 난다. 아주 힘든 여정이었다. 우리는 올란바토르에서 1달 이상 머문 뒤에야 비로소 내몽골에 도착했다."

'환장'은 풍옥상의 자이다. 1927년 2월, 올란바토르를 거쳐 서안으로 들어온 그는 곧 풍옥상의 휘하로 들어갔다. 당시 그의 직책과 관련해 이설이 분분하다. 풍옥상이 설립한 '손일선 군사정치학교'의 교무주임으로 있었다는 설과 풍옥상이 총사령관으로 임명된 국민당 산하 제7군의 정치공작 책임자였다는 설이 그것이다. 여러 기록을 종합해 볼 때 그가 잠시 정치공작과 관련한 일을 한 건 확실하다. 그러나 무슨 거창한 직책을 맡았던 건 아니다. 특별히 직함이라고 논할 것도 없었다.

실제로 당시 풍옥상은 공산주의 이념보다 소련제 무기에 더 관심이 많았다. 그가 공산주의자를 군사요직에 앉히지 않은 이유다. 등소평이 풍옥상의 부대에 도착했을 때 국공합작이 이미 굉음을 내며 무너져내리고 있었던 사실을 감안할 필요가 있다. 그가 귀국한 지 두 달 만에 터진 이해 4월의 '상해 쿠데타'가 그 증거다.

당시 장개석 휘하의 국민당군은 공산당이 지원하는 상해 노동자 민병대를 무자비하게 진압했다. 국민당 좌파 왕정위는 이에 반발해 중국공산당과 합세해 '무한 정부'를 세운 뒤 장개석의 '남경 정부'에 대항했다. 이때 풍옥상 부대는 중립을 지켰다. 등소평이 '상해 쿠데타' 이후에도 3달 동안 풍옥상 밑에 있었던 것은 바로 이 때문이다.

제1차 국공합작이 와해되자 장개석의 '남경 정부'는 공산주의자 숙청을 대대적으로 전개했다. 소위 청당淸黨이다. 이해 6월에 발표된 왕정위와 풍옥상의 '공동성명'은 장개석의 '청당'을 더욱 부채질했다. 이는 직전에 새로 부임한 코민테른 대표 로이로 인한 것이었다. 당시 로이는 자신이 스탈린의 지시를 직접 받고 있음을 과시하기 위해 스탈린의 비밀전문을 왕정위에게 보여주었다. 왕정위는 경악했다.

"국민당의 장군들을 반혁명세력으로 매도하고 무장 농민폭동을 통해 그들을 타도하라."

스탈린의 속셈을 처음으로 알게 된 왕정위는 이 사실을 은밀히 장개석에게 알린 뒤 풍옥상을 반공대열에 끌어들였다. 반공 숙청이 더 큰 규모로 무자비하게 진행된 배경이다. 이 소용돌이 속에서 등소평도 체포됐다. 그러나 그는 풍옥상의 배려로 목숨을 구할 수 있었다. 훗날 문화대혁명 때 이것이 문제가 됐다.

풍옥상의 헷갈리는 행보가 빌미를 제공했다. 그는 이해 6월 3~6일에 정주에서 왕정위와 만나 '공동성명'을 발표한 뒤 2주 후에는 서주에서 장개석과 머리를 맞댔다. 결국 장개석을 택했다. 서주에서 서안으로 돌아오는 길에 그는 공산당 대리인들을 모두 해고하기로 결심했다. 그는 그들에게 은화 몇 냥씩 여비로 쥐어주었다. 등소평도 대상에 포함된 건 물론이다. 훗날 등소평은 당시를 회고하면서 풍옥상에 대한 깊은 감사의 표현을 잊지 않았다.

"환장 선생은 우리 당과 오랜 친분이 있다. 1927년 당시 장개석은 공산주의자들을 잔인하게 살육했지만 환장 선생은 우리를 공손히 보내주었다."

이해 7월 8일 등소평을 포함한 공산주의자들은 강제로 서안을 떠나게 됐다. 북방 출신은 대부분 탈당한 뒤 귀향했다. 남방 출신 등소평은 이내 기차를 타고 중국공산당 중앙이 있는 무한으로 갔다. 달리 더 좋은 방안이 없었다. 총서기로 있던 진독수가 그를 중앙위원회 서기로 임명했다. 사상 처음으로 당 중앙에서 일하게 된 것이다. 그의 나이 23세였다.

당시 왕정위가 이끄는 국민당 좌파와 헤어진 중국공산당은 사실 궤멸상태나 다름없었다. 얼마 후 진독수가 총서기직을 내놓은 배경이다. 이후 당의 지도체제는 정치국 안에 새로 형성된 5인의 상임위원회 손에 들어갔다. 5인 중에 주은래와 이립삼, 이유한 등이 있었다. 이들 모두 '프랑스파'였다. 이후 '프랑스파'의 집권이 1930년대 중반까지 약 7년 가량 지속된다.

덕분에 등소평은 당 중앙에서 일하게 됐다. 이때 이름을 '희현'에서 소평小平으로 바꿨다. 보안상의 이유였다. 당시 이는 매우 흔한 이름이었다. 중국어 '샤오小'는 중국인에게 매우 친근한 느낌을 준다. 애인이나 자식 등의 애칭에 '샤오'자를 붙이고 있는 게 그 증거이다. '핑平'은 '화평' 내지 '평안'을 의미한다. 평천하의 최고 이상이 '대동大同'이라면 그 다음은 '소강小康'이 된다. '소강'은 '소평'과 같은 뜻이다. 실제로 그는 보위에 오른 후 중국을 비교적 안정된 발전의 시기로 이끌고 가는 것을 치세의 이념으로 삼았다.

이해 8월 1일 주은래가 남창봉기를 일으켰으나 이내 실패로 돌아갔다. 주동자들은 대부분 홍콩이나 상해로 도주했다. 8월 7일 무한에서 코민테른 대표 로미나제의 후원으로 중국공산당 중앙 비상대책회의가 열렸다. 무력복수를 결의했다. 이날 회의에는 중국공산당의 핵심 간부 21명이 참석했다. 모택동도 명단에 있었다. 등소평은 직책이 낮아 공식 참석자 명단에 들지 못했으나 회의록 작성자로 참석했다.

모택동은 이때 등소평은 물론 주은래도 처음으로 만났다. 모택동과 등소평은 마치 소 닭 쳐다보듯이 서로 별다른 관심을 기울이지 않았다. 등소평은 내심 '엘리트 유학파'라는 자부심을 갖고 있었다. 무례한 듯한 호남 출신 촌뜨기가 마음에 들 리 없었다. 호남 출신인 것에 자부심이 강했던 모택동 역시 5척 단구의 사천 출신을 무시했다. 더구나 직책상 모택동은 공식 참석자였고 정치국 교체 후보였다.

회의 직후 모택동은 곧바로 '추수봉기'를 위해 장사로 떠났다. 등소평은 다음날 보안을 위해 상해의 비밀 아지트로 이전하는 당 중앙을 따라갔다. 이후 모택동은 '추수봉기'가 실패하자 패잔병을 이끌고 정강산으로 들어갔다. 훗날 중국 당국은 모택동의 정강산 시절을 크게 미화했으나 사실 토비土匪와 다름없는 신세였다. 실제로 상해로 이주한 주은래 등의 당 중앙은 그를 '토비'에 가까운 인물로 매도했다.

이해 11월 상해에서 정치국 확대회의가 열렸다. 등소평은 다시 회의록을 만드는 서기로 참석했다.[1] 이 자리에서 '남창봉기'에 실패한 주은래와 '추수봉기'에 실패한 모택동 모두 '우익 기회주의 노선'을 채택한 탓에 패배를 초래했다는 비판을 받았다. 총서기 구추백이 더욱 급진적인 행동을 지시한 이유다.

그 결과로 나온 게 이해 12월의 광주봉기다. 『아리랑』의 주인공인 김산을 포함해 조선혁명가가 대거 참여한 광주봉기는 더 참혹한 실패로 끝났다.[2] 그럼에도 중국공산당은 계속 '구추백 노선'을 좇아 도시폭동을 일으켰다. 모두 실패한 건 말할 것도 없다. 다행히 본부를 상해로 옮긴 덕분에 당 중앙은 계속 존속할 수 있었다.

이듬해인 1928년 여름 모스크바에서 긴급 전국대표대회가 열렸다. 여기서 진독수의 우익사상과 구추백의 좌익사상이 함께 비판을 받았다.

상해 노동자 출신 상충발이 새 총서기에 임명되었으나 당 중앙의 실권은 여전히 '프랑스파'인 주은래와 이립삼의 손에 있었다.

당시 상해에는 평소 당 중앙의 업무처리를 담당한 이유한과 임필시 만 남아 있었다. 지위가 낮은 등소평도 상해에 남아 이유한과 임필시를 도 와야 했다. 훗날 이유한은 자신의 회고록에서 당시의 상황을 이같이 술회 했다.

"제6차 전국대표대회가 열리는 동안 임필시와 나는 상해에 남아 본 부 일을 처리하라는 지시를 받았다. 이해 4월부터 새로 임명된 당 지도부 인사들이 돌아오는 8월까지 우리는 상해 4번가의 천섬극장에 있는 방 두 칸짜리 회의실에 자주 모였다. 회의실 서쪽 창 밑에는 작은 책상이 하나 있었고, 회의가 진행되는 동안 등소평은 그 책상에 앉아 회의내용을 적었 다."

정확한 시기는 알 수 없으나 이 어간에 그는 결혼식을 올렸다. 아무 리 늦어도 1929년 초는 넘지 않았을 것이라는 게 전문가들의 지적이다. 당시 결혼상대는 모스크바 중산대학 동기로 당 중앙에서 함께 근무하던 장석원이었다. 이들 부부는 외국 공동조계 안에 작은 방을 세내어 이후 2 년 동안 같이 살았다. 보안상 청과물상이나 골동품상 등의 직업을 가졌다.

이때 국민당의 검거선풍이 거셌다. 공산주의자 수천 명이 체포되거 나 처형당했다. 상해는 서구 열강의 조차지가 있었던 까닭에 상대적으로 안전했다. 그러나 백주에 자행되는 백색 테러의 위협에서 벗어난 건 아니 었다. 희생자 중 상당수는 그가 개인적으로 잘 알거나 존경하는 사람들이 었다. 대표적인 인물로 프랑스 청년동맹의 지도자인 조세염과 진연년을 들 수 있다. 조세염은 주은래의 양자로 생장했다가 훗날 총리가 된 이붕의 외숙이었다. 등소평과 불과 몇 달 전 무한에서 만났던 장태뢰도 광동에서 피살됐다. 모스크바 동방대학에서 당서기를 역임했던 나역농은 국민당 정부군에 체포되어 처형됐다. 등소평이 그나마 백색 테러의 위협에서 살아남을 수 있었던 것은 아직 이들처럼 명성이 높지 않았기 때문이다.

수뇌부가 모스크바에서 돌아온 후 내부갈등이 더 심해졌다. 주은래와 이립삼의 충돌이 가장 큰 이유였다. 등소평이 볼 때 주은래는 모범적인 공산주의자였으나 코민테른은 그를 신임하지 않는 듯했다. 반면 이립삼은 개인적으로는 틀려먹었으나 정치적으로는 옳은 방향으로 가는 듯했다. 등소평은 이를 지켜보면서 공산당 지도부의 생리를 체득했을 것이라는 게 전문가들의 분석이다.

서남부 무장봉기 밀명

1929년 초 광서군벌 이종인이 장개석의 남경 정부에 반기를 들었다. 소위 '중원대전'의 서막이었다. 장개석은 이종인 휘하의 유작백과 이명서 등을 매수해 그의 허를 찔렀다. 이들의 변절로 이종인은 패했다. 이종인이 물러나자 위작백이 광서의 새 주인이 되고 이명서는 군사 책임자가 됐다. 이명서는 공산당의 비밀당원이었다. 유작백이 광서의 성정부와 군대 재편 문제를 논의하는 어수선한 틈을 타 이해 7–9월 사이 당 중앙은 요원들을 성도인 남녕南寧으로 파견했다.

등소평도 명단에 들어갔다. 총서기 이립삼과 군사부장 주은래가 공히 그를 지목한 결과였다. 밀명은 이명서 등 비밀당원을 규합해 무장봉기를 일으키라는 것이었다. 그는 등빈鄧斌이라는 가명으로 홍콩과 광동, 베트남의 하이퐁을 거쳐 이해 10월 중순 남녕에 도착했다.[3] 그가 도착했을 때는 이미 장개석의 군사가 유작백과 이명서의 반란을 막 진압했을 때였다. 유작백은 홍콩으로 달아나고 이명서는 잔존 부대를 이끌고 좌우강左右江을 향해 서쪽으로 후퇴했다.

등소평은 이명서를 따라 좌강 쪽으로 갔다가 그곳 백색百色 마을에서 진호인 등 기왕에 파견된 요원을 처음으로 만났다. 당시 진호인과 유작백의 동생 유작예 등이 모든 계획을 주도하고 있었던 까닭에 그가 할 일은 그리 많지 않았다. 그는 주로 당 중앙의 지령을 전달하는 일에 그치고 실질적인 과업수행에는 별로 개입하지 않았다.

이때 문득 10일 이내에 무장봉기를 일으키라는 당 중앙의 급명이 내려왔다. 여건상 이를 수행하기가 쉽지 않아 거사시기를 늦췄다. 이후 용주 지역에 대한 봉기 준비까지 마친 그는 백색마을 봉기가 일어나기 며칠 전 마을을 떠나 홍콩으로 갔다. 이해 12월 '우강右江 소비에트 정부'가 출범하고 소비에트 정부의 군대로 소위 '홍군 제7군'이 편성됐다. 임무를 완수한 셈이다.

이듬해인 1930년 1월 그는 당 중앙군사위원회 특별회의에 참석해 주은래와 이립삼의 추가 지령을 받았다. 다시 강서의 좌강으로 가 다른 지역에 또 하나의 소비에트 정부를 세우고 '홍군 제8군'을 편성했다. 그는 새로 설립된 소비에트 기지의 책임자가 됐다. 그의 나이 25세였다.

당시 그는 광서에서 마치 파견 총독처럼 행세했다. 이는 이해 2월에 제7-8군이 소규모 전투에서 패하는 원인이 됐다. 정치구호를 외치는 데는 능했지만 군사작전을 수행하기에는 아직 경험이 일천하다는 사실이 분명히 드러난 셈이다. 이해 6월 그는 전선위원회 서기 및 제7군 군사위원에 임명됐으나 여전히 군대지휘는 서툴렀다. 당 중앙에서 파견한 등강이 도착하는 이해 10월 초까지 군 지휘부가 그의 말에 귀를 기울이지 않은 이유다.

얼마 후 광서의 계림을 공략하라는 지령이 내려왔다. 계림공략은 너무 대담한 계획이었다. 제7군이 호남과 광서의 경계를 따라 북상했다. 이명서와 장운일은 군사지도자, 그는 정치지도자였다. 결국 제7군은 유주를 점령하려다 실패하고 오히려 수천 명의 사상자만 냈다. 이듬해인 1931년 1월 2일 전선위원회는 제7군이 입은 엄청난 피해와 이립삼의 실각을 이유로 대도시 공격을 포기하고 호남과 광서 변경으로 이동해 모택동의 강서 중앙 소비에트에 합류할 것을 결의했다. 2월 5일 이명서와 등소평이 이끄는 제55연대가 남쪽 장사로 들어갔다가 국민당 정부군과의 전투에서 큰 손실을 입었다.

3월 초 등소평은 허락도 없이 숭의현에 부대를 남겨둔 채 임의로 작은 분대를 이끌고 이웃지역의 당 요원들과 접촉을 시도했다. 이 와중에 제55연대가 국민당 민병대의 급습으로 전력에 큰 손실을 입고 정강산으로 후퇴했다. 당시 등소평은 지방 공산당 첩자의 도움을 받아 광동과 홍콩을 경유해 3월 말 가까스로 상해에 도착했다. 아내 장석원은 이미 1년 전에 세상을 떠난 뒤였다. 그녀는 작은 병원에서 아이를 낳다 숨졌고, 태어난 딸 역시 그녀의 동생 집에서 며칠 견디다 죽었다.

당 중앙 역시 그의 집안만큼이나 엉망진창이었다. 그가 도착하기 몇 달 전 이립삼은 모스크바로 호출돼 갔고 주은래 또한 권한이 크게 축소되어 있었다. 대신 러시아에서 귀국한 '28인의 볼셰비키' 우두머리인 왕명과 진방헌이 당 중앙을 접수했다. '프랑스파'가 뒤로 물러나고 '소련파'가 전면에 나선 셈이다.

그가 상해에 도착한 지 얼마 안 돼 첩보 및 지하조직을 맡고 있던 정치국 위원 고순장이 국민당 정부군에 체포돼 당의 비밀 아지트 등을 폭로

했다. 총서기 상충발이 이내 체포되어 처형됐다. 며칠 후 이립삼이 실각하자 당내 투쟁이 더욱 격화됐다. 당 중앙은 코민테른의 지령을 각지의 노농대표에게 전달하는 단순한 연락사무소로 전락하고 말았다. 주은래를 비롯한 당 지도부는 농촌의 소비에트 기지로 전면 이동할 것을 적극 고려하기 시작했다.

이듬해인 1931년 4월 29일 등소평은 강서 제7군의 문제에 관한 장문의 보고서를 제출했다. 제7군의 실패는 전반적인 당 노선의 실패이고, 주요 원인은 오로지 군사적 요인에 초점을 맞춰 봉기를 결정한 데 있다는 게 골자였다. 딩 중앙은 내심 불쾌해했으나 별다른 조치를 취하지 않았다. 이로 인해 그는 별다른 임무를 부여받지 못한 채 몇 달을 보내야만 했다. 왕명과 진방헌 등의 당 중앙은 제7군으로 돌려보내 달라는 그의 요청을 묵살하다가 이해 5월 14일 이런 내용의 서신을 발송했다.

"몇 차례 군사적 모험에서 패한 후 제7군은 비관주의와 소극주의에 파묻혔다. 적군이 쳐들어 온다는 말만 들으면 줄행랑을 쳤다. 그들 눈에는 잡초와 나무조차 모조리 적군으로 보였던 것이다. 우리는 좌익 이립삼의 구호 아래 몸을 숨긴 우익 기회주의 노선이 당시 전선위원회 지도자의 행태에서 가장 극명하게 드러났다고 믿는다."

등소평을 정면으로 겨냥한 것이었다. 그러나 이 서신은 등소평에게 전달되지 않고 강서의 제7군 앞으로 발송됐다. 등소평이 전혀 처벌을 받지 않은 채 제7군 지도층만 물갈이된 이유다. 당시 당 중앙의 군사위에 남아 있던 주은래가 손을 썼을 공산이 크다.[4)]

대장정과 출세

　1931년 7월 당 중앙은 등소평을 모택동의 강서 중앙 소비에트로 파견했다. 여성 당원 김유영이 동행했다. 훗날 등소평에게 커다란 굴욕감을 안겨준 여인이다. 이해 8월 두 사람이 서금에 도착했다. 등소평은 제7군으로 돌아갈 수 없었다. 당시 국민당의 '위초'에 걸린 제7군은 포위망을 뚫느라 여념이 없었다.

　이해 10월 제7군에서 '반개조주의'와 '반보수주의'로 몰린 일단의 장교들이 숙청됐다. 이명서를 포함한 고위 장교 대부분이 보안요원에 의해 처형됐다.[5] 서금에서 제1차 전국대표대회가 열렸다. 이 대회에서 모택동은 중화소비에트공화국 임시중앙정부 주석으로 선출됐다. 부주석은 북경대를 졸업한 후 입당해 당 조직부장을 지낸 강서 출신 장국도였다. 등소평은 주은래의 후원으로 당서기가 되었다. 임시중앙정부는 말할 것도 없이 당 중앙 휘하에 있었다. 왕명 등의 '소련파'와 주은래 등의 '프랑스파'는 '토착파'인 모택동이 서금에 강소 소비에트를 만든 점을 감안해 명목상의 임시정부 주석 자리에 앉힌 것이다. 사실상 쪽박을 찬 채 몸을 의탁한 상황인데도 불구하고 '엘리트 유학파'의 자존심은 이토록 강했다. 물론 등소평도 그 일원이었다.

　이듬해인 1932년 5월 등소평은 문득 서금의 당 서기 자리를 내놓고 중앙 소비에트 남부의 '회會 · 심尋 · 안安' 지역 당서기에 임명됐다. 이는 회창會昌, 심오尋烏, 안원安遠 현을 망라한 명칭이다. 이 지역은 남부전선에 새로이 편입된 벽지이다. 현지 게릴라 활동 외에는 이렇다 할 공산당 조직이 없었다. 이해 여름 그는 현지에서 김유영과 동거에 들어갔다. 이때 그는 이웃한 중앙현의 당서기로 봉직하고 있는 모택동의 동생 모택담과도 가까이 지냈다. 훗날 등소평의 후원으로 총서기의 자리에 오른 호요방도 이때 처음 만났다. 당시 호요방은 이 지역 공산청년동맹에서 일하는 16세의 소홍귀小紅鬼에 지나지 않았다. '소홍귀'는 홍군을 따라다니는 아이를 낮춰 부르는 말이다.

이해 말 '소련파'인 진방헌와 장문천이 이끄는 당 중앙이 강서 소비에트로 이동해 들어오기 시작했다. 당 중앙의 이동은 이듬해 초까지 지속됐다. 당시는 장개석의 제4차 '위초'가 시작될 때였다. '소련파'는 적절한 대책을 내놓지 못했다. 이들이 총력전의 일환으로 내세운 '일백만 강철 홍군' 구호는 오히려 복건성 당서기 나명羅明 등 지역 당 간부들에게 부담만 안겨주었다. 이들이 불만의 목소리를 내자 호전적인 당 중앙은 즉각적인 반응을 나타냈다. 대표적인 사건이 등소평의 관할지역에서 빚어진 소위 '심오尋烏 사건'과 복건의 나명과 관련된 소위 '나명 사건'이다. 사건의 전말은 이랬다.

당시 당 중앙이 서금의 소비에트 지구로 이동해 오자 서금이 자연스럽게 중국공산당의 총본부가 됐다. '토착파'인 모택동과 '엘리트 유학파'인 당 수뇌부는 곧 심각한 노선투쟁에 빠져들었다. '28인의 볼셰비키'를 포함해 주은래와 주덕 등은 코민테른 노선에 입각해 대도시 중심의 무장봉기 전략에서 벗어나지 못했다. 그러나 모택동을 중심으로 한 '토착파'는 중국 현실에 부응하는 유격전술을 지지했다. 이때 '프랑스파' 등소평은 후견인인 주은래와 달리 모택동을 지지했다. 모택동을 지지한 나명은 모택동이 제시한 유격전술을 좇아 국민당 군대와 접전을 벌였다. 문제는 나명이 유격전술을 구사해 싸운 것까지는 좋았으나 이내 패한 데 있다.

이듬해인 1933년 2월 장개석의 제4차 '위초'에 대한 돌파작전이 성공적으로 끝나자 당 중앙은 모택동을 겨냥한 소위 '반反나명 투쟁'을 전개했다. 불똥이 곧바로 등소평에게 튀었다. 당 중앙은 등소평의 관할하에 있던 심오현이 3달 전에 국민당 손에 넘어간 것을 문제 삼았다. 당시 당 중앙은 장개석의 '위초'에 맞서 소비에트 땅을 한 치도 빼앗기지 말라는 엄명을 내려놓고 있었다. 등소평을 비롯해 모택동의 동생 모택담 모두 '나명 노선'에 동조한 혐의로 당 중앙의 공격대상이 됐다.

이해 3월 12일 강서 성위원회는 '회·심·안' 현위원회 앞으로 공문을 발송했다. '나명 노선'을 추종한 까닭에 '심오현'를 잃었다는 게 요지였다. 3월 23일 현위원회에서 등소평은 호된 비판을 당했다. 의장은 파리 유학시절부터 익히 알고 지낸 이유한이었다.[6] 등소평은 자아비판을 담은 글을 계속 써내야만 했다. 글을 쓸 때마다 그가 저지른 실수의 내용은 더욱 부풀려졌다. 그가 두 번째 써낸 자아비판서 내용이다.

"나는 중대한 실수를 저질렀음을 깨달았다. 이는 의심의 여지가 없다. 그러나 당시 코민테른과 당 중앙에 의도적으로 거역한다고 생각지는 않았다. 지금도 그렇게 생각지 않는다."

실수를 인정하면서도 코민테른과 당 중앙에 항명한 적은 결코 없었다고 버틴 것이다. 이게 그를 살렸다. 당시의 험악한 분위기를 감안할 때 파벌조성 등의 혐의를 인정할 경우 어떤 처벌을 받을지 예측하기 어려웠다. 실제로 호남과 호북, 광서 소비에트에서는 수천 명의 '반당분자'가 공개처형됐다. 다만 강서의 중앙 소비에트에서는 안팎의 여러 상황으로 인해 당내 투쟁이 유혈투쟁으로 이어지지는 않았다. 그에게는 천행이었다.

그러나 이유한이 주도하는 '반당분자'에 대한 비판수위는 날이 갈수록 거세졌다. 그를 비판하는 군중대회가 수차례 열리는 와중에 동거하던 김유영마저 단상에 뛰어올라 그의 죄목을 폭로하면서 모든 관계를 끊겠다고 했다.[7] 이미 나명은 '도망친 우경 기회주의자'로 낙인찍혀 쫓겨나고 그 자리는 '프랑스파'인 이부춘에게 돌아갔다. 5월 5일 강서 성위원회는 등소평을 위시한 '반당분자' 4인을 처벌하기로 결의했다. 그는 벽촌으로 쫓겨나고 그가 관할하던 3개 현은 이유한의 차지가 되었다.

당시 등소평은 권총까지 압수당한 뒤 낙안현의 외딴 마을에 순회감사로 파견됐다. 결과론적으로 보면 모택동의 유격전술을 지지하는 바람에 벽촌으로 쫓겨나고 아내까지 빼앗기는 비참한 상황으로 몰린 것이 오히려 전화위복이 됐다. 모택동과 등소평이 심정적으로 교감을 나누게 되었기 때문이다. 모택동이 볼 때 '엘리트 유학파'가 모두 '토착파'인 자신을 무시하는 상황에서 '프랑스파'의 핵심요원인 등소평이 자신의 편에 선 것은 보통 감격스런 일이 아니었다. 게다가 그로 인해 커다란 불이익까지 당하게 된 바에야 더 말할 게 없다. 이때 모택동은 훗날 '중화제국'을 창건하면 등소평을 중용하겠다고 마음먹었을 공산이 크다.

그런 점에서 등소평은 행운아였다. 모택동의 마음을 얻은 데다 자신이 하늘처럼 믿고 따르는 주은래가 그의 든든한 후원자로 존재했기 때문이다. 더구나 이후 모택동과 주은래는 순치보거脣齒輔車의 관계를 죽을 때까지 유지했다. 등소평으로서는 모택동의 후사後嗣문제에서 유리한 위치에 서게 된 셈이다. 실제로 역사는 약간의 우여곡절이 있기는 했으나 그런 방향으로 진행했다.

등소평은 외딴 마을의 순회감사로 좌천된 지 얼마 안 돼 홍군의 총정치위원인 주은래의 천거에 힘입어 서금으로 복귀한 뒤 총정치국에서 일하게 되었다. 여기에는 그의 능력을 높이 평가한 정치국 후보위원 왕가상의 지원이 적잖이 작용했다. 당시 '28인 볼셰비키'의 일원인 왕가상은 등소평과 같이 능력 있는 인물이 절망에 빠진 나머지 자칫 국민당으로 돌아설까 내심 크게 우려했다.

실제로 당시 등소평만큼 뛰어난 타자실력과 편집기술을 갖춘 사람은 찾기 힘들었다. 덕분에 그는 홍군 산하의 격주간지 《홍성紅星》의 직원으로 있다가 이내 편집장이 됐다. 《홍성》에는 홍군 지도층의 군사전략과 내전에 관한 군사 통신원들의 기사가 많이 실렸다. 기사의 보도 결정은 주은래와 왕가상 등이 전담했으나 편집과 등사는 그가 책임졌다.

그가 1년 가까이 《홍성》의 편집에만 매달리는 사이 이해 11월 마침내 장개석의 제5차 '위초'가 시작됐다. 이는 그 이전과 차원을 달리했다. 모택동은 훗날 '대장정'을 미화하기 위해 장개석이 100만 명을 동원했다고 주장했으나 사실은 30만 명이었다. 말이 30만 명이지 이는 전대미문의 대군이었다. 그런데도 코민테른 특사 오토 브라운과 총서기인 진방헌은 고식적인 방법으로 홍군을 지휘하며 이에 맞섰다. 이들의 참패는 모택동의 유격전술을 시골 촌뜨기의 '얼치기 야전교범'으로 무시한 후과였다.

당시 진지전으로 임한 장개석의 제5차 '위초'는 가공할 만했다. 진지전을 계속할 경우 홍군은 괴멸을 면치 못할 터였다. 브라운이 그토록 자신했던 방어전략이 무너지면서 1년 간에 걸친 혈전은 홍군의 명백한 패배로 드러났다. 이듬해인 1934년 10월 마침내 당 중앙은 강서의 중앙 소비에트를 포기하고 일단 멀리 달아나기로 결정했다. 잔명을 이어가기 위한 고육책이었다. 이들은 훗날 이를 '대장정'으로 미화했다. '결과가 과정을 미화해 준다'는 속설을 증명하는 대목이다.

등소평이 '대장정'에 참여하게 된 것은 행운으로 볼 수 있다. 그와 함께 '반당분자'로 몰렸던 모택동의 동생 모택담 등은 강서 소비에트에 잔류했다가 이내 생포돼 살해당했다. '대장정'이 한창 진행 중이던 이해 12월 주은래의 아내 등영초가 병이 들어 누워서 이동하게 되자 그녀의 당 중앙 서기장 직책을 등소평이 이어받게 됐다. 전보를 수발受發하고 지도자

회의에 참석해 회의록을 작성하는 게 임무였다.[8]

당시 홍군은 국민당군의 저지선을 간신히 뚫기는 했으나 이 과정에서 엄청난 병력의 손실을 감수해야만 했다. 더 큰 문제는 서남부 일대의 고지대로 들어가면서 당과 군사 지도층에 대한 병사들의 불만이 갈수록 고조된 데 있었다. 1935년 1월 당 중앙은 귀주의 준의에서 행군을 멈추고 정치국 확대회의를 개최했다. 병사들의 불만이 너무 큰 까닭에 이들을 달랠 수 있는 뭔가 새로운 결정이 필요했다.

일찍이 당현종은 안록산의 난으로 인해 황급히 촉 땅으로 파천할 때 근위병들이 장안 서쪽익 마외역에서 농성하자 반란의 빌미를 제공한 양국충의 목을 베고 양귀비에게도 책임을 추궁해 자진하게 한 바 있다. 준의회의가 꼭 이런 꼴이었다. 중국의 역사에 밝았던 모택동이 '준의회의'의 이런 성격을 모를 리 없었다. 그는 이를 최대한 활용했다. 그의 이런 의도는 적중했다. 주은래를 포함해 왕가상 등 그간 자신을 시골 촌뜨기로 업신여기던 일부 '엘리트 유학파'의 적극적인 지지를 끌어내 당 중앙의 일원으로 진입한 사실이 이를 뒷받침한다. 그런 점에서 귀주의 '준의회의'는 여러 모로 '마외역의 반란'과 닮았다.

'준의회의'에서는 제5차 '위초'에서 패한 배경과 향후 진로 등 여러 문제를 깊이 논의했다. 당시 팽덕회와 임표 등의 군사지도자들은 전선에서 불려와 회의에 참석했으나 이내 침묵을 지켰고, 회의가 끝나자마자 다시 전선으로 돌아갔다. 사실 이들에게 지도부의 교체는 별반 중요치 않았다. 계속 군 사령관 내지 정치위원으로 대원들을 지휘할 수 있는 한 굳이 권력투쟁에 끼어들 필요가 없었다. 회의 막바지에 당 중앙의 대다수 위원이 찬동하는 쪽에 손을 들어주면 되었다.

그러나 등소평은 경우가 달랐다. 지도부의 교체는 자신의 정치생명과 직결돼 있었다. 특히 주은래의 거취가 문제였다. 당시 '소련파' 우두머리 진방헌은 제7사단 사건 등으로 인해 그를 그리 좋게 보지 않고 있었다. 진방헌만 아니면 다른 방안 모두 좋았다. 결과는 그가 바라던 방향으로 나타났다. 왕가상과 함께 모택동의 군사 노선에 동조한 장문천이 총서기가 됐다. 게릴라전으로 상징되는 모택동의 군사 노선이 당의 기본 노선으로 채택됐다. 모택동의 유격전을 지지했다가 반당분자로 몰린 등소평에게 부활을 알리는 신호탄이었다.

더욱 다행인 것은 그의 정치적 후견인인 주은래가 진방헌 등과 함께 전술상의 오류를 지적받았음에도 여전히 군사위를 이끌게 된 점이다. 이는 모택동을 적극 지지한 보답이기도 했다. 등소평으로서는 당 지도부에 문득 자신과 우호적인 인물들이 대거 포진하는 일대 행운을 만난 셈이다. 실제로 이후 그는 탄탄대로를 걷게 되었다.

당초 등소평은 '남창봉기' 직후 무한에서 열린 당 중앙 비상대책회의에서 모택동을 처음 만나기는 했으나 별다른 인상을 심어주지는 못했다. 그가 모택동의 주의를 끌게 된 것은 모택담 등과 함께 '반당분자'로 몰린 이후였다. 모택동도 등소평의 이름 석 자를 마음속에 그려넣었을 것이다. 그렇다고 등소평이 '준의회의'를 계기로 문득 모택동의 괄목상대가 된 것은 아니다. 이후의 회의에서 모택동의 신임을 얻은 인물이 그를 대신해 회의록을 작성한 게 그 증거이다. 그는 당시까지만 해도 모택동과 심금을 터놓고 얘기할 기회를 갖지 못했다. 다만 '준의회의'를 계기로 모택동의 주목대상이 된 것만은 확실하다.

현재 전문가들 내에서는 등소평이 준의 확대회의에 참석했는지 여부를 놓고 설이 엇갈린다. 중국 정부는 그가 이 회의에 참석한 것으로 못 박고 있다. 일부 서방의 중국 전문가들은 이를 그대로 인용하고 있다. 그러나 당시 그는 정치국 위원도 아니었고 고위 군사지도자도 아니었다. 현재는 그가 회의에 참석하기는 했으나 발언권이 없는 기록 담당 요원으로 참석했다는 주장이 설득력을 얻고 있다.[9] 등소평은 살아 있을 때 이에 관해 일절 입을 열지 않았다.

'준의회의' 전후로 모택동이 이끄는 제1방면군은 귀주와 운남에서 몇 달 동안 국민당 정부군과 접전을 벌였다. 이들은 열세에 몰리자 장강을 건너 북으로 이동한 뒤 사천 서부에 있던 장국도 휘하의 제4방면군에 지원을 청했다. 사천과 티베트 남부의 서강西康 접경을 따라 가파른 산과 급류를 건넌 후 이해 6월이 되어서야 비로소 제4방면군과 합류할 수 있었다.

당시 등소평은 타고 있던 말이 대설산 기슭에서 죽는 바람에 몇 주일 동안 걸어서 행군해야만 했다. 그는 제1방면군과 제4방면군이 합류할 때 제4방면군 정치부 부국장으로 있는 유학시절의 옛 친구 부종을 만날 수 있었다. 부종은 그에게 말 1마리, 가죽 재킷, 소고기 육포 1포대를 선물했다. 등소평은 훗날 이를 '굉장한 선물'이라고 회고했다.

그러나 제1방면군과 제4방면군은 이내 서로 얼굴을 붉히며 헤어지는 사이가 되고 말았다. 이유는 크게 두 가지였다. 하나는 '준의회의' 과정에서 드러난 진방헌과 모택동의 갈등이다. 두 사람은 '국공합작' 문제를 놓고 거친 설전을 벌였다. 다른 하나는 모택동과 장국도의 대립이다. 두 사람은 사와沙窩와 모아개毛兒蓋에서 열린 두 차례의 정치국 회의에서 격렬한 논전을 펼쳤다. 겉만 이론투쟁이었을 뿐 사실은 권력투쟁이었다.[10]

'사와 회의'와 '모아개 회의'는 '준의회의' 때와 달리 주은래 대신 실세로 부상한 모택동이 진행요원을 직접 선발했다. 모택동과 특별한 인연을 맺지 못한 등소평은 이 두 회의에 참석치 못했다. 당시 모택동이 총애한 인물은 정강산 시절부터 데리고 있던 왕수도였다. 중국의 관변 사가들은 등소평이 회의에 참석치 못한 것을 두고 다른 중요 임무를 맡았기 때문이라는 식으로 얼버무려 놓았다. 당시 그는 주은래와 함께 모택동 편에 서 있었으나 아직 모택동으로부터 이렇다 할 확고한 신뢰를 얻지 못하고 있었다고 보는 게 옳다.

이해 9월 장국도가 무력을 동원해 모택동을 굴복시키려고 하자 모택동은 제1방면군을 이끌고 북쪽으로 빠져나가 장국도의 세력권에서 벗어났다. 섬서 연안이 목적지였다. 장국도의 제4방면군은 남쪽으로 내려갔다. 훗날 대장정 기간 중 무슨 일을 했는지 묻는 딸에게 등소평은 머리를 흔들며 이같이 말한 바 있다.

"나는 그저 진로를 따라갔을 뿐이다."

이는 그가 '준의회의' 이후 모택동이 진방헌 및 장국도 등과 어떻게 싸우고 오랫동안 우상처럼 숭배해 온 주은래가 어떻게 변신했는지를 세심히 관찰했음을 반증한다. 실제로 벤자민 양은 『등소평 평전』에서 이같이 분석해 놓았다.

"등소평은 주은래가 '준의회의'에서 집중공격을 받은 후 '사와 회의'에서는 육체와 정신이 모두 망가진 모습으로 모택동의 대변인이 되어 장국도와 맞붙어 싸우는 모습을 보았다. 거칠고 강인한 모택동과 극도로 대비됐다. 당초 그는 주은래의 지칠 줄 모르는 노력, 세심한 조직력, 신사적 행동, 온화한 성격, 상관에 대한 담담한 복종, 부하에 대한 자상한 배려 등을 찬탄했다. 그러나 이때를 계기로 강인하면서도 위압적인 모택동에게 경도되기 시작했다."

벤자민 양은 자신의 이런 분석을 뒷받침할 만한 구체적인 근거를 제시하지는 않았다. 그러나 이후 등소평이 보여준 일련의 행보를 보면 충군

忠君의 대상이 '주은래'에서 '모택동'으로 바뀐 것은 확실하다. 이는 일방적이 아닌 쌍방적인 것이었다. 모택동은 등소평이 충군의 대상을 바꾼 것을 눈치챘고 그에게 자상한 배려를 했을 공산이 크다. 이해 여름에 그가 당 중앙을 떠나 임표가 이끄는 제1군단의 부副정치위원이 되어 선전과 교육을 이끈 게 그 증거다.

모택동은 무력의 중요성을 익히 알고 있음에도 시종 군사를 정치 밑에 굴복시켰다. 이 기본 원칙이 무너질 경우 왕조순환설이 보여주듯이 군벌의 난립을 야기하게 된다. 중국 역사에 밝았던 모택동이 이런 기본 원칙을 모를 리 없었다. 당시 임표의 제1군단은 모택동이 가장 신임하는 군단이었다. 등소평을 정치위원으로 파견한 것은 곧 등소평의 충성심과 능력 등에 대한 평가가 끝났음을 방증한다. 실제로 이를 계기로 등소평은 출세 가도를 달린다.

대장정 기간 내내 등소평은 주로 선전과 교육 등의 정치공작에 종사한 까닭에 신체적으로 덜 위험하게 지냈다. 그러나 대장정이 끝날 무렵 심한 열병에 걸려 일어서지도 못할 지경이 됐다. 긴장이 풀어졌기 때문일 수 있다. 이는 결과적으로 전화위복이 됐다. 이후 그는 죽을 때까지 단 한 차례도 중병에 걸린 적이 없기 때문이다.

연안시절의 승진

1935년 10월 모택동은 마침내 중국 북부의 연안에 도착했다. 곧 소비에트 정부를 세우고 장개석의 남경 정부에 맞섰다. 모택동은 주은래를 최측근 보좌관으로 임명하고 장문천을 당 대변인, 팽덕회를 군 책임자로 삼았다. 이제 그에게 도전할 사람은 아무도 없었다. 당시 등소평은 임표가 지휘하는 제1군단의 선전부 주임으로 일했다.[11]

이듬해인 1936년 등소평은 모택동의 지시를 좇아 동정東征에 나섰다. 산서군벌 염석산이 목표였다. 이해 5월 논공행상이 이뤄졌다. 그는 제1방면군 정치부 부주임으로 승진했다. 모택동의 신임이 그만큼 두터워졌음을 시사한다. 이해 10월 모택동이 등소평에게 주은래를 수행해 무사히 대장정을 마치고 연안으로 오는 제2방면군과 제4방면군을 영접케 했다. 두 사람이 출발하기 직전 모택동이 이들을 자신의 동굴 숙소로 불렀다. 임무에 대해 몇 가지 지시를 내린 모택동은 문득 말머리를 돌렸다.

"그래, 두 사람은 프랑스에서 뭘 배웠소?"

등소평이 대답했다.

"전 5년 동안 공장을 전전하며 일만 했습니다."

모택동이 신이 난 듯 물었다.

"프랑스 여자들이 그렇게 예쁘다고 하던데 과연 어땠소?"

주은래가 모택동의 짓궂은 농담에 잠시 주춤하자 등소평이 대신 대답했다.

"별것 없습니다. 여자란 다 똑같습니다. 특히 어두운 데서는 말입니다!"

동굴 숙소가 떠날 정도로 세 사람의 입에서 홍소哄笑가 터져나왔다. 5척 단신에 동안을 한 등소평은 주은래가 갖지 못한 장점이 있었다. 재치 있는 육담肉談으로 사람들을 즐겁게 만들어 긴장을 풀어주는 특이한 재주가 그것이다. 직관이 뛰어난 사람만이 이런 재주를 부릴 수 있다. '형이상의 위트'에 뛰어난 주은래가 꾸준한 학업을 통해 진리에 이르는 교문教門 출신이라면, '형이하의 재담'에 뛰어난 그는 직관을 통해 단박에 깨달음에 이르는 선문禪門 출신에 가까웠다.

당시 주은래는 주덕 및 장국도와 더불어 섬서 북쪽으로 돌아갔다. 장학량을 설득할 요량이었다. 등소평은 감숙 동부에 남아 제1방면군 본부에서 임필시의 참모로 활약했다. 임필시는 이미 상해에서 보필한 바 있어 일하기가 편했다. 이해 12월 12일 문득 '서안 사건'이 일어났다. 서부의 홍군이 즉시 동쪽으로 이동하자 그 역시 함께 움직였다. 이때 그는 장티푸스를 앓고 있었던 까닭에 들것에 실려갔다.

1937년 1월 홍군의 3개 주력부대가 한 곳으로 결집했다. 대대적인 군 인사개편이 이뤄졌다. 이때 그는 제1방면군 정치부 주임으로 승진했다. 모택동이 자신이 가장 신임하는 제1방면군의 두뇌에 해당하는 정치부 주임에 그를 임명한 것은 예사로운 일이 아니었다. 당시 정강산 시절부터 모택동을 섬겨온 왕수도 등은 등소평보다 더욱 뜨거운 단충丹忠을 보여주고 싶어 했다. 그러나 이들은 어떻게 해야 하는지를 몰랐다. 그들에게는 천하대세를 읽을 줄 아는 안목, 주어진 과업을 완수하는 뚝심, 변함없는 충성심, 임기응변의 외교언사인 사령辭令 등이 없었다.

등소평은 연안에 머무는 일이 드물었다. 전선에서 부대를 지휘해야 했기 때문이다. 정치부 주임인 그의 지휘는 말할 것도 없이 정치적 지휘였다. 모택동의 지시를 좇아 '당을 위한 홍군' 내지 '모택동을 위한 홍군'을 얼마나 제대로 만드는가 하는 게 그의 임무였다. 그는 단연 발군의 실력과 충성을 보여주었다.

그가 훗날 당 수뇌부 중 가장 젊은 나이에 초고속 승진을 거듭해 모택동의 가장 유력한 후계자로 부상하게 된 배경이 여기에 있다. 비록 3세 연하의 임표가 문화대혁명 와중에 그를 누르고 유력한 후계자로 부상하는 일이 빚어지기는 했으나 이는 권력투쟁의 와중에 나타난 일시적인 현상일 뿐이다. 모택동의 의중은 등소평이었다. 모택동은 '연안시대' 이래 죽는 순간까지 등소평을 후계자 구도에서 배제한 적이 없었다.

국공합작과 '유등군'

얼마 후 중일전쟁이 터지자 홍군은 '국민혁명군 제8로군'으로 개편됐다. 주덕이 총사령, 팽덕회가 부총사령이었다. 8로군은 3개 사단으로 이뤄졌다. 제115, 제120, 제129사단이 그것이다. 이는 과거 제1, 제2, 제4방면군을 개편한 것이다. 모택동은 한때 장국도 휘하에 있던 제4방면군을 개편한 제129사단의 움직임에 촉각을 세웠다. 그는 이 사단을 좀 더 확고히 통제하기 위해 사단장 서향전을 해임한 뒤 후임으로 오는 유백승劉伯勝 밑의 부사단장에 강등시켜 임명하는 방안을 택했다. 장국도의 직접적인 영향력을 차단하기 위한 조치였으나 자칫 반발을 살까 조심스러웠다. 바로 이런 상황에서 이해 8월 25일 등소평이 제129사의 정치위원으로 발탁된 것이다.

원래 유백승은 제1방면군 출신이었으나 이후 제4방면군에 배속돼 장국도와 함께 1년 이상 사천에서 복무했다. 군사에 정통하고 평판도 좋았다. 그는 당내 문제에 특별한 입장을 취하지 않았다. 부사령관으로 좌천된 서향전 역시 전형적인 직업군인이었다. 제129사단이 중요한 군사작전에서 여러 번 승리한 것도 두 사람의 이런 군인정신과 무관치 않았다. 이로 인해 등소평의 이름이 유백승과 함께 전국에 널리 알려졌다. 사람들은 습관적으로 두 사람의 성을 합쳐 '유등劉鄧'이라고 부르며 깊은 신뢰를 보냈다.[12] '유등'은 모택동과 주덕을 하나로 묶은 '주모朱毛'와 마찬가지로 등소평의 명망을 한껏 높이는 배경으로 작용했다. '주모'와 '유등'의 실질적인 주인공은 군사를 담당한 주덕 및 유백승이 아니라 정치를 담당한 모택동과 등소평이었다.

이해 9월 11일 주덕과 임필시가 제8로군 본대를 이끌고 황하를 건너 산서의 오대산 쪽으로 향했다. 일본군과 교전하기 위한 것이었다. 등소평도 이들을 따라갔다. 8로군 사령부를 대신해 모택동 및 장문천이 책임자로 있는 군사위원회와 당 중앙이 수시로 전선에 보내는 비밀전보를 수령하는 게 주 임무였다. 이 작업은 이듬해인 1938년 1월까지 지속됐다. 이후 8로군 본부의 정치부 부주임으로 자리를 옮겼다.

당시 모택동은 내심 충성심도 있고, 나이도 자신보다 어리며, 장병에게 '모택동 사상'을 제대로 주입할 수 있고 응대사령의 정치적 감각을 지닌 우익羽翼이 필요했다. 그가 볼 때 등소평이 바로 이런 요구에 맞아떨어졌다. 1937년 12월에 제129사단의 정치부 주임 장호張浩가 연안으로 불려가 전중국노동조합 회장에 임명되고 등소평이 그 자리를 대신했다.[13] 모택동이 등소평을 제129사단을 직접 통제할 수 있는 정치부 주임 자리에 앉힌 것은 두터운 신뢰가 전제되지 않고는 불가능한 일이었다. 이를 계기로 그는 모택동의 정치군사 노선을 실천하는 핵심인물로 부상했다. 등소평은 결코 모택동의 기대를 저버리지 않았다.

『손자병법』을 탐독한 모택동은 군사를 정치의 연장으로 파악하고 있었다. 그가 역설한 유격전술은 적과의 직접적인 교전을 피하면서 힘을 축적하는 최상의 전술이었다. 이를 무시할 경우 8로군은 장개석이 주도하는 항일전의 큰 밑그림 속에서 소리없이 사라질 공산이 컸다. 팽덕회와 임표 등은 그의 이런 원략遠略을 제대로 이해하지 못했다. 게다가 그의 지시를 충실히 따른 것도 아니었다.

'권력은 총구에서 나온다'고 역설한 모택동이 그 결과를 모를 리 없었다. 임표가 주도한 1937년 9월의 '평형관平型關 전투' 직후 8로군 사령부와 개별 사단 앞으로 황급히 전보를 쳐 일본군과 절대 무모한 접전을 벌이지 말라고 경고한 것은 바로 이 때문이었다. 정치가 군사를 통제하지 못할 경우 이는 군벌의 대두를 부추기는 것이나 다름없었다. 모택동이 제129사의 움직임에 비상한 촉각을 곤두세운 이유다.

등소평이 제129사단에 도착한 것은 1938년 2월 8일이었다. 당시 사단장 유백승이 태원의 군사회의에 참석한 까닭에 그는 도착하자마자 사단의 모든 일을 떠맡아야 했다. 이해는 모택동의 지시에 따라 일본군과 거의 접전을 벌이지 않고 대신 홍군의 지역기반을 확장하는 데 총력을 기울였다. 덕분에 제129사단은 몸집을 두 배로 늘려 1만 3천 명의 병력을 보유하게 됐다. 근거지인 섬서를 포함해 하북과 하남, 산동 등지의 12개현이 관할 하에 들어왔다.

등소평은 항일전을 치르는 동안 단지 두 차례만 연안을 방문했을 뿐이다. 제6기 전국대표대회가 열린 1938년 9월의 당 중앙 확대회의와 이듬해 7월의 당 정치국 회의 때다. 첫 번째 방문기간 중 그는 사상 처음으로 공식 참가자 자격을 얻어 당 중앙 확대회의에 참석했다. 이 회의는 모택동의 당내 지도력이 공식 확립되었음을 대내외에 알리는 회의였다. 여기서 왕명은 물론 주은래까지 '우익 노선'의 비판을 받았다. 이때 등소평은 자신의 주군을 주은래에서 모택동으로 완전히 바꿨다.

이해 10월 15일 연안에 머물고 있던 등소평이 유백승과 서향전 앞으로 보낸 전보에서 군대배치를 지시한 사실이 이를 뒷받침한다. 모택동의 위세를 등에 업지 않고는 불가능한 일이다.

"동부 종대와 서부 종대 모두 2개 여단으로 나눠야 한다. 본관이 귀임할 때 여단장 몇 명을 대동하고 갈 것이다. 새 부대는 모두 전투력 증강을 기본 목적으로 하여 집중훈련을 받아야 한다."

정치부 주임으로서 그가 응당 해야 할 일은 제129사단의 정치성향을 당 중앙의 노선과 어긋나지 않도록 통제하는 일이다. 매끄러운 처신이 필요했다. 실제로 그는 전투를 지휘하는 유백승과 상호 존중하는 입장에서 독립적인 관계를 유지함으로써 이 문제를 능숙하게 처리했다. 직업군인 유백승도 오직 군사문제에 몰두할 수 있는 든든한 배경을 얻은 까닭에 갈등을 빚을 이유가 없었다. 등소평 역시 당대 최고의 지휘관으로 칭송받는 유백승의 혁혁한 군공을 배경으로 정치업무에 매진하며 모택동의 신임을 얻을 수 있었다.

1939년 7월 그는 두 번째로 연안으로 가 정치국 확대회의에 참석했다. 이 와중에 젊은 여학생과 결혼식을 올렸다. 당시 연안에는 진보적인 청년들이 대거 몰려와 있었다. 이는 지도층 인사들에게 결혼 및 재혼을 할 수 있는 절호의 기회로 작용했다. 등소평의 신부는 갓 연안에 도착한 북경대 물리학과 여학생 포경영蒲瓊英이었다. 흔히 탁림卓琳으로 불린 그녀는 자타가 공인하는 당대의 재원이었다. 당시 그는 36세, 그녀는 24세였다. 모택동과 주은래 모두 결혼식에 참석해 그의 세 번째이자 마지막인 결혼을 축하해 주었다.[14]

이해 가을 등소평은 두 사람의 외국인을 만났다. 한 사람은 중일전쟁 시찰을 위해 와 있던 미국의 칼슨 소령이었다. 당시 칼슨은 산서 북부와 내몽골 및 하북의 진찰기晋察冀에서 섭영진, 하북 서부의 기서冀西에서 하룡, 산서 남부와 하북 남부 및 하남의 진기예晋冀豫에서 등소평을 차례로 만난 뒤 나름대로 인물평을 남겼다. 등소평에 대한 그의 평가이다.

"등소평은 작고 탄탄한 몸집을 지닌 날카로운 정신의 소유자였다."

또 하나의 외국인으로는 홍군의 군의관으로 와 있던 독일인 한스 밀러였다. 그는 훗날 이같이 회고했다.

"1940년 봄이었다. 나는 장티푸스로 의식을 반쯤 잃은 채 제129사단 의무실에 누워 있었다. 하루는 정치위원 등소평이 침대로 걸어와 '상하이'라는 이름의 멋진 담배 한 보루를 몽땅 건네주는 게 아닌가! 당시 나는 하루 3갑씩 태웠다. 그 선물이 얼마나 기뻤겠는가!"

밀러는 병들고 부상당한 병사 수백 명을 치료했으나 막상 멋진 담배를 선물했던 등소평에게는 은혜를 갚을 길이 없었다. 등소평은 대장정이 끝난 이후 죽을 때까지 단 한 번도 아픈 적이 없었기 때문이다.

1940년 봄과 여름 사이 제129사단은 국민당 정부군을 상대로 대승을 거두었다. 이때의 승전으로 제129사단은 11만 대군으로 커졌다. 관할 구역도 8백만 명의 인구를 지닌 70여 개 현으로 늘어났다. 이때 그는 제129사단뿐만 아니라 항일 근거지인 태항산太行山의 당 서기장이라는 중책까지 맡게 됐다.

당시 8로군은 명목상 총사령 주덕이 통솔했으나 실제로는 부총사령 팽덕회가 지휘했다. 제129사단은 8로군 사령부의 직접 통제하에 있었다. '28인의 볼셰비키'의 일원인 양상곤 등이 장악한 공산당 북부 사무국은 크게 간여하지 않았다. 그러나 주덕과 팽덕회, 양상곤 모두 제129사단의 상급 기관장들이었다. 그는 당 중앙의 모택동을 포함해 이들 모두에게 조심스런 모습을 보여야 했다.

가장 신경을 쓴 사람은 역시 팽덕회였다. 모택동과 같은 마을 출신인 팽덕회는 생긴 것만큼이나 우직스러웠다. 그는 모택동의 뜻을 거슬러 일본군과의 직접적인 교전을 계속 고집했다. 결국 1940년 8~12월 사이 중국 북부에 소재한 모든 홍군이 일본에 점령된 도시 및 철도에 대한 동시

공격을 감행하는 작전이 전개됐다. 이를 소위 '백단대전百團大戰'이라고 한다. 1백 개의 연대규모 부대가 동시에 참여한 전투라는 뜻이다. '백단대전'은 혈전 끝에 홍군의 승리로 끝났다.

당시 이 소식을 접한 모택동은 크게 착잡해했다. 가장 큰 문제는 자신의 승인도 구하지 않고 거대한 군사작전을 주도한 데 있다. 이는 '군사에 대한 정치 우위'를 강조하는 자신의 지도 노선을 정면으로 거스른 것이었다. 그는 비록 팽덕회에게 전보를 보내 이 성공적인 전투를 치하했으나 내심 크게 불쾌해했다. 당시 정치위원 육정일이 팽덕회를 격렬히 비판하고 나선 것은 모택동의 이런 심경을 반영한 것이었다.

훗날 팽덕회가 국방부장으로 있다가 내침을 당한 것도 이때의 일과 무관치 않다고 보아야 한다. 모택동은 무력을 보유한 자들의 일거수일투족에 대해 한시도 경계를 늦춘 적이 없다. 무력을 지닌 자가 군명君命을 듣지 않는 것은 곧 모반을 뜻한다. 모택동은 팽덕회의 '백단대전' 승리에서 그 조짐을 읽은 것이다. 그가 문화대혁명의 와중에 팽덕회를 유소기와 마찬가지로 끝까지 구제하지 않은 이유가 여기에 있다.

'백단대전' 당시 유백승과 등소평이 이끄는 제129사단도 참여했다. 등소평은 사단장 유백승과 달리 후방 지원업무를 담당한 까닭에 직접 전투에 참여하지는 않았다. 당시 그는 제129사단의 참여를 막지도 않았고, 팽덕회와 8로군 본부가 이 작전을 주도했다고 불평하지도 않았다. 그 속셈은 무엇이었을까?

당시 홍군은 일본군과의 전투를 피한 채 국민당 정부군의 빈틈을 노려 세력확장에 골몰하고 있다는 비난을 받고 있었던 만큼 가시적인 성과가 절실히 필요했다. 문제는 그 방법이었다. '백단대전'이 승리로 끝난 까닭에 당시의 여론을 감안해 대충 넘어가기는 했으나 당 중앙인 모택동으로서는 결코 묵과할 수는 없는 일이었다.

당시 모택동의 심복으로 활약한 등소평이 주군의 심기를 읽지 못했을 리 없다. 그는 비록 몇 달의 시간이 지나기는 했으나 이듬해인 1941년 4월 28일 태항산 지역 당과 부대를 대상으로 한 기관지에 「타성을 버리고 태항산 지역의 심각한 상황을 극복하자」는 글을 통해 '백단대전'을 이같이 비판했다.

"백단대전은 제129사단뿐만 아니라 진기예晉冀豫 소비에트 전체에 중대한 시련이었다. 이 사건은 군사와 정치, 당무, 집단작업 등 모든 면에서 이 지역에 확고한 기반이 생겼음을 증명해 주었다. 그러나 동시에 우리의 약점을 노출하기도 했다. 가장 시급한 일은 적군의 점령지가 늘고 우리의 해방지역이 줄어들고 있다는 사실을 명심해 기존의 해방지역을 강화해야 한다는 것이다."

이는 모택동의 입장을 그대로 반영한 것이었다. 훗날 그가 '백단대전'을 회상하며 내린 평가는 훨씬 객관성을 띠고 있다.

"적군이나 아군 모두 '백단대전'에서 상당한 손실을 입었다. 다만 일본군의 손해가 '9 대 7' 정도로 더 많았을 뿐이다."

'상당한 손실' 운운은 비난 쪽에 무게가 실린 것으로 볼 수 있다. 1942년 연안에서 '정풍운동'이 전개될 당시 등소평이 취한 행보도 이와 유사한 맥락에서 접근할 필요가 있다. 당시 모택동은 비록 당 중앙의 정점에 서 있기는 했으나 그 위치가 확고한 것은 아니었다. 후견인에 해당하는 코민테른과 소련공산당은 아직도 '28인의 볼셰비키'에게 더 큰 신뢰를 보내고 있었다. 모택동으로서는 어떤 식으로든 이들을 제압할 필요가 있었다.

마침 '28인의 볼셰비키'의 우두머리인 왕명이 모스크바에서 연안으로 오자 문득 일대 사상논쟁이 빚어졌다. 왕명은 물론 대장정 때 치열한 논전을 전개한 바 있는 정적 장국도까지 일거에 쓸어낼 심산이었다. '정풍운동'이 전개된 배경이다.

왕명과 장국도가 연안에 머무는 한 모택동의 영도력은 손상받을 수밖에 없었다. 자칫했다가는 역습을 당해 소리없이 사라질지도 모를 일이었다. 모택동은 이미 대장정 때 '28인의 볼셰비키'의 일원인 장문천과 왕가상의 지지를 얻어 '28인의 볼셰비키'의 제2인자였던 진방헌을 총서기 자리에서 몰아낸 바 있다. 모스크바에 머물며 위세를 부리다가 갓 돌아온 제1인자 왕명을 제거하는 것 역시 그리 어려운 일이 아니었다.

결국 적잖은 간부들이 이 '정풍운동'의 회오리에 휘말려 희생됐다. 당시 등소평도 결코 안전한 입장이 아니었다. 과거 제7군 출신인 모원화가 1931년에 빚어진 그의 탈영 사실을 새삼 끄집어낸 결과였다. 일단 문제가 된 만큼 어떤 식으로든 매듭을 지을 필요가 있었다. 이 문제가 '정풍운동'의 와류에 휘말릴 경우 치명상을 입을 수 있었다. '프랑스파'인 진의가 그의 잘못을 지적한 보고서를 올리자 모택동은 이를 없던 일로 간주했다. 심지어 등소평이 1930년에 이립삼 노선에 동조했던 사실조차 묵살됐다. 오히려 1933년 진방헌이 잘못 지휘한 탓에 등소평이 벽지로 쫓겨나는 등 피해를 입게 된 사실만 부각됐다. 진방헌, 장문천, 주은래, 심지어 주덕마저 과거 장국도와 협력한 일로 인해 비판을 받는 상황에서 유독 등소평만 아무 공격도 받지 않은 이유가 여기에 있다. 모택동이 철저히 엄호하고 나선 결과였다.

객관적으로 볼 때 '정풍운동'은 등소평에게 독이 되기는커녕 오히려 약이 됐다. 과거의 '과過'는 철저히 파묻히고 '공功'만 크게 부각되었기 때문이다. 이 사건을 계기로 등소평은 모택동의 측근 중 측근이라는 사실이 확인됐다. '정풍운동' 당시 비판의 도마 위에 올랐던 주은래의 회고가 이를 뒷받침한다.

"당시 등소평 동지는 정풍운동에 진지하게 동조했다. 그 결과 비교적 실수를 범하지 않은 것으로 판명됐다."

그의 이 외교적인 언사는 당시 등소평이 자기 사람이 아닌 모택동의 사람이었다는 사실을 간접적으로 드러내고 있다. 실제로 '정풍운동'은 그에게 날개를 달아주는 역할을 했다. 1942년 말 당 중앙에 태항산 지국이 설치되면서 그가 제1서기에 임명된 게 그 증거다. 이를 계기로 그는 태항산 일대의 광대한 지역을 총괄하는 당·정·군의 제1인자가 됐다. 청조의 지방총독에 버금하는 자리였다.

이후 그는 주덕 및 팽덕회의 직접적인 통제에서 벗어나 훨씬 더 독립적인 입장에서 항일전을 전개할 수 있게 되었다. 이는 '정풍운동'이 왕명과 장국도의 제거라는 1차 목표 이외에도 팽덕회의 '백단대전'으로 손상된 당 중앙의 권위를 되찾기 위한 책략의 일환으로 전개된 것임을 방증한다. 등소평이 당 중앙과 군사위원회에 대한 정례보고 명목하에 빈번히 연안으로 달려간 것도 이런 맥락에서 이해할 수 있다.

당시 모택동은 자신의 동굴 숙소에서 첨예한 정치사안은 물론 개인적인 일상사에 이르기까지 밤을 새워가며 그와 밀담을 나눴다. 이후 등소평이 군사문제 대신 정치문제에 관심을 집중시킨 점에 비춰 이때 두 사람 사이에 깊은 인간적 신뢰가 구축되었을 공산이 크다. 실제로 등소평이 이후에 발표한 글과 연설을 보면 국민당과의 관계, 토지개혁, 민중조직, 경제건설, 교육문제, 정치선전 등 온통 정치문제에 관한 것이었다.

이는 1943년에 들어와 일본군이 총력전을 펼치며 중국군에 강도 높은 압박을 가한 사실과 무관치 않았다. 국민당군은 물론 홍군 역시 생필품

부족 등으로 인해 커다란 어려움을 겪어야만 했다. 모든 홍군에게 '검소하게 생활하고 부지런히 생산하자'는 구호가 하달됐다. 모택동이 동굴 숙소 옆에 채소와 담배 등을 재배하며 자급자족하는 모습을 보이자 등소평도 태항산 지역에서 곧바로 이를 흉내 냈다. 논을 임차해 참모들과 함께 다음해 추수 때까지 일정량의 벼를 생산하겠다고 서약한 게 그것이다.

이 시기에 모택동이 보여준 모습은 과거 황제들이 손수 모를 심는 소위 '전적田籍' 의식을 흉내 낸 것이다. 덕분에 그는 영도자의 위상을 더욱 확고히 다질 수 있었다. 당시 등소평은 자신의 관할지역 내에서 '근면한 노동자는 상주고 게으름뱅이는 벌하라'는 구호를 내걸었다. 훗날 그가 실용주의 정책을 채택할 때 내세운 구호가 이때 이미 등장한 셈이다. 그는 주요한 문제를 간명한 하나의 문장으로 요약하는 데 탁월한 재능이 있었다.

이해 7월 5일 왕가상이 공산당 창당 22주년 및 항일전 승리 6주년을 기념하기 위해 「중국공산당과 중국 민족해방의 길」을 발표했다. 그는 이때 사상 처음으로 '모택동 사상'이라는 용어를 사용했다.

"중국공산당 22년 간의 역사는 중국 민족의 해방을 쟁취하는 투쟁의 역사이고 앞으로 나아갈 길을 충실히 모색한 역사이다. 그 길은 바로 모택동이 자신의 저작이나 실천에서 지적한 길이다. '모택동 사상'은 바로 중국의 마르크스-레닌이즘이고, 중국의 볼셰비즘이며, 중국의 공산주의이다. '모택동 사상'의 영도 없이는 그 어떤 혁명운동도 결코 승리할 수 없다."

왕가상이 '모택동 사상'이라는 신조어를 만들어낸 것은 '모택동 사상'의 이론적 후계자를 자임함으로써 후일을 기약하고자 하는 속셈에서 나온 것이었다. 이는 등소평의 허를 찌른 것이었다. 등소평은 생래적으로 이론과는 거리가 멀었다. 그러나 '모택동 사상'으로 인한 변환국면에서 그 또한 어떤 식으로든 자신의 충성심을 보일 필요가 있었다. 이해 말 그는 북부지부 연설에서 '모택동 사상'을 극찬하고 나섰다.

"우리는 지난 9년 동안 중국화된 마르크스-레닌이즘인 '모택동 사상' 아래 별 실수를 저지르지 않고 전진을 거듭해 왔습니다. 우리 모두 기회주의적인 지도자들이 과거에 범한 쓰라린 교훈을 돌이켜 보면서 이를 매우 기쁘고 고맙게 생각해야 합니다."

그가 이처럼 모택동을 노골적으로 칭송한 것은 전례없는 일이었다. 소식을 접한 모택동은 크게 만족해했다. 이해 10월 팽덕회와 양상곤, 유백승 등이 소위 '정풍학습'에 참석하기 위해 연안으로 불려갈 때 오직 그만이 학습대상에서 면제받은 사실이 이를 뒷받침한다. 이는 모택동이 단독으로 결정한 것이었다. 당시 등소평은 팽덕회가 연안에서 '정풍학습'으로 진을 빼는 사이 그를 대신해 북부지부의 당·정·군을 총괄했다. 모택동의 신임이 얼마나 컸는지를 짐작케 해주는 대목이다.

이듬해인 1944년 초에 들어와 일본의 패색이 짙어졌다. 일본은 북경과 광동을 잇는 철도를 따라 필사적인 반격에 나섰다. 탕은백과 호종남 등이 이끄는 국민당 정부군은 하남전투에서 막대한 피해를 입었다. 몇 달 사이 병력의 절반 이상인 20만 명이 죽거나 도주했다. 나머지 병사들은 황급히 남쪽으로 달아났다. 홍군은 중일전쟁 개전 초기에 그랬던 것처럼 국민당 정부군이 포기한 지역을 속속 접수했다.

병력을 크게 불린 홍군은 1944년에서 1945년 초 사이에 몇 차례에 걸쳐 과감한 공격전을 펼쳤다. 이는 국민당 잔당과 왕정위의 친일 괴뢰집단이 장악하고 있는 수백 개의 소도시와 수천 개의 농촌마을을 대상으로 한 것이었다. 일본군이 완강히 버티고 있는 대도시는 국민당 정부군에 맡겼다.

　여기서 주목할 점은 이들 작전이 모두 공산당 북부지부 서기대행으로 있던 등소평의 지휘하에 이뤄진 점이다. 물론 그의 지휘가 없었을지라도 게릴라전으로 단련한 홍군은 유사한 전과를 올렸을 것이다. 그러나 비록 명목상 지휘일지라도 그 정치적 영향력은 막대한 것이었다. 이는 '군사'에 대한 '정치'의 우위를 역설한 모택동의 기본 입장이 관철된 결과였다. 등소평이 이듬해인 1945년 6월까지 중국공산당 북부지부의 유일한 지도자로 활약한 배경이 여기에 있다. 중화인민공화국이 수립된 이후에도 이 원칙은 결코 변치 않았다. 훗날 '군사'를 대표하는 임표가 몰락하고 '정치'를 대표한 등소평이 후계자가 된 것도 이와 무관치 않다고 보아야 한다.

　당시 등소평은 일본의 패망이 눈앞으로 다가오면서 밀려드는 결재서류로 인해 눈코 뜰 새 없이 바빴다. 그는 모든 업무를 도맡고 있었다. 그러나 그는 이를 즐기는 모습을 보였다. 훗날 딸이 이 시기에 홀로 그토록 과중한 업무를 처리하느라 어렵지 않았느냐고 묻자 그는 흐뭇한 표정을 지으며 이같이 대답했다.

　"난 오직 한 가지 일만 했단다. 어려움을 삼키는 것 말이다!"

　그는 이를 중국어 '툰쿠呑苦'로 표현했다. 원래 삼킨다는 뜻의 '탄呑'은 중국에서 여러 의미로 쓰인다. 원한을 참는 탄한呑恨, 분노를 참는 탄기呑氣, 울음을 참는 탄성呑聲, 입을 다무는 탄설呑舌 등이 그것이다. 이는 축소지향적인 정서를 표현한 것이다. 그러나 정반대로 확대지향의 정서를 표현한 경우도 있다. 소를 통째로 삼킬 정도의 원기왕성을 뜻하는 탄우呑牛를 비롯해 한 나라를 삼키는 탄국呑國, 천하를 삼키는 탄천하呑天下 등이 그것이다.

등소평의 대답은 '탄고'가 아닌 '탄국'과 '탄천하'를 역설적으로 표현한 것으로 보는 게 옳다. 일본의 패망이 코앞에 다가온 중차대한 시기에 그가 1년 넘게 중국공산당의 텃밭에 해당하는 북중국 일대를 사실상 총괄했다는 것은 결코 예사로운 일이 아니다. 모택동이 이미 자신의 후계자로 등소평을 낙점해 놓았음을 암시하는 대목이다.

내전 승리의 견인차

일본의 패망이 확실해진 1945년 4월 23일 연안에서 공산당 제7차 전국대표대회가 열렸다. 이해 6월 11일까지 약 2달 가까이 진행된 이 대회는 크게 두 가지 중대한 결정을 내렸다. 당헌에 모택동을 최고영도자로 못박고 장차 인민공화국 수립을 위해 국민당과 최후 결전을 벌이기로 결정한 게 그것이다. 이후에 전개된 내전에서 모택동과 공산당 전체에 커다란 승리를 안겨준 전기가 이 회의에서 마련됐다고 해도 과언이 아니다.

당시 등소평은 이 대회에 참석치 않았다. 20만 대군을 이끌고 크고 작은 전공을 세우고 있던 그는 그럴 필요조차 없었다. 전공에 대한 포상은 의심의 여지가 없었다. 실제로 모택동은 등소평에게 절대적인 신뢰를 보내고 있었다. 등소평은 이 대회에서 당 중앙의 고위 위원으로 선출됐다. 당시 후계자 자리를 노리고 있던 유소기는 새 당헌을 보고하는 자리에서 모택동의 이름을 무려 1백 번 이상 언급했다.

"모택동 동지는 가장 위대한 혁명투사이자 정치가일 뿐만 아니라 중국 역사가 시작된 이래 가장 위대한 이론가이자 과학자이십니다."

그의 휘황한 찬사는 이미 '신 중화제국'의 초대 황제가 될 모택동의 후계자 자리를 놓고 치열한 물밑 경쟁이 시작되었음을 반증한다. 당시 모택동의 나이는 이미 57세에 달해 있었다. 유소기는 '정풍운동' 당시 모택동의 관심을 끌기 위해 '28인의 볼셰비키'는 물론 주은래와 주덕 등을 무차별적으로 비판한 바 있다. 이는 모택동의 위상을 확고히 하는 데 크게 기여했다. 당시 모택동이 자신의 후계자 순위에서 유소기를 1순위, 등소평을 2순위로 상정한 배경이 여기에 있다. 등소평으로서는 임표에 이어 또 하나의 강력한 경쟁자를 만난 셈이다. 유소기는 6세 위, 임표는 3세 아래였다.

이해 6월 초 등소평은 새로 편성된 당 중앙의 첫 총회에 참석하기 위해 연안에 도착했다. 이미 형식적인 회의는 끝난 뒤였다. 이후의 논의는 전후의 민생정책과 인력배치 문제 등에 집중됐다. 그는 중일전쟁이 끝나는 8월 15일까지 약 2달 동안 연안에 머물며 휴식을 즐겼다. 이는 조만간 시작될 내전에서 그를 선봉장으로 내세우려는 모택동의 배려에 따른 것이었다.

이해 8월 15일 일본이 마침내 무조건 항복을 선언하자 홍군은 모택동의 지시를 좇아 일본군의 무기와 점령지를 접수하기 위해 신속히 움직였다. 등소평도 대규모 병력을 이끌고 만주로 이동했다. 선수를 빼앗긴 장개석이 대로했다. 이달 13-26일 사이에 모택동과 장개석 간에 분노에 찬 전보가 오가는 사이 홍군과 국민당 정부군의 각 부대에 비상경계령이 떨어졌다.

8월 20일 등소평을 당서기로 하는 '진기로예晉冀魯豫 당 지부'와 유백승을 사령관으로 하고 등소평을 정치위원으로 하는 '진기로예 군구軍區'가 동시에 설립됐다. 당연히 8로군 휘하의 제129사단의 명칭도 없어졌다. 관할지역은 산서와 하북, 산동, 하남을 묶은 방대한 지역이었다. 이는 한

반도의 3배에 달하는 면적이다.

8월 25일 등소평과 유백승은 미국 비행기를 타고 산서 동남부에 위치한 본부로 돌아갔다. 이틀 뒤 모택동은 장개석과 협상하기 위해 헐리 미 대사 및 주은래와 함께 중경으로 날아갔다. 이 협상은 무려 40일 간 계속됐다. 10월 10일 협상결과가 소위 쌍십협정雙十協定으로 발표됐다. 공산당은 국민당의 정통성을 인정하는 대신 국민당도 공산당을 합법적인 야당으로 인정한다는 게 골자였다. 양측 모두 국회를 열어 새로운 연합정부를 구성하기로 합의했다. 일견 군사재편 문제까지 합의를 이끌어낸 것처럼 보였다.

그러나 이는 서로 상대방을 기만하기 위한 제스처에 지나지 않았다. 양측 모두 힘으로 상대방을 제압하고 천하를 통일할 생각이었다. 등소평과 유백승이 황급히 귀대한 이유가 여기에 있다. 이는 '진기로예' 소비에트 지구를 위협하는 산서군벌 염석산 휘하의 국민당 정부군과 일전을 벌이기 위한 것이었다. 양측이 정면으로 맞붙은 곳은 산서의 중심부인 상당 지역이었다. 이 지역은 춘추전국시대 이래 서북부의 패권을 좌우하는 요충지로 통한 곳이다.

상당전투上黨戰鬪는 협상이 한창 진행 중인 이해 9월 10일에 공식적으로 발발했다. '쌍십협정'이 발표된 지 이틀 후인 10월 12일에 끝난 이 전투는 홍군의 완벽한 승리로 끝났다. 당시 공산당은 국민당이 공산당의 영역을 침범했기 때문에 전투가 벌어졌다고 주장했으나 많은 전문가들은 등소평이 염석산보다 훨씬 호전적이었다고 보고 있다. 모택동이 '권력은 총구에서 나온다'고 언명한 점에 비춰 이게 역사적 사실에 가까울 것이다. 모택동은 등소평이 보여준 비상한 전공을 당 중앙과 중앙군사위 이름으로 극찬했다. 후계자 경쟁에서 유리한 고지를 점한 셈이다.[15]

'상당전투'가 끝난 지 불과 닷새 뒤인 이해 10월 17일부터 11월 2일까지 보름 간에 걸쳐 북경과 무한을 잇는 경한京漢 철도를 따라 소위 한단전투邯鄲戰鬪가 벌어졌다. 이 전투 역시 등소평의 일방적인 승리로 끝났다. 국민당 정부군 1만 7천 명이 사망하고 1만여 명이 포로로 잡혔다. 훗날 등소평은 당시를 이같이 회고했다.

"해방전쟁이 시작된 날부터 끝난 날까지 우리 제2야전군은 항상 적군과 바로 맞서 싸웠다. 첨병역할을 한 것이다. 전투는 도처에서 진행되었지만 우리 '진기로예' 소비에트가 그 중심에 있었다."

이듬해인 1946년 6월 국공 양측은 다시 전면전에 돌입했다. 마셜 미육군장관의 중재로 이뤄진 7달 간의 정전기간이 끝난 결과였다. 이기는 쪽은 천하를 거머쥐고 패하는 쪽은 역적으로 몰리는 싸움이 본격적으로 전개된 것이다. 한 치의 양보도 있을 수 없었다. 패배는 곧 죽음을 의미했다. 처음 몇 달 동안은 국민당 정부군이 유리했다. 미국의 장비로 무장한 국민당 정부군은 모든 공산당 기지에 총공격을 퍼부었다. 그러나 이들은 대도시와 일부 중간 규모 도시만 탈환했을 뿐 홍군의 주력부대를 전혀 깨뜨리지 못했다. 작전의 실패였다.

1947년 초 장개석은 곳곳에서 참패가 이어지자 이내 기본 전략을 바꿨다. 막대한 전비를 요하는 전방위공세를 포기하는 대신 공산당의 당 중앙이 있는 섬서 북부와 남경에 가까운 산동 남부를 집중공략하는 국지공세를 택한 것이다. 그 효과는 컸다. 이해 3월 19일 호종남이 이끄는 국민당 정부군이 공산당의 심장부인 연안을 점령하는 개가를 올렸다. 유소기와 주덕, 임필시 등은 만일의 사태를 대비해 하북으로 가 중앙실무위를 구성했다. 전란 때 일부 조정대신들이 황태자를 중심으로 소규모의 임시 조정을 꾸리는 소위 분조分朝를 꾸린 셈이다. 모택동과 주은래 등 당 중앙은 비록 연안은 빼앗겼으나 여전히 섬서 북부에 머물렀다. 연안의 상징성 때문이었다.

당시 과거 제4군이었던 진의 부대가 산동 북부에서 국민당 정부군의 강공을 막아내지 못하면 무슨 일이 빚어질지 모를 상황이었다. 모택동은 등소평에게 즉각 지원에 나설 것을 명했다. 이해 6월 등소평이 이끄는 홍군이 황하를 도강해 산동 내 깊숙이 침투했다. 등소평은 12만 명의 병력을 모두 4개 단위로 나눠 진격시켰다. 이들은 남하하는 도중 곳곳에서 혁혁한 전과를 올렸다. 이를 '산동원정'이라고 한다. 모택동은 당 중앙의 이름으로 이를 극찬했다.

"우리 유등군劉鄧軍은 견성, 거야, 정도 등지에서 성공적으로 전투를 수행했다. 적군 9개 여단과 1개 여단의 절반, 4개 사단 본부를 섬멸했고 5만에 이르는 적군을 살상 또는 생포했다."

이해 7월 모택동이 결단을 내렸다. 유등군을 급속히 남하시켜 국민당 정부군의 심장부인 대별산大別山 일대를 엄살掩殺하는 기습전을 감행한 것이다. 이는 전적으로 모택동 개인의 머릿속에서 나온 것이었다. 장개석이 중국공산당의 심장부인 섬서 북부와 산동 남부에 대한 집중공격을 가하자 우회전술을 통해 이를 완화시키려는 속셈이었다.

하남과 안휘, 호북을 잇는 경계에 위치한 대별산은 중국 전체의 중심부에 해당하는 무한과 매우 가까웠다. 유등군의 많은 병사들이 이 지역 출신이라 작전상 유리한 점이 있기는 했다. 그러나 엄밀히 말해 이는 일종의 도박에 가까웠다. 가장 큰 문제는 신속한 병력이동으로 대별산 일대를 점령할지라도 이를 계속 장악하기가 쉽지 않은 데 있었다. 국민당 정부군이 보급로를 차단할 경우 유등군은 이내 독안의 쥐 신세가 될 수밖에 없다. 확실히 모택동은 정치적 고려가 중시되는 전략에는 밝았으나 구체적인 승패를 좌우하는 전술에는 어두웠다. 당시 위험하기 짝이 없는 '대별산 기습점거' 책략이 주효한 것은 전적으로 등소평의 공이었다.

초기만 하더라도 등소평 역시 유백승과 마찬가지로 이 계책에 반대했다. 그러나 모택동의 의지는 확고했다. 등소평은 이내 입장을 바꿔 유백승에 대한 설득작업에 들어갔다. 7월 29일 설득에 성공한 그는 곧바로 회신했다.

"저희는 남쪽으로 향하는 돌파구를 열기 위해 적장 왕중렴의 3-5개 여단을 섬멸하기로 결정했습니다."

당시 모택동은 '유등군'이 왕중렴과 일전을 벌이기보다는 곧장 대별산으로 나아갔으면 하는 바람을 갖고 있었다. 그러나 이를 강요할 수는 없었다. 그 역시 자신의 계책이 안고 있는 위험부담을 익히 알고 있었기 때문이다. 회신에서 약간의 융통성을 부여했다.

"일단 10일 정도 쉰 뒤 행동개시에 들어가는 게 어떻겠는가?"

모택동이 '10일 휴식'을 제시하면서 가부를 물은 것은 사실 가능한 한 빨리 추진하고 싶다는 속셈을 담은 것이었다. 등소평이 이를 모를 리 없었다. 그는 회신을 받은 다음날인 7월 30일 유백승과 공동명의로 이같이 회신했다.

"하남과 안휘 및 강소의 예환소豫皖蘇 접경에 머물러 있기보다는 진의 군대와 기각지세掎角之勢를 확보하기 위해서라도 곧바로 대별산으로 향하는 편이 더 나을 듯합니다."

모택동이 곧바로 회신을 보냈다.

"좋은 생각이다. 후방 기지를 떠나 대별산으로 쳐들어가겠다는 제군의 결정을 고맙게 생각한다. 진의 또한 제군처럼 확고한 결심을 갖도록 만들겠다."

당초 유백승은 모택동의 회신을 곧이곧대로 좇고자 했다. 그러나 등소평은 주군의 심기를 헤아려 곧바로 쾌속진격 방안을 제시한 것이다. 8월 6일 이심전심의 화답에 환호한 모택동이 즉시 출발을 알리는 등소평의 통고에 짤막한 응답으로 자신의 심경을 전했다.

"군의 생각이 백 번 지당하다!"

'쾌재快哉'를 이처럼 절묘하게 드러낸 표현은 없을 것이다. 당시 등소평은 모택동이 10일의 말미를 주었음에도 4일 가량을 반납한 채 즉시 출병을 감행한 것이다. 홍군 중 최고의 경계대상이던 부대가 등소평의 정치위원 취임 이후 모택동으로부터 가장 큰 신임을 얻는 군대로 일변했음을 반증하는 대목이다. 이런 점 때문에 모택동은 등소평을 필요로 했을지도 모를 일이다.

8월 7일 유등군 휘하의 12만 대병이 산동 서남부를 출발해 남하하기 시작했다. 이들은 중일전쟁 당시 장개석이 황하의 제방을 무너뜨린 이후 범람지역으로 돌변한 늪지를 며칠 만에 관통했다. 늪지는 길이가 40킬로미터에 달했다. 비행기를 피해 부대는 호우에 흠뻑 젖어가며 늦은 저녁부터 새벽까지 행군했다. 당시 그의 명령은 간명하고도 엄했다.

"휴식은 없다. 늪에 빠져 죽기 싫으면 계속 전진하라."

유백승과 등소평은 타고 있던 말을 포기하고 대원들과 함께 진흙탕을 헤치며 걸었다. 부대는 3개 성과 5개 큰 강을 건너 수많은 적군을 격파하면서 쉼없이 전진했다. 9월 말 마침내 대별산에 도착했다. 이를 계기로 홍군은 수세에서 공세로 전환할 수 있었다. 이는 국공내전의 승부를 가르는 전환점이 되었다.

이해 9-12월 사이 '유등군'은 주변에 포진했던 국민당 정부군 35개 여단 30만 병력을 흡수했다. 대별산이 홍군의 근거지로 일변하면서 이제

국민당이 중국 북부를 넘보는 일은 불가능해졌다. 천하의 절반은 이미 확보한 것이나 다름없었다.

당시 등소평은 모택동과 수시로 연락을 취하며 여타 부대와 '유등군' 사이의 작전 조율을 부탁했다. 이는 군사위 주석 모택동의 위엄을 한껏 높이는 계기로 작용했다. 팽덕회와 임표가 모택동의 재가도 없이 용병한 것과 극명한 대조를 이루는 대목이다. 이해 12월 22일 모택동에게 보낸 보고서는 그의 세심한 행보를 잘 보여주고 있다.

"저희들은 진의 장군의 부대가 저희 부대를 도와 대별산 지역에서 모종의 작전을 펴주었으면 합니다. 적군 2개 사단만 견제되어도 우리 상황은 훨씬 나아질 것입니다. 우리가 대별산에서 좀 더 많은 짐을 걸머질 수 있다면 전반적인 전황에 이익이 될 것입니다."

이듬해인 1948년 1월 30일 그는 모택동에게 올리는 보고서에서 다른 부대들처럼 자주 승전보를 올릴 수 없는 배경을 밝혔다.

"저희는 이제 막 대별산에 도착했기에 대규모 전투를 수행할 수 없었습니다. 그럼에도 저희는 5만 명에 달하는 적군 5개 여단을 소탕했습니다. 더 중요한 것은 우리가 1만 리 이상을 행군하면서 큰 규모의 소비에트 근거지를 3곳이나 세워 통일의 확고한 기반을 만들었다는 사실입니다."

당시 그는 신속한 방식으로 토지개혁을 실시했다. 몰수한 물건은 부대원에게, 땅은 농민에게 분배됐다. 이는 점령지역의 토지개혁 및 선전사업에 깊은 관심을 기울이고 있는 모택동의 의중을 정확히 헤아린 결과였다. 모택동은 등소평의 이 보고서에 호의적인 주석을 붙여 당과 군 전체에 회람시켰다.

"등소평 동지가 여기에 묘사하고 있는 대별산 지역의 경험은 극히 중요하다. 모든 지역의 모든 부대는 그런 경험을 참조해야 할 것이다."

1948년 3월 '유등군'은 대별산에서 이동해 중부에서 진의 부대와 합류했다. 이해 5월 모택동이 주은래와 함께 당 중앙과 중앙군사위원회를 산서 북부에서 하북으로 옮겼다. 이에 당 중앙은 다시 유소기가 이끄는 중앙실무위원회와 합류케 됐다. 북경 입성을 앞두고 태자의 분조分朝를 황제의 본조本朝에 통합시킨 셈이다. 이는 천하를 이제 손에 넣었다는 판단에 따른 것이었다.

당시 유소기는 전에 맡았던 화북국華北局 담당국 제1서기, 등소평은 화중국華中局 담당국 제1서기에 임명됐다. 장차 '신 중화제국'이 창건될 경우 태자는 유소기, 태자 후보는 등소평이 될 것임을 예고한 인사였다. 진의와 유백승은 각각 화북국과 화중국의 제2서기 자리에 앉았다.

이해 6월 6일 등소평이 토지개혁과 당 조직에 관한 일련의 지령을 작성했다. 모택동은 그 서류 중 하나에 다음과 같은 말을 덧붙여 중앙실무위의 주은래와 유소기에게 보냈다.

"중원中原 지국의 서류를 첨부함. 이 주제에 관해 귀 중앙위에서 별도 서류를 작성할 필요는 없음."

등소평의 보고를 바로 당 중앙의 정책으로 간주해도 좋다는 뜻이다. 등소평은 이미 모택동의 마음속에 깊이 자리 잡고 있었다. 이해 여름 전황에 근본적인 변화가 일어났다. 2년에 걸친 치열한 접전 끝에 국민당 정부군이 마침내 공격력을 상실하고 급속히 무너져내리고 있었던 것이다. 초기의 전면공격에서 국지공격으로 전략을 바꾼 바 있는 장개석은 이때에 이르러 다시 전면방어로 전략을 바꿨다. 마지막 선택이었다. 여기서 밀릴 경우 이제 남은 선택은 대만으로 도주하는 길밖에 없었다.

홍군 지도부는 흥분했다. 승리가 확실해진 만큼 주요 관심사가 전공戰功경쟁으로 변했다. 큰 전투를 감행하면 할수록 전공은 커지고 덩달아 향후 자신과 파벌의 이익 또한 커질 수 있었다. 당시 홍군은 최후의 일전을 앞두고 몇 개의 야전군으로 재편됐다. 대략 4개의 주력 야전군이 급부상했다. 팽덕회가 이끄는 북서방향의 제1야전군, 유등군으로 불리는 중원방향의 제2야전군, 진의 휘하에 있는 동부방향의 제3야전군, 북동부 만주 일대에 포진하고 있는 임표 및 나영환의 제4야전군 등이 그것이다.

모택동이 볼 때 하룡의 병사 및 섬서지역 게릴라들이 뒤섞인 제1야전군은 별로 미덥지 않았다. '백단대전' 때 군령을 제멋대로 발동한 팽덕회가 제1야전군을 이끌고 있는 것도 마음에 들지 않았다. 진의의 제3야전군 역시 국민당의 지휘를 따르던 신4군에서 출발한 까닭에 모택동과 개인적인 연결이 약했다. 제2야전군은 원래 장국도의 병사로 이뤄진 데다 전적으로 믿을 수 있는 사람은 등소평 한 사람밖에 없었던 까닭에 별반 다를 게 없었다.

그러나 제4야전군은 임표와 나영환은 물론 일반 장령에 이르기까지 정강산 시절부터 모택동과 생사를 같이하던 인물들이 주축을 이루고 있었다. 모택동이 통상 국민당 정부군을 견제하거나 주의를 돌리고자 할 때는 제1-3 야전군을 동원하고, 국민당 정부군의 주력부대와 싸울 때는 제4야전군을 동원한 배경이 여기에 있었다. 모택동이 볼 때 서부의 제1야전군은 서안을 향해 북서쪽으로 올라가고, 중앙의 제2야전군은 중경을 향해 서남쪽으로 내려가고, 동부의 제3야전군은 장강을 건너 남쪽으로 깊숙이 내려가 강개석의 주의를 분산시키고, 북부의 제4야전군은 장강 계곡에서 국민당 주력부대와 최후의 일전을 겨루는 게 가장 바람직했다. 여기서 가장 중요한 것은 적의 후방을 교란하는 제3야전군이었다.

이는 모택동이 1930년대 강서 소비에트 시절부터 집요하게 붙들고 있던 기본 전술이었다. 그가 신봉하는 유격전을 확장한 것이기도 했다. 실제로 그는 1944년 말부터 1945년 초까지 왕진이 이끄는 2만 명의 군사를 장강 남쪽으로 깊숙이 진격시킨 바 있다. 피폐해진 국민당 정부군에 치명타를 가하고자 한 것이다. 그러나 그 결과는 참담했다. 전체 병력의 10분의 1인 2천 명만이 간신히 살아 돌아왔다. 이해 6월 모택동은 다시 진의 휘하의 군사를 동원해 동일한 작전을 시도했으나 이 역시 성공하지 못했다.

그럼에도 모택동은 자신이 구체적인 전술에는 취약하다는 사실을 깨닫지 못했다. 제3야전군 부사령관 속유가 재차 2개 군단 20만 병력을 이끌고 장강을 도강해 적의 배후인 남부지역으로 깊숙이 밀고 들어가는 방안을 생각한 그는 곧 진의를 만나 이 방안을 제의했다. 진의는 귀대하자마자 속유에게 이 작전을 통보했다. 크게 놀란 속유는 곧바로 모택동을 찾아갔다.

"그 방안보다는 차라리 저의 부대가 장강 북쪽에 있는 국민당 중앙군을 격파하는 게 나을 듯합니다. 모든 책임은 제가 지겠습니다."

사실 모택동의 제안대로 단숨에 남쪽 깊숙이 치고 들어갈 경우 이내 왕진처럼 참패할 공산이 컸다. 모택동은 속유가 생사여탈권을 위임한 군령장軍令狀을 쓰겠다고 나서자 마침내 그의 건의를 받아들였다. 그는 곧 진의를 제2야전군으로 임시 전보하고 속유에게 제3야전군을 맡기면서 사령관 대행 겸 정치위원을 겸하도록 조치했다. 전권을 부여한 것이다. 결국 속유는 자신의 약속을 지켰다.

당시 속유는 제3야전군을 이끌고 가 하남 동부의 '예동전투豫東戰鬪'와 '제남전투濟南戰鬪'를 모두 승리로 이끌었다. 각 전투에서 국민당의 10만 대군이 궤멸됐다. 이를 계기로 다른 군 지휘자들 역시 대공을 이루기 위해 치열한 경쟁을 벌였다. 이때 속유가 세계전사에 길이 남을 소위 '회해전투淮海戰鬪'방안을 건의했다. 이는 장강 북쪽에 머물고 있던 국민당 정부군을 일거에 소탕하기 위해 모든 화력을 집중시키는 방안이었다.

이를 받아들인 모택동이 중앙군사위 이름으로 유백승과 진의, 속유, 담진림, 등소평 등 5명으로 구성된 '총전선 지휘위원회'를 출범시켰다. 등소평을 서기에 임명해 총책을 맡게 했다. 모택동이 베테랑인 유백승 및 진의 등을 제쳐두고 연소한 등소평을 서기에 임명한 것은 그에 대한 신임이 얼마나 두터웠는지를 반증한다.

이해 11월부터 이듬해인 1949년 1월 사이 약 2달 가까이 진행된 '회해전투'는 홍군에게 기념비적인 승리를 안겨주었다. 이 전투에서 제2-3 합동야전군은 국민당 정부군의 주력인 중앙군을 무려 55만 명이나 섬멸했다. 살아남은 국민당 정부군은 황급히 장강 남쪽으로 퇴각했다. 이를 계기로 장개석의 남경 정부는 중국 전체를 대표하는 기능을 완전히 상실하고 말았다.

많은 전기작가들은 '회해전투' 당시 등소평이 군사문제에서 뛰어난 능력을 발휘한 것으로 묘사해 놓았다. 영국의 데이비드 보나비아 기자가 쓴 『작전가』가 그 실례다. 그러나 등소평의 주특기는 '군사'가 아니라 '정치'다. 이는 홍군이 국민당 정부군과의 싸움에서 1934-1935년에는 패했다가 1946-1947년에는 오히려 파죽지세의 승리를 거두게 된 배경을 살펴보면 쉽게 알 수 있다.

두 기간 중 양측 사령부는 동일했다. 국민당 쪽은 하응흠, 진성, 고축동이 사령탑을 구성했다. 공산당 쪽에서는 팽덕회, 유백승, 진의, 임표가 주축이었다. 1930년대에는 홍군의 지휘자가 누구였든 심대한 타격을 입었다. 그러나 1940년대에는 큰 승리를 거두지 않은 부대가 없었다. 이는 군 지휘자 개개인의 능력에 따른 국지적인 승패는 전황 전체의 흐름과 무관하고, 전쟁의 승패는 결국 '정치'에 의해 결정된다는 사실을 뒷받침하고 있다.

동서고금의 모든 전투가 그렇듯이 사실 '정치'에서 실패하면 궁극적인 승리를 거둘 수 없다. 불안한 정치상황에서 빚어진 군사적 패배는 예외 없이 내분으로 이어지기 마련이다. 수십만 대군이 궤멸한 남경 정부가 꼭 그랬다. 자중지란의 양상이 그 증거다. 장개석은 이내 총통 직에서 하야하고 이종인이 총통대행이 됐다.

1949년 4월 1-22일 사이에 이종인의 제의로 북경에서 또 한 차례의 평화협상이 벌어졌다. 광서군벌 이종인은 자신의 기반인 광동과 광서가 무사할 수만 있다면 어떤 조건이든 받아들일 심산이었다. 그러나 이는 천하를 삼키려는 모택동의 의중과 완전히 동떨어진 생각이었다. 북경회담이 이내 결렬된 이유다.

역사적인 장강 도강은 북경의 평화회담이 막바지로 치닫는 이해 4월 21일부터 22일 밤 시간에 모두 끝났다. 당시의 상황은 이해 5월 10일 등소평이 모택동에게 보낸 「도강 전투 이후의 과업에 관해 모주석에게 드리는 보고서」에 상세히 소개돼 있다.

"지난 3-4개월은 지극히 분주했습니다. 여러 난관에도 불구하고 저희는 예정대로 강안에 도착해 곧바로 도강 준비에 들어갔습니다. 동부전선의 제8, 제9, 제10군단을 제외한 모든 부대가 4월 10일까지 도강 준비를 마쳤습니다. 4월 21일과 22일 밤 전 부대는 계획한 바대로 도강을 성공적으로 마쳤습니다."

이는 등소평이 이미 이해 3월 말경 본격적인 도강작전에 들어갔음을 보여주고 있다. 사실 도강작전은 모택동과 등소평 두 사람이 은밀히 추진한 비밀작전이었다. 등소평은 4년 전의 중경 평화회담 당시 산서군벌 염

석과 맞붙은 '상당전투'를 승리로 이끌어 모택동의 찬사를 받았던 사례를
또 한 번 재현한 것이다.

이해 4월 말 도강에 성공한 '유등군'은 파죽지세로 남경에 입성했다.
이종인의 남경 정부는 황급히 광동으로 천도했다. '유등군'은 국민당 정
부군의 뒤를 쫓아 남진을 계속했다. 등소평은 유백승과 함께 제2야전군
본부가 설치된 남경에 남았다. 이로써 중국의 북부와 장강 일대까지 완전
히 공산당 수중에 떨어졌다.

당시 스탈린은 모택동이 장개석에게 완승을 거두는 것을 결코 바라
지 않았다. 러시아 대사가 긴급훈령을 받고 장개석을 좇아 광동으로 간 게
그 증거다. 스탈린이 볼 때 '소련제국'의 앞날을 위해 중국에 두 개의 정
부가 들어서는 게 바람직했다. 도강전투 직전 그가 모택동에게 직접 서신
을 보내 도강을 시도하지 말 것을 강력 권유한 것은 바로 이 때문이었다.
이와 정반대로 당시 미국 대사 스튜어트는 상해에 남아 새 공산당 정부를
승인할 준비를 갖췄다.

이처럼 중차대한 시기에 등소평은 국내외의 주요 현안에 관해 모택
동이 깊이 있는 대화를 나눌 수 있는 몇 안 되는 인물 중 한 사람이었다.
이해 7월 19일 등소평은 모택동의 지령을 화중국華中局 내 고위 간부들에
게 직접 전달했다.

"우리의 군사정책은 중국 전역을 점령하는 것이고, 우리의 국내정책
은 자기 의존과 자기 개발이고, 우리의 외교정책은 사회주의 동맹국 및 소
련과의 일방적인 연대이다."

이해 9월 등소평은 조만간 이뤄질 중화인민공화국 건립 기념식에 참
석하기 북경으로 올라갔다. 9월 21∼30일 사이 북경에서 정치자문회의가
열렸다. 그는 초대 정부요원에 선출됐다. 10월 1일 모택동이 천안문에서

중화인민공화국 설립을 공식 선포했다. 등소평은 명실상부한 '신 중화제국' 창건 원훈이 됐다.

'신 중화제국'은 군사력에 의해 성립된 까닭에 그의 군경력은 당연히 중요한 정치적 자산이 됐다. 직업군인 유백승은 종전 직후 군인으로서의 경력이 끝난 반면 정치인 등소평은 오히려 이전의 경력이 더 빛을 발했다. 실제로 그는 이때부터 무섭게 비상하기 시작했다. 1960년대에 임표가 군공軍功을 앞세워 공박하자 등소평은 이같이 반박한 바 있다.

"당신은 요동과 심양의 '요심전투遼瀋戰鬪'의 성공담이 있고 나는 '회해전투'의 성공담이 있소. 당신은 동북으로부터 싸워왔고 나는 중원으로부터 싸워왔소. 뭐가 문제란 말이오?"

사실 등소평의 군공은 임표 못지 않았다. 12년 사이에 지방의 일부 현에서 활약하던 6천 명 규모의 제129사단에서 시작해 10여 개 성을 관장하는 1백만 대군의 제2야전군을 거느리게 된 게 그 증거다. 덕분에 그는 당과 군내에서 확고한 위치를 구축했다.

그러나 전쟁기간 중 긴밀히 맺어진 모택동과의 끈끈한 유대가 이후에도 지속될지 여부는 장담하기 어려웠다. 그는 개인적으로 모택동에게 자신의 충성심을 계속 확인시키면서 모택동 노선을 충실히 이행하는 모습을 보여야 했다. 황태자의 자리에 오를 수 있을지 여부는 여기에 달려 있었다고 해도 과언이 아니다. 세심한 주의가 필요했다.

서남부의 제왕

'중화제국' 창건 선포식에 참석한 등소평은 선포식 직후에 벌어진 축하 파티를 뒤로 하고 유백승과 함께 곧바로 남쪽 전선으로 달려갔다. 장개석의 잔당을 완전히 쓸어내기 위한 행보였다. 지프를 타고 남경까지 간 그들은 다시 새 지프로 갈아탄 뒤 전선으로 내달렸다. 화북국과 화중국에 이어 서남국西南局을 세우자는 결정은 이미 몇 달 전에 내려져 있었다.

11월 23일 당 중앙은 호남의 상덕에 등소평을 제1서기로 하는 서남국의 설립을 정식 선포했다. 서남국의 최우선 과제는 중국의 서남부를 인수하는 것이었다. 그가 유백승과 함께 상덕에 도착했을 때는 이미 휘하의 양용이 이끄는 홍군 중 일부가 귀주의 수도 귀양을 함락한 뒤였다. 승승장구가 이어지고 있었던 것이다.

당시 국민당 지도부는 이해 4월에 남경을 빼앗기고 10월에 광동까지 빼앗긴 후 완전히 공황상태에 빠져 있었다. 서남부 고원지대로 후퇴해 최후의 항전을 벌이거나 대만으로 퇴각해 후일을 도모하는 방안 등 여러 대안을 놓고 검토했으나 최종 결정을 내리지 못했다. 장개석은 본토를 포기하고 싶지 않았다. 그는 중일전쟁 때처럼 중경을 임시 수도로 하여 서남부를 최종 방어선으로 삼고자 했다. 광동을 빼앗기자마자 곧바로 중경으로 옮겨간 이유다. 그러나 중경으로 옮겨간 지 1달도 안 된 시점에 귀주의 귀양까지 함락되자 상황이 심각해졌다.

11월 말 등소평과 유백승이 동쪽과 남쪽, 북쪽 등 3개 방면에서 사천을 협공하는 작전을 세웠다. 곧 당 중앙은 그와 유백승에게 제2야전군을 이끌고 가 서남부 전역을 점령할 것을 명했다. 이들은 순식간에 이 임무를 완수했다. 당시 성도 함락 소식을 접한 모택동은 곧 중앙군사위 명의로 긴급전문을 보냈다. 더 많은 국민당 군대를 유인해 일거에 소탕하기 위해서는 중경공략을 잠시 연기하는 편이 좋겠다는 내용이었다.

그러나 등소평은 이의를 제기했다. 가장 큰 이유는 국민당 정부군이 급속히 도시를 파괴하고 있기 때문에 이를 저지해야 한다는 것이었다. 나아가 홍군이 계속 진격 중인 까닭에 원래의 공격계획을 바꿔서는 안 된다는 것도 한 이유로 제시됐다. 결국 모택동이 등소평의 손을 들어주었다. 11월 29일 중경에 대한 즉시 공격명령이 내려졌다. 다음날 중경이 등소평의 손에 떨어졌다. 국민당 정부는 중경까지 함락되자 대륙에 남아 있던 정부 인력과 생존부대를 모두 대만으로 옮겼다. 외국사절들은 더 이상 좇아가지 않았다. 이해 12월 10일 장개석은 대북에서 정부수립을 선포했다. 중경을 빼앗기고 대만으로 옮긴 지 10일 만이었다.

1949년 말까지 공산당은 서남쪽 고원지대인 티베트와 동남해안에서 좀 떨어진 해남도, 장개석이 옮겨간 대만 등을 제외하고 중국 전역을 점령했다. 이듬해인 1950년 새해가 밝아오자 모택동은 《인민일보》 신년호 경축사설에서 최우선 목표를 '중국 전역의 해방'에 두었다. 임표의 제4야전군은 해남도 탈환의 명을 받았고 진의와 속유의 제3야전군은 대만, 유백승과 등소평의 제2야전군은 티베트를 점령하라는 명을 받았다.

해남도는 임표의 부대에 의해 곧바로 함락됐다. 홍군의 피해는 수천 명이 되지 않았다. 티베트 문제는 해남보다 쉽게 풀릴 수도 있었으나 국제적인 문제가 얽혀 있어 신중을 요했다. 모택동도 등소평에게 제2야전군을 이끌고 가 조만간 티베트를 점령하라는 명을 내려놓기는 했으나 작전개시만큼은 신중을 기했다. 섣불리 움직였다가 자칫 열강의 간섭을 불러올까 염려했던 것이다. 1950년 1월 모택동은 모스크바를 여행하는 와중에 등소평에게 은밀히 전보를 보냈다.

"영국, 인도, 네팔 등이 모두 우리를 인정하고 나섰으니 티베트 문제를 좀 더 쉽게 풀 수 있게 되었음."

며칠 후 다시 전보를 보냈다.

"티베트 문제에 대해서는 서남국이 주로 책임을 맡아야 할 것임."

두 사람은 외교적 설득과 군사적 무력동원을 동시에 구사해 이 문제를 풀어야 한다는 데 일치하고 있었다. 이는 새로운 것도 아니었다. 이미 국민당 정부군을 격퇴할 때 써먹은 수법이었다. 몇몇 부대가 티베트 정벌군으로 지정된 가운데 티베트 실무위원회가 구성됐다. 공산당 간부 한 사람이 군복을 벗고 라마교 평신도로 변신했다. 이름도 '순수한 마음'이라는 뜻의 순심純心으로 바꿨다. 그는 공산당과 티베트 당국 사이의 연락업무를 맡았다. 티베트 실무위원회와 정벌군이 출정하기 직전 등소평이 조심스럽게 지시했다.

"티베트를 해방하는 것은 군사적 과업이고, 이를 위해 우리는 약간의 군사력이 필요하다. 그러나 주된 문제는 군사문제가 아니라 정치문제다."

북경과 라싸 사이에 몇 차례 접촉이 있은 후 화해 무드가 조성됐다. 이로써 서남부 관할지역을 사천과 귀주, 운남, 서강에 이어 티베트까지 확장시킬 수 있었다.[16] 그러나 진의와 속유의 제3야전군은 대만탈환에 실패했다. 한국전쟁의 발발로 미국이 대만해협을 봉쇄한 것이 가장 큰 이유였다.[17]

당초 중국은 인민공화국이 수립된 후 처음 몇 년 동안 전역을 6개 행정구역으로 나누어 다스렸다. 등소평은 가장 넓은 서남부를 떠맡았다. 오래 전부터 공산당 통제하에 있던 북부 및 북서부를 제외한 나머지 지역은 4개 야전군을 기초로 한 지역정부와 군사위원회가 다스리도록 조치한 결과다. 당시 등소평은 장개석이 대북에서 '자유중국'의 정부수립을 선포하기 이틀 전인 1949년 12월 8일 중경에 입성해 곧바로 시장 직을 맡았다.

학업을 위해 시골에서 대처인 중경으로 올라왔던 어린 학생이 30년 만에 이제 감히 넘보기 어려울 정도의 휘황한 명예와 권위를 지니고 '금 의환향' 한 것이다. 전 가족이 그를 따라와 중경에 자리를 잡았다. 이후 3 년 동안 그는 '서남왕국의 제왕'으로 군림했다. 중앙당에서도 서남지구는 등소평의 지시를 중앙당의 지시로 알고 그대로 따르라고 지시했다. 그의 나이 45세였다.

훗날 문화대혁명 때 홍위병들이 발표한 '등소평의 죄행罪行 조사보 고'에 따르면 그는 왕공귀족의 기세를 보였고, 부패한 생활을 즐겨 식생 활도 사치스러운 것을 좋아했고 여자에도 탐닉했다고 한다. 매주 수요일 밤과 토요일 밤 및 일요일 오후에는 트럼프와 마작을 했다는 비난도 받았 다. 사인방도 당시 그가 서남지구에서 '전제황제'처럼 생활했다고 비판했 다.

이는 비록 과장된 것이기는 하나 전혀 틀린 것도 아니었다. 이는 그 의 오점이다. 사실 이는 그에게만 국한된 일도 아니었다. 다른 지구에서도 유사한 사례가 많았다. '중화제국'의 창업주인 모택동의 경우도 별반 다 르지 않았다.

당시 서남지역 행정부에 해당하는 서남 군사위원회는 유백승이 주 석, 등소평이 제1부주석, 하룡이 제2부주석이었다. 그러나 공산당 서남국 은 등소평이 제1서기, 유백승과 하룡이 각각 제2, 제3서기로 있었다. 서 남 군구는 하룡이 사령관, 등소평이 정치위원을 맡았다. 유백승과 등소평, 하룡이 일종의 '3두체제'를 이룬 셈이다. 서남지역의 당·정·군 배치에 서 베테랑 군인인 유백승과 하룡을 젊은 정치인인 등소평과 뒤섞어 놓은 '3두체제'는 모택동의 작품이었다.

핵심은 등소평이었다. 유백승과 하룡에게 정부와 군을 맡긴 것은 일 종의 예우 차원에서 이뤄진 것으로 실권은 등소평이 쥐고 있는 것이나 다름없었다. 실제로 유백승과 하룡 모두 정치에 대해 잘 알지도 못했고 알려고 하지도 않았다. '전신戰神'의 칭송을 받은 유백승은 곧 서남부를 떠나 새 직책을 맡으러 남경으로 갈 예정이었고, 문맹에 가까운 하룡은 부대 지휘보다는 스포츠나 좋은 음식을 더 즐기는 사람이었고 이를 숨기려 하지도 않았다. 당시 등소평은 중경시장과 서남 재무경제위원회 위원 등 다른 직책도 겸했다.

이후 그는 1952년까지 특별한 정책을 만들지도 않았고 그리하려고 하지도 않았다. 북경에서 시달된 정책을 지역 사정에 맞게 고쳐 시행하면 그것으로 족했다. 그가 볼 때 가장 시급히 해야 할 일은 국민당 정부군 잔존세력과 현지의 무장강도를 소탕하는 일이었다. 제2야전군은 북쪽에서 차출되어 온 군단병력의 도움을 얻어 1949년 말부터 1950년 초까지 서남부 고원과 산악지대에서 수없이 많은 소규모 전투를 치렀다. 결국 약 50만 명에 가까운 국민당 잔존세력과 무장강도를 완전히 소탕하는 데 성공했다. '유등군'의 20만 병사들은 수천 개의 지방마을에 파견돼 자치행정기구를 설립했다. 서남부에 일사불란한 공산당 통제가 신속히 확립된 이유다.

한국전 참전이 이뤄질 당시 중국은 전후복구에 여념이 없었다. 온갖 명목의 운동이 쉴 새 없이 전개됐다. 농업 및 토지개혁 운동, 반동억제 운동, 당무수정 운동, 항미원조 운동 등이 그것이다. 모택동이 북경에서 총지휘했고 등소평은 중경에서 이를 충실히 수행했다.[18] 당시 그가 모택동으로부터 칭송을 받은 대표적인 사례로 농지개혁을 들 수 있다. 1951년 5월 9일 그는 토지가 없는 약 1억 명의 농민들을 지주로 바꿔놓은 사례를 당 중앙에 보고했다. 모택동이 격찬했다.

"등소평 동지가 우리에게 또 하나의 출중한 보고서를 선사했다!"

당시 지주집안 출신인 그 자신의 가족과 막내 동생 등은 지방 농민들로부터 거센 공격을 받고 있었다. 그는 국민당 치하에서 지방정부 부서장을 지낸 막내 동생을 중경으로 불러 면담한 뒤 속히 가족과 친척 몇몇을 중경으로 데려올 것을 지시했다. 이에 그의 누나와 동생, 사돈 식구들은 가까스로 박해를 피할 수 있었다.

중경에 체류할 당시 그와 그의 가족은 편안한 생활을 누렸다. 국민당 정권 시절 시청으로 사용된 인민대회당에서 생활한 적도 있다. 아내 등영초는 당과 군 간부 자녀들이 다니는 초등학교 교장으로 일했다. 그러나 그의 시선은 늘 북경에 가 있었다. 그는 서남부에서는 유일하게 북경의 모택동과 수시로 전화 및 전보로 교신한 인물이었다. 모택동은 몇 차례 그를 북경으로 부르기도 했다.

승자와 패자

1952년 7월 1일 등소평이 중경에서 열린 성도-중경 철도 개통식에 참여해 테이프를 끊었다. 이는 그가 '서남부의 제왕'으로 군림하면서 행한 마지막 행사였다. 이해 8월 그는 모택동의 부름을 받고 북경으로 올라가 이내 국무원 부총리에 임명됐다. 그의 가족도 그를 따라 북경으로 이주했다. 당 중앙의 고급 간부들이 사는 중남해 구내는 아니지만 바로 그 근처에 그의 가족을 위한 거처가 마련됐다.

그가 중앙으로 영전될 즈음 다른 지역의 당 간부 4명도 북경으로 전근해 왔다. 대표적인 인물이 동북의 고강이었다. 등소평에 약간 앞서 상경한 그는 국가발전계획위 위원이 됐다. 그의 뒤를 이어 화동지구 출신으로 당 중앙조직국 위원이 된 요수석, 중남지구 출신으로 국무원 농업국 위원이 된 등자회, 서북지구 출신으로 국무원 서기장에 임명된 습중훈 등이 차례로 상경했다.

모택동은 이들을 일제히 북경으로 불러들일 때 외양상 논공행상의 모습을 취했다. 그러나 사실 이는 역대 왕조들이 창업 직후 지역 할거의 가능성이 높은 공신세력을 중앙으로 불러 명목상 높은 자리에 배치한 것처럼 중앙권력을 강화하기 위한 조치로 나온 것이다. 등소평은 새 환경에 잘 적응했다.

그는 상경하자마자 당 중앙의 기본 구도를 재빨리 파악했다. 당시 군사적 과업은 명목상 사령관인 주덕의 관할하에 팽덕회가 총책을 맡은 한국전쟁에 초점이 맞춰져 있었다. 그러나 이미 권력의 무게는 '군사'가 아닌 '행정'으로 옮겨가 있었다. 유소기와 주은래가 주인공이었다. 유소기는 당 중앙의 통상업무를 맡고 있었고, 주은래는 행정부를 장악해 총리 겸 외교부장으로 활약하고 있었다. 재정분야는 중앙 재경위 위원으로 있던 진운이 따로 떼어 맡고 있었다. 유소기는 집권당 사무총장, 주은래는 총리, 진운은 경제부총리의 역할을 분담하고 있었던 셈이다. 창업주 모택동은 전과 다름없이 막강한 권위를 누렸으나 '행정'에는 별반 익숙지 않은 것처럼 보였다.

당시 등소평은 특이하게도 당과 정부에 여러 개의 직책을 동시에 맡았다. 국무원 내 5명의 부총리 중 하나로 있으면서 당 중앙 위원과 중앙군사위 위원, 중소 우호협회 위원 등도 겸직했다. 1952년 11월에는 서남 행정위원회 부주석에 임명되기도 했다. 당시 그의 나이는 48세였다. 객관적으로 볼 때 후계자 그룹 중 선두주자에 해당했다. 실제로 그는 동료들보다 훨씬 젊고 능력 또한 출중했다.

그러나 모택동이 볼 때 등소평은 아직 확정되지 않은 후계자 그룹의 한 사람일 뿐이었다. 반드시 일정한 공을 세워 강한 인상을 남겨야만 했다. 그는 서두르지 않았다. 1953년은 한국전쟁이 끝나고 전후 복구가 완료된 해였다. 과도기는 끝난 듯했다. 실제로 모택동은 당과 국가를 새롭게 이끌 이슈를 찾고 있었다.

이때 먼저 치고 나온 사람이 유소기였다. 그는 민주주의와 사회주의에 대한 새로운 해석을 제시했다. 이는 최고의 통치이념으로 간주된 '모택동 사상'에 대한 재해석의 여지를 남겼다. 모택동은 아연 긴장했다. 실제로 농업생산 등에서 삐걱거리는 소리가 나고 있었다. 이때 소위 '고-요 사건'이 터져나왔다. 사건의 내막은 이렇다.

1953년 6월 국무원 감독하에 경제 관련 전국회의가 북경에서 열렸다. 주은래가 총리 자격으로 회의를 주재하는 가운데 진운이 기조연설을 했다. 국가발전계획위 위원인 고강과 국무원 부총리 등소평 역시 이 회의에 참석해 토론에 나섰다. 핵심논제는 재정적자 문제였다. 당시 상반기 재정적자는 30억 위안을 초과하고 있었다. 사회간접자본 투자가 급속히 늘어난 게 가장 큰 원인이었다. 재정부가 국영기업에 비해 사기업 및 개인사업자에게 더 적은 세금을 부과한 게 문제가 됐다. 이것이 곧 정치문제로 비화돼 재정부장 박일파가 부르주아 우익노선을 실행한 인물로 지목됐다. 주은래는 박일파에게 자아비판의 글을 올릴 것을 명했다.

그러나 일이 여기서 그치지 않았다. 초점이 재정문제 자체에 있는 게 아니었다. 등소평은 이를 재빨리 간취했다. 비슷한 시기에 중남해에서 정치국 회의가 진행되고 있었다. 모택동은 농업협동조합 운동의 진행과정에서 그 자신이 '전반적 우익경향'이라고 부른 현상이 만연한 사실에 흥분했다. 논점이 문득 민주주의를 유지해야 할 것인가, 아니면 당장 사회주의 개혁을 실행할 것인가 하는 문제로 옮겨갔다. 회의에 참석한 고강과 주은래, 진운 등의 정치국 위원들은 모택동의 공격목표가 유소기라는 사실을 쉽게 짐작할 수 있었다.

공교롭게도 내전기간 중 화북국에서 유소기를 도와 여러 해 동안 함께 일했던 박일파 역시 유소기의 추종자로 간주되고 있었다. 사기업 및 개인사업자에 대한 관대한 조세정책도 유소기의 우익 노선에 따른 것으로 지목됐다. 고강과 주은래, 진의, 등소평 모두 비난의 목소리를 높였다. 등소평은 이같이 말했다.

"박일파의 실책은 정말로 지대합니다. 그의 실수는 되로 잴 수 없고 말로 재야 할 것입니다."

회의가 끝난 후 그는 박일파를 대신해 재정부장이 되었다. 그러나 이게 전부가 아니었다. 그에게 더 큰 실적을 올릴 수 있는 계기가 잇달아 찾아왔다. 이해 9-10월 사이 당 조직 업무를 논의하기 위한 제8차 전국대표자회의가 열릴 예정이었다. 대회준비를 주관한 당 중앙조직국의 우두머리는 유소기의 또 다른 측근인 화북국 출신 안자문이었다. 그가 마련한 당 중앙과 정치국 후보 명단 초안은 편파적이었다. 안자문을 대신해 조직국을 맡은 요수석이 이를 모택동에게 보고했다. 모택동의 재가를 받은 요수석은 곧 당 조직 업무에 관한 전국회의에서 안자문의 파벌주의 책동을 강력 비판했다. 이 또한 표적은 유소기였다.

요수석은 다가올 8전대회를 위해 새로운 후보명단 작성에 들어갔다. 유소기 일파를 비난하는 데 가장 목소리를 높였던 고강이 이를 널리 알리기 위해 북경 안팎을 시끄럽게 헤집고 다녔다. 고강과 요수석은 당·정의 구도를 일거에 갈아치우고자 했다. 모택동의 전폭적인 지지를 과신한 결과였다. 그러나 이는 착각이었다.

중앙 및 지방의 지도층 내에서 심한 반발이 일어나자 궁지에 몰린 요수석이 고강에게 도움을 청했다. 당시 고강은 등소평과 마찬가지로 당내 인사문제를 놓고 모택동과 격의 없이 토론할 만큼 신임을 얻고 있었다. 이해 12월 고강은 마침 평양을 방문하고 돌아온 재정부장 등소평과 함께 모택동을 찾아갔다. 고강은 요수석의 편을 들면서 모택동의 지원을 요청했다. 그러나 등소평은 다른 방안을 제시했다. 유소기가 비난을 면하기는 어려우나 한두 사람 때문에 지도체제 전체를 변경하는 것은 별로 바람직하지 않다는 내용이었다. 고강과 거리를 둔 것이다. 이는 고강의 분파활동을 언짢아하는 모택동의 심기를 읽은 결과였다.

　　이해 12월 24일 정치국 확대회의가 열렸다. 모택동은 요수석을 비판의 도마 위에 올려놓은 뒤 이같이 말했다.

　　"북경에는 두 개의 본부가 있다. 내 본부는 열려 있고 '다른 사람'의 본부는 숨겨져 있다."

　　'다른 사람'이 과연 유소기를 지칭한 것인지 아니면 고강을 말한 것인지 모호했다. 이듬해인 1954년 1월 초 모택동이 남방 여행길에 올라 2달 이상 북경을 떠나 있었다. 항주를 여행하던 중 그는 유소기에게 몇 마디 전언을 보내 당의 단합을 촉구하면서 고강이 요청한 개인적 면담은 정중히 거절했다. 고강과 요수석에 대한 처리를 유소기에게 일임한 것이나 다름없었다.

　　이해 2월 6-10일 사이 제7기 4중전회가 열렸다. 요수석과 고강에 대한 집중 성토가 이어졌다. 압력에 시달린 고강이 자살을 시도했으나 실패했다. 전체회의 결의를 통해 등소평은 요수석, 주은래는 고강에 대한 조사를 지휘하게 됐다. 고강은 만주의 최고권력자로 군림하면서 은연중 만주국에 하나의 독립국을 세우려 했다는 혐의를 받았고, 요수석은 화동지구 최고권력자로 있으면서 고강의 야심에 동조해 반당동맹을 형성했다는 혐의를 받았다. 유소기와 주은래를 몰아내려 했다는 혐의도 함께 받았다. 이게 '고-요 사건'의 전말이다.

모택동이 북경에 돌아온 직후인 3월 1일 등소평이 진의 및 담진림과 함께 '고-요 사건'의 조사결과를 보고했다. 4월 27일 등소평이 요수석을 대신해 조직국장에 임명됐다. 얼마 후 다시 당 중앙위 총서기에 선출됐다. '고-요 사건'은 모택동 시절에 터져나온 여러 숙청 사건 중 아직도 공식적인 검토가 이뤄지지 않은 유일한 경우에 해당한다. 관련 서류들이 거의 공개되지 않고 있는 가운데 전문가들은 등소평이 이 사건에 깊숙이 개입했을 가능성에 무게를 두고 있다. 현재 가장 그럴듯한 것은 모택동이 당초 고강을 이용해 유소기를 견제하려다가 마지막에 유소기와 흥정하기 위해 고강을 버렸고, 등소평은 영리하게도 모택동의 뒤를 조용히 뒤따랐다는 해석이다.

당시 모택동은 유소기에게 좀 더 철저히 복종하는 자세를 가르칠 요량으로 그의 지위를 그대로 유지시켰을 공산이 크다. 유소기는 아직 여러 모로 쓸모가 많았다. 이 과정에서 고강은 권력투쟁의 희생양이 된 셈이다. 등소평은 지난 1980년 당시의 사건을 이같이 회고한 바 있다.

"고강은 유소기를 끌어내리기 위해 나를 설복시키고자 했다. 그는 유소기가 정치적으로 미숙하다고 말했다. 그러나 전체적으로 유소기는 괜찮아 보였고, 그의 지위를 변경하는 것은 적절치 않다고 생각했다. 고강은 진운과 얘기를 나누면서 두어 명을 더 부주석 자리에 임명해야 하고 그 중 한 사람은 진운, 또 다른 한 명은 자신이 되어야 하지 않겠느냐고 말했다. 진운과 나는 사태의 심각성을 깨닫고 모택동 동지를 찾아가 이를 보고하면서 주의를 기울여 줄 것을 촉구했다."

이듬해인 1955년 3월 말 당 대표들의 특별 전국대회가 열렸다. 기조 연설에 나선 등소평이 '고-요 사건'을 보고하면서 당과 정부의 지도부를 강탈하기 위한 음모로 규정했다. 「고강 및 요수석의 반당동맹에 관한 결의안」이 통과됐다. 두 사람은 당원 자격을 박탈당했다. 고강은 이미 감옥에서 자살했고, 요수석은 여생을 구금상태에서 보내게 됐다.

등소평은 특별 전국대회에 이어 열린 제7기 5중전회에서 처음으로 정치국 정식 위원으로 선출됐다. 서열은 13위였으나 다른 당 중앙 위원들보다 훨씬 앞서 정치국에 진입한 것이다. 당시 51세였다. 이로써 그의 당내 위치는 더욱 굳어졌다. 이는 두 사람을 제거한 보상으로 볼 수 있다.

이후 그는 도약의 발판이 된 재정부장과 당 조직국 위원 같은 소소한 직책을 버렸다. 대신 당 중앙 제1서기와 이후의 총서기와 같은 막강한 직위의 업무에 매달렸다. 비슷한 시기에 임표 역시 정치국 위원으로 승진했다. 이 또한 모택동이 결정한 것으로 한국전쟁이 끝난 후 인민해방군 내에서 팽덕회의 잠재적 영향력을 억제하려는 의도가 반영된 것이었다. '신중화제국'의 초대 황제 모택동은 자신 이외의 그 어떤 사람도 자신의 '황권'을 나눠갖거나 침범하는 것을 결코 허용치 않았다. 권신權臣의 존재를 극도로 경계한 『한비자』의 요체를 통찰하고 있었던 셈이다.

중소 이념분쟁과 대약진운동

1956년 2월 소련공산당이 모스크바에서 제20차 당 대회를 개최할 예정이었다. 중국은 국방위 부주석 주덕을 포함해 모두 5명으로 구성된 대표단을 파견했다. 등소평은 차석 대표로 뽑혔다. 사실 등소평은 프랑스에서 5년, 모스크바에서 1년을 체류했으나 러시아어는 물론 프랑스어도 제대로 하지 못했다. '서적주의'를 멀리하고 사안의 요체를 간명하게 꿰는 식으로 학습한 결과다. 마르크시즘에 대해 그가 내린 최종 결론은 '실사구시'였다. 이미 요체를 파악하고 있는 만큼 군더더기의 복잡한 설명은 필요없었다. 구태여 프랑스어와 러시아어를 열심히 익힐 필요를 느끼지 못한 이유다. 영어와 불어, 러시아어를 자유자재로 구사한 주은래와 대비되는 대목이다.

당시 중소관계는 1953년의 스탈린 사후 매우 유동적이었다. 모택동은 1950년에 모스크바를 방문했을 때 내심 불쾌감을 감추지 못했으나 스탈린의 권위만큼은 존중했다. 스탈린이 화를 터뜨리지 않을 만큼만 고집을 부린 이유다. 그도 중국의 발전을 위해서는 스탈린의 지원이 절실히 필요하다는 사실을 잘 알고 있었다. 당시 모택동은 흐루쇼프를 딱 한 번 만난 적이 있으나 특별한 느낌을 받지는 못했다. 스탈린 사후 주은래가 1953년에 모스크바를 방문하고 이듬해에 흐루쇼프가 북경을 답방하는 등 양국은 외양상 친밀한 관계를 유지했다. 그러나 모택동은 흐루쇼프의 서열과 인품을 별로 높게 평가하지 않았다. 흐루쇼프도 중국 방문이 즐거울 리 없었다.

등소평은 주은래 같은 외교전문가는 아니었으나 국내정치에 관해서만큼은 타의 추종을 불허할 정도로 그 내막을 훤히 꿰뚫고 있었다. 이는 '대장정' 이후 모택동과 깊은 교감을 나눈 결과였다. 실제로 모택동의 의중을 그보다 더 잘 읽을 수 있는 사람은 없었다. 그는 모스크바로 떠나기 전 혹시 특별한 지시사항이 없는지 알아보기 위해 모택동을 만났다. 주덕이 모스크바 방문단 단장에 임명된 것을 당연시하며 모택동을 만날 생각조차 하지 않은 것과 대비되는 대목이다.

이해 2월 15-28일까지 열린 소련공산당 제20차 당 대회에서 중국공산당은 손님으로 초대된 10여 개 나라 대표단 중 하나였다. 회의는 폐회 며칠 전까지만 해도 부드럽게 진행됐다. 2월 26일 저녁에 열린 비공개 회의에서 흐루쇼프가 문득 스탈린을 비난하는 격한 연설을 했다. 선량한 동지 수십만 명이 무참히 살해됐다는 내용이 보고되고 이어 그를 잔인한 독재자로 비난하는 결의가 채택됐다.

비공개로 열린 까닭에 외국 대표단은 다음날 아침까지 연설문 사본조차 받아보지 못했다. 얼마 후 연설문을 받아본 각국 대표단은 크게 놀랐으나 겉으로는 정중한 자세로 이를 지지했다. 주덕도 예외가 아니었다. 그러나 탁월한 정치감각을 갖춘 등소평은 이것이 장차 커다란 파문을 일으킬 것이라는 것을 직감했다. 곧바로 모택동에게 전화를 걸었다. 흐루쇼프의 연설문 사본이 전보로 북경에 전달되자 이내 긍정 또는 부정의 반응을 보이지 말라는 지시가 떨어졌다.

이를 계기로 등소평은 다시 한 번 모택동에게 개인적인 충성과 비상사태에 대처하는 임기응변의 뛰어난 능력을 확실히 각인시켰다. 귀국 후 모든 사항을 정치국에 보고한 사람은 당연히 주덕이 아닌 등소평이었다. 모택동도 참석해 자신의 의견을 표명했다. 흐루쇼프와 다른 견해였다. 스탈린은 공산세계의 영도자이므로 그런 연설을 하기 전에 먼저 타국 공산당에 미리 통보해야 했다는 게 요지였다. 모택동의 스탈린에 대한 평가는 10분의 6-7은 좋았고 나머지는 나빴다는 식이었다.

이때 등소평은 '이론소조'로 불리는 지식인들과 더불어 두 편의 글을 썼다. 이해 4월과 12월에 사설형식으로 《인민일보》에 게재됐다. 프롤레타리아 독재에 대한 역사적 경험을 제시하는 수준의 평범한 내용이었다. 이런 애매한 입장은 소련의 도움이 절실한 상황에서 부득이한 것이기도 했다.

그러나 이는 중국공산당과 모택동이 소련으로부터 독립하고자 하는 의지를 사상 처음으로 드러낸 것이기도 했다. 등소평의 탁월한 수완과 정치적 감각, 개인적 충성심 등은 모택동에게 깊은 인상을 남길 만했다. 이해 9월에 열린 제8기 전국대표대회에서 등소평이 중국공산당의 최고 지도층에 진입케 된 배경이 여기에 있다.

원래 8전대회는 '고-요 사건'을 계기로 새 정부가 들어선 후 처음으로 갖는 전국대표대회라는 점에서 안팎의 많은 관심을 모았다. 당과 국가를 위한 전반적인 강령과 중앙 지도부 인사의 일부 물갈이가 핵심사안이었다. 9월 8일의 특별회의에서 모택동은 이같이 말했다.

"제7기에는 중앙위 위원이 77명인 데 반해 제8기에는 방금 등소평 동지가 얘기한 것처럼 150-170명으로 구성될 것입니다. 전보다 2배가 넘는 것으로 나도 그것이 적절하다고 생각합니다."

9월 15일 8전대회가 북경에서 열렸다. 유소기가 당 중앙을 대표해 전반적인 정치 안건을 보고했다. 민주혁명이 완료되고 자본가 계급이 척결된 까닭에 중국의 향후 주된 투쟁은 계급투쟁이 아니라 낙후된 생산력과 좀 더 나은 삶의 조건을 바라는 인민들 요구 사이의 갈등이라고 주장했다. 이제는 정치혁명이 아니라 경제혁명이 당과 국가의 주요 과제가 될 것이라고 언급한 것이다.

등소평도 유사한 기조의 연설을 했다. 그러나 뉘앙스가 달랐다. 당내 개인숭배를 극복하자고 호소하면서도 모택동 주석이야말로 그런 노력의 완벽한 모범이라고 추켜세운 게 그 증거다. 당초 유소기의 연설 초안에는 '모택동 사상'의 지침을 언급한 대목이 있었으나 최종 연설에서 누락됐다. 팽덕회가 삭제를 제안했고 유소기가 이에 동조한 결과다. 이는 이후 전개될 심각한 권력투쟁의 불길한 조짐을 예고한 것이었다.

겉으로 볼 때 중국공산당 8전대는 스탈린 격하운동의 연장선상에 있는 듯했다. 이 대회에서 '모택동 사상은 우리 모두의 공작지침이다'라고 돼 있는 당장黨章조항이 '마르크스-레닌이즘의 학습에 노력하고 끊임없이 자기의식을 높여간다'는 구절로 대체된 게 그 증거다. 그러나 이는 겉모습일 뿐이다.

주목할 것은 정치국에 대립하는 서기처의 신설이다. 많은 전문가들은 이 또한 모택동의 권력독점을 견제하기 위한 것으로 해석하고 있다. 그러나 이는 잘못된 해석이다. 이 기구는 오히려 모택동의 1인 지배체제를 확고히 다지기 위해 만들어진 기구다.

이는 8전대의 인사결정을 보면 쉽게 알 수 있다. 새로운 당 중앙위 최종 선거에서 등소평은 모택동과 유소기, 임표의 뒤를 이어 4번째 서열을 차지했다. 이어 정치국 상임위원회 상무위원에도 선출됐다. 원래 당 중앙위와 당 정치국 상무위는 당 자체 내의 의회와 집행부의 성격을 띠고 있다. 모택동은 말할 것도 없이 양쪽에서 서열 1위였다. 등소평은 당 중앙위에서는 4위이나 정치국 상무위에서는 6위였다. 유소기와 주은래, 주덕, 진의가 그의 앞에 포진해 있었던 탓이다.

그러나 가장 중요한 것은 서기처의 신설과 등소평의 서기처 총서기 임명이다. 이는 등소평이 모택동에 이은 사실상의 2인자라는 사실을 만천하에 널리 알린 것이나 다름없다. 실제로 모택동은 등소평을 총서기로 천거하면서 이같이 말한 바 있다.

"내가 총사령이고 등소평이 부사령입니다."

이는 후계자로 승인했다는 뜻이다. 당시 유소기는 명목상 당 중앙과 정치국 상무위에서 서열 2위를 차지했으나 일련의 사태로 모택동의 비난을 받은 데다 모택동의 견제로 운신의 폭이 좁았다. 실권이 명목을 따르지 못한 이유다.

주은래와 임표는 당 중앙과 정치국 상무위의 서열이 들쭉날쭉해 유소기만도 못했다. 주덕과 진의는 권력에 신경을 쓰지 않은 까닭에 논외였다. 신설된 서기처의 총서기에 임명된 등소평만이 제1인자인 모택동의 두터운 신임을 토대로 명실상부한 실세로 행보할 수 있었다. 객관적으로 볼 때 당시 그는 유소기와 주은래를 견제하고 모택동의 의중을 반영해 당정을 총괄하는 중책을 맡았던 셈이다.

실제로 서기처는 당 중앙 판공실과 정치국 상임위의 중간에 위치해 양측의 이견을 조율하고 수렴하는 역할을 수행했다. 일종의 '초내각超內閣'에 해당했다. 역사적인 사례가 없는 것도 아니다. 명태조 주원장은 수천 년 동안 내려온 승상제도를 폐지하고 황제의 비서실인 '내각'을 통해 천하를 호령하며 황제독재를 제도화한 바 있다. 서기처가 바로 주원장 치하의 '내각'에 해당했다. 총서기 등소평이 모택동 이외의 그 누구에게도 책임을 지지 않는 역할을 수행한 게 그 증거다. 명제국 때도 상서尙書와 시랑侍郎보다 공식적인 서열이 낮은 내각의 우두머리인 '내각대학사內閣大學士'가 오로지 황제에게만 책임을 지고 사실상 승상의 역할을 했다. 실권이 명목을 누른 것이다.

서기처의 직책과 구성원을 보면 이를 더욱 쉽게 알 수 있다. 구성원 모두 젊고 능력이 출중한 데다 직책상의 우두머리는 없고 저마다 행정업무를 분장하면서 또 다른 요직을 맡은 게 그 증거다. 팽진은 북경 시장과 당 서기, 황극성은 인민해방군 참모총장, 왕가상은 국무원 외무차관, 양상곤은 당 중앙위 판공실 주임을 겸했다. 이들 모두 당의 유소기나 행정부의 주은래, 군의 팽덕회에게만 책임을 지는 게 아니라 총서기인 등소평에게도 동시에 책임을 져야만 했다. 당·정·군을 아우르는 서기처는 그 구성 및 기능 면에서 명제국 때의 '내각'과 완전히 닮아 있었다. 총서기 등소평은 바로 '내각대학사'에 해당했다. 명목상의 서열은 하등 중요한 게 아니었다.

이를 통해 중국 역사에 해박했던 모택동은 주원장이 창시한 '내각' 제도를 참조해 서기처를 신설했다는 걸 알 수 있다. 이를 계기로 등소평은 모택동의 의중에 가장 확실한 후계자로 각인돼 있다는 사실이 드러난 셈이다. 그런 점에서 그가 이후 하방을 당하는 등 고통을 당한 것은 모택동이 자신의 후계자로 낙점하기 위한 시험과정으로 해석할 수 있다. 이는 이후에 전개되는 일련의 사태에서 두 사람이 보여준 애증의 복잡한 모습을 보면 쉽게 알 수 있다.

그런 의미에서 1956년의 8전대는 등소평에게 매우 뜻 깊은 대회였다. 이는 모택동에게 '준의회의'가 지닌 의미와 같다. 실제로 이는 명목상의 서열 2위인 유소기와 사실상의 서열 2위인 등소평의 운명을 가르는 결정적인 계기로 작용했다. 빌미는 모택동이 8전대회의 결의와는 정반대로 급진적인 투쟁노선을 기치로 내걸고 계급혁명에 입각한 사회주의 개혁을 외치는 등 자충수를 둔 데서 시작됐다. 이는 곧 모택동의 실추로 이어졌다. 이를 틈타 부동의 서열 2위 자리를 굳히고자 한 유소기는 이내 '역린'으로 인해 비참한 최후를 마치게 되었다. 그러나 등소평은 정반대로 모택동에게 변함없는 충성을 재확인시킴으로써 재기에 성공해 마침내 후계자 경쟁에서 우위를 점하게 되었다.

대부분의 전문가들은 이를 제대로 간취하지 못한 채 모택동이 이중적인 행보를 보였다는 식의 평면적인 분석에 그치고 있다. 전후 맥락을 종합적으로 해석치 못한 결과다. 모택동은 '신 중화제국'의 창업주로서 자신의 권력에 도전하는 자는 그 누구를 막론하고 반드시 제거했다. 이는 죽는 순간까지 시종여일했다. 후계자 물망에 오른 유소기와 임표, 사인방 모두 이를 제대로 간취하지 못한 것이다.

등소평의 경우는 정반대의 해석이 가능하다. 그는 이를 제대로 간취한 까닭에 비록 도중에 여러 우여곡절이 있었음에도 최후의 승리자가 될 수 있었다. 이런 관점에서 보면 등소평이 후계자가 된 것은 당시의 여러 정황에 비춰 필연지사로 해석할 수 있다. '신 중화제국' 내에서 일어난 일련의 극적인 사건을 분석할 때 반드시 모택동의 의중과 행보를 종합적이면서도 유기적으로 파악해야만 하는 이유가 여기에 있다.

실제로 1950년대 말에 시작된 대약진운동과 인민공사는 외견상 새 나라를 만들기 위한 사회운동으로 포장되었으나 사실 이는 모택동 개인의 정치적 열망을 표현한 것에 지나지 않았다. 시작부터 실패를 예고하고 있었던 것이다. 명목상의 서열 2위인 유소기와 사실상의 서열 2위인 등소평 모두 이를 익히 알고 있었다. 그럼에도 한 사람은 실패하고 다른 한 사람은 성공했다. 대처방법에 근본적인 차이가 있었기 때문이다.

대약진운동의 실패와 불운한 조짐

중국공산당은 8전대회를 개최한 지 2달 뒤인 이해 11월 10일 제8기 2중전회를 열었다. 여기서 주은래와 진운은 각각 정부 업무와 경제상황에 대한 보고를 맡았다. 이들은 극심한 인플레이션과 과도한 중공업 정책으로 인한 재정적자를 집중 거론하면서 이듬해인 1957년 예산의 균형을 맞추기 위한 정책전환을 언급했다.

그러나 이는 모택동의 의중을 제대로 헤아리지 못한 것이었다.[19] 모택동은 통계수치를 떠드는 것보다 치평治平의 큰 틀을 논의하는 것을 선호했다. 국가예산의 균형문제는 일시적이고 조건적인 데 반해 '치평'과 직결된 국가기강과 책략의 불균형 문제는 항구적이고 무조건적이라는 게 그의 신념이었다. 이 회의에서 유소기는 입을 다물었다. 그러나 등소평은 모택동을 단호히 지지하고 나섰다. 그 결과 주은래와 진의는 우익경향을 지닌 대표로 비난받았고, 재정적자 등에 관한 그들의 충고는 묵살됐다. 등소평은 이를 계기로 모택동의 확고한 우익羽翼으로 자리 잡았다.

이듬해인 1957년 1월 진운이 재정적자 문제를 재차 거론했다가 모택동으로부터 호된 비판을 받았다. 그는 유소기와 주은래에 이어 세 번째로 우익성향을 보였다는 이유로 모택동의 비난을 받은 셈이다. 그가 비판을 받은 지 얼마 안 돼 진의도 유사한 비판을 받았다. 인민해방군의 상징인 주덕과 모택동의 변함없는 추종자인 등소평을 제외한 정치국 상임위의 모든 위원들이 모택동의 비판을 받은 셈이다.

이해 2월에 모택동이 「인민들 사이의 마찰을 올바르게 함」 연설을 통해 '명방운동'을 적극 지지하고 나선 배경도 이런 맥락에서 이해할 필요가 있다. 이는 외관상 당시 동유럽에서 일어난 민중봉기를 미연에 방지하려는 의도에서 나온 것으로 보였다. 그러나 모택동의 의중은 훨씬 복잡했다. 모택동은 당내 관료주의와 파벌주의, 주관적 이상주의를 들춰내 수정토록 촉구하자며 '명방운동'을 진두지휘하고 나섰다. 유소기는 모택동의 의중을 제대로 헤아리지 못해 주저했다. 주은래는 약간의 지지의사를 표했다. 등소평은 모택동의 심기에 변화가 생기지 않을까 우려해 초기 몇 달동안 중립을 지켰다. 결과적으로 이는 절묘한 선택에 해당했다.

얼마 후 모택동이 문득 방향을 바꿔 당 밖의 지식분자를 조준하자

'명방운동'은 일제히 '반우익운동'으로 돌변했다. 등소평은 재빨리 이에 올라탔다. 그는 서기처 이름으로 이해 6월 8일자 《인민일보》에 「왜 그런가」라는 제목의 사설을 게재했다. 이는 '반우익운동'의 공식 출범을 알리는 신호탄이었다.

이후 6달 동안 1백만 명 이상의 지식인들이 우익분자로 낙인찍혔다. 대학생과 교수, 자유주의 과학자와 기업가 및 작가, 민주적 당 지도자와 관료집단 등으로 분류된 이들 우익분자는 대개 외진 농촌의 노동자 수용소로 보내졌다. 소위 '하방下方'이었다.

이 대규모 숙청을 통해 모택동의 힘이 전례없이 강화됐다. '연합전선' 내지 '연정' 등의 거추장스런 구호가 사라지면서 비공산주의 국무위원들이 일제히 소탕됐다. 이해 9-10월에 열린 제8기 3중전회에서 '반우익운동'을 공식화한 등소평이 당 중앙을 대신해 보고하는 임무를 맡았다. 온통 호전적 구호밖에 없었다. 당시의 상황이 그랬으니 그만을 탓할 수도 없다. 훗날 그는 당시의 실수를 이같이 사과했다.

"나 자신이 과거 실수를 저지른 적이 있다. 우리 모두 '반우익운동' 기간 중 활동했던 사람들이다. 나는 당시 서기처 총서기였다. 나도 어느정도 책임을 나눠져야 한다."

'반우익운동'은 이듬해인 1958년에 시작될 '대약진운동'의 예고편에 해당했다. 3중전회에서 급진적인 방식의 농업개발 12개년 계획을 통과시킨 게 화근이었다. 당시 등소평은 모택동이 주은래를 비롯한 일부 인사의 우익성향을 꾸짖을 때 모택동의 대변인 역할을 자임했다.

이해 11월 모택동이 모스크바로 갔다. 소련의 10월혁명 40주년 기념 및 세계 64개국 공산주의 지도자 정상회담에 참석하기 위한 것이었다. 등소평은 부관이 되어 중국 대표단을 인솔했다. 이는 모택동의 두 번째이자 마지막 외유였다.

당시 모택동은 소련과 새로운 군사경제 원조를 협상하고 국제 공산주의에 대한 자신의 소견을 피력하고자 했다. 그는 모스크바에 2주 간 체류하며 흐루쇼프와 몇 차례 회동하는 와중에 휘하 간부들에 대한 솔직한 평가를 흐루쇼프에게 은밀히 털어놓았다. 유소기와 주은래, 주덕 등에 대해서는 좋은 말을 할 구석이 하나도 없다고 했다. 반면 몇 마디 칭찬이라도 해 줄 사람은 오직 등소평밖에 없다고 말했다. 가장 널리 알려진 일화는 한 비공식 모임에서 그가 멀리 앉아 있는 등소평을 가리키며 흐루쇼프에게 한 말이다.

"저기 앉아 있는 조그만 친구 좀 보세요. 아주 머리가 좋습니다. 훌륭한 미래가 보장되어 있는 친구지요."

실제로 북경으로 돌아온 뒤 그는 등소평에게 자신을 대신해 모스크바 방문성과를 정치국에서 보고토록 했다. 등소평은 소련으로부터 새로운 경제원조 약속을 성공리에 얻어냈고 공산주의 세계의 단결을 공고히 해야 할 것임을 강조했다. 그러나 이는 허사虛辭였다.

모택동이 분개하는 모습을 옆에서 지켜본 그는 이번 모스크바 여행이 완전 실패작이라는 사실을 누구보다 잘 알고 있었다. 실제로 모택동은 소련의 도움을 받지 않고 경제발전을 이루는 '자력갱생' 방안을 골똘히 구상하고 있었다. 이듬해인 1958년 1월 5-9일 사이 항주에서 열린 당 회의에서 모택동은 주은래와 진운의 우파성향을 힐난했다. 11-23일의 남녕 회의에서 재차 주은래를 지목하면서 '반모험' 등의 용어를 사용치 말 것을 명했다. 여기서 '대약진운동'이라는 명칭이 만들어졌다.

이해 3월 9-26일의 성도회의에서 모택동은 전반적 노선을 결정하면서 또 다시 주은래를 비판했다. 5월 5-23일의 전국대표대회에서 여러 구호가 만들어졌다. '더 많이, 더 빨리, 더 좋게, 더 검소하게'가 대표적인 구호로 채택됐다. 모택동의 뜬구름 잡는 주장에 아부하는 터무니없는 구호도 나왔다. '7년 내 영국을 능가하고 15년 내 미국을 따라 잡자'는 구호가 그것이다.

5월 23-25일의 정치국 확대회의에서 '대약진운동'에 적극적인 지지의사를 표명한 임표가 정치국 상무위원으로 승진하고 그 밖의 급진적인 지방간부 3명이 정치국으로 진입했다. 임표는 등소평보다 2년 늦게 상무위원이 된 셈이다. 이를 계기로 임표와 등소평 간에 후계자 자리를 둘러싼 치열한 물밑경쟁이 본격화했다.[20] 5월 27일부터 7월 22일까지 열린 중앙군사위 회의에서는 유백승과 팽덕회가 교조주의 성향을 보였다는 이유로 비판의 대상이 됐다. 우직한 팽덕회는 내심 커다란 불만을 품었다.

당시 대약진운동은 농촌지역에 인민공사를 우후죽순 격으로 세우는 등 대규모의 민중운동을 촉발시켰다. 인민공사는 '공산주의 이상향'으로 선전됐다. 수십만 농가로 구성된 마을 하나를 단일 생산단위 속에 포함시킨 것은 사상 유례가 없는 일이었다. '자력갱생'에 의한 강철 생산 목표량 달성을 위해 인민공사는 농민들의 밥그릇과 젓가락까지 빼앗아 갔다.

이해 가을 모택동은 부관 격인 등소평을 대동하고 몇 개 성을 순시하며 흡족한 표정을 지었다. 이는 크게 두 가지 요인에 기인한 것이었다. 하나는 지방과 중앙의 당직자들이 충성경쟁에 불탄 나머지 터무니없이 높은 목표를 설정한 점이다. 다른 하나는 형편없는 실적을 있는 그대로 보고하지 않고 부풀려 보고한 점이다. 시간이 갈수록 보고내용과 현실의 괴리는 더욱 커지고 있는데도 모택동은 이를 전혀 눈치채지 못했다. 그가 인민공사 사람들을 만나 이런 식의 '진담'을 건넨 게 그 증거이다.

"이제 인민공사 사람들이 반나절은 들에 나가 일하고 나머지 반나절은 그냥 노는 게 좋지 않겠소? 땅의 3분의 1은 농작물을 키우는 데 쓰고 다른 3분의 1은 풀을 자라게 하고 나머지 3분의 1은 그냥 놀려두는 땅으로 나눈 뒤 해마다 돌아가면서 다른 목적에 쓰는 게 좋을 듯싶소."

불행하게도 그의 '진담'이 그대로 관철됐다. 문화대혁명의 비극도 여기서 싹트기 시작했다. 중국의 역사를 개관할 때 '득천하'와 '치천하'는 별개라는 사실이 대약진운동 및 문화대혁명 때처럼 극명하게 드러난 적은 없다. 당시 모택동의 대변인 역할을 자임한 등소평도 현실과 동떨어진 '진담'의 유포에 일조한 책임추궁에서 자유로울 수 없다. 훗날 그는 당시의 상황을 이같이 해명했다.

"예전의 실책에 대해 얘기할 때 우리는 모택동 동지만을 탓해서는 안 된다. 당 중앙의 다른 동지들 역시 실수를 저질렀기 때문이다. 우리는 대약진운동 기간 중 모택동 동지가 지나치게 들떠 있었다고 말하고 있으나 우리 역시 그만큼 들떠 있지 않았던가? 유소기와 주은래 동지 그리고 나 자신도 반대하지 않았고 진운 동지 역시 당당히 반대의사를 표하지 않았다."

맞는 말이기는 하나 당시의 비극에 대한 책임회피의 색채가 짙게 묻어난다. 구체적인 사례로 1959년 4월 말에 그가 지휘하는 서기처가 앞장서서 소위 '대련강철大鍊鋼鐵' 운동을 전개한 것을 들 수 있다. 이 운동은 3달 안에 치르게 될 3차례의 '전투'로 구성돼 있었다. 5월의 첫 번째 전투는 일일 철강 생산량을 3만 톤에서 4만 톤으로 끌어올리고, 6월의 두 번째 전투는 이를 다시 4만 5천 톤으로 증가시키고, 7월의 마지막 전투에서는 5만 톤까지 향상시킨다는 내용이었다. 등소평과 동료들은 이를 달성하기 위해 모든 노력을 기울였으나 참담한 실패로 끝났다. 생산품 중 상당수가 질이 턱없이 낮은 고철 수준에 불과해 이해 말의 철강 생산량은 오히려 줄어들고 말았다.

이를 계기로 대약진운동과 인민공사 등의 치명적 결함이 구체적으로 드러나기 시작했다. 이를 처리하기 위해 당 중앙은 무한과 상해, 여산 등에서 잇달아 회의를 열었다. 당시 모택동은 자신의 오류를 인정할 수 없다는 오기로 대약진운동을 극한까지 몰아갔다. 수천만 명에 달하는 아사자가 나타난 것은 그의 오기가 빚어낸 참사였다.

1959년부터 시작된 소위 '3년 대기근'에서 아사한 사람의 숫자는 아직 정확한 통계가 없다. 학자들은 대략 2~3천만 가량으로 추정하고 있다. 이는 20세기에 들어와 중국이 겪은 모든 내전과 외란에서 죽은 사람들의 숫자를 모두 합친 것보다 많은 것이다.

모택동은 사태가 이런 참경에 이르러서야 비로소 한 발 후퇴하는 모습을 보였다. 결과적으로 그는 과거 자신이 그토록 비판했던 '이립삼 노선'의 전철을 밟은 셈이다. 그러나 대처방식에는 약간의 차이가 있다. 모택동과 이립삼 모두 스스로 신념에 찬 나머지 무모한 시도를 한 점에서는 동일하다. 그러나 추종자들의 입장에 차이가 있다. 이립삼의 경우는 추종자들 대부분이 이립삼과 마찬가지로 교조적인 신념에 찬 사람들이었다. 그러나 대약진운동의 경우는 이와 달랐다. 추종자들 모두 오직 '신 중화제국' 초대 황제의 행보를 열심히 좇아갔을 뿐이다.

대약진운동이 안데르센 동화에 나오는 '벌거벗은 임금님'처럼 '희극'으로 막을 내리게 된 배경이 여기에 있다. 당시 모택동 홀로 발가벗고 온 나라를 누비는 와중에 주변 사람들 모두 '벌거벗은 임금님'의 새옷이 근사하다며 박수를 쳤다. 가장 열심히 박수를 친 사람은 등소평이었다. 그러나 이는 두 사람 사이의 인간적 신뢰가 그만큼 깊었음을 반증한다. 이해 4월에 열린 당의 제8기 7중전회에서 나온 모택동의 언급이 이를 뒷받침한다.

"권력이 정치국 상무위와 서기처에 집중되어 있다. 내가 정수正帥이고 등소평이 부수副帥이다."

이는 그가 심사숙고해 말한 것이다. 후계자 1순위는 바로 등소평이라는 사실을 암시한 것이다. 그러나 이로 인해 등소평은 따돌림을 받아야만 했다. 너무 열심히 박수를 친 까닭에 '벌거벗은 임금님'을 흉내 낸 '벌거벗은 왕자님'으로 간주된 결과다.

사태가 심각하게 돌아가자 '벌거벗은 임금님'의 알몸을 지적해 준 소년이 등장했다. 바로 국방부장 팽덕회였다. 일각에서는 당시 그가 '역린'으로 인해 파멸을 면치 못하리라는 것을 알면서도 이를 감행했다는 식으로 분석하고 있다. 그러나 과연 그가 자신의 파멸을 예견하고도 감히 그리할 수 있는 것일까? 정반대로 해석하는 게 옳다. 그가 파문을 당하는 전후 과정을 살펴보면 쉽게 알 수 있다.

1959년 7-8월 사이 강서의 여산 휴양지는 당 중앙 회의로 인해 크게 북적였다. 원래 이 회의는 약간 온건한 정책으로 전환하기 위한 실무회의로 계획됐다. 당시 등소평은 참석하지 않았다. 그는 북경에 남아 부상당한 오른쪽 발목을 치료하면서 당의 통상무를 처리하고 있었다.[21]

당시 팽덕회는 밀신 형태로 대약진운동의 문제점을 거론했다. 모택동은 이를 심각하게 받아들였다. 이에 실무회의는 이내 제8기 8중전회로 확대됐다. 초점도 '좌익실수의 수정'에서 '우익범죄의 척결'로 바뀌었다. 결국 팽덕회를 비롯해 인민해방군 참모총장 황극성 등 또 다른 3명을 당에서 숙청하고 '반우익 투쟁'을 결의하는 것으로 회의는 종결됐다. 회의에 불참한 등소평은 이해 9월 북경에서 열린 중앙군사위 확대회의에 참석해 팽덕회와 황극성을 혹독하게 비판했다. 그 결과 임표가 팽덕회를 대신해 국방부장이 되고 나서경이 황극성을 대신해 당 서기처에 입성했다. 후계자 관점에서 보면 임표는 이때 비로소 등소평과 동렬에 서게 된 셈이다.

그러나 모택동의 의중은 여전히 등소평에게 있었다. 임표가 정치국 상무위원에 이어 국방부장이 된 것과 균형을 맞추기 위해 등소평을 중앙 군사위 상무위원으로 승진시킨 게 그 증거이다. 이는 엄청난 특혜였다. 현역 군인이 아닌 상무위원은 오직 모택동과 등소평 두 사람뿐이었다. 나머지 위원들은 모두 계급장을 단 군 간부들이었다.

당시 등소평은 모택동으로부터 이런 커다란 '은총'을 받았음에도 눈에 띄게 거리를 두기 시작했다. 대약진운동의 참상 때문이었다. 가장 앞장서서 '벌거벗은 임금님'을 칭송했던 그마저도 이를 외면할 수는 없었던 것이다. 모택동이 이를 눈치채지 못했을 리 없다. 어느새 두 사람 사이에 서먹한 분위기가 형성됐다. 문화대혁명 때 라이벌인 임표의 조종을 받는 홍위병들로부터 집중적인 비판을 받고 '하방' 처분을 받게 된 빌미가 여기서 마련됐다.

물론 등소평은 여전히 모택동을 존경했다. 그러나 이는 모택동의 '득천하' 리더십에 대한 것이지 결코 인민을 아사케 만든 '치천하'의 리더십 때문은 아니었다. 사실 객관적으로 볼 때 당시 모택동은 더 이상 올바른 지도자가 아니었다.

등소평은 1956-1959년 사이 모택동의 정책을 이행하기 위해 혼신의 노력을 다했다. 그러나 그 결과는 참담했다. 그는 온 나라가 재앙에 빠져든 사실을 뒤늦게 깨달은 축에 속하는 셈이다. 실제로 '벌거벗은 임금님'을 가장 앞장서서 칭송했던 그는 어느 새 동료들 사이에서 따돌림을 당하고 있었다. 그가 1959년 이후 열렬히 쳐댔던 박수를 멈춘 것은 '벌거벗은 임금님'의 희극이 이제 종막에 이르렀음을 알린 것이기도 했다.

'벌거벗은 임금님'과 거리두기

당시 등소평은 박수를 멈추고 '벌거벗은 임금님'이 어지럽혀 놓은 난맥상을 바로잡는 과정에서 자신에게 각별한 애정을 베풀어 준 '주군'의 심기를 적잖이 거스르는 모습을 보였다. 유소기의 경우는 더욱 심했다. 그는 사상 및 민중 노선을 앞세우는 모택동의 소위 '홍紅' 노선에 반대하며 전문가 중심의 실용행정에 입각해 천하를 다스리는 '전專' 노선을 추구했다. 여산회의에서 모택동의 '홍'과 유소기의 '전'이 정면으로 충돌한 이유다. 이는 팽덕회의 실각으로 매듭지어졌다. 팽덕회는 유소기 대신 선택된 희생양이었다.

그러나 모택동 또한 이 과정에서 적잖은 상처를 입었다. 유소기는 비록 간접적인 방법이기는 하나 모택동을 겨냥해 자극적인 발언을 계속하면서 '전' 노선을 통해 경제를 살리고자 했다. 등소평도 실무 차원에서 이를 적극 뒷받침했다. 사실 '실사구시'를 마르크시즘의 요체로 간주하고 있는 그는 생래적으로 '홍'보다는 '전'을 선호했다.

이후에도 모택동의 독선과 아집으로 인해 대약진운동은 비록 1960년까지 이어지기는 했으나 결국 막다른 골목에 부딪히고 말았다. 경제위기가 너무 심각했기 때문이다. 1960년 6월 6일 마침내 당 중앙은 곡식과 여타 식품을 북경으로 급송하라는 긴급명령을 발해야만 했다. 북경의 곡물창고에 비축된 재고는 10일분, 천진은 1주일분밖에 남지 않았다. 상해는 아예 바닥이 난 상황이었다.

1959년 당시 중국의 곡물 생산량은 전년보다 25% 늘어난 3억 톤인 것으로 발표됐다. 그러나 실제 생산량은 그 절반에 불과했다. 그럼에도 정부는 터무니없는 수치를 토대로 약 2천만 톤 가량의 곡물을 세금으로 더 거둬들였다. 생산은 15% 줄었는데도 수거량은 오히려 15%가 늘어나는 황당한 일이 빚어진 것이다. '벌거벗은 임금님'을 좇아 희망도 없는 구호를 외치던 당 중앙도 1960년 후반부터는 후퇴하지 않을 수 없었다. 그 결과로 나온 게 소위 포산도호包産到戶다. 이는 토지소유권은 집단에 있고 경영권은 개인이 가지는 제도를 말한다.

1961년 1월 북경에서 제8기 9중전회가 열렸다. 여기서 '조정, 통합, 보충, 개선'을 골자로 한 소위 '4대정책'이 채택됐다. 대약진운동의 참사로 인해 크게 손상된 권위를 신속히 복원하고자 하는 모택동의 의중에서 나온 것이었다. 전국이 6개 권역으로 나뉘어 각기 수습책 마련에 들어갔다. 경제에 밝은 진운과 그의 추종자들이 재차 기용됐다. 이들은 신속히 대처했다. 가장 효율적인 조치는 1960-1962년 사이 도합 1천5백만 명에 달하는 도시민을 농촌으로 내려보낸 것이다. 도시의 곡물수요를 더는 동시에 농촌 생산력을 높이기 위한 이 조치는 즉각 효력을 나타냈다. 기간시설 건설을 위한 정부 투자를 약 70% 가까이 삭감하면서 재정적자도 크게 낮출 수 있었다. 1961년 여름에 이미 아사자가 크게 줄었고 이듬해 중반에는 국가경제가 어느 정도 원기를 회복하게 됐다.

1961년 3월 10-13일 사이 모택동은 광동에서 남부 3개 권역의 당 고위 간부들을 모아놓고 인민공사의 문제점을 논의했다. 비슷한 시기 유소기와 주은래, 진운, 등소평 등은 북경에서 북부권역의 간부들을 모아놓고 유사한 논의를 했다. 3월 14-23일 모택동의 지시로 광동에서 합동회의가 열렸다. 여기서 소위 '농업 60개 항목'이 채택됐다. 지나치게 급진적인 성격의 인민공사를 어느 정도 수정하고 농업생산을 속히 회복시키자는 게 골자였다.

눈여겨 볼 대목은 당시 '농업 60개 항목'이 등소평의 서기처가 아닌 모택동 개인의 자문 그룹인 '지식소조'에서 나온 점이다. 전가영과 진백달, 호교목 등이 멤버였다. 광동회의 후 모택동의 제안에 따라 당 중앙의 고위간부 모두 현지조사에 나섰다. 유소기는 호남, 주은래는 하북, 등소평은 팽진과 함께 북경 교외로 나갔다. 이들의 보고서는 하나같이 부정적이었다. 그러나 그 표현에 적잖은 차이가 있었다. 유소기의 보고서 내용이다.

"이 정책은 좋지 않으니 공공식당은 즉시 취소해야 합니다."

등소평의 주장도 톤이 제법 높았다.

"농민들의 인센티브를 높이려면 몇몇 조치를 개선해야 하고 다른 정책은 수정할 필요가 있습니다."

가장 부드러운 건 주은래였다.

"인민공사 구성원들은 대체로 공공식당을 선호하지 않습니다. 미혼자들조차 저마다 집에서 요리해 먹기를 원합니다."

모택동은 주은래의 보고서를 채택했다. 이내 인민공사 구성원들이 모조건 공공식당에서 식사하도록 강요하는 기존 정책을 폐기하라는 지시가 떨어졌다. 모택동의 신임이 등소평에서 주은래로 옮긴 셈이다. 모택동은 곧 북경을 떠나 남방에 계속 머물며 주은래 등에게 경제혼란을 수습하게 했다. 등소평도 뭔가를 해야 했다. 이해 8월 서기처는 공장관리를 강화해 산업생산을 증진할 목적으로 소위 '산업 70개 항목'을 기안했다. '농업 60개 항목'을 흉내 낸 것이다. 얼마 후 또 중등학교, 대학, 과학연구, 자유예술 활동을 정상화한다는 취지의 '문화교육 60개 항목'을 기안했다.

이듬해인 1962년 1월 말에서 2월 초까지 당 중앙 확대회의가 북경에서 개최되었다. 소위 '7천 간부회의'였다. 회의에 참석한 지방 간부가 모두 7,118명에 달한 데서 나온 명칭이다. 지난 3년 간의 경제업무 전반을 검토하는 모임이었다. 여기서 유소기는 기왕의 경제위기를 자연재해나 소련의 배신 탓으로 돌린 당의 기본 입장과 달리 당 중앙의 실수로 돌렸다. '역린'의 소지가 컸다. 모택동은 곧바로 이를 문제 삼지는 않았다. 그러면서도 그는 이같이 투덜댔다.

"지난 몇 년 동안의 실수에 대해 나 자신이 저지른 실책뿐만 아니라 간접적으로 나와 관계된 것까지 모두 포함해 내가 전적으로 책임져야 마땅하다!"

반어법을 동원한 불만의 표시였다. 당시 등소평은 모택동으로부터 약간 거리를 두고 있었다. 이는 등소평이 '7천 간부회의'로부터 이해 9월의 10중전회까지 유소기와 같은 노선에 서 있었던 사실과 무관치 않았다. 그럼에도 그는 유소기와 제휴하지는 않았다. 모택동의 권위에 대한 경외심과 유소기의 인격에 대한 경멸이 가장 큰 이유였다.

엄밀히 말해 그는 단지 경제재건이라는 당면과제에 합의해 유소기를 따랐을 뿐이었다. 유소기를 심정적으로 좇는 것은 오늘날의 자신이 있도록 성심껏 도와준 모택동에 대한 배신이기도 했다. 실질적인 제2인자로 활약했던 자신이 명목상의 제2인자인 유소기를 좇는 것은 있을 수 없는 일이라고 생각했을지도 모를 일이다.

유소기가 모택동에게 '대약진운동' 실패의 1차적인 책임을 물었을 때 등소평은 약간 다른 각도에서 이 문제를 언급했다.

"우리 당은 5가지 좋은 점을 갖고 있다. 좋은 사상, 좋은 당 중앙, 좋은 지도자들, 좋은 전통과 양식, 좋은 애당인愛黨人이 그것이다. 과거의 실패원인과 미래의 성공비법을 찾으려면 당이 '민주집중제' 원칙을 채택할 필요가 있다."

'좋은 사상'은 모택동 사상, '좋은 당 중앙'은 모택동이 이끄는 당 중앙을 뜻한다. '민주집중제'는 모택동의 영도를 의미한다. 유소기와 등소평의 화법에 적잖은 차이가 있음을 알 수 있다. 이는 우리말의 '아'와 '어'의 차이를 넘는 것이다. 훗날 문화대혁명의 와중에 유소기는 비명에 횡사하고 등소평은 '하방'으로 살아남은 이유가 여기에 있다. 모택동은 '7천 간부회의' 결과를 마음속에 새겨놓고 결코 잊지 않았던 것이다.

모택동은 '7천 간부회의' 직후 북경을 떠나 무한으로 내려갔다. 의도적으로 유소기 및 등소평에게 당 중앙의 일을 맡긴 것이다. 이해 2월 말 유소기는 소위 서루회의西樓會議로 알려진 정치국 상무위원회 회의를 주재했다. 주은래와 등소평, 진운 등의 참석자들은 경제상황이 파산지경에 이르렀다는 유소기의 평가를 받아들였다. 진운을 의장, 이부춘을 부의장으로 하는 '중앙재경위원회'를 다시 구성해 전국적인 조정작업에 들어간 이유다.

당시 등소평이 이끄는 서기처는 전에 '반우익운동'으로 고통을 당한 사람들을 일괄 복직시키는 결의문을 기안했다. 마침 당 중앙 판공실의 양상곤이 팽덕회의 탄원서를 서기처로 보내자 등소평은 이를 모택동에게 전달하면서 유소기와 주은래에게도 이에 관한 메모를 전했다. 이들 모두 모택동이 결자해지 차원에서 이 문제를 직접 해결해야 한다는 데 의견을 모았다. 그러나 모택동은 팽덕회의 탄원서에 기분이 크게 상했다. 이를 전해준 양상곤과 등소평에 대해서도 불쾌하게 생각했을 공산이 크다.

이 와중에 등소평은 본의 아니게 모택동의 심기를 크게 거스르는 발언을 했다. 이해 7월 7일 그는 공산당 청년동맹의 초청연설에서 그 유명한 흑묘백묘黑猫白猫 발언을 했다.

"민중이 기꺼이 도입하고자 하는 체제라면 그것이 채택되어야 한다.

아직 합법적인 것이 아니라면 합법화시켜야 할 것이다. 흰색이든 검은색이든 무슨 상관인가? 쥐를 잡는 고양이가 좋은 고양이다."

중앙서기처 회의에서는 "현재 가장 시급한 과제는 식량의 증산인 만큼 증산만 된다면 개인 경영방식을 채택해도 좋다"는 발언을 했다. '실사구시'에 입각한 '등소평 사상'의 진면목이 여실히 드러난 대목이다. 그요체가 바로 '흑묘백묘론'이라고 해도 과언이 아니다.

솔즈베리는 『새로운 황제들』에서 역대 어느 황제도 따를 수 없을 정도의 개인적 권력과 정치적 권력을 동시에 행사한 '농민제국'의 황제로 모택동과 등소평을 든 바 있다. 5척 단구의 등소평은 모택동과 마찬가지로 정치적인 사안에 대해서는 매우 예리하면서도 민감하게 반응했다. 그러나 유소기는 상대적으로 정치적 후각이 둔했다.

당시 모택동은 사태가 어느 정도 해결되는 즉시 반격에 나설 심산이었다. 이해 9월 24일에 열린 제8기 10중전회에서 모택동이 직접 회의를 주재했다. 그는 농업이 국가경제의 기반이고 경공업과 중공업이 그 뒤를 따른다고 천명했다. 이는 소련의 경제발전 모델을 거부한 것으로 중국의 역대 왕조가 시종여일하게 추구해 온 '중농주의'로의 복귀를 선언한 것이나 다름없었다. 그는 마르크스-레닌이즘도 과감히 수정했다.

"프롤레타리아 계급이 국가권력을 장악했을지라도 상당히 오랫동안 계급투쟁이 존재한다. 부르주아 계급이 잃어버린 정권을 되찾을 가능성도 여전히 존재한다. 그래서 해마다, 달마다, 날마다 계급투쟁에 관해 토론할 필요가 있다."

사회주의 국가에도 다양한 계급이 존재할 수 있고, 당연한 결과로 계급투쟁이 지속된다는 주장은 모택동의 독창적인 창견創見이다. 10중전회는 중국의 국정기조가 유소기의 경제조정 방침에서 모택동의 지속적인 정치혁명으로 넘어가는 변곡점에 해당한다. 팽덕회의 탄원서가 이전의 판결을 뒤집으려는 우익적 시도라는 이유로 거부당하고 농가에 곡물생산 할당량을 배정하자는 등자회의 제안이 인민공사의 집단생산을 막으려는 우익 풍조로 치부된 게 그 증거다. 당 중앙의 농업국이 폐지되고 등자회도 농업국에서 물러나야 했다.

이듬해인 1963년 5월 모택동이 항주에서 개최된 정치국 위원 및 주요 지방 당 서기 회의에서 마침내 복수의 칼을 빼어들었다. 명목은 소위 '4청운동'으로 불린 '사회주의 교육운동'이었다. 이는 시골에서 수많은 사람들이 굶주려 죽는 와중에 적잖은 지방 당 간부들이 부패와 횡령, 절도, 뇌물, 호색 등의 불법행위를 저지른 데 따른 것이었다. 출발 자체가 계급투쟁과 차원이 다른 것이었으나 모택동은 이를 '계급투쟁'의 논거로 활용했다.

이날 회의에서 상당수 참석자들은 농촌지역 간부들 사이에 만연한 부패문제를 정면으로 거론했다. 농촌지역에서 교육운동을 시작하자는 제안이 모택동의 승인하에 통과됐다. 소위 '전10조前十條'로 불린 이 제안은 그 서두에 모택동이 언급한 '사회주의 내 계급투쟁'이 인용돼 있다.

"현재 중국 사회에는 심각한 계급투쟁 상황이 벌어지고 있다."

'전10조'는 혁명계급의 군대를 동원해 자본주의와 봉건주의의 협공을 물리치자는 게 골자다. 임표가 우두머리로 있는 인민해방군을 '사회주의 내 계급투쟁'에 적극 동원할 뜻을 밝힌 셈이다. '문화대혁명'의 암운이 점차 확산되고 있었다.

당시 등소평이 이끄는 서기처는 몇 달 간의 실험을 거친 뒤 모택동이 작성한 '전10조' 초안에 몇 가지를 추가했다. 이를 소위 '후10조後十條'라고 한다. 부패한 간부들은 적절히 조사해 단죄하되 농업생산이 방해를 받아서는 안 된다는 게 골자였다. 여기에는 회계서류, 곡물재고, 재무기록, 인력기록 등 4가지 부문의 정화운동에 대한 구체적인 지침이 들어 있었다.

모택동은 등소평이 만든 '후10조'에 직접 불만을 표시한 적이 없다. 문제는 그 다음이다. '사회주의 교육운동'으로 구체화한 '전10조'는 유소기를 표적으로 삼고 있는 것임에도 유소기는 1964년 9월 일부 내용을 수정한 '후10조'를 확정한 뒤 이같이 선언했다.

"지금 우리 농촌지역 행정의 3분의 1 이상이 이 5가지 유형의 악한 요소, 즉 지주, 부농, 반동분자, 범죄자, 우익분자에 지고 있다."

그는 농촌지역의 작업소조에 명해 부패관원을 들춰내 비판하고 새로운 지도부를 형성토록 했다. 그의 아내 왕광미는 이를 뒷받침하기 위해 신분을 숨긴 채 하북의 작은 마을에 잠입해 '사회주의 교육운동' 작업조장으로 5달 동안 일하기도 했다. 모택동은 '후10조'의 내용 자체보다 이를 구실로 '전10조'를 제시한 자신에게 도전하는 듯한 모습을 보인 사실에 격분했다. 그는 곧 등소평에게 중앙회의 소집을 명했다. 모택동이 얼마나 분노하고 있는지를 잘 아는 그는 모택동에게 이 회의에 참석하지 말라고 설득했으나 소용이 없었다.

1965년 1월 13일 당 중앙회의가 열리자 모택동은 '사회주의 교육운동'은 '4가지 청렴 대 4가지 부패'의 문제가 아니라 '사회주의 대 자본주의' 문제라고 선언했다. 유소기가 해명하려 하자 모택동이 더 화를 냈다.

"여기 두 권의 책이 내 손에 있다. 하나는 중국 헌법이고 다른 하나는 공산당 장정章程이다. 나는 중국 시민으로서, 그리고 공산당 당원으로서 연설할 자유가 있다. 자, 여러분 가운데 한 사람은 내가 이 회의에 참석하기를 원하지 않고 다른 한 사람은 내가 말하는 것을 허락지 않는다. 여러

분 가운데 누가 감히 헌법이 보장하는 나의 자유를 박탈할 수 있는가?"

결국 유소기는 외관상 좌익이나 실제로는 우익이라는 호된 비판을 받았다. 모택동이 유소기를 제거하기로 결심한 것은 '전10조'와 '후10조'의 차이를 분명히 드러낸 1965년 초였다. 유소기가 제거될 경우 등소평 역시 어떤 식으로든 유소기에 동조한 대가를 치를 터였다. 정치적 감각이 남달랐던 등소평이 이를 모를 리 없었다. 10중전회를 전후해 모택동과 유소기의 불화를 눈치챈 그는 연루혐의에서 벗어나기 위해 애썼다. 그는 당내 분쟁을 피하고 국제 공산주의 업무에 전념하고자 했다. 이는 자신의 양심을 거스르지 않으면서 모택동을 즐겁게 해줄 수 있는 안전한 길이기도 했다.

그는 중소 이념분쟁과 관련한 소련공산당과의 토론에 주의를 기울였다. 당시 중국공산당 대표단은 모스크바로 떠나기에 앞서 10여 명의 전문가들을 모아놓고 64쪽짜리 서류를 만들어냈다. 「국제 공산주의 운동의 전반 노선에 관한 논쟁」이라는 제목을 단 이 서류는 등소평과 팽진이 감수하고 모택동의 승인을 받았다.

1963년 7월 5일 등소평이 이끄는 대표단은 북경을 출발한 당일 모스크바에 도착했다. 중국 측 논진은 서기처 동료인 팽진과 강생, 양상곤을 비롯해 이미 모스크바에 와 있던 반자력 대사 등이었다. 중국 측 연사로 나선 등소평은 소련 측 대표단장 수슬로프와 열띤 논쟁을 벌였다. 그는 북경에서 미리 준비해 온 글을 중국어로 읽어 내려갔다. 소련 측의 질문에는 '입만 놀리는 사람' 등의 경멸적인 말로 대꾸했다. 회담은 2주일 간 계속되었으나 아무런 합의도 도출하지 못한 채 추후 다시 협의한다는 공동성명을 발표하는 것으로 마무리됐다. 이후 양국은 20여 년 동안 공식접촉을 끊었다.

모택동은 이들의 성과에 매우 흡족해했다. 등소평이 1966년 문화대혁명이 시작될 때까지 계속 국제 공산주의 문제에 매달린 이유다. 그러나 국제적으로 볼 때 중국 측의 이런 입장이 결코 성공한 것은 아니었다. 인도네시아 공산당의 참패가 그 실례. 인도네시아 공산당 총서기 아이딧은 1965년 한 해에만 3차례나 중국을 방문했다. 중국은 어려운 살림에도 불구하고 무려 4억 위안을 제공하면서 중국식 무력투쟁을 성원했다. 결과는 인도네시아 공산당의 붕괴였다.

당시 중국의 해외원조 비용은 1965년 이후 기하급수적으로 늘어났다. 한 해 전에는 국가 총예산의 3%인 12억 위안이었으나 이해에는 총예산의 4.5%인 21억 위안으로 급증했다. 사회주의를 성취하는 유일한 길은 무력투쟁이고, 자본주의 국가와는 공존해서는 안 되며, 공산당은 인민의 당이 아닌 프롤레타리아 당이라는 주장을 펴며 세계 혁명의 영도자를 자처한 결과였다.

중국이 베트남에 군사를 파견한 것도 이때의 일이다. 1968년 초 베트남 주둔 인민해방군은 모두 32만 명에 달했다. 중국은 미군을 몰아내기 위해 1억 달러 이상의 돈을 썼으나 오히려 베트남을 적국으로 만들었을 뿐이다. 이 또한 세계 혁명의 중심부를 자처한 허장성세의 후과가 아닐 수 없다. 당시 등소평은 '주군'의 뜻을 받들어 국제 공산주의 운동을 주도했으나 의도한 만큼의 성과를 거두지는 못했다.

문화대혁명과 하방

이 무렵 후계자 자리를 놓고 등소평과 경쟁해 왔던 국방부장 임표가 문득 '인민전쟁 시기'라는 구호를 들고 나왔다. 이는 세계를 대도시와 농촌세계로 양분한 뒤 전 세계 농촌을 사주해 전 세계의 도시를 포위한다는 황당한 발상에서 나온 것이었다. 그럼에도 이는 '중화제국' 창건 모델을 능히 전 세계에 수출할 수 있다는 모택동의 자부심을 크게 만족시켰다. 임표는 등소평의 국제 공산주의 운동에 맞불을 질러 후계자 경쟁에서 유리한 고지를 선점코자 하는 의중을 감추지 않았다.

모스크바 회담 직후 등소평이 《인민일보》에 게재한 논평도 임표에게 새로운 이론적 지침을 무료로 가르쳐 준 것에 해당했다. 당시 소련은 국내적으로 이미 사회주의 국가가 아닌 '제정 러시아'로 바뀌어 있었다. 특권을 가진 새로운 자본가 계급이 등장해 노동자를 착취하고 있다는 논평은 훗날 그 자신을 소위 '주자파走資派'로 모는 부메랑이 되어 돌아왔다. 결정적인 계기는 1964년 흐루쇼프의 급작스런 실각이 제공했다. 임표를 중심으로 한 야심가들은 이를 적극 활용코자 했다.

당시 등소평도 임표의 약진에 내심 긴장했다. 국제 공산주의 운동만으로는 후계자 경쟁에서 승리하기 어려웠다. 오랫동안 실질적인 제2인자로 행세해 온 그의 위치도 흔들리고 있었다. 그의 부침은 자신을 지지해 온 많은 사람들의 운명과 직결돼 있었다. 대표적인 인물이 서기처에서 자신의 부관으로 일하면서 북경 시장 겸 당서기를 맡고 있는 팽진이었다. 그는 1930년대 말 이래 등소평의 심복으로 활동해 왔다. 팽진에 대한 평가는 곧 그의 현 위치를 가늠하는 바로미터이기도 했다.

이때에 이르러 팽진이 문득 위기에 처하는 일이 터져나왔다. 원래 이는 1964년 '도시 내 사회주의 교육운동' 문제가 처음 불거졌을 때 북경대가 그 실험대상으로 선정된 데서 비롯됐다. 북경시 당 위원회와 중앙 선전부 공작원으로 구성된 소조가 북경대로 들어갔다. 조장은 중앙 선전부 부위원장 장반석이었다. 이들은 북경대의 문제점을 세밀히 들춰냈다. 육평 총장을 위시해 대부분의 학장들이 자본가 또는 지주 집안 출신이고, 국민당 정부하에서 교육을 받았다는 것 등이 문제가 됐다. 섭원재 같은 홍군 고참간부 출신 교수가 학문이 좀 모자란다는 이유로 쫓겨난 것도 문제가 됐다. 소조는 육평을 부르주아 노선을 집행한 자로 비난하면서 섭원재를 혁명 좌익전사로 추켜세웠다. '문화대혁명'의 전조였다. 당시 육평은 고급관원인 까닭에 당 중앙의 승인 없이는 섣불리 제거할 수 없었다. 이 와중에 팽진이 먼저 그를 거들고 나섰다.

"나는 육평을 잘 안다. 그는 훌륭한 동지이다."

총서기로 있는 등소평도 거들었다.

"육평의 태도와 의견은 매우 훌륭하고, 북경대는 여전히 사회주의 대학이다. 다른 사람들을 물어뜯어 한몫 차지하려는 자들이 있다. 이들은 다른 사람들의 어깨에 올라타 위로 올라가고자 하는 얼간이들이다."

섭원재 무리를 지칭한 것이다. 이로 인해 육평은 총장직을 그대로 유지했고 오히려 장반석이 해임되고 말았다. 섭원재는 사과하라는 압력을 받았다. 그러던 것이 유소기가 수정한 '후10조'가 배포되자 섭원재와 좌익 동료들이 이를 이용해 대학 책임자들을 다시 물고 늘어졌다. 그러나 이들은 이듬해인 1965년 1월 모택동이 발표한 23개 항목에 의해 밀려났다. 이들이 앙앙불락하는 와중에 1966년 5월에 이르러 마침내 '문화대혁명'이 터지면서 상황이 다시 한 번 역전됐다.

문화대혁명의 단초는 1965년 11월 11일 상해의 《인민일보》가 「해서파관에 관해 새로 써진 역사극을 논함」이라는 기사를 실은 데서 비롯됐다. 당시만 해도 이 글은 일반인의 눈길을 끌지 못했다. 이 기사를 쓴 요문원은 상해 《해방일보》의 편집장으로 있었다. 이는 학술비평의 외관을 띠었으나 사실은 북경 부시장 오함을 겨냥한 것이었다. 요문원은 왜 문득 오함을 비판하고 나선 것일까?

변죽을 울려 중심을 공략하는 수법이었다. 이는 [북경 부시장 오함 → 북경 시장 팽진 → 서기처 서기장 등소평 → 국가주석 유소기]의 구도에서 나왔다. 오함의 직속상관 팽진은 불순한 공격의 배후가 있을 것으로 짐작했다. 그의 짐작은 맞아떨어졌다. 훗날 밝혀진 것이기는 하나 이 글이 발표되기 전에 이미 반 년여에 걸쳐 모택동과 강청이 이 글을 작성하고 모두 11차례나 수정하는 데 직접 관여했다.

공교롭게도 요문원의 글이 상해의 《인민일보》에 실리던 날 양상곤이 당 중앙위 판공실 부실장 자리에서 밀려났다. 모택동의 사적 대화내용을 알아내기 위해 접견실에 도청장치를 설치했다는 게 이유였다. 그러나 이는 모택동이 자신의 심복을 그 자리에 앉히려는 속셈에서 나온 것이었다.

12월 8일 인민해방군 총참모장 나서경이 운남 일대를 순시하던 중 문득 모택동이 주재하는 상해의 군사위원회로 소환됐다. 국방부장 임표의 기조연설이 끝나자 그의 아내 엽군, 엽검영, 양성무 등 군 고위 간부들이 서로 경쟁하듯 나서경을 비판하고 나섰다. 임표의 군내 지휘권을 박탈코자 획책했다는 등의 혐의였다. 결국 엽검영은 군사위 위원이 되었고 임표의 사람인 양성무는 나서경을 대신해 총참모장 대행에 임명됐다. 원래 모택동은 나서경에 대해 특별히 나쁜 감정을 가진 적이 없다. 이 또한 임표에게 자신의 사람을 부관의 자리에 앉히도록 배려한 것이었다.

이는 임표와 손을 잡은 모택동이 등소평 및 팽진 등과 연계된 유소기를 제거하기 위해 일련의 유혈전을 전개할 시점이 다가왔음을 암시했다. 정치적 사안에 민감한 등소평은 이해 11월 말 전쟁준비 상황을 점검한다는 구실로 남서부 순시에 나섰다. 가족과 부하들을 이끌고 특별기차로 내려와 중경에서 떠들썩한 환대를 받았다. 남서부 당 서기 이정천이 등소평을 위해 만찬을 베풀었다. 제비집과 상어 지느러미 등 온갖 진미가 나왔다. 등소평은 마오타이주만 마셨고 팬더 담배만 태웠다. 주연이 무르익자 그가 만면에 미소를 띠고 일어났다.

"자, 우리 할 일이 있지 않소!"

흥겨워진 그들은 새벽까지 브리지 게임을 즐겼다. 북경의 정치문제에 관해서는 한 마디도 꺼내지 않았다. 이해 12월 그가 북경에 돌아와 보니 상황이 더 악화되어 있었다. 등소평은 요문원의 글 내용이 불쾌했고, 그것이 발표된 비정상적인 과정도 싫었다. 유소기와 등소평 모두 팽진 편이었다.

팽진은 양상곤이나 나서경과 달리 북경 내 기반이 튼튼했다. 그는 요문원이 그 글에 책임을 져야 한다는 입장이었다. 북경에서 가장 유명한 역사학자들이 모여 이 문제를 토론했다. 이 문제는 이듬해인 1966년 3월까지 교착상태에 빠져 있었다. 모택동이 상해에서 계속 압력을 가하자 유소기와 등소평은 궁지를 벗어나기 위해 팽진과 육정일, 강생 등 5명으로 구성된 조사단을 지명했다. 이들 조사단은 이해 2월 보고서를 제출했다. 팽진의 입장은 이러했다.

"설령 오함 같은 사람들이 부르주아 지성인이라 할지라도 그들이 과연 정치적으로 당을 거역하는 분자인가 하는 것은 기자 한 사람이 아니라 당 조직이 결정해야 한다."

당시 모택동과 임표는 계속 함께 있었다. 임표가 신임하는 제38군은 북경에서 가까운 보정으로 이동했다. 유소기와 등소평에게 자문을 구한 팽진은 항주의 모택동을 몇 차례 방문했으나 아무 소용이 없었다. 유소기가 공무로 해외출장을 떠난 사이 모택동은 주은래를 자기 편으로 만들고,

다시 주은래를 통해 등소평까지 자기 편으로 만들었다. 모택동과 주은래가 공동전선을 만들자 등소평은 팽진을 과감히 버렸다. 이해 4월 9일 그는 서기처 비상회의를 소집한 뒤 팽진에게 자신의 의중을 전했다.

"모주석과 주총리의 지령이 이처럼 당신에게 불리하니 어찌할 도리가 있겠소."

4월 16일 등소평은 주은래 및 팽진과 함께 항주에서 열린 정치국 확대회의에 참석했다. 모택동은 완고했다. 5월 25일 강생 부부로부터 직접 격려를 받은 퇴출 강사 섭원재가 문득 북경대에 대자보를 붙였다. 직접 민중 앞에서 지도자들을 고발하는 것은 초유의 일이었다. 모택동이 강생에게 직접 지시해 6월 1일자 《인민일보》에 「마르스크-레닌 대자보 1호」 제목의 섭원재 글과 진백달이 쓴 「모든 악마와 귀신을 쓸어버리자」는 지지 사설을 동시에 게재하게 했다.

유소기와 등소평은 크게 당황했다. 북경대를 비롯해 수많은 대학과 고등학교에서 들고 일어나 당 지도부를 규탄했다. 유소기와 등소평은 즉시 항주로 달려가 모택동에게 이 비상사태를 손수 처리할 것을 촉구했다. 모택동은 이를 거절하며 유소기에게 계속 앞장서라고 부추겼다. 유소기는 작업소조를 투입하는 방안 외에 달리 묘안이 떠오르지 않았다. 그는 곧 등소평 및 주은래와 상의했다. 두 사람 모두 이에 동의했다. 그러나 학생들은 작업소조를 축출했다.

등소평은 모택동이 지지하고 있는 게 확실한 학생들을 도발하지 않으면서 가능한 한 온건한 방법으로 문제를 풀고자 애썼다. 이해 6월 북경사범대학을 순시하던 중 학생들에게 이같이 말했다.

"적어도 한 가지는 명백하다. 팽진이 2월에 반역을 일으켰다는 소문이 있는데, 제군들에게 확실히 말하거니와 팽진은 군대를 움직일 수 없는 사람이고 나 또한 그럴 수 없다. 어느 누구도 아니고 오로지 모주석만이 인민해방군을 움직일 수 있다."

이해 7월 18일 모택동이 북경으로 귀임했다. 2주일 후 모택동은 인민대회당에서 열린 민중집회에 직접 참여했다. 이 자리에서 주은래는 모든 작업조의 즉각적인 소환과 해체를 발표했다. 유소기와 등소평은 작업소조를 파견한 실수를 인정해야만 했다. 자아비판 연설에서 유소기는 약간의 불평을 곁들였다.

"여러분은 문화대혁명을 어떻게 성취할 것인지 나에게 묻는다. 솔직히 말해 잘 모른다. 당 중앙의 다른 동지들도 모를 거라고 생각한다."

그러나 등소평은 좀 더 심각하게 반성했다.

"지난 2달 동안 주석은 북경에 안 계셨고 유소기 동지와 내가 상임위 일상업무를 맡았다. 그 사이 여러 분규가 일어났다. 일반적인 방향과 노선에서 나는 여러 실수를 범했다. 여러 실수 중 작업소조를 들여보낸 것은 나의 실수였다."

유소기는 몇 달 뒤 자신의 잘못을 깨닫고 이내 자아비판의 수위를 높였으나 이미 늦었다. 여기서 주목할 점은 유소기가 불필요하게 '후10조' 등을 통해 모택동의 권위에 도전하는 모습을 보인 데 반해 등소평은 시종 깊은 존경심을 내보이면서 유소기와 일정한 거리를 유지한 점이다. 등소평은 모택동을 대신해 당 중앙을 통제하는 자신의 기본임무를 결코 잊지 않았던 것이다.

1966년 8월 북경에서 제8기 11중전회가 열렸다. 이 회의에서 '신 중화제국' 건립 이후 사상 처음으로 모택동과 유소기가 서로 공개적으로 상대방을 비판하는 일이 벌어졌다. 이때 등소평은 모택동 쪽으로 입장을 틀었다. 이 와중에 모택동은 각지의 홍위병들을 북경으로 불러들여 대형집회를 9번이나 열고 이들을 격동시켰다. 속히 고향으로 돌아가 성장, 시장, 당 간부와 맞서 싸우라는 것이었다. 이해 10월 말 당 실무회의에서 모택동은 등소평의 또 다른 과장된 자아비판의 글을 읽고 난 뒤 몇 마디 주석을 달았다.

"비관적으로 변하지 말 것! 미래를 위해 무언가 고무적인 내용을 덧붙일 것!"

등소평은 우호적인 이 말에 커다란 위안을 받았을 것이다. 여기서 주목할 것은 비슷한 시기에 나온 모택동의 등소평에 대한 평이다.

"등소평 동지는 지난 1959년부터 지금까지 어떤 문제에 관해서도 나를 찾아와 상의한 적이 없다. 그는 귀먹은 벙어리다. 회의가 있을 때마다 그는 나에게서 멀리 떨어진 자리를 택했다. 그는 나를 존경하지만 나와 거리를 두고 마치 죽은 조상 대하듯 한다."

'한 번도 찾은 적이 없다'와 '죽은 조상 대하듯 한다'는 표현은 증오의 목소리와는 거리가 멀다. 오히려 등을 돌리고 앉은 자식에게 불평하는 늙은 부친의 볼멘 목소리에 가깝다. 문화대혁명 당시 모택동은 외양상 임표를 더욱 신임하는 듯한 모습을 보였음에도 속으로는 여전히 등소평을 의중에 두고 있었음을 시사한다. 이후에 이뤄지는 그의 '하방' 및 '복권'에 대해서도 새로운 해석이 요구되는 대목이다. 실제로 그의 '하방'은 매우 온화하게 이뤄졌다.

이듬해인 1967년 8월 5일 중남해에서 유소기와 등소평에 대한 홍위병들의 인민재판이 열렸다. 유소기는 재판이 진행되는 동안 시종 소신을 굽히지 않았다. 이에 반해 등소평은 온순한 자세로 후회하는 모습을 보였다. 중국 당국이 문화대혁명 기간 중 등소평이 당한 공개재판 중 유일하게 공개한 당시의 기록이다.

홍위병　당신은 당내 권력을 가진 자본주의 노선 추종자가 아닌가?

유소기　아니다. 당을 위해 일하면서 실수를 저질렀을지언정 나는 그
　　　　런 자가 아니다.

등소평　그렇다.

홍위병　우리의 위대한 지도자 모주석을 반대하는가?

유소기　반대하지 않는다.

등소평　반대하지 않는다. 그러나 모택동 사상에 대해서는 반대했다.

홍위병　왜 팽진을 신임하고 지지했는가?

유소기　그는 결코 나를 속일 사람이 아니기 때문이다.

등소평　그가 이미 나를 속인 적이 있기 때문이다.

이 재판은 무한의 현지 군대가 당 중앙에서 파견한 두 명을 억류한
소위 '무한반란' 직후에 열렸다. 민중폭동으로 영국 영사관이 불타기 직
전이었다. 영사관 방화 사건 며칠 후 모택동은 관봉 등의 급진주의자들을
숙청했다. 이를 계기로 변화의 흐름이 조금씩 감지되기 시작했다.

이듬해인 1968년 등소평은 가택연금 처분으로 인해 이전보다 작기
는 했으나 중남해 내부에 있는 외딴 집에서 아내 및 모친과 함께 살았다.
그의 가족은 외출할 수 없었고, 외출하고 싶지도 않았다. 식료품이나 야채
등은 정기적으로 배달됐다. 홍위병에 의해 북경대 건물에서 떨어져 불구
가 된 아들 등박방과 16세의 등자방을 포함한 아이들은 모두 연락이 닿지
않았다.

이해 10월 제8기 12중전회가 열렸다. 유소기와 등소평을 모든 직위
에서 해직하는 결정이 내려졌다. 유소기는 이후 주은래가 이끄는 특별조

사위원회의 조사를 받았다. 그러나 등소평은 당적을 유지하는 결정을 받아 더 이상 조사를 받지 않았다. 유소기와 등소평의 운명은 여기서 갈렸다. 모택동은 등소평에게 재기의 가능성을 열어두고 있었던 것이다.

이듬해인 1969년 10월 중소전쟁을 대비하기 위해 등소평은 멀리 떨어진 곳으로 보내졌다. 일종의 '하방'이었다. 하방대상은 크게 두 부류였다. 주덕과 진운처럼 '비적대적인 인민들 내의 모순'으로 인한 사람과 유소기와 팽진처럼 '적대적인 모순'으로 인한 사람들이 그것이다. 등소평의 경우는 약간 애매했다. 유소기와 더불어 '주자파' 노선을 걸은 제2인자이면서도 여전히 당적을 갖고 있었기 때문이다.

그는 진운 및 왕진과 함께 강서로 파견됐다. 그들이 떠나기 전 주은래는 진운과 왕진을 '동지'로 불렀고, 등소평에게는 여전히 당원임을 말해주었다. 이후 1973년 2월 20일까지 그는 3년여 동안 강서 신건현에서 직공으로 일해야만 했다. 이를 흔히 '3년하방'이라고 한다.

이 기간 동안 그의 가족은 전에 보병학교 교장이던 어느 장군이 살다 폐쇄된 집에서 살았다. 이곳은 신건현 트랙터 수리공장으로부터 걸어서 반 시간 거리였다. 그는 기계공, 그의 아내는 작업장 청소부로 일했다. 그의 딸 등용은 부친이 강서에 머무는 동안 『이십사사二十四史』를 정독했다고 주장했으나 액면 그대로 믿기가 어렵다. 그는 모택동과 달리 고문을 거의 읽지 못했다. 사서 등의 고전은 고사하고 장문의 글을 끝까지 읽어내지도 못했다. 사천 출신이 대개 그렇듯이 말은 잘 했으나 독서와 작문은 별로였다는 게 중론이다.

등소평이 '3년하방'에 처해 있을 당시 모택동은 임표와 긴밀한 유대를 맺고 있었다. 그러나 이는 편의적인 것이어서 이내 파탄이 나고 말았다. 임표의 거친 언동은 유소기의 '역린'과 차원이 달랐다. 1966년 5월 정치국 회의에서 임표는 이같이 말한 바 있다.

"그 개자식들이 우리를 죽이려고 했으니 우리는 그들을 죽여야 한다. 우리가 그들을 죽이지 않으면 그들이 우리를 죽일 것이다. 중국 역사는 쿠데타의 역사이다. 촛불 같은 운명과 칼 그림자의 역사에 다름 아니다."

중국의 역사를 '쿠데타의 역사'로 규정한 것은 장차 모택동을 그 대상으로 삼을 수도 있다는 취지를 드러낸 것이었다. 실제로 1969년 10월 임표는 전국에 비상전투령 제1호를 멋대로 발동했다. 이는 소련과의 핵전쟁이 일어날 경우 인민의 3분의 1이 희생되어도 걱정 없다고 큰소리를 친 모택동의 언설을 토대로 한 것이었다. 그러나 사실 모택동은 중소전쟁이 발발할 가능성을 그다지 높게 보지 않았다.

모택동의 입장에서 볼 때 참을 수 없는 것은 설령 중소전쟁을 가상해 그런 명령을 내릴지라도 이는 어디까지나 자신이 직접 발동해야 하는 것이었다. 치명적인 '역린'이었다. 당시 육군 참모총장 황영승에게 명해 즉시 철회하도록 지시하기는 했으나 치미는 분노를 억제하기 어려웠다. 측근 장수를 믿었다가 비참한 최후를 맞은 남북조시대 양나라 무제의 고사를 그가 모를 리 없었다. 임표가 제거대상으로 각인된 것은 바로 여기서 비롯됐다.

당시 후계자 문제는 비록 당장黨章에 명시되기는 했으나 확실한 결론이 난 것이 아니었다. 그럼에도 모택동의 비서 진백달은 임표를 미래의 진정한 주인으로 간주했다. 그가 1970년 8월 여산회의에서 모택동의 첫 번째 제거대상이 된 배경이 여기에 있다. 임표가 이를 깨달았을 때는 이미 늦었다. 누가 봐도 임표는 '폐위된 황태자'에 불과했다. 그는 결국 쿠데타가 실패하자 1971년 9월 13일 비행기를 이용해 소련으로 황급히 도주하던 중 이내 추락사하고 말았다.

임표 사건을 다룰 때 주은래는 매우 유용했다. 임표 사후 1년여 동안 주은래에게 당·정·군 업무를 총괄케 한 것도 이런 맥락에서 이해할 수 있다. 등소평은 임표 사건이 일어난 지 2달이 지난 시점에 비로소 그 소식을 접했다. 그와 가족은 뛸 듯이 기뻐했다. 알려진 바에 의하면 당시 그의 일성은 이와 같았다.

"천지신명이 보우하사 임표가 마침내 죽었구나!"

이해 11월 5일 그는 즉시 모택동에게 편지를 썼다. 임표의 반역을 도저히 이해할 수 없고, 모택동이 끝내 승리한 것이 너무 기쁘고 다행스런 일이라는 내용이었다. 그는 편지 말미에 자신도 임표에 대한 비판에 참여할 수 없겠느냐고 조심스럽게 물었다. 모택동은 편지를 읽어보고 옆으로 밀쳐두기는 했으나 그 내용은 가슴 속에 깊이 간직했다.

이듬해인 1972년 2월 21일 미국의 닉슨 대통령이 중국을 방문했다. 이는 주은래가 모택동의 재가를 얻어 이뤄낸 작품이었다. 이로써 중국의 최대 적은 미국이 아니라 소련이라는 사실이 만천하에 공표됐다. 비슷한 시기에 등소평은 여러 구실로 모택동에게 편지를 올렸다. 거기에는 불구가 된 장남 등박방을 선처해 달라는 내용도 있었다.

이해 5월 등박방이 치료를 위해 북경으로 돌아와도 좋다는 허락이 떨어졌다. 등박방은 중국에서 가장 시설이 좋은 제301 육군병원에 입원했다. 여동생 등용이 간병차 함께 상경했다. 하루는 왕진이 등용을 찾아와 이같이 말했다.

"조만간 부친이 겪고 있는 어려움이 끝날 것이다. 내가 모주석을 만나 이를 반드시 건의할 것이다. 이를 부친에게 꼭 알려달라."

이 소식을 접한 등소평은 모택동의 마음이 변하기 전에 자신의 충성심을 확실히 보여줄 필요가 있다고 판단했다. 이해 8월 3일 다시 편지를 보냈다.

"주석 동지께서 아시다시피 임표와 진백달은 저를 미워했고, 아마 죽이고 싶어 했을 것입니다. 주석 동지의 보호가 없었다면 저에게 무슨 일이 일어났을지 상상하기도 어렵습니다. 제가 일자리를 잃고 사회에서 배제된 것도 이미 6년째입니다. 주석 동지의 혁명 노선으로 돌아갈 기회를 학수고대하고 있습니다. 제 나이 이미 68세이나 아직 건강이 좋기 때문에 당과 인민을 위해 과거의 실책을 조금이나마 보상하고자 합니다. 아직 7-8년 정도는 더 일할 수 있으리라고 믿습니다."

모택동이 제법 긴 답장을 보냈다. 골자는 이와 같았다.

"그대는 비록 심각한 실수를 저질렀으나 유소기와는 다른 인물이다. 게다가 3가지 미덕을 지니고 있다. 과거 전력에 심각한 문제가 없고, 강서 소비에트에서 나의 추종자로서 박해를 받았고, 전시에 많은 공로를 세운 점 등이 그것이다. 이는 전에도 내가 여러 번 언급한 바 있고 지금 다시 한 번 이야기하는 것이다."

이 답장에서 주목할 것은 마지막에 언급한 '전에도 내가 여러 번 언급한 바 있고 지금 다시 한 번 이야기하는 것이다'라고 한 대목이다. 유소기와 임표가 차례로 사라진 상황에서 이제 다시 한 번 기회를 줄 터이니 자신의 뒤를 이을 후계자로서 더욱 확실한 충성심을 보이라고 주문한 것이나 다름없었다. 실제로 모택동은 등소평의 복권에 부정적인 견해를 피력한 강청 등에게 화를 낸 바 있다. 북경의 여러 복잡한 사정으로 인해 그는 다시 6달을 초조하게 기다린 후에야 비로소 부름을 받을 수 있었다.

천하를 거머쥐다

등소평과 가족은 1973년 2월 20일 기차를 타고 강서를 떠나 다음날 북경에 도착했다. '3년하방'이 끝난 것이다. 그러나 그의 과거 사건을 마무리짓는 데 몇 주일이 더 소요됐다. 어떤 자리를 줄 것인지도 논쟁거리였다. 일부는 그가 모택동에게 편지에서 부탁한 것처럼 기술이나 연구직에 보내자는 주장을 내놓았다. 최종 결론은 모택동의 몫이었다. 이해 3월 20일 당 중앙의 결의가 통과됐다. 부총리 직을 회복시켜 준다는 내용이었다.

4월 12일 인민대회당에서 주은래 총리 주최로 캄보디아 노르돔 시아누크 공을 위한 만찬이 열렸다. 그는 이 만찬에 참석했다. 문화대혁명이 시작된 1966년 초 실각한 이래 무려 8년 만에 처음으로 공식석상에 모습을 드러낸 셈이다. 손님들이 큰 박수로 그를 환영했다. 모택동의 조카이자 외교부 관원인 왕해용이 그를 안내했고, 주은래가 시아누크에게 그를 부총리로 소개했다.

적잖은 사람들은 등소평을 당 중앙으로 불러들인 것은 주은래의 머리에서 나온 것으로 알고 있다. 주은래가 불치의 암에 걸린 사실을 알고 후임자를 찾던 중 이내 등소평을 복귀시켜 부총리에 기용하는 방안을 생각해내 이를 모택동에게 청했고, 이게 받아들여졌다는 식이다. 그러나 이는 반만 맞는다. 등소평의 술회가 그 증거다.

"모주석은 어떤 상황이 되면 내가 다시금 유용할 것이라고 생각했고, 그래서 나를 무덤에서 다시 불러준 것이다. 그것이 수수께끼의 전모다."

훗날 호요방은 주은래가 모택동에게 등소평과 함께 일할 수 있게 해달라고 요청한 사실을 증언했으나 이는 등소평이 북경에 올라온 이후의 일일 공산이 크다. 원래 미중수교를 비롯해 주은래가 앞장서 추진한 일련의 정책은 우익경향으로 판단될 소지가 컸다. 모택동이 사인방의 주장에 동조하는 모습을 보인 이유다.

이런 점에 주목해 일부 학자는 모택동이 명실상부한 서열 제2위인 주은래를 견제하기 위해 등소평을 복귀시켰다는 분석을 내놓고 있다. 그러나 이는 지나치다. 주은래의 병은 불치병이었다. 모택동도 이를 알고 있었다. 주은래가 아무리 오래 버틸지라도 자신보다 먼저 세상을 떠날 가능성이 높았다. 그런 그를 견제하기 위해 등소평을 복권시켰다는 분석은 앞뒤가 맞지 않는다. 그보다는 모택동이 자신의 사후에 빚어질 후계자 다툼 문제에 대해 나름대로 심사숙고해 내린 결단으로 파악하는 게 옳다.

등소평이 복권 이후 무수한 외빈을 접견한 게 그 증거다. 당시 그는 날마다 외국 손님을 영접하고 환송하는 일로 인해 쉴 틈조차 없었다. 모택동은 그의 언행을 예의 주시하며 과연 그가 자신의 뒤를 이어 '신 중화제국'을 제대로 이끌어 나갈 수 있을지 여부를 면밀히 관찰하고 있었다. 모택동은 등소평이 과거처럼 자신의 의중을 미리 헤아려 움직이는 것과 유사한 행보를 보여주길 기대했음에 틀림없다. 등소평이 복권 이후 쾌속 승진한 사실이 이를 뒷받침한다.

당시 모택동은 장차 그를 어디에 쓸 것인지에 대해서는 굳게 입을 다물었다. 과거에 그랬던 것처럼 이 중차대한 시기에 주군의 의중을 미리 헤아려 대공을 세워주길 기대한 것이다. 흡족한 성과를 낼 경우 후계문제와 관련한 보다 확고한 언질을 쏟아낼 참이었다. 첫 번째 시험무대는 그가 복권한 지 반 년 뒤인 이해 8월에 열린 제9기 전국대표자대회였다. 이 대회는 주은래를 중심으로 한 당의 원로와 강청을 중심으로 한 소장파 급진주의자들이 정면으로 맞붙은 대회였다.

이 대회에서 모택동은 놀랍게도 사인방의 일원인 왕홍문을 당 부주석으로 올려 후계자 대열에 합류시켰다. 모택동의 속셈은 과연 무엇이었을까? 그 해답은 의외로 쉽게 찾아낼 수 있다. 이해 12월 12일과 14일, 15일에 모두 3번에 걸쳐 모택동이 공식석상에서 등소평을 긍정적으로 평한 게 그것이다.

"등소평 동지는 문제해결 의지가 아주 확실하다. 그는 마치 솜에 싸인 바늘처럼 부드러움과 강인함이 조화를 이룬 사람이다."

'솜에 싸인 바늘'을 뜻하는 소위 면리장침綿裏藏針은 역대 황제들이 신하들을 제어할 때 구사하는 제신술制臣術의 요체이기도 하다. 이는 법가사상을 집대성한 한비자가 제왕의 기본 덕목으로 거론한 것이다. 모택동은 '신 중화제국'을 건립한 이후 시종 '면리장침'의 제신술을 구사했다. 유소기와 임표 등이 역사의 무대 뒤로 사라진 것도 따지고 보면 모택동의 제신술에 걸린 경우다. 모두 '역린'을 범한 자들이었다. 모택동이 등소평을 '하방'에 처하면서도 '당적'만은 보유케 하면서 거듭 사죄와 충성을 담은 서신을 올리도록 만든 것은 '면리장침'의 제신술을 터득케 하려는 심모원려로 해석할 수 있다. 왕홍문은 '면리장침'의 제신술을 전수하기 위한 도구에 불과했다.

모택동이 당 정치국의 일상업무를 책임진 주은래와 중앙군사위를 책임진 엽검영을 다시 혹독하게 비난한 것도 이런 맥락에서 파악할 수 있다. 정치국은 정치문제를 도외시하고 있고, 군사위는 군사문제를 도외시하고 있다는 게 그 비난의 요지였다. 그러나 사실 이는 부분적인 타당성밖에 없었다. 그는 등소평을 급속히 승진시키기 위해 예상되는 걸림돌을 미리 제거하고자 한 것이다.

이와 관련해 전설 같은 얘기가 전해진다. 소위 '전국 합동 순시' 테스트 일화가 그것이다. 이에 따르면 1973년 가을 모택동은 왕홍문과 등소평을 시험할 요량으로 두 사람이 함께 전국을 순시한 후 그 결과를 보고토록 했다. 이후 보고를 듣는 자리에서 모택동이 물었다.

"내가 죽고 난 뒤 중국에 무슨 일이 일어날 것으로 생각하는가?"

소위 사간의심辭簡意深, 질문 자체는 간단했으나 내포한 의미는 깊었다. 왕홍문이 이를 알 리 없었다. 그는 모범답안을 달달 외워 쓰는 어린 학동學童처럼 대답했다.

"전 인민이 주석 동지의 혁명 노선을 추종하며 기필코 혁명을 완수할 것입니다!"

등소평의 대답은 달랐다.

"군벌들이 대두해 이내 내전이 일어날 것이고 나라가 갈라질 것입니다."

'왕조순환설'에 입각한 그의 분석은 모택동에게 자신만이 선황의 위업을 제대로 이어갈 수 있는 유일한 황사皇嗣임을 확인시켜 준 셈이다. 이 일화가 사실이라면 모택동은 자신처럼 『자치통감』을 통독한 적도 없는 등소평의 놀라운 답변에 내심 탄복했을 것이다.

이 일화는 명제국 초기의 일화와 사뭇 닮아 있다. 원래 명태조 주원장은 재위 말년에 황태자 주표가 급서하자 주표의 아들 주윤문과 넷째 아들인 연왕 주체를 놓고 크게 고민했다. 주윤문은 아직 10대의 어린 소년이었다. 그가 보위에 오를 경우 24명이나 되는 숙부가 문제였다. 자칫 전한 제국 초기의 '오초7국吳楚七國의 난' 내지 서진제국 초기의 '8왕八王의 난'이 재연될지도 모를 일이었다. 주원장은 원제국이 보위계승을 둘러싼 내분으로 일거에 무너진 사실을 잘 알고 있었다. 하루는 주윤문과 주체를 불러내 시제를 냈다.

"바람이 몰아치니 말꼬리는 천 갈래 실이라네風吹馬尾千條線."

주윤문이 먼저 대구를 지었다.

"비가 내리치니 양털은 한 조각 젖무덤이라네雨打羊毛一片膻."

절묘한 대구다. '풍우'로 쌍을 이루는 첫 글자의 풍風과 우雨, 사물을 대비시킨 마미馬尾와 양모羊毛, 극단적인 대비를 이루는 천조千條와 일편一片, 마지막 글자의 운을 맞춘 선線과 전膻은 문학적으로 매우 뛰어난 것이다. 그러나 주체는 이같이 대구를 지었다.

"해가 내비치니 용의 비늘이 만 개의 황금이라네日照龍鱗萬點金."

주목할 점은 '마미천조馬尾千條'의 시어를 놓고 한 사람은 '양모일편羊毛一片'으로 축소시키고 한 사람은 '용린만점龍鱗萬點'으로 확대한 점이다. 주원장이 '풍마風馬'를 시어로 사용한 것은 개국 초기의 어지러운 현재의 시국을 언급한 것이다. 주체는 부황이 낸 시제의 의미를 간파하고 천하를 제압해 난세를 종식시키겠다는 취지의 대구를 지은 데 반해 주윤문은 엉뚱한 해답을 제시한 셈이다.

당시 원제국은 비록 만리장성 밖으로 나갔다고는 하나 북원北元으로 잔존하며 갓 등장한 명제국의 가장 큰 위협으로 남아 있었다. 문학적으로 탁월한 재능이 필요한 상황이 아니었다. 응당 주체를 후계자로 삼아야만 했다. 그러나 그는 그리하지 않았다. 이로 인해 4년 간에 걸친 내전 끝에 주윤문은 패사하고 천하는 주체가 차지했다.

모택동이 두 사람을 앞에 두고 자신의 사후 중국에 무슨 일이 일어날 것인지 물은 것은 주원장이 주윤문과 주체를 앞에 두고 '풍마'의 뜻을 물은 것에 비유할 수 있다. 왕홍문은 주윤문, 등소평은 주체의 해답을 제시한 셈이다. 모택동은 현명하게도 마지막 단계에서 왕홍문을 선택하지 않았다. 등소평과 관련한 이 일화가 사실이라면 모택동은 명제국의 고사를 거울로 삼았을지도 모를 일이다.[22]

그러나 이 두 일화는 사실 호사가들이 만들어낸 것이다. 당시 객관적 정황에 비춰 그럴 가능성도 적었을 뿐만 아니라, 일화의 내용을 뒷받침할 만한 사료와 증언이 전혀 존재하지 않기 때문이다. 그럼에도 이들 일화는 역사적 사실을 일정부분 전하고 있다. 실제로 모택동은 시간이 갈수록 왕홍문에 대한 불만이 커져갔다. 그가 1973-1974년 사이에 등소평의 쾌속 승진을 도운 것도 이와 무관치 않다고 보아야 한다.

당시 죽음의 문턱에서 모택동 또한 후계자 문제로 고심에 고심을 거듭했을 것이다. 1974년 4월 4-16일 사이 등소평이 뉴욕에서 열린 유엔 총회 특별회의에 중국 대표단을 이끌고 참석한 사실이 이를 뒷받침한다. 이는 모택동이 직접 결정한 것이다. 강청은 이에 강력 반대했다. 화가 난 모택동은 강청에게 편지를 보내 강도 높게 경고했다.

"등소평을 임명한 것은 내 생각이오. 그러니 당신이 반대하지 않는 게 좋겠소. 내 의견에 반대하려면 조심해야 할 것이오."

이해 4월 10일 그는 40분 간 연설하면서 국제정치에 관한 중국의 기본 노선인 소위 '3중三重 세계론'을 설파했다. 초강대국인 미국과 소련이 주도하는 제1세계, 유럽과 일본 등 선진 산업국이 주도하는 제2세계, 마지막으로 아시아와 아프리카 등지의 미개발 및 개발도상국이 주축이 된 제3세계가 그것이다. 중국은 제3세계에 속하고 앞으로도 이들 나라를 지지할 것을 천명했다. 제3세계의 많은 나라들이 박수를 쳤다.[23]

모택동은 자신의 국제정치 이론을 조리 있게 설파한 그의 노고를 치하했다. 이해 4월 9일 그가 귀국했을 때 주은래 총리를 비롯해 당정군의 모든 고위 관원들이 나와 그를 영접한 게 그 증거다. 이후 그가 참가한 공식행사에 커다란 변화가 일어났다. 전에 모택동이 외빈을 접견할 때는 주은래와 왕홍문이 배석했다. 의도적으로 왕홍문을 후계자로 키우고자 했던 것이다. 그러나 이해 5월부터 등소평이 왕홍문을 대신해 배석했다.

이해 6월 주은래가 병원에 입원했다. 이후 그는 숨을 거둘 때까지 18개월 동안 병원에서 지냈다. 모택동 역시 병이 점차 악화되고 있었다. 그는 주은래가 입원에 들어갈 즈음 요양차 호남 장사로 내려갔다. 이후 반년 이상 걸려 건강을 회복한 뒤 이듬해인 1975년 봄에 다시 북경으로 돌아왔다.

이 사이 북경의 지도부는 후계자 자리를 놓고 치열한 신경전을 펼치고 있었다. 당 중앙은 왕홍문, 국무원은 등소평, 군사위는 엽검영이 각각 지휘했다. 당시 왕홍문만 모택동의 비서이자 정부인 장옥봉을 통해 모택동과 공식적으로 접촉할 수 있었다. 그러나 내막을 보면 모택동이 외빈을 접견하는 자리에 배석하는 등소평이 훨씬 더 자주 모택동을 만날 수 있었다. 성미가 급한 강청이 견제의 수위를 높였다. 이해 10월 17일 왕홍문이 주재한 정치국 회의에서 등소평은 처음으로 강청과 대판 언쟁을 벌였다.

이날 논쟁은 사소한 문제에서 비롯됐다. 중국이 만든 최초의 유람선이 성공리에 처녀항해를 마쳤다는 소식이 전해지자 참석자 모두 좋은 일이라며 기뻐했다. 이때 강청은 엉뚱하게도 부르주아에 대한 프롤레타리아 계급투쟁의 승리라고 주장하면서 외국산 선박을 구입하는 것은 자본주의 노선을 표방하는 짓이라고 목소리를 높였다. 의기양양한 그녀는 등소평에게 의견을 말해보라고 압박했다. 등소평은 입을 다물었다. 강청이 거듭 다그치자 등소평의 인내가 한계에 도달했다. 그가 마침내 자신의 생각을 털어놓았다.

"도대체 뭐가 그리 대단한 일입니까? 그저 배 한 척에 지나지 않는데. 그것도 50년 전 내가 프랑스로 갈 때 탔던 배보다 작은 배를 가지고…."

강청이 분통을 터뜨리자 이내 격론이 벌어졌다. 등소평이 자리를 박차고 일어나 회의장 밖으로 나가 버렸다. 충격에 휩싸인 사인방은 왕홍문을 장사에 있는 모택동에게 보내기로 결정했다. 당시 등소평을 병원으로 불러 얘기를 나누던 주은래는 며칠 후 외빈들을 이끌고 모택동을 접견할 젊은 여성 외교관 왕해용과 낸시 탕을 불러들여 이같이 말했다.

"강청과 그 일당이 오랫동안 등소평 동지를 괴롭혀 왔소. 등소평 동지는 이제 더 이상 그들을 참기가 어렵게 되었소."

이 말을 모택동에게 전해달라는 당부나 다름없었다. 이해 10월 20일 등소평이 하틀링 덴마크 총리와 함께 장사를 찾았다. 강청과 가졌던 언쟁에 관해서는 함구했다. 내심 젊은 두 여성 외교관이 대신 얘기해 주기를 바랐다. 며칠 후 왕홍문이 모택동을 찾아와 등소평을 헐뜯자 모택동이 화를 냈다.

"강청은 이기주의자이다. 왕 동지는 '사인방'을 만들지 말라!"

모택동은 사인방이 자신의 이념을 추종하는 것까지는 좋으나 주제넘게 보위를 넘보는 것 자체를 혐오했다. 주은래를 비롯한 온건파에 대해서는 혹여 '신 중화제국'에 조직적으로 해를 끼칠까 우려했다. 모택동이 볼 때 등소평은 예외적인 존재였다. 온갖 시련에도 불구하고 변함없는 충성심을 보여준 그를 특별한 존재로 생각한 것이다.

12월 25일 왕홍문과 주은래가 곧 다가올 제10기 2중전회와 제4차 전국인민대표대회에 대비한 인사문제를 논의하기 위해 함께 장사로 왔다. 모택동은 두 사람에게 이같이 말했다.

"등소평 동지는 드문 재능을 가진 사람이오. 그는 탁월한 정치감각을 갖고 있소."

그러면서 몇 가지 직위를 겸직하는 방안을 제시했다. 당 중앙위 부위원장, 국무원 제1부총리, 중앙군사위 부위원장, 인민해방군 총참모장의 자리가 그것이다. 당·정·군을 모두 틀어쥐는 자리에 앉히고자 한 것이다. 비록 후계자 자리를 말하지는 않았으나 사실 그 자리까지 말한 것이나 다름없었다.

이듬해인 1975년 1월 북경에서 제10기 2중전회와 제4차 전국인민대표대회가 열렸다. 회의가 끝날 즈음 등소평은 모택동이 추천한 모든 지위를 차질 없이 인수받았다. 모택동과 주은래가 공히 병상에 누워 있는 상황에서 이는 당·정·군을 틀어쥔 것이나 다름없었다. 등소평의 나이 70세였다.

당시 등소평은 정치이념 문제에 관해서만큼은 입을 다물었다. 사인방이 주도하는 '비림비공' 운동에 대해 사석에서는 비웃었으나 공석에서는 말을 아꼈다. 모택동이 그런 운동을 즐기는 듯했기 때문이다. 그는 주은래처럼 실무에만 매진하는 모습을 보였다. 이해에 소위 남파북파南坡北坡 이론을 제시한 게 대표적인 실례다. 이는 과거에 언급한 '흑묘백묘'를 달리 표현한 것이다. 남쪽 기슭을 통해서든 북쪽 기슭을 통해서든 언덕 꼭대기에 오르기만 하면 된다는 뜻이었다.

이해 5월에 그는 자본주의에 반대하고 수정주의를 방지한다는 입장을 앞세우면서도 '기술 중시를 잊지 말라. 공산주의로 기술을 지도한다고 해도 기술로부터 이탈할 수는 없다'고 연설했다. 명백한 '주자파'의 부활이었다. 강청 등은 이를 꼬투리 삼아 등소평을 다시 실각시키기 위해 동분서주했다. 그에 대한 공격은 강청의 소위 '수호지 비판'으로 분명해졌다. 모택동이 문학평론 형식을 이용해 정적을 타도한 것을 옆에서 지켜본 강청은 비슷한 흉내를 냈다.

"『수호지』에서 송강이 첫 번째 두령 조개를 허수아비로 만들었듯이 현재 당 중앙에는 모주석을 무시하는 자가 있다."

주은래와 등소평을 겨냥한 '변죽 때리기' 수법이었다. 이를 전해들은 등소평은 몸조심하지 않을 수 없었다. 자칫 주은래까지 벼랑 끝으로 몰릴지 모를 일이었다. 당시 그는 주은래를 대신해 일반업무를 총괄하면서도 명목상 자신의 상관으로 앉아 있는 왕홍문에게 꼬투리를 잡히지 않기 위해 신중히 행보했다.

강청은 공식 서열 밖에 존재하는 특이한 존재였다. 그녀에 대한 태도를 정하기가 쉽지 않았다. 당시 그녀는 모택동의 권위를 등에 업고 무소불위의 막강한 권력을 휘둘렀다. '공'과 '사'를 엄격히 구분하는 등소평으로서는 이를 참아내기가 쉽지 않았다. 양측의 갈등이 날이 갈수록 첨예화한 이유다. 모택동의 막강한 권위가 일촉즉발의 대폭발을 막아주고 있었을 뿐이다.

모택동도 자신의 사후 여제女帝로 군림코자 하는 강청의 속셈을 잘 알고 있었다. 그녀의 발호를 미연에 방지하기 위해 1975년 5월 3일 직접 정치국 회의를 주재하는 자리에서 '사인방' 운운하며 비판을 가한 게 그 증거다. 6월 3일 당 정치국 회의에서는 강청에게 자아비판의 글을 써내도록 했다. 집 주인이 집사인 등소평의 편을 들어 부인의 기를 꺾어놓은 것에 비유할 만했다.

그러나 막상 부인과 집사가 충돌할 경우 선택은 어찌되는 것일까? 부인과 이혼하는 것보다 집사를 해고하는 길이 분란의 확산을 막는 데 훨씬 효과적이다. 모택동은 바로 이런 선택을 했다. 당시 등소평의 가장 확고한 우군세력을 자처했던 호요방이 걱정이 되어 이같이 말한 적이 있다.

"우리가 너무 심하게 밀어붙이는 게 아닙니까? 우리가 하는 일을 싫어해 시비를 걸 사람도 있을 텐데 말입니다."

등소평이 농담조로 말했다.

"너무 겁먹지 말게. 나야말로 무슬림 아가씨 아닌가?"

사인방이 머리칼을 잡아끌고자 해도 히잡을 쓰고 있는 무슬림 아가씨처럼 이를 막아낼 수 있다고 자신한 것이다. 9월 20일 주은래가 마지막 암 수술을 받으러 수술실로 들어가기 직전 등소평의 손을 잡고 나지막한 소리로 그러나 힘주어 말했다.

"올해는 일을 잘 처리했소. 내가 했으면 그리 잘할 수 없었을 것이오!"

주은래는 자신이라면 감히 엄두를 내지 못할 일을 등소평이 눈 하나 까닥하지 않고 해치운 것을 칭송한 것이다. 그런 점에서 주은래는 결코 1인자가 될 수 없었다. 모택동이 주은래 대신 등소평을 후계자로 상정한 것도 이와 무관할 수 없다. 방대한 영토에 세계 최대의 인구를 보유한 '신 중화제국'을 이끌고 나가기 위해서는 천하를 삼킬 만한 기개와 추진력 등을 갖춰야만 했다. 등소평은 모택동처럼 이런 기개와 추진력을 지니고 있었다.

진퇴의 결단력만큼은 오히려 모택동보다 훨씬 나았다. 모택동도 바로 그의 이런 점을 좋아했다. 문제는 등소평이 너무 많은 문제에 지나치게 단호한 모습을 보인 데 있었다. 이게 '후계자' 낙점의 화룡점정畵龍點睛을 남겨둔 모택동으로 하여금 또 다시 망설이게 하는 화근으로 작용했다.

당초 이해 봄에 모택동은 북경으로 돌아와 다른 때보다 더 깊이 서재에 파묻혀 고전과 젊은 여인들을 탐닉했다. 곁에서 시중을 드는 장옥봉 등은 육체적으로는 매력적이었으나 정치적으로는 무지했다.

이해 8월 그는 조카 모원신을 불러들였다. 모원신은 거동이 불편한 그의 연락책 겸 대변인 역할을 수행하고 있었다. 과거 왕조의 태감太監과 유사한 역할이었다. 황제가 병들거나 색을 탐해 후궁에 머물 경우 황명은 이들 태감을 통해 왜곡되기 일쑤다. 실제로 그런 일이 빚어졌다. 그가 모택동의 '태감' 역할을 하면서 상황이 꼬이기 시작했다. 강청이나 등소평조차 모원신과 장옥봉의 허락 없이는 주석을 만날 수 없게 되었다.

10월 13일 청화대 부총장 유빙이 교육부와 국무원을 통해 대학 내 프롤레타리아 교육혁명의 부정적인 측면을 담은 보고서를 올렸다. 교육의 질이 너무 떨어져 문맹에 가까운 졸업자를 양산하고 있다는 내용이었다. 등소평은 이에 동감했다. 그는 모택동 역시 이에 동의해 줄 것을 기대했다. 그러나 이는 그만의 생각이었다.

당시 청화대에서 프롤레타리아 교육혁명을 주도한 사람은 지군과 사정의였다. 등소평은 이들이 모택동과 깊은 교감을 나누고 있다는 사실을 전혀 몰랐다. 모택동은 오랫동안 알고 지낸 여성 급진론자 사정의를 좋아했다. 보고서를 읽은 모택동은 사정의 등을 뒤엎고 문화교육 혁명을 역전시키려는 음모로 간주했다. 소식을 접한 사인방은 환호했다. 이내 청화대 내에 대자보가 나붙고 민중집회가 열렸다.

이해 11월 당 중앙에서 예비회의가 열렸다. 모택동이 승인한 「몇 가지 통지사항」 문건이 돌았다. 내용이 심각했다.

"청화대에서 일어난 일은 대수롭지 않은 사건이 아니라 전반적인 우익 경향을 반영한 것이다."

이에 소위 '우경번안풍右傾飜案風'을 반박하는 결의문이 채택됐다. 북경대를 포함한 여타 대학에도 열병처럼 전염됐다. 《홍기》와 《인민일보》에 '우경번안풍'을 비난하는 글이 넘쳐났다. 유빙 부총장 등이 표적이 됐다. 등소평의 이름은 아직 거론되지 않았으나 언제 불똥이 튈지 모를 일이었다. 당시 그는 유빙이 조심스럽게 급진파들의 주장을 언급하자 한마디로 잘라 말했다.

"무슨 '풍'? 그렇다면 아예 태풍을 만들어야겠군!"

불퇴전의 입장을 내보인 것이다. 얼마 후 그는 슈미트 서독 수상 일행을 이끌고 모택동을 만나기 위해 중남해 저택으로 갔다. 슈미트가 떠난 뒤 그는 잠시 남아 모택동에게 간명하게 물었다.

"주석은 올해 저의 업무성과를 어떻게 생각하십니까?"

모택동이 온화한 목소리로 간략히 대답했다.

"괜찮았네!"

당시 그가 당정을 지도한 1975년의 중국 국민총생산은 12%의 놀라운 성장률을 보였다. 모택동의 칭찬은 이런 외양적인 성장에 대한 것이었다. 등소평은 이것이 자신의 정치적 명운에 대한 평가가 아니라는 사실을 깜박했다. 지나친 자신감 때문이었을까? 아니면 '주군'의 수명이 얼마 남지 않았다는 것을 염두에 두고 자신이 호언한 것처럼 '태풍'을 만들 생각으로 고집을 밀어붙인 것일까?

모택동은 등소평과 달리 '문화대혁명'을 자신의 위대한 업적으로 생각하고 있었다. 이를 시비하는 것은 섶을 지고 불에 뛰어드는 것이나 다름없었다. 사인방은 이 점을 노렸다. 사인방이 계속 등소평의 말꼬리를 물고 늘어지자 모택동과 등소평 사이에 서서히 긴장이 조성되기 시작했다. 모택동은 고민했다. '문화대혁명'에 대한 평가는 곧 자신의 치세에 대한 총평에 해당하기 때문이다. 모택동이 이내 등소평을 불렀다. 죽기 전에 '문화대혁명'에 대한 최종 평가서를 보고 싶었던 것이다. 그가 말했다.

"문화대혁명은 성과도 있었지만 모자란 점도 있었소. 총체적인 평가를 '공 7, 과 3'으로 하는 결의안을 만드는 게 어떻겠소?"

등소평이 완곡히 거절했다.

"제가 그런 결의안을 쓰는 건 적절치 않습니다. 저는 도화원에 사는 사람입니다. 한漢나라가 있었는지도 잘 모르고 위魏·진晉에 대해 논하지도 않습니다."

역사적 평가는 후세에 맡겨야 한다는 취지를 밝힌 것이다. 옳은 말이었다. 그러나 모택동은 불안했다. 어떤 식으로든 죽기 전에 이를 확인하고 싶었다. 노욕이었다. 그는 등소평의 대답에 내심 크게 실망했으나 달리 선택의 여지도 없었다.

용들이 잇달아 스러지다

1976년 1월 리처드 닉슨 전 미국 대통령의 딸과 사위가 등소평이 배석한 가운데 중남해 사저에서 모택동을 만났다. 모택동은 이들과 함께 최근 자신이 발표한 시에 관해 한담을 나누던 중 문득 이같이 중얼거렸다.

"당내에서 더 많은 싸움이 벌어질 거야!"

등소평은 가끔 손목시계를 만지작거릴 뿐 아무 말도 하지 않았다. 모택동은 지난 2년 동안 계속 등소평의 손을 들어주었다. 사인방이 궁지에 몰린 이유다. 그러나 '우경번안풍' 사건 이후 사인방이 기운을 차리기 시작했다. 모택동이 이들 손을 들어준 결과다. 모택동의 속셈은 과연 무엇이었을까?

여러 해석이 있으나 등소평에게 '신 중화제국'의 사위嗣位가 얼마나 어려운 것인지를 새삼 일깨워 주려 했다는 해석이 가장 그럴듯하다. 사실 모택동은 등소평을 제거할 생각이 손톱만큼도 없었다.

이해 1월 8일 주은래가 병원에서 숨을 거두었다. 그는 지난해 말부터 줄곧 혼수상태에 있었다. 모택동을 제외한 모든 당정 지도자들이 병원을 찾아가 그의 명복을 빌었다. 병세가 완연한 90세의 주덕까지 조문을 왔다. 주은래는 자신의 골회를 팔보산 혁명공동묘지에 묻지 말고 조국 강산에 뿌려달라는 말을 빼고는 아무 유언도 남기지 않았다.

1월 15일 모택동은 주은래 장례식에 '주은래 동지를 추모함' 리본을 단 소나무 화환을 보냈다. 등소평이 추모사를 읽었다. 이것이 공식석상에 나타난 그의 마지막 모습이었다. 주은래의 후임 자리는 모택동이 결정할 사항이었다. 신임 총리는 상황이 절박한 만큼 후계자 낙점의 의미를 지니고 있었다.

당시 북경의 모든 대학에서 '우경번안풍'에 대한 비난이 계속되고 있는데도 등소평은 기존 입장을 굽히지 않았다. 자신의 수명도 얼마 남지 않은 것을 잘 알고 있는 모택동은 고심했다. 등소평을 후임 총리에 앉히면 그가 이내 '신 중화제국'의 제2대 황제 자리에 오를 게 뻔했다. 그 경우 그는 과연 '신 중화제국'의 창업주인 자신을 어떻게 평가할까? 너무 쉽게 천하의 강산을 물려줄 경우 그 고마움을 모르게 되는 건 아닐까? 1월 21일 모택동은 모원신으로부터 등소평에 관한 보고를 받자 이같이 말했다.

"등소평 동지의 업무문제는 나중에 다시 논의하자. 내 뜻은 일을 줄이는 것이지 일에서 벗어나게 하는 것은 아니다. 몽둥이로 때려죽여서는 안 된다."

모택동은 등소평에게 주은래의 뒤를 잇도록 외교를 맡기는 방안을 생각했다. 이는 후계자와는 거리가 먼 것이다. 과거처럼 등소평을 전폭적으로 신뢰하지 않은 결과였다. 그가 말하는 과정에서 등소평을 심하게 비판한 대목이 이를 뒷받침한다.

"그는 계급투쟁을 하지 않았다. 아니 예전부터 이를 중시하지 않았다. 그리고 뜬금없이 무슨 '흑묘백묘'인가? 그는 마르크스–레닌이즘을 모른다. 태생이 그렇듯이 그는 자산계급을 대표할 뿐이다.”

등소평을 이처럼 부정적으로 평가한 건 처음 있는 일이었다. 사인방과 모원신 등의 모함이 어느 수준이었는지를 짐작케 해주는 대목이다. 그러나 보다 근원적인 것은 등소평의 ‘실사구시’ 철학과 모택동의 ‘정치우위’ 철학이 부딪친 데 있다. 모택동은 내심 등소평으로부터 계급투쟁을 전제로 한 ‘문화대혁명’에 대한 우호적인 평가를 기대하기는 어렵다고 판단했다. 이게 사태를 복잡하게 만드는 마지막 변수로 작용했다.

결국 그는 장고 끝에 정치색이 전혀 없는 화국봉을 총리서리에 임명했다. 그러나 이는 정답이 아니었다. 그렇다고 오답도 아니었다. 모택동과 등소평 모두 이를 잘 알고 있었다. 화국봉 역시 등소평처럼 영리하지는 않았으나 모택동의 표현을 빌리면 그다지 아둔하지도 않았던 까닭에 자신이 왜 ‘총리서리’에 임명되었는지 대략 알고 있었다.

이해 2월 3일 당 중앙은 ‘제1호 서류’를 배포해 화국봉의 총리서리 임명을 공식 발표했다. 등소평이 당연히 낙점될 것으로 기대했던 엽검영은 화를 참지 못해 이내 지병치료를 핑계로 광동의 고향마을로 내려가 버렸다. 사인방도 기분을 잡치기는 마찬가지였다. 모원신과 가까웠던 진석련이 임시로 군사위원회를 맡게 된 것은 병상에 누워 있는 황제 곁의 ‘태감’이 얼마나 막강한 위세를 부릴 수 있는지를 극명히 보여주었다.

일부 전문가는 당시 모택동의 정신상태가 분명치 않았을 것으로 추정하고 있다. 당 중앙의 서열에서 왕홍문이 여전히 부의장으로 남아 있었고, 화국봉도 단순한 정치국 위원으로 머물러 있었던 점 등을 논거로 들고 있다. 그러나 이는 잘못이다. 오히려 모택동의 계산된 조치로 보는 게 옳다. 화국봉을 정식 총리가 아닌 ‘총리서리’로 임명하고 ‘단순한 정치국 위원’으로 존치시킨 채 상무위원으로 승진시키지 않은 건 후일을 계산에 넣은 고도의 술수로 보아야 한다. 모택동 자신이 화국봉을 과도적인 인물로 간주하고 있었음을 방증하는 대목이다.

그렇다면 모택동은 누굴 후계자로 상정한 것일까? 말할 것도 없이 등소평이었다. 그렇다면 왜 그를 바로 주은래의 후임총리에 임명하지 않은 것일까? 너무 쉽게 천하의 강산을 물려주면 그가 고마움을 모를까 우려했기 때문이다. 굳이 그런 속셈이라면 '총리'가 아닌 '총리서리'에 앉혀도 가능한 게 아닐까? '총리'든 '총리서리'든 등소평은 이미 삼국시대 위나라의 사마씨와 같은 존재가 되어 있는 까닭에 그건 의미가 없다. 전에 '하방'조치를 취할 때처럼 당적만 보유하게 한 채 모든 공직을 박탈하는 등의 좀 더 가혹한 조치가 필요했다. 이게 화국봉을 선택한 모택동의 의중에 가장 가까웠다. 이는 당시의 상황을 일별하면 쉽게 알 수 있다.

이해 2월 25일 화국봉이 주재한 정치국 회의에서 등소평과 그의 '우경번안풍'에 대한 비판 결의문이 통과됐다. 이는 모원신이 등소평 문제를 놓고 모택동과 나눈 몇 차례 대화에 근거한 것이었다. 공개된 기록에 따르면 이 일이 있기 4달 전에 모원신은 모택동에게 이같이 말한 것으로 되어 있다.

"지난 몇 달 사이 등소평의 연설을 주의 깊게 들었습니다. 그는 위대한 문화대혁명의 업적을 거의 언급하지 않고 유소기의 수정 노선도 비판하지 않습니다. 그가 '3가지 지령'이라고 말한 것 중에 딱 한 가지가 중요한 데 그것은 생산증진입니다."

모택동은 문화대혁명을 자신이 이룬 가장 위대한 업적으로 생각하고 있었던 까닭에 문화대혁명에 대한 평가에 극도로 민감했다. 그는 자신의 사후 그에 대한 평가가 뒤집힐지도 모른다는 생각에 극히 우울해졌다. 그가 탄식조로 말했다.

"등소평은 나에게 절대 우경으로 돌아서지 않겠다고 말했다. 네 생각은 어떠냐? 과연 그의 말을 믿어도 좋을까?"

죽음을 코앞에 둔 '중화제국'의 창업주는 한 없이 약해져 있었다. 모원신을 조카라는 이유로 측근에 둔 것부터 그랬다. 모원신은 명제국의 '태감'처럼 위세나 부리며 사리를 챙기려는 소인배에 지나지 않았다. 그런 그에게 이런 식의 질문을 하는 것 자체가 잘못이다. 결국 그는 삶의 촛불이 다 타들어 가는 상황에서 장고에 장고를 거듭했다. 그 결과로 나온 게 바로 화국봉을 '총리서리'로 앉히는 방안이었다.

화국봉이 '총리서리'에 취임한 직후인 이해 3월 등소평을 비판하는 정치국 회의가 몇 차례 더 열렸다. 한 번은 혁명민중을 대표해 젊은 대학생들이 회의에 참석했다. 이런저런 얘기가 오가는 와중에 화를 참지 못한 등소평이 벌떡 자리를 박차고 일어났다.

"나는 귀먹은 늙은이다! 이 사람들이 뭐라고 외쳐대는지 도통 알아들을 수가 없다."

그러고는 횡 하니 밖으로 나가버리고 말았다. 결국 그는 이 일로 인해 모택동과 정치국에 자아비판의 글을 제출해야만 했다. 그러나 그는 더 이상 양보할 수는 없었다. 모택동이 혼수상태에 빠진 상황에서 그의 어린 조카 모원신이나 정부인 장옥봉에게 머리를 조아리며 자비를 구하는 것은 너무 굴욕적이었다.

4월 5일 죽은 조상을 기리고 경의를 표하는 청명절이었다. 천안문 광장에 주은래를 추모하는 헌화의 행렬이 이어졌다. 하루 전날 거의 2백만 명이 천안문에 있는 기념관을 방문한 사실에 북경시 당국은 충격을 금치 못했다. 정치국의 허락을 받은 북경 시장 오덕은 경찰에게 명해 밤새 그 화환을 치우게 했다. 다음날인 청명절에 약 1백만 명의 군중이 '우리의 화환을 돌려달라'고 외쳤다. 대치 상황이 이내 유혈사태로 이어졌다.

다음날 정치국 비상회의가 소집됐다. 화국봉이 우왕좌왕하는 와중에 사인방은 목소리를 높였다. 결국 등소평을 폭동의 선동자로 비판하기로 결의했다. 훗날 공개된 자료에 따르면 모원신이 이를 모택동에게 보고하자 모택동이 퉁명스럽게 내뱉었다고 한다.

"세상이 변한 거야. 그 친구 쫓아내 버려!"

당시 모원신과 장옥봉만이 병상의 모택동을 지키고 있었던 까닭에 모원신의 증언에만 기초한 이 기록을 액면 그대로 믿기는 어려우나 등소평을 꺼린 모원신이 온갖 얘기로 모택동을 자극했을 가능성은 매우 높다. 실제로 이해 4월 7일에 당 정치국은 모택동의 지시를 좇아 결의문 2건을 발표했다. 첫째 등소평의 당 내외 직위를 모두 박탈하고, 둘째 화국봉을 총리 겸 당 중앙 제1부주석으로 임명한다는 내용이었다.

여기서 주목할 점은 등소평이 물러났지만 사인방 등의 급진파가 그 빈자리를 채우지 못한 점이다. 이는 엄밀히 말해 사인방의 실패를 의미한다. 병중의 모택동을 부추겨 등소평을 공직에서 쫓아내는 데까지는 성공했으나 원하는 인물을 총리의 자리에 앉히지는 못한 셈이다. 이는 사인방을 비롯한 급진파가 모택동 사후 '축록전'에 뛰어들 길이 가로막혔음을 의미한다.

등소평이 당의 지도권을 잃기는 했으나 당원자격까지 잃지 않은 것은 많은 것을 시사하고 있다. 이는 기본적으로 모택동이 결정한 것이다. 이전과 달리 계속 북경에 머물며 다른 처벌도 받지 않은 점에 주의할 필요가 있다. 정황상 가족과 함께 머물며 때가 오기만 기다리면 될 터였다. 이는 삼국시대 당시 유비가 제갈량의 충성을 거듭 확인한 뒤 눈을 감았듯이 모택동도 마지막 단계에서 그의 충성심을 재삼 확인하고자 했을 가능성을 시사한다. 단지 모택동은 최종 확인을 하지 못한 채 숨을 거둔 점이 유비와 다를 뿐이다. 법률용어를 차용하면 모택동은 죽는 순간 등소평의 사위嗣位를 부작위不作爲적으로 승인했거나 최소한 미필적未必的 고의로 용인한 셈이다.

이는 인민회의 의장 주덕이 사망하는 이해 7월 6일의 전후 상황을 검토하면 더욱 뚜렷해진다. 주덕과 모택동은 정강산 시절 이래 늘 '주모'로 병칭돼 왔다. 주덕의 죽음은 모택동의 사망이 임박했음을 의미했다. 사인방이 등소평을 겨냥한 '비공'운동에 박차를 가한 이유다. 여기에 충격을 가한 것은 전대미문의 대지진이었다.

7월 28일 북경에서 120킬로미터, 천진에서 45킬로미터밖에 안 떨어진 당산에서 리히터 규모 8의 대지진이 일어났다. 공식집계로 전체 인구의 5%가 넘는 24만여 명이 목숨을 잃고 16만여 명이 부상을 입었다. 2층 이상의 건물이 모두 무너지는 등 도시 전체가 완전히 파괴됐다. 중국은 수천 년 동안 천재지변을 황제의 실정과 연관시켜 해석하는 역사문화 전통을 지니고 있다. 전한제국 초기 동중서가 천재지변을 통치와 연결시켜 해석한 소위 재이론災異論이 그 효시다.

모택동이 이를 모를 리 없었다. 실제로 중국 전역에 이를 왕조 말기의 '재이'로 해석하는 등 흉흉한 소문이 나돌았다. 얼마 후 이를 증명이라도 하듯 사천에서 다시 리히터 규모 7의 대지진이 일어났고, 규모 6-7의 여진이 여러 차례 뒤따랐다. 북경 외곽에서는 열차 사고가 빈발해 불과 몇 달 사이 80건에 달했다. 온 나라가 공포의 도가니였다.

이해 9월 9일 마침내 모택동이 숨을 거두었다. 그의 부음이 알려지자마자 곧바로 후계자 자리를 둘러싼 본격적인 권력투쟁이 시작됐다. 사인방은 기왕에 해온 것처럼 강청과 《인민일보》를 동원해 비어 있는 보위를 차지하고자 했다. 그러나 이들은 너무 서두르는 바람에 스스로 일을 망치고 말았다. 한번은 강청이 장옥봉을 찾아가 모택동이 남기고 간 편지와 서류들을 내놓으라고 다그쳤다. 장옥봉이 거절하자 문서 경비를 책임지고 있던 특무대장 왕동흥에게 이를 따졌다. 왕동흥은 더 강경했다. 화가 치민 강청은 마침내 화국봉에게까지 시비를 걸었다. 이는 치명적인 자충수였다.

유사한 일이 계속됐다. 하루는 한밤중에 화국봉에게 전화를 걸어 바로 다음날 아침 정치국 상임위원회를 소집할 것을 주문했다. 화국봉이 머뭇거리며 그 이유를 묻자 상임위 위원도 아닌 그녀는 퉁명스럽게 대답했다.

"때가 되면 알 겁니다!"

그녀는 황제였던 남편이 이미 죽고 없다는 사실을 간과하고 있었다. 요문원은 화국봉의 반대에도 불구하고 이해 10월 4일자 《인민일보》에 기존정책에 어긋나는 짓을 하는 자는 누구든지 비난을 받아야 한다는 내용의 사설을 싣게 했다. 이는 화국봉을 겨냥한 것이었다. 등소평을 비롯한 온건파들은 마침내 때가 왔다고 판단했다.

이틀 뒤인 10월 6일 사인방은 깨끗이 청소됐다. 장춘교와 왕홍문, 요문원은 정치국 회의석상에서 체포되고 강청은 자택에서 잡혔다. 주역은 화국봉, 엽검영, 왕동흥이었다. 정치국 원로인 이선념과 북경주둔 사령관 진석련도 일조했다. 일부 전기작가들은 등소평이 사인방 체포작전 등에 가담한 것으로 묘사해 놓았으나 무슨 근거를 제시한 건 아니다. 오히려 정반대로 보는 게 타당하다. 당시 그가 그처럼 노골적으로 행동하는 것은 중국공산당의 위신과 근간을 뒤흔드는 일이었다. 사인방이 가황제假皇帝인 화국봉마저 적으로 돌린 상황에서 강청을 위시한 4명의 사인방을 청소하는데 굳이 '사실상의 황태자'인 등소평까지 나설 필요가 없었다. 사인방이 몰락한 직후인 10월 10일 연금상태에 있는 등소평이 화국봉에게 서신을 보냈다.

"화국봉 동지는 모주석의 가장 적절한 후계자입니다. 동지가 이렇게 젊고 혈기왕성하니 프롤레타리아 지배는 적어도 향후 15–20년 동안 안정될 것이 확실합니다. 만세, 만세, 만만세."

'만세' 운운은 장난기마저 보인다. 누군가 대필했을 가능성을 암시한다. 중요한 건 등소평이 임표 사건 직후 모택동에게 보낸 서신에서 그랬던 것처럼 사인방 비판에 자신이 동참할 수 있도록 허락해 달라고 요청한 점이다. 그러나 미묘한 차이가 있다. 전에 명실상부한 황제인 모택동에게 부탁할 때는 자필로 쓴 간청懇請이었지만 가황제인 화국봉에게 부탁할 때는 대필로 쓴 자청自請이었다. 속히 절차를 밟아 자신을 연금상태에서 풀어달라고 주문한 것이나 다름없다. 화국봉이 내심 불쾌하게 생각했을 공산이 크다.

10월 20일 북경의 천안문 광장에서 사인방 타도를 경하하는 축하행진이 있었다. 당 중앙이 주도한 행진이었다. 1백만 군중이 참여한 이날 행진은 화국봉과 엽검영 등 수뇌부가 사열했다. 행진하는 군중들은 '모주석의 혁명 노선을 끝까지 추구하자', '등소평 비판을 끝까지 수행하자'는 등의 구호를 외쳤다. '등소평' 운운은 반어법이 발달한 중국 특유의 수사법을 감안할 때 등소평에게 속히 무대에 나서라고 촉구한 것이나 다름없다. 실제로 당시 군중들의 불만은 하늘을 찌르고 있었다. '끝까지' 운운은 속히 모택동 시대를 마무리짓고 등소평 시대를 열어야 한다는 열망을 역설적으로 표현한 것이었다.

명실상부한 제2대 황제

등소평은 1976년 내내 가택연금 상태로 북경에 머물렀다. 연금을 해제하는 절차가 간단치 않았던 탓이다. 당시 화국봉은 모택동의 유지를 지키고자 했다. 새로운 실세로 등장한 왕동흥과 오덕 등도 등소평의 복귀로 자신들의 자리가 위태롭게 되거나 과거 행적으로 인해 보복을 당하지나 않을까 우려했다. 그러나 가황제에 불과한 화국봉으로서는 이 문제를 마냥 방치할 수만도 없었다. 그가 보낸 답서가 그의 복잡한 심경을 잘 드러내주고 있다.

"등소평 동지는 4·5청명절 사건과 무관하나 여러 실수를 범했기에 비판받아 마땅합니다. 동지는 일선에서 그것도 전장의 일선에서 일해야 합니다."

'전장의 일선'이 구체적으로 무엇을 뜻하는지 아직까지 제대로 된 분석이 나오지 않고 있다. 정황상 과거처럼 '하방'을 뜻하는 게 아닌 건 확실하지만 그렇다고 화려한 복귀를 뜻하는 게 아닌 것 또한 분명했다. 뭔가 새로운 상황을 이같이 표현했을 가능성이 높다.

이듬해인 1977년 1월 8일 주은래 서거 1주년이었다. 각종 기념행사가 열렸다. 이날 천안문 광장에는 또 다시 1백만 명 이상의 군중이 모여 주은래를 추모하며 사인방을 비판했다. 군중 속에는 포스터를 들고 등소평의 즉각적인 복귀를 외치는 사람도 있었다. 마침내 당 정치국 위원 위국청과 국무원 위원 왕진 등이 그의 복귀를 공식 제기하고 나섰다. 일부 신문도 유사한 내용의 기사를 과감히 게재하기 시작했다. 왕동흥 등이 적극 맞불을 지르고 나섰다.

2월 7일 왕동흥이 직접 통제하는 《인민일보》에 당 기관지 《홍기》와

《해방일보》 및 《인민일보》 공동 명의의 사설이 실렸다. 모택동 주석의 유지를 결연히 지켜야 한다는 내용이었다. 등소평의 복권을 거부코자 하는 속셈이 훤히 들여다 보였다. 이제는 등소평도 나서지 않을 수 없었다. 이해 4월 10일 다시 편지를 작성한 뒤 이번에는 화국봉 이외에도 엽검영 부주석과 당 중앙 앞으로도 보냈다.

"저는 과거에 약간의 실수를 범한 것을 인정하고 있는 까닭에 이에 대한 모주석의 결정을 번복하려고 시도하지 않을 것입니다. 저 자신의 과업을 언제 그리고 어떤 지위에서 다시 시작할 것인가는 전적으로 당 중앙의 결정에 달려 있습니다. 부디 저의 이 서신이 당 조직 내부에 널리 회람되게 해주기 바랍니다."

엽검영이 부지런히 움직이기 시작했다. 이해 5월 17일은 엽검영의 80회 생일이었다. 서향전, 섭영진, 왕진, 양성무 등 고위 장성이 엽검영 자택에서 열린 연회에 초대됐다. 화국봉은 초대되지 않았다. 등소평과 그의 아내 등영초가 만찬이 시작되기 직전에 모습을 드러냈다. 참석자들 모두 크게 기뻐하며 그를 식장으로 안내했다. 등소평이 만면에 미소를 띠고 말했다.

"아, 여러 노병들께서 여기 모이셨구먼."

누군가 물었다.

"당신도 노병이잖소."

엽검영이 거들고 나섰다.

"아니오, 등소평 동지는 노병이 아니라 우리들의 수령이오!"

등소평이 겸손한 내용의 편지를 엽검영에게 보낸 것은 천하를 거머쥐기 위한 계산된 몸짓이었다. 엽검영의 입장에서 볼 때 어차피 등소평의 복권이 불가피한 것이라면 남보다 앞서 옹립의 공을 세울 필요가 있었다.

엽검영의 '수령' 운운 역시 계산된 발언이었다.

그럼에도 화국봉은 망설였다. 그가 볼 때 모택동 때의 전례를 좇아 오로지 부총리로 복귀시키는 방안이 가장 합당할 듯했다. '가황제'가 진짜 황제가 되고 싶어 한 것이다. 7월 16-21일 사이 제10기 3중전회가 열렸다. 여기서 등소평의 예전 직위를 완전히 회복시킨다는 결의안이 채택됐다. 등소평은 화국봉 밑으로 들어갔다. 그러나 명색이 중요한 게 아니라 실권을 누가 쥐고 있느냐가 중요했다. 등소평이 실권을 쥐고 있었다. '명'과 '실'이 부합하지 않을 때는 뜸을 들여 조정할 필요가 있다.

이듬해인 1978년 3월 등소평은 정치협상회의 전국위원회 주석에 당선됐다. 그의 복귀를 앞에서 도운 엽검영은 전국인민대표대회 주석이 됐다. 이로써 명목상 당 중앙과 국무원 총리를 겸직하고 있는 화국봉을 위시해 실권을 장악한 등소평, 상징적인 인민대표인 엽검영이 권력을 분점하는 '3두체제'가 등장했다. '명'과 '실'이 더욱 가까워진 셈이다.

이해 가을 등소평은 국무원 부총리 겸 중국 대표단 단장 자격으로 일본을 방문해 중일 평화우호조약 조인식을 주재했다. 그는 천황 부부의 환대가 상징하듯이 국가원수에 준하는 예우를 받았다. 일본인들은 조만간 등소평이 보위에 오르리라는 것을 알고 있었던 것이다. 그의 방일기간 중 그의 전기가 4종이나 쏟아져 나온 게 그 증거이다.

당시 화국봉은 소위 '범시론凡是論'을 내세워 등소평을 견제하고 있었다. 모택동이 지시한 사항은 모두 옳다는 이 이론은 왕동흥이 《인민일보》 등을 통해 국정운영의 철칙으로 내세운 것이었다. 이를 깨뜨리지 않는 한 등소평의 운신은 일정한 한계가 있을 수밖에 없었다.

이해 5월 11일 《명보》는 「진리의 유일한 판단기준은 실용」이라는 제목의 기사를 실었다. 호요방이 지원한 이 기사는 표면상 학술논문의 형식을 띠고 있었다. 그러나 그 내용은 왕동흥과 '범시론'을 겨냥한 게 분명했다. 6월 2일 등소평이 군과 정치 과업에 관한 회의에 참석해 공개적으로 이 기사를 지지하고 나섰다. 이를 계기로 학술논쟁이 문득 정치논쟁으로 비화했다. 중앙군사위 총서기 자리에 복귀한 지 얼마 안 된 나서경도 등소평을 지지하고 나섰다.

이해 가을 북경 중심가인 장안로에서 좀 떨어진 서단 거리에 대자보가 나붙었다. 사람들은 이를 '민주의 벽'이라고 불렀다. 대자보에는 온갖 내용이 다 실려 있었다. 당 관료에 대한 개인적인 불평을 비롯해 심지어 모택동을 봉건독재자로 폄하하며 정치 민주화를 요구하는 내용까지 있었다. 등소평은 이를 방관했다.

이해 12월 13일 등소평이 당 중앙 실무회의에서 「마음을 열고, 사실에서 진리를 추구하며, 미래를 위해 단결하자」는 제목으로 연설했다. 그는 당의 첫 번째 임무는 인민의 마음을 해방시키는 데 있다고 주장했다.

"그 어떤 당이나 국가, 민족도 마음이 교조적 원리나 미신에 묶여 있으면 진보할 수 없고 생명력을 잃어 결국은 죽어 없어진다."

화국봉을 겨냥한 게 분명했다. 이해 12월 18-22일 사이 제11기 3중전회가 열렸다. 여기서 화국봉의 지도력이 도마 위에 올랐다. 그 전해의 11기 대회도 반박당했다. 결국 4·5청명절 사건에 관한 1976년의 당 중앙 결의문이 파기되고 '범시론'도 크게 수정됐다. 문화대혁명 역시 비판을 면치 못했다. 경제발전이 당과 국가의 주요 목표로 제시되면서 박일파와 팽진, 양산곤 등 등소평의 옛 동료와 부하들이 모두 복귀했다. 진운은 당 부주석 겸 기율검사위원회 주석, 호요방은 당 총서기에 임명됐다. 화국봉과 왕동흥은 형식상의 직함은 유지했으나 그 권위는 크게 실추돼 있었다. 이 대회는 등소평 시대가 이제 활짝 열리게 되었음을 안팎에 널리 선포한 대회였다.

1979년 2월 초 등소평은 두 번째로 미국 방문길에 올랐다. 이번에는 미국 정부의 공식초청이었다. 이때 그는 소련을 '사회주의 제국주의'로 규정하며 격렬히 비판했다. 미국의 경제원조를 기대한 그는 일부러 시간을 내 애틀란타, 휴스턴, 시애틀 등을 방문하며 중국의 이미지 개선에 앞장섰다.

워싱턴을 떠나기 전날 그는 당시 카터 대통령에게 마지막 개별 면담을 요청했다. 그는 이 자리에서 '베트남에게 따끔한 교훈을 주어 소련의 세계전략을 약간 흔들어 놓기로 결심했다'고 밝혔다. 이어 소련의 어떤 공격에도 중국 홀로 의연히 대처할 수 있다고 호언하면서 한마디 덧붙였다.

"중국은 미국의 도덕적 지원이 필요합니다."

중국의 자존심을 지키기 위한 은유법을 동원해 미국의 적극적인 지원을 간접적으로 요청한 셈이다. 다음날 카터는 조금만 더 인내심을 갖고 지켜보는 게 어떻겠냐며 사실상의 수락의사를 밝혔다. 등소평은 귀국하자마자 곧바로 행동에 들어갔다.

이해 2월 17일 소위 '중월전쟁'이 시작됐다. 원래 등소평의 복안은 며칠 동안만 싸워 상징적 승리를 거둔 뒤 손을 떼는 것이었다. 그러나 막상 뚜껑을 열어보니 소련의 지원을 등에 업은 베트남의 전력이 만만치 않았다. 베트남의 주요 지역인 랑산을 함락시킨 뒤 휴전을 발표하고 3월 16일 서둘러 철군한 배경이 여기에 있다. 군사적으로 이 전쟁은 허술한 명령체계 등 중국군의 취약점만 노출시킨 셈이 되었으나 정치적으로는 중국의 승리였다. 이는 등소평 개인의 승리를 뜻했다. 베트남과 전쟁을 치르는 동안 '민주의 벽'을 통해 과격한 주장을 펼친 위경생 등이 체포되고 '민주의 벽'은 철저히 봉쇄됐다.

3월 30일 등소평은 당 중앙 이론회의에서 「4개 중점 원칙을 고수하라」는 제목의 연설을 통해 사회주의 노선, 프롤레타리아 독재, 공산당 지도, 마르크스–모택동 사상의 고수 등을 중점항목으로 들었다. 자신감의 표현이었다. 실제로 당시 문화대혁명 등으로 희생을 당한 대부분의 사람들이 등소평의 지시로 복권돼 정부 내 요직을 두루 차지하고 있었다. 이들 모두 은혜를 베푼 등소평을 중심으로 하나의 세력을 형성하고 있었다. '가황제' 화국봉이 물러날 시기가 박두한 셈이다.

이듬해인 1980년 2월 화국봉의 지지자인 왕동흥, 기등규, 오덕, 진석련 등이 정치국 상임위 위원직을 사임하고 대신 호요방과 조자양이 영입됐다. 이해 9월 전국인민대표대회에서 조자양이 화국봉을 대신해 국무원 총리에 임명됐다. 이해 11월 10일부터 12월 5일까지 정치국은 모두 9차례의 확대회의를 열었다. 화국봉이 공격대상이었다. 결국 그는 당 중앙위 주석 자리를 호요방, 중앙군사위 주석 자리를 등소평에게 넘겨주어야만 했다.

당시의 정국상황에 비춰볼 때 등소평의 도전이 없었을지라도 화국봉이 계속 '가황제'로 남아 있기란 거의 불가능했다. 북경 주민들 사이에는 이미 화국봉을 바보로 삼은 농담이나 조롱의 말이 나돌고 있었다. 공식 회의석상에서 연설할 때 엄지에 침을 묻혀 원고를 넘기고 열 가지 경제 프로젝트를 든답시고 손가락으로 하나씩 센다는 식의 얘기였다. 그러나 사실 화국봉의 치세 때 경제상황은 결코 나쁘지 않았다. 등소평이 그를 밀어내기 위해 공격을 위한 공격을 한 것이다.

당시 등소평은 주변의 설득과 간청에도 불구하고 당 중앙의 주석 자리를 세 번이나 고사했다. 그는 배경을 묻는 홍콩의 한 잡지 기자의 질문에 이같이 대답했다.

"이름이나 명예로 말하면 나도 어느 정도 이미 성취했소. 사람은 근시안이 되지 말고 멀리 내다봐야 하는 법이오. 나는 건강이 아직 좋으나 이미 늙었소. 호요방 역시 66세라 그다지 젊은 것은 아니나 그래도 건강하고 정력이 넘쳐 더 오래 열심히 일할 수 있소."

'실사구시'를 신봉한 그는 '명'보다 '실'을 중시했다. 화국봉을 밀어낸 뒤 문화대혁명에 대한 기존의 평가를 뒤엎고자 한 것도 이런 맥락에서 접근할 필요가 있다. 당시 모택동의 그림자를 일정부분 거둬내지 않으면 자신의 구상하는 '실사구시' 정책을 본격적으로 추진할 수 없었다. 그러기 위해서는 문화대혁명에 대한 객관적인 평가가 필요했다. 이는 법원의 몫이었다. 1981년 1월 그는 사인방 재판과 관련해 전적으로 법적인 문제라고 발표했다. 이 소식을 전해들은 강청은 법정에서 이같이 소리쳤다.

"등소평은 매국노이고 파시스트이다!"

이 소식을 들은 등소평은 이같이 쏘아붙였다.

"강청은 사악한 여자야. 아주 말로 표현할 수 없을 정도로 사악해!"

문화대혁명을 촉발시킨 북경대 강사 섭원재는 10년형을 선고받았다. 등소평은 섭원재가 대자보를 통해 자신을 공격한 일을 결코 잊지 않고 있었다. 모택동이 한국전쟁에 참전한 아들 모안청의 죽음을 팽덕회의 탓으로 돌렸듯이 그 또한 아들 등박방이 불구가 된 것을 그녀 탓으로 돌린 것이다.

주목할 점은 당시 호요방이 감독하는 특별부서에서 「국가수립 이후 당의 몇 가지 역사 문제에 관한 결의」를 작성한 점이다. 이는 등소평의 '등극'을 공식화하기 위한 사전조치로 모택동의 공과에 대한 당의 공식적인 평가와 직결돼 있었다. 사안이 매우 중요했다.

1981년 6월 27일 제11기 6중전회가 열렸다. 362명의 중앙위원들이 모인 가운데 비공개로 열린 이날 회의에서 최고실력자의 자리에 오른 등소평은 문화대혁명에 대한 7개항의 결의를 크게 칭찬했다. 결의안 채택 당시 그는 이같이 분위기를 잡았다.

"과거 몇 가지 문제의 책임은 집단으로 져야 하지만 당연히 모택동 동지는 중대한 책임을 져야 합니다."

이날 회의에서 채택한 결의안 대략 다음과 같다. 첫째, 10년에 걸친 '문화대혁명'으로 인해 당과 국가와 인민은 창건 이래 가장 큰 좌절과 손실을 입었다. 둘째, 문화대혁명은 반혁명집단에 이용돼 당과 국가와 각 민족 인민에게 크나큰 재난을 불러일으킨 내란이다. 셋째, 모택동 동지는 차츰 거만해지고 현실에서 떠나 민중에게서 유리되고 날이 갈수록 주관주의와 독선 전횡으로 흘러 당 중앙위에 군림했다. 넷째, 모택동은 문화대혁명을 촉발하고 지도했다. 이는 모택동을 국가와 인민에게 일대 재난을 안겨준 장본인이었음을 공식 확인한 것이나 다름없었다. 흐루쇼프의 '스탈린 비판'에 비유할 만했다.

그러나 다른 점도 있다. '중화제국' 창업주로서의 공업을 높이 평가한 것이 그것이다. 공교롭게도 모택동은 '소련제국'을 창업한 제1대 차르 레닌과 수성에 성공한 제2대 차르 스탈린의 업적을 동시에 보유하고 있었다. 치천하의 '과過'에도 불구하고 득천하의 '공功'을 무시할 수 없었다. 그렇다면 모택동의 '공'과 '과'를 종합한 총평은 어떻게 나온 것일까? 결론부분에 해당하는 제7항은 모택동에 대한 평가를 이같이 마무리짓고 있다.

"모택동 동지는 위대한 마르크스주의자이며 위대한 프롤레타리아 혁명가, 전략가, 이론가이다. 그는 10년에 걸친 문화대혁명에서 중대한 과

오를 저지르기는 했지만 전 생애를 통틀어 볼 때 중국혁명에 대한 공적은 과오를 훨씬 능가하고 있다. 그에게는 공적이 제1의第一義이고 과오는 제2의第二義이다."

복잡한 권력세계에서 몇 번의 좌절을 거치면서도 끝내 살아남아 대권을 거머쥔 등소평이 1981년에야 비로소 문화대혁명 및 모택동에 대해 조심스런 평가를 내린 배경이 여기에 있다. 개혁개방 노선을 실행에 옮기면서 나름대로 인민들의 전폭적인 지지를 얻게 된 그로서도 '중화제국'의 창업주인 모택동에 대한 인민들의 열렬한 성원을 의식하지 않을 수 없었다. 결국 그는 모택동에 대한 평가를 이같이 정리했다.

"10분의 3은 부정적, 10분의 7은 긍정적이다."

개인숭배를 통해 거의 신으로까지 받들어졌던 모택동이 이제 실수를 범할 수 있는 범인의 얼굴을 띠게 된 것은 중국 인민들에게 큰 다행이었다. 이듬해인 1982년 9월 12일 제12차 전국대표대회가 열렸다. 이는 등소평이 명실상부한 '중화제국'의 제2대 황제라는 사실을 만천하에 널리 알리는 자리였다. 여기서 그는 장차 2000년까지 일인당 국민소득을 2천 달러에 이르게 해 '소강小康' 시대로 접어들게 하겠다고 공언했다. 내용 및 성격 면에서 역대 황제가 즉위한 직후 반드시 행하는 대사령大赦令과 닮았다.

이 회의에서는 당 주석과 부주석 자리가 철폐된 가운데 호요방이 총서기로 재임명되고, 중앙군사위 주석인 그는 신설된 중앙고문위원회 주석 자리도 맡았다. 중앙군사위와 중앙고문위 주석의 겸직은 성격상 역대 왕조의 '상황'에 해당했다. 호요방은 '명목상의 황제'에 불과했다. '실사구시'의 전통에 입각한 '명'과 '실'의 분리였다.

모택동이 1945년의 제7전대회를 통해 '신 중화제국'의 초대 황제임을 대내외에 선포했다면 등소평은 1982년의 제12전대회를 통해 '신 중화 제국'의 제2대 황제임을 널리 선포한 셈이다. 다만 그는 모택동과 달리 '황제'의 자리에 앉지 않고 '상황'의 자리에 앉아 '상황통치'를 펼친게 다를 뿐이다.

사실 그가 '황제'의 자리에 앉기에는 나이가 너무 많았다. 그러나 '명'이 중요한 게 아니라 '실'이 중요하다. '상황' 등소평이 군사위 주석 자격으로 인민해방군에 대해 독점적인 권한을 휘두른 점에 주목할 필요가 있다. 당 총서기 호요방과 총리 조자양은 서열과 권위 면에서 그와 감히 비교조차 되지 못했다.

당시 그가 '상황'의 자격으로 시행한 일련의 정책 중 가장 주목할 만한 것은 심천과 주해, 산두, 아모이 등에 설치한 경제특구다. 홍콩 및 대만에 인접한 이들 해안도시는 특별행정 구역으로 독립되어 있었고, 합법적으로 외국인과 사업 및 교역을 할 수 있는 자유를 누렸다. 1984년 1월 말 그는 남방을 순회하는 와중에 심천에 들러 이런 내용의 기념비문을 남겼다.

"심천의 진보와 실험은 우리의 경제특구 정책이 옳았음을 증명한다!"

이는 허언이 아니었다. 21세기에 들어와 소위 G2의 일원으로 대접받고 있는 중국의 비약적인 발전은 이들 경제특구의 발전에서 비롯됐다고 해도 과언이 아니다. 이해 2월 24일 남방 순시에서 돌아온 그는 호요방과 조자양을 만나 이같이 역설했다.

"특구는 기술, 경영, 지식, 외교에서 득이 된다. 온갖 종류의 혜택을 가져 온다. 우리 개방정책의 기반이 될 것이고, 경제뿐 아니라 인재를 양성하고 외교적 영향력을 강화하는 데도 도움이 될 것이다. 기존 특구 외에 더 많은 항구도시를 같은 식으로 개방해야 한다."

이듬해인 1985년 9월 등소평은 북경 자택에서 이광요 싱가포르 총리의 예방을 받았다. 이광요는 사적인 문제도 스스럼없이 얘기할 정도로 등소평과 가까웠다. 등소평이 말했다.

"중국은 만사가 원만하게 움직이고 있소. 아주 기쁘오. 아무 걱정도 없소."

실제로 등소평의 '실사구시'에 입각한 중국의 개혁개방 정책은 성공적이었다. 그러나 소위 '사회주의 시장경제'의 구호 속에 숨겨져 왔던 여러 문제들이 1985년 이후 점차 불거져 나오기 시작했다. 등소평은 그간의 성과에 너무 흡족해한 나머지 이런 문제들을 상대적으로 소홀히 대했다. 그가 늘 자랑해 왔던 농촌개혁조차 생각만큼 부드럽지 못했고, 도시개혁은 훨씬 더 어려웠다. 농촌지역에는 여러 무질서와 부패가 생겨났고, 특구지역 또한 부정부패의 도가 날로 심해졌다.

중국은 경작지가 제한되어 있는 반면 인구가 워낙 많았다. 인민공사 해체 후 수많은 농민들이 일자리를 찾아 도시로 이주했다. 이들 잉여 노동력을 어떻게 할 것인가 하는 문제가 초미의 현안이 됐다. 이듬해인 1986년 그는 정치개혁과 경제개혁을 동시에 추구하는 소위 '두 손 정책'을 내세웠다.

"정치개혁 없이는 경제개혁도 잘 되지 않는다. 당정의 기능 분리, 정치권력 분산, 행정조직 감소 등의 조치가 취해져야 한다."

옳은 지적이기는 하나 과연 누가 어떻게 이를 떠맡느냐 하는 문제가 생각처럼 간단치 않았다. 마침 고위층 자녀들의 비리와 관련된 소위 '태자당' 사건이 터졌다. 등소평의 자녀인 등박방과 등남조차 청렴과 동떨어진 것처럼 보였다. 시간이 흐르면서 이상적인 후계자로 간주된 호요방의 이미지는 자꾸 흐려져만 갔다.

　1930년대 초 강서 소비에트에서 등소평을 처음으로 만난 호요방은 15세의 나이에 혁명에 가담해 18세에 대장정에 참여한 인물이다. 1950년대 초에는 사천에서 등소평의 총애를 입었다. 1952년 두 사람 모두 북경으로 올라갔다. 호요방은 공산청년동맹 총서기, 등소평은 공산당 총서기에 임명됐다. 그는 비록 학업 면에서 상대적으로 뒤떨어지기는 했으나 솔직하고 곧은 성격의 소유자였다.

　그가 등소평의 복권 이후 화국봉 및 엽검영 등에 맞서 등소평의 개혁노선을 옹호하는 데 앞장선 것도 이런 성격과 무관치 않다. 그가 총서기에 임명된 이유가 여기에 있다. 그러나 국가 최고지도자인 등소평은 이들 사이에서 권력균형을 유지하기 위해 애썼다. 애를 쓴 만큼 갈등을 자초하는 호요방에 대한 신뢰는 점차 줄어들 수밖에 없었다. 호요방의 실각은 자업자득의 성격이 짙었다.

자유와 방종의 한계

　1986년 말 북경대와 인민대 학생들이 '지식인들의 생활조건을 개선하라', '부패관리를 처단하라'는 구호를 외치며 천안문을 향해 나아갔다. 이들 구호는 대부분 당시 정부의 기본 입장과 일치했다. 이해가 다 저문 12월 30일 등소평이 일단의 지도자들과 학생운동에 관해 이야기를 나눴다.

　"학생봉기는 그 자체로 대단한 문제는 아니나 바로 그 성격이 문제입니다. 천안문 광장으로 밀고 들어간 자들에 대해서는 단호한 조치를 취해야 합니다. 당국이 이미 행진이나 파업 등에 관한 법령을 선포했으니 반드시 그대로 시행되어야 합니다. 이 점에 대해서는 절충의 여지가 없습니다."

이듬해인 1987년 초 소위 '당명黨命회의' 결과 총서기 호요방은 자아비판서를 제출하고 총서기직을 사임하라는 압력을 받았다. 등소평은 호요방의 거친 매너를 싫어했다. 총리 조자양은 등소평의 환심을 사기 위해 호요방의 반대편에 섰다. 호요방이 해고되자 등소평의 추천으로 즉각 그 자리에 올랐다. 조자양은 1940년대에 등소평과 개인적인 관계를 맺어왔다. 화국봉을 밀어내는 데 앞장섬으로써 총리의 자리에 올랐다. 조자양은 호요방에 비해 영리하고 신중했다.

이해 10월 25일 제13차 전국대표대회가 열렸다. 여기서 조자양은 등소평의 개회사에 이어 「중국식 사회주의 노선을 따라 진군하자」라는 제목의 정치보고서를 낭독했다. 곧 정치국 상임위원 얼굴이 전면 쇄신됐다. 조자양, 이붕, 교석, 호계립, 요의림 등이 그들이다. 조자양을 제외하면 모두 새 얼굴이었다.

당시 등소평은 대회 이전에 당 중앙위 위원으로 선출되기를 원치 않는다고 천명했기에 그의 이름은 후보자 명단에 오르지 않았다. 이는 세대교체를 자연스레 이루고자 한 등소평의 교묘한 책략이었다. 진운, 이선념, 팽진, 왕진 등 대다수 원로 지도자들도 은퇴를 선언했다. 다만 진운만 중앙고문위원회 주석 자리를 등소평으로부터 인계받았다. 등소평은 거듭된 고사에도 불구하고 중앙군사위 주석직을 계속 맡게 됐다. 그는 공식적으로 정치일선에서 은퇴했음에도 최고지도자로 남아 주요 현안에 대한 최종 결재권을 행사했다. 공공연한 비밀이었다. 대회가 끝난 직후 조자양이 공개 기자회견에서 밝힌 내용이 그 증거다.

"나는 등소평 동지를 존경합니다. 현재 우리 당 지도자들 중 그 누구도 정치 경륜이나 지혜로 그분에 견줄 만한 사람이 없습니다."

사실 당내에서 그와 동등한 지위를 주장할 수 있는 사람은 오직 진운밖에 없었다. 그는 1950년대에 등소평이 총서기였을 때 이미 부주석이었다. 등소평이 정치권력과 인간관계에 집중하고 있을 때 진운은 경제문제와 국익에 몰두했다. 그는 등소평의 권위에 도전하지 않았고 도전하려고 하지도 않았다. 다만 국가경제, 특히 재무정책에 관한 한 자신의 목소리를 일관되게 냈다.

당시 조자양은 등소평의 천거로 군사위 제1부주석에 임명되었고, 양상곤은 군사위 부주석으로 남아 통상업무를 담당했다. 이붕은 진운의 천거로 총리서리가 된 후 곧 전국인민대표대회에서 정식 총리에 임명됐다. 이붕은 1940년대 연안에서 주은래에게 입양됐다. 이붕이 처음 정치국에 들어간 것도 주은래 부인 등영초의 천거 덕분이었다. 등소평은 이붕의 모든 것을 좋아했으나 그의 '교만' 만큼은 용인하기가 어려웠다.

이듬해인 1988년 3월 25일부터 4월 13일까지 제7기 전국인민대표대회가 열렸다. 당의 전국대표대회에서 결정을 내리면 전국인민대표대회에서 이를 공식발표하고 추인하는 게 관례다. 제7기 전인대에서 양상곤이 국가주석, 만리가 전국대표대회 주석, 이선념이 중앙고문위원회 주석, 이붕이 국무원 총리에 각각 임명됐다. 군사위원회는 당 기구인 동시에 정부기구로 간주되었기에 등소평은 중앙군사위 주석에 임명됐다.

이해 9월 조자양은 북경에서 열린 제13기 2중전회를 주재하면서 '경제환경 개선 및 경제질서 회복'을 당의 주요 과제로 채택하고 부패공직자와의 전쟁을 선포했다. 당시 가장 심각한 문제는 인플레이션이었다. 소비재 가격이 몇 달 사이 20% 이상 올랐다. 인민들의 사재기 열풍은 상해와 다른 도시까지 확산됐다. 이붕과 조자양을 포함한 정치국은 추가적인 가격 자유화 조치를 중단하는 대신 경제질서 회복을 촉구했다.

당시 조자양의 상무위 내 영향력은 강력했다. 국무원 부총리 전기운은 그의 심복이었다. 야심 많은 총리 이붕은 이게 달갑지 않았다. 조자양과 이붕의 견해가 엇갈렸다. 가격개혁에 대한 이견은 이내 권력분쟁 양상으로 번졌다. 이는 이듬해에 이른바 '천안문의 비극' 을 불러오고 말았다.

천안문의 비극

1989년은 '중화제국'이 건립된 지 40회 생일을 맞이하는 해였다. 등소평은 개인적으로 85세 생일을 맞을 터였다. 전해에 국민총생산이 무려 14%나 증가했다. 시장은 잘 통제되어 있었고, 인플레이션에 대한 두려움도 사라졌다. 군부 역시 새로운 인물로 자연스레 교체됐다. 표면상 모든 것이 잘 되어 가고 있었다.

2월 초 등소평은 상해에서 춘절을 쇠면서 소련 외무장관과 전화통화를 했다. 몇 달 후에 있을 고르바초프 소련공산당 서기장과의 정상회담에 관해 논의했다. 같은 달 등소평은 부시 미 대통령을 북경 저택에서 만났다. 등소평은 부시가 북경 주재 외교관이었을 때 그를 환송한 바 있다. 이번에는 미국 대통령이 되어 돌아온 것이다. 부시의 참모들은 미국 대사관에서 열린 바비큐 파티에 민주화운동의 상징이 된 방려지를 데려오기 위해 애썼으나 실패했다. 등소평은 방려지가 정치범 석방을 호소하는 서한을 보낸 일을 두고 부시 앞에서 이같이 설명했다.

"중국은 안정을 필요로 한다. 중국의 인구가 얼마나 많은가? 그들 모두 저마다 의견을 갖고 있다. 당신이 오늘 시위하고 내가 내일 시위하면 우리는 1년 내내 시위만 하고 말 것이다. 경제개발을 어떻게 지속할 수 있겠는가?"

당시 방려지는 3달 간 호주를 방문한 뒤 홍콩을 거쳐 북경으로 와 위경생 같은 정치범들의 사면을 촉구하는 공개서한을 등소평에게 보냈다. 등소평이 아무런 반응도 보이지 않자 그는 다년 간 뉴욕에서 지내다가 최근 북경으로 돌아온 진군의 후원을 받는 지식인 33명의 공개서한에 서명했다. 이들 지식인들은 이 서한을 전국인민대표대회에 보냈다. 이해 3월 말 학자 및 과학자 42명의 또 다른 호소문이 나돌았다.

북경대 및 인민대 학생들이 흥분하기 시작했다. 이미 대학 내에는 여러 유형의 학생운동 조직이 결성돼 있었다. 이들은 '낭만시 클럽' 또는 '외국철학 살롱' 등의 명칭을 사용했다. 이는 위장술에 지나지 않았다. 이들 모두 고도의 정치적 성격을 띤 이념단체였다.

이해 4월 15일 호요방이 문득 세상을 떠났다. 정치국 회의 도중 원로들과 열띤 언쟁을 벌인 후 심장마비로 죽었다는 말이 나돌았다. 대규모 시위가 이어졌다. 학생들은 천안문으로 몰려가 호요방의 명예회복을 요구했다. 이들은 2년 전 자신들의 시위로 호요방이 실각했다는 사실에 죄책감을 느꼈을 공산이 크다.

4월 22일 인민대회당 안에서 장례식이 치러졌다. 이 와중에 10여 개 대학의 10만 명 가까운 학생들이 천안문 근처에 모여 구호를 외치고 노래를 불렀다. 시위학생 대부분이 이날 늦게 해산했지만 일부는 정부가 요구를 들어줄 때까지 광장에 남기로 결정했다. 그들의 요구사항은 호요방의 복권, 연설의 자유, 민주적 선거, 정치범 석방, 부패관리 엄단, 이붕 등 보수파 파면 등 광범위했다.

조자양이 북한의 김일성을 방문하느라 자리를 비운 까닭에 이붕이 양상곤 국가주석이 참석한 가운데 정치국 상임위를 개최했다. 학생운동을 비난하는 결정이 내려졌다. 이붕과 양상곤이 등소평을 찾아가 자문을 구하자 등소평은 학생운동을 '젊은 말썽꾼들의 폭동'으로 규정하면서 전폭적인 지지의사를 밝혔다. 4월 26일자 《인민일보》는 이들을 원색적으로 비난하는 사설을 실었다.

"단순한 학생시위가 아니라 정치적 폭동이며, 공산당 지도부와 사회주의 체제를 전복시키려는 반당·반사회적 반란이다."

이는 등소평이 이틀 전에 한 말을 그대로 인용한 것이었다. 그러나 이 사설은 사태를 더욱 악화시켰다. 다음날 38개 대학 3만 명의 학생들이 거리로 쏟아져 나와 천안문 광장을 가득 메웠다. 학생들 내에서는 조자양이 알지도 못하고 승인하지도 않은 상태에서 이붕이 《인민일보》 사설을 준비했다는 소문이 나돌았다.

이 소문은 전혀 터무니없는 게 아니었다. 4월 30일 북경에 귀임한 조자양은 이붕과 큰 말다툼을 벌었다. 당초 조자양은 평양에서 등소평의 결정에 동의한다는 전보를 보낸 바 있다. 그러나 북경에 돌아와 사설을 읽어보고 추종자들의 불평을 듣게 된 이후에는 《인민일보》 사설만은 취소해야 한다고 주장했다. 당시 등소평은 사설이 자신의 말과 정확히 일치하지 않는다는 것을 알고 적잖이 곤혹스러워했다. 그러나 이미 때가 늦었다. 이를 취소하는 것은 그의 체면을 크게 손상시킬 게 빤했다.

5월 4일자 《인민일보》는 지난번보다 현저히 온건해진 어조로 또 한 편의 사설을 실었다. 이는 등소평이 고심 끝에 내놓은 해결책으로 그에게서 더 이상의 양보를 기대하는 것은 무리였다. 여기서 학생운동이 끝났으면 아무 문제가 없었다. 조자양의 신분에도 아무 변동이 없었을 것이고,

등소평 또한 자신의 해법에 크게 만족해했을 것이다. 문제를 복잡하게 만든 이붕 역시 꾸지람을 듣는 정도로 그쳤을 것이다. 그러나 사태는 정반대로 흘러갔다.

5월 13일 이후 학생 2천 명이 천안문 광장에서 단식 투쟁을 시작했다. 이들은 5월 4일자 《인민일보》 사설을 보고 자신들이 좀 더 밀어붙이면 당 지도부가 이내 양보할 것으로 착각했다. 만일 당 지도부가 등소평의 심기를 헤아려 하나로 단합했다면 학생들도 이내 자신들의 착각을 깨닫고 무리한 요구를 거둬들였을 것이다. 그러나 조자양과 이붕의 후계자 자리를 둘러싼 경쟁의식이 이를 허용치 않았다.

당시 이붕을 지지하는 세력은 계속되는 학생운동이 조자양의 자유주의 노선을 조롱하는 것이라며 이를 즐기는 모습을 보였다. 조자양을 지지하는 세력은 학생시위가 이붕의 보수적 입장을 비난하는 것이라며 은근히 더 확산되기를 바랐다. '동몽이상'에 '오월동주'의 모습이었다.

원래 등소평은 호요방이 물러난지 얼마 안 된 까닭에 자신이 후계자로 낙점한 조자양을 굳이 교체하고 싶지 않았다. 문제는 조자양이 학생운동과 관련을 맺고 있었고, 어떤 식으로든 학생운동을 제압할 필요가 있었던 데 있다. 조자양은 일상업무를 다루는 데는 신중하고 사려 깊었으나 정치위기를 다루는 데는 능력이 크게 모자랐다. 등소평과는 정반대였다. 등소평으로서도 사안을 처음부터 다시 생각하지 않으면 안 되었다.

당시 등소평은 대소외교에서 커다란 성과를 얻고 있었다. 중소관계를 가로막는 3가지 장애문제가 모두 제거되었기 때문이다. 몽골에서의 양국군 철수, 아프가니스탄에서의 소련군 철수, 캄보디아에서의 베트남 군철수 등이 그것이다. 이제 형식적인 양국 정상회담만 남았다. 이는 그에게 커다란 외교적 승리를 안겨줄 터였다.

그러나 이게 마지막 세리머니에서 엉망이 되고 말았다. 천안문에서 열기로 되어 있던 고르바초프 환영식이 취소되었고, 고르바초프는 간신히 군중 사이를 뚫고 군의 삼엄한 경비 속에 인민대회당으로 들어가야만 했다. 인민대회당에서 열린 양국 정상회담이 성공리에 끝난 뒤 등소평이 축배를 권하며 말했다.

"이 자리를 빌려 우리 두 나라의 관계가 이제 정상화되었음을 말씀드리고자 합니다. 저는 오늘 이 회담을 8자의 중국어로 표현하고자 합니다. '과거를 딛고 미래를 열자結束過去, 開關未來'라고 말입니다."

고르바초프도 등소평을 동지로 부르며 치켜세웠다.

"중국의 동지들, 특히 등소평 동지는 위대한 우리 두 나라의 관계 정상화에 커다란 공헌을 했습니다."

이 와중에 인민대회당 밖에서는 50만 명의 학생과 시민들이 모여 포스터를 흔들고 구호를 외치며 국제공산당가와 로큰롤 음악을 틀어댔다. 외신은 정상회담보다 성난 시위대에 더 큰 관심을 기울였다. 이들의 호기심이 사태를 이상한 방향으로 끌고 갔다.

다음날인 5월 17일 문득 조자양의 정치고문으로 알려진 사회과학원 정치학과장 엄가기가 천안문에서 소위 '5·17선언문'으로 알려진 문건을 발표했다. 그 내용은 충격적이었다.

"등소평이야말로 중국 역사상 가장 심한 독재자이자 가장 어리석은 독재자다. 그의 독재를 전복시켜야 한다."

일종의 내란선동에 해당했다. 이후 조자양의 추종자들로 의심되는 자들이 작성한 유사한 내용의 대자보가 거리에 나붙었다. 이날 저녁 정치국 상임위 위원인 조자양, 이붕, 교석, 호계립, 요의림 등이 등소평의 자백에 불려갔다. 등소평이 물었다.

"이런 상황이 지속되어서는 안 된다. 어떻게 해야 할까? 어떻게 양보하고 어디까지 양보해야 하는 것일까?"

북경에 계엄령을 선포하는 방안에 대해 5명이 투표로 결정하도록 했다. 투표결과 조자양 홀로 반대하는 것으로 나타났다. 이붕과 요의림은 찬성, 호계립과 교석은 기권했다. 회의가 끝난 후 조자양은 집으로 가는 대신 천안문 광장으로 갔다. 학생들은 너무 늦게 와서 미안하다고 중얼거리는 그의 목소리를 들었다.

다음날인 5월 18일 저녁 이붕은 당·정·군 간부들이 모인 자리에서 국무원의 이름으로 북경 전역에 계엄령을 선포했다. 사흘 뒤 섭영진 및 서향전 원수가 TV 방송에 나와 학생들을 억압하지 않겠다고 발표했다. 다음날 장애평 전 국방부장과 양득지 전 총참모장을 비롯한 해방군 장성 8명이 인민해방군은 결코 인민들에게 발포해서는 안 된다는 요지의 서한을 계엄본부에 돌렸다.

이후 며칠 동안 북경과 중국은 물론 전 세계에 온갖 소문이 난무했다. 제27군이 제38군에 대항해 반기를 들었고, 등소평이 구원군을 부르기 위해 무한으로 내려갔고, 양상곤 국가주석이 당 지도부의 해외망명에 대비해 수천억 위안을 스위스 은행에 보내느라 바쁘다는 등의 소문이 그것이다. 심지어 이붕이 암살되고 등소평이 심장마비로 죽었다는 소문까지 나돌았다.

공교롭게도 등소평은 어디에도 모습을 보이지 않았다. 정치국과 군사위원회 지도자들도 약속이라도 한 듯 입을 굳게 다물었다. 그러나 등소평은 줄곧 북경에 있었고, 사태의 추이를 면밀히 관찰하며 해법에 골몰하고 있었다. 5월 20-30일 사이에 아무 조치가 나오지 않은 것은 그가 군통제력을 상실해서가 아니라 강경진압에 따른 정치적 파장을 우려했기 때문이다.

5월 25일부터 일반 부대 및 경찰병력이 북경 시내에 진입코자 몇 차례 시도했으나 실패했다. 이는 당 지도부가 군 통제력을 상실했을지 모른다는 시민들의 의심을 부추겼다. 일부 학생들은 조만간 모택동이 세운 '사회주의 중화인민공화국' 대신 '자유민주주의 중화민국'이 들어설 것으로 기대하며 과격한 구호를 외치기도 했다. 이 와중에 젊은이들은 여러 무리로 쪼개져 서로 주도권 다툼을 벌이기도 했다.

시류에 편승한 일부 지식인과 공무원들은 단식투쟁에 들어가기도 했다. 이들 중에는 소위 '천안문 4군자'로 알려진 고신, 유효파, 주타, 후건덕 등도 있었다. 홍콩인들은 단식 투쟁하는 이들을 위해 천막 3천 장을 제공했다. 뉴욕의 중국계 신문 《차이나 스프링》은 곧바로 달려와 학생들에게 자금을 지원했다. 대만 정부는 비상회의를 열고 예상되는 상황을 다각도로 검토하며 대책을 세웠다.

그러나 가장 흥분된 모습을 보인 것은 역시 외신이었다. 미국의 방송 기자들은 인터뷰와 현지 생방송 보도를 쏟아내면서 혼란을 부추겼다. 이를 그대로 방치했다가는 무슨 일이 벌어질지 예측하기 어려웠다. 5월 31일 등소평은 이붕 및 요의림에게 이같이 말했다.

"이 폭동이 끝나면 우리는 정말로 인민들을 위해 무엇인가를 해야 한다. 우선 두 가지를 처리할 필요가 있다. 첫째, 지도부를 갈아치워야 한다. 새 지도부는 인민들에게 희망을 주고 일신한 면모를 보여주어야 한다. 둘째, 우리가 부패에 진정으로 반대하고 있음을 보여주어야 한다. 저들의 신임을 다시 얻으려면 건전하고도 단호한 모종의 조치를 취해야 한다."

6월 3일 밤 천안문 광장에 소위 '민주대학'이 세워졌고 몇몇 학생들이 교수로 지명됐다. 이들을 축하하는 폭죽소리가 요란하게 터졌다. 그러나 비슷한 시각 광장에서 몇 킬로미터 떨어진 서단 거리는 온통 피로 얼룩졌다. 방책을 돌파하는 과정에서 빚어진 참사였다. 당시 방책을 지키고 있던 학생과 시민들은 탱크의 진입을 막기 위해 격렬히 저항했다. 계엄군이 이 거리를 장악하는 데 무려 3-5시간이 소요됐다. 이곳에서 가장 많은 사상자가 나왔다.

6월 4일 새벽 계엄군이 마침내 천안문 바로 아래 모두 집결했다. 이들은 탱크를 여러 줄로 세운 뒤 사람이든 무엇이든 모조리 깔아뭉개며 앞으로 나갔다. 뒤를 따르는 장갑차에서는 군인들이 사방으로 총을 쏘아댔다. 중국 정부 측은 사망자가 모두 3-5백 명이라고 했으나 믿기 어렵다. 다음날 당의 공식대변인 역할을 맡은 이붕이 TV에 나와 무력진압의 불가피성을 설명했다.

6월 9일 거의 1달 가량 모습을 보이지 않았던 등소평이 계엄군 사령관들을 위로하기 위한 중남해 연회에 나타났다. 그는 먼저 순국한 사람들을 위해 1분 동안 묵념할 것을 청했다. 이어 이 사태를 세계의 전반적 기류 탓으로 돌리면서 개혁개방 노선을 거듭 천명했다. 이해 6월 19일의 연설은 천안문 사태에 대한 그의 총평에 해당한다.

"서방 제국주의 세계는 모든 사회주의 국가로 하여금 사회주의 노선을 포기하고 국제 자본주의의 독점적 지배하에 들어가도록 만들고자 한다. 우리는 깃발을 높이 쳐들고 이런 추세를 거부해야 한다. 사회주의를 고집하지 않으면 중국은 오로지 종속국가가 될 뿐이고, 경제적으로 발전하는 일도 쉽지 않을 것이다. 오로지 사회주의만이 중국을 구할 수 있고 발전시킬 수 있다. 군이 중국과 미국, 소련의 삼각구도를 언급하지 않을지라도 사회주의 노선 이외에는 우리에게 어떤 희망도 없다."

6월 23-24일 제13기 4중전회가 열렸다. 여기서 이붕은 조자양의 실책에 관해 정치국을 대신해 연설했다. 조자양은 모든 직위를 빼앗기고 추후 조사를 받게 됐다. 조자양과 호계립이 축출된 후 이서환과 송평이 정치국 상임위 위원으로 진입했다. 등소평은 '천안문 사태'라는 새로운 상황을 맞아 심기일전의 계기를 마련해야만 했다. 이는 조자양의 후임을 뽑는 데서 출발할 수밖에 없었다.

강택민 발탁 배경

미국을 비롯한 세계의 언론은 '천안문 사태' 직후 등소평의 재가를 얻어 강경정책을 밀어붙인 이붕이 조자양의 뒤를 이을 것으로 생각했다. 이는 중국의 사정을 전혀 모르는 무지의 소치였다. 4중전회는 이붕이나 교석이 아닌 강택민을 총서기로 선출했다. 서방 언론은 잘 모르는 인물이 발탁된 배경을 놓고 집중분석에 들어갔으나 제대로 된 해석을 내놓지 못했다.

등소평의 입장에서 볼 때 교만하며 고집스럽기까지 한 이붕을 굳이 택할 이유가 없었다. 이와 관련해 일각에서는 주군을 불안하게 만든 소위 '심리적 압박설'을 내놓고 있다. 천안문 사태 당시 등소평은 이붕의 강경하면서도 고압적인 태도로 인해 적잖이 불편해했다는 것이다. 등소평이 조자양을 낙마시키면서 이붕을 기용하지 않은 것이나, 모택동이 등소평을 낙마시키면서 장춘교를 기용하지 않은 것은 같은 맥락이라는 주장이다.

그럴듯해 보이기는 하나 주관적 분석에 너무 치우친 느낌이 있다. 그보다는 이붕을 택하는 데 따른 부작용 등을 적극 고려한 결과로 보는 게 타당할 것이다. 비록 무력진압의 결단은 등소평이 내렸을지라도 사태가 악화된 배경에 이붕이 있었다. 그가 조자양의 후임이 될 경우 이는 사태의 수습이 아닌 악화를 의미했다. 더구나 보수적인 이붕을 택할 경우 등소평이 자신의 최대 업적으로 내세우고 있는 개혁개방은 커다란 손상을 입을 소지가 컸다. 어떤 경우든 이붕을 후계자로 낙점하는 것은 자멸의 길이었다. 그렇다면 등소평은 왜 군이 낯선 인물인 강택민을 택한 것일까?

실제로 등소평은 강택민을 잘 알지도 못했고 특별히 좋아하지도 않았다. 비록 그렇기는 했으나 강택민은 천안문 사태의 수습에 진력하고 있던 등소평에게 호감을 살 만한 몇 가지 미덕을 지니고 있었다.

우선 그는 상해 당 서기로 있을 때 학생운동을 매끄럽게 처리한 바 있다. 당시 강택민은 상해 교통대 학생들과 가진 공개토론에서 일방적으로 수세에 몰리면서도 학생들에게 조금도 양보하지 않았다. 그럼에도 상해에서는 별다른 시위가 일어나지 않았다. 학생들에게 아부하는 듯한 행보를 보인 조자양과 사뭇 대비되는 모습이었다.

강택민은 이 밖에도 등소평의 눈길을 끌만한 또 다른 매력을 지니고 있었다. 그는 등소평이 혼신의 노력을 기울여 추진하고 있는 개혁개방 정책을 가장 성공적으로 추진하고 있었다. 당시 심천 등의 특구를 제외하면 상해의 발전속도가 가장 빨랐다. 개혁개방의 전도사를 자처한 등소평이 이를 간과할 리 만무했다. 강택민이 그다지 똑똑한 인물이 아님에도 불구하고 중화제국의 '상황'으로 있는 등소평의 낙점을 받은 이유가 바로 여기에 있다.

천진의 당 서기로 있던 이서환이 발탁된 것도 같은 맥락에서 이해할 수 있다. 전직 목수 출신인 그 역시 자신의 재임 중 학생운동이 그다지 많이 일어나지 않는 행운을 만났다. 송평의 발탁은 진운의 천거에 따른 것으로 등소평으로서는 군이 이를 거부할 이유가 없었다.

등소평은 4중전회가 끝나고 2달이 지났을 때 당 중앙 앞으로 편지를 썼다. 자신의 마지막 직위인 군사위 주석 직에서 물러나도록 허락해 달라는 내용이었다. 사퇴를 극구 말리는 동료들에게 그는 분명한 어조로 말했다.

"난 마음을 정했네. 그걸로 끝이야. 당을 위해 한 일이 없다면 적어도 자진 사퇴의 전례만은 남겨야 하지 않겠는가!"

그러고는 강택민을 군사위 주석 후계자로 추천했다. 천하를 좌우하는 인민해방군의 통수권을 넘겨준 것이다. 그의 자진 사퇴 배경에 대해서는 여러 해석이 있다. 천안문 사태는 실망만 안겨주었고, 후계자는 세 차례나 바꿔보았고, 85세 생일까지 지내놓고 보니 일선에서 물러나고 싶다는 생각이 들었을 것이라는 해석 등이 그것이다. 그는 은퇴할 즈음 천안문 사태 때 자신을 '독재자'로 성토했던 수백만 시민들이 다시 천안문 광장에 모여 자신을 '사회주의 구세주'로 찬양하며 아쉬워하는 광경을 보게 되었다. 민심은 천심만큼이나 무상하다는 옛 말을 연상시키는 대목이다.

'상황'의 막강한 파워

등소평은 은퇴 후 가까운 가족 및 친척들과 함께 중남해 부근 사저에서 시간을 보냈다. 딸들이 그를 수발했다. 큰 아들 등박방은 그에게 가끔 정치적으로 조언을 했다. 그러나 한 번 '상황'이면 죽을 때까지 '상황'인 법이다. 정식으로 임명된 비서와 부관 7-8명이 소위 '등소평 사무실'을 구성했다. 기밀서류가 그의 검토를 받기 위해 매일 전달되었다. 박일파, 양산곤, 만리 등의 지도자들이 중간에 서서 그가 정치국 관원과 접촉하는 다리 역할을 했다.

외양은 말년의 모택동과 다르지 않았다. 그러나 그 결과는 판이했다. 1990년대에 들어와 사람들은 정치에 대해 거의 말하지 않았다. 눈부신 속도로 성장하는 경제만을 얘기했다. 억지로 시킨 것도 아니다. 관심이 자연스럽게 그쪽으로 쏠린 결과다. 이런 흐름은 시간이 갈수록 더 가속화했다.

이제 '모택동 사상'은 하나의 장식물에 지나지 않았다. 껍데기 하드웨어만 사회주의 체제일 뿐 콘텐츠를 이루는 소프트웨어는 완전히 바뀌었다. 소위 '사회주의 시장경제'가 그것이다. 이는 사회주의와 자본주의는 양립할 수 없다는 막스 베버의 추종자인 서방 학자들을 경악케 만들기에 충분했다. 실제로 중국은 정치이념을 제외한 여타 부문에서는 자본주의 사회보다 더 자본주의적인 모습을 보였다. 21세기에 들어와 중국이 문득 미국과 어깨를 나란히 하는 G2의 일원이 된 배경이 여기에 있다.

그러나 그가 정계에서 은퇴할 시점만 하더라도 아직 '경제'보다 '정치'를 중시하는 보수주의자들이 엄존하고 있었다. 이붕의 존재가 그 증거다. 이들 보수주의자들을 고무시키는 일이 1991년 8월 러시아에서 빚어졌다. 일부 보수파 군부가 쿠데타를 일으켜 고르바초프를 며칠 간 감금하는 사태가 빚어지자 이들은 환호했다. 그러나 등소평은 이런 분위기를 묵살했다. 얼마 후 소련 군부의 쿠데타가 실패로 돌아가자 등소평의 동료들은 그의 침착한 대응에 경의를 표했다.

소련이 해체되자 중국은 소련제 무기와 탄약의 최대 구매자로 떠올랐다. 이로 인해 중국의 해군과 공군은 동북아와 동남아를 호령할 수 있는 수준의 군사력을 갖추게 됐다. 그러나 이로 인해 국제외교 및 경제에 대한 미국의 압박은 더욱 거세졌다. 미국은 걸핏하면 천안문 사태를 시빗거리로 삼았다. 등소평은 당의 간부들을 향해 공개적으로 분발을 촉구하고 나섰다.

"우리가 스스로 문제를 해결할 때 그들도 조만간 우리에게 돌아올 것이다."

그는 세계 정치에서 압도적인 영향력을 지닌 미국에 지나치게 의존하는 것도, 지나치게 항거하는 것도 피했다. 그의 이런 자세는 미국을 초조하게 만들었다. 언젠가 그는 중국의 시장과 노동력을 커다랗고 기름진 고깃덩이에 비유한 적이 있다. 서방 자본주의자들이 중국의 이런 매력을 거부하기 힘들 것으로 내다본 것이다. 그의 이런 분석은 정확했다. 미국이 주도한 외교적 제재조치는 점차 사라졌고, 이내 수많은 나라의 정상들이 잇달아 그를 예방했다. 과거 해외 조공사절이 중국을 찾아와 황제를 알현하는 모습을 방불했다.

1992년 그는 중국의 일반 외교 노선을 '24자방침'으로 요약했다. 이 중 가장 널리 회자된 것이 바로 '도광양회韜光養晦'다. 미국과 대등한 실력을 갖출 때까지 몸을 낮추고 힘을 기른다는 뜻이다. 이는 G2로 등장한 21세기 현재까지도 '신 중화제국'의 가장 기본적인 천하경영 전략으로 통용되고 있다. 실제로 중국 수뇌부는 개혁개방으로 상징되는 소위 '등소평이론'을 '모택동 사상'과 같은 반열에 놓고 있다. 이를 '도광양회'의 취지에 맞춰 해석하면 이같이 요약할 수 있다.

"단호하게 미국에 대처하고 재주껏 미국을 이용하라."

1994년은 등소평이 90회 생일을 맞는 해였다. 이해 2월 9일 등소평은 11개월 만에 처음으로 CCTV의 춘절 방송에 출연했다. 두 딸 등용과 등남에게 양팔을 의지한 그는 춘절 전날 밤 상해시장 및 관원들과 만나 환담을 나눴다. 한 해 전에 같은 프로그램에 출현했을 때보다 훨씬 초췌해 보였다. 청력도 많이 약해졌다. 딸이 끊임없이 그의 귀 쪽에 대고 다른 사람의 말을 조심스럽게 되풀이하는 모습이 보였다. 아나운서가 짤막하고 분명한 등소평의 말을 전했다.

"상해 경제는 한층 더 빨리 성장할 수 있는 좋은 조건을 갖추고 있다고 생각합니다."

사실 미국의 제재만 없다면 중국은 더 빨리 발전할 수 있었다. 위경생을 사면조치하는 등 나름대로 애썼음에도 중국은 2000년 올림픽을 유치하는 데 실패했다. 등소평은 마지막 단계에서 영국이 홍콩 문제를 두고 중국에 앙갚음을 한 것으로 생각했다.

이때 문득 북한 핵문제가 불거졌다. 미국은 유엔을 통해 경제제재 조치를 취하고 싶어 했다. 먼저 북한의 후견국인 중국의 거부권이라도 막아야 했다. 미국은 최혜국 대우의 변경조치를 미끼로 중국을 유인했다. 등소평보다 8살 아래인 김일성은 이해 8월에 사망할 때까지 북조선의 왕으로 군림한 최장수 공산주의 독재자였다. 중국어에 능통한 그는 등소평을 '대형'으로 부르며 아들 김정일에게는 '아저씨'로 부르게 했다. 김일성은 이미 중국을 여러 차례 방문했다. 비밀스런 방문은 훨씬 많았다. 김일성은 북경을 방문할 때마다 늘 예를 갖춰 등소평을 만났다.

등소평은 소련이 무너진 후 중국이 미국의 최대 경쟁자가 되어 소련의 빈자리를 메우게 됐다며 조금은 자랑스럽게 말한 적이 있다. 그는 한반도의 '비핵화'보다 한반도의 '비미국화'에 훨씬 관심이 많았다. 최혜국 대우 문제를 놓고 미국과 협상을 벌일 때 북한을 흥정의 도구로 사용한 배경이다. 북한에 대한 클린턴의 금수조치는 등소평의 협조 없이 성공할 수 없었다. 중국의 최혜국 대우 문제와 북한의 핵문제 모두 결국 그의 예상대로 풀렸다. 북한을 설득하고 국내에서 몇 명의 정치범을 풀어준 결과였다.

이해 8월 22일은 그의 생일이었다. 《인민일보》에 짤막한 기사만 실린 채 그냥 지나갔다. 10월 1일은 공화국 창립 45주년 기념일이었다. 대규모 행진이 준비되었으나 마지막에 취소됐다. 등소평의 건강이 급속히 악화된 결과였다.

당시 그는 공개적으로 얼굴을 드러내지 않았다. 안팎의 매체는 1백 번 이상 그가 위중하다고 보도했다. 그러나 그는 북경에 있는 사합원 내에서 비교적 편안한 생활을 하고 있었다. 이듬해인 1995년 1월 등소평이 딸이 부친의 건강에 대해 모종의 발표를 했다. 그녀는《뉴욕 타임즈》기자에게 이같이 말했다.

"부친의 건강은 날로 악화되고 있습니다. 그분은 이미 90세이고 언젠가 세상을 떠나실 날이 오리라는 것을 모두 아실 것입니다."

그러나 그는 아직 살아 있었다. 이해 8월에서 10월 사이 중국이 대만에 대해 전례 없는 행동에 돌입했을 때 그가 최종 결정을 내린 게 그 증거다. 당시 인민해방군은 대만해협에서 미사일 공격을 포함한 두 차례의 거대 군사훈련을 시행했다. 대만 주식시장에서는 즉시 주가가 10% 이상 곤두박질쳤다. 중국 내에서 일부 장성은 대만에 대한 군사공격을 강력 주장했다. 결국 절충안이 마련됐다. 이는 은퇴한 등소평이 아니라 현직 강택민이 결정적 역할을 한 것처럼 보였다. 등소평 역시 자신의 영향력이 대수롭지 않다는 듯이 말했다.

"중국 밖에서는 내가 죽었다느니 죽을 만큼 아프다느니 마구 떠들고 있다. 그런 소문이 너무 많아 아무도 신경 쓰지 않는다. 사실 내 역할은 보잘것없다. 중요한 것은 우리가 올바른 길을 가고 있고, 국사가 제대로 진척되고 있다는 점이다. 모주석이 사망했다고 해서 하늘이 무너지지 않고, 내가 죽어도 마찬가지다."

이는 대만에 대한 군사행동과 같은 특별한 사건의 경우 '상황'인 등소평이 최종 결정을 내렸음을 시사했다. 스스로를 모택동에 비유한 게 그 증거다. 이는 그가 자신의 수명도 얼마 남지 않았다는 사실을 의식한 사실과 무관치 않았다.

1997년 2월 301병원은 당 중앙에 그의 병이 위중하다고 보고했다. 간이나 심장, 비장 등은 괜찮았다. 이상이 있는 곳은 신경계통이었다. 불치병으로 불리는 소위 '파킨슨병'이었다. 어느 날 아침 그는 일어나면서 호흡이 불편하다고 느꼈다. 세수를 하고 작은 탁자에 앉아 아침심사를 하며 우유와 계란을 먹었다. 이날 대부분의 시간을 사무실에서 보냈다. 그는 지도를 보는 것을 좋아했다. 글과 사전을 뒤적이고 어떤 때는 『사기』나 『자치통감』을 보기도 했다. 가장 좋아하는 것은 『요재지이』였다.

당시 그가 자주 하는 운동은 산보였다. 아침 10시가 되면 간호사가 와 산보를 권했다. 그러나 이날은 기침이 끊이지 않아 음식을 삼킬 수도 없었다. 301병원은 집에서 10킬로미터도 되지 않았다. 그는 혼미한 와중에 잠이 들었고 어떤 때는 의식이 또렷했다. 그러나 말은 하지 않았다. 부인 탁림이 하고 싶은 말이 없느냐고 물었다. 그러나 짧게 말했다.

"말해야 할 것은 다 말했다!"

2월 7일은 음력 춘절이었다. 그는 병원에 있었다. 이후 12일을 더 버텼다. 결국 2월 19일 그는 산소 호흡기를 통해 강제로 숨을 쉬는 지경에 이르렀다. 이날 21시 08분 심장의 고동이 멈췄다. 이해 7월 1일로 예정된 홍콩의 반환을 보고 싶다고 했지만 그 성대한 의식을 5개월여 남겨둔 시점에 숨을 거두고 만 것이다. 향년 93세였다.

그의 유언에 따라 사망 직후 각막과 장기 일부는 곧바로 해부학 연구용으로 기증됐다. 6일장을 거쳐 2월 24일 '팔보산 혁명공묘'에서 화장됐다. 이튿날 그를 추도하는 대회가 그의 유족과 당·정·군 최고위 지도자 등 1만여 명이 참석한 가운데 북경시 인민대회당에서 거행됐다. 이붕 총리가 사회를 맡은 이 추모대회에서 강택민 국가주석은 추도사를 통해 그를 이같이 기렸다.

"등소평 동지는 위대한 마르크스주의자, 무산계급 정치가, 군사전략가, 외교가, 중국 개혁개방 및 현대화 운동의 총설계자이자 중국식 사회주의 이론의 창시자입니다."

추모대회가 끝나고 닷새가 지난 3월 2일 대만과 평화통일을 이루고 홍콩의 반환을 반드시 보고 싶다던 그의 뜻을 받들어 그의 골회는 비행기에 실려 중국 동쪽의 동중국해와 남중국해에 오색 꽃잎과 함께 뿌려졌다. 중국 언론들은 그의 골회가 뿌려진 뒤 이같이 애도했다.

"등소평 동지는 우리 곁을 떠났으나 영원히 대해와 함께 있을 것이며, 조국과도 함께 있을 것이고, 인민과도 함께 있을 것입니다!"

그의 장례 때 나타난 중국 인민들의 추모 열기는 모택동 때보다 훨씬 컸다. 이는 그가 주은래의 뒤를 이어 골회를 바다에 뿌리는 등 죽는 순간까지 인민과 나라를 위해 헌신한 것을 높이 평가한 결과로 볼 수 있다. 그는 모택동의 뒤를 이어 '신 중화제국'의 제2대 황제에 올랐으나 정신적으로는 주은래를 여전히 숭상하고 있었다. 모택동을 언급할 때 주은래를 언급하지 않을 수 없고, 주은래를 언급할 때 등소평을 언급치 않을 수 없는 이유가 여기에 있다.

능묘와 골회

지난 2009년 말 조조의 시신이 묻혀 있는 고릉高陵이 발견됐다. 그는 눈을 감으면서 자신의 유해가 1,800년 뒤인 21세기 초에 만인 앞에 공개되리라고는 상상치도 못했을 것이다. 중국의 역대 황제 모두 지하에서 편히 잠들고자 했다. 새 왕조가 들어설지라도 이전 왕조의 황릉을 고이 보전한 이유다.

이런 전통이 서구의 풍조가 유입되면서 변질됐다. 손문이 효시다. 그는 자신의 유체를 방부처리한 뒤 대형 유리관 속에 안치해 세인의 관람대상으로 만드는 걸 허락했다. 이는 소련의 스탈린이 레닌의 유해에 대해 행한 조치를 본뜬 것이다. 이것이 중국의 역사문화 전통과 동떨어진 것임은 말할 것도 없다.

스탈린은 레닌이 1924년 1월 21일 53세의 나이로 사망하자 민심결집을 위해 유족들의 반대에도 불구하고 유해의 영구보존 조치를 취했다. 이해 8월 레닌을 안장한 목조 묘가 일반에 공개됐고 1929년 석조 묘로 재건축됐다. 소련이 해체된 후 러시아 정부는 계속 레닌 묘 폐쇄를 추진해왔지만 공산당원을 비롯한 레닌 숭배자들의 반대에 밀려 번번이 무산됐다. 그러나 한때 사회주의자들의 성지였던 레닌 묘는 현재 내외국인의 관광명소로 전락하고 말았다. 레닌의 유해를 매장해야 한다는 여론도 거세지고 있다. 지난 2009년 러시아 여론조사센터가 실시한 조사에 따르면 응답자의 66%가 레닌의 매장에 찬성하는 것으로 나타났다.

모택동의 유해도 언젠가는 유사한 상황에 직면할 공산이 크다. 그런 점에서 '사당'의 설립을 거부하고 골회를 바다에 뿌림으로써 인민의 가슴 속에 영원히 살아남는 길을 택한 등소평의 행보는 높이 평가받을 만하다. 이는 구체적으로 그의 유지를 잇는 후계구도 완성을 통해 실현되고 있다. 등소평 사후 그의 뒤를 이어 보위에 오른 강택민과 호금도 역시 모택동이 아닌 등소평의 후사後嗣에 해당한다. 앞으로도 이런 흐름은 변치 않을 것이다. 모택동의 후사는 사실상 끊긴 것이나 다름없다. 21세기의 '신 중화제국'을 조씨의 위나라가 아닌 사마씨의 진나라로 간주하는 이유다.

'모택동 사상'과 대비되는 '등소평 이론' 중 가장 빛나는 것은 지난 1985년에 발표한 소위 '선부론先富論'이다. 일부 지역 및 일부 사람이 먼저 부유해지고 이를 바탕으로 다른 지역 및 다른 사람도 도와주어 공동으로 부유하게 된다는 이론이다. 이는 해안에서 내륙으로 성장거점을 확산시키고 있는 21세기 중국 수뇌부의 경제발전 전략이기도 하다.

그러나 1990년대 당시만 하더라도 적잖은 지식인들이 그의 '선부론'에 강한 의문을 제기했다. 개혁으로 인해 고통받는 사람이 개혁으로 인해 이익을 보는 사람보다 많을 것이고, 소수의 이익집단에 기울어진 개혁은 중국을 더욱 깊은 사회적 위기로 몰아넣을 뿐이라는 게 논거였다. 소위 '양극화 문제'가 핵심논거였던 셈이다. 이들의 지적은 결국 자본주의 사회가 지니고 있는 기본적인 문제점을 제기한 것으로 볼 수 있다.

서구 학자들 내에는 이런 이유 등을 근거로 '신 중화제국'의 앞날을 비관적으로 보는 견해가 적지 않다. 그러나 이는 '선부론'의 기본 취지를 제대로 이해하지 못한 데서 비롯된 것이다. 등소평도 생전에 '선부론'이 가져올 불리한 결과를 충분히 예견하고 있었다. 그는 1990년에 일찍이 이같이 말한 바 있다.

"이른바 '공부共富'는 우리가 개혁을 시작할 때 얘기한 것이다. 장래 언젠가는 핵심문제가 될 것이다. 사회주의는 소수가 부유해지고 다수가 가난해지는 것이 아니다. 만일 양극화 문제를 해결치 못하면 민족 간, 지역 간, 계급 간 갈등이 나타날 것이고, 중앙과 지방의 갈등도 커질 것이고, 난국으로 갈 수 있다."

그는 자본주의 시장경제에 입각한 '선부론'이 필연적으로 양극화 문제를 야기할 것이라는 사실을 통찰하고 있었다. 원인을 알면 해법을 찾는 건 그리 어려운 일이 아니다. 중국의 '사회주의 시장경제'가 서구 학자들의 예견과는 정반대로 새로운 시장경제 모델로 등장할 가능성을 높게 점칠 수 있는 이유다. 실제로 중국 수뇌부는 지난 2007년부터 전 인민이 고루 부유해지는 공부론共富論을 입에 달고 산다. '선부론'이 '공부론'을 실현하기 위한 전제로 출현했음을 뒷받침하는 대목이다. 이는 동양 전래의 전통과 불가분의 관계를 맺고 있다. 『논어』 「자로」편에 이를 뒷받침하는 일화가 나온다.

천하유세에 나선 공자가 맨 먼저 위衛나라로 향했다. 이때 제자 염유가 수레를 몰았다. 공자가 말했다.

"백성들이 많기도 하구나."

염유가 물었다.

"이미 백성들이 많으면 또 무엇을 더해야 합니까."

"부유하게 해주어야 한다."

"이미 부유해졌으면 또 무엇을 더해야 합니까."

"가르쳐야 한다."

공자사상의 큰 특징 중 하나인 소위 '선부후교先富後敎'에 관한 일화다. 당시 공자는 백성들을 부유하게 만들지 않는 한 나라를 제대로 다스릴 수 없다는 사실을 통찰하고 있었던 것이다. '후교'는 문화대국을 의미한다. '선부'를 통해 부국강병을 꾀한 뒤 '후교'를 통해 문화대국으로 발전해야 한다는 취지다.

등소평은 '선부론'을 제시할 때 비록 '후교론'를 구체적으로 언급치 않았으나 사실 공자처럼 '후교'까지 언급한 것으로 보아야 한다. 시급한 과제가 '선부'인 만큼 이를 강조하기 위해 '선부론'만 언급한 것으로 보는 게 옳다. '사회주의 시장경제'를 추구하는 중국이 향후 맞닥뜨릴 가장 중요한 국가현안으로 '양극화 문제'를 든 사실이 이를 뒷받침한다.

이는 전적으로 그의 후계자들의 과제이다. 이들이 과연 이 과제를 얼마나 잘 풀어갈 수 있는지에 따라 '신 중화제국'의 앞날이 결정될 것이라는 건 불문가지다. 현재 그 전망은 밝다. '세계의 생산공장'에서 '세계의 소비시장'으로 무섭게 바뀌고 있는 현실이 이를 대변한다. 세계 최대 규모의 시장으로 부상한 중국 시장에서 살아남지 못하는 기업은 결국 경제전쟁에서 패퇴할 수밖에 없다. '정치'를 앞세운 '모택동 사상'이 과거의 성리학처럼 점차 한 시대의 유물로 사라져 가고 '경제'를 앞세운 '등소평 이론'이 더욱 빛을 발하는 이유가 여기에 있다. 이런 흐름은 시간이 갈수록 더욱 가속화할 것이다.

정치 및 군사 면에서 21세기 동북아시대를 '신중화질서'의 새로운 국제질서로 재편코자 하는 중국 수뇌부의 움직임도 크게 보면 '등소평 이론'에서 비롯된 것이다. 서구 학자들은 '등소평 이론'이 지니고 있는 경제적 자유주의와 정치적 보수주의 사이의 괴리를 지적하며 이를 그의 한계로 간주하고 있으나 이는 중국의 역사문화 전통을 제대로 이해치 못한 결과다.

'왕조순환설'의 관점에서 볼 때 중국처럼 거대한 땅과 많은 인구를 지닌 '지대물박'의 나라에서는 정치와 경제를 나누는 것 자체가 실패를 예고한 것이나 다름없다. 정치안정이 전제되지 않는 경제성장은 불가능하다. 이론적으로도 그렇다. 경제가 더욱 발전하고 제대로 된 야당이 등장하기 전에 공산당 정권이 갑자기 무너졌을 경우를 생각하면 이를 쉽게 이해할 수 있을 것이다.

19세기 중엽의 아편전쟁 이래 1백여 년 넘게 지속된 '열강에 의한 과분' 과 '군벌시대의 개막' 일 수밖에 없다. 모택동이 자신의 사후 중국이 어떻게 될 것인지를 묻자 등소평이 군벌시대로 후퇴할 것이라고 대답했다는 일화는 중국의 역대 왕조사를 개관할 때 탁견이 아닐 수 없다.

그런 점에서 그를 '독재자'로 비난하는 것 역시 당시 중국이 처한 안팎의 정황 등을 제대로 고려치 못한 결과다. 천안문 사태의 비극적 측면에 지나치게 주목한 나머지 그가 이룬 공업을 폄하하는 것은 더 큰 잘못이다. '독재' 자체가 문제가 아니라 '독재'의 결과에 주목할 필요가 있다. 당시 그가 '독재'의 결단을 내리지 않았다면 오늘의 중국은 기약하기 어려웠다. 등소평을 '신 중화제국'의 실질적인 창업주로 간주할 수 있는 이유다.

실제로 '신 중화제국'은 내용면에서 등소평의 치세 때 완전히 면모일신했다. 왕조교체설의 관점에서 볼 때 이는 삼국시대 사마씨의 진晉나라 건립과 닮아 있다. 그가 천안문에 모택동의 사진을 계속 걸어두게 한 것은 사마염이 조환을 죽이지 않고 선양을 받는 형식을 취함으로써 위나라의 정통성을 이어받았다는 사실을 천하에 널리 공포한 것에 비유할 수 있다. 모택동 사진은 사마씨가 선양을 통해 조씨의 위나라를 승계했듯이 이제 '중화제국'의 주인이 모씨에서 등씨로 넘어갔음을 상징하는 기념물일 뿐이다.

등소평 이후의 '중화제국'을 조조의 위나라가 아닌 사마씨의 진나라로 간주하는 이유다. 현재 중국이 헌법에 '모택동 사상'과 '등소평 이론'을 공히 기록해 놓고 있는 게 이를 뒷받침한다. 모택동의 유체를 안치한 인민대회당은 '신 중화제국' 창업주인 '태조' 모택동의 위패를 모신 사당에 해당한다. 그러나 '태조' 못지않게 대공을 세운 '태종' 등소평은 그의 사후 골회骨灰를 바다에 뿌렸기 때문에 사당이 없다. 그는 죽은 뒤 세인들의 관람대상이 되기보다는 자신의 통치이념을 충실히 수행할 후계구도를 완성시켜 인민들의 마음속에 영원히 남는 쪽을 택한 것이다. 과연 누가 '신 중화제국'의 실질적인 창업자에 해당할까? 모택동일까, 등소평일까? 정답은 말할 것도 없이 등소평이다.

정치와 경제

고금동서를 막론하고 자국의 역사문화 맥락과 유리된 국가 발전전략을 선택해 성공을 거둔 적은 없다. 비스마르크의 프로이센과 피터 대제의 러시아, 메이지유신의 일본 모두 자국의 역사문화 토대 위에서 선진 과학기술을 받아들였기에 성공할 수 있었다. 중국의 근현대사에서 이런 이치를 통찰한 인물은 바로 '자강'을 핵심으로 삼은 증국번과 이홍장 등의 양무파와 양계초 등의 변법파였다. '부강'을 내세운 엄복의 경우는 양무파와 변법파의 중간에 위치한다. 등소평은 결과적으로 이들의 '자강' 내지 '부강' 전략을 충실히 좋은 셈이다.

모택동도 '대약진운동'을 전개할 당시에는 중소분쟁으로 인한 여러 어려운 여건하에서 나름 최상의 '부강' 전략을 구사한다고 자부했다. 인민들 앞에서 향후 10년 내에 영국과 미국을 모두 따라잡겠다고 호언한 게 그 증거이다. 비록 슬로건에 불과하기는 했으나 '부강'을 핵심과제로 내건 것은 잘한 일이다. 그러나 문제는 선후완급先後緩急의 선택에서 너무 성급한 결론을 내린 데 있었다. 구체적인 실천 프로그램도 없이 현실과 동떨어진 정책을 무리하게 밀어붙인 게 그것이다. 그는 참담한 결과에도 불구하고 반성할 줄 몰랐다.

당시 모택동은 역사문화 맥락과 동떨어진 자신의 천하경영 전략이 크게 잘못된 것임을 솔직히 시인하고 보다 현실적인 대안을 찾아야만 했다. 그러나 그는 자신의 권력을 잠식해 들어온 유소기를 질시한 나머지 이들을 타도하기 위해 엉뚱하게도 자국의 역사문화를 철저히 부정하는 쪽으로 나아갔다. '문화대혁명'이 '자강' 내지 '부강'과 하등 상관없는 파괴적인 이념운동으로 전개된 배경이 여기에 있다. 제왕의 자만과 독선이 빚어낸 참화가 아닐 수 없다.

역사적으로 볼 때 제왕의 자만과 독선이 빚어낸 참화는 매우 많다. 역사에 해박했던 모택동이 이를 모를 리 없었다. 확실히 그의 자만심은 지나쳤다. 대장정이 한창이던 1936년 그는 탄천하呑天下의 기백이 넘치는 「심원춘沁園春 · 설雪」이라는 일종의 자유시인 사詞를 쓴 바 있다. 인민대회당의 영빈관 홀에는 이를 소재로 한 '강산이 이렇듯 아름다워라'라는 뜻의 「강산여차다교江山如此多嬌」 제목이 붙은 그림이 걸려 있다. 그가 지은 시에 이런 구절이 나온다.

　진시황과 한무제는 글이 짧고
　당태종과 송태조는 풍류 모르고
　천하영웅 징기스칸도 솔개나 쏠 뿐이다.
　秦皇漢武, 略輸文采
　唐宗宋祖, 稍遜風騷
　一代天驕成吉思汗, 只識彎弓射大雕

모택동은 천하통일의 자만심에 젖은 수양제가 무리하게 고구려 정벌에 나섰다가 패망하고, 당태종도 위징의 간언을 무시하고 고구려 정벌에 나섰다가 참패한 후 죽는 순간에야 후회한 사실을 잘 알고 있었다. 그럼에도 그는 고구려 정벌 정지의 유언을 남긴 당태종조차 우습게 여긴 것이다. 그의 이런 자만심은 이내 천하경영의 실패로 나타났다.

자만심이 지나친 나머지 '득천하'와 '치천하'가 다르다는 사실을 간과했다고 볼 수밖에 없다. 원래 '득천하'는 말 위에서 칼을 휘두르며 천하를 호령하나 '치천하'는 말에서 내려와 붓으로 천하를 호령해야 한다. 그럼에도 그는 '중화제국'을 창업한 이후에도 죽을 때까지 근 30년 가까이 칼을 휘두르며 천하를 호령했다. 그 통에 창건공신인 팽덕회와 유소기, 임표 등이 반동으로 몰려 차례로 목숨을 잃었다. 주원장이 수차례의 '문자지옥'을 통해 서달과 유기를 제외한 호유용과 이선장, 송렴 등 대다수의 창건공신들을 '토사구팽'한 것과 하등 다를 바가 없다. 고금동서를 막론하고 '치천하'에 임하는 제왕의 자만심은 반드시 화를 부르게 되어 있다. 모택동은 주원장의 전철을 밟은 셈이다.

그의 뒤를 이은 등소평이 '치천하'에 성공한 비결은 모택동과 정반대의 길을 걸은 데 있다. 자국의 역사문화 맥락을 충실히 좇은 게 요체이다. 등소평은 모택동과 달리 '모택동 사상'에 준하는 어떤 철학과 비전을 제시한 적이 없다. 이는 당시 그 누구일지라도 모택동의 천하경영 방략과 정반대로 나아갈 수만 있다면 등소평과 동일한 성과를 거둘 수 있었다는 것을 시사한다. 모택동이 사망할 당시 문화대혁명에서 살아남은 등소평만이 이를 실행할 수 있는 유일한 인물로 부상해 있었다. 등소평으로서는 비록 수차례 곤욕을 치르기는 했으나 행운이 아닐 수 없다.

물론 등소평이 모택동 사후 사인방을 제압하고 '중화제국'을 거머쥔 데에는 그 나름의 탁월한 책략이 적중했다. 그러나 모택동이 죽기 직전에 그를 내치면서도 후일을 대비해 당적을 박탈하지 않은 것은 모택동의 배려로 볼 수밖에 없다. 모택동은 비록 '치천하'에 실패했음에도 마지막 순간 나름 후계자 선택에 성공한 셈이다. 현재까지 천안문에 그의 대형 사진이 걸려 있게 된 것도 그 덕분이라고 할 수 있다. 만일 그가 마지막 순간에 등소평을 철저히 배제한 가운데 사인방을 선택함으로써 '여황제'를 꿈꾼 강청에게 권력장악의 계기를 마련해 주었다면 '신 중화제국'은 이내 굉음을 내고 무너져내린 뒤 20세기 초의 군벌시대로 뒷걸음쳤을 것이다. 등소평이 모택동의 공과를 '공 7, 과 3'으로 정리한 배경이 여기에 있다. 그 또한 모택동의 마지막 배려를 잊지 않았던 것이다.

'신 중화제국'이 21세기에 들어와 'G2'의 일원이 된 것은 전적으로 등소평의 공이다. '모택동 사상'을 온존시킨 가운데 문호를 개방하는 절묘한 선택을 한 덕분이다. 중국이 소련 및 동구와 달리 체제의 연속성을 지키면서 초강대국의 반열에 오르게 된 배경이 여기에 있다. 그가 정의한 '사회주의 시장경제'는 중도 내지 중용을 역설한 공자사상의 진수를 보여준다. 공자는 생전에 신분세습의 봉건체제를 혐오해 학덕을 연마한 군자들이 다스리는 새로운 세상이 속히 도래할 것을 고대했음에도 결코 혁명적인 방법을 택하지 않았다. 『중용』이 역설하고 있는 '중화中和'는 바로 공자의 이런 행보를 이론적으로 뒷받침한 것으로 볼 수 있다.

등소평이 개혁개방의 기치로 내건 소위 흑묘백묘黑猫白猫와 남파북파南坡北坡 구호의 요체는 '흑백' 및 '남북'에 있는 것이 아니라 '묘'와 '파'에 있다. 쥐를 잡고 산을 오르는 과정에서 고양이 털 색깔과 남북의 루트는 하등 상관이 없다. 이는 '모로 가도 서울만 가면 된다'는 우리 속담과 취지를 같이한다. 결과적으로 그는 모택동이 문화대혁명 때 이념을 뜻하는 '홍紅'을 역설하며 실용을 뜻하는 '전專'을 비판한 것과 정반대되는 입장을 취함으로써 마침내 '신 중화제국'을 G2의 일원으로 만드는 데 성공한 셈이다.

등소평이 내세운 '사회주의 시장경제'는 '홍'과 '전'을 절묘하게 결합시킨 '중화'의 진수에 해당한다. 강택민의 뒤를 이은 호금도가 소위 화해和諧를 21세기의 통치이념으로 제시한 사실이 이를 뒷받침한다. '화해'는『논어』「학이」편의 화위귀和爲貴와『중용』의 중화中和에서 따온 것으로 '조화'를 뜻한다. 개혁개방 이래의 눈부신 경제발전이 가져온 물질주의와 양극화를 해소하기 위한 구호로 나온 것이다.

실제로 중국 정부는 '기업의 사회적 책임'과 '빈자에 대한 배려'를 그 어느 때보다 역설하고 있다. '노블레스 오블리지'를 변형시켜 부자들의 사회적 의무를 역설하는 '리세스 오블리지'가 아직 정착되지 못한 자본주의 국가보다 훨씬 앞서 나가고 있는 셈이다. 이런 '신 중화제국'을 두고 자본주의와 사회주의 등의 '흑백' 및 '남북'의 잣대로 평하는 것은 부질없는 짓이다.

엄밀히 말해 '등소평 이론'은 물론 '모택동 사상' 역시 사회주의 내지 공산주의와는 하등 관계가 없다. 레닌이즘과 스탈린이즘도 마르크시즘과는 별반 상관이 없는 것이다. 모택동과 등소평, 레닌과 스탈린 모두 각각 자국의 역사문화 맥락에 충실했던 덕분에 새 왕조를 세울 수 있었다. 21세기에 들어와 스탈린이 러시아의 젊은이들 사이에서 새삼 재평가받고 푸틴이 피터 대제 이래 최고의 '차르'로 칭송받고 있는 게 그 증거이다. 21세기의 '중화제국'과 '러시아제국' 모두 전래의 '황제사상'과 '차리즘'에 입각해 있는 것이다.

그렇다면 G2의 일원이 된 '중화제국'은 장차 어느 방향으로 진행하는 것일까? 개혁개방을 계기로 공자가 중국의 새로운 아이콘으로 등장한 정황에 비춰 머지않아 '사회주의 시장경제'라는 거추장스런 외투를 벗어던지고 '유교 중상주의'로 나아갈 공산이 크다. 사실 공자의 당대에 이를 실현한 인물이 있었다. 공자의 제자 자공子貢이 그 주인공이다. 『논어』에는 자공의 뛰어난 면모가 매우 자세히 기록돼 있음에도 맹자와 주희 등은 안빈낙도安貧樂道하는 안연顔淵에만 초점을 맞췄다. 그러나 『사기』 「중니제자열전」을 비롯해 『오월춘추』 등은 오히려 '자공'에 주목하고 있다. 「중니제자열전」은 공자의 여러 제자 중 자공에 관한 기록이 거의 절반에 달한다. 자공은 공자의 제자 중 가장 명민한 인물 중 하나였을 뿐만 아니라 뛰어난 상술로 거만의 재산을 모은 특이한 인물이었다. '자공'을 두고 흔히 유상儒商이라고 한다. 이는 삼국시대의 노숙 및 하후돈 등과 같이 관인하면서도 전장에서 책을 손에서 놓지 않는 장수를 두고 유장儒將으로 일컫는 것과 같은 취지이다.

인례仁禮를 역설한 공자의 가르침을 충실히 이행하면서도 부민부국富民富國의 선봉 역할을 수행하는 '유상'은 '화해'를 기치로 '빈자에 대한 배려'를 역설하는 G2 중국의 통치이념과 맞아떨어진다. 실제로 중국은 이런 방향으로 진행하고 있다. 사회주의와 유교사상의 공통점을 집중적으로 부각시킨 '유교 사회주의'를 역설하며 마르크스와 공자를 같은 차원에서 해석하고 있는 저간의 흐름이 그 증거이다. 중국 공산주의청년단 기관지 《청년보》는 지난 2008년 12월 30일자 기사에서 곽말약이 1925년에 집필한 단편소설 「마르크스의 공자 방문기」를 소개하며 마르크스와 공자는 본래 한 몸이었다는 평을 달았다.

이 소설에서 공자와 마르크스는 매우 희화적으로 그려져 있다. 이에 따르면 공자는 2천 년의 시간을 거슬러 문묘文廟로 찾아온 마르크스를 만나보고 크게 고무됐다. 대화를 나눠보니 그 역시 자신처럼 현실세계를 긍정하고, 대동세계大同世界를 추구하며, 물질적 부를 중시하는 등 자신의 생각과 크게 다르지 않다는 점을 발견했기 때문이다. 그럼에도 사람들이 이를 제대로 이해하지 못하고 있는 현실이 안타까웠다. 공자가 탄식했다.

"만약 어떤 사람이 당신의 생각을 제대로 이해한다면 당신의 사상에 반대하지 않을 것이고, 그 역도 마찬가지일 것이오."

"동감입니다."

공자가 흥이 나서 말했다.

"우리 중국에는 '집안 노인을 존경함으로써 남의 집 노인에게까지 미치고 집안 아이를 보살핌으로써 남의 집 아이까지 미치게 한다'는 속담이 있소. 중국에서는 내 아내 사랑이 곧 남의 아내 사랑과 같기에 당신의 아내는 곧 내 아내와 같소."

마르크스가 대경실색했다.

"나는 공산共産만을 외치는데 당신은 공처共妻까지 주장하는 것이오."

그러고는 이내 줄행랑을 쳤다. 공자를 혁명가로 평가한 곽말약은 유가사상이 사회주의보다 오히려 더 사회주의적이라는 메시지를 전하기 위해 이런 우화를 만들어낸 것이다. 경제적 평등, 민본주의 등은 공자사상과 마르크시즘에 공통된 것이다. 『논어』가 담고 있는 내용은 매우 다양한 까닭에 해석하기에 따라서는 마르크스는 물론 플라톤과 아리스토텔레스, 루소 등의 사상과 유사한 내용을 찾는 게 그리 어려운 일이 아니다.

모택동도 유사한 생각을 갖고 있었다. 《청년보》도 모택동이 한때 "남의 물건에 손을 대지 않던 고대의 태평성대가 바로 '사회주의'였다"라며 마르크시즘과 유가사상의 공통점을 강조했다고 소개했다.

주목할 점은 《청년보》가 개혁개방 이후의 경제적 성과를 유가사상의 바탕 위에서 가능했다고 평가한 점이다. 유가사상과 사회주의에서 공통적으로 발견되는 '해방'과 '실사구시' 정신이 등소평의 개혁개방 이론에 스며들어 경제성장을 이끌어내는 원동력으로 작용했다는 것이다. 현재 청화대의 왕휘汪暉 교수를 비롯한 소위 '신좌파'가 이런 입장에서 중국 인민들의 의식개혁을 주도하고 있다. 이들의 주장을 요약하면 다음과 같다.

"호금도 국가주석이 정치적 구호로 내놓은 '화해사회'와 '이인위본以人爲本'은 조화를 강조하는 유가사상에 기반을 두고 있다. 유가사상은 정부의 통치이념을 관통하고 있다."

지난 세기 말에 공자사상의 세례를 받은 한국과 대만 등의 고속성장에 놀란 서양인들은 오직 프로테스탄티즘 사회만이 자본주의를 구가할 수 있다는 베버의 확언에 의문을 표시하며 그 배경을 열심히 천착했다. 이들은 이내 유가사상에 자본주의 정신이 담겨 있다는 사실을 발견하고는 이를 '유교 자본주의'로 명명했다. 이 이론은 아시아 지역의 금융위기 이후 한동안 자취를 감췄다가 최근 중국의 초고속 성장을 설명하는 이론으로 다시 각광을 받고 있다. 대표적인 인물이 일본의 미조구치 유조溝口雄三이다. 그는 '유상'으로 표현되는 유가사상은 자본주의보다 오히려 사회주의에 가깝다고 주장했다. 중국에 '유교 사회주의' 용어가 유행하게 된 배경이다. 미국발 금융위기 이후 자본주의 국가 내에서 부쩍 기업의 사회적 책임 등과 같은 윤리경영이 크게 강조되고 있는 점에 비춰 나름 일리 있는 지적이다.

그러나 엄밀히 말하면 유가사상은 서구에서 발달한 자본주의 내지 사회주의 잣대로 논할 게 아니다. 유가사상은 공자 이외에도 맹자와 순자 등의 출현으로 인해 다양한 내용을 지니고 만큼 획일적으로 얘기할 수는 없다. 이들 모두 자본주의와 사회주의 중 그 어느 쪽을 반대한 적도 없고 반대할 이유도 없었다. 이는 곧 한국 및 중국 등과 같이 유가사상의 세례를 받은 나라에서는 자본주의 및 공산주의와 같은 서구적 잣대를 들이대흥쇠興衰를 논하는 것 자체가 부질없는 짓이라는 것을 의미한다.

실제로 '사회주의 시장경제'를 내세우고 있는 중국은 일부 측면에서 한국 등 여타 자본주의 국가보다 훨씬 자본주의적인 모습을 띠고 있다. 이는 공자가 마르크스와 만났는지 여부와 상관없이 '부강'의 달성은 공자가 역설했듯이 인례仁禮와 성신誠信, 온고지신溫故知新, 자강불식自彊不息 등의 전통적인 덕목을 얼마나 잘 실행했는지 여부에 달렸다는 것을 뜻한다. 그런 점에서 공자의 부활을 가져온 등소평의 개혁개방은 '부강'의 관건을 제대로 찾아낸 셈이다.

현재 '신 중화제국'은 등소평의 뒤를 이은 강택민과 호금도의 치세에 들어와 '부강'의 속도와 질이 훨씬 고도화高度化하고 있다. 이런 추세가 이어질 경우 공자가 역설한 전통적인 덕목이 더욱 강조될 것이다. 이는 거추장스런 사회주의의 외투를 벗어던진 '유가경제' 내지 '유상주의'의 출현을 의미한다. 그리되면 수천 년에 달하는 중국의 전 역사를 통틀어 사상처음으로 '중농주의'가 아닌 '중상주의'를 통치이념으로 내세운 제국이 출현하는 셈이다.

따지고 보면 이는 그리 빠른 것도 아니다. 일본은 이미 메이지유신 이후 양손에 『논어』와 주판을 나눠쥐고 '유상주의'를 외친 '일본 자본주의의 대부' 시부자와 에이이치澁澤榮一의 가르침을 충실히 좇고 있다. 일본이 1세기 반 가까이 동아시아의 패자로 우뚝 선 이유다. 최근 서구 학자들은 중국인을 두고 '한 손에 주판, 한 손에 『논어』를 들고 있다'고 평하면서 미래 중국의 에너지가 여기에 숨어 있다고 평하고 있다. 『논어』의 고향인 중국은 아편전쟁 이후 근 1세기 반 만에 바야흐로 일본을 제치고 '유상주의'의 본향을 자처하려 들고 있는 셈이다.

실제로 중국은 세계 각지에 '공자학원'을 개설해 공자와 『논어』를 널리 보급함으로써 기왕의 경제 · 군사 대국에서 문화대국으로의 도약을 꿈꾸고 있다. 자금성의 수뇌부가 그 어느 때보다 이에 적극적이다. 중국 내 유수기업 경영자들이 『논어』 등 고전 배우기에 열중인 것도 이런 맥락에서 해석할 수 있다. 북경의 인민대 국학원은 이런 열기를 반영해 아예 석 · 박사 과정까지 개설해 놓고 있다. 북경대도 주말 국학반에 등록하려는 기업인들로 인해 문전성시를 이루고 있다. 문화대혁명 당시만 해도 상상조차 할 수 없는 일이 벌어지고 있는 것이다.

이는 중국의 수뇌부와 인민들이 공개적으로 내놓고 말하고 있지는 않으나 모택동의 천하경영 방략은 실패한 데 반해 개혁개방을 과감히 추진한 등소평의 천하경영 방략은 성공작이었음을 간접적으로 증명하는 것이다. 중국 정부가 앞장서서 매년 공자 탄신일을 성대히 치르는 것도 바로 이런 묵시적 합의가 있기에 가능한 것이다. 호금도는 지난 2005년 2월 고위 간부를 대상으로 한 연설에서 사회적 융합을 위한 구체적인 방안을 거론하면서 공자의 이름을 공개적으로 거론했다. 사회주의를 표방한 중국의 이념적 공백을 메우기 위해 유가주의를 적극 활용해야 한다는 학자들의 건의를 수용한 결과다. 자금성의 수뇌부는 '사회주의 시장경제'를 대신한 '유가경제' 내지 '유상주의'를 공개적으로 천명하기 위해 내심 때가 무르익기를 기다리고 있다.

전문가들은 중국 수뇌부가 '화해'를 기치로 내건 것은 개혁개방 30년의 초고속 성장으로 인한 여러 부작용을 치유하기 위한 다각적인 노력의 일환으로 평가하고 있다. 실제로 중국 정부는 공자사상을 현재처럼 인민교육 및 사회통합 등의 수신제가修身齊家 차원에 그칠 것인지 아니면 국가통치 내지 국제정치 등의 치국평천하治國平天下 차원까지 확대할 것인지 여부를 놓고 심각히 고민 중이다.

공자는 이미 『논어』에서 균배均配를 역설한 마르크스는 말할 것도 없고 '보이지 않는 손'을 역설한 아담 스미스와 '적극적인 재정개입'을 역설한 케인즈 등의 주장에 부합하는 얘기를 무수히 해놓았다. '화해'는 아직까지 '수신제가' 차원에 그치고 있는 게 사실이다. 거추장스러운 '사회주의 시장경제' 대신 '유가경제'를 공식 선언할 경우 이는 공자사상을 치국治國 차원으로 격상하는 것을 의미한다. 여러 정황에 비춰 이는 시간문제로 보인다.

그렇다면 평천하平天下 차원의 활용 가능성은 어느 정도일까? 공자사상을 적극 활용하는 것이 문화 헤게모니를 장악하는 지름길이라는 사실을 중국의 수뇌부가 얼마나 숙지하고 있는지 여부에 달려 있다. 공자사상은 기본적으로 열국이 치열한 각축전을 전개한 춘추시대 말기를 시대배경으로 하여 태어난 것이다. 공자가 역설한 것은 예양禮讓이다. 대국·소국을 막론하고 상호 존중하며 양보하는 정신을 토대로 평화적인 공영을 꾀할 수 있는 키워드로 제시한 것이다. 약육강식의 전국시대에 들어와 맹자가 왕도王道를 역설한 것도 같은 맥락이다. 맹자의 왕도 이념은 '치국' 차원에서는 적잖은 문제를 노정하고 있으나 '평천하' 차원에서는 칸트의 세계평화주의 이념보다 훨씬 구체적이면서도 고아하다.

인류의 미래 지향점은 예양이 지켜지는 열국의 평화적 공존공영일 수밖에 없다. 중국의 수뇌부는 아직까지 등소평이 제시한 도광양회韜光養晦의 국가발전 전략에 머물러 있다. 섣부른 G2 행보는 오히려 미국의 세계전략에 말려들 수 있다는 위기의식에서 비롯된 것이다. 이는 나름 일리가 있다. 최소한 미국과 대등한 수준에 달할 때까지 '도광양회'의 전략은 유효할 수밖에 없다.

일각에서는 빠르면 2010년대 중반에 중국의 GDP가 미국과 같아질 것이라는 분석을 내놓고 있다. 이즈음이면 중국이 서서히 G2의 일원임을 자처할 공산이 크다.

그러나 그 다음이 문제이다. '도광양회'를 통해 미국을 능가하는 국력을 키웠을 때 내놓아야 하는 '평천하'의 방략은 당연히 맹자의 왕도를 기초로 한 『예기』의 '천하탕평天下蕩平'이어야만 한다. '예양'을 기초로 세계 각국이 공존공영을 꾀하는 세상이다. 이것이 마르크스와 공자 및 강유위 등이 언급한 '대동'의 이상향에 가장 근접한 방안이다.

실제로 중국이 '평천하' 차원에서 공자의 '예양'을 국제관계의 토대로 적극 활용할 경우 국제무대에서 '선한 보안관'을 자임하며 세계 경찰의 역할을 수행해 온 미국보다 더 큰 지지를 받을 소지가 크다. 이에 성공할 경우 '도광양회' 이후의 행보에 깊은 우려의 시선을 보내는 이웃 한국과 일본 등의 아시아 각국을 안심시키고 황화黃禍를 운위하는 구미 각국의 우려를 불식시킬 수 있다. 사실 그래야만 서구 민주주의의 상징인 미국을 대신해 세계문화의 헤게모니를 장악하고 문화대국으로 도약하는 과제 또한 물 흐르듯 자연스럽게 성사시킬 수 있다.

등소평에 대한 재평가

한동안 중국에서는 이런 얘기가 널리 나돈 적이 있다. '번신불망모택동翻身不忘毛澤東, 치부불망등소평致富不忘鄧小平'이 그것이다. 인민들을 정치적으로 해방시켜 준 것은 모택동의 은공이고, 인민들을 부유하게 해준 것은 등소평의 은공이니 이를 잊지 말자는 뜻이다. 인민들이 두 사람에 대해 공히 감사해하고 있다는 취지다.

모택동은 '득천하'에 남다른 재주가 있었다. 천하를 삼키려는 기백과 뛰어난 정치재능, 중국의 고전을 두루 꿰는 해박한 지식, 기존의 가치에 얽매이지 않는 문학적 상상력, 거칠 것이 없는 천마행공天馬行空의 행보 등이 그를 '신 중화제국'의 초대 황제로 만드는 근본요인으로 작용했다. 실제로 문장과 서예, 시문, 강연 등에서 그 누구도 감히 그를 추월하지 못했다. 독보적인 존재였다. 게다가 그의 무공 또한 화려하기 짝이 없다. 항일과 국공내전, 한국전쟁의 항미원조, 중소분쟁 등 세기사적인 싸움에서 그는 한 번도 패하지 않았다. 중국의 역대 황제를 통틀어 문무 양면에서 이런 위업을 이룬 사람은 그리 많지 않다. 진시황과 한무제, 위무제 조조, 강희제 등 몇 사람에 지나지 않는다.

등소평은 모택동과 완전히 다른 유형의 사람이다. 고전과 시문에 특별한 재능이 있었던 것도 아니고 모택동처럼 호언장담을 즐겨 하지도 않았다. 그러나 그는 나름대로 뛰어난 덕목을 지니고 있었다. 성격이 침착한데다 일에 과단성이 있었고, 말보다 실천을 중시하고 명색보다 실리를 추구한 것 등이 그렇다. 그는 모든 것을 '실사구시' 4자에 녹여냈다. 마르크시즘도 예외가 아니다. 모택동은 이를 중국 고전과 버무려 '모순론'과 '실천론'이라는 그럴듯한 '모택동 사상'을 주조해냈지만 그는 이런 복잡한 일을 하지 않았다. 대신 모든 것을 간명한 슬로건으로 통합시켰다. '흑묘백묘'와 '남파북파' 등의 구호가 바로 그것이다.

그가 모택동과 달리 '살생'을 즐겨하지 않은 것도 이와 무관치 않다. 그는 부득이 반격을 가할 때도 최대한 지나치게 하지 않으려고 애썼다. 화해의 여지를 남긴 것이다. 그의 치세 때 화국봉, 호요방, 조자양 등이 비록 실각을 했지만 천수를 누린 이유가 여기에 있다. 이는 원하는 목표인 '실'을 챙길 수만 있다면 방법론에 해당하는 '명'은 그다지 중요치 않다는 '흑묘백묘'의 논리가 적용된 결과로 볼 수 있다.

그의 이런 특징은 3권으로 이뤄진 『등소평문집』이 '실천론'과 '모순론' 등 복잡한 사상론을 담은 5권짜리 『모택동문집』에 비해 볼륨도 적고 내용 또한 간명한 점을 보면 대략 알 수 있다. 그는 모택동과 달리 전고를 인용하지도 않았고, 어려운 말은 더더욱 사용하지 않았다. 모든 게 일반인이 쓰는 일상적인 용어이다. 모택동이 여색을 밝히며 역대 왕조의 '황제'처럼 군림한 것과 달리 그는 말 그대로 평범한 서민적인 삶을 즐겼고 가정을 중시했다.

지향하는 바도 달랐다. 모택동은 모든 것을 '정치'의 관점에서 바라보았다. 먹고 사는 '경제'도 뒷전이었다. 경제는 어디까지나 정치를 위해 복무하는 종속물에 지나지 않았다. 그가 1952년의 부패와 낭비 및 관료주의 타파를 내세운 소위 '3반운동三反運動'을 비롯해 1956년의 '명방운동', 1958년의 '대약진운동', 1964년의 '4청운동', 1966년의 '문화대혁명' 등 죽는 순간까지 부단히 정치혁명 운동을 전개한 이유다. 그가 '득천하'에 성공하고도 '치천하'에서는 철저히 실패한 것도 바로 여기서 비롯됐다.

원래 '경제'와 '정치'는 불가분의 관계에 있다. 우선순위로 보면 '경제'가 '정치'보다 선결돼야 한다. 공자가 '선부후교'를 역설한 이유다. 그러나 공자를 봉건반동의 표상으로 비판한 그는 이런 평범한 진리를 애써 무시하거나 간과했다. 머릿속에 있는 한정된 지식을 마치 불변의 진리인 양 착각하는 독선과 아집의 결과로 볼 수밖에 없다.

등소평은 이와 정반대되는 모습을 보였다. 그는 '정치'보다 '경제'에 관심이 많았다. 이는 그의 이력과 무관치 않을 것이다. 그는 '신 중화제국' 창건 후 경제관련 국무원 부총리를 맡았다. 일정기간 재정부장도 맡았다. 1962-1966년 사이에는 당면한 경제문제 해결에 열정을 쏟았다. 1973년 다시 중앙무대에 복귀했을 때는 경제를 중시한 일로 인해 다시 쫓겨나기도 했다. 당시 어떤 사람은 그를 단순한 경제주의자로 비난하기도 했다. 경제를 중시하는 그의 신념은 천하를 거머쥔 1978년 이후 빛을 발하기 시작했다. 오늘의 중국이 있게 된 배경이다. 1989년 '개혁개방' 정책에 대한 강한 의문이 제기되자 그는 단호히 말했다.

"중국은 반드시 중국 특색의 '사회주의 시장경제'의 길로 나아가야 한다."

경제 우선의 기본 노선은 결코 흔들릴 수 없다고 못 박은 것이다. 그가 이런 노선을 견지했기에 중국인의 먹고사는 문제가 해결되고, G2의 일원으로 우뚝 설 수 있게 됐다. '창조적 파괴'가 요구되는 난세의 시기에는 기존의 전통과 질서, 가치에 얽매이지 않는 모택동과 같은 혁명가가 필요하다. '경제'보다 '정치'를 우선할 수 있는 이유다. 그러나 일단 나라가 들어선 뒤에는 '경제'를 '정치'보다 앞세워야만 한다. 그래야 맹자가 갈파했듯이 인민이 '항산항심恒産恒心'을 가질 수 있다. 모택동은 이를 간과했다.

중국은 '대약진운동'이 실패로 돌아갔을 때 실용 노선을 걷고 있던 유소기나 주은래 등에게 정권이 자연스럽게 넘어갔어야 했다. 그랬다면 중국은 훨씬 빨리 G2의 일원이 되어 21세기 초입에 이미 미국과 어깨를 나란히 하거나 앞설 수 있었다. 그러나 역사는 반대로 흘러갔다. 경제 측면에서 볼 때 등소평이 등장하기 전까지 중국이 무려 20년 가까이 후퇴한 이유가 여기에 있다.

등소평이 천하를 거머쥔 후 당과 국가의 통치를 규범화하기 위해 제도부터 손을 댄 이유가 여기에 있다. 당과 국가의 명운을 모택동과 같은 한두 명의 지도자에게 의탁하는 것이 얼마나 위험한 것인지를 절감한 결과였다. '하방'의 수난을 겪으면서 그는 난세 상황의 '득천하'에는 이게 통하지만 '득천하' 이후의 '치천하'에는 이게 오히려 독이 된다는 사실을 뼈저리게 느낀 것이다.

원래 통치에서 '인치人治'와 '법치法治'는 동전의 앞뒷면과 같은 까닭에 어느 한쪽만을 전적으로 구사해서는 안 된다. 상황에 따라 적절히 혼용해야 한다. 모택동은 '득천하' 이후에도 '인치'만을 계속 고집했다. 불규칙한 당의 전국대표대회 개최가 그 증거다. 당의 규정에 의하면 이는 5년에 1번 열도록 되어 있다. 모택동의 치세 때 7전대회와 8전대회 사이에는 11년의 간격이 있었고, 8전대회와 9전대회 사이에는 무려 13년의 간격이 있었다. 5년에 1번 뽑기로 되어 있는 인민대표자대회도 마찬가지였다. 3기인대와 4기인대 사이는 10년의 간격이 있었다.

'신 중화제국'은 창건 이후 그가 죽는 1976년까지 줄곧 '인치' 국가였다. '법치'는 거의 비어 있는 것이나 다름없었다. 등소평이 권력을 장악한 후 '법치' 확립부터 시작한 이유다. 그는 '법치'의 기본 원칙을 이같이 설명한 바 있다.

"의거할 법이 반드시 있고, 법의 집행은 반드시 엄격하고, 법을 어기면 반드시 처벌하고, 사법은 반드시 공정해야 한다."

고금동서를 관통하는 '법치'의 논리를 이처럼 간명하게 언급한 사람은 없다. 그의 집권 이후 각계의 지도자들이 임기가 끝나면 이내 물러나는 인사 관행을 갖게 된 배경이 여기에 있다. 그의 사후 강택민과 호금도로 이어지는 최고통치권자의 교체도 바로 이런 인사 관행 위에 서 있는 것은 말할 것도 없다.

원래 중국의 역사문화 전통에 비춰볼 때 '치천하'는 '법치'를 위주로 한 것이기는 하나 '인치'가 전혀 쓸모없는 것은 아니다. 오히려 잘만 활용하면 더 큰 효과를 얻을 수 있다. 만일 주은래가 조기에 모택동으로부터 낙점을 받아 천하를 거머쥐는 상황이 되었다면 주은래는 최고의 성군으로 꼽히는 강희제 못지 않은 20세기 최고의 '성군'이 되었을 공산이 컸다. 그러나 아쉽게도 그런 일은 일어나지 않았다.

다만 우여곡절이 있기는 했지만 모택동이 등소평을 위해 '부작위에 의한 권력승계'를 허용함으로써 그의 사후 등소평이 '신 중화제국'의 제2대 황제 자리에 오르도록 배려한 점은 평가할 만하다. 이것이 중국인에게 커다란 행운으로 작용했다. 실제로 당시 상황에서 등소평만큼 충실하게 모택동의 '득천하' 유산을 계승하고 주은래의 '치천하' 유지를 받들 수 있는 인물은 없었다. 모택동을 언급할 때 반드시 주은래를 얘기하고, 주은래를 언급할 때 반드시 등소평을 얘기하는 이유가 여기에 있다.

1) 등소평은 당 중앙에 있었던 까닭에 1927년 10월부터 1929년 9월까지 약 2
년 동안 상해의 지하 당 중앙에서 직원 내지 서기로 일했다. 상해 당 중앙에
서 그가 했던 일은 일반 사무와 서류 작성, 회의록 초안 작성, 지시사항 하
달, 교신 업무 등이었다. 새로 임명된 당 총서기 구추백은 감상적인 인물로
진독수와 마찬가지로 급진적인 무장봉기 노선을 추구했다. 이와 관련해 중
국의 관변 사가는 등소평은 당 중앙의 비서장, 즉 서기장 직책을 맡고 있었
다고 주장하고 있으나 이는 사실과 동떨어진 것이다.

2) 광주봉기는 1871년의 파리 코뮌과 동일 노선에 있는 '광주 코뮌'의 설립과
함께 시작됐으나 수천 명의 공산주의자와 동조자들이 봉기 도중 살해되거나
체포된 후 처형됐다. 1927년 후반 전체 당원의 숫자가 6만 명에서 1만 명으
로 급감한 이유다.

3) 일각에서는 등소평이 파리 체제 시절 알고 지내던 호지명의 도움을 얻어 홍
콩과 남녕으로 들어갔을 것으로 추정하고 있다. 그러나 이는 지나치다. 당시
공산당은 광동과 홍콩 일대의 대규모 파업을 지도하면서 나름 탄탄한 기반

을 구축해 왔다. 군이 호지명의 도움을 필요로 하지는 않았을 것이다.

4) 문화대혁명 당시 홍위병들은 등소평이 숭의현의 제7군을 이탈한 사실을 두고 목숨을 건지기 위해 탈영한 것으로 비판했다. 그 자신도 '내 평생 막중한 실수를 저질렀다'고 고백했다. 그럼에도 강청과 강생 등은 이 문제를 덮어버렸다. 연안 시절 정풍운동이 한창 전개될 때 제7군의 역사를 검토하던 진의와 막문화는 중요한 시점에 그가 군을 이탈한 것은 부적절한 짓이었다는 결론을 내렸으나 모택동은 등소평의 군내 위상 등을 감안해 공식적으로 비판하는 것을 허락하지 않았다. 모택동 자신이 등소평을 유소기와 분리시켜 '개조대상'으로 삼은 데서 그 원인을 찾는 게 타당하다.

5) 훗날 등소평의 딸 등용은 자신의 부친이 이 문제를 두고 비밀요원들에게 항의했다고 주장했으나 설득력이 약하다. 지난 1984년 이명서의 복권을 검토하는 과정에서 이 문제가 다시 불거졌을 때 평소 제7군과 관련한 얘기를 매우 꺼린 등소평은 사과하는 어투로 "이명서 장군은 좌우강 소비에트의 창시자 가운데 한 명이라고 말하는 것이 타당하다"고 말한 게 그 증거다.

6) 이립삼의 열렬한 추종자였던 이유한은 모스크바에서 막 귀국한 터에 왕명 등이 이끄는 당 중앙에 자신의 충성심을 과시하고 싶어 했다. 마침 '28인의 볼셰비키' 일원으로 당 중앙의 선전 및 이념을 담당하던 장문천도 이해 4월 15일 소비에트 기관지 《홍색중화》에 「강서의 나명노선」이라는 글을 게재했다. 등소평을 모택담, 사유준, 고백 등과 연계시켜 이들 4명의 '반당분자'를 모두 가차없이 처단해야 한다는 내용이었다. 이유한은 '소련파'에 아부하기 위해 등소평을 더욱 혹독하게 몰아붙였다는 지적을 면하기 어렵다.

7) 김유영은 등소평을 버리고 이유한의 품에 안겼다. 당시 이유한은 키가 크고 사내다워 '대한자大漢子'로 불렸다. 그는 등소평이 시골구석으로 쫓겨난 틈에 김유영을 유혹해 등소평과 이혼하게 한 뒤 자신의 아내로 삼은 것이다. 이유한의 '배신행위'로 등소평은 졸지에 당직과 아내를 한꺼번에 잃어버린 셈이

됐다. 1933년 말부터 1938년 초까지 김유영은 공식적으로 이유한의 배우자였다.

8) 일각에서는 등소평이 1935년까지 《홍성》에서 일하다가 준의에서 열린 정치국 확대회의 전후에 당 중앙 서기장에 임명된 것으로 보고 있다. 그러나 장정 초기인 1934년 말에 그가 《홍성》 편집장의 자리를 육정일에게 물려주고 주은래 휘하의 중앙사령부로 들어간 것으로 보는 통설에 따르면 등영초의 와병 직후 서기장 직책을 맡은 것으로 보는 게 타당할 듯하다.

9) 1984-1988년까지 주중 영국대사를 지낸 리처드 에번스는 『등소평과 현대 중국 만들기』에서 당 중앙위원회 서기장으로 있었던 까닭에 준의회의 준비와 결의문 발표를 위해 많은 일을 했을 것으로 추정했다. 1984년 3월 4일 중국공산당 당사黨史 연구자들이 찾아냈다고 발표한 '준의회의에 관한 옛 자료'는 훨씬 더 구체적이다. 솔즈베리의 『대장정』은 이 자료를 그대로 인용했다. 이에 따르면 등소평은 〈홍성〉의 편집인으로, 새로 임명된 '중앙위원회 서기' 자격으로 이 회의에 참석했다. 그러나 1970년대 후반 미국 컬럼비아 대학이 입수한 참석자 명단에는 그의 이름이 빠져 있다. 여러 정황에 비춰 투표권이 없는 '열석자列席者'로 참여했던 것으로 보인다.

10) 장국도가 국민당에 투항한 후 지난 1969년에 홍콩과 미국에서 출간한 『나의 회고』에 따르면 모택동과 장국도가 다툰 '사와회의'와 '모아개회의'는 모택동과 진방헌이 다툰 '준의회의'와는 그 성격 자체가 판이하게 달랐다. 책략과 암투가 난무했다. 장국도는 우월적인 무력을 배경으로 지도부를 장악하려 한 데 반해 모택동은 당 중앙의 합법성에 의지해 그를 제압코자 했다. 모택동이 승리를 거뒀다.

11) 당시 젊은 여성으로 구성된 가무단을 이끄는 것도 등소평의 주요 업무 중 하나였다. 거기에는 전처인 김유영도 있었다. 이후 6달 가량 그는 선전부장, 김유영은 그 일원으로 함께 일했다. 대장정이 끝난 직후인 1936년에 김유영

은 딸 이철영을 낳았다. 두 사람의 복원된 사랑의 산물이라는 일설이 있으나 이유한의 소생으로 보는 게 중론이다. 얼마 지나지 않아 김유영은 정신병으로 인해 모스크바로 가 치료를 받다가 1941년 독일군 비행기가 폭격당했을 때 실종돼 죽었다. 이유한은 이후 연안에서 다른 여자와 결혼했다. 이철영은 성장한 후 당 중앙 정치국 위원과 사회과학원장 등을 지냈다.

12) '유등' 부대가 거둔 대표적인 전공으로 1938년에 태항산구太行山區에 전략기지를 구축하고, 1939년 태악太岳 근거지를 건설하며 하남 남부를 장악하고, 1940년 '백단대전' 을 통해 화북지방 일본군에게 큰 타격을 주고, 1940년부터 1944년까지 산서 동남 산악지대에 숨어 게릴라전을 수행해 산서에서 산동에 이르는 황하 양안 지구에 커다란 세력기반을 마련한 일 등을 들 수 있다. 이 사이 정치위원 등소평은 군사와 정치 사이의 긴밀한 관계를 정확히 파악해 '군사적 정치인' 인 동시에 '정치적 군인' 의 특성을 키웠다. 장차 그를 정치적으로 강력히 뒷받침하게 될 군사인맥이 이때 형성됐다.

13) 당초 모택동이 제129사단을 좀 더 확실히 장악키 위해 선택한 인물은 장호였다. '장호' 는 임표의 숙부 임육영의 별명이다. 그는 1922년에 입당한 베테랑 지도자로 1935년 말 코민테른 대표 자격으로 모스크바에서 연안으로 왔다. 이듬해인 1936년 그는 모택동과 장국도 사이에서 중재자 역할을 해냄으로써 코민테른을 만족시켰다. 그러나 여러 모로 모택동의 기대에 미치지 못했다. 그는 모택동에게 개인적인 충성을 바치기에는 너무나 중립적이었다. 게다가 나이도 모택동보다 훨씬 많았다.

14) 등소평보다 12세 아래인 탁림은 1916년 운남의 지주 집안에서 태어났다. 운남여자중학생 때 운남성 대표로 북경 운동대회에 참가했다가 북경여자 제1중학을 졸업하고 북경대학 물리학과에 입학했다. 1년 간 공부하다가 1937년 연안으로 와 등소평과 결혼한 그녀는 결혼을 전후로 연안에서 2달 이상 머물다 남편과 함께 귀대했다. 두 사람은 사단 내에서 신혼살림을 꾸

렸다. 첫 딸 등림鄧琳은 1941년에 태어났다. 아빠의 성과 엄마의 이름을 합성한 작명이었다. 훗날 문화대혁명 때 홍위병에 의해 장애인이 된 아들 등박방鄧樸方은 2년 뒤인 1943년에 태어났다. 소박하면서도 바르게 살라는 뜻으로 사당장 유백승이 지어준 이름이었다. 탁림은 강청 및 엽군과 달리 가족 일에 더 관심이 많았다. 1940-1952년 사이 5명의 자녀가 태어났다. 그녀는 1997년 등소평이 죽을 때까지 57년 동안 정치적으로 폐를 끼친 적이 단 한 번도 없었다. 중국공산당의 어떤 지도자도 결혼생활을 그만큼 길게 유지하지 못했다. 모택동과 유소기 및 주은래의 부인들이 모두 정치적으로 활발히 행동한 것과 대비된다.

15) 당시 모택동과 등소평의 대처에 약간 차이가 있었던 점에 주목할 필요가 있다. 모택동은 아무리 큰 전투일지라도 정치협상을 위한 최소한의 여지를 남겨두어야 한다는 입장이었다. 그러나 등소평은 완승을 꾀했다. 홍군은 평화조약 서명 이틀 뒤에 북부 일대 국민당 주둔군을 소탕했다. 국민당 정부군 3만 5천 명이 사라졌고 12개의 도시가 점령됐다. 무력통일을 꿈꾼 양측 모두 상대방의 힘을 점검하기 위해 맞붙은 싸움에서 그 우열이 너무나 확연히 드러난 셈이다. 모택동은 이 승리로 협상에서 목소리를 높일 수 있었다. 이는 이전에 임표 및 팽덕회가 각각 '평형관 전투' 및 '백단대전'에서 승리를 거둔 것과는 그 성격이 판연히 다른 것이었다. 모택동과 등소평이 서로 무언의 교신을 하고 있었다는 유력한 증거에 해당한다.

16) 1950년 10월 6일부터 24일 동안 등소평의 부대는 달라이 라마 휘하의 티베트 총병력 중 10분의 6이 넘는 5천7백 명을 섬멸했다. 이듬해인 1951년 5월 23일 북경에서 평화협정이 조인됐다. 티베트 정부의 실질적 통치권을 승인하는 대신 티베트가 중국 영토의 일부임을 인정하는 게 골자였다. 등소평이 중앙으로 올라 온 뒤 1959년 중국은 다시 군사를 파견해 달라이 라마를 쫓아내고 실질적인 통치권을 확립했다.

17) 대만은 해남도와 차원이 달랐다. 면적도 넓고 복건의 해안에서 훨씬 멀리 떨어져 있었다. 게다가 국민당 정부군의 방어는 필사적이었다. 실제로 1949년 10월 속유의 부대는 섣불리 도해를 시도했다가 금문도 싸움에서 대패했다. 이후 속유는 증원 병력을 계속 요구했다. 먼저 2개 군단 병력, 다음에는 제3야전군 전체, 이어 제4야전군, 마지막에는 공군과 해군까지 요구했다. 이 와중에 문득 한국전쟁이 발발했다. 모택동이 황급히 북한에 보낼 의용군을 끌어모으는 사이 미 해군 제7함대가 재빨리 대만해협을 봉쇄해 버렸다. 이로써 속유의 '도해' 구상은 물거품이 되고 말았다. 모택동은 말년에 이를 두고두고 한탄했고, 등소평 역시 죽는 날까지 실망을 금치 못했다.

18) 중국군은 인천상륙작전으로 유엔군의 반격이 시작된 직후인 1950년 10월부터 한국전에 본격적으로 참여하기 시작했다. 등소평 휘하에 있는 제2야전군은 1개 군단 10만 명을 북한에 파견했다. 이 부대는 그 자신이 가장 아끼는 장군 중 한 명인 양용이 지휘했다. 1953년 한국전의 정전협상 성립으로 북한주둔 중국군 총사령관으로 있던 팽덕회가 귀국한 후 양용은 그 자리를 이어받아 1958년 최종 철수할 때까지 북한에 머물렀다.

19) 당초 중국공산당은 1956년의 8전대에서 사회주의 개혁이 기본적으로 완료됐다고 공표했다. 농가의 96%가 개별 경작을 포기하는 대신 집단농사로 돌아섰고, 그 중 88%가 인민공사의 생산조합에 가입한 점이 주요 논거로 제시됐다. 도시에서 산업체와 상업 주체 85%가 공사公私 공동소유 체제의 개혁을 마쳤고, 수공예 상점도 91%가 수공예 조합으로 대체된 점 등도 보강 논거로 제시됐다. 마르크시즘에 따르면 자산계급이 사라진 만큼 더 이상 계급투쟁을 할 필요가 없게 된다. 그러나 이를 액면 그대로 받아들일 경우 사회주의를 표방한 '신 중화제국'의 건립 취지가 퇴색되고 모택동의 입지도 좁아지게 된다. 흐루쇼프와 같은 인물이 나올 경우 모든 것이 일거에 뒤

집힐 수도 있었다. 모택동이 8전대회에서 사회주의 개혁이 기본적으로 완료됐다는 선언이 나왔음에도 굳이 계급투쟁을 미래의 목표라고 역설한 배경이 여기에 있다. 8전대회의 선언은 봉건질서하의 계급이 철폐된 것을 확인한 것에 불과하고 본격적인 계급투쟁은 아직 미완성인 채로 남아 있다는 게 그의 논리였다. 내부갈등이 더 커질 수밖에 없었다.

20) 흐루쇼프는 1958년 8월 중국을 방문했다가 모택동의 냉대에 놀라 황급히 모스크바로 돌아갔다. 그가 돌아간 직후인 8월 5일 모택동은 인민공사 설립을 촉구하면서 동시에 대만해협을 두고 미국에 호전적인 도전장을 던졌다. 당시 등소평은 가장 앞장서서 급진정책을 추진했다. 등소평이 누차 모택동의 개인 대변인 역할을 수행하자 모택동은 흔쾌한 표정으로 그를 '2인자' 내지 '당 중앙 내 참모차장' 등으로 불렀다. 등소평은 '당 중앙'의 명의로 부총리 겸 외교부장인 진의와 북경시장 팽진, 군수산업장관 섭영진 등의 정치국 위원에게 이런저런 임무를 부여하기도 했다. 당시 임표는 아직 그의 경쟁대상이 되지 못했다.

21) 많은 사람들이 등소평의 불참 이유를 정치적인 데서 찾고 있다. 팽덕회와 오랜 친구인 그로서는 회의에 출석해 팽덕회의 실각을 방관할 수도 없고, 그렇다고 모택동과 직접 대결할 수도 없었기에 불참했다는 것이다. 모택동이 훗날 문화대혁명 때 등소평이 1959년부터 자신을 멀리하며 한 차례도 보고하러 오지 않았다고 공개적으로 비난 한 것도 바로 등소평의 이런 속셈을 읽은 결과라는 것이다. 그러나 당시 그의 발목 부상은 1961년에야 비로소 짚고 다니던 지팡이를 놓을 수 있을 정도로 심각했다. 나아가 등소평은 팽덕회와 그리 절친하지도 않았다. 당시 상황에서 그가 팽덕회 문제로 '주군'인 모택동과 충돌하는 것은 있을 수 없는 일이었다. 그는 비록 뒤늦게 대약진운동의 문제점을 깨달았으나 이를 이유로 결코 '주군'에 대한 존경심마저 버린 것은 아니었다.

22) 모택동이 마지막 순간에 등소평을 낙점하지 않은 것을 두고 주원장의 전철을 밟은 것으로 해석할 수도 있으나 이는 지나치다. 그는 죽기 직전 또 한 번 망설이며 화국봉을 선택했으나 화국봉은 들러리에 지나지 않았다. 약간의 우여곡절이 있기는 했으나 등소평이 이내 권력을 장악함으로써 큰 내분 없이 후사문제가 정리됐기 때문이다. 이는 모택동이 최후의 순간까지 사인방의 손을 들어주지 않은 결과다. 그가 화국봉을 선택한 것은 그리 탓할 일이 아니다. 당시의 세력구도에 비춰볼 때 사인방이 등소평을 이기는 것은 사실 불가능했다. 모택동도 죽는 순간 이를 예상했을 것이다. 자신의 사후 자신의 업적이 '공 7, 과 3'으로 정리되기를 바라는 후사 선택에 나름 성공한 셈이다.

23) 등소평은 유엔 회의가 끝난 뒤 곧바로 뉴욕을 떠나지 않았다. 이는 그의 첫 미국방문이자 50년 만의 서방세계 나들이기도 했다. 그는 미국과 중국의 현격한 차이를 실감하지 않을 수 없었다. 이후 그는 몇 년 안에 미국을 따라 잡는다는 식의 얘기를 결코 가볍게 하지 않았다. 1980년 그는 막대아들 등자방에게 미국유학을 권하며 이같이 말했다. "너는 현대 세계가 어떤 모습인지 보게 될 것이다." 그의 미국 나들이가 개혁개방 결심의 배경으로 작용했음을 짐작케 해주는 대목이다.

인물로
읽는
중국

MODERN
HISTORY
of
CHINA

현대사

등소평의 후예들

조자양과 강택민

중국의 수뇌부가 G2의 일원으로 우뚝 선 21세기의 시점에서도 굳이 덮고 싶은 사건이 하나 있다. 바로 천안문 사태다. 호금도를 포함한 현 지도부가 당시 등소평을 좇아 무력진압에 찬동했기에 더욱 그렇다. 현재 중국 정부는 공식적으로 천안문 사태를 반사회주의, 반혁명을 주장한 폭도들에 의해 조직된 동란으로 규정하고 있다.

서구의 시각은 정반대다. 민주화 운동을 철저히 탄압하고 공산당 일당독재를 강화한 '폭거'로 규정하는 견해가 주류를 이루고 있다. 미국이 이런 견해를 정부의 공식입장으로 택한 선두주자에 해당한다. 미국의 이런 입장은 지금도 변함이 없다. G2의 두 당사자가 천안문 사태를 놓고 정반대의 해석을 내리고 있는 셈이다.

지난 2010년 7월 천안문 사태 당시 무력진압의 선봉에 섰던 이붕 전 중국 총리가 처음으로 언론에 모습을 드러냈다. 모교인 북경공대의 개교 70주년 축하식에 참석하기 위한 것이었다. 젊었을 때 북경공대의 전신인 연안 자연과학원에서 수학한 바 있는 그는 강택민 전 총서기가 퇴임 후에도 활발한 대외활동을 펼친 것과 달리 조용한 은둔생활을 계속해 왔다. 그러던 그가 갑자기 언론에 모습을 드러낸 것은 그의 정적이었던 조자양의 회고록이 지난 2009년 『국가의 죄수』라는 제목으로 출간된 사실과 무관치 않다는 게 전문가들의 지적이다. 이 회고록은 연금기간 중 녹음한 약 30시간 분량의 녹음 테이프를 《타임》의 편집장을 지낸 이그나티우스 등 3명의 친구가 몰래 가지고 나가 번역한 것이다.

이붕도 이에 맞서 2010년 초 『이붕의 6·4 일기』 원고를 탈고한 바 있다. 이는 중개인을 통해 홍콩의 신세기출판사에 전달돼 곧바로 출간될 예정이었으나 문득 이해 6월 중순 출간계획이 취소됐다. 홍콩의 언론계는 이 원고에 호금도 국가주석을 비롯한 현 중국공산당 최고지도자들이 당시 무력진압을 지지했다는 내용이 실려 있는 게 가장 큰 원인일 것으로 추정했다. 이후 이 원고는 어떤 경로를 통해서인지는 알 길이 없으나 이내 인터넷을 통해 공개됐고, 중국인이 운영하는 미국의 웨스트포인트 출판사에 의해 이해 6월 말에 전격 출간됐다. 책을 펴낸 출판사의 대표는 천안문 사태 당시 학생 지도자로 활동했다가 이후 미국으로 이주한 인물로 원고가 인터넷에 유포되자 즉시 이를 내려받아 출판사 등록을 한 뒤 책으로 펴낸 것이다.

16년에 걸친 연금조치 속에 세월을 보내다 지난 2005년 사망한 조자양은 회고록『국가의 죄수』에서 자신이 서구식 의회주의에 대한 신봉자임을 분명히 밝히고 있다. 중국이 서방의 의회 민주주의로 발전하지 않으면 부패와 빈부격차가 날로 확대되는 중국의 근본문제를 결코 해결할 수 없다는 것이다. 그는 이 책에서 당시 천안문에 모였던 대부분의 사람들은 이런 결점을 개선하기를 바랄 뿐이었고, 결코 중국의 정치체제를 전복시키려는 것은 아니었다고 주장했다.

그러나 조자양의 이런 주장은 오히려 천안문 사태가 그로 인해 촉발되었다는 사실을 반증하고 있다. 그의 회고록에 따르면 당시 등소평을 비롯한 수뇌부들은 조자양으로 인해 학생들이 고무된 나머지 '신 중화제국'의 체제전복을 꾀한 것으로 판단했다. 조자양은 자신을 서구 의회 민주주의 신봉자로 내세워 이를 극구 변명하고 있으나 당시 그의 주장대로 사태가 진행되었을 경우 중국은 다시 '무정부상태'에 이어 '군벌시대'로 후퇴할 수밖에 없었다. 그는 중국의 역사문화 전통은 말할 것도 없고 중국이 처한 상황조차 제대로 파악하지 못했다는 지적을 면하기 어렵다. 이붕이『이붕의 6·4일기』에서 당시 자신을 포함해 수뇌부의 모든 인사가 사태를 이 지경으로 만든 주범으로 조자양을 지목한 것은 탓할 일이 아니다.

그런 점에서 조자양을 후계자로 발탁한 등소평은 신중하지 못했다는 지적을 면하기 어렵다. 사태가 벌어진 후 조자양을 쫓아내고 강택민을 발탁한 것은 불행 중 다행이라고 할 수 있다. 당시 강택민은 젊은 학생들을 포함해 시민들로부터 커다란 지지를 받았던 조자양과 달리 오히려 농담과 조롱의 대상이 될 정도로 인기가 없었다. 주제넘게 러시아어와 영어로 얘기한다고 자랑했지만 정작 상대편은 전혀 알아듣지 못해 거듭 반문했다는 식이다. 이는 사실이었다. 중국 외교부가 이 문제에 관해 당 중앙의 주의를 요청한 게 그 증거다.

더 심한 경우도 있다. 일본과 대만의 외빈들 앞에서 모택동을 흉내 내 당나라 시인 왕발의 「등왕각서」를 낭송해 고전에 대한 조예를 과시하고, 미국 손님들 앞에서 링컨의 게티즈버그 연설을 낭독한답시고 몇 분씩 진을 뺀 게 그것이다. 중국 외교부는 이런 부끄러운 일화 역시 당 중앙에 털어놓지 않으면 안 됐다. 그러나 조자양처럼 어설픈 식견을 마치 불변의 진리인 양 고집한 것보다는 이게 낫다.

왕조순환설의 관점에서 볼 때 제국이 일단 안정기에 들어가면 발군의 능력을 지닌 사람이 아닐지라도 능히 천하를 다스릴 수 있다. 등소평의 치세가 바로 여기에 해당했다. 강택민이 모택동과 주은래 및 등소평처럼 명민한 인물이 아니었음에도 능히 '신 중화제국'의 황제 역할을 그런대로 소화해낼 수 있었던 이유가 여기에 있다.

물론 등소평의 강택민 발탁은 최선이 아닌 차선의 선택이었다. 당시 등소평이 걱정한 것은 강택민이 어설픈 영어로 게티즈버그 연설을 낭독했기 때문이 아니라 그의 오락가락한 정치행보 때문이었다. 대표적인 예로 소위 '문학전쟁'을 들 수 있다. 이는 상해의 자유진영과 북경의 보수진영 사이에 빚어진 자본주의 도입 논란을 말한다. 당시 상해의 《해방일보》는 큰 폭의 개혁개방을, 북경의 《인민일보》는 제한적인 개혁개방을 주장했다. 강택민은 중간에 끼어 우왕좌왕했다.

논란의 발단은 1991년 7월 1일자 《인민일보》에 강택민이 중국공산당 창립 70주년 경축연에서 행한 연설문이 실린 데서 비롯되었다. 당시 등소평은 자신의 최대 업적인 개혁개방을 지지하는 강택민의 연설이 실린 사실에 크게 기뻐했으나 곧 다음 대목에 이맛살을 찌푸려야만 했다.

"사회주의 개혁은 자본주의 개혁과 달라야 하고, 프롤레타리아 개방은 부르주아 개방과 달라야 한다."

이로부터 두 달 뒤인 이해 9월 1일 등소평은 국영방송의 밤 10시 사설을 들었다. 주제는 '개혁개방에 대한 전폭 지지'였다. 그러나 그는 도중에 자신의 귀를 의심해야만 했다. 《인민일보》 사설에 실린 '사회주의와 자본주의를 구분하자'는 대목이 끼어들어 있었던 것이다. 대로한 등소평이 당장 비서를 불렀다.

"사회주의와 자본주의를 빼고 전체를 다시 방송하도록 조치하라."

곧 등소평의 사무실에서 당 정치국과 방송국, 방송사설을 전재하는 《인민일보》 편집국에 그의 강력한 메시지가 전달됐다. 영문을 모르는 방송국 보도국장은 사설을 일부 수정해 재방송하라는 지침에 의아해하며 물었다.

"왜요, 강택민 총서기는 괜찮다고 했는데?"

그는 당 정치국으로부터 준엄한 경고를 들어야만 했다.

"이유는 묻지 말고 시키는 대로 하라. 이는 최상부에서 내려온 명령이다!"

당시 그가 내린 지시는 간명했다. '더 개혁하고 더 개방하라'였다. 이듬해인 1992년 1월 19일 그는 소위 남순강화南巡講話에 나섰다. 남방을 순시하며 개혁개방을 촉구한 일련의 연설을 의미한다. 그는 '남순강화'에서 이같이 말했다.

"과거에는 사회주의 아래에서만 생산력이 발전한다고 했다. 그러나 개혁을 통한 생산력 발전이 언급되지 않는 것은 잘못이다. 사회주의를 하지 않고 개혁개방을 하지 않으면 경제가 발전되지 않는다. 또 인민의 생활이 개선되지 않으면 사회주의가 행해지지 않는다. 이론가나 정치가가 남에게 위협이 되는 것은 '우'가 아닌 '좌'이다."

그의 남순강화는 상해에서 끝났다. 그는 여기서 춘절을 지내며 1주일 이상 머물렀다. 그는 개혁개방이 가장 활발한 이곳에서 고위 간부들을 불러놓고 개혁개방의 가속화를 촉구했다.

"나는 전에 실수를 범했어. 상해를 몇 년 전에 경제특구로 만들어야 만 했는데 말일세!"

이해 6월 9일 강택민은 당 중앙간부학교로 달려가 연설하면서 그의 '남순강화'를 극찬했다. '자본주의 대 사회주의'와 같은 언급은 전혀 없었다. 《인민일보》는 더욱 대담하고 신속한 개혁을 촉구한 그의 말을 환영하는 각계와 각지의 반응을 쉴 새 없이 보도했다. 당 중앙은 '남순강화' 내용을 문건으로 만들어 당 전체가 추진해야 할 기본 이념으로 삼았다. 이미 《인민일보》편집국장을 위시한 보수파 인사들이 대거 밀려났기 때문에 이는 수월하게 진행됐다.

이로 인해 당시 보수파의 선두격인 이붕도 다가올 대표대회에 제출할 원래 보고서에서 '반자본주의' 단어가 들어간 구절 150개나 삭제하고 다시 써야만 했다. 인민해방군 총정치부 주임으로 있는 양상곤의 동생 양 백빙은 시류에 영합해 '개혁개방 전함을 호위하라'고 촉구하고 나섰다.

이해 10월 15일 북경에서 제14차 전국대표대회가 열렸다. 현안은 당의 전체 노선에 대한 검토와 중앙지도부의 개편이었다. 강택민은 기조연설에서 '사회주의 시장경제' 건설을 촉구했다. 이는 '계획경제가 우선이고 시장경제는 부수적이다'라고 언급한 제13차 전국대표대회와 현격한 차이가 있었다. 강택민은 등소평을 '개혁개방의 총설계자'로 칭송하면서 등소평을 모택동과 같은 반열에 올려놓았다.

"개혁개방 가속화에 '모택동 사상'과 '등소평 이론'을 적용하자!"

이로써 개혁개방으로 상징되는 '등소평 이론'은 마침내 '신 중화제국'의 기본 통치이념인 '모택동 사상'과 동등한 권위를 지니게 됐다. 더 중요한 것은 '등소평 이론'이 널리 유포되면서 '사회주의 시장경제'가 새로운 패러다임으로 작동하게 됐고, 이는 중국의 경제발전에 결정적인 동인으로 작용한 점이다. '신 중화제국'의 콘텐츠가 바뀐 배경이 여기에 있다. 실제로 등소평 치세 말기에 '신 중화제국'은 완전히 면모일신하게 됐다. 강택민에 이어 그의 뒤를 이은 호금도가 하나같이 '사회주의 시장경제'의 신봉자다. 호금도의 뒤를 잇는 습근평習近平도 마찬가지다. 등소평을 '신 중화제국'의 제2의 창업자로 간주해도 무방한 이유다.

당시 제14차 대회는 '등소평 이론'을 '신 중화제국'의 새로운 통치철학으로 삼은 것 이외에도 양상곤과 양백빙 형제를 중앙군사위에서 몰아낸 데서 기본성격을 알 수 있다. 이들 형제가 실각한 것은 이들의 힘이 지난 몇 년 간 지나치게 커졌기 때문이다. 강택민 등이 이들을 편하게 여기지 않았다. 등소평은 마지막 순간에 이 두 사람을 모두 군지도부에서 끌어내렸다. '상황'으로 존재하고 있는 등소평이 얼마나 막강한 권력을 행사하고 있는지를 극명하게 보여준 사례다.

대다수 관측통들은 당시 주용기가 이붕을 대신해 총리가 되고 이붕은 양상곤을 대신해 국가주석이 될 것으로 내다봤다. 그러나 등소평은 강택민이 양상곤을 대신해 국가주석까지 겸임케 하는 것으로 사안을 마무리 지었다. 주용기는 정치국 상임위 제1부총리에 임명되고 이붕은 그대로 총리직에 남았다. 당시 이붕은 '등소평 숙부'에게 서신을 보내 총리직을 계속 수행하게 해달라고 애원했다는 얘기가 나돌았으나 무슨 근거가 있는 건 아니다.

제14차 대회를 계기로 정치국 상임위의 면모가 크게 일신한 건 '신 중화제국'에 복이었다. 주용기, 호금도, 유화청, 장진 등 4명이 새로 추가된 게 그것이다. 이들 중 호금도와 주용기는 강택민과 보조를 맞출 수 있는 개혁개방파로 분류된 인물이다. 유화청과 장진은 고참 군인이어서 중립에 설 것이 확실했다.

1993년 3월 제8기 인민대표대회가 폐막되기 직전 정부의 얼굴도 대폭 바뀌었다. 강택민이 국가주석, 이붕이 총리, 주용기가 국무원 최고 부총리, 교석이 인민대표대회 주석, 이서환이 중앙고문회의 주석이 됐다. 유화청과 장진을 제외하면 군의 모든 고참 지도자들이 일거에 종적을 감췄다. 이는 당·정·군 중 가장 중요한 '군'에 대한 통수권이 등소평에게 더욱 귀속되는 결과를 낳았다. 막강한 '황권'을 휘두른 모택동 때에도 없던 일이다. 모택동은 '명'과 '실'을 모두 취하고자 한 데 반해 등소평은 '명'은 버리고 '실'을 더욱 챙긴 결과로 볼 수 있다.

당시 등소평은 강택민이 완전히 마음에 들지는 않았으나 달리 선택할 여지도 없었다. 등소평이 그를 서둘러 당·정·군의 최고 수장으로 만든 이유다. 이렇게 하는 것이 강택민과 등소평 모두에게 도움이 됐다. 등소평이 구상한 강택민과 이붕의 '쌍두체제'는 중국의 정치통합과 안정, 지속적인 경제성장을 상징했다. 이는 경제분야 총수로 주용기를 발탁한 사실과 무관치 않았다. 그는 보기 드문 경제 테크노크라트였다. 비록 혁명가 집안 출신은 아니었으나 한때 '우익분자'로 몰려 많은 고생을 하는 등 정치 이데올로기의 광란을 몸소 체험한 바 있다. 등소평은 뭐든 강력히 밀어붙이는 그의 추진력을 높이 평가했다. 그러나 때론 지나칠 정도로 고집스런 면을 부담스러워했다. 등소평 사후 강택민이 주용기 대신 호금도를 자신의 후계자로 삼은 것도 이와 무관치 않을 것이다.

등소평이 생전에 짜맞춰 놓은 이런 인사가 '신 중화제국'을 웅비하게 하는 결정적인 배경이 된 것은 말할 것도 없다. 중국의 경제가 매년 10% 이상의 높은 성장률을 기록한 게 그 증거다. 산업 성장률은 매년 20% 안팎이나 됐다. 많은 전문가들은 당시 중국의 독재체제가 조만간 무너질 것이라는 서방의 관측과는 정반대로 후퇴가 아닌 전진을 이루게 된 데에는 누가 뭐래도 등소평의 공이 컸다고 입을 모으고 있다. 천안문 사태에 대한 재해석이 요구되는 이유다.

호금도와 습근평

지난 1982년 말 북경에서 중국 공청단共青團 대표대회가 열렸다. 여기서 호금도는 왕조국王兆國에 이어 2인자로 선출됐다. 왕조국은 목청이 크고, 호금도는 미남이라는 평가가 뒤따랐다. 이후 호금도는 '미남자'라는 별칭을 갖게 됐다. 이는 그의 부드러운 모습과 어울렸다. 그는 외유내강의 전형으로 꼽히고 있다. 서방 언론이 그를 가리켜 '벨벳 장갑을 낀 철권鐵拳'으로 부르는 이유다. 실제로 그는 47세이던 지난 1989년 초 철모를 쓰고 직접 티베트 시위 진압에 나선 바 있다. 2002년 가을 호금도가 문득 총서기에 선출되자 미국의 《위클리 월드》는 국가부주석으로 있던 그를 커버스토리로 다루며 이런 표현을 썼다.

"Who's Hu : 후가 누군가?"

호금도는 '신 중화제국'의 역대 황제 중 가장 차분한 언행을 하는 것으로 유명하다. 바른 말만 하는 교과서에 가까운 까닭에 무미건조해 보이기까지 한다. 대중적 인기는 오히려 원가보 총리가 더 높다. 서방 언론이 그의 리더십을 특별히 취급하지 않는 이유다.

그러나 일각에서는 그의 리더십을 '정중동靜中動'의 탁월한 리더십으로 평가하고 있다. 총서기 취임 당시 그를 위협하던 최대 정적인 상해방上

海幫이란 말이 완전히 자취를 감춘 것 등이 논거로 제시되고 있다. 그의 '정중동' 리더십의 실체는 과연 무엇일까?

많은 사람이 그의 겸손하고 신중한 행보를 든다. '겸신謙愼'은 동양 전래의 군자 리더십이다. 그가 '군자 리더십'을 발휘하는 데는 나름 사연이 있다. 호금도가 총서기에 선출된 직후인 지난 2002년 11월 그를 둘러싼 권력구조는 한마디로 사면초가에 가까웠다. 중국공산당 최고지도부인 정치국 상무위원 9명 중 다섯 명이 강택민 전 총서기가 이끄는 상해방 출신이었다. 서열 2위인 전국인민대표대회全人大 상임위원장 오방국吳邦國, 4위 전국정치협상회의 주석 가경림賈慶林, 5위 강택민의 오른팔로 불리던 국가부주석 증경홍曾慶紅, 6위 부총리 황국黃菊, 8위 선전·언론 담당 이장춘李長春 등이 그들이다.

이붕 전 총리가 자신의 지분 몫으로 천거한 서열 9위의 나간羅幹을 논외로 칠 경우 호금도 사람으로는 서열 3위인 총리 원가보와 서열 7위인 중앙기율검사위 서기 오관정吳官正 정도밖에 없었다. 그럼에도 그는 정책의 입안과 실행에서 이들 라이벌 세력의 협조를 원만히 이끌어냈다. 정치국 상무위원 9명 전원이 참여하는 소위 '정치국 집체학습集體學習' 덕분이었다.

집체학습 전통은 1980년대로 거슬러 올라간다. 당시 습근평의 부친인 습중훈習仲勳 중앙서기처 서기 등이 이를 최초로 시작했다. 이후 강택민 집권 13년 동안 1년에 한 차례 정도 간헐적으로 열렸다. 호금도는 총서기에 오르자마자 이를 정례화했다. 2002년 12월 26일 모택동 탄생 109주년 되는 날에 '학습헌법學習憲法'을 첫 주제로 택했다. 당시만 해도 집체학습은 별다른 주목을 받지 못했다. 그러나 이후 2007년 10월까지 그의 집권 1기 5년 동안 집체학습은 무려 44회나 개최됐다. 40일에 1번꼴로 열린 셈이다. 집권 2기에 들어와서도 비슷한 비율로 집체학습이 이어지고 있다.

집체학습은 전문가의 강의를 들은 후 질의응답 형식의 열띤 토론이 이어지고 호금도가 마무리하는 식으로 진행된다. 주제는 모두 '치국평천하治國平天下'와 관련된 것이다. 동북공정으로 한중 관계가 껄끄러울 때는 '중국민족관계사'를 공부하는 식이다. 형식 및 내용 면에서 제왕정 시절 군신이 머리를 맞대고 '치국평천하'를 논한 경연經筵을 방불하고 있다.

호금도는 중국공산당의 최고 학부이자 '리더십 사관학교'로 불리는 중앙당교中央黨校 교장을 1993년부터 2002년까지 무려 10년 동안 역임한 바 있다. 그는 고급 간부가 되기 위해 반드시 거쳐야 하는 중앙당교를 운영하면서 엄청난 인맥을 쌓을 수 있었다. 각종 학습조직을 통해 거미줄처럼 엮인 끈끈한 '학맥'이 바로 호금도 리더십의 진원지이다.

모택동 및 등소평과 같은 카리스마를 전혀 갖추지 못한 호금도가 수적으로 우세한 라이벌 세력을 제압한 비결이 여기에 있는지도 모르겠다. 일찍이 소공권蕭公權은 『중국정치사상사』에서 공자의 치술治術을 크게 3가지로 요약한 바 있다. 양민養民과 교민敎民, 치민治民이 그것이다. 호금도는 이 중 '교민'에 집중하고 있는 셈이다. 고금동서를 막론하고 '교민'은 부강대국 이후에 등장할 문화대국의 국정지표이기도 하다. 호금도는 '양민'에서 '교민'으로 넘어가는 징검다리 과정에서 주도권을 장악해 중국을 G2로 올려놓은 개가를 올린 셈이다.

현재 전문가들은 세기사적 변환을 겪고 있는 21세기 초엽의 가장 큰 특징 중 하나로 중국의 G2 부상을 들고 있다. 이는 거꾸로 해석하면 그간 중국이 아편전쟁 이래 1백여 년 넘게 세계 정치무대에서 액면 이하로 저평가됐다는 것을 의미한다. 모택동의 치세 당시 객관적으로 볼 때 중국은 미국을 비롯한 서방의 적수가 되지 못했다. 그러나 등소평의 개혁개방 이후 30년이 흐르는 사이 '상전벽해'의 변화가 일어났다. 과거의 잣대로 보아서는 안 되는 이유다.

2011년 말 현재 중국이 보유한 외화는 무려 3조 5천억 달러에 달한다. 세계 최대다. 제조업체의 총체적인 생산력도 급성장을 거듭해 2010년에 이미 세계 최대 생산력을 지니고 있는 미국과 어깨를 나란히 하는 수준에 달했다. 항공기 등 일부 고부가가치 제품을 빼놓고는 미국의 제조업체 생산력이 계속 하락하고 있는 반면 중국은 계속 상승하고 있어 조만간 역전이 이뤄질 전망이다. 전문가들 내에서 향후 10년 내에 중국의 국력이 미국과 대등한 수준까지 급상승할 것이라는 전망이 나오는 이유다.

현재 집권 2기를 맞고 있는 호금도는 2012년 말 임기가 끝난다. '황제'의 재위기간을 임기제로 제한한 것은 등소평이 생전에 만들어 놓은 걸작 중 하나다. 이제 중국에서 이를 뒤바꿔 놓을 사람은 없다. 큰 틀에서 볼 때 습근평의 발탁은 최선이 아닌 차선의 선택에 해당한다.

지난 2006년 8월 제17차 당대회를 앞두고 호금도는 강택민의 위세를 등에 업고 있는 '상해방'의 일원인 진량우陳良宇 상해시 당서기를 부패 공직자로 지목했다. 중앙기율검사위원회가 곧바로 그를 입건했다. 이후 호금도를 비롯한 당 중앙은 지체없이 후임 인사 물색에 들어갔다. 각 파벌은 자신들의 이익을 대표할 인물을 '동방의 진주'로 불리는 상해의 지도자로 내세우기 위해 치열한 신경전을 펼쳤다. 습근평은 바로 이런 상황에서 발탁된 것이다.

당시 해외의 한 블로그 사이트에 그가 상해를 떠맡기에는 기백이 크게 부족하다는 글이 실린 바 있다. 청렴할지는 모르나 그릇이 작다는 애기다. 그렇다면 그는 어떻게 해서 낙점된 것일까? 몇 가지 설이 있다.

가장 그럴듯한 것은 출신으로 볼 때는 '태자당'에 속하지만 통상적인 태자당 멤버들처럼 거만하지 않고 소탈하면서도 파벌 색채도 거의 없었기에 각 파벌이 그를 쉽게 받아들였다는 분석이다. 그의 부친 습중훈은 약관의 나이에 '대장정'의 귀착점인 연안을 책임 진 섬서위 서기로 있었다. '신 중화제국' 건립 이후 승승장구하던 습중훈은 문화대혁명 때 등소평 일파로 몰려 낙마했다. 습근평 역시 어린 시절 큰 고통을 겪어야만 했다. 실각한 부친 탓에 그에게는 '반동학생'이란 딱지가 붙었다. 그가 '태자당'에 속하면서도 소탈할 수 있는 이유다. 어렸을 때 이미 무상한 인생유전을 체득한 결과로 볼 수 있다.

전문가들이 지적하고 있는 것처럼 호금도를 비롯한 당 중앙이 그를 발탁한 배경이 '소탈'과 '무파벌'에 있다면 이는 바꿔 말해 세력이 없다는 것을 뜻한다. 실제로 그는 상해의 수뇌부를 개편할 때 이미 정치적 생명이 끝난 진량위 일당만 제거하고 나머지는 태도를 바꾸면 관직을 수여하거나 유지시켜 주는 등 두루뭉술하게 사태를 수습했다. 이에 대한 평가가 엇갈린다. 불안해하는 상해 고위 간부들을 안심시켰다는 긍정적인 평가와 확고한 철학도 없이 시류에 영합한다는 부정적인 평가가 그것이다.

진량위 사건은 표면상 수뢰 사건이지만 사실은 '상해방'에 대한 견제라는 해석이 우세하다. 감히 중앙과 대결하려고 한 상해의 소두목 진량위를 시범 케이스로 솎아냈다는 것이다. 진량우 사건에도 불구하고 '상해방'이 도마뱀 꼬리 자르기 식으로 위기를 빠져나와 건재하고 있다는 분석이 이를 뒷받침한다.

모택동과 등소평의 사례를 통해 알 수 있듯이 '신 중화제국'의 황제는 역대 황제들과 마찬가지로 천하를 다스리는 모든 역량을 갖춰야만 한다. 지모만으로는 부족하다. 천하대세를 읽는 안목과 식견, 미래에 대한 비전, 사람을 끌어들이는 흡인력, 화급한 상황에 임기응변할 수 있는 유연한 사고, 정해진 목표를 관철하고자 하는 추진력 등 여러 덕목이 필요하다. 특히 습근평처럼 두루뭉술하게 일을 처리하는 사람이 특별한 공적도 없이 운 좋게 발탁된 경우는 더욱 그렇다. 그의 분발이 요구되는 대목이다.

실제로 2009년 9월에 열린 제17기 4중전회가 심상치 않았다. 지난 20년간 '신 중화제국'의 권력승계의 예고편은 대부분 4중전회 때 만들어졌다. 호금도는 제15기 4중전회 때 당 중앙군사위 부주석에 올랐고, 5년 뒤 16차 4중전회 때 주석이 됐다. 습근평도 17기 4중전회 때 군사위 부주석이 돼야 했다. 그러나 그게 안 됐다. 당시 온갖 억측이 쏟아진 이유다. 당황한 중국 정부는 외신을 초청해 4중전회에서 인사는 논의되지 않았다고 해명했다. 이것도 미진했는지 중국 정부의 의중을 전하는 홍콩 시사지 《경보》도 이해 12월호에서 습근평이 준비가 덜 된 점을 이유로 군사위 업무를 고사했다는 식으로 해명했다.

자금성의 수뇌부들이 이처럼 소문의 진화에 발 벗고 나선 것은 외부에 당내 분규가 있는 것처럼 비칠까 우려해했기 때문이다. 당내 분규소식이 외부에 알려지면서 천안문 사태가 빚어졌다는 게 수뇌부의 공통된 생각이다. 당내 분규는 가장 큰 경계대상이다. 이는 등소평의 지엄한 유훈이기도 하다.

21세기의 '신 중화제국'은 강력한 카리스마를 지닌 한 사람이 좌지우지하는 '제왕독치帝王獨治'에서 벗어나 당 정치국 상무위원회를 중심으로 하는 '군현공치群賢共治'의 집단지도 체제로 변환된 상태다. '군현공치'의 집단지도 체제는 서로 끊임없이 영향력 확대를 위해 경쟁하는 두 개의 비공식 파벌 간의 견제와 균형으로 이뤄지고 있다. 태자당太子黨과 공청단共青團이 그것이다.

'중국공산주의청년단'의 약칭인 '공청단'은 주로 가난한 내륙지방의 지역 리더로 구성돼 있는 대표적인 민중주의 그룹이다. 이들은 당 중앙위원회의 23%, 정치국의 32%를 차지하고 있다. 호금도 국가주석과 원가보 총리를 비롯해 이극강李克强 부총리, 이원조 강소성 서기, 왕양 중경시 서기 등이 대표적인 인물이다. 대부분 1980년대 초반 호금도의 공청단 활동 시절 그의 직속 휘하에 있던 인물이다. 조직관리와 전문기술 분야에는 탁월하지만 국제경제 분야에는 취약하다는 단점이 있다. 이들의 능력은 외자도입과 경제자유화가 중시되던 강택민 시대에는 그리 높이 평가받지 못했다. 그러나 사회불안 및 정치적 긴장이 고조되는 현재 정치적 비중이 더욱 높아지고 있다.

　　정예주의자들로 구성된 태자당은 강택민 시대에 등장했다. 주로 전직 고위 간부의 자제들로 구성돼 있다. 5세대 지도자 그룹의 선두주자인 습근평을 비롯해 왕기산 북경시장, 박희래 중경시 서기 등이 핵심 멤버이다. 이들의 부친 모두 부총리를 지낸 까닭에 '태자당'이라는 별명이 붙었다. 정치국원의 28%를 차지하고 있는 것으로 알려졌다. 대부분 부유한 연안지역에서 성장한 까닭에 금융과 국제무역 등에서 뛰어난 능력을 발휘하고 있다. 최근 빈부격차의 가속으로 인해 족벌세습에 대한 중국 인민의 반감이 커지고 있어 습근평으로서는 특별히 주의할 필요가 있다.

　　중국공산당의 앞날을 밝게 볼 수 있는 것은 내부의 치열한 파벌경쟁에도 불구하고 과거처럼 승자가 모든 것을 독식하는 '제로섬 게임'에서 벗어나 공존을 꾀하는 '논제로섬 게임'이 정착돼 있는 점이다. 지난 2002년 강택민이 호금도에게 권력을 물려준 게 좋은 예다. 이는 중국공산당 역사상 처음 있는 평화적 권력승계였다. 두 사람이 서로 다른 파벌에 속해 있었다는 점에서 그 의미가 더욱 컸다.

이런 공존 흐름은 지난 2007년 10월 호금도가 후계자 1명을 지명하는 식의 낙점落點방식을 버리고 예외적으로 2명의 경쟁자를 후계자로 발탁함으로써 더욱 굳어지고 있는 양상이다. 9명으로 구성된 정치국 상무위원회는 명실상부한 '신 중화제국' 최고지도자의 산실에 해당한다. 2012년 당 대회 이후 권력을 공유하게 될 습근평과 이극강의 향후 역할은 상무위원 발탁 당시 이미 규정돼 있는 상태다. 습근평은 국가주석, 이극강은 총리직을 물려받는 식이다.

습근평과 이극강의 노선은 여러 면에서 차이가 난다. 습근평은 시장 자유화와 민간부문의 지속적인 발전에 초점을 맞추고 있다. 경제의 효율화, GDP 성장기조 유지, 중국 경제의 세계경제 편입 등도 그의 주된 관심사다. '태자당'에 속하는 그는 중국 동부지역의 부유한 엘리트 계층의 이권을 유지하는 일에도 많은 관심을 기울이고 있다.

반면 이극강은 실업해소 문제를 정책의 최우선 순위로 놓고 있다. 그가 서민을 위한 저가주택 보급과 기초 의료 서비스 제공을 근간으로 하는 사회안전망 구축을 역설하는 이유다. 북동지역 재개발에도 역점을 두고 있다. 습근평과 이극강의 이러한 상이한 관점은 향후 위안화 절상, 경기부양 등 중국이 당면한 경제현안을 놓고 의견충돌로 이어질 수도 있을 것이다.

그럼에도 많은 전문가들은 낙관적인 견해를 피력하고 있다. 5세대 정치가들 모두 소위 '잃어버린 세대'에 속한다는 게 주요 논거다. '신 중화제국' 수립 이후에 태어난 이들은 문화대혁명 시절 10대를 보냈다. 정치적 격변의 와중에 정규교육 기회를 박탈당하고 시골로 보내져 수년 간 육체노동에 종사해야만 했다. '태자당'의 습근평과 왕기산은 산서의 연안으로 보내져 수년 동안 농부로 일했다. '공청단'의 이극강과 이원조는 각각 안휘와 강소의 벽촌에서 일했다. 이런 가혹한 경험을 통해 이들은 농촌의 실상을 알게 되었을 뿐만 아니라 '신 중화제국'의 지도자들에게 필요한 인내심과 안목, 적응력, 겸손 등을 자연스레 체득했다. 가장 중요한 것은 이들 모두 돌발상황에 대처하는 임기응변과, 견해를 달리하는 정적과 공존하는 타협의 미덕을 배운 점이다.

특히 천안문 사태를 겪으면서 당 수뇌부가 일치단결해야 어떠한 상황에서도 차분히 난관을 헤쳐나갈 수 있다는 인식을 공유케 된 것은 '신 중화제국'의 앞날에 좋은 조짐이 아닐 수 없다. 당시 각급 시의 지도자나 공청단의 간부로 활약하고 있던 이들은 당 내부의 갈등이 어떻게 위기를 심화시켜 폭력적인 대응을 낳게 되는지 똑똑히 지켜보았다. 이들에게는 천안문 사태가 심기일전의 계기로 작용한 셈이다.

그러나 이들의 앞날이 온통 낙관적인 것만은 아니다. 우선 오랫동안 지속돼 온 중국의 수출주도형 발전 모델을 신속하고 효과적으로 개혁해야 하는 난제를 떠안고 있다. 이는 시장 자유화와 내수 위주 경제로 체질을 개선해야 하는 매우 어려운 과제다. 당의 존망이 여기에 달려 있다고 해도 과언이 아니다. 다행스러운 것은 습근평과 이극강으로 상징되는 두 파벌 모두 이를 잘 알고 있는 점이다. 실제로 당 수뇌부 내에는 천안문 사태 이후 '신 중화제국'을 위기에서 구하기 위해서는 언제라도 내부투쟁을 멈출 수 있다는 불문율이 자리 잡고 있다. 2009년 이후 G2의 일원으로 우뚝 선 '신 중화제국'의 앞날을 밝게 내다보는 이유다.

2012년 이후 전망

2012년 말까지 지속되는 중국공산당 제17기 정치국 상무위원회는 호금도를 비롯한 9명으로 구성돼 있다. 국가주석이자 공산당 총서기 겸 중앙군사위 주석인 호금도를 필두로 전인대 상무위원장 오방국, 국무원 총리 온가보, 정협주석 가경림, 이데올로기 담당 상무위원 이장춘, 국가 부주석 습근평, 국무원 부총리 이극강, 중앙기율검사위 하국강, 중앙정법위 서기 주영강 순이다.

현재 9인 상무위원회는 크게 3개의 파벌로 분류할 수 있다. 첫 번째는 공청단 출신인 이른바 단파團派이다. 호금도와 온가보 및 이극강 등 3명이 이에 해당한다. 두 번째는 강택민 전 주석이 대부로 있는 상해방이다. 오방국과 가경림 및 이장춘 등 3명이 여기에 속한다. 세 번째는 혁명 원로들의 후손을 일컫는 태자당이다. 습근평과 하국강이 이에 해당한다. 습근평의 발탁과정에 상해방의 대부인 강택민 전 국가주석과 증경홍 전 부주석이 깊숙이 개입했다. 태자당을 상해방에 가깝게 분류하는 이유다. 마지막으로 주영강은 이붕 전 총리 계열로 어느 파벌에도 속하지 않는다. 객관적으로 볼 때 호금도로 대표되는 단파가 상해방 및 태자당 연합세력보다 열세이다.

실제로 등소평의 지침에 따라 4세대 리더가 된 호금도는 지난 2002년 '신 중화제국'의 보위에 오른 뒤에도 늘 상해방의 영향력에 휘둘릴 수밖에 없었다. 대표적인 사건이 2007년의 진량우 체포사건이다. 당시 호금도는 그 후임으로 자신이 지지하는 단파의 유연동劉延東을 앉히고자 했으나 좌절됐다. 그럼에도 호금도를 비롯한 단파는 이를 순순히 받아들였다. 합의를 좇는다는 불문율 때문이다.

중국의 수뇌부는 천안문 사태를 겪으면서 몇 가지 불문율을 갖고 있다. 첫째, 경쟁자를 직접 공격하기보다는 인민을 상대로 자신의 정치적 식견과 이론을 설명하고 지지여론을 이끌어내는 관행이다. 둘째, 내부적으로는 아무리 치열하게 논쟁할지라도 일단 결론이 나면 반대파도 이를 따르는 관행이다. 이는 지난 1978년 공산당 11기 3중전회에서 등소평이 모택동의 후계자인 화국봉을 밀어낼 때 '실천은 진리검증의 유일한 표준이다'라고 언명한 데서 비롯됐다.

2012년 말로 예정된 제18차 중국공산당 당대회는 호금도 시대가 가고 습근평의 시대가 본격 개막하는 서막에 해당한다. 문제는 이 대회를 계기로 9명의 상무위원 중 습근평과 이극강을 제외한 7명의 원로가 퇴진하는 데 있다. 2012년 말 교체되기 직전의 상무위원의 나이와 직책 등은 다음과 같다.

서열	이름	나이	직책	계파
01	호금도胡錦濤	70	당 총서기, 국가주석, 중앙군사위 주석	단파團派
02	오방국吳邦國	71	전국인민대표대회 상무위원장	상해방 강택민계
03	온가보溫家寶	70	국무원 총리	호금도 지지
04	가경림賈慶林	72	전국정치협상회의 주석	상해방 강택민계
05	이장춘李長春	70	이데올로기 담당 상무위원	상해방 중립
06	습근평習近平	59	국가부주석	태자당 증경홍曾慶紅계
07	이극강李克强	57	국무원 부총리	단파 호금도계
08	하국강賀國强	69	중앙기율검사위 서기	태자당 증경홍계
09	주영강周永康	70	중앙정법위 서기	중립 이붕계

2012년에 가경림은 72세, 오방국은 71세, 호금도와 온가보 이장춘 주영강은 70세, 하국강은 69세가 된다. 정치국 상무위원은 연령제한이 있다. 67세 이상은 퇴진하는 게 관행이다. 7명의 자리에 누구를 앉히는가 하는 분제를 놓고 두 파벌이 이미 오래 전부터 치열한 신경전을 벌이고 있는

이유다.

실제로 지난 2011년 3월초 재스민 시위의 우려 속에 열린 정협과 전인대의 양회兩會에서 공산당의 미래에 대한 치열한 논쟁이 벌어졌었다. 외견상 전혀 논쟁의 모습을 띠고 있지 않지만 그 내막을 보면 권력투쟁의 일환에 해당한다. 이해 3월 11일 서열 2위의 오방국은 전인대 전체회의 보고 때 이같이 말했다.

"중국은 다당제나 지도사상의 다원화, 삼권분립, 양원제, 연방제, 사유화 개념 등 서방의 어떤 제도도 모방하지 않을 것임을 엄숙히 선언한다. 우리는 공산당 영도 하에 국가를 이끌어 가는 중국 특색의 사회주의 법률체제와 국가제도를 영원히 간직할 것이다."

그러나 온가보 총리는 3일 뒤인 3월 14일 전인대 폐막 기자회견에서 같은 '정치개혁' 문제에 대해 이렇게 말했다.

"정치체제 개혁 없이 경제체제 개혁은 성공할 수 없다. 나라의 운명은 민심에 있다. 인민이 정부를 비판하고 감독해야 한다. 인민대중이 촌村을 잘 관리하면 향鄕을 잘 관리할 수 있고, 현縣도 잘 관리할 수 있다. 정치개혁은 이러한 과정을 필요로 한다."

서열 2위 오방국과 3위 온가보 두 사람의 소견은 내용상 적잖은 차이가 있다. 오방국은 '공산당 일당독재와 사회주의 원칙의 고수'를 주장하는 반면 온가보는 민주선거와 언론자유의 확대 등 서구식 민주주의에 개방적인 자세를 취하고 있다. 13억 국민이 TV로 지켜보는 가운데 두 지도자가 이런 발언을 했다는 것은 결코 간단한 문제가 아니다. 당내 파벌구조와 지난 수년 간 전개돼 온 물밑 경쟁의 과정을 감안할 때 내부적으로 치열한 노선투쟁이 벌어지고 있음을 암시한다.

통상 이들 9명의 상무위원은 서열이 정해져 있어 공식석상에 나타날 때는 순서대로 입장하지만 당내 표결 때는 민주적으로 한 표씩 행사한다. 국가중대사는 1인자 마음대로 되는 것이 아니라 표를 많이 모은 쪽에 의해 결정된다. 오방국과 온가보가 차례로 중국 정치개혁의 방향을 놓고 인민들에게 설명한 것은 주도권을 잡기 위한 내부경쟁의 일환으로 볼 수 있다. 인민 대다수의 지지를 얻는 쪽이 자파 인물을 더 많이 상무위에 진입시킬 수 있기 때문이다.

상해방의 지지를 받고 있는 태자당의 습근평은 부총리까지 지낸 습중훈의 아들이다. 습중훈은 주은래의 측근이자 등소평의 친구였다. 지난 2007년까지 지속된 공산당 16기 때까지 당 정치국의 24명 명단에도 끼지 못했던 습근평이 일거에 차기 대권의 낙점을 받은 배경이다. 그는 상해의 당서기로 영전한 뒤 무려 2단계를 뛰어넘어 정치국 상무위에 진입했다. 가장 극적인 것은 호금도가 밀던 단파의 이극강을 누르고 제5세대 지도부의 1인자 자리를 예약한 점이다. 태자당의 막강한 위세가 여실히 드러난 대목이다.

미국 부르킹스 연구소의 리청李成 연구주임은 단파를 대중주의, 태자당과 상해방을 정예주의 세력으로 구분하고 있다. 대중주의 세력은 공청단을 위시해 당내 테크노크라트와 신좌파 지식인 등을 주요 지지기반으로 삼고 있다. 정예주의 세력은 상해방과 태자당을 위시해 기업가 및 자본가, 귀국한 유학파 등을 기반으로 삼는다. 대중주의는 주로 내륙지방과 대학 내 지식층, 중하위 관료층들로부터 커다란 지지를 받고 있다. 정예주의는 경제·외교·군사·경찰·정보·교육 분야 엘리트들로부터 성원을 받고 있다.

대중주의 세력은 상대적으로 낙후된 중서부 지역의 균형개발과 환경보호를 통한 녹색성장, 친서민 등을 표방하고 있다. 반면 정예주의 세력은 연안지역의 우선 발전과 수출 증대를 통한 지속적인 경제성장, 중산층 등을 중시한다. 호금도가 모든 계층의 조화를 뜻하는 소위 '화해사회和諧社會'를 기치로 내걸고 성장보다 분배, 수출보다 내수를 중시하며 중서부지역 개발에 적극 나서는 것도 이와 무관치 않다. 온가보의 고향인 천진의 빈해신구를 대대적으로 개발하는 것도 상해방의 거점인 상해 삼각주 경제권을 견제하려는 의도가 숨어 있다. 정당구조에 비유하면 대략 단파는 진보당, 상해방과 태자당은 보수당에 가깝다.

두 파벌의 대결은 2010년 온가보 총리의 '정치개혁' 발언으로 인해 수면 위로 드러났다. 온가보는 2010년 8월 20, 21일 심천경제특구 성립 30주년 기념식에서 이같이 말했다.

"경제체제 개혁뿐만 아니라 정치체제 개혁도 추진돼야 한다. 정치체제 개혁이 보장되지 않을 경우 지난 30년의 경제개혁의 성과를 다 잃을 수 있고 현대화 건설목표도 실현되기 어렵다."

이후 40일 사이에 무려 7차례나 정치개혁을 강조하고 나섰다. 정점을 이룬 것은 지난 2010년 10월 3일 미국 CNN 방송과의 대담이다. 그는 이 방송의 메인 프로그램인 '파리드 자카리아 GPS'에 나와 이같이 말했다.

"이제 민주주의와 정치개혁에 대한 중국 인민들의 희망과 요구는 피할 수 없다."

그렇다고 이를 곧 서방식 다당제나 직선제 수용으로 해석하는 것은 잘못이다. 다만 민주선거와 언론의 자유에 개방적인 입장을 보인 점에서 상해방 등 보수파와 다른 시각을 보이고 있는 것만은 확실하다. 실제로 그의 발언 이후 중국의 매체들 내부에서도 뜨거운 찬반논쟁이 전개됐다. 공산당 기관지의 하나인 《광명일보》는 「두 가지 다른 성질의 민주주의가 뒤섞여서는 안 된다」는 논설에서 이같이 말했다.

"정부권력을 나누는 문제에 대해 어떤 사람들의 생각은 모호하거나 심지어 개념이 뒤섞여 있다. 사회주의 민주와 자본주의 민주는 엄히 구분해야 한다. 자본주의 민주는 소수 자본가의 민주이다. 말로는 모든 사람이 평등하다고 하지만 사유제의 조건하에서 이는 소수 자본가만이 돌아가며 좋은 자리를 차지하는 거짓 평등에 지나지 않는다."

이는 온가보의 발언을 겨냥한 게 확실하다. 공산당 중앙위원회 기관지인 《구시求是》도 이에 적극 동조하고 나섰다.

"서구식 민주주의는 소위 '달러민주주의'에 지나지 않는다."

그러나 단파의 진보적인 입장을 지지하는 언론의 목소리도 만만치 않았다. 개혁개방 1번지로 통하는 광동성의 당기관지 《남방일보》와 중앙학교 기관지인 《학습시보》가 그러했다. 《남방일보》는 「심천은 마땅히 정치체제개혁에서도 선도적 공헌을 해야 한다」는 제목의 사설에서 온가보의 발언을 적극 지지하고 나섰다.

"모든 개혁 가운데 정치개혁이 가장 중요하다. 우리 조국은 정치개혁에 성공해야만 밝은 미래를 기약할 수 있다."

이와 관련해 주목되는 것은 호금도의 발언이다. 그는 2010년 9월 7일 심천에서 이른바 '4개의 민주론'을 들고 나왔다.

"우리는 중국 특유의 사회주의 정치발전 노선을 견지해야 한다. 법에 따른 민주선거, 민주결정, 민주관리, 민주감독 체제를 구축해야 한다. 그래서 국민의 알권리, 참여권, 표현권, 감독권을 보장해야 한다."

해석이 엇갈리고 있으나 내용상 온가보를 지지한 것으로 보는 게 옳다. 이듬해인 2011년 3월 11일의 오방국 연설이 이를 뒷받침한다. 이때는 마침 중동과 북아프리카의 재스민 혁명이 중국으로 전파될지 여부가 관심사로 대두하던 시점이어서 그의 연설은 커다란 관심을 끌었다. 그의 발언이다.

"만일 국가의 근본적인 대원칙이 흔들리면 이미 이룩한 발전의 성과도 잃게 되고, 심지어 국가가 내란의 심연에 빠져들 위험도 있다. 예로부터 모든 나라는 각기 서로 다른 법률체제를 갖고 있었다."

'내란' 운운은 단파의 정치개혁 노선에 대한 보수파의 반발수위가 간단치 않음을 짐작케 해준다. 두 세력이 이처럼 치열한 설전을 벌이는 것은 말할 것도 없이 2012년 말로 예정된 제18차 공산당 당대회에서 주도권을 장악하기 위한 것이다. 2011년 4월 15일자 《인민일보》에 실린 온가보의 호요방 전 총서기에 대한 추모 글도 이런 맥락에서 접근할 필요가 있다. 천안문 사태 당시 총서기의 자리에서 밀려난 호요방은 중국 인민들이 존경하는 정치인 중 한 사람이었다. 그는 등소평이 강경파인 이붕의 손을 들어줌으로써 이내 자리에서 물러나야만 했다. 객관적으로 볼 때 당시만 해도 강경진압은 불가피한 측면이 있었다.

그러나 미국과 어깨를 나란히 하는 G2가 된 21세기 상황은 그때와 크게 달라져 있다. 대다수 인민들이 느끼는 상대적인 박탈감이 위험수위에 달했다. 어떤 식으로든 이를 풀어주어야만 한다. 중국도 이제는 경제발전에 이어 상당수준의 정치개혁이 불가피한 상황에 처하게 된 것이다. 물론 이것이 서구식 민주주의를 의미하는 것은 아니다. 그런 점에서 온가보가 호요방을 추모하는 글을 실은 것은 시의에 부합한다. 일각에서는 이를 두고 18차 당대회를 앞두고 여론을 등에 업고 보수파를 견제하려는 속셈으로 해석하고 있다. 실제로 그는 전인대 폐막 기자회견에서도 내외신 기자들을 향해 자신의 기본 입장을 거듭 밝혔다.

"우리는 이미 현과 소규모 시급 지방단체에서 인민대표 직접선거를 실시하고 있다. 또 시급 이상 중앙 단위까지는 간접선거를, 중앙위원회 선거에서는 소위 차액선거差額選擧를 실시하고 있다. 나는 이를 한 걸음 한 걸음 앞으로 나아가는 과정이라고 생각한다. 우리는 인민을 믿어야 한다. 인민들이 촌을 잘 관리하면 향도 잘 관리할 수 있고, 다음에는 현을 잘 관리할 수 있다. 정치개혁은 하나의 과정을 필요로 한다.”

'차액선거'는 법정인원보다 많은 후보를 천거해 득표율이 낮은 후보를 떨어뜨리는 방식을 말한다. 그의 발언을 단순논리로 확대해석하면 인민이 언젠가는 국가통치권을 행사하는 정치국 상무위원도 선출하는 단계까지 나아갈 수 있다는 얘기가 된다. 실제로 그같이 해석하는 사람들이 적지 않다. 그러나 이는 아무래도 지나치다. 중국은 어떤 경우든 결코 서구식 민주주의 방식은 채택하지 않을 것이다. 역사문화의 배경이 다르기 때문이다. 계파 간 대립과 갈등은 중국 특유의 민주주의 체계를 정립해 나가는 과정에서 빚어지는 자연스런 현상으로 보는 게 옳다. 대략 G2를 넘어 G1으로 올라설 때쯤이면 구체적인 모습이 드러날 것이다. 이는 우리에게 통일시대의 개막과 관련해 많은 것을 시사하고 있다. 중국이 불량국가인 북한을 마냥 감싸고 돌 수 없다는 얘기나 다름없기 때문이다. 우리의 보다 적극적인 대응이 절실히 요구되는 시점이다.

인물로
읽는

중국

MODERN
HISTORY
of
CHINA

현대
사

중국 현대사 연표

1912.	2.	원세개가 중화민국 초대 총통으로 취임
1916.	6.	원세개의 사망으로 '군벌시대'가 열림
1917.	6.	손문이 주도한 광동 군정부 성립
1919.	5.	5·4운동이 시작됨
1920.	7.	단기서가 안직전쟁에서 패해 하야함
1921.	7.	중국공산당 창립
1923.	2.	경한철도 파업으로 소위 '2·7참사사건'이 빚어짐
1924.	1.	국민당 제1회 전국대표대회 개최로 제1차 국공합작 시작
1925.	3.	손문이 북경에서 사망하고 얼마 후 소위 '5·30사건' 발발
1926.	7.	장개석이 북벌을 개시함
1927.	4.	장개석이 상해에서 반공 쿠데타를 일으킴
	8.	중국공산당이 무장폭동 노선으로 전환

1928.	6.	봉천군벌 장작림이 관동군에 의해 폭사
	7.	국민정부가 불평등조약 철폐 선언
	12.	장학량이 '역치'를 선언하고 국민정부에 귀순
1930.	4.	국민당과 공산당 간의 무력전이 본격 개시됨
	12.	장개석이 소비에트구에 대한 소위 '위초'를 시작함
1931.	9.	9·18 만주사변 발생
	11.	강서 서금에 중화소비에트공화국 임시정부가 들어섬
1932.	1.	'상해사변' 발생
	3.	일본의 사주를 받은 부의가 '만주국' 창건 선언
1934.	10.	중국공산당의 '대장정'이 시작됨.
1935.	1.	'준의회의'가 열려 모택동이 당 중앙으로 진출
1936.	12.	장개석이 장학량에 의해 구금되는 '서안사건' 발생
1937.	7.	'노구교 사건'으로 중일전쟁이 시작됨.
	9.	제2차 국공합작이 시작됨
1940.	1.	모택동이 '신민주주의'를 선언함
1942.	2.	중국공산당이 연안에서 정풍운동 개시
	5.	일본군이 팔로군 토벌을 겨냥한 소위 '삼광작전' 전개
1943.	11.	장개석이 루스벨트 및 처칠과 카이로 회담 개최
1945.	8.	일본의 무조건 항복으로 장개석과 모택동이 중경에서 회담
1947.	2.	대만에서 반정부폭동 발발
1949.	10.	중화인민공화국 선포로 '신 중화제국' 출범
	12.	장개석이 대만으로 피신
1950.	2.	중소우호동맹 상호원조조약 조인
	6.	스탈린과 모택동의 지원하에 김일성이 한국전쟁을 일으킴

1954.	5.	주은래가 인도에서 네루와 만나 '평화5원칙' 발표
1956.	6.	'백화제방'과 '백가쟁명'이 시작됨
1958.	11.	집단농장인 '인민공사'가 본격화됨
1959.	8.	'대약진운동'을 비판한 팽덕회가 국방장관에서 파면됨
1962.	1.	유소기가 '대약진운동'을 비판함
1965.	11.	요문원의 '해서파관' 비판을 계기로 문화대혁명이 시작됨
1966.	8.	천안문 광장에서 홍위병 100만 명이 모여 '주자파' 성토
1969.	3.	우수리강에서 중소 양국군이 충돌
1971.	9.	임표가 내몽골에서 비행기 추락으로 사망
1972.	2.	미국 대통령 닉슨이 중국을 최초로 방문
	9.	일본 수상 다나카가 중국을 방문해 중일국교 수립
1973.	8.	'비림비공' 운동이 고조된 가운데 임표의 당적 박탈
1975.	4.	장개석 사망
1976.	1.	주은래 사망
	9.	모택동 사망
	10.	강청을 비롯한 '사인방'의 체포로 문화대혁명 종결
1977.	7.	등소평 복귀
	8.	화국봉 당서기로 취임
1978.	12.	11기 3중전회에서 경제개방 정책으로의 선회 결의
1979.	2.	베트남과 전쟁이 발발
	7.	심천에 경제특구 설치
1980.	2.	11기 5중전회에서 유소기의 명예회복 결정
1982.	9.	호요방이 총서기로 취임
1985.	6.	'인민공사'가 정식으로 해체됨

1987.	1.	호요방이 사임하고 조자양이 후임으로 취임
1989.	5.	소련의 고르바초프가 중국을 방문
	6.	천안문 사건으로 조자양이 사임하고 강택민이 취임
1992.	1.	등소평이 상해 등을 시찰하며 '남순강화'를 공표함
	8.	한국과 외교관계 수립
1993.	9.	민주화운동가 위경생 등을 석방
1997.	1.	등소평 사망
	7.	홍콩의 중국 반환
2004.	9.	강택민이 호금도에게 군사위 주석 자리를 물려줌
2008.	8.	북경올림픽 개최
2009.	4.	오바마 대통령이 중국을 G2로 부르며 양국 협력 강조
2010.		일본을 제치고 GDP에서 미국에 이어 2위를 차지함
2011.	6.	북경에서 상해에 이르는 세계 최장의 고속철 개통

참고문헌

기본서

『논어』, 『맹자』, 『관자』, 『순자』, 『열자』, 『한비자』, 『여씨춘추』, 『춘추좌전』, 『공양전』, 『곡량전』, 『회남자』, 『손자』, 『오자』, 『세설신어』, 『신감』, 『잠부론』, 『염철론』, 『국어』, 『설원』, 『전국책』, 『논형』, 『정관정요』, 『자치통감』, 『사기』, 『한서』, 『후한서』, 『삼국지』, 『명사』, 『청사고』.

한국문헌

계선림, 『우붕잡억』(이정선 외 역, 미다스북스, 2004).

김상협, 『모택동 사상』(일조각, 1977).

김영문, 『등소평과 중국정치』(탐구당, 2007).

김종원 외, 『중국 근현대 주요 인물연구』(부산대학교출판부, 2009).

김형종, 「신해혁명의 발전」, 『강좌중국사』(지식산업사, 1997).

나창주 편, 『모택동의 생애와 투쟁』(태양문화사, 1980).

남경태, 『종횡무진 동양사』(그린비, 1999).

다케우치 미노루, 『청년 모택동』(신현승 역, 논형, 2005).

등소평, 『등소평문선』(김승일 역, 범우사, 1994).

등영초, 『주은래와 등영초』(이양자 외 역, 지식산업사, 2006).

등용, 『대륙의 지도자 등소평』(정인갑 역, 북스토리, 2004).

레이 황, 『장개석 일기를 읽다』(구범진 역, 푸른역사, 2009).

루쉰 외, 『중국인을 알 수 있는 눈』(지세화 역, 일빛, 2006).

리민, 『나의 아버지 모택동』(김승일 외 역, 범우사, 2002).

리핑, 『저우언라이 평전』(허유영 역, 한얼미디어, 2005).

리홍, 『주은래와 등영초』(이양자 역, 지식산업사, 2006).

모택동, 『모택동 사상과 중국혁명』(정치근 역, 평민사, 2008).

_____ , 『모택동시집』(강준식 편역, 다다, 1989).

_____ , 『모택동자서전』(남종호 역, 다락원, 2002).

_____ , 『실천론·모순론』(이등연 역, 두레, 1989).

_____ , 『모택동사상과 중국혁명』(정치근 역, 평민사, 2008).

_____ , 『지구론전·신민주주의론』(이등연 역, 두레, 1989).

민두기, 『중국초기혁명운동의 연구』(서울대출판부, 1997).

박종귀, 『마오쩌둥의 인물평』(한국학술정보, 2007).

박한제 외, 『아틀라스 중국사』(사계절, 2007).

배경한, 『장개석 연구』(일조각, 1995).

벤자민 양, 『덩샤오핑 평전』(황금가지, 2004).

북경선생, 『권력의 그늘』(세계인, 1998).

서울대동양사학연구실 편, 『강좌 중국사』1~7(지식산업사, 1997).

서진영, 『모택동과 중국혁명』(태암, 1989).

소숙양, 『인간 주은래』(녹두, 1993).

손승희, 『근대 중국의 토비 세계』(창비, 2008).

솔즈베리, 『대장정』(정성호 역, 범우사, 1999).

_____ , 『새로운 황제들』(박월라 외 역, 다섯수레, 1993).

스펜스, 『무질서의 지배자 마오쩌둥』(남경태 역, 푸른숲, 2003).

시그레이브, 『중국 그리고 화교』(원경주 역, 프리미엄북스, 2002).

신기석, 『동양외교사』(동국문화사, 1955).

신동준, 『인물로 읽는 중국 근대사』(에버리치홀딩스, 2010).

신채식, 『동양사개론』(삼영사, 1997).

양둥핑, 『중국의 두 얼굴』(장영권 역, 펜타그램, 2008).

에드가 스노, 『모택동자전』(신복룡 역, 평민사, 2006).

_____ , 『중국의 붉은 별』(신홍범 역, 두레, 2004).

유아주, 『천안문광장』(동아일보사, 1990).

이경일, 『다시 보는 저우언라이』(이경일, 우석, 2004).

이스트만, 『장개석은 왜 패하였는가』(민두기 역, 지식산업사, 1997).

이영희, 『10억인의 나라』(두레, 1983).

이욱연, 『중국이 내게 말을 걸다』(창비, 2008).

이중, 『모택동과 중국을 이야기하다』(김영사, 2002).

이철승, 『마오쩌둥』(태학사, 2007).

장융 외, 『알려지지 않은 이야기들 마오』(황의방 외 역, 까치, 2006).

정민, 『모택동사상 연구』(한울, 1985).

정종욱, 『신중국론』(서울대출판부, 1982).

조헌영, 『마오쩌둥』(이룸, 2005).

조스턴, 『자금성의 황혼』(김성배 역, 돌베개, 2008).

중국공산당문헌편집위원회 편, 『모택동선집』(이희옥 역, 전인, 1990).

진순신, 『중국의 역사』(한길사, 1995).

진지양, 『군신정권-근대 중국 군벌의 실상』(박준수 역, 고려원, 1993).

체스타 탄, 『중국현대정치사상사』(민두기 역, 지식산업사, 1985).

최명, 『현대중국의 정치』(법문사, 1974).

최종세, 『모택동 문학세계의 허와 실』(바움, 2008).

최희재, 「신해혁명과 청조」『서울대동양사학과 논집 1집』(1977)

펑광첸, 『중국군의 등소평 전략사상 강좌』(이두형 역, 21세기군사연구소, 2010).

페어뱅크 편, 『캠브리지 중국사』 10-11(김한식 외 역, 새물결, 2007).

필립 판, 『마오의 제국』(김춘수 역, 말글빛냄, 2010).

허정구, 『모택동-정치전략과 전술』(일선기획, 1988).

일문

堀川哲男, 『中國近代の政治と社會』(法律文化社, 1981).

近藤邦康, 『毛澤東實踐と思想』(岩波書店, 1991).

吉本隆明, 『夜と女と毛澤東』(光文社, 2006).

段瑞聰, 『蔣介石と新生活運動』(慶應義塾大學出版社, 2006).

渡邊利夫, 『毛澤東, 鄧小平, そして江澤民』(東洋經濟新報社, 1999).

嶋倉民生, 『鄧小平の中國』(近代文藝社, 1996).

伴野朗, 『鄧小平の遺言』(小學館, 1999).

別宮暖朗, 『失敗の中國近代史』(竝木書房, 2008).

山田辰雄 編, 『近代中國人物研究』(慶應通信, 1989).

石田收, 『鄧小平帝國の遺産』(光人社, 1995).

孫江, 『近代中國の革命と秘密結社』(汲古書院, 2007).

松尾章一, 『自由民權思想の研究』(東京, 東京日本經濟評論社, 1990).

矢吹晉, 『毛澤東と周恩來』(講談社現代新書, 1991).

安岡正篤, 『人物を修める』(東京, 竹井出版社, 1986).

野町和嘉, 『長征 毛澤東の步いた道』(講談社, 1995).

野村浩一, 『近代中國の政治文化: 民權、立憲、皇權』(岩波書店, 2007).

鈴木智夫, 『近代中國と西洋國際社會』(汲古書院, 2007).

竹內實, 『毛澤東と中國共產黨』(中央公論社, 1972).

竹汐實, 『毛澤東』(岩波新書, 2005).

貝塚茂樹, 『毛澤東傳』(岩波書店, 1951).

平野聰, 『大淸帝國と中華の混迷』(講談社, 2007).

丸山眞男, 『日本政治思想史研究』(東京, 東京大出版會, 1993).

荒野泰典, 『近世日本と東アジア』(東京, 東京大出版會, 1988).

橫山宏章, 『中國近代政治思想史入門』(研文出版, 1987).

중문

高良佐, 『孫中山先生傳』(甘肅人民出版社, 2006).

羅英, 『亂世爭逐: 北洋軍閥』(江蘇人民出版社, 1998).

聞少華, 『汪精衛傳』(團結出版社, 2007).

溥儀, 『我的前半生』(東方出版社, 2007).

師永剛 外, 『蔣介石』(長江文藝出版社, 2005).

孫應祥, 『嚴復』(福建人民出版社, 2003).

楊宗麗 外, 『周恩來』(遼寧人民出版社, 2006).

楊菁, 『孔祥熙家事』(江西人民出版社, 2007).

王松, 『宋子文傳』(湖北人民出版社, 2006).

劉奇 編, 『慈禧生平』(中國社會出版社, 2006).

李育民, 『近代中外關系與政治』(中華書局, 2006).

趙曉光 外, 『鄧小平』(遼寧人民出版社, 2006).

朱重聖 編, 『中國之文化復興』(中國文化大學出版部, 1981).

毛澤東選集出版委員會 編譯, 『毛澤東選集』 全4卷(外文出版社, 1968).

胡偉希 編, 『辛亥革命與中國近代思想文化』(中國人民大學出版社, 1991).

서양문

Arendt, H., *Human Condition*, Chicago : Chicago University Press, 1958.

Black, C. E., *The Dynamics of Modernization*, New York : Harper & Row Publisher, 1966.

Carr, E. H., *Nationalism and After*, N.Y. : Macmillan, 1945.

Dahl, R. A., *Polyarchy : Participation and Opposition*, New Haven : Yale University Press, 1971.

Downs, A., *An Economic Theory of Democracy*, New York : Harper and Low, 1957.

Elgie, R., *Political Leadership in Liberal Democracies*, London : Macmillan Press, 1995.

Fukuyama, F., *The End of History and the Last Man*, London : Hamish Hamilton, 1993.

Gellner, E., *Encounter with Nationalism*, Oxford : Blackwell, 1994.

Giddens, A., *The Consequences of Modernity*, Cambridge : Polity Press, 1984.

Held, D., *Models of Democracy*, Cambridge : Polity Press, 1987.

Machiavelli, N., *The Prince*, Harmondsworth : Penguin, 1975.

Mannheim, K., *Ideology and Utopia*, London : Routledge, 1963.

Marx, K., *Oeuvres Philosophie et c onomie* 1-5, Paris : Gallimard, 1982.

Mills, C. W., *The Power Elite*, New York : Oxford Univ. Press, 1956.

Morgenthau, H. J., *Politics among the Nations*, New York : Knopf, 1948.

Popper, K. R., *The Open Society and Its Enemies*, Princeton, N. J. : Princeton University Press,

Rawls, J., *A Theory of Justice*, Cambridge : Harvard University Press, 1971.

Sabine, G., *A History of Political Theory*, New York : Holt, Rinehart and Winston, 1961.

Schumpeter, J. A., *Capitalism, Socialism and Democracy*, London : George Allen & Unwin, 1952.

Strauss, L., *Natural Right and History*, Chicago : University of Chicago Press, 1953.

Tucker, R. C., *Politics as Leadership*, Columbia : University of Missouri Press, 1983.

Wallerstein, I., *The Modern World-System* Ⅲ, New York : Academic Press, 1989.

Weber, M., *The Protestant Ethics and the Spirit of Capitalism*, London : Allen and Unwin, 1971.

신 동 준

고전을 통해 세상을 보는 눈과 사람의 길을 찾는 고전 연구가이자 평론가다. 고전에 대한 해박한 지식과 탁월한 안목에 열정이 더해져 고전을 현대화하는 새롭고 의미 있는 작업을 계속 진행하고 있으며, 이러한 작업의 일부를 정리해 책으로 펴내고 있다. 50여 권에 달하는 그의 책은 출간 때마다 화제를 불러일으키며 많은 독자에게 고전에 대한 새로운 인식을 심어주고 있다.

경기고 재학시절 태동고전연구소에서 한학의 대가인 청명 임창순 선생 밑에서 사서삼경과 『춘추좌전』, 『조선왕조실록』 등의 고전을 배웠다. 서울대 정치학과와 동 대학원을 졸업한 뒤 《조선일보》와 《한겨레신문》 등에서 10여 년 간 정치부 기자로 활약했다. 1994년에 다시 모교 박사과정에 들어가 동양 정치사상을 전공했고, 이후 일본의 도쿄대 동양문화연구소 객원연구원을 거쳐 「춘추전국시대 정치사상 비교연구」로 모교에서 박사학위를 받았다.

현재 21세기 정경연구소 소장으로 있는 그는 격동하는 21세기 동북아시대를 슬기롭게 헤쳐 나가기 위해 동양고전의 지혜를 담은 한국의 비전을 꾸준히 제시하고 있으며, 서울대 · 고려대 · 외국어대 등에서 학생들에게 동양 3국의 역사와 사상 등을 가르친다. 동양 3국의 역대 사건과 인물에 관한 바른 해석을 대중화시키기 위해 《월간조선》, 《주간동아》, 《위클리 경향》, 《이코노믹 리뷰》 등 다양한 매체에 꾸준히 칼럼을 게재하고 있다.

저서 및 역서 『자치통감-삼국지』, 『실록 열국지』, 『실록 초한지』, 『후흑학』, 『연산군을 위한 변명』, 『조선의 왕과 신하, 부국강병을 논하다』, 『개화파 열전』, 『대통령의 승부수』, 『CEO의 삼국지』, 『공자와 천하를 논하다』, 『득천하 치천하』, 『인물로 읽는 중국 근대사』, 『조선국왕 vs 중국황제』, 『열국지교양강의』, 『조조 사람혁명』, 『팍스 시니카』 등이 있다.

인물로 읽는 중국 현대사

발행일 1쇄 2011년 12월 30일
        2쇄 2013년 11월 25일

지은이 신동준 **펴낸이** 여국동

펴낸곳 도서출판 인간사랑

출판등록 1983. 1. 26. 제일-3호

주소 경기도 고양시 일산동구 백석동 1178-1번지 2층

전화 031)901-8144(대표) ㅣ 977-3073(영업부) ㅣ 031)907-2003(편집부)

팩스 031)905-5815

전자우편 igsr@naver.com

페이스북 http://www.facebook.com/igsrpub **블로그** http://blog.naver.com/igsr

인쇄 인성인쇄 **출력** 현대미디어 **종이** 세원지업사

값 25,000원

ISBN 978-89-7418-047-8 93910